나의 정치일기

—1955~2008년, 한국 현대사와 더불어

나의 정치일기

1955~2008년, 한국 현대사와 더불어

지명관 지음

小花

머리말

1950년에 일어난 6 · 25 사변에 동원됐다가 돌아왔을 때, 서울 약수동 고개 판잣집 단칸방에 내가 아끼던 책이며 노트는 하나도 남아 있지 않았다. 가장 아쉬운 것은 그 가난에도 불구하고 간간이 적어두었던 수상을 담은 노트와 복잡한 세상을 등진다고 신비주의를 찾을 생각으로 모아둔 마이스터 에크하르트(Johannes Meister Eckhart) 전집이 온데간데없는 것이었다.

그래서 나는 머리에 든 것 이외에는 아무것도 없이 다시 공부를 시작해야만 했다. 그 이후의 공부란 처음에 시작했던 종교철학과는 달리 사상사에 관심을 둔 것이었다. 그리고 한국의 현실을 사상사적으로 이해하려고 했다. 이처럼 한국에 집중하게 된 것은 역사의 격랑 속에서 내 나라가 어떻게 살아왔으며 어떻게 살아갈 것인가 하는 생각을 피할 수 없었기 때문이었다.

그렇기 때문에 여기에 수록한 단상들은 1950년대부터 종교나 철학에서 점차로 역사와 현실로 걸어온 내 보잘것없는 삶을 증언해 주는 것이라고 할 수 있다. 2008년 초까지 계속해 기록하면서 많은 개인적인 생각을 밝혔으므로 거기에는 잘못된 것도 있고 지나친 평가가 있을는지 모른다. 더욱이 1972년부터 일본에서 교편을 잡으면서 그때그때의 한국의 정치정세와 대결해야 했기 때문에 이른바 반체제의 언사를 거의 물불을 가리지 않고 사용했다고 할는지도 모른다. 그래서 나는 이 단편적인 수상집에다 『나의 정치일기』라는 이름을 붙여 봤다. 정치의 소용돌이 속에서 한국의 민주화를 내걸고 붓으로 싸워야 했던 나는 이렇게 생각해 왔다고 한 것이다. 본의 아니게 내가 비판을 가하고 고발하다시피한 분들에게 대하여는 여기에 머리 숙여 사과하지 않을 수 없다. 그러나 오랜 생각 끝에 이것을 한국 현대사의 증언으로 필요하리라고 생각했다. 비난을 위해서가 아니라 그 당시의 한 지식인은 — 오늘에는 지식인이라는 말을 쓰기를 주저한다고 하지만 — 이렇게 생각할 수밖에 없었다고 거의 고백하다시피 이 글을 발표하기로 했다.

원래 나는 일본에서 1973년에서 88년 초까지 『한국으로부터의 통신』이라는 이름으로 『세카이』(世界)라는 잡지를 통해서 한국의 군사 통치를 비판해 왔다. 그 시대의 한일의 언론과 내가 쓰는 글이 어떠했는가 하는 데 대해서는 이미 발표했으므로 여기에서는 그 후 민주화된 길을 걸어온 한국정치에 대해서 『한국으로부터의 통신』을 이은 자세로 비판해 왔다고 할 수 있다. 그러나 그것은 통신과는 달리 때를 따라 기록한 단상들에 불과하다. 체계적인 글을 엮어가기에는 내 힘이 미치지 못하기 때문이기도 했다.

처음에는 철학에 가까운 수상을 때때로 써 오다가 『한국으로부터의 통신』을 쓰기 시작하자 나는 그런 철학적인 수상을 쓰는 것을 포기하고 말았다고 할 수 있다. 그리고 무엇보다도 1988년 이후 한국이 민주화되었다고 하자 나는 정치에 대한 관심에서 떠나 내 본래의 공부에 집중하려고 했다. 그러나 1995년을 전후하여 정치적인 비판을 담은 단상을 시대의 증언처럼 다시 쓰기 시작했다. 민주주의가 회복되었다고 방심하기에는 정치 현실이 너무나 어두운 것처럼 생각됐기 때문이었다.

어쩌면 민주주의가 회복되었다고 하면 나는 방심하고 정치를 떠나고 싶어 했다고 할는지도 모른다. 그래서 이 단상은 그 후에도 자칫하면 단절되곤 했다. 사실 이 단상들은 한국 현대사 속에서 수많은 좌절을 겪으면서 이리저리 방황한 기록이라고 해야 하겠다. 나는 거기에 그릇된 판단이 있다고 해도 거기에 오늘의 시점에서 가필하거나 첨삭을 가하려고 하지 않고 그것을 그대로 제시하려고 했다.

지금 생각한다면 한국의 정치란 — 정치란 어디에서도 그런 것이겠지만 — 언제나 우리의 뜻을 배반해 온 것 같은 느낌을 지울 수가 없다. 그럼에도 불구하고 역사란 그 모든 인간의 과오 또는 반동에도 불구하고 어떤 의미에서는 그것을 넘어서 발전해 가는 것이 아니겠는가. 그것을 우리는 선인들과 함께 '인간의 머리를 넘어 관철하는 역사적 동향'이라고 할 수 있을 것 같다. 좀 더 비근하게 말한다면 우리 국민의 집단적인 의지와 행동에 의해서 우리의 생각을 넘어 역사가 흘러왔다고 해야 하는 것 아닐까.

그러므로 이 책에서 전개한 한국의 역사에 대한 내 사색은 점성술이 내거는 결론처럼 정확했다고는 말할 수 없다. 그것보다도 벌어지는 역사적 현실 속에서 국민의 한 사람으로서 그것을 나는 이렇게 바라보았고 그것에 대해서 이렇게 생각했다고 이제 고백하는 것이라고 해야 할는지도 모른다. 그런 역사적 현실 속에서 그 역사를 해석하기 위해서 선인들이 남긴 여러 가지 글을 읽으면서 어떤 때는 악전고투했다고 말할 수 있을 것 같다

내 마지막 책이라고 할 수 있는 한국 현대사에 대한 이 증언집, 이 긴 기록에 햇빛을 보게 해 주신 소화출판사에 깊은 사의를 표하고자 한다. 덧붙여 펜으로 쓴 이 원고를 입력해주었을 뿐 아니라, 늘 나를 지켜보고 도와준 아내 강종숙에게 뒤늦게나마 감사의 말을 전한다. 이 논평적인 단상들에서 상처를 받을 수밖에 없는 수많은 공인들이 계시는 것을 가슴 아프게 생각해 마지 않는다. 거듭 죄송하게 생각하면서 사과의 말씀을 드리지 않을 수 없다.

2009년 2월 20일

지명관

추기: 이 단상은 2008년 초로 끝을 맺었기 때문에 오늘의 경제위기 등에 대해서는 언급하지 못했음을 말해 두고 싶다.

차례

철학과 종교

1950년대

철학과 신학은 이러한 주체성에서 유사한 도식을 가진다.
신학이란 신앙하는 과정에서
자신이 자신에 대해서 정의하는 것이고
진리에 대한 자신의 관계를 현재적으로 표현하는 것이다.
그리고 진리에 보다 가깝게 나아가기 위하여
자신은 언제나 부정될 것으로 있다.

철학과 종교

어떤 학문에 한계를 긋는다는 것은 부정적 긍정이다. 형이상학이란 그런 사고에서 오는 것이다. 주체적 자각이라는 것도 한계의 자각에서 오는 것이고, 바른 인식이란 한계의 자각, 자기부정에서 출발한다. 신학에서도 그런 부정적 긍정이 선행해야 한다. 부정적 자기인식이란 신학적인 인식이다. 거기서 방법도 결정되는 것이 아닐까.

신학의 원천은 어디에 있을까. 형이상학은 경험 저편에 대한 인식이다. 신학에서는 객관적인 원천과 주관적인 원천을 생각해야 한다. 계시는 객관적으로 주어진 것과 신앙이라는 것으로 대표되는 내재적인 것이 서로 얽혀가면서 전개된다. 여기에 신학이 일반개념의 '학'(學)일 수 없는 이유가 있다고 하겠다.

칸트는 형이상학은 대상에 따라 그 방법이 순수수학의 방법이 된다고 했다. 대상이 방법을 결정한다. 신학이 가진 특유한 대상이 그 방법을 결정짓는다. 신학은 그 방법에서도 비합리적인 것을 띠지 않을 수 없다. 신학에서는 객관적인 것과 주관적인 것에 함께 주어지는 소여(所與)를 근거로 한다.

신학에서는 단지 한계의식에만 머물러 있는 것이 아니라 죄의식 즉 인격적인 한계인식에 머문다. 한계인식에서 한계자각으로 나아가는 것이다. 죄에서 오는 한계인식에서 절대적 부정이 가능하게 된다. 한계인식에서는 자기부정을 하는 것이 아니라 자기를 규정하고 한계 짓는 데 불과하다. 종교적인 한계의식에서는 소여를 수용하고 구원의 길로 나아간다.

칸트에서는 논리적인 한계의식이 문제됐지만 실존적인 한계의식이 있고 신학적인 한계의식이 있다. 그것은 인식에서 의식으로 가는 길이다.

인식에서 인간존재에 대한 반성으로 나아가고 거기서 논리적인 한계의식을 가지게 되고 자신에 대한 한정으로 나아간다면 체념 위에 선 인생관이 성립되고 그것에 따른 실천이 있게 될 것이다.

나의 구속과 이웃의 구속이라는 관계는 변증법적인 것이 아닐까. 참다운 신앙에서는 이웃을 향해서 나를 부정함으로써 나를 긍정한다. 또한 이웃을 떠나고 부정함으로써 이웃을 긍정한다. 이러한 관계를 반복하는 것이 신앙에서의 실천이다.

자기 신앙으로의 귀환 즉 자기와 신과의 개인적인 관계가 없이는 이웃으로의 방향은 희박해지고 만다. 신과의 개인적인 관계만 있고 이웃으로의 방향이 없을 때 그것은 어떤 신비주의에서 보는 것처럼 자기도피라고 해야 한다. 예수의 경우에서 보듯이 선교란 신에 대한 기도라는 개인적 · 종교적인 삶과 변증법적인 통일을 가져야 한다. 선교가 힘을 가지려면 참다운 의미에서 내가 하는 것이 아니라 신이 행하는 것이라는 고백이 성립되어야 한다. 변증법은 주체적인 매개 없이는 생각할 수 없다. 그래야만 그것은 생명적인 관계가 된다.

로고스는 역사성을 지닌다. 그것은 역사에서 숨겨져 있으면서도 계시되어 있다. 여기에서 초월과 내재가 문제된다. 로고스는 역사성을 지니고 있기 때문에 창조에도 관계되고 구속에도 관계된다.

히브리 사상에서의 로고스는 초월에서 내재로, 즉 명령이 율법화하는 것이고 그리스 사상에서는 내재에서 초월로, 즉 법에서 명령으로 간다. 소크라테스의 지행일치(知行一致)에서는 이러한 이행, 그 비약이 충분하지 못했다.

남을 용서한다는 것은 자기도 같은 죄인이라는 자각, 즉 공통된 죄의식을 기반으로 해서만 가능하게 된다.

절대자와의 연결이란 부정을 매개로 한 모순적 통일이다. 현실은 부정 위에서 다시 설정되어야 한다. 그때 현실은 절대적으로 단절되어 있는 초월자와 연결지어진다. 부정함으로써 긍정한다는 것, 단절이 연속이라는 것이 일반논리와는 다른 점이다. 히브리 사상에서 로고스가 신의 명령으로 있다는 것은 인간에 대해서는 물론 자연에 대해서도 그렇다. 로고스가 「전도서」에서처럼 지혜 또는 이성으로 되어 간 것은 역동적인 힘을 잃고 그리스화한 것이라고 봐야 한다.

역설

역설(paradox)은 존재의 근거가 설정한 존재양식이다. 그렇기 때문에 역설을 통해서만 존재의 근거에 이를 수 있다. 따라서 역설은 우리의 구원을 위해서 주어진 것이다. 그런 의미에서 창조주가 구속자인 것이다.

역설에서 감사한다는 것은 한계에서 감사하는 것이고 창조주와 피조물의 넘을 수 없는 심연에서 감사하는 것이다.

인간이 죄인으로 설정되어 있으면서도 그때그때의 죄에 대해서는 책임을 져야 한다는 것이 성서가 보여 주는 인간존재의 역설이다. 사랑의 절정도 역설의 절정이 아닌가. 타애(他愛)가 자애(自愛)와 하나이며 십자가의 고난이 바로 아버지와 아들이 하나 되는 사랑의 사건이었다.

신의 의(義)란 우리들의 사고의 차원에 있지 않다. 욥에게 고난의 운명을 던져 주는 의다. 상대적인 선이 아니라 절대적인 선이다. 거기서는 상대적인 악이란 존립의 근거를 잃는다. 악이 리얼하면서도 존재를 잃는다. 어거스틴은 악이란 선의 결핍상태라고 했지만 악은 그보다 훨씬 리얼하다. 그러면서도 신의 의 앞에서 그것은 존립의 근거를 잃어버리는 것이다.

나는 날마다 죽노라 라고 하는 것이 신학적 방법론이다. 강력한 자기부정에서 강력한 자기 선포가 전개된다. 부정과 선포의 역설이다. 자기를 주장하는 것은 부단한 자기부정에서만 가능하다.

기독교에서의 위기란 빛과 암흑이 대립되어 있는 양상이다. 카리스마적인 지도자에게 추종하는 것이 아니라 그것과 대립하는 것이다. 그것은 구속의 가능성을 내포하고 있는 위기다. 역사는 신이 선택한 사람을 축으로 해서 선회한다. 예수를 중심으로 해서 사탄이 갖은 모습으로 작동한 것처럼.

부정을 부정한다. 신 앞에서 나를 부정한 것을 다시 그것은 내가 한 것이 아니라 신이 역사한 것이라고 부정한다. 그것은 이중부정으로 긍정한다는 것이 아니라 부정을 끝까지 관철하는 것이다. 거기서 신의 절대주권을 긍정하고 받아들인다.

인간 이성의 최고가 그 자체의 붕괴를 의미한다는 역설. 그러나 그것이 구원이라는 역설. 그 붕괴의 자각에서 인간 이성의 한계를 자각하고 그것을 부정함으로써 그 본질로 되돌아간다. 이 과정은 이처럼 부정하는 능력을 자각하는 데서 절정에 이른다. 부정하는 능력이 곧 정신이고 그 능력을 자각한다는 것이 깨달음이고 구원이라고 해야 한다.

소크라테스에게서도 지(知)에 대한 선포는 무지를 자각하고 고백하는 데서 성립했다. 그의 선포도 부정을 매개로 한 것이었다. 선포는 직선적인 것이 아니라 부정을 매개로 한 것이라면 선포란 부정을 매개로 해서 호소하는 것이라고 해야 한다.

의인과 죄인에 대해 심연을 사이에 둔 절대적 단절에서만 생각해 왔다. 그러나 기독교 신앙에서는 의인과 죄인은 절대적으로 대립된 타자이면서도 통일하다는 역설이 가능하다. 어디까지나 죄인이면서도 어디까지나 의인이라는 데 신앙의 신비가 있다.

신앙에서의 진리란 단순한 진리가 아니라 생생한 성실성에 자리하고 있다. 야스퍼스(Jaspers)는 철학이란 '진리의 추구'이고 '진리의 소유'가 아니라고 했다. 부단한 부정의 길이다. 그리하여 신학도 '도상(途上)에 있는 존재'이게 된다.

그러나 더 나아가서 '진리의 소유'이면서도 '진리의 추구'라는 역설적인 관계에 신앙의 논리가 자리 잡고 있다고 하겠다. 그리스도를 소유하고서 어떻게 그리스도를 찾고 구하려고 하지 않겠는가. 그 소유가 부분적이기 때문이 아니라 죄, 인간의 자기중심성으로 그것이 흐려지고 감추어져 있는 것이 문제다. 신앙에서의 진리는 진리에 머물러 있는 것이 아니라 생생하게 진리를 찾아가는 성실성에 있다.

철학과 신학은 이러한 주체성에서 유사한 도식을 가진다. 신학이란 신앙하는 과정에서 자신이 자신에 대해서 정의하는 것이고 진리에 대한 자신의 관계를 현재적으로 표현하는 것이다. 그리고 진리에 보다 가깝게 나아가기 위하여 자신은 언제나 부정될 것으로 있다.

언제나 방법론에 대한 비판을 제기할 수밖에 없다. 경험론에 대한 비판이나 칸트의 비판은 모두 고전적인 것이다. 현대철학이나 신학에서도 방법론 비판이 선행되어야 한다. 학문의 대상과 인간 능력의 관계를 문제 삼고 인간 능력의 한계를 자각해야 하기 때문이기도 하지만 그 학문 자체가 방법론 비판을 요구한다. 사회상황에서 오는 요구, 개인에 따른 요구가 새로운 역사 속에서 제기되므로 방법론이 검토되지 않을 수 없다. 예기치 못한 낯선 것이 오는데 어떻게 낡은 방법으로만 해석하려 하겠는가.

모놀로그와 다이얼로그

야스퍼스는 '광기'(狂氣)의 가능성을 말했지만 광기가 가능하다는 것은 그것이 인간에게 항존하고 있기 때문일 것이다. 광기는 인간 존재의 근본 상황이다.

호소한다는 것은 독백과 대화의 역설적인 긴장에서 이루어지는 것. 자기만의 모놀로그가 모놀로그일수록 다이얼로그이게 된다. 모놀로그와 다이얼로그 사이에는 심연이 가로놓여 있지만 진정한 모놀로그 없이 다이얼로그는 없다. 오늘에는 모놀로그의 성실성 없는 다이얼로그의 범람.

모놀로그와 다이얼로그의 관계는 통일과 커뮤니케이션의 관계다. 이러한 역설적인 관계를 산 것이 예수의 삶이었다. 기도하는 예수와 설교하는 예수를 생각해 보자.

모놀로그의 근본성격도 다이얼로그이다. 대화를 떠난 로고스는 없다. 로고스는 언제나 관계 속에 있다. 그래서 대화하는 사이에 통일을 가져온다. 독백이란 "자신에 따른" "신 안에서"의 독백이다. "자신에 따른" "자신 안에서"의 대화와 "신에 따른" "신 안에서"의 대화가 역설적으로 그 본래의 긴장을 유지하면서 하나가 된다. 밖에 나타나는 대화란 불완전한 것이며 내적 대화의 불완전한 복사다. 모놀로그, 즉 다이얼로그라는 직접적인 관계가 아니라 모놀로그에서 다이얼로그로 다이얼로그에서 모놀로그로라는 운동이 뚜렷하게 나타난다. 이처럼 '에서 · 으로'라는 관계뿐만 아니라 '에서'라는 관계도 가진다. 확실히 내적인 세계에서는 모놀로그가 다이얼로그고 다이얼로그가 곧 모놀로그이기 때문이다.

종교적인 내면에서는 "신에 따른" "신 안에서" "신을 향한" 대화와 "자신에 따른" "자신 안에서" "자신을 향한" 대화는 '에서'에 집착하고 있다. 대화와 독백이 단절되고 독백이 대화와 단절될 위험이 언제나 있다. 독백과 단절된 대화에서 다시 독백으로 귀환하기도 하고 독백이 대화로 내몰리기도 한다.

죽음은 확정된 것이면서 누구도 그때를 알지 못한다. 죽음은 존재의 한계이고 그때를 모르는 것은 지성의 한계이다.

인간이 우리에게 존재로 다가오는 것이지 의미로 다가오는 것이 아니라고 말한다. '아프숼드'(absurde)라고 말하는 철학에서는 존재는 의미를 가지지 않는다. 한편 신앙에서는 존재를 패러독스(paradox)로 본다. 그때 존재는 의미를 가지게 된다.

윤리는 다만 지상명령이라는 빈혈적인 근거 위에 성립하는 것이 아니다. 그것은 감사와 분노라는 기초 위에 서 있다. 그 기초는 역설적이다. 분노하면서 감사하고 감사하면서 분노한다. 그렇기 때문에 윤리는 생생한 힘을 가진다.

"나는 날마다 죽노라"가 나를 움직이고 있는 것이며 신학을 하는 기본이다. 결정적인 신관(神觀)에 의해서 획기적인 신학이 나타난다고들 말한다. 오늘의 실존적 상황에서는 역시 '나'를 어떻게 파악하느냐에 신학에 대한 기초가 있다고 생각된다.

신과 인간은 심연(深淵)을 사이에 두고 대립하고 있다. 그러나 그것에 앞서서 연결되어 있다. 그러면서도 대립한다. 인식론에 있어서도 주관과 객관은 대립한다. 그러나 그 밑바닥에는 '주객합일'(主客合一)의 마당이 존재한다.

패러독스는 구원에로의 길이다. 그런 의미에서 그것은 구원에 이르는 암호이고 도표다. 야스퍼스는 이런 암호는 '단순한 오성(悟性)'에서 들을 수 있는 것이 아니라 우리의 실존이 드러나는 데서 들을 수 있다고 했다. 종교적으로 암호를 받아들이게 하는 것은 물론 단순한 오성이 아니라 신앙에 근거한 실존이다.

철학에서는 야스퍼스에서처럼 "철학적 사고의 파열(破裂)을 의식한다"고 말하지만 신앙에서는 동시에 그 유죄성(有罪性)을 자각하는 것이다.

空

계시(啓示)는 '존재'다. 그러나 '인식된 존재'는 결코 '즉자적(卽自的)인 전체적인 존재'는 아니다. 그렇다고 해서 '존재'와 '인식된 존재'는 전혀 이질적인 것이라고는 말할 수 없다. 그 사이에는 단절과 연속이 있다. 부단히 단절을 체험하면서도 '인식된 존재'와의 연결을 끊임없이 체험한다. 도리어 단절에서 '존재'를 체험한다. 단절에서 심각한 절망을 느끼는 데 연결점이 있게 된다.

'비'(悲)만 있고 '지'(智)가 없으면 전도(顚倒)에 빠진다고 했다. '공'(空)도 역시 공이라고 보기 때문에 공에 집착하지 않는다. 이 경지에서는 '유'(有)와 공이 역설적으로 함께하게 된다. 공이 유이기도 하는 역설적 표현은 공이 유를 내포하는 공이라는 뜻이 아닐까. 어디까지나 유이지만 종교적인 자각에서는 유(有)가 존재성을 상실하고 마는 것이다.

불교적 실존에서 불가피하게 자아에 부딪친다. 그것은 유이지만 그것을 무라고 자각한다. 유는 무가 된다. 부정적으로 긍정하는 셈이다. 없는 것으로 설정되는 것이다. 유와 무가 동시적으로 있는 역설인 것이다. 유가 없는 것으로 설정됨으로써 무가 더 근원적인 것이 된다. 무가 유의 실상(實相)이니까. '집'(執)에서 떠난다. '증아공'(証我空)이고 '증법공'(証法空)으로 나아간다.

종교에서는 자기부정이 선행한다. 기독교에서는 자기를 무라고는 할 수 없다. 계시를 받는 나는 님이야 한다. 자기초극은 타율적이다. 불교에서는 자기 스스로를 무로 설정해서 자기를 초극한다. 그것은 자율적이다. 불교에서는 '돈점'(頓漸)을 말한다. 기독교에서는 그것은 신이 하시는 일. 다양해서 측량할 길이 없다고 한다.

기독교적 사랑은 현실에서 찾는 정의의 완성이면서도 그것의 부정이다. 기독교의 윤리적 양상이란 모두 그런 것. 하나님의 나라는 현실의 완성이면서도 부정이다.

신학적 모티브 속에 그 결론이 있다. 개신교는 이것이냐 저것이냐로 가름한다. 그래서 가톨릭에서와 같은 연옥설(煉獄說)이 없다. 연옥설은 희랍적인 단계설에서 온다.

한국사상사

1960년대

사상의 폐쇄성이란 '자애'(自愛)의 정신에서 오는 것이다.
그것은 자기를 완결된 것으로 주장하려는 것이다.
'자학'(自虐)에 가까운 자기비판의 정신은
어느 때나 개방되어 있는 자세다.
자학은 자애보다 더 강한 '자기파지'(自己把持)이면서도
열려져 있다. 거기에서 자기유지가 가능하다.

자애와 자학

사상강좌, 문학전집, 이런 것에서도 잡다한 것이 공간적으로 동거하고 있다. 잡다한 필자의 글이 대립의식이나 자기의식 없이 동거하고 있는 것이다. 모두 단편적이고 근본적인 전개는 찾아보기 힘들다. 개인저서의 출판은 빈곤하고 체계적으로 전개된 사상이란 없다.

전통적으로 유럽에서는 지적으로 고유한 세계가 성립되어 있었다. 그렇기 때문에 정치참여란 그러한 세계를 벗어나는 것이며 자기비판적이고 자기부정적인 것이었다. 우리 사회에서는 정치 우위의 일원성(一元性) 속에 지식인은 매몰되기 쉬웠다. 그러므로 데가주망(dégagement)으로 가는 방향이 자기부정과 자기비판의 길일 수도 있다.

사상의 폐쇄성이란 '자애'(自愛)의 정신에서 오는 것이다. 그것은 자기를 완결된 것으로 주장하려는 것이다. '자학'(自虐)에 가까운 자기비판의 정신은 어느 때나 개방되어 있는 자세다. 자학은 자애보다 더 강한 '자기파지'(自己

把持)이면서도 열려져 있다. 거기에서 자기유지가 가능하다.

소수자라는 자각에는 피해자 의식이 수반된다. 그러나 현대 한국의 기독교가 마이너리티로서의 자의식을 가지자는 것은 자기한계를 인식하고 주장과 실천에 따라오는 비극성을 자각하고 설정하자는 것이다.

우리는 오늘날 직업으로써 자기를 제시한다. 직업을 통해서만 공적인 관계를 가지기 때문이다. 유교적인 의미에서의 윤리나 그런 인간관계에 따른 정감이 결여되어 있다. 서로 거래하는 대중의 마당에 있다. 현대인이란 지난날의 상하의 윤리나 정감에서 단절되어 있다. 고독한 인간들이다. 낡은 윤리를 존재의 윤리라고 한다면 오늘의 윤리는 행동의 윤리라고 할지 모른다. 폐쇄된 사회의 정적 윤리가 아니라 개방된 사회의 동적인 윤리다. 4 · 19는 이러한 새로운 윤리로의 전환이기도 했다.

자애는 언제나 남과 비교하면서 내게 있는 소량(小量)의 의(義)를 찾아서 자기긍정을 하려고 한다. 자기비판의 정신은 자기 안에 있는 다량의 의에도 불구하고 소량의 불의(不義)를 문제 삼고 자기를 규탄한다. 그렇기 때문에 그것은 비교의 입장이 아니라 자기에게 대한 모놀로그이다.

여야(與野)란, 미국 정치에서는 명확히 구분되지 못한다. 야란, 선거에서 여가 되지 못했을 뿐 다음에 여가 되기를 기하고 있는 것이다. 여야를 넘어 정치 자체를 비판할 수 있는 지적인 비판 세력으로서의 야를 우리는 찾아야 하겠다. 이상적으로 말하면 교회는 그런 자리에 서야 한다. 여이든 야이든 자애에 사로잡혀 있는 정치 세력과 본질적으로 극을 달리하는 세력을 어떻게 하면 구축할 수 있을 것인가. 우리에게는 정치 우위의 시대만 있었고 종교 우위의 시대는 없었던 것이 아닐까. 그러니까 종교의 지배에서 해방되려고 몸부림칠 필요가 없었다. 제정일치(祭政一致)란 우리에게서는 정치 우위를 의미했으니까.

노모스(nomos)에서 아가페(agape)로의 결단이란 정신이 더듬는 영원한 길이다. 그 사이에는 단절 즉 연결, 연결 즉 단절의 역설이 있다. 구약성서와 신약성서, 에로스와 아가페, 행함과 믿음 관계도 역시 그렇다. 윤리종교와 신비종교의 관계도 마찬가지다.

사도 후 교부와 호교가(護教家)에게서는 창조주이신 신의 수육(受肉)과 부활이 근본적인 도그마였다. 그것은 희랍세계와의 대결에서 나타난 것이다. 오늘에 나타날 도그마는 무엇일까. 위기의식에서는 종말론(終末論)에 기울어지지 않을 수 없다. 그리고 종말론에서 전개되는 윤리적인 것에 관심을 가지게 된다.

자애의 입장이란 비논리적이고 감정적인 것이다. 그러니까 수식과 장식을 일삼고. 진정한 논리에서는 현존재(現存在)란 사실은 일차적으로 고발당할 것으로 있다. 아무래도 이 시대에는 모세의 출애굽보다는 바울의 자기고발과 패러독스와 그 위에 선 윤리적 정신이 문제인 것 같다.

'이마고 데이'(imago dei)는 틸리히(Tillich)처럼 이성적인 가능성이라고 보는 것이 좋다. 그것은 인간의 본질에 속한 것이고 거기에 자유의 구조가 내포되어 있다. 브루너(Brunner)가 '이마고 데이'를 신의 말씀에 대한 응답성에서 찾은 것은 신과의 관계에서 윤리적인 면을 파악한 것이다. 그것은 이성의 현실이다.

지식인은 역사 안에 있으면서 역사를 초월한 눈이어야 한다. 그 눈이란 인간의 내면에서 인간을 바라보고 비판하고 심판하는 눈과 하나이다. 그것은 그러한 초월성 때문에 어떤 의미에서 신적인 것이라고 할 수 있다. 이때 현존재는 세상에 있으면서도 세상과는 다른 존재가 된다.

신이 언제나 역사를 지탱하는 존재이면서도 비판자 또는 심판자로 임재하는 것처럼 지성은 역사의 형성자이면서도 동시에 비판자이고 심판자다. 그것이 틸리히나 브루너가 말할 '이마고 데이'다.

자애는 남에게는 메시아적인 완전을 요구하고 자신에게는 그지없이 관대하다. 교역자와 신도들 사이에서도 그렇다. 그리하여 때로는 가식하는 자가 나타나서 메시아 기대의 심정에 만족을 주는 것같이 보인다. 거기에 신흥종교의 자리가 있다.

자기비판에 설 때 남에게는 관대하고 자신에게는 엄격하다는 역전이 가능하다. 그러나 민중의 기대를 만족시킬 수 없기 때문에 수난은 불가피하다. 그렇지만 수난의 땅은 축복의 땅. 민중의 메시아 대망, 성서적 이미지의 인물에 대한 고대는 이러한 역설을 낳는다.

자기비판에서 역사를 기록하는 것과 자기중심 즉 자애에서 역사를 기록하는 것과는 전혀 다른 역사를 산출할 것이다.

동양적인 사고방식은 허구에 불과한 제도를 절대시하려고 한다. 기독교는 이것을 부정한다. 오늘 하나님의 말씀에 응답한다는 자리에서 제도를 문제 삼고 구상하기 때문이다.

역사 그리고 종교

사회적 관심에서만 종교를 보아서는 안 된다. 개인이나 국가의 문제를 해결하는 종교라면 샤머니즘이나 호국종교와 다를 바 없다.

오늘과 같은 정치 우위의 시대에는 비정치적인 영역을 어떻게 육성하느냐 하는 것이 매우 중요한 문제다. 문화 존중, 정치 경멸의 정신이 아쉽다. 좀 더 정치에 대한 실망이 필요할지 모른다.

이데올로기란 객관적인 역사적 현실에서 형성되었다기보다는 인간이란 도저히 구원받을 수 없다는 절망에서 선택되는 것이라는 생각이 든다. 이데올로기를 선택하고 결단하는 것이다. 거기에 이데올로기의 잔인성이 일어날

소지가 있는 것이 아닐까. 독일의 고전철학 이후 인간이란 무엇이냐 라는 규정이 혼미해지고 부정적이 되었다.

모든 사람과의 단절을 더욱 느낀다. 마르크스를 공부해야 하겠다. 내면세계만을 찾는 동어반복(同語反復)이란 견딜 수 없다. 자연적인 삶만을 유지하기 위한 생활을 청산해야 하겠다. 모두 잠든 밤, 나는 확실히 홀로 있다. 나를 말하게 해 주고 이해는 못해도 긍정해 주는 사람이 그립다. 약한 자의 푸념이겠지만. 독재가 전제하는 기본적인 인간관이란 무엇일까. 그것이 허무주의라면 그것을 혐오하는 나에게서도 마찬가지가 아닌가. 독재에 반대한다면 먼저 이 허무감에서 벗어나야 할 텐데. 분노는 진정한 사랑이 있을 때만 가능하다. 사랑은 분노의 터전이다. 성서에는 이런 도식이 첨예화돼 나타나 있다. 사랑하지 않으면 분노할 필요가 없다.

해석학에서 추체험(追體驗)의 가능성을 생각하는 것은 인간과 인간의 연속, 이해와 결합의 가능성을 믿고 있기 때문이 아닐까. 의미론(意味論)에서는 인간과 인간 사이에 단절을 전제하고 있는 것 같다. 그처럼 두 가지 사상이 서로 상이한 기본경험을 가지고 인간론을 형성했으며 각기 다른 이데올로기적인 성격을 가지고 있는 것이 아닌가 생각된다.

마르크스의 단절적인 역사관은 과거에 대해서 매우 관대하지 못하다. "구관(舊官)이 명관(明官)"이라는 것은 회고의 역사관이다. 플라톤의 「아나므네시스」는 영원히 아름다운 것, 초월계(超越界)에 대한 회고다. 그것은 현실부정적인 것이다. "구관이 명관이다"라는 것은 이 세상적인 것이며 과거를 오늘에 병립시키고 오늘을 체념하고 긍정하자는 것이다. 거기에는 역사의 진보에 대한 신념이란 없다.

중세를 암흑의 시기라고 생각한 단절의식에서 그러한 결단과 실천이 가능했다. 마르크스도 그러한 전통사상과 무관하지 않다. 아시아적 정체성이란 이러한 주체적인 역사의식의 결핍을 의미하는 것이라고 할 수 있지 않을까.

오늘날은 중세를 도리어 밝은 시기라고 보려는 경향이 있다. 그것은 근대를 초극하려는 의식에서 온다. 역사에 대한 단절의식에서, 단절하려는 결단에서 온다. 단절의 실천을 결단하려고 한다면 역사를 단절적으로 보기 마련이다. 우리에게도 역사에 대한 단절의식이 이제는 싹트고 있다고 할 수 있지 않을까. 그것은 신의 지배 하에 있는 역사라는 인식보다도 신의 역사에 대한 참여라는 윤리적 의지가 일어나는 것에서 온다. 일반명제(一般命題)와 명령명제(命令命題)가 역설적으로 관계한다. 마르크스에서도 마찬가지로 역사의 필연을 인식함으로써 실천을 불러일으킨다. 인식이 실천의 바탕이 된다. 필연과 자유가 역설적인 통일을 이룬다. 우리가 역사의 필연에 반역하여도 역사는 그 자체의 길을 간다. 그것을 거스른 개체가 멸망할 뿐이다.

우리의 전통적인 의식에서는 역사란 객관적으로 볼 때 재발이고 반복이었다. 그리고 주체적인 의식에서는 회상이었다. 그러므로 진보와 발전이라는 의식은 객관적으로도 주관적으로도 없었다. 여기서 역사의 정체성이 더욱 조장되었다. 재발과 회상은 연결되어 있었으며 그것을 부정하려는 결단이 없었다. 과거에 대한 증오가 없었다. 주체적으로 회개가 없었으며 과거는 언제나 남아 있었다.

경험은 그 부분적인 성격 때문에 한계성과 추상성을 지닌다. 거기에서 성립되는 인간론도 결국 부분적인 것이다. 그렇게 인간을 설정해 보는 셈이다. 그러므로 그런 부분적인 경험에 의한 존재론에 근거한 이데올로기는 붕괴되기 마련이다. X로 규정하는 순간, 비(非)X의 면이 대두한다. 그러므로 존재론도 이데올로기도 개념으로서의 변증법적인 발전을 피할 길이 없다. 그것은 밖에서 보면 크로체(Croce)가 말하듯이 차이로 보이겠지만 내면에서 본다면 헤겔이 말하듯이 반대와 대립이다.

역사란 언제나 콜링우드(R. G. Collingwood)가 말하듯이 동시에 창조적이고 파괴적이다. 우리의 현실도 그럴 것이다. 너무 파괴적인 면만 보고 위기의식만을 강조해서는 안 된다. 그 속에서 창조적인 것을 보고 격려를 받아야 한다. 오늘을 결정하고 있는 것은 정치에서의 찬반이 아니라 그것들을 바라보고 있는 새로운 시선이다.

정치적인 시대란 언제나 소피스트(sophist)의 시대다. 희랍에서 인간을 무지하다고 규정했을 때 신은 전지자(全知者)였고 신을 찾는다는 것은 더 많은 지혜를 얻자는 것이었다. 스토아 철학자들이 인간이 부도덕하다고 했을 때 신이란 최고의 덕이었으며 신을 찾는 것은 보다 많은 덕을 구하기 때문이었다. 기독교가 인간을 죄인이라고 보았을 때 신이란 절대의(義)였다. 그러므로 신에 대한 관계란 보다 의로움을 구한다는 것이었다.

그렇다면 현대에서는 어떨까. 인간이란 무력하다는 것일까. 그러니까 신에게서 전능(全能)을 구하려고 할지 모른다. 그러나 실제로는 신과의 관계에서 허무주의적이다.

역사를 애증(愛憎)이라는 입장에서 본다면 그것은 자애(自愛)의 역사다. 자기비판을 매개로 한 공정성에서 역사를 재구성하는 일을 해 나가야 한다. 우리나라의 역사에서는 우주라는 개념이 출현하는 것이 아주 늦었던 것이 아닐까. 우주적인 역사의 시작이란 종교에서 나타나는 개념일 테니까. 종교는 평화와 전쟁, 행 · 불행과 같은 대립에 자리하고 있는 것이 아니라 고난 즉 축복이라는 전혀 다른 차원에 있다. 종교는 대립 속에서 평화와 행복을 선택하는 것이 아니라 그런 상대적인 대립을 초극하는 세계에 자리하고 있다.

한국의 현대사

이어령은 나그네길이란 서구에서는 희망의 길이었고 동양에서는 서글픈 길이었다고 했다. 여기서 진취적인 태도와 보수적인 태도를 말할 수 있겠지만 사실 사회를 떠난다는 것은 사회적 질곡에서 벗어나는 길이니까 사회에 대한 거부를 의미한다. 사회의 억압 속에서도 행복을 구하려고 하기보다 사회에 대한 항거에서 행복을 구해야 하겠다. 전제나 독재에 대한 우리의 투쟁은 자유를 위한 투쟁이었다기보다는 생존을 위한 투쟁이었지만.

"더러워야 잘 산다" "악해야 오래 산다" "미인박명(美人薄命)" 여기에서도 역사의 불합리성, 그 아이러니를 말하고 있다. 슈바이처도 세계 인식에서는 인생에 대한 긍정을 발견할 수 없다고 했으니까. 데카르트의 방법론적 회의를 슈바이처는 '생에 대한 의지'를 발견하는 데 사용했다. 데카르트는 인식론적인 마당에서였고 슈바이처는 윤리적인 마당에서였다. 호모 사피엔스(homo sapiens)의 시대와 호모 파베르(homo faber)의 시대라는 대조에서 오는 것일까.

선의의 독재를 원한다니 얼마나 정신이 퇴폐해졌는가를 알 수 있다. 자기에게는 선을 결단할 힘이 없다고 폭력에 맡기겠다는 것인가. 지금 모두가 민주적인 이념을 마음속에 품게 되었다. 그러나 그것이 실제로 작용하기에는 다음 세대를 기다려야 하는가. 소크라테스의 코즈모폴리턴적인 생각도 다음 시대에 가서 스토아철학에 이르러 꽃피었듯이. 이념은 교과서를 통하여 새 세대에 이르렀으나 현실은 그것과 상반된 것이었다. 4·19의 비극도 거기서 일어났다.

여당은 막강한 힘, 야당은 전혀 무력이라는 불균형한 상태. 이런 때 신문의 중립이란 무엇일까. 지식인의 중립성이란 이러한 자리에서 양측을 나무란다는 고고한 자세가 아니다. 철저하게 소수자에게 가담해야 균형이 있을 수 있다. 정치적인 계산, 파워에 대한 계산 없는 공정 중립이란 없다. 독재, 집권자 절대란 동방의 산물이다. 로마의 황제 숭배도 이집트에서 들어갔다고 하지 않는가. 오늘도 동방적인 천자 숭배가 아시아를 뒤덮고 있다. 이른바 민족적 민족주의라는 것이 한국적이라고 한다면 아마 그런 의미에서일 것이다. 그런데 적응해 살아왔으니까 그대로 계속하라는 것이다. 권력은 언어만 바꿀 뿐 쇠사슬을 채우는 것은 마찬가지다.

지난날 이 땅의 사상사에서 발견하는 것은 인간정신의 미발전, 인간정신의 왜소함이다. 그러니까 그러한 우리 자신에 대한 비판에서 성장을 모색하는 수밖에 없다.

인간은 편견 속에 태어난다. 예를 들면 가톨릭의 세계를 절대시하는 세상이나 제국주의를 찬양하는 세상에 태어나서 아무런 모순 없이 그 속에서 살아간다. 오늘은 후진국에서의 강력한 통치력이라는 편견 속에 살고 있는 것인가.

H. G. 웰즈(Wells)의 『세계문화소사』를 번역하면서 여러 가지 생각을 하게 된다. 제1차 세계대전 후에 독일인들은 독일은 패망하지 않았고 내부에서 배반당했다고 생각했다고. 그래서 복수심에서 전체주의와 침략의 길로 가다가 패망하고 말았다. 그러나 제2차 세계대전 후에는 속죄의 길을 걷고 민주주의를 추구했다. 연합국도 무거운 배상의 짐을 지우기보다는 민주적인 부흥의 길을 도왔고. 여기서 역사의 진보를 보고 역사에서 배우는 모습을 볼 수 있다고 해야 한다.

그런데 웰즈는 전쟁에서 돌아온 또는 전쟁 후의 처참한 상태에서 성장한 젊은이들이 문제였다고 했다. 불안에 휩싸이고 절망에 빠진 좌절된 젊은이들. 혁명이나 전체주의에 대한 위협이 여기에 있었다고. 제2차 세계대전 후에는 그것을 극복했다고 하겠지만 오늘의 한국에서도 역시 그것이 문제다.

한국 현대사 연구에 대한 관심이 내 마음속에서 크게 일어나고 있다. 트뢸취(Troeltsch), 콜링우드(R. G. Collingwood), 웰즈 거기에다가 토인비(A. Toynbee)를 읽고 나서이다. 토인비는 역사에서 신학을 전개하면서 내일의 역사를 전망했다. 역사 기술 방법에 대한 모색을 좀 더 계속해야 하겠다.

성공적인 교회사는 앙가주망(engagement)에서나 데가주망(dégagement)에서나 마찬가지로 가능하다고 생각한다. 한국 교회는 지금 이 두 가지 면에서 모두 실패했다고 생각된다. 앙가주망에서는 현실 탐닉이고 데가주망에서는 물질적인 신비주의이고. 두 가지 면이 모두 샤머니즘적이라고 할 수 있지 않을까. 외향적으로나 내향적으로나 너무나 현실 긍정적이다.

보수적인 신앙에서 자랐기 때문에 자유주의적인 신앙으로 출구를 찾으려고 하는 것이 아닐까. 자유주의적인 신앙에서 자라났으면 반대로 보수적인 신앙으로 향해 가고. 어느 쪽에 있거나 자기가 놓여 있는 신앙이 완성된 것이라고는 생각하지 않기 때문이다. 그것은 과제이며 넘어설 문제로 눈앞에 놓여 있다고 생각할 것이 아닐까. 교리사의 변증법적 발전도 거기에 이유가 있을 것 같다.

3 · 1, 8 · 15, 4 · 19는 현대사에서 언제나 희망을 일깨워 주는 역사다. 6 · 25, 5 · 16은 그 반대로 언제나 절망을 가져다준다. 퇴폐해질수록 구원의 날을 기다리게 된다. 어둠의 극한에 예수도 오셨으니까. 민중은 전락하면서도 역사에 대한 법정으로 성장해가는 것 같다. 전락의 역사가 그것을 부정하는 힘을 산출하고 성공의 역사가 그것에 대한 네메시스(Nemesis)를 산출한다. 퇴폐가 역사의 표면이라면 그 지하에 비판이나 퇴폐의 표면을 부정하는 역사가 성장해간다. 이 지하의 움직임을 볼 수 있고 그것에 참여하고 그것을 격려하는 엘리트의 존재가 요구된다. 사실 이 지하의 흐름이 역사를 지탱하고 있다.

프로테스탄트 신학은 가톨릭의 신학에 비하여 다혈질이며 농도가 짙은 것이라고 생각된다. 세속적인 인간에게 더 가까이 서 있다. 역사 내의 종교이고자 한다. 신앙과 불신앙 사이에서 신앙을 택한다기보다는 신앙과 불신앙의 역설적 통일을 구한다고 할까. 신앙에 선 기독교라기보다는 불신앙에 선 기독교다. 회의 속에서 나를 버리시나이까 하면서 나라여 임하옵소서 라고 인간적으로 부르짖는다. 여기에 프로테스탄트 신학이 자리하고 있다. 죄인을 부르는 신학이기 때문에 복음주의적이라고 한다. 종교가 리비도적일 때 그것은 지배자의 종교가 된다. 그리스도를 중심으로 한다는 것은 바로 그런 것을 거부하려는 것이다.

4 · 19에서 민중이 자기 힘을 자각하게 된다. 민중이 엘리트의 위치를 찬탈하는 역사가 가속된다. 5 · 16도 거기서 가능했다. 여러 가지 모양으로 민중의 힘에 대한 자각이 나타나고 발전하고 있다. 대체세력이 없다면 4 · 19 이후처럼 또는 8 · 15 이후의 일본처럼 무너진 세력이 재편성되는 데 불과하다. 이전 체제에서 탈락했던 자들이 새 세력을 가장하고 나타나기도 하고.

한국 교회사

칸트의 인식론에서는 주어진 소여(所與)에 대하여 선험적인 형식이 작용하여 인식을 구성한다. 실천에서도 그런 것이 아니겠는가. 주어진 것, 과거적인 필연 위에다 자유로운 윤리적 결단이 작용하는 것이다. 거기에서도 필연과 자유의 종합이 실현된다. 오늘의 윤리란 주어진 조직 속이라는 소여(所與), 그 좁은 공간에서 결단하는 것에 지나지 않는다. 예를 든다면 그것은 새로운 사회를 만들기 위한 열정적 영웅적인 행동일 수 없다. 그러니까 행동하기 전에 극복하기 어려운 허무에 사로잡히게 된다.

공(空)이라는 인식은 사실 공이라고 결단하는 데서 오는 것이다. 그런 결단이 없다면 공은 비공(非空)이다.

토인비는 유럽의 지배가 보여 준 잔인성과 함께 유럽 지배의 악유산이라고 할까, 민족 내부에서의 자기민족에 대한 잔인성을 지적했는데. 우리나라의 남북문제도 거기서 찾아볼 수 있고 오늘의 군사정부의 잔인성도 거기에서 볼 수 있지 않을까. 그들의 잔인성을 도리어 미국이 견제해 준다고 하는 생각.

횡포와 탐욕은 자기 정부에, 관용과 민주는 미국에. 이 얼마나 슬픈 사유인가. 독재는 새로운 문화의 창조를 저지할 뿐만 아니라 기존 문화를 몰락으로 이끈다. 문화를 낳는 정신이란 방향전환을 주체적으로 수행하는 것이다.

반공방첩의 구호가 거리에 넘치고 있다. 그런데도 통일의 기운이 무르익어 간다고 구두선처럼 되뇐다. 그런 환상을 국민은 가지고 있지 못한데도. 그리고 그렇게 주장하는 통일이 오늘의 문제를 타개해 줄 것이라고 생각되지 않는데도. 민족사를 과장하는 곡필의 가능성만 크다. 조만식 선생은 근·인·서(勤忍恕)를 살려고 했다. 일제와의 투쟁에서 이런 도덕적인 인격이 도산이나 고당에게 형성되었다. 앞으로는 이런 인격이란 찾아볼 수 없겠지.

한국 교회에서의 말세론. 이것도 일제에 대한 소극적 저항이었다. 일본의 지배 하에서 일신의 안정과 행복이라는 정치구호를 거부하는 것이었으니까. 1930년대의 일본에서 발트의 신학을 현실도피적인 것으로 받아들였다는 것도 마찬가지일 것이다.

일본에서는 1890년대에 이미 자유신학이 들어와 있었기 때문에 1920년대 이후, 변증법 신학을 신앙과 신학의 재건을 위하는 것으로 받아들였다. 우리의 경우는 해방 후 발트신학이 들어와 자유신학이라는 낙인을 받았다. 우리는 일제 지배 하에서 신학적인 토양을 가지지 못했다. 전투적인 신앙만이 선행했다고 할까. 우리는 신사참배 거부투쟁이 목전에 놓여 있는 상황이었으니까.

엠마오로 가던 실망한 제자들이 다시 살아난 예수라는 기적에 의해서가 아니라 역시 그의 말씀에 의해서 새로운 용기를 얻고 선교의 길로 나아갔다고 보아야 하겠다.

종교의 피안성(彼岸性)을 강조하는 것은 대중이고 종교의 차안성(此岸性)

을 강조하는 것은 이른바 엘리트일까.

한국 교회사에 대한 인식은 그것에 대한 긍정을 의미하는 것이며 그러한 인식 위에 선 신앙적 실천이란 동시에 한국 교회사에 대한 부정 위에 서는 것이다.

영국에서도 소수의 지식인이나 종교가를 제외하고는 식민지 지배로 영국은 원주민을 위해 희생을 하고 있다고 생각했다는 것이다. 이런 식의 생각에서 일본에서는 오늘도 망언이 계속된다. 사실 영국은 방대한 식민지를 점유하고 있었기 때문에 고도의 행정력을 발휘해야만 했다. 반대로 일본은 많은 인구를 식민지에 이식하면서 직접적인 점유방식을 취했다. 실업자 구제를 위한 이민형식을 취했던 것이다.

한국의 희망

"나사렛에서 무슨 선한 것이 날 수 있느냐"(요한 1장 46절), 이것은 그 당시 서로 대립하고 있었던 희랍인 로마인 유대인 사이에 일치된 견해였다고 할 수 있다.

오늘날 우리나라에 대해서 세계 거의 모든 나라가 한국에서 무슨 선한 것이 날 수 있느냐 라고 생각할지 모른다. 문명이 발달하고 부유하고 안정된 사회에서만 어떤 선한 것이 나온다고 생각하는 것이다. 그러나 종교는 그렇지 않다. 도리어 모순과 갈등, 정신적 퇴폐에서 종교적인 기적은 일어난다. 죄악이 흥하면 흥할수록 은혜가 풍부하다는 패러독스라는 것일까.

한국이 처했던 정신적 공백상태에 기독교가 들어왔고 기독교가 한국의 정신적인 전통에 적합했다고는 생각되지 않는다. 그러니까 기독교를 받아들이게 된 사회 상황을 생각하지 않을 수 없다. 혁명을 위하여 지금까지와는 다른 새것을 받아들일 수 있는 것 아닌가. 거기서 오는 한국 기독교의 성격은 부단히 자기부정을 통해서 심화되어야 할 것이다. 그것이 불행이라는 입구를 통해서 받아들인 축복을 정말 축복일 수 있게 하는 길이 아니겠는가.

어떤 버거운 적이 출현하면 다시 질러티즘(zealotism), 열심파로 돌아간다. 내셔널리즘이란 그런 것 아니겠는가.

정치적, 경제적 충돌이나 만남보다 긴 눈으로 본다면 그리스와 로마의 경우처럼 종교적인 결과, 문화적인 결과가 더 중요한 것이다. 우리와 중국의 경우도 그렇다. 정신적인 결과가 중요했다. 그것이 우리의 사고방식을 결정했고 문화적 전통, 감성과 지성에 절대적인 영향을 남겼다.

일본과의 만남이라는 식민지 통치 기간은 그다지 길지 않았지만 오늘에 이르기까지 근대사에서 받은 일본의 영향을 어떻게 평가할 것인가. 잔재라고 할 만한 것도 크게 남았는데. 근대화라는 결정적인 역사의 시대에 우리가 일본과 만났던 것 말이다.

외면적인 변화의 속도는 빠르지만 내면적인 변화란 그렇게 빠르지 못하다. 현대문명의 속도 속에서는 내면적인 변화도 상당히 속도를 더해 가겠지만. 사실 종교는 종적으로나 횡적으로나, 시간적으로나 공간적으로나 문명 사이에서 다리와 같은 역할을 했다. 일제 하에서는 3 · 1운동에서 보는 것처럼 종교는 모두 하나가 되어 민족의 정체성을 지키려고 하지 않았는가. 역사의 변화, 정치의 변화 속에서 종교가 어떤 자리에 있는가 하는 것은 주목해 볼 과제다.

서구화와 일본의 지배라는 모순 속에서 한국은 근대사를 살아왔다. 거기에서 전통사회의 붕괴와 프롤레타리아의 확대를 경험했다. 한국 기독교는 이러한 상황 속에서 받아들여진 것이다. 그것은 모라비안적이라고도 일컬어졌지만 샤머니즘적이라고도 할 것 아닌가.

5 · 16이 우리 정신사에 무엇을 남겼을까. 좌절의식, 미래에 대한 절망, 정치 세력에 대한 회의, 말하자면 진보의지의 좌절이었다. 부정에 대한 항거도

약해지고. 지난날의 역사를 전락으로 보게 했다. 타락사관이고 차라리 과거가 낫다는 역사관이다. 5 · 16은 4 · 19 이전의 통치형태를 선호하는 반동이다. 역사를 개인에 대한 심판으로 보아서는 안 된다. 사건과 정책과 제도에 대한 심판으로 보아야 한다.

우리는 5 · 16에서 무엇을 배울 것인가. 군사정부가 지나고 나면 관용을 배우게 될 것인가. 그렇게 된다면 5 · 16에도 감사해야 할지 모르는데 그런 다행한 성장 전에 전면적인 몰락이 올 것만 같다. 그렇다면 고가의 희생만 치렀다고 할까.

제1차 세계대전 후에 물질적인 회복은 곧 이루어졌다고 하겠지만 정신적인 회복은 그렇게 간단하지 않았다고 토인비는 말했다. 그런 정신적인 공백상태에 나치가 침식해 들어갔다. 우리 현대사에서 6 · 25 후, 4 · 19 후는. 정치적 지도자들이란 물질적인 회복에만 관심을 기울였다고 해야 하겠다. 그 이상의 지도력을 가지지 못했으니까.

토인비가 말한 헤르디안(Herodian)도 질러트(Zealot)도 모두가 광포한 것. 역사를 개혁하는 세력도 그것을 그대로 지탱하려는 세력도 모두 광포하다. 지금의 한국 현실이 바로 그렇게 폭력적이다.

낡은 시대에 문화 중심지였던 지역은 새로운 문화에 적응하기 어렵다. 근대에 있어서 그 이전에 차별을 받던 서북지방이 더 새로운 문화에 대하여 적극적이 아니었던가. 앞선 자가 나중 되고 나중 된 자가 앞선다는 것이 이렇게 해서 일어난다. 앞서 있다면 휴브리스(hybris)가 생기는 것이겠지. 그래서 신앙에 있다는 것은 신앙에 있지 못하다는 자각에서 자기부정을 하는 데서 가능하다고 하겠고. 그것은 일반 역사에서도 마찬가지다.

"주께서 그 사랑하시는 자를 징계하시고 그가 받아들이시는 아들마다 채찍질하심이라"(히브리서 12장 6절).

그리스신화에서의 "고뇌를 통하여 지식은 온다"라는 말, 이것이 신의 법칙이다. 그래서 역사에 있어서 고난은 시련이다. 고난에서 교훈을 찾아야 한다. 역사를 결정하는 것은 주체다. 일본은 히로시마의 비극에서 세계가 한 가족으로 사는 것이 자기가 멸망하지 않는 길이라는 세계사적 교훈을 얻었다. 토인비는 이렇게 말했지만 정말 정신의 깊이에서 그렇게 되었을까. 그들의 사고구조가 변했을까. 기독교적인 자기부정 없이. 일본이 지닌 호전성과 섬나라 근성, 그것은 근대사에서 한국을 압도했는데 거기서 자기 탈피하여 세계시민으로 나아갈 수 있을 것인가. 참으로 어려운 과제라고 생각한다. 한국이 중국이나 일본에 비해 쉽사리 기독교를 받아들였다는 것은 한국에서는 그것에 저항할 수 있는 낡은 것의 힘이 약했다는 것도 의미한다. 그것은 한국에서도 서북지방에서 기독교가 더 발전했다는 것에서도 알 수 있다.

"우리가 이제는 거울로 보는 것같이 희미하나 그 때에는 얼굴과 얼굴을 대하여 볼 것이요…"(고린도 전서 13장 12절).

여기서 나는 현세에서의 우리의 역사인식에 대한 불가지론을 보는 것이다. 현실이 비관적일 때는 우리는 주관적이 되고 낙관적일 때는 객관적이 된다고 E. H. 카는 말했다. 한국의 현대사는 우리에게 거의 언제나 비관적인 것이 아니었던가. 그래서 우리는 객관적이고 이성적이기보다는 주관적이었고 감정적이었다고 하겠다. 그래서 순간을 추구하고 자기이익 우선으로 행동했던 것 같다.

서구사상에서의 진보사관. 진보를 역사의 법칙 또는 방향이라고 보고 진보하는 역사에 참여하려고 했다. 동양에서는 지난날 반복된 흥망성쇠를 바라보고 자기를 규제하는 거울로 삼으려고 했다. 법칙이라고 하기보다는 노모스로 보았다고 할까.

역사는 성공한 사실에 불가피한 것이었다는 외관을 부여하는 것이라고 카는 말했는데 5 · 16을 어떻게 설명한다는 말인가. 역사관은 사회관과 인간관의 반영이기도 한데. 8 · 15 이후 우리 역사에서는 자유로운 이성인이 증가했다. 인간의 힘이 증가했다. 거기서 4 · 19도 가능했고 5 · 16도 일어났다고 해야 하겠다. 그리고 그 힘이 좋든 나쁘든 앞으로의 역사를 지배할 것 아닌가. 그것에 주목해야 할 것이다.

한국정치

1970년대

우리도 역시 시몬느 베이유(Simone Weil)처럼
불행의 개념을 문제 삼아야 하겠다.
그리고 특히 '한'(恨)의 개념을.
한은 '노'(怒)가 계속되어도 '원'(怨)으로 변하지 않는다.
도덕적인 '분'(憤)도 아니고 '탄'(嘆)이나 '체'(諦)가 되고
'서'(恕)에까지 이른다. 영어로 하면 lamentation.
인생이란 그런 것 하고 먼 하늘을 쳐다본다고 할까.

개헌파동

개헌을 해야 공산 침략을 막는다고. 정치에 물들지 않은 기강이 확립된 군대가 있어야만 공산 침략을 막을 수 있다. 어떻게 박 정권이 막을 수 있다는 것인가. 오늘 더 무서운 것은 게릴라전, 그것보다 더 무서운 것은 합법을 가장한 침투공작이다. 공화당 국회의원들 사이에까지 장기간 공산간첩이 침투되어 있었다는 사실만 보아도 박 정권 하에서 무너진 사회기강을 가지고는 승공 또는 반공이란 거의 구호로만 끝난다. 5 · 16 쿠데타 당시 그들은 무너진 사회기강, 부정부패는 '공산 북괴의 간첩 침략'이라고 했는데, 오늘 무어라고 변명하려는 것인가.

개헌을 해야 경제발전을 유지할 수 있다고 하는데. 먼저 오늘 경제발전이 이루어지고 있다고 할 수 있는지 물어야 한다. 15억 달러가 넘는 외채. 월남에서 들어온다는 1억 달러, 한일협정으로 들어오는 1억 달러. 이런 것은 지금까지 어느 정권도 누리지 못한 혜택이 아닌가. 그러나 그 결과는 무엇인가. 국민이 기본생활을 유지할 수 없는 물가고 때문에 세계적으로 가장 비싼 가격으로 우리는 생활필수품을 사야 한다. 수출은 싸게 하고 그 결과로 수입해 들여온 물건은 하늘처럼 높은 값으로 판매된다. 이렇게 해서 올린 엄청난 이익의 태반은 정치자금으로 또는 권력자들의 개인소유로 둔갑하고 만다. 어떤 물품은 수출국 가격의 20배나 된다고 하지 않는가. 그런 국민 부담과 국민 부채를 안은 채 정치효과를 노려서 눈에 띄는 것을 몇 가지 만들어 놓고는 경제발전은 박 정권이 아니고서는 해내지 못한다고 국민기만이 이만저만이 아니다. 그런 흑막 어린 체제에서 치부하는 생활. 그리고 그 권력을 잃어버리면 국민의 심판을 받게 된다는 공포심. 그래서 집권유지를 정당화시키기 위해서 갖은 변명을 늘어놓는다.

그들이 경제발전을 이룩했다고 하지만 왜 새로운 체제가 그것을 이어서 발전시킬 수 없다는 것인가. 왜 그 건설이 중단된다는 말인가. 그들의 치부만이 중단되는 것이다. 그리고 국민 감시를 받는 새로운 체제가 일어날 가능성이 생길 뿐이다.

개헌을 하지 말아야 한국의 정치 발전이 가능하다. 이승만 정권과 자유당은 하나였다. 그래서 운명을 함께했다. 공화당이 민주적 절차로 새 인물을 선출해 내야 한다. 개인과 당과 국가가 하나여서는 안 된다. 지금 공화당은 반민주와 부패의 온상으로 국민의 눈에 비치고 있다. 민주적인 절차에 의해서 그 당이 운영될 때 그 자체도 성장할 수 있다. 그러므로 공화당도 반개헌의 기치를 들어주기 바란다.

우리가 가장 두려워할 것은 국민의 분열이다. 공산 침략을 막기 위해서도, 국가 발전을 도모하기 위해서도, 정직하고 유능한 정치 세력과 국민의 마음이 하나가 되어야 한다. 국민들 사이에서 부한 자와 빈한한 자, 권력자와 억압받는 자, 부정한 윗사람과 선량한 민중이라는 극대화된 대립이 사라져야 한다. 그런 부정과 모순에 가득 찬 사회를 가지고 어떻게 공산 침략과 대결할 수 있으며 조국 근대화라는 구호를 내걸 수 있겠는가. 그들은 다시 국민을 쓰라린 분열로 내몰면서도 영구집권의 개헌을 내세우고 있다.

일본 단상

니버(Niebuhr)가 말한 것처럼 권력은 과두체제, 일인집중으로 가고 국민은 방어의 수단을 가지지 못한 민중으로 전락한다.

일본의 경우에는 어떻게 해서 권력의 일인집중화를 막았을까. 독일과 비교해 보면 흥미롭다. 천황제가 국민적 합의 위에 서 있었기 때문에 권력집중을 상당히 억제하는 힘을 발휘했다는 것일까. 천황 중심의 원로도 그런 역할을 했다. 오늘은 민주주의라는 이름에서 내각 책임제를 하고 있으니까 그럴 수밖에 없을 것이다.

천황도 권력의 증대를 꾀하지 않았고 일종의 종교적 심벌로 남아 있으려고 했다. 거기에 다소라도 자제력이 작용했다고 할 수 있고 천황은 '반세이 잇케이'(만세일계, 萬世一系)라는 역사에만 충실하려고 했다. 일본에서는 권력에 대한 기묘한 억제장치가 작용했다.

권력이 과두체제화하는 데는 그것을 뒷받침하는 이데올로기가 있었다. 일본에는 그런 이론적인 이데올로기가 없었다. 천황의 신격화는 천황 자체가 권력을 지향하지 않는 한 다른 세력에 대한 억제의 역할을 할 수 있었다. 다른 세력들은 언제나 그 밑에 있으면서 신하일 수밖에 없었다. 일본 정치의 경험주의적 색채를 중시해야 한다. 천황제의 역사, 그 경험을 그들은 따라갔다. 그래서 자유 또는 방종에서 독재로, 독재에서 자유 또는 방종으로라는 식의 무원칙한 역사를 반복하지 않았다. 그리고 경험주의 때문에 그들은 지식인들의 아이디얼리즘을 거의 받아들이지 않았다.

미국의 기독교는 실제적인 상황에 대한 책임에 일치하기보다는 이상주의적이었다고 니버는 생각했다. 이것은 미국의 기독교가 청교도적이었다는 것과 관계가 있을는지 모른다. 이러한 기독교가 한국에 들어와서는 상당히 혁명적이었다. 그것은 주자학적인 결벽과 연결되었기 때문일 수도 있다. 그래서 가능한 것을 받아들이고 관용적이 아니라 전면 부정적인 이상주의를 띠게 되었다. 한국의 기독교에서는 관용이 항상 문제라고 생각된다.

일본에서는 원로에 대해서 '오야분(親分)/고분(子分)'이라는 관계가 지배하고 있었던 것이 아닐까. 그래서 권력에서 물러나서도 후배인 실권자들에게 대한 영향력을 행사할 수가 있었다. 한국에서는 권력의 자리에서 물러나면 아무런 영향력도 가지지 못한다.

"동양의 위기에 처하여 천하의 요소를 제압하기를 원한다." 이것이 야마가타(山縣有朋)의 생각이었다고. 이것이 일본의 전통적인 정책이라고 해야 한다. 군사적인 전략에서 온 것이겠지만 정치의 요소이기도 했다. 그럼 오늘은?

(1972년 11월 7일)

우리나라의 내셔널리즘은 혁명과 결합할 수 있는 것이었다. 이승만 정권 하에서 내셔널리즘을 그다지 주장할 수 없었던 이유는 북이 반미의 내셔널리즘을 강조했기 때문일 것이다. 남에서는 내셔널리즘이 반미로 연결될 것을 두려워했고. 사실 이승만 정권 하에서는 내셔널리즘보다 민주주의가 문제였다.

박 정권 하에서 내셔널리즘이 혁명과 연결될 수 있을까. 집권층이 내셔널리즘을 강조하면서 국민 동원을 꾀한다면 민중은 민주주의라는 세계주의로 갈 가능성이 있지 않을까. 지난날의 일본에서처럼 억압된 민중에게 국가 팽창이라는 기회로 보상할 수 없다면 그렇게 될 것이 아닌가 생각된다.

역사에 대한 일정한 시각이 발생한 기원을 찾아서 그것을 해체해야 한다. 가령 고대에 어떤 민족이 어디론가 이동한 것을 후에 민족주의 시대가 되자 정복했다고 해석한다. 근대적인 지배 · 피지배의 발상에서 보기 때문이다. 그리고 자기네에게 이동해온 것은 귀화라고 한다. 오랫동안 일본사란 그런 것이었다. 그것은 근대적 사고가 반영된 고대사였다. 유교적으로 역사를 바라본다는 것은 언제나 윤리적인 교훈을 찾아보자는 것이었다.

역사에 대해 현대적인 입장에서 일어나는 물음이란 어떤 것일까. 국제화, 화해와 평화, 교류, 이질적인 것과의 만남 등에서 일어나는 것이라고 해야 한다.

일본은 무사사회였으니까 부국강병이라는 발상이 가능했다. 아편전쟁에서 대단한 충격을 받았다. 무사사회는 기술에도 민감하다. 언제나 남과 힘을 겨루려고 한다. 힘 있는 자에게는 공포를 느끼고 진 자는 이긴 자에게 말려들어가야 한다고 생각한다. 일단 말려들어가고도 상대를 몰락시킬 기회를 노린다. 철저한 자기방어의 본능. 이항로에게는 이런 발상이란 전혀 없다. 국제관계를 다만 도의적으로 해석하고 저항하려고 했으니까.

근대화의 가능성을 에토스에서 바라본 베버(Max Weber)의 발상은 아주 차별주의적인 것이었다. 정신의 우월성이니, 합리성이니, 진보니 하면서 그는 매우 계몽주의적이다. 그것은 시간적인 축에 따른 발상이었다. 근대화가 가능했던 상황, 거기서 전개된 상호작용을 종합적으로 검토해야 한다. 단계론적이 아니라 공간적인 발상에 서야 했다.

무사는 유목 · 기마민족에 비교될 수 있다. 토착해서야만 문화를 즐기고 문화를 낳게 된다. 상인계급이야말로 토착해서 부를 누리고 문화를 창조했다. 한국사에서는 유교적인 상층이란 처음부터 문화 생산자였다. 그들은 지주였으니까 토착해서 문화를 누릴 여유를 가졌다. 일본의 상층 무사는 경제적으로도 문화적으로도 단순한 소비자였다.

지난날의 역사에서는 고대사란 민족주의적인 낭만의 대상이었다. 패권주의를 내세우기 위한 고대사였다. 이것을 해체해야 한다. 고대사에서 평화와 교류를 발견하려고 하는 것은 고대사 연구로 근대를 비판하고 부정하자는 것이다. 고대를 새롭게 현대 비판의 발판으로 삼자는 것이다. 고대를 타자로 보아야 한다. 그것을 근현대와 연속된 것으로 본 잘못을 시정해야 한다.

무가의 발상이란 언제나 적과 아군으로 나눈다. 이것이 세계사를 동서로 분할했고 정복과 피정복으로 분할했다. 그것이 계몽주의와 결부되어서 인류를 문명과 야만으로 구분한 것이다. 지배하는 것이 사실은 야만인데도 불구하고. 슈바이처는 문명과 문화를 일치시켜서 생각했다. 그러나 나는 문명은 무기를 포함한 것이고 문화는 그것과 대립하면서, 적어도 그것을 회피하면서 형성된 것이라고 보고 싶다.

일본에서는 역사적으로 되돌아갈 수 있는 보편적인 사상의 원점이 결여되어 있는 것 같다. 제2의 유신이라고 하면서 도리어 천황제로 되돌아가려고 하는 것이 아닐까. 그래서 보편적인 사상은 항상 외래적인 사상일 수밖에 없었다. 그리고 해방의 경험, 그 환희를 맛본 적이 없고 다만 붕괴를 경험했을 뿐이 아닐까. 그래서 언제나 붕괴를 두려워하는 위기의식이 있다. 그러다가 다시 체제를 강화해야 한다고 반동의 길을 택한다. 천황제를 일본의 문화로 간주하려고 한다. 그 속에 숨어 있는 지배구조와 이데올로기를 은폐한 채. 그러면서 일본적인 것은 선하다는 발상까지 하다니 정말 이데올로기에 철저하게 결박되어 있는 셈이다.

일본은 받아들이는 데는 개방적이었고 주는 데는 폐쇄적이었다. 이 불균형에서 제2차 세계대전의 비극도 있었다. 이것은 역사적이고 전통적인 것이었다. 남방문화에 북방문화를 받아들이고 무사사회에 불교나 유교를 접목시켰나. 남방문화에 북방문화를 접목시킨 데 사서 『고지키』(古事記)도 있고 신사를 모신 진주(鎭守)의 숲도 있다. 거기에 고대의 무사사회도 있었고 천황제도 있었다.

불교와 접목시키자 '제행무상'(諸行無常)이니 '무'(無)니 '공'(空)이니 하는 것이 생명과 이 세상을 가벼이 여기는 무사의 덕을 낳았다. 멋있는 요절(夭折)에 대한 찬미가 풍미했고. 유교와 결부되어서는 도쿠가와(德川)의 공고한 사회체제를 낳았다. 이것이 '화혼양재'(和魂洋才)라는 것. 메이지 이후에는 서양 것과 결부되었다. 사상 없이 양식이나 기술만 받아들이는 것이니까 내 생각과 남의 사상이 충돌하는 아픔이란 거의 없었다.

신라는 당을 몰아내기 위해 일본에 대해서 우호적이고자 했다. 발해는 신라를 견제한다는 데 일본과 이해를 함께했다. 발해와 신라의 관계는 좋지 않았다. 이런 긴장관계가 완화되자 일본은 안심하고 '셋칸정치(섭관정치, 攝關政治)라는 귀족정치로 기울어졌다.

『니혼쇼키』(日本書紀)는 『三國史記』가 야(野)를 말살한 것처럼, 천황 '도라이진 설'(도래인 설, 渡來人說)을 부정하려고 의도한 것이 아닐까. 일본 고대국가 천황제 이데올로기로서 『니혼쇼키』는 대내적 대외적으로 이데올로기적인 의도를 가지고 있었다. 그런 이데올로기적인 강조의 흐름을 찾아내서 폭로하고 해체해야 하는 것인데.

록히드 사건으로 '하이이로 고관'(灰色高官)이라고 해서 여섯 명의 이름이 발표됐다. 석간에서 "여섯 명이, 참 불쌍해" 하는 것이 후쿠다(福田) 수상의 말. 그런 집단의식만이 있다는 것일까.

일본 농협이 쌀 소비를 증대시킨다고 쌀밥을 장려하면서 지하철에 붙인 광고 포스터. "아침식사는 이제 출진(出陣)하는 에너지" 라고. 출진이라고 무사의 나라, 강병을 외쳐온 나라니까.

일본인은 대체로 친절하지만 진실하지는 않다고 해야 할지 모른다. 다른 사람의 마음에 대한 공감이 결여되어 있는 것 같다. 일본인들은 아시아의 불행을 바라보면서 자기들을 긍정하고 자랑스럽다고 생각하려고 했다. 이러한 자기를 개혁할 기회를 1945년 이후의 역사에서 놓치고 말았다.

이에 비해서 우리도 역시 시몬느 베이유(Simone Weil)처럼 불행의 개념을 문제 삼아야 하겠다. 그리고 특히 '한'(恨)의 개념을. 한은 '노'(怒)가 계속되어도 '원'(怨)으로 변하지 않는다. 도덕적인 '분'(憤)도 아니고 '탄'(嘆)이나 '체'(諦)가 되고 '서'(恕)에까지 이른다. 영어로 하면 lamentation. 인생이란 그런 것 하고 먼 하늘을 쳐다본다고 할까.

니버와 푸코에서

행동하지 못하게 가치를 상대화시킨다. 당면한 문제는 절대적인데도 더 큰 조화를 위해서 노력해야 한다고도 하고. 지성이 사실을 기억하는 것이니까 복수도 생각할 수 있을 것인데.

혁명적 발상에서는 선한 싸움을 싸우는 데 대한 기쁨이 있어야 한다. 역사에 대한 낙관론으로 위로를 받아야 하고. 그러므로 미래에 대한 비관론은 반혁명적이다.

유목민족에 종교가 결부되면서 커다란 힘이 생기는 것이 아닐까. 근대 이후에는 프롤레타리아에 종교가 결부되면 큰 힘을 나타낸 것 같다. 현대 지식인의 종교에는 그런 파토스가 없다. 한국의 기독교의 경우는 어떨까.

푸코(Michel Foucault)가 말하는 근대에서의 정신적 착란. 경제적으로는 과내평가된 신체를 정신적, 도덕적으로는 경멸한다. 그것은 신체 또는 신체적인 것을 지배하기 위해서다. 생산층을 경영층이 경멸하는 것처럼. 우리나라의 주자학적인 이데올로기에서도 마찬가지다. 군대가 지배하는 체제 하에서의 정신과 신체, 문과 무의 관계는 어떻게 될 것인가.

푸코가 말하듯이 주체 · 주체성의 해체가 정말 요구된다. 그러나 그 무서운 역사를 이룩해 온 주체를 지금도 우리는 옹호하고 있다. 현대 지식인의 역할이란 이처럼 무의식처럼 군림하고 있는 '지'(知)를 전환시키는 일이다. 한국의 상황에서도. 가령 군사독재 하의 법체제는 무엇이었는가를 폭로해야 하는데.

민족주의나 대미감정을 선동하면서도 국민을 억압하는 권력장치. 국민과의 일치를 상당히 교묘하게 조작하면서 국민을 억압하는 지배권력. 날로 비대해 가는 권력을 비판해야 한다.

니버는 그런 의미에서 권력의 문제를 가장 깊이 있게 추구한 신학자다. 그는 미국에서는 민사소송이 거의 없었다고 했다. 지금도 그럴까. 기회가 많은 나라이기 때문일까. 일본은 그와는 반대일 것 같은데. 우리나라에서도 동성촌락(同姓村落)에서는 민사소송 따위는 생각할 수 없었겠지만.

니버는 미국이 원하지 않으면서도 초강대국이 된 아이러니를 분석했다. 일본은 전쟁 전에는 초강대국을 목표로 하다가 쓰러졌다. 전후에는 그렇지 않았는데도 대국으로 성장했다. 이런 것에 대한 니버와 같은 분석이 필요할 텐데.

한국에서는 불교적인 세계관이 역사관에는 침투하지 못했다. 임진왜란 같은 죽음과 인생무상을 체험하고 나서도 역사는 반복된다고 생각했다. 그것은 농경사회를 배경으로 한 것이어서 근대 이후에는 무너졌을 것이다.

니버는 파시즘이 고독한 하급중산층이나 산업노동자들을 종족이니 국가니 하는 데다 결부시키고 역사의식을 망각하게 했다고 말한다. 거기에서 원시적인 종족주의를 역사에다 끌어들였다는 것이다. 일본의 자민당도 한국의 박 정권도 마찬가지다. 인류사에 대한 비전이나 미래를 향한 비전이 없다. 그런 반동적인 성격에서 그들은 모두 동류의 권력이다. 그렇게 해서 그들의 권력만 유지하면 된다는 것이다.

니버는 미국의 퓨리터니즘이 인간의 근면과 정직과 지혜에 대하여 하나님이 그냥 직접적으로 보상해 준다는 양키이즘으로 변화시켰다고 했다. 그런 개신교가 한국에 들어왔을 텐데. 그것이 의인이 도리어 이 세상에서 고통을 받는다는 신앙으로 심화되는 데는 일제 통치라는 뼈저린 경험이 있어야 했다. 오늘의 한국 교회에는 이 두 가지가 함께 있는 것이 아닐까.

야만인에게서 배울 때, 인식의 전환이 일어난다. 지난날 일본이 호리네스 교회가 보여 준 저항을 일본 교회는 근본주의 신앙 때문이라고 규정하고 도외시했다. 그런 자기들을 이제 바리새인이라고 생각하려고 한다. 그것은 중대한 자기발견이고 자기비판이다. 그들에게서 배우려고 한다. 거기에서 보이지 않던 것이 보이게 된다. 푸코에 의하면 이제야 보이는 것이 보이게 된다는 것이다. 이것이 은총이라는 것, 십자가에 참여하는 것이다.

반공이란 참으로 무서운 것. 그것이 민권보다 국권 우선이라는 방향으로 끌고 간다. 반공 또는 대공 공포심 때문에 민족주의자들이 파시스트와 손을 잡는다. 해방 후 친일파와도 그래서 손을 잡았다. 친일파들은 반공 우선으로 살아남을 수 있었던 것이다. 그래서 자칫하면 반공주의란 친일파, 반민주주의자들의 자기보전과 변명의 논리였다. 그것은 민족분리, 민족적 통합을 거부하는 사상이었다고 하겠다.

시민사회

1980년대

혁명 지도자들의 혁명 후의 실패. 평화적 혁명에서는
혁명 지도자는 부단히 민주적 자기수정을 행한다.
혁명 후는 물론 역사와 상황의 진전에 따라서.
민주화란 단순한 권력의 탈취가 아니라 새로운 사회를
구축하는 데 있다. 그것은 사회 전체가 개인이나 단체나
어떤 세력이나 모두 다 대화하면서
자기수정의 길을 걸어가는 사회를 꿈꾸는 것이 아닐까.

시장과 지식인

한국에서의 비판이란 점점 체제 내 비판으로 전락하고 있다. 그러니까 비판적인 지식인이 유복해지고 유명인의 자리를 누리는지도 모른다. 호르크하이머(Max Horkheimer)나 아도르노(Theodor W. Adorno)에 있어서 지식인이란 다음과 같은 것이었다.

『계몽의 변증법』에서
"반항하는 자는 다만 적응함으로써만 살아남을 수 있다."

가령 자본주의를 크게 비판한다고 하자. 그러나 그의 책, 그의 주장을 선전해 주는 것은 그 자본주의. 그 책, 그 주장으로 시장은 더욱 이득을 얻고 그는 시장 속에서 살아남을 수 있고 유명인이 된다. 부르주아 사회에서의 시민운동이라는 것도 흔히 그런 것이다.

"현존질서는 물리적 강제나 물질적 이해만이 아니라 암시라는 압도적인 힘에 의하여 인간을 강요한다. 철학은 종합도 아니고 과학의 기초도 주인도 아니다. 철학은 암시에 저항하려는 노력이고 지적이며 현실적인 자유에 고집하려는 결단이다."

시민운동 또한 부패된 신문이라고 해도 그것에는 저항할 수 없다고 한다. 신문이 내주지 않으면 그들의 운동 자체가 알려지지 않기 때문이다. 알려져야 후원금도 오고 정부지원도 있게 된다. 그런 것 이상으로 '암시'(suggestion)에 의해 이 사회는 지배되고 있다. 매스컴이야말로 국민을 암시로 그들의 지배 하에 놓는 도구다. 철학은 이것을 밝혀내고 그것에 저항하면서 인간의 지적 자유를 지킨다.

"오늘날 우리가 메시지를 전할 책임을 맡길 수 있는 누군가가 있다면 우리는 그것을 '대중'에게도 아니며 (무력한) 개인에게도 아니며 심상(心象)에 나타나는 증인에게 유언으로 남긴다. 그것이 우리와 더불어 사라지지 않기 위해서."

가령 민주화 시대의 쓰라린 기막힌 메시지를 누구에게 남겨 놓을 수 있겠는가. 군민대중이란 그런 것을 잊어버린 지 오래다. 전락하고 만 민주인사 개인도 아닐 것이다. 그래도 먼 훗날 누군가가 그 아픔을 되씹고 주어진 현실과 싸워주겠지. 그렇게 그 메시지가 남을 것을 기대해 보자.

『미니마 모랄리아』(Minima Moralia)에서

"지식인에 있어서는 침범할 수 없는 고독만이 오늘날 어느 정도의 연대를 보여 줄 수 있는 유일한 길이다. 결합, 사회적인 교제나 참가라는 모든 인간적인 가치는 단지 비인간성에 대한 묵인을 가리어 주는 가면에 불과하다. 우리가 함께 나누어야 하는 것은 인간들의 고통이다. 인간들의 기쁨에 대한 아무리 작은 한 발자국도 그들의 아픔을 더욱 크게 하는 데 불과하다."

아우슈비츠를 경험한 세대의 고백이다. 그 고통의 날을 기억한다고 하며 그러나 이제는 거기서 해방됐다고 기념하는 모임이 있다면 그 얼마나 공허한 것인가. 살아남은 자들의 잔치는 죽은 자들의 고통을 더할 뿐이다. 민주화 운동에서, 광주에서 아들을 잃은 어머니가 어떻게 위로를 받을 수 있겠는가. 그런 모임은 고통을 더해 줄 뿐. 침범할 수 없는 고독에서만 마음이 서로 손을 잡는다. 그런 기념식이란 망각을 증언하는 것일 뿐, 진정한 의미에서 생각한다면 우리는 기쁨을 잃어버린 세대이다.

"지식인들은 생활의 부질없는 재생산에 비하면 어쨌든 그래도 생각할 수 있는 생활을 하는 것이니까 특권계층에 속한다. 그러나 거기에 머물러 있을 뿐이니까, 지식인들은 그들의 특권은 가치 없는 것이라고 선언하고 있는 셈이다."

아도르노의 철저한 자기비판. 이것이야말로 정신의 본질이라고 그는 생각했다. 그래서 '이데올로기적인 남용'을 경계하고 "개인생활에 있어서 신중하고 겸손하며 꾸밈없이" 행동하려고 했다. 그리고 이런 것은 좋은 교육에 의해서가 아니라 '지옥 속에서 아직도 호흡할 수 있는 공기를 가지고 있다는 부끄러움'에 의해 가능하다고 생각했다. 비극의 시대에 홀로 살아남았다는 의식에서 온 말이다.

"한때 부유했던 망명객이 흔히 외국 땅에서 본국에서는 언제나 억제하려고 했던 인색한 습성을 마음껏 발휘하는 것처럼 정신적으로 빈곤해진 지식인들은 그들의 천국인 지옥으로 기쁨에 넘쳐서 행진해 간다."

망명길에서 만났던 부유한 독일인들. 우리도 북에서 월남해서 그런 체험을 하지 않았던가.

(추기: 낯선 땅에서는 위선이 필요 없으니까. 민주화 운동에서 투사였던 자들의 반동으로의 전신. 이제 그런 위선은 필요 없다. 본래 이 지옥이 그들의 낙원이었으니까. 한나라당에서 고함치고 있는 지난날의 민주인사들. 지난날 자신에게 고문을 가하던 자들과 손을 맞잡고 악마의 짓을 하면서 자기는 천사라고 호통을 친다. 오로지 자신의 정치적 이익을 위해서. 그래야 다음에 당선이 된다는 지옥의 시대를 향하여. —1999년 12월 4일)

"책이 책다움을 잃어버린 지 오래된 세계에서는 진정한 책이란 더 이상 책일 수 없다. 인쇄술의 발명으로 부르주아의 시대는 시작되었지만 책을 등사판이 대신할 시대가 다가왔다. 등사판이야말로 전파하기 위한 가장 적절한 참으로 겸허한 수단이다."

책도 문화산업에 편입된 채 자본주의의 이익추구에만 몰두하게 되니 참다운 사상이나 예술은 등사판으로 전달될 수밖에 없다. 모두가 베스트셀러만을 꿈꾸고 많이 팔리면 곧 좋은 것이라고 한다. 여기서 인간정신을 지키려는 소수의 무리가 있다면 등사판으로라도 안간힘을 다해야 하는 것이 아닐까. 이 등사판이란 지식인의 피난처가 아니겠는가.

"누구도 사려고 하지 않는 독특한 것을 시장에 내놓는 사람은 그의 뜻에 반할지 모르지만 사실 교환에서의 자유를 나타내준다."

그는 자본주의의 시장원리에 따라서 글을 쓰고 있지 않기 때문이다. 이러한 대중소비사회에서의 지식인의 고독을 아도르노는 뼈아프게 반추해야만 했다.

"…오늘날 금욕주의의 이상은 광적인 이윤추구의 경제에 대한 굳은 방파

제를 구성한다….”

물질이 부족할 때 금욕주의를 설교할 수밖에 없었다. 부유한 자들이 자기들은 즐기면서 민중에게는 금욕으로 축재하라고 권하며 금욕을 강요하기도 했다. 그러나 지금은 자본주의에 대한 저항의 한 수단으로 청빈을 단행해야 하는 것이다. 불교의 무소유의 사상이란 현대에 대한 저항이다.

“망명 중에 있는 지식인은 예외 없이 상처를 받고 있는 것이지만 이 사실을 스스로 인정하는 것이 좋다. 그렇지 않으면 자존심의 밀폐된 문 뒤에서 이에 대해 잔인하게 깨닫게 되는 것을 피할 길이 없다.”

아도르노는 언어도 역사적 환경도 박탈당하고 만 그들에게 언제나 불운이 있게 마련이라는 것을 체험으로 잘 알고 있었다. 그리고 그들에게 할당되는 몫이 아주 적기 때문에 그들 사이에서는 언제나 심한 싸움, 일종의 생존경쟁이 있다는 것도 알고 있었다. 그래서 베르톨트 브레히트(Bertolt Brecht)도 “나는 가는 곳마다 듣는다. ‘네 이름의 철자는’ 하고/ 아, 이 ‘이름’도 한때는 위대했었는데”라고 읊지 않았던가. 그리고 “아침마다 밥벌이를 위하여/ 거짓을 사주는 장터로 간다./ 희망을 품고/ 나는 장사꾼들 사이에 끼어든다”(「헐리우드」)라고 했다.

재일한국인들도 그러한 운명에 놓여 있었다. 서로 심하게 대립했다. 작은 몫을 나누어 가지려고. 그들에 대한 지적 궤도는 이미 정해져 있었다. 거기에 갇혀 있고 뛰어넘을 자유는 없었다. 조선인 문제를 넘어서 발언해서는 안 되었다. 그리하여 항상 변두리 지식인으로 머물러 있어야 했다. 중심에 서서 일본이나 세계 또는 현대를 말하게 해 주지 않았다. 따라서 세계적 발상의 사람은 적었고 모두가 민족주의적이었다.

나 자신도 그랬다. 그런 제한, 그런 상처를 자인해야 했고 그것을 말없이 받아들여야만 했다. 자존심의 밀실에서 몸부림치는 일이 없게 하기 위해서도 그 운명에 복종해야만 했다. 다만 기독교라는 특권 때문에 내게는 조금은 더 넓은 시야가 허용됐다고 할까. 지성에 한계를 설정해 주고 그 이상 발언할 수 있는 미디어도 주어지지 않는다면 점점 그 이상의 발상도 할 수 없게 되기 마련이다. 유럽에서 세계적인 지성으로 성장할 수 있었던 유대인 지식인들의 경우를 생각하게 된다. 먼저 그들은 독일인, 프랑스인이고자 한 것이 아닌가.

재일교포를 생각하면서

민중사, 억압받는 사람들의 역사를 재구성하는 방법은 물론 19세기의 국민사관과는 방법을 달리한다. 지배자의 역사는 기록을 가지고 있다. 그들이 기록한 서류나 통계로써는 민중사를 구성할 수 없다. 지배자는 일기도 쓰고 서류도 남기지만 억압받는 사람들은 아무것도 남기지 못한다. 그것은 무문자, 무사료, 무증거의 영역이다.

재일한국인의 이야기를 소재로 한 김사량(金史良)의 「빛 가운데서」 같은 작품은 참 중요하다. 민중사의 방법은 지배자의 역사에서 쓰이는 것과는 다르다. 그것은 이야기 중심이 아닐 수 없다. 당사자들의 「나의 역사」라는 이야기가 중요하다. 민중사는 통계의 숫자나 사건의 역사와 김사량의 소설과 같은 이야기의 중간을 차지한다고 할지 모른다. 그것은 사건의 나열과 통계숫자로써는 구성되지 못한다. 그 방법은 이야기 듣기를 중요한 요소로 삼아야 한다.

재일한국인이 어느 지역에서 어떻게 살았느냐. 일본인과의 관계는? 그들 자신의 생활은? 왜 유학생들과의 관계는 거의 찾아볼 수 없는가? 유학생들의 사회운동에 왜 그들은 거의 동원되지 않았는가? 1920년대, 30년대, 40년대 상황에 대한 통시적(通時的) 및 공시적(共時的)인 연구를 하면서 거기에 어떤 변하지 않은 구조 같은 것을 찾아낼 수는 없을 것인가.

어느 지역에 살았는가가 중요하다. 사건을 시간적으로 나열하는 것이 아니라 살아온 장(場)을 이어가면서 구조를 추구해야 할 것 같다. 단순한 사실의 나열은 사실의 왜곡일 때가 많다. 베이유(Simone Weil)가 사료가 없는 카타리파의 역사, 그들의 말살된 역사를 추구하던 것을 기억해야 하겠다.

사랑은 정도가 과다해지기 쉽다. 역사에서 주변적인 것을 찾아가고 그것을 편애하다시피 하는 것도 사랑하기 때문이다. 그것은 행동과 실천으로 향하는 정열을 보여 준다. 그렇게 과다해지는 것을 두려워하고 그러지 않으려고 한다면 그런 시각에서는 실천이란 없다. 이런 것을 감안해서 일본에 있는 재일동포 사학자도 바라보아야 한다. 망명사가의 의미를 되새겨야 한다. 그것은 일본에서는 없었던 사학. 박은식, 신채호 두 선생의 사학을 생각한다. 러시아의 게르첸(Gertsen)은 파리에 망명해서 러시아사를 되새겼는데.

재일동포 사학자들이 지금까지 한일 고대사를 문제 삼고 일제 식민지사를 문제 삼은 의미는 크다. 처음에는 일제 식민지사를 문제 삼고 그 잔인성을 폭로하다가 고대사에서 한반도 문화의 선진성을 제시하려고 했고 나중에는 조선통신사 같은 우호관계도 파헤쳤다. 그런 연구로 그들은 일본 사학자들에게도 영향을 주었다. 국내 사학에서는 한국사를 한일 관계라는 측면에서 볼 생각이 별로 없었던 것이다.

그러나 이제는 새로운 물음을 던지는 역사학, 그것을 제기하는 새로운 세대가 나와야 하는 것이 아닐까. 남북학자가 제기하지 못하는 문제가 있을 것이다. 1920년대 이후의 사회주의 운동, 1945년 이후의 분단국가 문제 같은 것을 공평한 시각에서 제시해야 할 텐데. 남북의 사학이 정도의 차이는 있다고 해도 그런 문제에 대한 연구에서는 한계를 가지고 있다. 그렇기 때문에 여기에 대해서도 재일사학이 지닌 특별한 의미가 있다. 또 공백을 메우면서 자극을 주어야 할 것이다.

지난날의 일본사 같은 것은 그다지 큰 관심거리가 아니다. 아시아적인 드라마로서의 역사가 문제다. 문학도 총련과 민단의 대립 같은 것도 테마로서 그다지 관심을 불러일으키지 못한다. 그것이 재일 2, 3세에게 무슨 관심거리가 되겠는가. 강제연행으로 일본에 왔다가 원자폭탄을 맞고 귀국한 동포들의 삶을 추구하는 것은 어떨까. 그것이 일본의 나가사키(長崎) 중심의 개화 이야기보다 훨씬 감동적인 것이 아니겠는가. 일본인들 사이에서도 강화도조약 이후 한반도에서의 일본인이라는 테마가 더 흥미로울 텐데. 일본인이란 무엇인가를 찾는 데서도 이런 것이 재일동포 작가들의 과제가 되는 것이 아닐까.

민중 그리고 역사

원수를 사랑하라 하는 말씀도 전략 · 전술적 의미를 지닌다. 인간을 끝까지 적으로 보지 않는다. 어떠한 인간에게서도 우리 목적을 함께할 수 있는 가능성을 찾는다. 거기에는 인간에 대한 낙관론이 깃들어 있다. 어떠한 인간에 대해서도 사귐의 가능성을 거부하지 않는다. 전술적으로 말하면 이용 가능성이 있다고 보는 것이다. 배제하는 것이 아니라 포괄하려고 하는 자세는 모든 대중운동에서 절대로 필요하다고 생각된다.

투쟁한다는 것은 폭력이든 비폭력이든 폭력적이다. 폭력에서는 퇴폐가 일어나기 마련, 그래서 김지하는 '단(斷)의 사상'을 말했다. 싸우면서 상처받는 자기를 치유할 필요가 있다. 그렇지 않으면 설혹 승리했다고 해도 상처투성이 인간이 된다. 투쟁과 치유를 동시에 진행해야 한다. 이때 투쟁 속에서 풍부한 영혼이 가능하게 된다.

베이유를 프랑스 사상 속에서 이해해야 한다. 특히 파스칼과의 관계에서, 예를 들면 베이유의 상상력을 파스칼의 그것(『팡세』 307)과 비교해 보아야 한다. 파스칼을 현대의 눈으로 읽는 것이 중요하다.

파스칼은 상징에는 쾌감과 불쾌감이 공존하고 있다고 했다(『팡세』 677).

카실러(Ernst Cassirer)나 랭거(Susanne K. Langer)의 상징론에서 상징이란 「전체에 대한 부분」(pars pro toto)으로 연속되어 있지만 기독교적인 상징이란 철저하게 단절을 매개로 한 연속이다. 나타나 있는 것과 숨겨져 있는 것, 병치(倂置)되어 있으면서 역설적이다. 여기에 논리적 상징과 윤리적 상징의 차이가 있다. 종교에서는 논리란 윤리의 상징인 것이다.

해방 후 우리나라 역사에서는 민중과 지식인의 패배라는 패턴이 반복되었다. 해방 직후에는 미군정과 일제 하에서 계속되어 온 경찰세력에 의해서 패배했고 그 후에는 미군과 우리 군부에 의한 패배다. 그 과정에서 민중과 지식인의 세력은 좌절과 절망으로 급진화되곤 했다. 오늘도 마찬가지다. 그런 의미에서는 우리 사회에서도 급진주의란 언제나 권력이 지닌 사악한 요소가 자아낸 것이다.

이런 과정에서 미국은 해방 세력에서 제국주의 세력으로 변모한 것으로 비쳤다. 이것이 세계 어디서나 볼 수 있는 미국 지배 하의 전후사라고 할 수 있는 것이 아닌가. 소련 지배 하에서도 이와 마찬가지 패러렐을 찾아볼 수 있겠지만.

유학이 이항로, 최익현 등에서 저항의 사상으로 나타났다. 유교질서에 대한 커다란 위협이 닥쳐왔기 때문이었다. 또한 유학을 가지고 근대나 근대의 국제관계를 이해하는 데는 커다란 한계가 있었다. 개신 유교란 그것을 넘으려고 했지만 패배하는 수밖에 없었다.

한국의 기독교는 아이덴티티의 위기에 직면하면서도 시민권을 얻을 수 있었다. 애국, 일제에 대한 저항을 주도할 수 있었기 때문이다. 아이덴티티를 찾기 위해서도 한국의 기독교는 더욱 저항적일 수밖에 없었다. 일본 기독교는 충군애국을 강조했지만. 그래서 일본 기독교는 체제적일 수밖에 없었다고도 하겠다. 어떻게 서구 사상 앞에서 유교적인 전통을 유지하려고 했는가 혹은 유지할 수 있었던가를 추구해 볼 필요가 있을 것 같다.

이광수의 『유정』만 보아도 개화된 사람은 선, 교육 없는 사람은 악 또는 추라는 스테레오타입적인 개화주의자들의 계몽사상을 알 수 있다. 그것은 최석 부인에 대한 묘사에서도 볼 수 있다. 개화주의자들의 민중관이 문제가 된다. 특히 오늘날에는 지식인들의 의식은 민중에 의해서 수정을 받아야 한다. 개화주의자들의 사고의 테두리, 그 한계를 문제 삼지 않을 수 없다.

일제 하의 사회주의자들의 전향에 대하여 단지 일제의 탄압이라는 외적인 원인에서만 아니라 그들 자신의 사상면에서도 문제되어야 할 것이다. 지식인들의 방황, 혁명적 낭만주의, 영웅주의 등 여러 가지 요소가 있었을 테니까. 역사에서 모든 사실을 다룰 수는 없다. 하나의 문제를 다루는 데도 역사관이 드러난다. 그때 그 하나의 고찰에서 사실은 전체가 드러나는 셈이다. 하나의 연구이면서도 역사가의 전체가 거기에 깃들어 있는 것이다.

평화와 화해

운동을 통일한다는 것이 지상이 아니다. 무리하게 통일하려면 섹트적인 분열을 내포하게 되고 그것을 무마하는 데 크게 에너지를 소모해야 하게 된다. 통일보다는 게릴라적인 분산이 필요할 때도 있다. 그것은 특히 1920년대, 30년대에 파시스트 앞에서 필요한 전략 · 전술이었지만 오늘의 민주화운동에서도 마찬가지다. 전술의 입장에서 생각해야 한다.

신간회의 경우를 생각해 볼 필요가 있다. 통일의 문제가 내부적인 갈등으로 나타났다. 코민테른의 일국일당(一國一黨)도 그런 문제를 가졌던 것이 아닌가.

민중신학은 새로운 신관(神觀) 위에 서 있다고 그것을 뚜렷하게 제시할 필요가 있다. 신이 지상의 역사에 관여하시는 것은 항상 기독교적이다. 승리가 패배의 모습으로 나타난다. 신은 인격적인 존재다. 그래서 인간과 관계하신다. 신의 우주지배에서는 형이상학적으로 나타나고 인격적으로는 나타나지 않는다. 신은 십자가를 지는 사람들에게 집중적으로 관계하신다. 십자가상의 예수와 관계하신 것처럼. 마태 25장은 그런 의미로 해석된다.

권력에 굴복하지 않고 진리를 말하게 되는 것은 주님이 함께하시기 때문이다. 그들을 통해서 역사가 총체적으로 악마에게 굴복하는 것을 막는다. 그들을 통해서 암흑을 거부하고 어느 한 구석에서라도 불빛을 비친다. 악마에게 역사가 삼킨바 되지 않기 위하여. 우주가 악마의 지배 하에 들어가지 못하는 것을 이렇게 기독교적으로 논할 수 있지 않을까.

1960년대에 유럽에서 행해진 기독교와 마르크스주의와의 대화가 아시아에서 다시 시도되어야 한다. 유럽에서는 동유럽의 권력을 쥔 자들, 승리한 자들이 마르크스주의와 대화하였다. 그것은 근본적으로 공산국가 안에서 교회가 살아남기 위한 대화였다고 할 수 있을지 모른다. 오늘 아시아에서의 대화는 공동적으로 억압과 싸우기 위해서다.

그러나 그 공동투쟁을 넘어서 기독교의 의미를 확실하게 해야 한다. 그 투쟁이 신의 뜻이라고만 하는 것이 아니라 이데올로기적인 투쟁의 한계성에 대해서도 문제를 제기해야 한다. 무엇보다도 싸운다는 사실에서 오는 인간 퇴폐를 어떻게 할 것인가를 묻지 않을 수 없다. 그것이 혁명을 비인간화하고 혁명을 성공한 순간에 반혁명으로 전락시킨다. 다시금 김지하의 '단의 사상'을 생각하게 된다.

인간이란 사실에 대한 인식이나 이해보다도 윤리적인 판단을 앞세우는 것일까. 자기를 중심으로 한 선악의 판단이지만. 공감보다 자기방어를 우선하기 때문인지도 모른다.

우리 민족은 이제는 세계에 흩어진 디아스포라. 그렇다면 그들 또는 그들의 교회에 대한 바울은 누구인가. 우리 정치도 이 디아스포라를 포함해서 민족을 바라볼 줄 알아야 하는데. 지금 그들은 기민이고 독재정치에 의한 희생자들이다. 미국을 방문하고 더욱 그렇게 느꼈다. 교회를 찾아서 헤매고 있다. 의지할 곳이 없어서. 섹트적인 수많은 소교회가 성립한다. 초대교회와 같다. 왜 이것을 비난하기만 하고 이해하려고 하지 않는가. 본 회퍼는 바리새인의 신앙은 서로를 분리시키려고 하고 예수님의 가르침은 인간과 인간을 연합시키려고 하는 것이라고 했는데.

에베소에서 보는 것처럼 초대교회에서는 평화를 강조하고 외쳤다. 그들이 오늘의 우리들 이민교회에서처럼 억압받고 유리하는 디아스포라로서 조그만 모임을 만들고는 서로 대립을 일삼았을 테니까. 그런 상황에 평화와 화해의 말씀이 주어진 것이 아닌가. 특히 바울에 의해서.

도산 선생을 애국자로서만 이해하려고 했다. 그러므로 그가 미주에서 동포의 삶을 위해 애쓴 것도 애국의 일단으로만 이해하려고 한 것 같다. 애국자로서의 도산의 모습뿐만 아니라 민주적 시민사회를 이룩하기 위한 노력, 인권을 위한 노력을 경주한 민주적인 도산의 모습을 강조해야 하겠다. 도산 선생이 그 후 임정에서 한 활동도 그런 시각에서 보아야 하겠다.

니버가 1930년대 이후 혁명적인 변혁보다는 힘의 균형 쪽으로 기울어졌다는 문제는 오늘의 시점에서 비판을 받아야 한다. 그것은 현실적일지 모르지만 현상유지의 사상이고 부분적 개혁주의다. 1930년 이후 미국이 회복기에 들어갔다는 것은 새로운 시장의 발견, 새로운 세계 지배의 가능성이 나타나게 됐다는 것이 아닐까. 1920년대 이전에는 미국 자본주의는 국내 시장 중심이었지만 1930년대에는 세계 시장 중심으로 재편되기에 이르렀던 것이 아닐까. 오늘 그것이 또 무너진다고 할까, 개편을 요구하고 있는 것이 아닐까.

종말

우리는 이데올로기 붕괴의 시대에 살고 있다. 역사는 기본적으로 시집가고 장가가고 아무 일도 없는 듯이 예나 지금이나 다름없이 일상성 속에서 지나간다. 종말이 그야말로 수직적으로 임해 오기까지. 그날까지 기다리는 '중간 윤리.' 거기서 탄식하면서 사랑하면서 아름답게 살아가려고 해야 한다.

카이로스(kairos)를 기다리는 사회. 기다리며 준비한다. 패배를 이겨내며 그 안에서 성장한다. 그것은 윤리적인 시간을 사는 것이다. 마태 25장의 윤리적인 시간과 공간.

성령은 우리에게 어떻게 할 것인가 하고 깊은 우려를 자아내게 한다. 그리고 우리에게 안도를 가져다준다. 말씀은 우리에게 인식을 주고 성령은 그것을 구체화하도록 우리 마음을 움직여 주고 힘을 주면서 실천하게 한다. 초월적인 인식을 가능하게 하는 것은 성령이다.

흐리터분한 인간이다. 달관에 이른 순수하고 완벽한 인간이란 없다. 흐리터분한 인간을 들어 쓰시니까 모세처럼 부름을 받았을 때 두려워하고 정결하게 됨으로써 하나님에게 감사하게 된다.

한이란 탄식하는 것이 아니겠는가. 슬픈 인생, 분개할 수밖에 없는 인생. 그러나 복수는 하나님에게 맡기고 참고 견디어 낸다. 한 많은 인생은 나만의 경험이 아니고 인생이란 그런 것이라고 보편적인 것으로 환원시킨다. 한(恨)에서 이러한 윤리적인 인생 종교적인 인생이 가능하게 된다.

탄식하는 인간. 아렌트는 시인도 역사가도 슬픔을 탄식으로 변용시킨다고 했지만 성서 속에는 많은 탄식하는 인간들이 나타난다. 복수로 해결하지 않는. 노아도 「애가」에서도 예수의 예루살렘 입성에서도. 간디도 탄식의 인간 아니었던가.

시민사회

한국의 오늘을 보면 경제발전이 있어야 시민사회가 가능하다고 하겠는가. 시민사회를 거부하는 현실이 계속될 뿐이다. 남은 헤겔적으로 그것을 거부하고 있고 북은 마르크스적으로 그것을 거부하고 있다고 할까. 중산층이 증대했다고 해도 그들의 가치관은 브레히트(Bertolt Brecht)가 본 것 같은 룸펜 프롤레타리아트적인 것이라면. 그들을 동원하려면 더 많은 빵을 내걸고 행복을 약속해야 하는 것 아닌가. 진정한 시민사회는 멀어질 수밖에 없다.

시민사회에는 두 가지 측면이 있겠지. 그 하나는 헤겔(Hegel)이나 마르크스(Marx)가 본 약육강식 하는 홉스(Hobbes)적인 측면일 것이다. 그것은 정치 이전의 세계이다. 또 하나는 로크(J. Locke)나 루소(Rousseau)가 말하는 '일반의지'를 대표한다는 측면이다. 이것이 바로 정치적인 사회라는 것.

시민사회란 '폴리스'고 경제사회란 가정을 확대한 '오이코스'다. 연설에 대한 찬동만을 구한다면 그것은 폴리스적이 아니라 오이코스적이라고 해야 한다. 시민사회의 오이코스로의 타락. 그것이 오늘의 한국, 아니 세계라고 해야 한다. 중산층이 폴리스를 형성하는 것이 아니라 오이코스에 머물러 있다. 폭력적인 권력이라고 해도 잘 먹여만 주면 된다는 것이다.

한국사에 있어서의 실패. 1945년, 53년, 61년, 87년의 실패. 민중 신학이란 사상사적으로 본다면 횡적으로는 종속이론과 궤를 함께한다. 주변에서의 신학이라고 할 수 있다. 종적으로는 신사참배에 대한 저항에서부터 이어지는 것. 이제 그 모두를 경건하게 회상해야 한다. 그것이 우리 자신의 퇴폐를 막는 길이 아니겠는가. 민중 신학이란 종교적 진리가 정치적 참여를 지어내는 모델로 종교가 정치적 유효성을 발휘한 것이니까.

외교에서 승인이란 그 권력의 존재이유를 인정하는 것이다. 그래서 대결은 끝난다.

혁명

근대국가체제도 이제 노후한 것이 되고 말았다. 그 질서를 지키자는 데 대한 저항이 일어난다. 세계의 불안을 조성함으로써 득을 보는 자들. 그리하여 힘을 행사하고 국민을 컨트롤하려고 할 때 언론이란 기본적으로 그 도구이게 된다. 공보기관에 다름없다. 대중 조작이라고 목소리를 높여도, 그 후에 그 사실이 드러난다고 해도 이미 목적을 달성한 후에 역사적 기록을 바로잡는 정도의 효과밖에 없다. 행차 뒤 나팔이다.

남북의 대립. 어리석은 정치는 남북 편지 교환만 주장해도 친공적이라고 투옥하지 않았는가. 정치적 오류의 역사. 거기에 대해서 누구도 책임을 묻지 않으며 어제는 어제, 오늘은 오늘이라는 반성 없는 역사가 흐른다.

모든 혁명은 지금 사회가 지니고 있는 모순에 대한 고발이고 도의적인 호소다. EU에서 볼 수 있는 윤리적인 자세, 그것은 폭력 없는 혁명으로 인간의 품위를 지난날처럼 폭력으로 되찾자는 것이 아니라 지성으로, 대화로, 외교로 회복해 보자는 것이다. 거기에 현대적인 혁명이라는 성격이 있다. 우리도 남북 관계에서 그래야 하는 것이 아닌가. 지난날에는 평화협정이란 어디서나 일종의 휴전상태를 의미했고 힘만 있으면 조약을 깨고 다시 공격을 가하려고 했다. 그래서 에리히 프롬(Erich Fromm)은 평화조약이란 20년 이상 계속하지 못했다고 했다. 우리 휴전선은 어디로 갈 것인가. 아직 적대 관계라는 기본적인 관계는 그냥 남아 있는데.

우리 국민이 통일을 찾고 민족의 동질성을 찾자는 것은 그런 적대 관계의 해소이고 탈 이데올로기적인 것이다. 이데올로기보다 민족을 우선한다는 것 아니겠는가. 이데올로기가 우위에 있었던 역사를 반성하고 그것을 부정하면서 화해를 찾으려고 한다. 참회도(懺悔道)로서의 통일. 통일의 구호에 현혹되지 말고 그 내실을 보아야 한다. 그런 통일이란 국민을 억압하는 권력으로써는 감당해내지 못한다. 지금까지 남북의 화해나 대화를 주장하면 투옥하고 억압해 온 저 권력이 어떻게 그것을 해내겠다는 것인가. 민주화 세력만이 그 길을 추구할 수 있다.

북에서는 될 수 있으면 일을 하지 않으려고 노동에 대한 사보타주를 하고 있는 것 같다. 남에서는 군사정권에 저항하는 윤리적인 사보타주. 윤리란 역사에 대한 불가지론 위에 서 있다고 하겠다. 그러니까 기본적으로 탈 이데올로기적이다. 역사의 앞날이 무엇이든 성실하게, 윤리적인 자세로 일관하자는 것. 그렇게 가정, 사회, 국가에서 또 세계적으로 사는 것이다. 주어진 공간과 과제에 따라서.

혁명 지도자들의 혁명 후의 실패. 평화적 혁명에서는 혁명 지도자는 부단히 민주적 자기수정을 행한다. 혁명 후는 물론 역사와 상황의 진전에 따라서. 민주화란 단순한 권력의 탈취가 아니라 새로운 사회를 구축하는 데 있다. 그것은 사회 전체가 개인이나 단체나 어떤 세력이나 모두 다 대화하면서 자기수정의 길을 걸어가는 사회를 꿈꾸는 것이 아닐까.

민주화

1990년대

감옥에 잡혀 있는 죄수란 'No'를 말하지 못하는
약한 자들이다. 언제나 협력자. 이제는 군주체제의 폭군처럼
우리 몸에 폭행을 가하려고는 하지 않는다.
"시민적 질서에서의 형벌이 마음에 가해진다."
육체적인 고문은 없지만 "정신적으로 숨이 막힌다."
폭력적인 독재 다음에 오는 대중소비사회와
그 문화가 가하는 형벌이다.
그 질서가 강제수용소의 질서처럼 다가온다는 말이다.
그런 삶의 모나드를 벗어날 공간도 시간도 없다.

1990년

노태우 정권의 등장

예언자나 묵시문학이 가지는 의미는 그것이 역사적 사실이냐 아니냐에 있는 것이 아니다. 그것이 가진 자의 결정적인 붕괴를 예고하고 가지지 못한 자를 격려하는 데 큰 의미가 있다. 사상이란 그런 것이다.

노태우의 등장이란 중국 근대사에서 원세개의 대총통 취임에 비할 수 있다. '반혁명시대의 서막'이고 '혁명세력 해체의 시작'이라고 했다. 그가 말하는 민주화란 국민의 압력에 견디다 못해 발하는 비명이다. 반체제세력이 말하는 민주화와는 본질적으로 다르다. 이렇게 반동적인 시대가 왔다면 이제는 저 체제가 혁명세력의 힘으로 무너진다고 하기보다는 그들 자신의 실정(失政)으로 무너진다고 해야 할지 모른다.

한국에다 글을 써 보내면서 느낀다. 누구를 향하여 쓰느냐에 따라서 스타일도 논리도 내용도 달라진다. 국내에서 쓰던 글과 여기서 그동안 일본말로 써온 글이 많이 다르다. 국내에서는 국민을 향해서였다고 한다면 여기서는 지배하는 자, 가진 자를 고발한 것이라고 할까. 그들도 시인할 수 없는 보편적인 것을 제시하려고 했다고 할까. 일제 하에서 국내 사학과 망명 사학이 달랐던 것처럼 오늘에도 국내외로 있는 자리가 다르면 글도 달라진다. 이것을 좀 분명히 할 필요가 있다. 이번 글에서 나는 확실히 내 글이 달라진다고 느꼈기 때문이다. (1990년 4월 21일)

군사적 위협을 느꼈을 때 또는 군사적 위협을 남에게 가하려고 할 때, 우리는 비정상적이게 된다. 사회주의 국가에서도 이런 사회심리는 마찬가지였다. 사회주의 국가가 지금까지 자본주의 국가에서 오는 위협에서 언제 자유로울 수 있었던가. 우리 남북이야말로 어떤 의미에서는 그러한 상황 속에서 외부의 힘에서 자유로울 수 없는 대타적(對他的)인 존재였다. 그것은 주관을 미성년상태에 머물게 한다. 자기상실의 비극적 경험이라고 할까.

한국 정치권력에서는 아무것도 변한 것이 없다. 변한 것은 국민의식이다. 그래서 혁명적인 상황이라고 해야 한다. 지금 저 여당이 국민의사에 반하여 아직도 통치세력으로 머물러 있게 해주는 데 야당이 협력하고 있다고 보인다. 그래서 제도권 정치 전체에 대한 거부현상이 나타나고 있다. 국민의 80퍼센트가 저 권력은 무너져야 한다고 생각하는 데도 그 정권이 계속될 수 있게 해주는 것이 이른바 야당이라는 것이다. 국민의식을 대표하는 세력이 등장하는 것도 이들이 문지방에 앉아서 방해하고 있는 셈이다. 그들이 여당적이라는 것을 노골적으로 나타내 보여 준 것이 김영삼이 여당과 통합했다는 사실이다. 정말 여당적 야당이라고 해도 무방하다. (1990년 7월 10일)

국민의 혁명의식의 실현을 막고 있는 데는 노태우도 양 김씨도 마찬가지다. 그러니까 10퍼센트 내외의 지지율인데 그것을 가지고 대권을 잡겠다는 것이다. 이 국민과의 괴리, 아정치적(亞政治的) 미숙, 이것이 한국의 정치적 현실이다. 그들 때문에 젊은이들이 저렇게 고뇌해야 하고 고난을 겪어야만 한다. 그리고 더해가는 혼란. 국민이 저들 모두를 증오하는 것은 당연하다.

(1990년 7월 11일)

국민의 10퍼센트 내지 20퍼센트 지지로 대통령이 되겠다는 민주주의가 어디에 있겠느냐. 그렇다면 후보를 곧 교체하는 것이 상식이 아닌가. 그런 것이 정당정치라는 것인데. 그것은 국민을 무시하는 자세, 무슨 수단이라도 쓰겠다는 어거지. 오늘 국민이 원하는 것, 그 필요에 봉사함으로써 그날을 기대하자는 것이 아니다. 권력을 위해서는 어떤 일이라도 하겠다는 것이다. 아렌트가 말하듯이 do만 있고 act는 생각하지 않는다.

역사는 단선적으로 전진하는 것이 아니다. 그래서 예기했던 것과는 다른 결과에 우리는 언제나 당황한다. 그런데도 우리는 자기 시계(視界) 속에서 거의 단선적으로 파악한 역사를 가지고 그것을 전부라고 생각하기 쉽다. 그것은 지금까지의 역사철학에서도 찾아볼 수 있는 자세다. 마르크스의 역사관도 그랬고. 역사가 그렇게도 불가측한데도 근대사관은 단선적인 역사를 제시해 왔다. 더욱이 제작(fabrication)이라는 근대적인 사고에서 모든 것을 수단과 목적이라는 도식으로 파악하고 역사도 그런 것으로 생각했기 때문이다. 역사의 불가측성 위에 서서 우리는 아렌트가 말한 것처럼 오늘의 행위를 소중하게 생각해야 한다. (1990년 7월 20일)

위대한 말은 이미 누군가가 다 해놓았다. 우리가 할 수 있는 것은 인용이고 거기다가 일종의 주석이나 해설을 부치고 현대적인 적용을 시도해 볼 뿐이다. 이런 의미에서도 벤야민(Walter Benjamin)이 말한 것처럼 진주를 낚는다고 해야 할 것이다. 늙으면 늙을수록 이런 심정이 되는 것이 아닐까.

(1990년 7월 22일)

벤야민을 인용하면서

우리나라에서 말기증상의 환자만 제거하면 문제가 해결된다는 나치적인 사고가 생긴 것은 언제쯤부터일까. 학생들을 급진주의라고 비판하면서 그렇게 되게 한 체제를 문제 삼지 않게 된 것은 언제부터일까. 그것은 체제와의 완전한 유착. 권력이 사람들의 의식과 문화를 지배한다는 것을 확인하기 위하여 신문 사설을 자세히 역사적으로 검토해볼 필요가 있을 것 같다.

군사정부 총리였던 교수에게 계란을 던졌다고 신문은 그것을 패륜이라고 했다. 카리스마도 폭력도 없으면서 문화산업에 의해서 완전한 지배를 확립하려고 한다. 이리하여 젊은이들은 아웃사이더가 되고 최대의 골칫거리, 제거되어야 할 악인들이게 된다.

'아름다운 마음'의 상실이 문제된 것은 어느 때부터일까. 그것을 체제의 탓이라고는 하지 않는다. 서정시적인 것으로 판단하고 서사시적인 판단을 가하려고는 하지 않는다. (1990년 8월 23일)

박해를 받고 있는 사람들의 수중에 있는 작은 폭력을 구실로 해서 거대한 지배자의 폭력이 끝없이 동원된다. 3 · 1운동 때도 그랬고 군사통치 시대에도 그랬던 것이 아닌가. 그래서 지배민족이나 지배세력이 감추고 있던 폭력이 화산처럼 분출하게 되는 법이다.

'지배에 대한 억압된 자연의 반란'을 지배자들은 도리어 지배를 위해서 이용해 왔다. 나치는 그것을 유대인들에게로 향하게 했고 해방 후의 우리나라 역사에서는 반일이나 반공으로 향하게 했다. 일본이 1923년의 관동대지진 때 조선인 학살로 내몬 것도 그런 것이었다. 찰나적으로 광적이며 본능적인 '병적 증오'에 불을 질렀던 것이다.

모든 것이 물건화되고 의미를 상실한 채 이른바 리얼리즘이 지배하게 될 때 그것에 반항하는 '악마신화'가 나타난다고 한다. 그것은 이 세상 것에 대해서 제멋대로 의미부여를 한다는 것이다. 많은 사이비 종교가 발생하는 토양이란 그런 것이 아니겠는가. 이런 정신적인 상황은 지식인에게도 영향을 미친다. 건조한 사고가 유행하기 마련이다. 건강법을 찾는 사고와 같은 것 말이다. 그리고 역사에 대해서 자의적인 해석을 가한다. 프랜시스 후쿠야마의 역사의 종말이라는 사상도 그런 것이 아닐까. 이런 병적 사고를 지배세력은 기뻐한다. 자기들의 지배에 깃들어 있는 병폐를 발견하려고 하지 않으니까 말이다. 그것을 발견한다고 해도 그것에 항의하기는 커녕 은폐하려고 할 테니까. 이것이야말로 현대적인 병이며 그것은 '악마신화'와 뿌리를 같이하는 것이 아니겠는가.

증권이나 은행에서의 부정처럼 유능한 자가 범죄자가 된다고 한다. 그러다가 잡히면 범죄를 저질렀다고는 생각하지 않고 운이 나빴다고 생각한다. 누구나 그런 기회나 능력만 있었다면 그렇게 했을 테니까. 현대에서는 유능하게 일을 한다는 것과 사고를 저지른다는 것이 잘 구별되지 않는다.

사실 축재를 한다는 것은 들키지 않게 부정을 행한다는 것이고 부정을 하면서 교묘하게 그것을 은폐하는 데 성공했다는 것이니까. 어떤 부정이 발견되어도 모두가 그것은 빙산의 일각이라고 믿고 있다. 그리고 범죄자는 감옥 안팎에 있는 자가 모두 같은데 왜 나만 잡아오는가 야단한다.

그렇다면 오늘의 사회에 적응하고 성공한다는 것 또는 법과 질서를 지킨다는 것은 부정에 봉사하는 것이라고 해야 할는지 모른다. 법정에 대한 경멸이 퍼져 있는 것은 당연한 일이다. (1990년 8월 24일)

스승에게 대한 패륜이라고 하지만 그것은 계산된 프로파간다. 그런 저항이란 사실은 '소음으로 가려져 있는 전율'이다. 지배의 모순에 대해서는 그처럼 저항할 수밖에 없고 그 모순이 얼마나 깊은가가 나타나 있는데도 매스컴은 아웃사이더를 말살하라고만 떠들어댄다. "지배를 모순으로서 드러내는 영역은 이제 존재하지 않는다." 지배는 권위나 폭력을 필요로 하지 않는다. "지배는 산업에 의해서 그것을 통해서 한층 더 손쉽게 인간 속에 들어간다." 대중문화는 물론 매스컴도 대체로 그런 것이 아니겠는가.

"…이런 모순된 사태를 표현해낼 수 있는 미디어는 이미 존재하지 않는다." '예술도 사상도 부정성도 자취를 감추어 버린 세계.' 여기에서 살아남는 방식이란 비판을 삼가고 사생활에만 몰두하고 눈에 띄지 않게 행동한다는 것. 이것은 '지옥 한가운데서' 사는 데 대한 '수치심'에서 온다고 하겠지만 이것은 이 시대를 살아가는 인간의 간지라는 것이다.

그런 식의 삶 속에서 지식인들도 이른바 급진적인 학생들의 일종 초월적인 비판과 행동을 견딜 수 없어한다. 그것을 적이라고까지 하는 셈이다. 현실적이 아니라면 사상이 아니라고 주장하는 것이니까. "현실적인 것이 이성적이다." 건전한 교양도 없고 이성도 휴머니티도 부재다. 현실에 대해서 불안해하고 두려워하고만 있다.

여기서 한쪽에서는 미래에 대해서 생각하지 않으려고 한다. 찰나적이고 현실적이다. 그런가 하면 미래에 대한 환상을 그리고 그것이 구원이라고 그것에 매어 달린다. 전자는 건전한 사고의 포기이고 후자는 불건전한 사고에의 고착이다. 타인에 대해서는 '파라노이어' "남의 목을 베는 원시종족보다 나을 것이 없다." 남을 제거하면서 자기들끼리 연결되려고 한다. '진공공포' (horror vacui)에서 오는 것이다.

'감옥은 시민적 노동세계의 궁극적인 이미지.' 시민사회의 시민도덕은 인간을 기계의 부품으로 만드는 것이니까 인간은 모나드화하고 모나드는 감옥. 감옥에서는 자기생존이 우선한다. 거기서 벗어나려고 하면 삼족을 멸한다는 공포를 안겨주는 것이다.

감옥에 잡혀 있는 죄수란 'No'를 말하지 못하는 약한 자들이다. 언제나 협력자. 이제는 군주체제의 폭군처럼 우리 몸에 폭행을 가하려고는 하지 않는다. "시민적 질서에서의 형벌이 마음에 가해진다." 육체적인 고문은 없지만 "정신적으로 숨이 막힌다." 폭력적인 독재 다음에 오는 대중소비사회와 그 문화가 가하는 형벌이다. 질서가 강제수용소의 질서처럼 다가온다는 말이다. 그런 삶의 모나드를 벗어날 공간도 시간도 없다.

여성들의 인종(忍從)을 아름답다고 해 왔다. 그것은 '상처받은 흔적'인데도. 이 질서에 '안주'(安住)하고 있는 것을 미덕이라고 했다. 거기에 갇혀 있는 사람들이 그 형편을 미화하고 거기에서 떠나지 않겠다고 하는 것인가. 사실만을 보려고 하고 거기에 숨겨져 있는 것을 폭로하려고 하지 않는다. 다만 지식의 양만을 자랑한다. 그것이 현실의 이익에 어떻게 봉사하는가만을 생각한다.

숨어 있는 것, 그 의미를 해명하려고 하지 않는다. 사상 없는 사실주의. "비극적인 것도 희극적인 것도 사라지고 말았다." 모두 희화적이라고 할까. "지적인 향유는 이전에는 그 대가로서의 고통과 연결되어 있었다…." 지적이라는 것은 고뇌를 수반하는 것이었다. 그런데 지금은 "잔인한 것 그 자체를 가지고 놀이를 하고 있다." 잔인한 것이 주는 쾌락이라고 할까.

그런데 오늘날 사실이란 조작된 것이고 프로파간다 또는 기만이 아닌가. 그것을 폭로하고 그것을 전달하려고 하지 않는 언어인 것 같다. 그런 의미에서 신문의 언어는 권력의 언어와 마찬가지다. 그것은 '계산'하는 언어라는 것이다. 만약 그 누가 반체제의 인간이라고 한다면, 이 질서의 의미를 폭로하고 이 질서를 전복하려고 한다고 생각한다면, 저 문화산업은 권력자와 함께 살인을 교사하는 것 아니겠는가. (1990년 8월 25일)

우리의 '생활세계'

우리 음악이 문화적 의미를 가지게 되는 과정, '문화적 의미를 창조해 내는 역사적 과정'에 주목해야 한다. 「서편제」가 그처럼 공전의 성공을 거둔 것도 그런 맥락에서 보아야 하지 않을까. 그것은 몇 사람이 이룩해 낸 것이 아니라 시대의 요청과 가능성에 따른 것이라고 해야 한다. 문화에 의해서 또한 사람들의 연대(連帶)가 형성된다.

대중사회가 대두되고 지식인의 대량화, 대중화가 일어났다. 특히 1987년 6월 항쟁 이후 국민적인 비판의 힘이 거세졌다. 그래서 민주화운동을 해오면서 어느 정도 카리스마를 지녔던 지식인들은 무력감을 되씹게 됐다.

오늘날의 역사적 사건은 모두 파국적으로 일어난다. 잠재적으로 변화가 진행되고 있는데도 그 징조를 보지 못했거나 보려고 하지 않았기 때문이다. 설혹 그 징조를 보고 인식했다고 해도 그것에 대응하기에 게으르거나 무력했다. 아니 그러한 인식을 도리어 은폐하거나 억압하려고 한다. 그러다가 화산이 분출하는 것처럼 지각변동이 크게 일어나는 것이다.

보벨(Michel Vovelle)은 『프랑스혁명의 심성』에서 '혁명심성'이라는 '집합심성'을 '희망과 공포' '어떤 의미에서는 미래와 과거를 지향하는 두 개의 서로 모순되는 충동'이라고 했다.

정말 그렇다. 3 · 1운동에서도 반군사독재 투쟁에서도 그랬다. 거기에 기독교가 준 메시지의 의미가 있다. 예를 들면 하나님의 승리라는 역사관은 희망을 주었고 십자가의 고난을 상기한다는 것은 공포를 극복하기 위한 정신적 힘이 되었다. 그리고 부활의 신앙은 희망과 공포가 변증법적으로 통일된 것이 아니겠는가.

하버마스는 독일의 국민의식이란 나폴레옹의 침략과 지배에 대한 저항 즉 해방전쟁에서 형성된 것이라고 말한다. 그러므로 그것은 민주주의적으로 시민의 권리를 획득하면서 형성된 프랑스의 국민의식과는 다르다는 것이다.

우리의 경우는 일제 하에서, 남북분단 하에서 강화된 내셔널리즘이 아닌가. 그러니까 손쉽게 '선통일 · 후민주화'(先統一後民主化)라고 했다. 그리고 민족주의란 자기편의로 사용되어 왔다. 해방 직후 좌우 대립 하에서는 민족주의란 우파를 지칭하는 것이었다. 북이 그 후 민족주의를 표방하자 남에서는 그것을 삼가야 했다. 오늘의 민족주의란 통일을 우선하자는 것일까.

우리에게는 유교적인 전통이 살아 있다는 것을 잊어서는 안 된다. 그것은 합리적이었지만 목적합리성이 아니라 가치합리성을 지향했다. 우리는 일본 사람들에 비해서도 보다 가치 지향적이다. 그래서 목적합리성만 내세운다면 마음이 황폐해진다. 기독교적인 전통 속에 있는 국민도 그럴 것이 아닐까. 우리는 삶에 어떤 의미부여를 해야 한다.

우리는 근대사를 통해서 고뇌어린 사색을 할 수밖에 없었다. 그래서 승자들의 경험주의나 실용주의만으로는 만족하지 못한다. 지난날에 대한 경건한 회상 없이는 우리는 퇴폐해진다. 비단 근대 이후의 경험에 대해서뿐만 아니라 강대국 사이에서 살아온 역사적 경험에 대해서도. 우리는 과거에 대한 경건한 회상을 떠나서는 건전한 삶을 영위할 수 없다.

이것이 하버마스가 말하는 우리의 「생활세계」(Lebenswelt)라고 해야 한다. 민족적이란 피니 토지니 하는 생물학적인 것 또는 물리학적인 것이 아니라 이런 삶 자체라고 해야 한다. 민족주의는 우리의 생활 배후에 또는 그 기초로서 있는 것이다. 그것이 우리에게 행동의 방향을 준다. 그것이 우리가 우리들의 삶에서 합의한 것이며 우리들의 '지식의 저장창고'이다. 그것은 의식 이전의 세계다. 그것을 낭만적으로 생각할 것이 아니라 가치 합리적으로 이해해야 한다.

그것은 소여(所與)이고 과제다. 그것은 과거적이면서도 미래적이다. 그 '생활세계'는 본질적으로 비판적인 것이다. 거기서 우리는 가치판단을 전개한다. 어떤 것은 긍정하고 찬양하며 어떤 것은 거부하고 비난한다. 그것은 일본인들의 '생활세계'와는 다르다. 그래서 그들처럼 힘 있는 자에게 무조건 기대려고 하지 않는다. 우리의 그것이 진정한 의미에서 전통이고 전통세계라고 해야 한다.

'생활세계'를 강조하는 것은 나와 너의 특수성을 넘어서 고도한 일반성을 추구하자는 것이다. 공공성을 확보하자는 것이다. 그것은 언어를 통한 커뮤니케이션에서, 즉 문화적 행위에서 수행된다. (1990년 9월 20일)

민중

E. P. 톰슨(Thompson), 내털리 데이비스(Natalie Davis)에 대한 글을 읽으면서 생각한다. 그람시(Gramsci)는 '문화적 헤게모니'를 과대평가했다고. 민중이 엘리트의 "문화적 강제력을 한정하고 다시 조직한다"는 것이다. 민주화 운동에서도 역시 그랬다. 우리 국민은 자기희생적인 엘리트의 감정과 생각을 대중화했다. 자기들의 욕구를 충족시키는 것을 한정하고 다시 조직했다. 거기서 엘리트는 다시 패배감을 느끼게 됐다고 하겠다. 그런 국민의 심성을 이데올로기적으로 표현한 것이 '안정 속의 개혁'이라는 것일까.

룸펜프롤레타리아트의 존재 그 자체가 계급적인 의미에서만 본 계급분화를 부정하는 것이다. 톰슨이 말한 '계급 아이덴티티의 문화적 편성(編成)'이라는 것을 생각해야 한다. 종교의 힘으로 경제적인 계급분화를 얼마든지 넘어설 수 있다. 민족도 그런 역할을 하는 것이고.

푸코(Michel Foucault)는 역사가는 기원이 아니라 발단을 발견해야 한다고 말했다. 발단은 우연적인 것이다. 그것을 발견해서 해체시켜야 한다. 남성의 우월의식이라든가 일본인의 아시아 멸시라든가 그런 것의 발단 말이다.

드 세르토(Michel de Certeau)가 말하는 이론과 활동 사이에 나타나는 간격. 설교단에서 민중을 말한다. 그러나 현실에서는 그런 민중은 존재하지 않는다. 누구도 민중이라고 생가하지도 않는다. 정치가가 국가를 말하고 국민을 말한다. 그들의 현실생활에서는 국가도 국민도 존재하지 않는다. 개혁을 말한다. 그러나 현실에서는 개혁도 존재하지 않는다. 언어의 신기루, 말의 공허성. 그래서 일어나는 불신이니까. 말과 현실의 일치를 찾아야 하는데.

하이데거는 '존재하는 모든 것에 있는 의미의 탐구'를 계속하는 것을 '명상적' 사고라고 했다. 그것은 새로운 상황에서는 새로운 이론, '새로운 지(知)의 구분구조'를 요구한다. 민중 신학이 떠나버리면서 남긴 공석은 그것이 점유하고 있던 공간보다 훨씬 크다. 어떠한 '새로운 지의 구분구조'가 가능할 것인가.

하버마스는 새로운 사회 문제는 규범에 대해서 예민한 '감지 능력'(感知能力)과 그것을 공공의 문제로 논할 수 있는 '도덕적 관점'을 요구한다고 했다. 오늘 이 대중사회에 살면서 문제를 제기한다고 한다면 예민한 '감지 능력'과 '도덕적 관점' 없이 어떻게 그것이 가능하겠는가. 환경을 위해 쓰레기를 분리하는 데도 도덕과 규범의 일상화가 요구된다. 사실 도덕의식과 훈련이 요구되는데도 불구하고 또 한쪽에서는 그것을 무시하거나 제거하려는 힘이 너무나 강하다.

"오늘의 질서는 물리적 강제나 물질적 이해뿐만 아니라 사람을 암시에 거는 압도적인 힘으로 인간에게 강압을 가해온다. 철학은 모든 과학의 종합도 아니고 과학의 기초도 지붕도 아니다. 철학이란 암시에 저항하려고 하는 노력이고 지적이며 또한 현실적인 자유를 찾아가는 결단이다."(T. W. 아도르노 · M. 호르크하이머 『계몽의 변증법』)

벤야민이 기도했던 것처럼 완전히 인용문으로 된 논문 또는 사상의 전개가 매우 귀중하다고 생각한다. 무엇보다 설교란 성서의 인용으로 성립된, 이 시대를 사는 지혜를 전달하는 것이 아니겠는가. (1990년 9월 25일)

1991년

현대에 대한 물음

『계몽의 변증법』에서

"수단이 아닌 말들은 무의미하게 보이고 다른 말들은 허구, 비진리로 생각된다."

여기서는 비판이라고 해도 체제 내 비판, 내재적인 비판이기 마련이다. 그것은 정치나 경제에 대한 조언 정도에 불과하다. 매스컴에서 볼 수 있는 것처럼 그것은 체제적이어야 한다. 초월적, 철학적, 반체제적 비판이란 배제된다. 그런 비판을 싣는 미디어가 사라진다. 모든 지식인은 세세내직 존재가 된다. 그리고 그들에게서는 주체적인 자기비판이란 찾아볼 수 없다.

"때때로 일어나는 흉악범을 제외한다면 아웃사이더라는 것은 가장 중대한 죄악이다."

말기증상의 환자만 없앤다면 문제는 해결된다는 식의 사고는 나치적인 발상인데 그것은 언제부터 시작됐을까. 동아일보 사설은 정 총리에게 석회 공세를 편 학생들을 패륜 운운하면서 야단이다. 그런 학생만 없으면 된다는 것이고 그럴 수밖에 없는 체제는 문제 삼지 않으려고 한다. 그리고 그들만을 최대의 죄인으로 삼고 아름다운 마음, 사제지간의 미덕이 사라졌다고 개탄한다. 이것은 몰락한 사회에서 일어나는 자연스런 현상이며 사분오열된 사회에서 일어나는 자연스런 반발이라고 할 수 있는데. 사건을 서정적인 것으로만 만들고 서사적인 것으로 보려고는 하지 않는다.

"이전에는 신화적인 운명에 대한 절망적인 저항에 비극의 역설적인 의미가 있었다. 그러나 오늘날에는 협력하지 않는 자는 누구나 멸망을 받는다는 위협으로 그것은 저하된다. 비극적 운명을 '정당한 벌'로 변화시키는 것이 부르주아 미학이 언제나 시도하려고 했던 것이다."

임수경은 급진적인 학생이고 동조하지 않는 자니까 '정당한 벌', 당연한 벌을 받아야 한다는 것이다. 원래 비극은 희망 없는 정황이 아니겠는가. 니체의 말을 따르면 그것은 '강력한 적, 숭고한 고난, 무서운 문제를 앞에 한 용기와 감정의 자유'라는 것인데. "비극의 청산은 개인의 폐기를 확인해 준다"고 해야 한다는 것이다.

패륜이니 하는 것은 정치적 의미를 떨쳐버리고 역사적 의미도 배제하고 유교적 윤리로 환원시키고 단순화하려는 것이다. 이것이 대중사회의 특질이라고도 할 수 있다. 이제 한국은 경제적 발전과 더불어 폭력적 지배에서 대중사회적 지배로 이행해간다고 할 수 있지 않을까. '체제의 억압 아래서 생활하면서 모럴을 상실한 대중.' 여기에 기여하는 것이 부르주아 문화이고 매스컴이다. 인생은 이런 것이라고 체념하게 한다. 그래서 자신이 무가치함을 자인한다. 패배를 받아들이는 셈이다. "사회는 절망한 자들로 가득 차게" 되고 패배를 받아들이는 셈이다. 이것이 나치에 동원되어 간 대중의 모습이라고 하겠다.

이것이 신문에 선동되는 대중이다. 오늘 한국에서는 군사폭력의 지배는 경험했기 때문에 다행하게도 정치권력으로는 좀처럼 동원되지 않는다고 할까.

(1991년 8월 23일)

"파시즘은 억압된 자연의 지배에 대한 반란을 지배에 대해서 직접 유리하게 사용하려고 한다는 점에서 역시 전체주의적이다."

억압당하면 인간의 자연이 반란을 일으키기 마련이다. 그러한 자연의 반란을 도리어 지배에 유리하도록 하려는 것이 전체주의라는 것이다. 1923년 관동대지진 때 일어난 조선인 학살이 그런 것 아닌가. 나치는 그것을 유대인에게 향하게 했지만 이승만 정권도 박정희 정권도 반일, 반공으로 '병적 증오'를 불러일으키게 하려고 했다.

"언제나 피에 굶주린 살인자들은 희생자 속에 그들이 자기방어를 하지 않을 수 없는 박해자를 보아왔다. 가장 강하고 가장 부유한 자들은 가장 약한 이웃들을 없애버리려고 침략하기 전에 그들이 자기들에게 견딜 수 없는 위협이라고 언제나 느껴 왔다."

관동대지진 때 일어난 조선인 학살이란 일본인들이 바로 약한 한국인들이 강한 자기들을 없애버리려고 한다는 '병적 증오'를 품은 데서 비롯한 것이었다. 강한 자들 더욱이 불의를 일삼는 자들은 언제나 자기들이 품은 적의를 다른 박해받는 자들에게 투영해서 생각했다. 그래서 그 학살을 정당방위라고 생각하려고 했던 것이다. 남북대립에서도 이러한 투영작용이 오랫동안 이어져 온 것이 아닌가. 일본의 아시아 침략이란 바로 그러한 역사, 심리적 메커니즘의 끊임없는 반복이었고. 거기서 언제나 예비적인 학살이 이어졌다.

그것은 중세의 '악마신화'와 같은 것. 그것은 바깥세계에 대해서 제멋대로 어두운 의미를 부여한다. 건전한 교양이나, 이성의 부재, 휴머니티의 결핍에서 나타나는 것인데 그것이 종종 현실에 대한 리얼리즘으로 자임한다. 그래서 모두가 '진공공포'(horror vacui)로 굳게 뭉친다는 것이다. 원수를 사랑하라는 메시지는 이러한 '악마신화', '진공공포'를 추방하려는 외침이 아니겠는가.

"모나드(monad)는 상호간에 직접 영향을 주는 일이 없다. 그들의 삶은 신이나 관리자에 의해서 통제되고 조정된다."

'철저한 고립' '희망 없는 무에의 철저한 환원'. 이것이 현대인의 모습이다. 텔레비전이나 영화 앞에 앉아 있는 사람들이 모두 그렇다. 전차 안에서도 버스에서도 여행하면서도. 모두가 모나드로 물질화되어 있다. 다른 사람들과 이야기하는 것이 도리어 지루하다. 발견도 신선함도 없기 때문이다. 작업라인의 여자 노동자들도 상호영향을 주지 않는 모나드. 거기서는 필연만이 지배한다. 자유는 절대로 허용되지 않는다.

"감옥 속의 인간이 앞으로 실제로 되어 가는 부르주아 타입 인간의 사실상의 이미지다."

거기서는 모두가 오로지 '자기보존'을 우선으로 추구한다. 부르주아 도덕이란 이러한 인간의 형성을 가치 있는 것으로 권장하는 것. 인간을 조직이나 기계의 부품으로 화하게 하고 그것을 견디어내라고 하는 것이니까. 그러니까 모두가 비굴해진 협력자들이다. 부르주아 사회에서는 신체적인 폭력은 가하지 않지만 '내향적인 폭력'이 인간에게 가해진다. 그래서 정신적으로 인간이기를 그만두게 되는 것이 아닌가.

돈, 상품광고, 경쟁심, 상승지향성 그리고 힘과 다수에의 추종, 모나드는 사랑을 모르고 감옥에 갇혀 있다. 탈 모나드를 위한 공간도 시간도 없다. 강제수용소에서처럼 명령에 의해서 나란히 선다. 나치가 바란 것은 이렇게 원자화된 인간이었다. 이렇게 원자화된 인간이 나치에 열광했다. 거기서는 인간정신이 숨쉬기를 멈추었다.

정신이 작용하지 않는다면 거기에 선악에 대한 판단이 있을 리 없다. 전 사회가 그런 선악을 따지지 않고 유능하기만을 요구한다면 은행이나 증권회사 부정에서 보는 것처럼 유능한 자는 범죄자다. 범죄를 저지르고도 잡히지 않는 자다. 잡혔다면 운이 나빴던 것이고. 합법적인 일과 비합법적인 일 사이에 거의 구별이 없고 선악을 가릴 수 없어진다. 유능하다는 것이 곧 선하다는 것이다. 여기서 우리가 법정에 대해서 경멸하는 것은 당연하다. 그것은 덜 유능한 사람, 운이 나쁜 사람에게 부당한 형벌을 가하는 장소이니까. 감옥 바깥에 있는 사람과 안에 있는 사람이 구별되지 않으니까. 감옥에서는 왜 나 혼자만 가두어 두느냐고 불평을 하게 마련이다. 그리고 다음번에는 좀 더 교묘하게, 좀 더 유능하게 해야 하겠다고 마음에 다짐하게 될 뿐이다. (1991년 8월 24일)

"이 사회에서는 예술에 있어서처럼 권위가 모순으로 나타나는 영역은 존재하지 않는다."

권위 또는 지배에 대해서 모두가 두려워하고 있으니까 말이다. 다만 여기서 '안주'할 것만 생각한다. 그것이 옛날에는 여성의 미덕을 참을 '인'(忍)으로 미화했었다. 그러니 그것은 상처받은 흔적이며 시실에의 복종일 뿐이다. 그래서 "언어는 계산하고 서술하고 폭로하고 살인을 충동하지만 아무것도 표현하지 않는다"라고 했다. 그것은 예술을 위한 언어, 사상을 위한 언어는 아니라는 말이다.

언어는 지식을 위하고 현실적인 이익을 추구하는 데 봉사한다. 정말 그것은 체제 내 사고를 위한 수단이다. 현실 속에 숨겨진 것을 표현하려고 하지 않는다. 인류적, 인간적인 의미를 표현하는 것은 억압당하고 있다. 여기서 "비극도 희극도 사라졌다." 이전에는 "지적인 즐거움은 인류적인 고통과 관계되어" 있었다. 그러나 지금은 "공포 그 자체를 즐기고" 있다. 게다가 사실 자체가 조작된 것, 프로파간다이고 기만이다. 그러한 사실을 문제 삼고 표현하려고는 하지 않는다.

정 총리에 대한 학생들의 패륜이라는 사실 그 자체가 가진 의미 즉 오늘의 한국에 대한 최대의 고발이라는 것을 생각하려고 하지 않는다. 그러한 표현은 억압을 당하고 있다. 그것은 지금까지 억압되어 온 '진통의 부르짖음이 내는 소음'이라고 해야 할 텐데. 동아일보의 사설은 그것에 귀를 막고 지금이 안주의 잠을 깨우지 말아달라고 하는 것이다. 그것이 던져주는 경고를 무시한 채 아웃사이더를 추방하라고만 외치고 있다.

"이러한 모순을 표현할 수 있는 미디어는 이미 존재하지 않는다."

'예술과 사상과 부정이 완전히 사라진 세계'이다. 거기서 대학신문 같은 것이 홀로 급진화되고 있다. 이런 급진주의란 현실적이 아닌 것은 사상이 아니라고 하는 속에서 일종의 초월적 비판이고 행동이다. 지옥 한복판에서 '이데올로기적인 남용'을 경계하면서 신중하고 겸손하게 꾸밈없이 사는 아도르노의 자세를 생각한다. (1991년 8월 25일)

니체는 역사의식과 역사의 망각을 말했다. 역사의식이란 비판적인 인식이며 죄책감을 품은 인식이라고 할 것이다. 그리고 역사의 망각이란 용서하는 것이어야 하지 않겠는가. 이것 없이는 역사를 새롭게 살 수가 없다. 이것을 메타노이아(metanoia)의 역사라고 하겠지. 자신에 대해서도 자기비판을 가하면서 위로하고 격려해야 하지 않겠는가. 이것이 바로 주체적인 삶이라고 할 것이다. (1991년 8월 29일)

1993년

'제로섬 게임'의 시대

TV에 심각한 장면이 나오는가 하면 곧 뒤를 이어 행복스러운 먹을 것 광고. 제로섬이 되고 만다. 이것이 대중사회라는 것이다.

언론의 자유는 곧 중립이라고 한다. 천황제 찬성과 반대를 나란히 놓으면 여기서도 제로섬. 지식인의 좌절은 여기서 온다. 무슨 발언을 해도 중화되고 들러리 역할에 지나지 않는다. 의미 없는 군중으로 전락하고 만다. 이른바 '주체의 집합적 사회로의 해소'라는 것이다. 그런 언론, 그런 언어는 폭력이라고 해야 한다. 언어 속에 스며든 폭력. 그렇다면 지식인의 언어란 '지적 유희'가 되고 민다. 탈 의미(脫意味)·상대에 빠지게 되니까 드 세르토(Michcl dc Certeau)는 '담론의 신기루'라고까지 했다. 이런 시대에는 지식이란 퀴즈식의 지식이 되고 만다. 퀴즈에서 승리하기 위한 지식처럼 말이다. 이런 상황에서 해방될 수 있을 것인가.

이제 우리는 이렇게 말할 수 있을 것이다. 탤런트나 간디나 마찬가지 유명인이고 그 사이에 놓인 가치의 차이 같은 것을 논하는 것은 어리석은 일이라고. 머지않아 간디가 웃음거리가 될지도 모른다. 프랜시스 후쿠야마가 말했듯이 그런 것은 박물관에나 있는 이야기라고. 스트레스가 많은 일을 떠나서 찾는 TV. 자극을 찾아서 가는 삶도 병적이고 거기에 주어지는 것도 병적인 것. 거기서 해방된 생활이란 노후에나 주어질까. 그러나 그때는 중환자일 테니까.

사고는 사회에 의해서 한계지어진다. 그 한계를 자각하고 사색하는 데 사상이 있지 않겠는가. 정치적 언어라는 것을 생각한다. 저항세력측에 대해서는 왜 비판하지 않는가 라고 할 것이다. 대답은 폭력과 싸워야 하니까, 저항세력을 약화시켜서는 안되니까라고 할 것이다. 균형의 언어라고 할까. 거기에서는 진실이나 사실이 문제라고 하기보다는 성실성의 문제라고 해야 하는 것일까.

문화도 정치투쟁의 전쟁터. 군사정권 하에서 민족음악이란 그런 것이었다. 이제는 그것이 영화 「서편제」로 성공하고 있다. 이미 그것은 저항의 문화적 표현이 아니다. 그러나 정치집단의 탄생에 의해서 새로운 문화의 가능성이 생겼다고 하겠다. 저항의 땅 호남. 지금까지는 먼 지방이라고 생각하고 능력 없는 빈곤을 탓하고 이런 상황에 저항해 왔는데. (1993년 5월 20일)

귀국

20년의 거리를 두고 나는 서울의 거리를 바라본다. 그 속에 살고 있었으면 별로 변화를 느끼지 못했을 것이다. 단절이 있었기 때문에 그 옛날과 대조하면서 나는 바라본다. 그동안은 그 속에 있지 않았기 때문에 멀리서 방관자였다. 이런 거리가 내 머릿속에서 귀국하고 나서도 계속하는 것이 아닐까.

밀집해 있는 군중. 민주화 운동 엘리트들은 이들을 민중으로 미화해 왔다.

이들이 건전한 시민이게 될 것인가. 나는 여기에서 노후를 사는 '유민(遊民).' 서울이 개성 있는 표정을 가질 수 있을까 생각한다.

20년 전에는 서로 어깨를 나란히 하고 마주보고 이야기했고 함께 마시고 비분강개했는데 이제는 멀리 떨어진 아파트에 살면서 차로 달리고 얼굴을 서로 마주보지 않는다. 전화로 대신한다. 아파트의 숲. 남은 기와집 동리에서는 잃어버린 시대 냄새가 나는 듯. 그러나 아파트 사이에 폐허가 스며들고 있는지도 모른다.

그동안은 정말 격동의 시대였다. 격동의 시대에는 사실이 개념을 누르고 승리하는 법. 이것이 그 시대의 징후. 그래서 우리는 인식의 재구성을 강요당한다. 그것에 둔감한 경우도 있겠고 그러한 자기부정을 거부하는 경우도 있겠지만.

속죄적인 언어가 있다. 그것은 종교적인 언어이지만 정치적인 언어가 된다. 독일이 지난날의 나치에 대한 속죄를 하는 것처럼. 이런 언어를 일본은 이해하지 못한다. 정치적인 언어 앞에서 종교적인 언어가 성립되어 본 적이 없기 때문일까.

폭력의 언어가 아니라 사회를 전환시키는 언어를 찾아야 한다. 권력은 언제나 억압적이라고 해서는 안 된다. 진실을 진실일 수 있게 하는 권력이 있어야 한다. 혁명이 그것을 지향하다 폭력으로 화하고 마는 역사가 되풀이되었다. 우리나라 역사에서도 그것을 되풀이할 수밖에 없다는 것일까.

모든 현실은 경제적이며 문화적 심리적인 것이다. 그런 의미에서 드 세르토가 마르크스와 프로이드를 현실을 이해하는 '2대 해석체계'라고 본 것은 정당하다. 억압하는 것, 억압받는 것, 모두가 경제적인 행위이며 거기에는 반드시 심리적인 현상이 수반된다. 그렇기 때문에 역사는 언제나 이 두 가지 측면에서 바라보지 않을 수 없다.

인도의 불상은 육감적이다. 한국의 불상은 선이 아름답고 일본의 불상은 얼굴 표정 특히 눈이 뚜렷하다. 언제나 나는 고사순례(古寺巡禮)를 꿈꾸고 있다. 부석사(浮石寺)를 가 보니까 별로 찾는 사람이 없었다. 관광사업으로 세속화되고 퇴폐해지는 것도 사실이지만 문화적 소비의 대상이 되지 못한다면, 사람들의 관심을 끌지 못한다면, 이런 옛 절도 쇠퇴해 가는 길을 피할 수 없다. 관광사업의 역설이라고 할지 모르겠다.

연극과 관객의 관계도 그렇다고 하겠다. 관객이 없으면 발전하지 못하고 관객을 끌려고만 하면 타락한다. 정치도 그렇다. 일본인들의 정치에 대한 냉담은 일본정치를 타락하게 했다. 관심 없는 관객, 배우들만의 잔치, 배반된 혁명이 거듭되자 생겨나는 정치에 대한 무관심. 한국도 그 길을 가려는 것인가.

앙드레 뷰르기르에(André Burguière)는 역사학은 '국민국가의 대변자, 그것을 정당화하기 위한 수단'이었다고 했다. 그래서 헤겔에서 보는 것처럼 국민국가를 역사의 절정이라고 생각했던 것이다. 이것이 바로 18세기, 19세기를 지배했던 진화론적 세계관의 소산이다.

그런데 그런 진화주의의 위기가 찾아왔다고 프랑소와 퓨레(François Furet)는 말했다. 여기에서 역사는 탈 국가하려고 한다. (1993년 9월 15일)

소정치의 날들

헌팅턴의 말과는 달리 동부아시아에는 종교 간에 관용이랄까 무관심이 있어왔다.

문화는 지방으로 그리고 작고 세미한 곳으로. 지하철 역 안의 깨끗하고 친절한 안내. 이런 것에 관심을 두는 소정치 말이다. 마음을 조용하게 하고 깊게 하는 문화. 거기에서 고용이 확대되고. 신문은 큰소리를 내는 것이 아니라 목소리를 낮추고 따뜻한 이야기를 나눈다. 가진 자는 반동이라고 아우성치는 세상이 아니라 그들이 따뜻한 문화에 투자하게 된다. 문화적 전환이라고 할까.

미셸 보벨(Michel Vovelle)은 테느(Hippolyte Taine)처럼 '집합적 존재인 군중을 술주정꾼으로 비유하는 의인법적 왜소화'를 일삼는 것도 거부하지만 민중을 혁명적 대중으로 미화하지도 않는다. 대두해 오는 군중에 절망하는 것이 아니라 그들의 문화적인 전환에 주목한다. 보벨은 군중이란 '아메바처럼 반사행동'을 하는 것이 아니라 권력과 엘리트 사이에서 자신의 것을 차지한다고 했다.

지금은 분신자살의 시대가 아니다. 이제는 냉각기. 민주적 혁명을 위한 정치적 싸움은 끝났으니까. 남은 인생 그것을 해석하는 일을 해야 하는 것이 아닌가. '군중을 움직이는 무의식적인 충동'을 추구해 보는 것이다. 민주화 투쟁은 승리한 것이라고 보고 그 승리를 확인하고 그것을 철저히 수행할 것을 기하면서 싸움 속에서 잃어버린 품위 있는 인간성을 찾아야 하는 것이 아닐까. 혁명은 평등을 구하지만 또 한편 덕(德)을 찾는다. 보벨은 "혁명의 또 하나의 꿈—그것은 덕이라는 키워드로 요약된다"라고 했다. 우리의 품위 있는 삶을 위한 하나의 원점. "너는 이방 나그네를 압제하지 말며 그들을 학대하지 말라 너희도 애굽 땅에서 나그네였음이라"(출애굽기 22장 21절).

근대사에서 일제의 압제를 받았고 군사독재를 경험한 우리. 앞날을 위한 시발점이 여기에 있지 않겠는가. (1993년 12월 10일)

민중이 존재하지 않는다

"모든 경우에 있어서 이론과 활동이 서로 어긋나게 되며 정당과 조합도 그리고 때로는 교회도 이제는 스스로가 말하는 자리에 있지 않다…"(미셸 드 세르토 『문화의 정치학』)

정당도 국가도 개혁을 말하지만 그 자리에 그것들은 없다. 한국 사회에도 이제는 민중이 존재하지 않는다. 청계천 판잣집, 언덕 위의 '달동네'가 사라져 가는 것일까. 그리고 자동차의 홍수. 교회 설교단에서는 민중을 말하지만 민중이 민중이라고 생각하지 않고 민중이 존재한다고 생각하지 않는다. 정치인들이 하는 말이야말로 현대를 상징하는 것이라고 할 수 있다. 더욱이 예술이나 사색이나 표현의 언어는 사라지고 있다. 이러한 상황에서 고독하지만 새로운 지적 구조를 모색하지 않으면 안 된다.

"교사의 문화, 교수의, 식자의 문화. 이 문화는 '그 이외의 것'에 침묵을 강요한다."(세르토 『문화의 정치학』)

결함을 발견함으로써 새로운 학문이 시작된다. 세르토는 성직자들이 사용한 방법으로는 농민의 모습이 탈락하고 만다고 했다. 농민의 모습은 '문학적 자료나 쓰인 자료'에서는 발견되지 않는다. 그래서 "거대한 무지가 '대중'을 망각 속에 내버려 두고 있다"고도 했다. 무지한 대중의 문제가 아니라 무지한 지식인이 문제다. 문화란 '하향적'으로 말하자면 '신하'(臣下)에게로 내려간다는 지식인들의 편견이 문제다.

세르토는 문화를 단수로 생각하는 위험성을 지적했다. 정말 '환경과 계층과 지성의 동질성'이란 '전체주의적인 모델'이다. '단수의 문화'란 '1계층의 단독성'을 나타내는 것이다. 이런 '사회적 규정성'이란 '권위적인 압력'을 의미한다는 것이다. 이런 의미에서 민족주의사관, 민중사관하고 내거는 것만 해도 우리나라 사학이 복수로 발전했다는 것을 의미한다. 다양한 문화에 대한 관용이 더욱 확대되어 가야 할 것이다. 이것은 문화의 시장이 다양화되는 것과 관계한다.

한국의 지성사의 흐름을 구분하면 유교체제 하, 일제 하, 1945년에서 50년까지, 그 다음 반공체제 하 그리고 1990년대, 이렇게 볼 수 있지 않을까. 1945년에서 50년까지의 해방 공간에 특히 주목하고 싶다. 1990년대 이후는 그것에 이어진다고도 볼 수 있을 것이다.

역사적 문헌에는 허구가 스며들어 있다. 신채호는 역사 속에서 민족 간의 항쟁만을 보려고 했다. 최남선은 같은 고대사 동일한 문화권에서 우리의 문화적 우위를 찾으려고 했다. 그들의 역사는 그 시대 현실의 반영이면서도 현실 전환을 위한 것이었다. 신채호의 고대사는 좀 더 사실적으로 보이고 최남선의 고대사는 좀 더 낭만적으로 보인다.

E. P. 톰슨(Thompson)은 그람시(Antonio Gramsci)가 "문화적인 헤게모니를 대중에게 과하는 엘리트의 능력을 과대평가하고 이에 반하여 그러한 문화적 강제력을 한정하고 다시 조직화하는 하층계급의 반발 능력을 과소평가했다"고 보았다(스잔느 데장, Suzanne Desan). 이러한 엘리트와 평민과의 상호관계에 주목해야 하겠다. 동학에서도 그랬을 것이 아닌가. 민주화 운동에서도 국민대중은 민주화 운동 세력의 생각과 행동을 한정해서 그들 나름대로 조직화하고 변질시켜 간 데 주목할 필요가 있다. 대통령 선거에서 김대중의 거듭된 실패도 그의 민중적 문화적인 헤게모니를 대중이 변질시켜간 데 있는 것이 아닌가. 대중은 변혁에 대한 생각을 재규정하고 안정 속에서의 개혁을 찾고 작으나마 이미 얻은 것을 포기하기를 거부했다.

'외부에서 일으켜진 문화변동'이 "도착적인 형태로 편성되는" 문제(아레타 비어사크, Aletta Biersack)에 주목할 필요가 있다. 한국과 일본의 근대화도 이런 관점에서 비교해 보아야 한다. 한국의 유교적 문관사회 전통에서 일어나는 변형과 일본의 무사사회적 전통에서 일어나는 변형을 비교 검토해 보아야 될 것이다.

역사 속에서 철학적인 성분을 인식한다는 것, '역사적인 이야기 속에서 허구적인 요소가 존재하는 것을 인식한다는 것' 이 역사 철학이라고 하겠다(로이드 S. 크래머Lloyd S. Kramer). 누구나 그 시대의 '역사 기술의 패러다임'에 지배되기 때문이다. 그리고 역사기술이 역사가 개인의 역사관과 상상력의 작용을 받기 때문이다.

"너무나 오랫동안 프랑스 사회문화사는 사회적인 것을 부의 계층과 그 제반조건과 동일시하는 환원주의적 정의를 받아들여 왔다…"(로저 샤르띠에 Roger Chartier)

말하자면 경제적 계층의 입장에서 문화를 바라본다는 것이 선험적(a priori)으로 작용해 온 셈이다. 혁명의 시대에는 빈부만이 역사를 움직이는 유일한 요인인 것처럼 보였다. 그런 때 다른 요소들, 예를 든다면 성이나 젠더 같은 문제는 은폐된다. 복음은 빈부의 하이어라키에 의해서만 써진 것이 아닌데 민중신학에서는 그것을 너무나 계급적으로 해석해 왔다.

세르토는 샐러리맨의 문화로서 '자기를 위해서 무엇인가를 하는 것'(고용주를 위해서가 아니라) '외출하는 것'(영화, 휴가 등) '누구와 함께 있는 것'(가족 교우관계 등)을 들었다. 여기에 영화 「서편제」도 있고 교회생활도 들어가리라고 생각한다. 그들을 위한 이른바 유흥사업이 지금 번창하고 있는 것이다. 농민들의 경우에는 축제나 순례 같은 것을 포함한 종교생활을 들 수 있을 것이다. 한국에서는 전통적으로 생일잔치나 관혼상제도 농민들의 문화를 중심으로 해서 이루어졌던 것이 아닌가.

하버마스(Jürgen Habermas)는 오늘날 '자기'라는 것은 계급사회에서의 일원, 국민주권 하에서의 일원 즉 인민 또는 국민으로서의 존재가 아니라고 했다. 그가 말하는 '생활세계'와 연결되어서만 '자기' 들의 연대가 가능하게 되는 셈이다. 민족으로서의 고통분담 같은 것은 의미를 거의 상실했다고 할까. 지역주의도 이런 점에서 고려해 볼 필요가 있을 것이다. 일본에서도 다시 국민을 강조하려는 강한 움직임이 있지만.

정말 이러한 '자기'에서 사실은 여러 가지 대립이 나타난다. 안정된 사람들과 주변사람들과의 대치, 이해관계에 따라 대치된 '자기'들의 연대가 도처에서 일어나게 된다. 개혁이 불가능할 정도로 그 대립은 심각하다. 그러니까 도덕적인 의지, 규범적인 관점이 매우 요구된다. 도덕과 규범의 일상화가 필요하다. 여기에 지식인의 공헌할 바가 있다.

"나는 시를 장르라고는 생각하지 않는다. 시 그것은 세계감각이다. 현실에 관계하는 방식 중에서 특별한 방법이다. 그런 경우에 시는 일생 동안 사람을 인도하는 철학이게 된다."(타르고프스키)

그는 그렇게 해서 그의 빛나는 영화들을 창작해 냈다. 그는 무엇보다도 그렇게 살았던 것이다. 요즘 내게 있어서는 베르톨트 브레히트의 시가 그런 것 같다.

(1993년 12월 15일)

1997년

사디즘과 폭력

그도 한 사람의 사디스트가 아닐까. 국민이 괴로워하고 부하들이 고민하는데도 그들에게 부당한 명령을 내린다. 모두가 끌려오고 일언지하에 일이 일어나고 끝나는 데 희열을 느끼는 사람. 그래야 자기가 비할 데 없는 권력을 가지고 있다고 확인하게 되니까. 독재 하에서 억압받으면서 또한 그것에 저항하면서 모두가 상처투성이로 보인다.

26일 새벽에 일사불란하게 행동한 여당 국회의원들. 그전 같으면 반대하는 사람, 탈당하는 사람도 있었을 텐데 전원이 같은 행동을 보였다. 전체주의 국가의 병졸 같은 중간층과 무엇이 다른가. 개인의 문제라기보다는 체제의 퇴폐이다. 주체적인 책임의식이 없다. 모두가 윤리적인 판단을 상실한 채 기회주의에 빠져 있다. 나치 하의 중간층과 무엇이 다른가. 인격의 전면적인 결여 또는 마비다.

(1997년 1월 16일)

'권력자의 영광의 크기를 증명하기 위하여 형벌이 있는 것'이라고 한 미셸 푸코를 회상한다. 그리고 일설에 의하면 칭기즈칸은 "적지에 진입하여, 적의 왕비를 적장의 눈앞에서" 겁탈하는 것에서 그지없는 쾌감을 느꼈다고. (다다 미치타로의 『생활 속의 일본문화』에서)

오늘 이 나라에서는 이른바 사회지도자라는 사람들을 불러들이고 "각하만이 이 난국을 해결할 수 있습니다"라는 애원을 듣고 참고하겠노라고 하는 식의 통치가 성행한다. 정말 왕조시대를 상기시킨다. 또 한편 이탈을 막으려고 고위층 사정에 착수했다고 엄포를 놓는다. 범죄자들의 집단이라 그러면 모두가 움츠러든다. 폭력집단에 그 두목이다.

오늘 이처럼 「나의 정치일기」를 써야 하는 이유가 있다. 아도르노는 『계몽의 변증법』에서 오늘은 민중에게 대해서도 아니고 무력한 개인에게 대해서도 아니며 '가공의 증인' 앞에 써놓아야 한다고 하지 않았던가. 그것은 유언이다. 모든 것이 망각의 늪에 삼켜져 버리지 않도록 하기 위한 증언이다.

서울 시장이 각의에 참석한다. 우스운 일이다. 그렇게라도 하지 않으면 무슨 불이익을 당할지 모를 테니 민선시장이 총리나 관리의 지시에 귀를 기울여야 한다. 지방자치를 마지못해 허락해 주고는 그 알맹이를 앗아 버리려는 중앙정부. 인사권을 장악하려고 한다. 그러니까 시청 내무국장이라는 자가 중앙관료의 말은 듣고 시장은 무시하고 있다. 이 정부는 본질적으로 기만적이다. 압력에 못 이겨 양보하고는 뒤에 와서는 그 합의를 무력화시키려고 하는 것이니까. 무시운 관료주의의 습성. 대북관계에서도 미국과 합의를 하고 나서도 그렇고 OECD와의 협의나 합의에 대해서도 그렇다(1월 15일 동아일보 「이 총리-조 서울시장 '지방자치논쟁'」 참조). 국제적으로도 네메시스에 직면하는 날이 오는 것이 아닌가. 이것이 오랜 시간 동안 쌓인 이 나라의 정치 행태라는 말인가. 그런 기만을 능숙하게 해낼 수 있어야 정치 8단이니 9단이니 하면서 유능한 정치가, 성공한 정치인이라고 하는가.

주위의 강요에 못 이겨 합의했다가는 뒤에 돌아가서 슬며시 내용을 변경시키는 데는 심리적인 문제가 있는 것 같다. 아버지에게 강요당한 것을 뒤에 가서 제멋대로 고치고 말던 이중성 말이다. 권위주의 밑에서 성장했을 때 그런 습성이 형성된다. 그러면서 자기를 관철하려고 하고 고집 센 자신을 형성한다. 그것이 한국에서의 정치가적 인간상이라고 할는지도 모른다. 거기에서 면종복배(面從腹背) 조령모개(朝令暮改)란 불가피하게 따라다니게 되기 마련이다.
(1997년 1월 18일)

자본주의는 어디서나 인간사회를 알알이 흩어지게 하고 모든 인간을 원자화한다. 그래도 법으로 게젤샤프트를 만들어가야 하는데 그것에 실패하고 원시적인 게마인샤프트만 찾는다. 지역주의, 혈연주의, 분파주의, 이 모든 것이 그런 것이 아니겠는가. 월러스틴(Immanuel Wallerstein)은 자본주의 사회에서 여러 가지 게마인샤프트가 성립됐다가는 무너진다고 했는데. 민족주의도 나치도 그런 것이고 지역주의, 혈연주의도 그런 것이다. 위기의식에서 한층 PK를 찾는 것도 그런 것임은 두말할 것도 없다.

6 · 27로 민심의 이반이 분명해졌는데 밀어붙인다느니 정치논리니 정면돌파니 하면서 4 · 11을 해내고 국회 과반수를 만들었다. 그러면 그 폭력은 더해 가는 것이고 통치자는 오만해지고 그를 둘러싼 자들은 더욱 아첨을 일삼게 된다. 국민은 정치적으로 무관심해지고. 물리적 폭력이 아니라 대중소비사회의 부드러운 압력에 의해서. 그러면 다만 임기 5년을 참고 기다린다는 것일까.

자제력을 잃어버린 권력이 벽에 부딪친 셈이다. 적어도 이 이상의 폭력이나 행패는 하지 못하게 됐다. 이제 대통령선거는 피할 수 없게 된 셈이다. 그들에게는 이성이란 있을 수 없다. 지난날이라면, 이런 상황이라면 군부 쿠데타가 일어날 텐데, 지난 30여 년간의 군부집권으로 그것은 불가능해졌다. 그런 점에서는 한국 정치에서 선거에 의한 민주적인 정권교체라는 룰은 확립된 셈이라고 하겠다. 5년 임기는 참아 준다는 정도의 민주주의 말이다.

(1997년 2월 2일)

날치기 여파

미디어는 자기 뜻에 맞는 것 이외에는 싣지 않는다. 우리의 발상은 미디어에 의해서 결정된다. 오늘의 지식인이란 언제나 미디어에게 추파를 던지고 있다. "문화란 자본유통의 영역으로 전락했다"고 아도르노는 말했다. 문화는 산업에 의해서 완전히 관리된다.

진정한 문화란 아도르노가 말한 것처럼 근본적으로 비판적이다. 미디어도 간혹 비판적인 글을 싣는다. 그런 글에 대한 수요가 있어서 상업상 필요하기 때문이다. 그러나 그것이 결정적인 영향을 끼칠 수 있도록 기회를 자주 주려고는 하지 않는다. 더욱이 어떤 한 사람이 결정적인 영향을 주는 것을 원하지 않는다. 영웅이 되는 것을 원하지 않는다. 모두가 하나의 수단으로서 그 매체의 관리 속에 들어와 있어야만 한다. 미디어가 영향력 있는 한 개인에게 의해서 다소라도 지배되어서는 안 된다. 선인도 악인도 능력 있는 사람도 그렇지 않은 사람도 모두가 평균적인 기회를 부여받고 평균적인 인간들 중의 한 사람이어야 한다. 그렇기 때문에 결정적인 시기에도 결정적인 영향을 줄 수 있는 인물이 존재하지 않게 된다.

미디어의 평균화 작용에 의해서 그러한 인물이란 이미 존재하지 않는다. 한국의 경우는 일본보다도 더 심한 것 같다. 예를 든다면 지식인의 경우, 마루야마 마사오(丸山眞男) 같은 인물도 없다. 그의 서거를 그렇게 대대적으로 매스미디어가 다루지 않았는가. 그러나 일본의 경우에도 그는 지적 영웅의 마지막 인물일지도 모른다.

(1997년 2월 10일)

주간지에서 「독선…오만…」「나 홀로 잘난 대통령」「신한국 '날치기파문' 안이하게 보다 큰 코…」 모두 당연한 표현이다. 날치기 통과에 대해서 「장난감 정치」라고 하는 낱말도 나왔다. 「나는 범죄에, 기는 검찰」「한보수사 할 건가 안할 건가」「칼국수잔치는 끝났다」「유전무죄」(有錢無罪)에서 이제는 「무권무죄」(無權無罪)라고 하게 됐다. 정말 비난과 비판의 언어 무성이다. 현철이가 투자한 것을 '황태자주(株)'라고 한다. 야당의원들의 조어 능력도 대단하다. '대도무문'(大道無門)이 아니라 '대도무문'(大盜無門), 과잉충성배는 '기쁨조', 이러다가는 "나라마저 부도나는" 꼴이 되겠다고.

그들 스스로가 국민의 저항하는 힘을 잘못 보았다고 하는 모양이다. 155명이 새벽에 단 6분간에 11개 법안을 날치기로 통과시킨 그 순간은 사실은 역사가 역전되는 결정적인 순간이었다. 그때 지난 날의 군사정권으로의 완전회귀를 선언한 것이고 민주주의의 조종(弔鐘)이 울려 퍼졌다. 국민을 속여 넘겼다고 성공을 자화자찬하면서 논공행상을 들고 나왔었는데.

그때 제2민주화 운동이 일어났다. 국민이 정치를 결정하기로 결단했다. 권력자의 명령에 일사불란하게 복종한다는 전체주의의 길을 가는 것을 국민이 거부했다. 무엇보다도 세계에 열려 있고 군부정치의 패배로 폭력을 동원하기는 어려우니까. 남에는 아직 그런 힘이 있다. 봉건적 지배의 종언이 아닐까. TK니 PK니 하는 것은 서인(西人)들이 노론과 소론으로 분열한 것과 같은 것이 아니겠는가. 봉건사회에서는 언제나 충성도를 경쟁하면서 세포가 더욱 더 분열해 가는 법이니까.

155명의 날치기 통과 국회 — 그것은 그들이 범죄집단이기 때문에 강제수용소에 갇힌 죄수들처럼 명령대로 움직일 수밖에 없었기 때문이다. 그러니까 그들의 동요를 막기 위해서 곧 고위층의 부정부패를 내사하겠다고 한 것이 아닌가. 그렇게도 군사정권을 고스란히 닮았을까. 정치란 그런 것이라고 미워하면서 배웠다고 할까. 남북문제에서도 그 모양이다. 그러나 이 모든 상황이 역사에서 지나가 버리는 것이라고 보고 싶다. 군사정권 32년, 그 팬타스마고리아(phantasmagoria)로서의 김영삼 정권 — 이것으로써 모두가 지나가 버리는 것이라고 본다. 국민이 성장했기 때문에. 3월 5일 인천과 수원의 보선에서는 30퍼센트의 투표율.

신문광고에 "대통령께 탄원합니다" 라고 내걸던 상소의 시대가 오늘까지 계속됐지만 이제야 막이 걷혀 올라간다고 생각한다. 상실된 권위를 억지로 잡아맬 수 있는 폭력이 가능하지 않으니까. 그러므로 다음 대통령선거는 매우 주목할 만하다. 남은 힘은 금력뿐인데 그것만 봉쇄할 수 있다면 누가 당선되든지 새 시대의 도래라고 봐야 한다. (1997년 3월 10일)

라 보엠, 부랑자들

정치를 한다는 자들의 타락. 그 주위를 둘러싸고 있는 젊은이들. 김현철과 같은 자들의 퇴폐. 벤야민이 말한 나폴레옹 3세 시대의 라 보엠(la Bohème), 부랑자들. 그 직업적인 음모가들. 오늘 이회창이 당대표가 됐다고 박수갈채다. 국민의 10퍼센트도 지지하지 않는다는데도 아직 거기 들어가야 자기 몫이 있다고 모여든다. 권력의 주변이라고. 이수성도 자기는 마지막 순간까지 성실했다며 상전에 대해서 감사하면서 뛰어들었다. 아도르노가 말하는 " '사실' 에 대한 숭배" 에 사로잡힌 무리.

그러니까 민주화 운동 당시를 생각하게 된다. 야당인들과 이상주의적인 젊은이들이나 지식인들과의 차이. 체제 측에는 " '사실' 에 대한 숭배" 가 있다. 철저한 현실주의. 그런 상황에서 마찬가지로 상상력을 상실한 채 이익추구로 눈이 멀고 탐욕으로 징그럽게 보이는 무리. 그것이 야당인들이었다. 정치인으로서 구하는 것은 체제 측이나 반체제 측이나 마찬가지로 특권이다. 그러니까 특권을 누리지 못한 라보엠은 음흉하고 잔인한 권력자와 마찬가지로 " '사실' 에 대한 숭배" 의 신앙에 빠져 있었다. 수난에서 일어나는 승화란 있을 수 없었다. 승화가 있는 척 가장한 적은 있어도. 그것도 그들의 야욕을 위한 수단이었으니까. 김대중에게서 바로 그런 것을 보게 되는 것이 아닐까.

아도르노가 이른바 사회주의 문학의 리얼리즘을 부르주아 계급의 현실주의의 반사라고 본 것은 정당하다(『프리스멘』 Prismen에서). 현실에 집착하고 그것에 얽매어 있는 자들의 상상이란 그렇게 직접적인 것이다. 오늘의 연장으로서의 내일과 목적에 불과하다. 오늘에 대한 부정으로서의 상상력이란 없다. 그런 것이 '국가에 충성스러워진 사회주의 리얼리즘'이라고 했다. 정말 가해자도 박해자도 도덕적으로 붕괴되어 있다. 아렌트(Hannah Arendt)의 전선 이탈자들에게 대한 다음과 같이 지나치리만큼 가혹한 말에 주목하게 된다.

"그것은 하나하나의 행동에 지나지 않고 게다가 자비로운 마음에서가 아니라 돈에 의해서 움직여진 것에 불과하다. 또한 양심에 의해서 움직여진 것이 아니라 앞에 다가올 암흑의 시대를 향해서 조금 돈을 벌거나 인간관계를 만들어 두고 싶다는 욕망에 의해서 충동을 받은 데 지나지 않는다."

양심에 의해서 이탈했다고 한다면 그전에 양심적인 발언을 할 수 있었을 때 이탈했어야 했다. 전선이탈이란 독일이 전쟁에서 패배할 것이 확실해졌을 때가 아니었던가 라고 아렌트는 말한다. 황장엽의 망명에 대해서도 우리는 이런 해석을 가할 수 있다. 지금 김영삼의 몰락을 앞두고 여당 안에 비판적인 자가 있다고 해도, 또 이탈하는 자가 있다고 해도 모두 그렇게 해석할 수밖에 없다. 아직은 권력 주변에 있어야 한다고 오늘 저 야단일지도 모르고.

(1997년 3월 13일)

주관 없는 시대의 광기

아무래도 매스컴 특히, 신문에 대해서 여러 가지로 생각하지 않을 수 없다. 공산주의자들은 공산혁명을 위해서 자본주의 신문도 이용했다고 하지만. 지금 더욱 신문이 중요하다. 한보 사태, 김현철 사건, 이런 결정적인 순간에 국민 아니 독자가 무서워서 확실한 태도를 보여 준다는 것이 얼마나 중요한가. 그래서 나는 신문이란 원래 상업적이고 따라서 체제적인 것이지만 결정적인 순간에는 혁명에 가담해 왔다고 해 온 것이다. 4 · 19 때도 6월 항쟁 때도 그랬으니까. 지금도 그렇다고 할 수 있다. 권력의 시녀인 검찰에 대해서 비판하고 시민의 광고도 실을 정도였으니까.

신문은 많은 정치기사를 싣는다. 그러나 그것은 가십이고 흥밋거리 이상의 의미를 갖지 않는다. 스캔들이면 더욱 좋다고 생각한다. 바른 정치가가 등장해서 국민의 지지를 받을 수 있게 하려는 미디어는 없다. 그런 데는 매스컴은 흥미를 가지지 않으니까. 악인들만이 유명해진다. 미디어 제국이 지배해야지 영향 있는 인물에 의해 미디어가 영향을 받아서는 안 된다는 것이다.

매스컴에서는 의식적이건 무의식적이건 인기스타 외에 상업적인 가치가 없는 것은 모두 왜소화된다. 실은 일상적인 성실성이 위대한 것인데도. 진실한 것은 보도의 가치가 없는 정보라고 치부된다. 매스컴이 인물을 만들던 시대는 지나갔다. 하버마스가 말하는 미디어 지식인 즉 매스컴이 상품화한 인간이 있을 뿐이다. 마스터 내러티브(master-narrative)도 오피니언 리더도 없다. 그러니까 아도르노는 지금 쓰는 것은 증언이고 유언이라고 생각했다. 오늘은 거의 누구도 돌아보지 않는.

나는 대체적(alternative) 미디어가 필요하다고 느낀다. 지금은 무력해도 소수에게나마 영향을 주고 그들 사이에서 마스터 내러티브를 만들어간다. 그것은 시대의 전환기를 위한 준비라고 할 수 있다. 영원한 역사는 없다. 어떤 체제도 역사적으로 물리적으로 영속할 수는 없다. 파국이 올 때 그것이 빛을 발한다. 헤겔이 말한 미네르바(Minerva)처럼 말이다.

그런 의미에서 오늘 『사상계』처럼 대체 미디어로서 구실을 할 수 있는 것이 존재하지 않음이 우려된다. 그것이 지식인들을 키우고 마스터 내러티브를 산출하고 그것을 유명하게 했다. 그래서 그들과 그것을 매스컴이 이용하려고 했다. 더욱이 1950년대, 60년대에 몰려온 위기의 시대에는. 오늘의 미디어제국은 그런 것을 필요로 하지 않고 자기네 상품으로서 왜소한 인물이면 족하다고 하겠지. 모두를 왜소화시키고 평준화시킨다. 뛰어난 존재를 혐오한다.

그러나 함석헌과 같이 대체 미디어가 만들어 낸 인물이 요구되고 그에게 눈을 돌리는 날이 오지 않을까. 그날을 준비하지 못하고 있는 것이 안타깝다는 말이다.

오늘도 정당이라는 것을 생각하게 된다. 우리는 제대로 정당정치도 해 보지 못하고 그 말기를 맞이했다는 말인가. 그것은 국민의 뜻과는 관계없이 움직인다. 아직 여당이라는 프리미엄이 있다고 이회창 등이 국민의 5퍼센트밖에 지지하지 않는 여당에서 싸우고 있다. 정당정치의 퇴폐, 그것은 아무런 자정 능력도 가지고 있지 못하다. 그럼에도 불구하고 그 정당을 통해서만 정치를 하고 대통령이 될 수 있다고 하니 한심하기 짝이 없다. 이것은 정말 비극적이다.

이러한 한국 정치란 군사독재의 해로운 유산이라고도 하겠지. 그러나 그것은 세계정치 현실의 한국판, 말하자면 그 가장 나쁜 형태에 속하는 것의 하나라고도 하겠다.

아도르노는 사회주의 예술이 주창하던 사회주의적 리얼리즘에 대해서 신랄하게 비판했다. 그것은 부르주아의 사실 숭배, 상상력의 결여라는 풍토에서 마찬가지로 형성된 정신이라고 했다. 같은 '상품교환사회'에서 생겨난 것이라는 말이다. '문학에서 손으로 잡을 수 있는 것만에 자기가 확고하게 연결되어 있다고 생각하는 리얼리스트'란 뇌에 상처를 입고 "행동 대상에 반사하는 것 이상으로는 활동할 수 없는" "부상자의 시야에서 글을 쓰고 있다는 것이다" 라고 했다. 국가에만 충성을 바친다는 '사회주의 리얼리즘'이란 그런 것이라고 보았다.

문학에서만이 아니다. 체제와 반체제라는 것도 그런 것이 아니겠는가. 같은 풍토에서 태어나서 마찬가지 생각, 자세, 행동 패턴을 지니고 있다. 이래야 김대중, 김영삼을 이해할 수 있고 그들이 김종필과 동질성을 가지고 있는 것도 이해할 수 있다. 그래서 지금 다수의 국민은 그들을 군사정권 인물과 마찬가지로 비판하고 있다. 거기서 넘어선 사람들, 고난 속에서 이 현실을 넘은 꿈을 가졌던 사람들은 타락하지 않는 한 그들을 비판하고 절망에 사로잡히기 마련이다. 앙게로프로스의 영화들에 있어서처럼.

아도르노는 지난날에는 사물에 주관이 의미 부여를 해 주었는데 이제는 사물이 주관에 의미를 부여해 주며 주관은 사물의 메시지를 전달하는 도구가 되었다고 했다. "이미 주관은 자기 자신에 대해서 생명을 불어넣는 우주의 중심이라고는 생각하지 못한다." 이전에는 바깥세상은 무(無)라고까지 했는데. 현대인은 그러다가 바깥 것이 "쇠멸돼 가는 이 주관에 영혼을 불어 넣어주면" 열광하여 주관을 내맡긴다고 했다. 정치적 도취, 경제적 광기, 대중예술의 흥분 그리고 마약에 의한 법열에 이르기까지 얼마나 그런 예가 많은가.

(1997년 3월 16일)

고등교육이 보편화되어 그야말로 전 국민의 총지식인화가 이루어졌다고 하겠다. 지적 엘리트란 없다는 것이다. 지식인이라고 자처할 수 있는 이유가 없다고 생각한다. 지적인 의미에서도 모두가 평균화된 셈이다. 그러나 바로 거기에서 새로이 지식인이 문제되지 않을 수 없다.

하버마스는 지식인을 '자기 개인에 관계되는 것만이 아닌 일에 대해서 권한이 없으면서 책임을 느끼는 사람'이라고 했다. 고등교육을 받았다고 해도 그 지성이 단지 개인의 행복을 찾는 도구일 뿐이라면 그를 지식인이라고 할 수는 없다. 사실은 모두가 그렇게 되고 말았기 때문에 공동선을 찾는 지식인이 요구된다.

하버마스는 자기비판을 결여한 '자기연출적인 나르시시즘'에 타락한 '미디어 지식인'을 문제 삼았다. 그렇다면 오늘의 미디어와 지식인은 어떤 관련을 맺어야 할 것인가. 이에 대해서는 아도르노의 말을 인용할 수가 있다. "문화를 변증법적으로 비판하는 자는 문화에 관여해야 하지만 그것에서 한몫을 차지해서는 안 된다"고 했다. 그래야 "사물과 자기 자신을 정당하게 취급할 수 있다"는 것이다.

문화에 참여는 해야 한다. 정치에도 참여해야 한다. 그러나 거기서 혜택을 받고 거기에 만족해서는 안 된다. 문화와 정치에 들어가서 그 자체를 즐기고 그것을 옹호해서는 안 된다는 것이다. 비판적 참여. 참여를 마다하지는 않지만 거기에서 고독해져야 하고 부정하는 힘에 깃드는 진리성을 포기해서는 안 된다. 민주화 운동에서 희생을 마다하지 않는 것처럼 보였던 자들이 그만 정치 속에서 자리를 누리고 있다. 그 혜택을 즐기고 오로지 그것을 추구한다. 이것을 체제 지식인이라고 할까, 배반자라고 할까. (1997년 3월 18일)

벤야민(Walter Benjamin)은 꿈은 낮의 세계가 그대로 전입된 진실한 세계라고 생각했다. '파사주'(passage)를 이해하기 위해서는 꿈속에 그것을 침몰시켜야 한다고 생각했고. 꿈도 인간이 만드는 것이지만 의식도 계획성도 없이 만들어지는 것으로 사실 그런 꿈과 현실이 하나라고 보았다. 역사도 그렇게 만들어지는 것이고 의미도 목적도 없다. 그러니까 현상을 몽타주해 보는 수밖에 없다. 유물론적인 골상학(骨相學)을 동원한다는 것이었다. 사방에서 일어나는 것을 별자리처럼 보여 주는 수밖에 도리가 없다.

오늘 사방에서 일어나는 상황을 어떻게 조리 있게 설명할 수 있겠는가. 여기서 불쑥 저기서 불쑥 터진다. 그러다가 쓰러지는 자가 있고 자승자박으로 움직이지 못하는 자가 있다. 2천억 원을 대통령 아들이라고 마음대로 차지했다고 하는데 아버지는 아직도 사관학교니 경찰학교니 찾아가서 졸업식에서 부패를 척결하고 나라의 기강을 세우자고 강조하고 있다. 아들이 저 꼴인데 자기는 관계되지 않았다고 하면서 아들을 국외로 내보내려고 했는데 아들이

갔다가 곧 돌아왔다느니, 엄마가 손자가 예뻐서 못 나가게 했다느니, 만화 같은 이야기. 꿈보다도 더 부조리한 것이 아닌가. 현실과 꿈이 다를 것이 없다.

아직도 책임은 다른 사람에게 있다는 것인지, 한보에서 삼미로. 그러다가 야당 누구의 아들도 어떻게 됐다고 하게 될지 모른다. 아들들이 효자들이어서 목돈을 얻어다가 바친 모양. 여기서 일어나니 이쪽을 막으려면 꿈처럼 전혀 연속되지 않는 것 같은 데서 또 상상도 못했던 것이 터진다. 어느 비뇨기과 의사 문제니, 경실련 문제니 하는 것처럼. 정말 인과관계도 조리도 없이 전개되는 역사. 몽타주해서 보면, 유물론적 골상학으로 보면, 이 시대가 무엇인가를 느끼게 된다. '안개 속의 풍경' 모두 희망을 잃고 우울증에 걸려 있다.

그러나 벤야민은 역사는 변하고 진보하는 것이 아닐까 하고 생각했다. 비약과 신비에 의해서. 이렇게 해서 껍질을 벗어버린다. 지금은 누구도 모르지만 이 몰락의 밑바닥에 비약이나 신비의 진보가 있다. 독재나 식민지 지배의 후유증. 이제 다음에는 그렇게는 못할 테니까. 몇 천억 원에서 몇 조 원으로 한없이 부정이 확대되었지만. 그런 정당에서만 대통령이 나올 수 있는 오늘이지만 앞으로는 그렇게 들통을 낼 수는 없을 것 아닌가. 그렇다면 그 자리에 앉아 무기력한 채 즐기기나 하는 괴뢰가 나올 것인가. 난립한 속에서 소수자의 대통령으로서.

고려대학교는 김현철에게 학위 수여. 무슨 공부를 했다고. 무슨 논문을 썼다고. 총장은 충효만 찾는 사람이라는데. 역사 바로 세우기, 도덕국가, 개혁, 세계화라고 하면서 그 모양이었다면 그도 그것을 닮았고 학위라는 뇌물을 바쳤다는 것인가. 그 공작을 한 교수들은? 꿈속 같은 연극이 거기서도 진행됐다. 그것도 뜻밖의 빌진을 보일지도 모른다. 6월 항쟁 10주년은 다가오는데. 샅샅이 폭로하는 것이 지금은 혁명. 그것이 국민의 의식을 바꿔놓는 것이니까.

제2민주화 운동은 그렇게 전개되는 것일까. 그런 의미에서 그것은 비폭력적이며 이데올로기가 없는 혁명. 리더도 조직도 없는 혁명이라고 해야 할지 모른다.

(1997년 3월 21일)

수많은 희화

이한영의 죽음에 대해서는 이제 잠잠하다. 너무나 많은 사건에 파묻혀서 망각했다는 것인가. 고의적, 조작적인 망각일지도 모른다. 무서운 일이다. 황장엽의 망명을 떠들어대고 그가 곧 한국으로 들어온다고 하면서 남쪽에 5만 명 간첩이 있다느니 고위층에도 숨어 있다느니 하고. 북의 보복교란으로 이한영이 살해됐다느니 하다가 이제는 아무 말도 없다. 곧 뒤이어 북이 한 것이 아니라 남쪽에서 무슨 이유에서인지 누가 한 것 같다고 말을 바꾸더니 말이다. 탈북한 사람들은 법의 보호를 받지 못한다는 말인가. 정보기관의 앞잡이를 하다가 협력을 하지 않으면 그 생명이 보장되지 않는다고 해 왔는데.

그가 죽으면서 간첩이라고 부르짖었다고까지 하지 않았는가. 그렇게 전 강산을 뒤흔들어 놓고는 그렇지 않다고 조그만 기사로 나타난다. 조작의 목적은 다했다는 것인가. 황 씨의 발언에 대해서도 그런 식으로 주중대사관의 말이 간단하게 나왔다. 이런 모든 것, 그리고 요즘 김현철이니 뭐니 하는 기사만 보아도 황 씨는 한국에 오는 것을 단념할지 모른다. 사실 지금 '황풍'(黃風)을 염려하는 사람들도 있는데. 북에 관한 것은 모두가 터부로 생각하니 말 못하고 있을 뿐.

전두환의 평화의 댐 때도 그렇고, 지난번 한총련 때도, 잠수함 사건 때도 그랬다. 미국서 잠수함 사건은 과장한 것이라고 했다는데 아무런 말이 없다. 이 책임을 물을 수 있어야 한다. 국내 정치를 위하여 대북관계를 희생시키면서 비인도적인 짓을 마음대로 자행하고 있다. 언제까지 이런 정보정치가 계속되고 언론은 그것에 놀아나려는 것일까. 이런 점에서도 통일이 되어야 이 나라가 제구실을 한다고 생각하지 않을 수 없다. 김영삼도 그것으로 연명을 꾀한다니. 하나에서 열까지 그는 상식도 없는 인간인가. 지금 그렇게 전락했으면서도 아직도 부정부패 척결이니, 나라 기강을 세운다니 입만 열면 웅변이니 그 상황을 뭐라고 표현해야 하는 것일까. 패역한 시대라고밖에는 할 말이 없다.

(1997년 3월 23일)

잠 못 이루는 밤, 현대의 모습이란 무엇인가 하고 생각하게 된다. 강원도에서는 감자가 썩는다고 하는데 저 휴전선 너머에서는 사람이 굶어죽고. 그런데 거기에 감자 한 알을 넘겨줄 수도 없는 시대. 이 시대의 모습이 지닌 정말 보편적으로 의심스러운 광기(狂氣).

김현철 그리고 그에게 한없는 기대를 걸고 기대고 있던 아버지. 거기에다 그래야 출세하고 부자가 된다고 모여든 군상. 이것이 바로 자본주의 하의 인간들의 모습이고 이것이 이 시대의 모습이라고 하지만 그것은 중세적인 모습. 하나의 희화(戱畵). 바보 도련님을 둘러싼 교활한 늙은이들. 그들은 충성을 가장한 무리로서 천하를 차지한 듯한 환상을 뜯어먹고 산다. 아마도 카프카는 그것을 빈사상태에 빠진 채 움직일 수 없게 된 한 몸에 몰려든 개미나 파리 떼로 상징할지 모른다. 그들은 꼭두각시 같지만 사실은 흡혈귀. 그들의 교활한 웃음소리가 들려오는 것 같고 도련님은 표정 잃은 꼭두각시로 보인다.

이 오늘의 모습이 사실은 자본주의 하의 삶이고 그것이 중세적인 것과 겹쳐지면서 전통적이고 보편적으로 비치는데 거기에는 탁월한 희화성이 있다. 그러다가 문제가 터지면 그 교활한 늙은이들은 모두가 비굴한 너털웃음을 거두고 근엄한 얼굴로 변한다. 그들은 천하를 호령할 듯하다. 또 하나의 희화가 그려지는 것이 아니겠는가. 그처럼 이 시대에 살려면 만화경 그림처럼 그 표정이 순식간에 변화해야 하는 것이다. 세기말의 희화. 민주화, 세계화, 역사 바로세우기 도덕국가라는 화려한 구호 아래 그려지는 희화. 변화 없는 표정이란 가장 경멸해야 하는 것이니까. 너무나 어처구니가 없어서 희화로 환원시킬 도리밖에 없어진다. (1997년 3월 29일)

오늘의 사태에 대해서 얼마나 많은 사람들이 분노와 절망의 소리를 외치고 싶을 것인가. 그러나 그럴 장소가 그들에게는 주어지지 않는다. 그러니까 누군가가 대변해 주기를 바라고 있을 뿐이다.

나도 그렇게 표현할 수 있는 장소란 한 달에 한 번 허락되는 불과 원고용지 8장뿐인가 하고 생각하게 된다. 그러니까 인색한 미디어제국이 제공해 주는 그 적은 지면이라도 귀중하게 여겨야 한다. 그것 때문에 잠 못 이루는 밤도 감사해야 할지 모른다. (1997년 3월 30일)

김대중은 이 중요한 시기에, 국회 청문회로 소용돌이치는 정국에, 미국으로 떠났다. 일본에서는 바다에 난파한 유조선으로 양식어업을 망친다는 소동 속에서 3일간인가 자리를 비운 시장이 시의회의 추궁을 받고 사표를 낼 수밖에 없었다는데. 여당의 김덕룡, 야당의 김상현이 돈을 받았다는 명단이 나왔다고. 물론 본인들은 부정하고 있지만. 김대중은 30억 원을 가져온 것을 받기를 거부했다는 소문이 돌고.

김영삼 진영은 거액을 받으면서 그것을 문제 삼지 못하게 야당에도 다소 살포한 것이다. 국민이 이렇게 야단이니까 어떤 묵계를 했다는 것일까. 4월 1일에 3김 씨가 모여서는 경제 살리기만 논하고. 이회창이 김대중과 밀담을 하면서 김현철을 다치게 하지 말고, 정치인들의 공멸을 피하자고 했다고.

지금까지의 거래정치가 여기에 절정을 이루었다고 하겠으나 이제는 그런 시대는 끝나가는 것이 아닐까. 가신정치, 밀실정치, 나누어먹기 정치를 이 이상 용납하지 못한다. 그것은 정말 오랜 역사를 가지고 있다. 군사독재 이후만이 아니다. 근대화 그늘에 남은 오랜 봉건적인 잔재다. 그것이 사라지기 전야에 기승을 부린 것이다. 자멸하고 소멸해 가기 위해서는 최악의 상태에 이르는 법이니까. 폭력이 사라지기 전야에는 그렇게 무서운 폭력으로 절정에 달했었으니까. 그래야 국민의 노여움이 절정에 달하는 것이니까. 그것은 폭력이 사라지기 위하여 스스로를 부정하는 과정.

황장엽은 필리핀에 더 머무르게 되었다고 한다. 한 달 연장이라고 하지만 알 수가 없다. 미국이 어떻게 개입하고 있는지. 한국의 외교는 그가 당장에

올 것처럼 야단법석하고 김영삼은 중국에 한국으로 보내달라고 친서까지 보내고. 왜 그렇게 체면 없는 짓만 할까. 국내 정치가 급하다고 되는 대로 보도하고. 그렇게 떠들썩하고는 용두사미다. 용공분자 리스트가 있다고 했다가는 없다고 하기도 하고.

북하고 대화를 하자고 하면서 돌아서서는 뒤통수를 치듯이 황장엽을 가지고 야단이었다. 비록 이쪽에서 공작을 했다고 해도 우리는 북과의 대화를 모색하고 있는데 난처하다는 표정이라도 지어야 하는 것이 아닐까. 그러나 북의 주민은 우리 국민이니까 황이 남으로 오겠다면 받지 않을 수 없다고 참 난처하다는 제스처를 왜 쓰지 못할까. 우리로서는 차라리 제3국에 체재해 주기 바란다고 하는 식으로.

정말 졸렬한 외교. 북과 대화하겠다고 손을 내밀면서 또 한편 저쪽이 내미는 손을 내려치는 셈이다. 고뇌를 보이는 것이 도리어 고도의 외교가 된다는 것을 왜 그렇게도 모르는 것일까. 일관성이란 전혀 없다. 정치란 속임수. 누가 잘 속이는가의 경쟁인 것같이 생각된다. 그것이 국내 정치였고 그것이 대북 외교에도 그대로 적용된다. 술수정치, 상대는 그래도 이쪽은 성실하다는 우위에 서야 할 텐데. 누가 자기의 수에 넘어간다는 말인가. 이런 정치적 악습 때문에 국내 정치도 대북관계도 모두 이 모양이고 상처투성이다.

북은 서울 불바다론과 같은 위협외교. 온건한 개혁파의 노력을 보여 봐도 세계는 응답하지 않는다는 것일까. 위협하면 쌀이라도 조금 얻으니까 강경파가 승리하는 것도 당연하다고 하겠다. 국내도 그래야 유지할 수 있다고 생각하고 전개하는 외교. 구걸외교도 그래야 성공한다고 하겠으니 온건파는 설혹 있다고 하면 더욱 몰릴 수밖에 없을 것 아닌가. 이런 상황을 바라보면서 대북외교를 전개할 수 있는 비전이 이쪽에도 전혀 없으니까. 이념이나 정치 의식이 전혀 없는 골목에서 깡패들이 서로 충돌하는 것 같은 정치이며 외교였으니까. 김현철이 좌우하는 정치며 외교였으니까. 김영삼에게만 해당되는 것이 아니다. 지금까지 모두가 그래 왔다. 그 체제 그 행태가 이제 총파탄을 맞이한 셈이다.

체제 자체가 총체적으로 부정, 부패, 모순 위에 서 있었다. 그것이 이제는 끝난다. 국민이 용허하지 않고 있는데. 그것을 억압할 수 있는 폭력이 지금은 있을 수 없으니까. 그러니까 앞으로는 공정한, 적어도 상식 위에 선 권력 아래서 개인적인 또는 부분적인 부정, 부패, 모순만이 있을 것으로 보인다. 민주주의로 가는 긴 여정. 이렇게 역사는 전진하는 것이라고 스스로 위로할 도리밖에 없는 것이 아니겠는가. (1997년 4월 8일 새벽)

북풍 속에서

『동아일보』가 그야말로 용기 있게 전두환, 노태우를 특사하라고 사설에다 썼다. 오늘 들은 소문은 그 며칠 전에 동아일보 대표가 두 사람을 옥중으로 찾아갔다고 한다. 동아방송을 되찾기 위해서 증언을 해달라고 했다는 것이다. 그 거래가 성립되어서 사면운운을 하게 됐다고. 그렇다면 무서운 장삿속이다. 어디서나 그것이 우선하는 사회. 그러니까 언론사도 군사정부 인물들을 사장으로 하거나 언론상 심사위원장으로 삼고 재벌그룹하고 손을 잡으려고 회장의 수필을 연재하게 한다. 재벌 연합전선을 구성하자는 것이라고 할까.

이런 상황에서 옥석의 구분이란 있을 수 없다. 대학 심포지엄이나 세미나에서 부패한 정치인과 학자가 나란히 앉는다. 부패한 정치인이 발표를 하거나 주역을 맡아도 의심하지 않는다. 그들이 날뛰는 데 깨끗하다고 하는 사람들을 구색 맞추기로 끼어 넣을 정도라고 할까.

황장엽의 망명은 망명이 아니라 월남이라고. 그는 북이 전쟁을 일으킬 수 있다고 남한을 위협하자는 수단으로 사용되는 것이 아닐까. 아직 그런 것이 이 사회를 동요시킬 수 있다고 생각해서. 작년에 조지아 대학 심포지엄에서도 그들은 한쪽에서 유화의 손길을 펴면서 또 한쪽에서는 젊은 사람을 시켜서 지금 남북 간에 가장 커다란 위기가 도사리고 있고 일촉즉발의 전쟁 전야라고 위협을 하고 있었다. 황장엽은 그런 데 쓰이고 있는 것은 아닌지.

그리고는 5만 명 북한 동조자가 있다느니 해서 남한을 뒤흔들어 놓자는 것인가. 대통령 선거 전야에. 그들은 남쪽의 민주발전을 저해하면서 부패한 독재정권의 존속을 지금까지 '북풍'(北風)으로 부추겨 왔으니까.

이러한 공작을 위하여 그는 남파됐는지도 모른다. 그는 죽음을 각오하고 당명으로 남하했는지도 모른다. 간첩도 그렇게 보냈었으니까. 이것이 통일을 위해 왔다는 그의 말의 근거라고 생각할 수 있지 않을까. 김현철이가 저 꼴인데도 아버지로서 김영삼은 책임질 줄을 모른다. 그래도 살아날 구멍이 있겠지 하고 기다린다. 정권을 내놓는다는 생각을 하지 않고 있었으니까. 나라의 장래야 어떻든 그래서 선거 연기나 됐으면 하고.

이런 북에서 오는 공작과 국내에서 일어나는 공작에 국민과 언론이 견디어 낼 수 있을 것인가. 언론이란 이해관계에 따라 갑자기 고개 숙이기도 하는데. 반공이니 자기네 체제의 위기니 하면 곧 후퇴하기도 하는 법인데. 이런 가능성을 바라보면서 주시해 보자. 역사의 관객이 되어서. (1997년 4월 26일)

"해방을 추진함으로써 자신의 역사를 더욱 명석하게 볼 수 있고 거기에서 거듭 새로운 신호를 읽을 수가 있다"고 벤야민은 말했다. '인류의 진보와 시의 퇴보', '덕보다는 우선 돈을'(virtus post nummos), '인간의 근원적인 정신 능력'인 시적이며 직관적인 능력, 말하자면 상상력은 쇠퇴하고 '이성적인 숙고력'이 증대한다고도 했지만 그 숙고력이란 현실에서 자기이익을 찾는 능력이라고 할까. 이런 시대에 대해서 유행처럼 떠드는 것이 아니라 그것을 이론화하고 해방의 방향을 제시해야 한다. 그러나 오늘은 모두가 유행처럼 떠들어 댈 뿐 이론화하려고 하지 않는다.

지역감정 해소라고 떠들 때도 마찬가지다. 경북 안동에 갔다가 전북 정읍에 갔을 때도 그 격차가 너무나 확연하지 않았던가. 정읍은 농경이 부의 상징일 때는 부유한 고장이라고 했고 안동은 산골이었다. 그러나 지금 정읍은 해방 당시처럼 시골도시이고 안동은 근대화된 도시. 그래서 밀알회 총무에게 소감을 말했더니 이런 말이 되돌아 왔다.

"광주공업단지에 2만 명이 근무한다고 합시다. 그것은 울산에 있는 현대자동차 한 공장 근로자의 숫자이지요. 그런데 광주공업단지에서는 수많은 중소기업이 허덕이고 있습니다. 임금은 현대자동차의 반이나 될까요?"

작년에 들은 이 말이 머리를 떠나지 않고 있다. 지역감정 해소란 단순한 정서적, 도덕적 문제가 아니다. 이 격차를 해결하는 데 100년이 걸린다고 할까. 일본에서의 삿초(薩長) 정권 때처럼. 메이지유신 후 그 고장 출신이 일본 전국에서 쓸 만한 자리는 모두 차지했으니까. 그것에 결정적인 타격을 준 것이 제2차 세계대전에서의 패배였는지도 모른다. 그런 의미에서는 일제 하의 기득권자들, 친일파 세력이 남쪽에서는 해방 후에도 계속되다가 6 · 25로 결정적인 타격을 받았다고 할까.

그 후로는 경상도 세력. 거기는 6 · 25 때 한반도에서 불타다 남은 유일한 지역. 그들이 군에서 크게 세력을 가지게 되고 5 · 16 후에는 의식적으로 비호를 받은 지방으로 성장했다. 지금은 당쟁의 분파처럼 경상도 남북을 향해서 TK니 PK니 하고 있다고.

근대화의 시대에 30여 년 동안 특권을 향유했으니 가는 곳마다 그들의 세력과 그들의 결합이다. 지금 뭔가 일을 하려면 그들과 연관을 가져야 한다. 어디나 영남 출신. 그래서 각 대학에서조차 책임자로 그들을 모셔야 한다고 생각하는 것 아닌가. 부와 기회가 그곳에 편중되었으니까 외국 유학을 하느니, 출세를 하느니 하는 것도 모두 그곳 출신이다. 미국 유학생 중에서도 호남 출신은 보기 드물다고 할 정도였다.

이런 격차에다 북이 흡수되면 어떻게 될 것인가. 북쪽 사람들은 부를 가지고 있지 못하고 자본주의 사회를 살 능력도 없다. 영남 출신이 가진 인간관계도 물론 없고. 통일이 되면 거대한 2류 국민의 무리를 안고서 우리는 허덕여야 하는 것일까. 그때도 유행처럼 그 문제를 소리 내어 발설하지만 이론화하려고 하지 않고 따라서 실천적인 의지도 힘도 없을 것인가. 그럴 수 있는 세력, 양식과 양심을 가진 정치 세력이란 없을 것이고. (1997년 4월 27일)

구토증 나는 사진들

한보 청문회 증인이었던 박석태 전 제일은행 직원이 자살을 했다. 상사와 다른 증언을 해서 배신자, 죽일 놈이라고 손가락질 받는 것이 괴로워서라는 것이다. 그도 은행과 권력과의 관계에 대한 모든 것을 고발한다는 사회적 책임을 다하려고는 하지 않았다. 개인적인 의리는 있어도 사회적 책임감, 정의감은 없다고 해야 한다. 법의 추궁 앞에 불법적인 상사를 보호할 수 없어서 죽음의 길을 택했다. 자기가 모두 뒤집어쓰고 싶어도 추궁에 견딜 수가 없었다는 것이다.

말하자면 그렇게 해서 의리를 지켰다고 할까. 그 의리란 무엇인가. 폭력집단 깡패의 의리 같은 것. 한보 비리 수사는 그런 연결고리 앞에서 휘청거리고 있는 셈이다. 그런 집단이 이 나라를 지배해 왔다.

김영삼은 김현철더러 외국 유학을 가라고 해도 그가 듣지 않았다느니 김기섭을 물리치려고 해도 아들이 만류했다느니 하는 유언을 퍼트리고 있다. 동정이나 살까 해서 아들이 어떻게 되든 자기는 살아남아야 하겠고 그래야 아들도 살 수 있다는 것이겠지. 여기서도 서바이벌을 위한 논리만이 지배적이다. 그렇게 해서라도 그들은 살아남으려고 했다. 박석태의 삶과 김영삼의 삶. 부하가 우두머리를 감싸주면, 사건이 끝나면 또 봐주는 의리의 세계.

자식의 일을 내가 책임지고 통회하는 아버지라는 세계가 아니다. 대선자금은 이런 것이었다, 나는 그렇게 해서 당선됐다, 이것이 지금까지의 민주주의의 비용이라는 것이다 라고 하지 못했다. 그런 뻐저린 체험에서 이 고리를 끊고 싶다, 나는 사임해서 재선거를 해도 좋다, 감옥에 가도 좋고. 이러한 자세란 폭력집단, 음모집단 속에 있을 도리가 없다. 나는 아니 국민은 그런 것을 마지막 순간까지 기대해 왔다고 할까. 김영삼은 더러운 종말, 깡패집단의 생리로 끝나고 말 것인가. 이 한국의 비극, 그 불행.

검찰총장이라는 사람, 김기수가 어제 한 말. 김현철은 내달 10일 전에 구속하지만 한보와 무관한 개인비리 혐의로 잡아넣는다는 것이다. 청와대에 일일보고를 하다시피 하는 수사. 한보 · 현철 모두를 덮어두고 싶으나 국민여론이 무서우니 하는 척하자는 것이다. 권력형 비리란 언제나 그런 것.

김대중 납치 사건은 아주 사라졌고 광주사태도 발포 명령자도 밝히려고 하지 않았다. 필름도 있으니 잔인했던 병사의 상관을 찾아 올라가도 사실을 구명할 수 있을 것 아닌가. 현대정치와 관련된 모든 사건은 아렌트의 말대로 의견만 있고 진실은 없다. 플라톤의 '독사'(doxa)와 '에피스테메'(episteme)의 대립이라고 할까. 미국에서도 마틴 루터 킹 목사의 살해나 케네디 형제 살해에 대해서도 그랬으니까. 소문만 무성하고 책이 수없이 나와도 의견만 있지 사실은 없었다. 연기는 나는데 아궁이도 불을 땐 사람도 없다는 것이니까. 아렌트는 이런 현대에 크게 절망했다. 그러면서도 언젠가 진실은 나타나는 것이라고 했지만 오늘의 사건들은 영원히 오리무중. 신만이 아신다는 것.

모두가 범죄자이면서도 뻔뻔스럽다. 정태수도 정치인들도 은행장도 관료들도. 좀 더 교묘하게 숨기지 못한 것을 후회하고 있을 따름이니까. 고백은 물론 자백도 없다. 자백하면 손해라고 생각하고 폭력단의 의리에 묶여 있으면서 이 고비만 넘기면 그만이라고 생각한다. 게다가 청문회를 하는 국회의원 자신이나 수사를 하는 검찰 자신도 마찬가지로 지탄을 받아야 한다. 그들은 모두 단지 이 순간에는 입장을 달리하고 있다고 생각하는 것이 아닐까. 저 청문회는 오늘의 한국의 축도라고 할 수 있지 않을까. 깡패의리처럼 지키느라고 청문회에서도 진실을 밝히려고 하기보다는 두둔하려고 하고 있는 것이니까.

저런 것이 오늘의 한국을 지배한다. 신문에서 큰 사진을 보면 구토증이 날 수밖에 없다. 대문짝 같은 글자는 거짓에 거짓을 더한 것이고. 그럼에도 불구하고 그것들이 이 사회를 지배하고 우리의 삶과 의식을 지배한다. 저렇게 해서 유명해진 자들이 이 사회의 명사라는 것이다. (1997년 4월 29일)

김영삼은 또 대선자금에 대한 발표를 보류한다는 것이다. 정면 돌파라는 것으로 버티어 보자는 것. 사실은 사실대로 인정하고 내 자신을 내어 맡기는 데는 왜 그렇게 인색할까. 억지로 살아갈 수 있다고 생각하고 허구로 능히 버티어갈 수 있다고 생각하는 것일까.

정말 고백과 참회가 없는 역사다. 지금 저렇게 공격을 일삼고 있는 신문도 그렇지 않은가. 이번에는 일어나기 전까지 김현철의 주변을 용기 있게 보도하지 못한 것을 조금 내비치기는 했지만. 각 신문사가 지난날 신문을 축소판으로 국민 앞에 내놓지 못한다. 1920년대 중반 전후까지 상당히 용기 있던 시절 것만 빼놓고는. 일제에 협력한 모습, 해방 이후 친일파를 두둔하던 모습 그리고 군사정권 앞잡이를 하던 모습을 드러내는 것이 두려워서다. 연구자들이 그것을 복사해서 보느라고 얼마나 많은 노력을 허비하고 있는지 모른다.

인간이란 약한 것, 기관이란 반체제일 수는 없다는 것을 그대로 털어놓고 그래서 자유가 있어야 한다고 하면 될 텐데 그럴 용기가 없다. 그러니까 고백과 반성을 통해서 성장하지 못한다. 우리 신문은 일제와 독재와 싸운 위대한 역사의 소유자라는 허구를 내걸고 자신도 남도 속이려고 하는 것인가.

이 자기미화의 전통을 어디까지 끌고 가려는 것인가. 김영삼도 거기에 스스로가 도취되다시피 되어 있는데. 그러다가 아들까지 수감되게 하고는 말이 없다. 어떻게 천연덕스럽게 저러고도 나라의 기강을 확고히 해야 한다고 훈시를 할 수 있을까. 많은 정치인, 신문에 구토증을 일으키도록 큰 사진으로 나오는 명사들처럼. 정말 역겹기 한이 없는 사회다. (1997년 5월 24일)

자기비판의 상실

정말 총체적인 부패에 휘말려 있다. 19세기 후반 영국이나 프랑스의 정치적 풍토도 이것과 유사했다. 그래서 국민은 분노하고 언론은 캠페인을 벌였다. 우리나라 역사에서는 때로는 그런 때에 국민과 언론의 연합이 이루어져 왔다. 그때 역사에 결정적인 전환이 왔다. 이번에도 그것이 가능할까. 이 대중소비사회에서 본래적으로 체제적인 상업언론들을 가지고.

김현철의 박사학위는 어떻게 된 것인가. 이것이 오늘 한국 대학의 위상이라는 것인가. 물리적 압력에 의해 굴복하는 것이 아니라 권력에 대한 아부, 금력에 대한 추종을 스스로 찾아서 나선다. 그것이 학교 발전을 위하는 것이라고도 한다. 그래도 이제는 교수도 학생도 저항하지 않는다. 자본주의적인 가치에 전면적인 헌신이다.

김현철이 믿는다는 종교도 마찬가지다. 기독교라고 하지만 점을 치고 운수도 보러 다닌다. 룸살롱에서 즐기기도 하고. 청문회에서 거짓말을 떡먹듯이 하면서도 기도한다고 하고. 이것이야말로 자본주의 하의 종교라고 하겠다. 한국적인 또는 흔히 말하는 천민적인 자본주의 하에서의 종교라는 말이다.

교회는 이러한 사실 또는 현상을 신학화해서 메시지를 전해야 하는데 전혀 그럴 생각도 없고 그런 시각도 가지고 있지 못하다고 할까. 정말로 이러한 지금까지의 한국 사회가 지니고 온 악이 지금 큰 진통을 겪고 있는데. 군부독재라는 굴레를 벗어 버리듯이 이런 모든 것을 하나하나 벗어 던질 수 있을 것인가. 지금까지 그렇게 전진해 왔다고 보겠는데.

앙시앵 레짐(ancien régime)을 지나고 나서 나타난 혼란. 국민국가 건설과 근대화라는 두 가지 길. 정말 시행착오의 50여 년을 걸어온 셈인데. 남북분단이란 그 과정에서의 실패였고 지금은 그것을 넘어서려는 진통. 통일이 다가오기 위해서는 이런 재난들을 겪어야 한다는 것일까. (1997년 5월 25일)

앙시앵 레짐 후에 나타나는 혼란, 절대주의 권위와 권력의 붕괴 후에 생기는 공백—그것이 프랑스에도 있었고 지금 공산체제 붕괴 후에도 나타나고 있다. 한반도에서는 적색 독재와 백색 독재 후에 함께 겪는 경험. 냉전의 적자였던 남북. 그것이 붕괴되면서 혼란과 정치의 몰락, 사회 기강 붕괴가 분출하고 있는 셈이다. 지금 문제되고 있는 가신정치니 네포티즘(nepotism)이니 하는 것도 바로 절대주의 권력체제의 유산이 아니겠는가. 그런 것들이 붕괴 직전 최악의 양상을 드러낸 것이다. 이것이 몰락 직전에 구체제가 보여 주는 모습이다. 그처럼 극대, 극악의 모습을 보여 주었을 때만 국민의 최대의 비난을 받을 수 있기 때문이다. 김영삼 정권의 자리와 역할은 그런 데 있다. 이런 양상에 대한 역사적인 적절한 해석이 우리나라에는 없다. 일본 아사히신문은 그런 역사의 흐름, 국민의 힘은 보지 못하고 아직 이 나라 권력자들은 그런 형태라고만 보고 있다.

오늘 한국 중요 신문이 보여 주고 있는 사설만 제대로 읽어도 그런 역사의 힘, 한국사의 힘을 알 수 있을 텐데. 그러한 거대한 국민의 힘이란 일본은 경험한 적이 없으니까 그리고 그런 것을 소개하는 데는 두려움마저 가지고 있으니까. 의식적이든 무의식적이든 그것은 자기들의 삶을 동요시킨다고 느끼고 있는 것이다. 그런 역사의 소용돌이가, 그 변화 개혁 혁명이 한국에서 가능하리라고는 생각하지 못한다. 그런 역사란 그들로서는 파악하려고도 하지 않고 파악할 수도 없고 파악되는 것도 아니라고 해야 한다.

문제는 도리어 그렇게 보지 못하는 우리에게 있다고도 하겠다. 역사 속을 살아가면서도 그 역사를 방관할 줄 알아야 하는데. 객관적인 자세 말이다. 이 제2의 민주화 운동은 어디로 갈 것인가. 그것에 방향을 줄 수 있는 지도력이 정말 필요한데. 그것은 더 많은 시간을 요하는 역사의 길이 아니겠는가.

앙시앵 레짐이 무너져갈 때 그 혼란에 견디다 못해 다시 절대주의를 찾는 것은 어디서나 볼 수 있던 역사다. 프랑스에서는 나폴레옹 시대로, 독일에서는 나치로, 지금 공산체제 하에 있었던 나라들에서도 차라리 지난날의 체제를 찾으려고 한다. 우리는 도리어 박정희가 낫다고도 하고.

그러나 누구도 지금 이 자유로운 소비사회에서 지난날로 되돌아가려고는 하지 않는다. 그래서 이전 같으면 군대가 다시 튀어나올 것 같은데도 잠잠하다. 군사파시즘으로는 가지 않는다. 그러므로 진정한 민주질서를 수립해 갈 가능성이 있는 것이다. (1997년 4월 26일)

김영삼은 대선자금을 밝히는가 했더니 그것은 알 수 없다는 것. 그리고 야당도 마찬가지가 아닌가 하는 것이었다. 그는 대통령 취임 직후에는 '단 한 푼의 정치헌금'도 받지 않았다는 결백론을 되풀이했다는데. 아들과 자기는 다르다고 한 셈이다. 거기다가 자기 뜻대로 안 되면 "불가피하게 중대한 결심을 하지 않을 수 없다"고 일종의 협박을 했다는 것이다.

아도르노의 『부정변증법』을 읽었다. 이런 말이 있다. "오로지 비판적 자기 반성만이 주관의 풍부함에 대한 제한을 가하는 것이나 자신과 대상 사이에 벽을 세운다든가 자신의 대자적 존재(對自的 存在)가 즉자 · 대자(卽自 · 對自)라고 생각한다든가 하는 데서 주관을 지켜준다." 뒤집어 말하면 비판적 자기 반성이 살아 있는 곳에서만 주관은 풍부해지고 자신과 대상 사이에서 벽이 무너져서 객관을 바르게 파악한다는 것이다. 절대화하지 않고서.

김영삼에게서는 '비판적 자기반성'이란 찾아볼 수 없다. 그러니까 그의 주관이 협소하고 빈약하기 짝이 없다. 거기에서 국민을 흐뭇하게 해 주는 발상이란 있을 수 없다. 언제나 대상이나 상황을 자의적으로 제멋대로 해석한다. 현실에 대한 객관적인 파악이란 있을 수 없다. 그리고 자기 판단을 절대화한다.

김영삼의 정신에 근본적으로 결여되어 있는 것은 반성, 자기비판의 힘이다. 자기를 넘어설 수 없다. "입장이 경험 속에서 파멸되어야 비로소 철학이 있게 될 것이다"라는 아도르노의 말을 또 생각하게 된다. 자기 생각이 경험에 부딪혀서 난파를 겪었을 때 철학적인 사색이 일어난다는 말이다. 무한하고 다양한 현실 속에서 자기상실의 현기증을 느껴야 한다는 것이다. 김영삼은 철학을 공부했다고 하지만 정말 반철학적이다. 사색이란 없으니까. 그는 정신이 아니라 생물이다. 자기 입장이 무너지는 것이 두려워 그것을 지키느라고 온갖 수단을 동원하려고 하는 것이니까. 그것이 사실은 자기파멸을 가져올 뿐인데도. 생명보존의 본능만이 있는 것이다. 자기를 절대화하려고 하고 무서운 자기보존 본능에 사로잡혀 있다. 사실은 그것이 현대 한국인의 평균적 모습일지 모른다.

자기 또는 지금까지의 자기 입장을 비판하고 부정하고 그래서 대상과 새롭게 일치한다는 풍부한 정신을 모르는 빈약한 인간. 새로운 상황에 대처할 능력이 없다. 자기 보호본능만 있는 것이다. 공격이 오면 움츠렸다가 상대가 방심하면 독침을 내흔드는 인간. 그것이 한국에서는 더욱이 지금까지의 정치적 인간이라고 하는 것이겠지. 지금 그런 인간, 그런 정치 세력, 그런 악 유산을 극복하느라고 역사는 이 몸부림이 아닐까. (1997년 6월 3일)

폭력숭배

삼성 대표의 수필이 동아일보에 계속되고 있다. 동아일보에서 모든 출판물의 판촉을 위해 차장이라는 사람의 전화가 심심치 않게 걸려온다. 기업연합, 재벌연합을 찾고 사업 확장이 목표라는 것일까. 여기에는 황금만능이라는 발상이 깊이 스며들어 있다.

군사정권 30여 년의 특권층은 오늘도 연명하고 있으며 그들의 세력은 세세 무궁하다. 그들끼리만 통하고 그들의 세력이 지배하는 영역을 확보, 확대하고 있는 셈이다. 친일파들 아니고는 실질적인 힘을 가지지 못했던 해방 후의 역사에서처럼. 그들끼리만 서로 연락했으니까. 물론 지금은 그때에 비할 바 없는 거대한 힘을 가지고 있지만. 동아일보와 중앙일보가 대립하더니 이제는 손을 잡는 것이 유리하다고 생각하는 것인지. 누군가가 그것을 알선했을 것이고 국민은 이제 그런 것에 개의치 않게 되었으니.

대학에서도 총장이 정치적으로 어떻든 도덕적으로 어떻든 개의치 않는다. 자기들에게 간섭하지 않고 자기들이 손쉽게 졸업하게 해 주었으면 그만이니까. 어디서든지 돈을 얻어다 잘해 주면 좋은 것이고. 이른바 유능하기만 하면 된다. 인격을 묻지 않는 시대니까 경제적 원리나 자기 편리 위주로 판단하고 그 이상 정신적 요구는 제기하지 않는다. 물질적인 양을 문제 삼을 뿐 질은 물으려고 하지 않는다.

그런 속에서 나타나는 한총련이란 무엇일까. 폭력으로 살인까지 하는데 그것을 경찰 폭력에 몰려서라고만 간단히 말할 수 없다. 그들도 경찰 폭력, 이 시대의 폭력에서 배웠다고 할까. 고난과 고민에서 나온 저항이라고 하기보다는 방치된 채 성장한 버릇없는 젊은이들의 메마른 마음이 자아내는 광란처럼 생각된다.

그 배후에 정말 전라도의 한 맺힌 심정이 도사리고 있는 것일까. 지금까지 나는 그렇게 해석하려고 애써 왔는데.

'정신에 대한 지속적인 적의' 이것이 부르주아 인간학에는 따라다닌다고 아도르노는 보았다. 정신이 깨어나게 되면 지금의 생산관계는 파괴된다. 정신이 제대로 되면 부르주아 사회에 항거할 수밖에 없기 때문이다. 아도르노는 존재하는 것만으로 감사하다고 생각하는 유토피아를 상상한 셈이다. 그렇다면 어떻게 경쟁하고 물량적인 증가에 기쁨을 느끼고 그것을 끊임없이 추구하는 부르주아적인 인간이 가능하겠는가.

존재 자체를 즐기려는 사람은 무능력자라고 하고 사회에서 소외시키고 추방한다. 쉴 새 없이 일하고 여가만 있으면 소비를 즐기고 무위(無爲)의 한가를 무서워해서 그럴 때는 텔레비전이라도 봐야 견딜 수 있는 인간이어야 부르주아 사회의 인간인 것이다. 그래야 오로지 생산과 소비, 노동과 신진대사만이라는 반정신적인 삶이 가능하기 때문이다.

아렌트가 말하는 노동하는 인간은 사적인 영역에 머물러 있는 인간이다. 그래야 그 생산관계, 그 사회체제에 순응하고 무해한 인간이 되기 때문이다.

생각하는 인간이란 그런 체제에는 적이게 된다고 해야만 한다. 그렇기 때문에 이 사회에서 살아남으려고 모두가 무사고(無思考)의 삶을 택하는 셈이다.

한국에서도 민주화의 날이 오자 모두가 여기까지 전락했다. 순응하는 자들도, 한총련처럼 저항하는 쪽도 정신이기를 포기했다고 생각된다. '반성을 거치지 않은 통속적 사고는 허위 생활의 복제'이고, 자족적(自足的) 사고이며 그런 사고 없는 공허는 '우매하고 야만스러운 것'이라고 아도르노는 생각했다. 그리고 "철학은 그 진행도상에서 끊임없이 자기를 갱신해야 한다"고. 촉구하는 것이며 그것이 바로 정신이라고 했다.

한총련도, 그들을 비난하는 어른들도 인생도상에서 자기를 부정, 갱신하려고 하지 않으니까 비정신인 것이다. 진리란 흔들리는 것이고 '시간적 내용 때문에 깨어지기 쉬운 것'인데도 그들은 그것을 불멸의 것이라고 생각하는 듯하다. 아니 그렇게 억지로 생각하려는 것이고. 자기기만에 빠져 있는 셈이다.

세상이란 김영삼이나 김대중, 그리고 저 정치인들, 저 기업인들이 보여 주는 것 같은 것인데. 그래도 거기에 불멸의 진리가 있다고 그것을 찾아 의지하려고 하는 것일까. 한총련도 또 다른 세력도 그런 종류의 진리를 세워 놓고 불멸의 진리인 양 생각하려는 것이다. 모두가 이 부르주아 사회의 희생양. 하잘것없는 것에 의지하여 안심, 보람 또는 체념을 가져 보자는 것이겠지.

(1997년 6월 5일)

김현철, 김기섭을 기소했다고. 대선자금은 남은 것이 120억 원이라고 하면서도 공수부징이라는 사람은 "한보 특혜대출의 '몸통'은 오케스트라의 지휘자처럼 누군가가 배후에서 은밀히 장기간 지휘해 온 것이 아니라 지난 4년간 정, 관, 재계의 광범위한 인사들이 장기적 단계적으로 지원해 이루어진 것"이라고 설명했다는 것이다. 이것은 수사권의 포기 선언과 같다.

김현철이 온갖 비리에 관계됐으면서도 66억 1천만 원만을 뇌물로 보는 것으로 사건을 마무리 짓는다고. 이제는 여론도 지쳤고 이 이상 혼미가 거듭되어서는 안 되겠다는 민심도 있으니까. 게다가 김영삼의 중대결심이라는 위협으로 혼란을 염려하여 대선자금에 대한 공세는 그만하기로 언론도 생각한 모양이다. 김영삼 퇴임 후로 미루자는 것일까. 이제는 시간이 빠르게 흘러가기를 기다리는 수밖에 없다. 국민이나 여론이 정치적인 판단을 한다고 할까.

명백한 범죄인에게 국정을 맡겨 놓고 있는 셈이다. 하기야 범죄인들에게 입법부를 맡겨놓고 있는 것이니까. 사법부도 별로 다를 바 없을 게고. 그러다가 김현철은 집행유예쯤으로 풀어주자는 것이겠지. 역시 대산명동서일필(大山鳴動鼠一匹)로 끝내는 모양. 검사들 중에는 이들에게 놀아난 국민이 불쌍하다고 하는 사람도 있었다고.

어쨌든 이렇게 해서 또 하나의 권력형 범죄가 묻혀 버리는 것일까. 해방 후, 박정희 이후 그렇게도 많은 미궁에 빠진 사건 중 하나가 되고 만다. 케네디 암살이나 킹 목사 암살을 지켜본 하나 아렌트는 그런 범죄에는 사실은 없고 의견만 있다고 했는데. 많은 책이 쓰일 정도로 의견이 무성했으니까. 그러나 사실은 사실의 힘으로 언젠가는 밝혀진다고 했지 않는가. 그럴까. 그런 경우도 있겠지만 영원히 밝혀지지 않는 수많은 역사 속에서 우리는 어떻게 살아갈 것인가. 여기에서도 탄식하면서 살아간다고 해야 하는 것 아닌가.

한총련 사건. 전경대의 경사가 차에 치어 죽었고 프락치라고 한총련 학생들에게 매 맞아 숨졌고. 어째서 이렇게 폭력적이란 말인가. 왜 그렇게 적의에 불타야 하는가. 그래서 김지하도 '끔찍한 죽임의 소식'에 "아직도 '혁명타령'인가"라고 하면서 "한총련, 이쯤서 그만두라"고 호소했다. 또 경찰은 "뿌리를 뽑는다"고 야단이고 신문사설도 "끝까지 추적 검거해 처벌하는 법의 단호함을 보여야 한다"고 소리를 높였다. 게다가 경찰 장비를 강화하라고까지 했다.

오르테가(José Ortega Y Gasset)가 『대중의 반역』에서 한 말이 생각난다. 19세기 후반에 파리와 런던에서 강력범죄가 많았을 때 프랑스는 경찰 증강의 길을 갔다. 영국은 경찰 증가로 시민의 자유와 프라이버시가 침해당할까 두려워 그대로 견디어냈다는 것이다. 당국을 향하여 뿌리 뽑아라 소리치는 발상. 그것이 독재를 불러일으켰던 것이 아닌가. 민주주의를 소중하게 키워갈 줄 알아야 하는데. 생존우선을 내걸고 자칫하면 자유를 헌신짝처럼 내던진다.

역시 나는 한총련과 그런 발상은 하나라고 생각한다. 자기비판 없이 절대를 믿고 자기정당화에서 남을 적으로 모는, 오랜 사고의 소산이라고. 그것은 오늘이 얼마나 반정신적인가를 보여 주는 것. 그 아버지 그 어머니에 그 아들과 딸. 일어나는 현상 아래서 형성되고 있는 '참다운 액추얼리티(actuality)'를 찾아야 하는데. 벤야민의 말에 의하면 신문적인 것만이 횡행하는 시대다.

(1997년 6월 6일)

어두운 역사

아도르노는 부르주아지 사상의 탈역사화(脫歷史化)에 대해서 말했다. 대상을 무시간성에서 보고 그것을 전통에서 단절시킨다는 것이다. 요즘 과잉하게 나타나는 개혁의지란 형성되어 있는 현실 속에 스며들어 있는 역사성을 무시하고 명령 하나로 개혁이 이루어진다고 생각하는 탈역사성, 무시간성에서 오는 것이다. 교육개혁이라는 것도 내일부터는 한글 전용이다 하는 식의 졸속의 연속이다. 그래서 무서운 반동을 불러일으킨다. 그것은 역사와 전통에서 오는 복수, 네메시스라고 해야 한다.

실패하면 너무나 간단하게 되돌아가고 만다. 그것도 탈역사적, 무시간적인 반개혁이나. 그전보다 더 추악한 상태로 되돌아간다. 이것이 오랜 군사정권의 개혁은 물론 김영삼의 개혁이라는 것이다.

레이터 스타일(later style), 그것은 물론 내게 있어서도 심한 무력감과 관련되어 있다. 무력하다는 사실의 인식이 내게 무력감을 불러일으키고 나는 그것을 받아들이고 하나의 체념 속에서 살아가야 한다고 나 자신을 타이르려고 한다. 그때 내 주관이 이에 반발한다. 거기에 공허감만이 도사리게 된다고 해야 한다. 하이데거가 말한 청종(聽從) — 거기에서 무념무상에 가까운 마음을 찾는다는 것은 종교의 경지다.

노욕(老欲)이란 자기는 무력하지 않다고 느끼기 때문에 일어나는 것이 아니겠는가. 거기에서는 청종의 세계란 있을 수 없다. 무력감과 노욕이라는 극단만이 있는 것일까. 무력감에도 불구하고 현실에 관여하는 경우가 있다면 그것은 대상의 역사성 그 시간성을 통찰하면서 그것에 청종하는 것이라고 할 수 있을는지도 모른다. (1997년 6월 8일)

대중소비사회는 지식인을 필요로 하지 않는다. 그런 의미에서 지식인들은 추방되는 셈이고 지식인 스스로가 대중화되고 상품화되고 자기비판의 힘을 잃어버리고 하버마스가 말하는 '미디어 지식인'으로서 '자기 연출적인 나르시시즘'에 빠져 버리는 것도 사실이다. 스스로 지식인이기를 그만두고 퇴장하는 셈이다. 매스미디어 자체가 대중사회의 매체로서 상업적 이익만 생각하고 이념이 결여되었기 때문에 지식인과 함께 걸어가려고 하지 않는다. 이념이 있어야 그 이념을 실현하기 위한 지식인들을 찾을 것이 아닌가. 건전한 민주주의를 찾는다면 그것을 위해서 지식인들을 찾아서 키울 것이 아닌가. 상업적인 이익 위주니까 민주주의를 위하는 독자들을 생각해서 고객인 그들을 만족시키려고 그러한 글을 때때로 상품으로서 내놓으면 된다는 것이다.

지식인들에게 그 이상의 기대를 걸지 않기 때문에 그런 지식인들을 대량으로 필요로 하지 않는다. 매스미디어나 출판 등과 지식인의 연대란 이제는 찾아볼 수 없다. 역시 지식인의 추방이다. 이리하여 지성이나 문화의 불모지가 성장하는 것이다. 이런 체제가 사회를 완전히 지배하려고 할 때 그래도 어디엔가 여백이 남아 있다고 할 수 있을까. 그렇다면 그것은 시대가 좀먹고 있는 자신에 대한 비판을 전개하는 정신, 바로 그것이 살아 있는 영역이라고 해야 한다.

정당이 저렇게 부패해 있으니 거기서 양지(良知)가 살아남을 수가 없다. 정치란 그래야 하는 것이라고 되어 있으니까. 그렇다면 우리는 진정한 양당정치나 정당정치를 해 보지도 못하고 그 종언을 맞이하는 셈이다. 어떻게 하면 정당을 통하지 않고 정치에 나올 수 있는가 하는 문제를 제기해야 할 것 같다. 무소속으로 나와도 결선투표 같은 것으로 역전할 수 있는 가능성을 준다든가, 광범위한 정당 외의 정치력을 흡수할 수 있는 가능성이 생겨나야 한다.

박정희에 대한 향수가 있다고 한다. 다분히 매스컴이나 기득권 세력이 부추기는 면이 있는 것이 아닐까. 그래야 그들은 다시 연명하면서 특권을 누릴 수 있으니까. 혁명과 반혁명의 반복에서 "구관이 명관이다"라고 하게 되는 것이니까. 사회주의가 붕괴한 이후의 동유럽에서도 그런 현상을 볼 수 있다고 한다. 그러나 민주주의는 포기하려고 하지 않는다. 군사독재체제나 공산체제로는 되돌아가려고는 하지 않는다. 그것이 현대의 혁명과 반혁명의 역사가 모두 지닌 진보성이라고나 할까. (1997년 6월 21일)

"존재란 단지 존재하는 것, 사례가 되는 것의 총체가 아니다"(아도르노『부정변증법』). 실증주의적 사고에 대한 비판이다. 존재가 존재하는 것 이상이라는 것은 인간존재가 존재로 나타난 것 이상이라는 것과 같다. 인간이란 나타난 것 이상이라는 것, 칸트의 물자체라고 할 수 있다.

이러한 겸허한 자세로 칸트는 역사도 나타난 역사 이상이라고 생각했다. 인간 욕망의 소산이지만 출신의 결과는 기의 반반이 남녀라는 섭리에 따르는 것처럼. 현실은 어둡고 절망할 수밖에 없는 역사지만 그것을 넘어 역사 본래의 흐름이 있다. 그래서 오늘을 견디어 나아가고 오늘을 성실히 살아 나아간다. 내일은 역사나 존재 그 자체의 것이니까. 아렌트의 do와 act의 사상도 이런 사상의 전통을 이어받은 것.

오늘의 한국의 어두운 역사 속에서도 우리는 그것을 넘어 구원의 희망을 가진다. 저 어리석음, 저 잔인함이 역사의 전부가 아니니까. 존재하는 것이나 사례, 그 모두를 합한 것이 곧 역사가 아니다. 그것을 넘어서 그것을 거슬러서 역사란 있는 것이다. (1997년 6월 22일)

포스트모더니즘인가

존 라이크만(John Rajchman)의 『미셸 푸코』라는 책을 읽은 탓일까. 몇 편의 영화를 보고 심한 충격을 받았다. 라이크만은 푸코가 역사를 세 시대로 구분했다고 했다. 서사시의 시대, 고전주의의 시대, 모더니즘의 시대로.

서사시의 시대에는 저자나 작가는 없고 작품 속에서 영웅의 이야기가 되풀이되는 그야말로 스토리의 시대다. 고전주의 시대에는 인간의 아름다움만을 그린다. 그것은 미술의 시대이고 감성의 시대다. 모더니즘 시대에는 파렴치한 것, 누추한 것, 불가능한 것 또는 광기를 찾고 숨겨져 있는 것을 폭로한다. 문학은 '침범의 기술'이 된다. 마르크스도 니체도 프로이드도 그러한 사상가였다. 그때는 작가나 사상가가 영웅이 된다.

그러나 그 다음 시대에는 자유란 그처럼 발견을 위한 것이라기보다는 '자기해방'과 '자기창출'을 위한 것이게 된다. 내게는 내 삶이 있다. 보편적인 가치나 윤리에서 벗어나려고 한다. 호모나 레즈비언의 삶은 왜 허용되어서는 안 되는가. "그것이 내 인생인데"라고 말하는 식의 삶이다. 그것을 포스트모더니즘이라고 하는 것이 아닌가.

여류감독 마를렌 고리스(Marleen Gorris)의 영화 「안토니아」(Antonia)를 보았을 때 바로 그런 충격을 느꼈다. 딸이 결혼하지 않고 아이만을 원했을 때 그것을 만족하게 해 준다. 자기도 결혼하지 않고 남자를 일주일에 한 번씩 만난다. 임신했을 때가 가장 행복하다고 계속 남자를 바꾸면서 임신하는 여인도 있다. 이런 삶을 20년 동안이나 변하지 않고 있는 마을에 가지고 들어왔을 때 그 마을은 붕괴될 수밖에 없었다. 그러나 그전에도 그 마을은 평화스러운 것 같았으나 사실은 모순을 덮어두고 있는 데 지나지 않는 어두운 사회가 아니었던가.

낡은 것이나 보편적이라고 하던 가치나 윤리가 무너졌을 때 삶이란 어디로 향하는 것이겠는가. 거기에는 허무만이 감돈다. 그렇다면 그렇게 각자의 인생을 살아간다면 '생명이란 살기 마련'이라는 인생관밖에 있을 수 없다. 그러한 인생이 앞으로도 이어질 수밖에 없다. 포스트모던의 시대를 말한다고 할까.

존 듀건(John Duigan) 감독의 영화 「이끄는 사람」(The Leading Man)에서도 역시 포스트모더니즘을 느끼지 않을 수 없었다. 유행극작가가 흑인 여배우를 사랑한다. 아내와의 관계에 고민하다 젊은 배우가 아내를 유혹해 주겠다는 제안을 받아들인다.

이런 이야기라면 비스콘티의 「이노센트」에서 보는 것처럼 파탄과 비극이 일어날 것임이 분명하다. 그러나 결말은 그 사나이가 극작가의 아내에게 빠져 사랑을 발견하고 연극에서도 성공하고, 극작가의 아내는 지금까지 남편의 중압 하에서 끝내지 못했던 희곡을 완성하고 새로운 가능성에 환희하게 된다. 극작가는 극작가대로 흑인 여배우와 그럭저럭 사랑에 무사히 성공하게 되고.

비스콘티의 「이노센트」는 역시 고전주의에서 모더니즘 시대로 가는 시대를 살았다고 한다면 「이끄는 사람」은 포스트모더니즘. 오늘의 한국 사회에서 보는 것처럼 역사도 인생도 그처럼 보편적인 가치 없이 모순투성이로 흘러가는 것이니까.

자코 반 도르마엘(Joco Van Dormael) 감독의 영화 「여드레째」(Le huitième jour)도 역시 충격적. 현대의 의미 없는 바쁘기만 한 상업주의의 인생에 성공했지만 가정은 파괴됐다. 그가 인간을 회복하는 것은 조르주라는 다운증세의 정신박약 청년을 만나서 기상천외의 경험을 하면서였다. 조르주는 저 세상 어머니를 찾고 환상에서 어머니와 만나는 삶을 이어간다.

“이 세상 처음에는 무(無)였다. 있던 것은 음악뿐. 첫날 신은 태양을 만들었다. 둘째 날 신은 바다를 만들었다. 셋째 날 신은 레코드를 만들었다. 넷째 날 신은 텔레비전을 만들었다. 다섯째 날 신은 풀을 만들었다. 여섯째 날 신은 인간을 만들었다. 일요일 신은 휴식을 취하셨다. 바로 이레 째였다. 그리고 여드레째 날에는…”

이렇게 해서 역사는 시작한다. 조르주는 구세주. 그의 어머니는 배후에 있으니까 그것은 그리스도와 하나님의 비유라고 할 수 있을는지도 모른다. 재림하는 예수는 이제 영광의 주로 오시지 않는다. 역시 나약하고 배척받는 다운증세의 젊은이 모습으로 오신다. 그리고 역시 구속사업이 끝나면 이 지상을 떠나 어머니에게로 간다. 하나님의 휴식 동안에 거칠어진 세상을 떠나서.

그래서 이 영화에서는 성서에 기록되지 않은 여드레째 날이 있다고 하고 정말 피날레에 가서 여드레째 날에는 조르주를 만들었다, 창조하셨다고 하는 것이다. 현대를 이화(異化)하고 그 구원은 정상이 아닌 데서 온다고 한다. 모더니즘을 거쳐 포스트모더니즘이라고 하지 않을 수 없다. 언제나 영화의 전위성에 큰 충격을 받는다. (1997년 7월 21일)

어제는 포항 보선에서 박태준이 당선됐다. 김종필 등의 구세력이 캐스팅 보트를 쥐었다고 할까. 박태준이니 민정계니 자민련이니 활발하게 움직이겠지. 그 오랫동안 몸에 밴 궤계(詭計)를 써가며 돈을 뿌리면서.

김영삼의 일대 실패. 그렇게 좋은 기회였는데 그는 야당 때 원한만 있었지 집권하고 나서의 자기변혁이 없었다. 집권하고는 달라져야 하는데 어려운 모양이다. 95년 지방선거에서 김영삼이 패배하고 나서 김대중은 자신만만해져서 걸어 나왔고 김영삼은 그를 몰락시켜야 한다는 집념에 불탔다. 모든 실패는 거기에서 기인했다. 김대중도 몰락. 민주화 세력의 총퇴각이었다. 그래서 이회창도 나왔고.

역사란, 혁명을 한 세력은 혁명 후 서로 싸우면서 몰락해 가고 반동 세력이 새로운 세력으로 약간 변신하는 척하면서 이어가는 것일까. 김종필이 민주주의자인 양 내각책임제를 말하는 것처럼. 사실 혁명이란 대중적 인기와 지지로 가능하지만 조직도 돈도 반동 측에 있으니까. 그래서 친일파가 살아남았고 4 · 19 후도 6월 민주항쟁 후도 역시 그렇게 되었다고 해야 하는 것일까. 이것이 혁명의 법칙이다. 그래서 월러스틴은 프랑스 혁명도 부정했다. 일본의 메이지유신도 러시아 혁명도 그랬다. 그러니까 승리자는 언제나 반동 세력이다.

민주화를 위해 싸운 세력은 밀려나고 반동이 다시 일어나서 역사의 주인이 된다. 그러나 그들도 역사의 흐름에 따라서 민주주의를 신봉한다고 하면서 역사에 매달린다. 그래서 승리자는 역사라고 할 수밖에 없는 것 아닐까.

여기서 혁명을 한 세력은 언제나 엘레지, 애가(哀歌)나 부르면서 술잔이나 기울인다. 역사가 배반하는 셈이니까. 김대중이 현실정치를 생각해서 우왕좌왕하지만 이제 이것이 민주 세력의 최후결전이라고 깊은 자기비판을 전개하면서 일어선다면 썩은 정치에 바람이라도 한 번 불어넣을 텐데. 그에게도 그러한 도의정치에 대한 에너지가 있을 리 만무하다. 하기야 그가 그만큼 온 것도 역사에 밀려서라고 할 수 있겠지만.

어제 왜 춘천에 사느냐고 기자가 물어서 공기 좋고 물이 좋아서라고 대답했다. 그래도 또 다른 이유는 하고 물어서 중심에서 약간 떠나 있어야 객관적으로 볼 수 있으니까 라고 했다. 나무 말고 숲을 보자는 것. 사실 오랜 일본생활에서 서울의 소동을 대인의 불처럼 비리보면서 해석해 보려고 하던 것이 내 취미처럼 되어 버렸는지도 모르겠다.

서울을 얘기하면서도 서울에 가기가 싫으니까. 정치를 얘기하면서도 정치 주변에도 가기 싫으니까. 어쨌든 역사는 전진하는 것. 그러나 벤야민이 말한 것처럼 진보란 시대가 경과하는 연속성에 있는 것이 아니라 '그 연속성에 대한 간섭'에 있다. 한보, 김현철 등을 몰고 간 국민의 간섭에 그래도 우리 역사의 진보가 있다고 해야 한다. 그것이 후퇴할 수 없는 역사의 전진이라는 것.

(1997년 7월 25일)

희극과 비극의 교차

민주화 세력의 완전패배, 완전후퇴가 결정적이다. 혁명 세력은 혁명 후 집권하고는 자기들끼리 싸우는 것이니까. 우리나라 역사에서도 해방 후, 4 · 19 후, 모두가 그랬다. 김영삼이 그것을 극복하지 못했다. 김대중은 95년 6 · 27 지방선거 후 너무 빨리 나타났고 김영삼은 그것을 무너뜨리려고 안간힘을 다 했고.

김대중이 그때 자중하고 나오지 않았다면 지금쯤은 국민적 후보로 국민의 환호를 받으며 등장할 수 있었을 텐데. 그렇게 됐다면 김영삼 정권의 정체가 폭로되고 이처럼 정치 불신은 일어나지 않았을 수도 있다. 오늘의 상황이란 거의 자연발생처럼 다가온 것이다.

정치의 해체, 대통령직에 따라 다니는 후광의 소멸. 이제는 다만 단순한 행정기관일 뿐. 이 현실을 리얼리즘으로 수용할 수밖에 없다. 원래 그것은 그런 후광을 가져야 하는 것이 아니었다. 제왕적 후광이란 허구이고 조작이었는데 그것이 벗겨지고 드러나는 것에 불과하다. 그런 사태, 말하자면 그 실체를 드러나게 했다는 데 김영삼의 공적이 있다고 할까.

이회창의 두 아들 병역기피 문제는 누가 보아도 납득이 가지 않는다. 6 · 25 사변 때 학생들에게 전선으로 가서 나라를 지켜야 한다고 호령을 치던 문교장관이 자기 아들은 미국 유학으로 떠나보냈다. 이것이 한국의 아버지. 특히 권력자의 아버지 상이라는 것이다. 이회창도 그런 한국의 아버지. 특권은 누리되 책임은 지지 않는다. 도대체 군사정권 하에서 양심을 가지고 어떻게 사법부 고위층을 두루 차지할 수 있었겠는가. 국방장관도 국회에서 "저는 이것이 의심스럽다, 의심스럽지 않다고 하는 것을 판단할 수 있는 위치에 있지 않다" 고 답변했다. 대통령직의 권위상실로 그런 의심을 받는 사람도 대통령이 될 가능성이 있게 된 셈이다.

그런 가면을 쓰고 행세한다는 낡은 권력자의 모습. 그렇게 살아온 자신을 대통령이 되면 자기비판적으로 부정할 수 있을까. 그런 가면을 쓰고 힘을 즐기는 권위주의. 지금까지 대통령이라는 사람들이 모두 그랬던 것처럼 그러한 삶의 자세를 더욱 강화해 가겠지.

김우중은 '이 시대의 진정한 주인공은 기업' 이라고 했다지만 그럴 만하다. 정치에 좌우되지 않는 기업. 기업의 독립을 확보하고는 그들이 정치에 압력을 가하고 그들에게 정치가 끌려가게 된다. 이런 시대가 우리나라에도 찾아오고 있다. 그래서 사회는 정치에 따라 동요하지 않는다고 하겠지만 세상은 기업논리로 뒤덮인다. '이 시대의 진정한 주인공은 국민' 이라고 말하게 되어야 하는데 라고 생각한다. (1997년 7월 26일)

개각, 대한항공기의 추락, 이른바 신한국당의 당직 개편, 모두가 겹친 것이 오늘의 한국을 상징한다고 할까. 개각은 무엇 때문에 하는 것인지. 아직 논공행상을 다 못한 것이 있어서 나누어주자는 것이겠지. 똑똑한 사람이라면 입각하려고 하지도 않겠지만. 김영삼이라는 사람은 끝까지 마음을 바로잡고 한 번 잘해 봐야 하겠다는 생각을 못하는 사람이라 권력놀음으로 끝난다.

당직 개편이란, 강삼재를 등용한 것으로 볼 수 있는 것처럼 정면 돌파, 밀어붙이기다. 이회창도 그 길밖에 없다고 생각한 것이겠지. 군사정권 하에서 세력을 누린 사람들이란 모두 그렇다. 수단방법을 가리지 않고 권력을 잡고 그 후유증 속에서 당선이 되어도 헤어나지 못할 것이다. 또 파국이 예상된다. 언제까지 이 짓을 반복하자는 것인가. 그래도 국민이 살아가고 사회와 경제가 유지된다면 그것이 기적이다. 권력을 가진 자의 폭력, 부패, 특권, 참 오랜 역사다. 그것과의 투쟁이 이번에는 어떤 결과를 낳을 것인가.

이회창은 가면을 벗고 달려드는 모양인데 마음이 좁고 신경질적이고 권력

지상인데 무리수를 쓰는 결과로 짊어질 많은 부담에 당선되어도 견디어 내기 어려울 텐데. 이기면 된다는 군사정권, 김영삼 등의 권력자 심성을 벗어날 도리가 없는 모양이다. 이미 사방에서 돈을 받았으니 후퇴할 수 없다는 것인가. 당선되어도 가장 취약한 권력으로 국민과 야당의 공격을 이겨내지 못할 것이다. 밀어붙이기, 정면 돌파라는 낡은 수법 위에 서서 나가자는 것인가. 다시금 그 끈이 끊어질 수밖에 없을 것 아닌가. 내 글도 분노의 폭언이 될 수밖에 없는 듯한 느낌이다. 대한항공 사건에서는 신문기사만 떠들고 있을 뿐, 회사 간부는 송구하다는 말 한마디 없다. 책임질 생각이 없고. 이러다가 다른 사건이 터지면 용두사미로 끝날 것 아닌가. (1997년 8월 10일)

조순 서울시장도 나오고 이인제 경기도지사도 나올 것 같고… 난맥상태다. 이 나라 사람들은, 더욱 군사정부에 참여했던 사람들이란 모두 대통령 꿈에 들떠 있다. 이수성도 그렇고. 차분히 지방행정을 돌보려는 것이 아니라 더 많은 권력을 위해서는 언제나 그것은 집어던져야 할 것이라고 한다. 국민은 쳐다보고 그도 저도 모두 같다고 비웃고 있는데.

이것은 희극. 본질적으로는 비극이지만. 업적도 없이, 인간 됨됨이와는 관계도 없이, 만용만 있으면 쉽사리 대통령이 되는 나라였으니까.

보전은 혁명

가나자와(金沢)에서 들은 이야기다. 볼로냐에서 "보존은 혁명이다" 라고 하면서 오래된 도시를 보존하는 데 지식인이 앞장섰다는 얘기는 감동적이었다. 그래서 도심에서 사람들이 살기로 했다는 것이다. 폐허가 되지 않도록. 도시 중심에서 대학이 떠나가니까 도시가 생기를 잃어버린다는 이야기도. 흥미 있었다. 젊은이들이 떠나가면 안 된다.

가나자와는 태평양 시대에는 버림받은 반대쪽 거리. 그러니까 크게 늘어나지 않았고 전통을 유지하고 그것을 근대화하면서 살아남으려고 했다는 것이다. 문화와 산업이, 문화정책과 산업정책이 아주 긴밀한 관계를 유지해 왔다. 이런 것이 새로이 아시아에 뒤늦게나마 어떤 모델을 제시해 주는 것이 아니겠는가 하는 의견은 아주 중요한 것이 아닐까. (1997년 8월 14일)

「8 · 15를 맞는 심정」이라는 친일경관 얘기를 읽고는 우리는 몰랐는데 그때 얘기를 좀 더 사실대로 써줄 수 없는가 하고 젊은 교수들이 말한다. 부끄러운 고백의 글이 될 텐데.

6 · 25 때가 생각난다. 자기 첩을 사단사령부 뒤의 호에다 데려다두고 살던 일선 사단장. 폭격을 피해 굴속에서 살다가 나오는 흙물 묻은 옷의 여인들을 데리고 사는 고급장교들. 그러면서 군기를 보인다고 하면서 강간미수라고 졸병들에게 총살형을 가하던 사단장. 그것을 보고 야만인을 보듯이 비웃고 기뻐하던 미국 고문관.

포로가 잡히지 않아 동정을 살피려고 모든 전선에서 후퇴하는 것을 가장했던 클램업(clam-up) 작전. 밤이면 보급차가 불빛 찬란하게 남하하고 포성도 멎었다. 적이 가까이 와도 행동을 하지 않기로 했는데 공로를 세운다고 정찰대를 내보내 포로를 잡으려고 하다가 아군이 도리어 포로가 됐다. 그것도 모르고 이 작전을 계속하다가 큰 피해를 봤다. 그래서 그 작전은 중단되었다.

이런 얘기를 하려면 끝이 없다. 그렇게 잔인하고 어리석었다. 그래서 나는 5 · 16이 일어나 군인이 정권을 잡았다고 할 때 절망적이었다. 앞날이 내다보이는 것 같았다. 이런 모든 일을 숨겨둔 채 우리 측 만세, 우리는 정의로웠다고 하려니까 북받쳐 올라오는 분노. 이것을 정말 누구에게다 말한다는 것인가. 나라를 사랑한다는 것은 이것을 은폐하고 침묵하는 것일까. 지금까지도 실마리를 찾지 못한 마음의 갈등이다. (1997년 8월 15일)

다이애나비 그리고 숍페터

영국의 다이애나비가 교통사고로 사망했다. 부호의 아들과 함께 차사고로. 몰락한 귀족의 딸, 유치원 보모에서 갑작스럽게 황태자비가 되었다가 이혼했다. 그렇게 되고 나서는 평범한 여인으로는 돌아갈 수 없었던 모양이다. 영화(榮華)에 중독이 되어서 계속 그런 모험적인 것, 화려한 것을 추구해야지 그렇지 않고는 허전해서 견딜 수 없었다는 것일까. 사진기자들을 피한다고 했지만 그들이 따라다니지 않으면, 화제가 되지 않으면 도리어 견딜 수 없어 했을 것이 아닌가. 그들을 따돌리는 것이 하나의 재미였는지도 모른다. 그래서 서로 숨바꼭질을 한 셈.

재클린 케네디 대통령 부인도 그랬고. 많은 대중문화의 스타들도 그랬다. 조용하면 인기가 떨어진 듯 불안해했다. 한 번 맛본 마약 때문이라고 할까. 권력을 누린 사람의 경우도 물론 그렇다. 권총을 풀어놓은 듯, 권력을 놓으면 허전해서 견딜 수 없다는 것이다. 그래서 아무리 작은 권력이라도 그것을 맛본 사람은 반체제적인 자세를 보이다가도 곧 자리를 찾아 권력 측에 가담하고 마는 것이었다. 권력 맛을 보면 누구나 그렇다고 할까. 교수들도 물론 그렇다. 현실 경험을 살려서 더욱 연구에 깊이를 더해 가는 것이 아니다.

어떤 전직 장관 생각이 난다. 민주당으로 있다가 박정희 쿠데타로 쫓겨나서 거의 매일같이 사상계사에 나타나서 반 박정희로 기염을 토했다. 박 정권이 오래가지 않을 것이라고 미국 CIA 정보라는 것을 가져오곤 했다. 그러나 그날이 그렇게 손쉽게 오지 않는다고 보자 박 정권에 참여하여 각하의 말씀이라면 죽어도 한이 없다고 기염을 토했다.

그는, 나를 만나자 장관이 된 후 나 혼자만 찾아오지 않더라고 불평을 했다. 내가 한 번은 길거리에서 만나 수행원들 앞에서 "권력 맛이 좋은가요"라고 했던 일이 생각난다. 얼굴을 붉히고 그는 총총히 사라졌다. 나도 젊은 탓으로 부질없는 말을 했다고 지금도 후회하고 있지만. (1997년 9월 2일)

계속해서 대학 교수의 정치참여 문제를 생각한다. 현실정치에 가담하고 나면 사실은 학자로서도 현실감각이 있고 구체성을 가지며 폭이 넓어지는 것이 아니겠는가. 그런데 세상맛 보고서 수도원에는 돌아갈 수 없는 수도자처럼 대학에 돌아가도 학문에 대한 정열은 사라지고 없다는 것일까. 이런 경향을 언제 가야 우리는 극복할 수 있을 것인가.

제1차 세계대전 후 오스트리아의 재무장관이 되었던 슘페터(Joseph A. Schumpeter)를 생각하게 한다. 취임 7개월 후 그는 사면초가 속에서 사임하지만 그는 인간적으로 크게 상처를 받았다. 그래서 다시는 정치에 관계하려고 하지 않았고 그 경험을 통해서 사상적으로도 크게 전환했다. 그리고 젊은 시대의 야심은 사라지고 페시미즘이 그의 마음속에 피어오르기 시작했다고 전해진다. 현실정치에의 참여가 어떤 의미에서든 그 사람의 사상과 연구에 흔적을 남겨야 하는데 우리나라에서는 다만 세속으로의 타락만을 의미하는 것일까. 그래서 우리는 옛 선비들이 관에 참여했다가는 뜻을 이룰 수 없다고 낙향의 길을 택한 경우에 박수를 보내는 것일까. 그들은 권력 앞에서 아니라고 말했으니까.

그때 그러지 말았어야 했는데 하고 생각하게 하는 것이 우리나라 현대정치사라고 할 수 있다. 그때 그렇게 훌륭한 결단을 해서 잘했다고 하기보다는. 김대중은 은퇴를 했으니 나갈 수 없다고 하면서 출마하지 말았어야 했다. 이회창은 아들들의 병역 문제가 터졌을 때 물러서면서 나오지 말았어야 했다. 조순은 서울시장의 임무를 다해야 하니 초대 민선시장이 어떻게 그 자리를 떠나서 대통령선거에 출마하느냐고 했어야 했다. 승리하느냐, 패배하느냐가 문제가 아니라 그래야 정신이 산다. 그래야 사회정기가 살고 정치에 대한 불신을 씻어낼 수 있다. 그들은 구국의 결단을 말하지만 구국할 수 있는 자격을 이미 잃어버린 것이다.

그들만이 아니다. 이승만도 3선을 하지 말았어야 했고 박정희도 유신헌법은 하지 말았어야 했고 전두환도, 노태우도, 김영삼도 그렇다. 헤아릴 수 없을 정도로 많은 그러지 말았어야 했던 일들. 4 · 3 사건도 광주사태도 물론 여기에 들어가는 것이다.

TV가 대통령 후보라는 사람들을 시장터에서 옷을 팔게도 하고 주문 받은 음식을 나르게도 한다. 그들을 권위에서 끌어내리려고 하는 것이다. 정말 희화화시키고 놀림감으로까지 삼고 있다. 그래도 당선만 되면 절대자로 군림하려고 하겠지만. 그래서 모든 굴욕을 지금은 참고 있을 것이다.

이러한 탈 카리스마화는 선거기간만이라도 필요한 것일는지 모른다. 그것도 국민과의 거리를 좁히려는 것이니까. 노태우도 그래서 보통사람을 자칭했다. 이것도 시대의 흐름이다. 그들은 먼저 능력 있는 행정인이 되어야 한다. 가부장적으로 지금까지 정말 오랜 역사를 군림해 왔으니까. 언제야 국민에게 봉사한다는 생각이 들게 될 것인가. 그날까지 철저하게 정치 불신을 선언하고 그들을 희화화하는 운동이라도 전개해야 할는지도 모른다. 국민을 위한 봉사자가 되려고 할 때야 그들은 잃었던 권위를 되찾게 될 것이 아닌가.

(1997년 9월 13일)

대화 아닌 독백

오래간만에 함석헌의 『뜻으로 본 한국역사』를 다시 읽었다. 17년 전에 읽고 상당히 감격했었는데. 이번에는 지나친 도덕주의, 한국사에 대한 따뜻함을 찾아볼 수 없는 엄숙주의에 약간 염증을 느낀다. 『성서로 본 일본』이라는 후지이(藤井武)의 책과 비교해서 본 탓일까. 둘 다 지식인의 매우 도덕적인 경건주의의 소산이다. 후지이는 거의 일본 신국론(神國論)에 가깝다고 한다면 함석헌은 정말 수치의 한국사만 보았다.

한국인이란 꽃을 심을 줄도 모른다. "하루만 살고 말 것 아닌데 왜 변소 하수도출입구를 그렇게 등한시했을까? 창과 문의 구별이 없고, 밥 먹는 데와

잠자는 데가 다름이 없다." 이런 식이다. 이광수가 『유정』에서 R 소장을 시켜서 하는 말과 다른 데가 없다. 『무명』이라는 작품도 그렇고. 1920년대 30년대의 일본 유학을 다녀온 계몽적 지식인의 말투가 모두 그렇다. 그래도 이 나라를 사랑해야 한다고 생각했다.

"우리가 이 땅을 사랑함은 소위 조국애에서부터가 아니다. 여기를 죽이고는 하늘나라를 임하게 할 곳이 없기 때문이다. 우리가 이 민중을 사랑함은 소위 동포애에서부터가 아니다. 이 사람들을 내놓고는 하나님의 음성을 들을 곳이 없기 때문이다."

그래서 아가페라고 할지 모른다. 그러나 이 땅, 이 나라, 저 사람들에게 대한 따뜻한 정이 없지 않는가. 그것이 1970년대에 민중을 발견하기 전의 지식인의 자세, 근대화의 자세가 아니었던가. 그런 생각이 들면서 읽기 거북한 데가 적지 않았다. 시대가 달라져서이겠지. 지식인의 조국 부정, 조국 탈출의 시대였으니까. 내 눈도 그동안 달라졌고. (1997년 9월 17일)

아도르노는 자기비판을 한다는 것이 곧 정신이라고 했다. 자기비판 없이는 객관과의 사이에서 장벽을 헐어버릴 수가 없다. 자기비판을 하지 않는 것은 사고 중단이며 스스로 우매해지는 것이라고 했다. 오늘날은 정말 매일처럼 전혀 예상하지 못했던 일이 일어난다. 어제의 나로서 이해하거나 대처할 수 없는.

정치가들이란 자기비판을 회피하는 인간. 사고 중단, 자기우상화의 야만으로 치달린다. 지금 대통령 후보들이란 모두 그 모양이다. 그러니까 객관적인 것도 보이지 않고 그것을 바로 파악할 도리가 없다. 정치가들만이 아니다. 우리나라에서는 지식인도 그런 풍토에 빠져 있는 것이 아닐까. 그래서 정신이기를 그만둔다. 그런 것을 초지가 불변이라고 하는 것인지도 모르지만.

『뜻으로 본 한국역사』에서는 민중은 우매하고 남을 속이고 부도덕하기 그지없다. 도덕론적이고 사회구조나 지배권력에 대한 문제는 없는 셈. 그 속에서도 살려고 몸부림치는 민중에 대한 공감이나 연민도 없고. 계몽적 지식인의 지적 귀족주의, 자기절대화.

민중의 그 시대를 살기 위한 지혜나 느낌을 보는 미크로스토리아(microstoria)적인 눈이란 없다. 이런 관점에서 그 당시의 사회주의 사관과도 비교하면서 다시 보아야 하겠다. 그렇게 귀족주의였으니까 해방 후에는 독선적으로, 자기비판이란 모르고, 객관적인 상황에 대한 인식 없이, 있다고 해도 거부하고 자기주장만 되풀이하고 대립했던 것 아닐까.

유교적인 관념주의 탓도 있을 것이다. 정말 커뮤니케이션을 할 줄 모르는 지성이었다고 할까. 지금까지는 그들의 애국과 불굴의 의지를 찬양해 왔지만 근대 지식인에 대한 전면적인 비판을 전개하고 싶어진다. 늙은 탓일까. 오늘의 저 정치인들을 바라보는 탓일까. 그들과 다를 바 없는 것이 오늘의 지식인, 우리의 사회풍토라고 생각하기 때문일까. (1997년 9월 19일)

며칠 전 정부 사람이 만나자고 해서 서울에 갔다. 나는 이런 말을 했다.

야당을 할 때는 몇 사람만 데리고 일을 비밀리에 처리했다. 그러나 민주주의 하에서 공개적인 정치를 하는 데는 그래서는 안 된다. 한치 앞을 내다보지 못하는 정치꾼 가지고 어떻게 민주정치를 해나가겠는가. 무엇보다 대세를 읽어야만 한다. 역사의 흐름에 거역하려고 하지 말고 그것을 따라가면서 그것을 먼저 읽고 선수를 써야 국민이 후련해 한다. 자기네 뜻을 먼저 읽고 실천해 주기 때문이다.

6 · 27 선거에서 왜 실패했는가. 그전에 정부 고위층 사람을 만나니까 지방자치를 하면 큰일이라는 예만 들어 나는 대꾸하려고 하지 않고 창밖만 바라보았다. 어느 군과 어느 군이 물싸움을 했다느니 하면서 지방자치 불가론만 펴고 있었다. 지방자치를 강하게 요구하는 대세에 어떻게 거역하겠다는 것

이었을까. 대세에 밀려서 6 · 27 선거를 한 셈이다. 그러니까 역사의 흐름에 거역하려고 하다가 패배했다. 왜 김영삼 정권 지지율 90퍼센트 때 지방선거를 하지 않았는가. 그랬다면 여당이 전국을 휩쓸었을 텐데.

그래서 김대중이 다시 나왔다. 그는 6 · 27 선거 결과에 너무 낙관해서 정계 복귀를 지나치게 서둘렀다고 하겠지만. 그러나 그런 상황에 대해서 김영삼은 김대중 제지에 너무 열을 올렸다. 그 다음 총선거에서는 억지로 과반수를 만든다고 부정투성이었고. 물론 김대중이 너무 서둘러 나온 데 대한 국민의 혐오감도 있었다. 여기서 전두환, 노태우를 감옥으로 보냈고. 김대중 20억원 수수의 문제도 터지게 하고. 이 모든 것이 역사의 흐름에 역행하는 김영삼과 그 가신들의 음모 결과라고 해야 하는 것이 아닌지.

정치란 음모이고 간지의 경쟁이라고 그들은 생각해 왔으니까. 양 김 씨가 선거에서 하나가 되고 서로 양보하면서 앞서고 뒤서고 하면서 권력을 취하면 어떠냐고 했던 1987년의 야당후보 단일화론은 역시 어리석은 생각. 그들은 어느 한쪽이 되면 다른 한쪽은 제거된다는 공포감을 품고 있었던 것이 아닐까.

어쨌든 집권하면 민주주의 하에서는 역사의 흐름을 먼저 파악하고 그 방향으로 정치를 크게 돌리고 국민에게 감동을 주는 정말 예술적인 정치 연기를 펼 수 있어야 하는 것이 아닐까. 김영삼은 그것을 해낼 수 없었고 지금 여당도 총체적으로 마찬가지다. 만약 이회창이 아들 병역 문제가 나왔을 때 부정은 없었지만 국민이 의혹을 가지는 한 나는 대통령 후보가 될 수 없다고 하면서 극적으로 사퇴하고 다음 인물을 낼 수 있었다면 여당은 국민의 격찬을 받았을 것이 아닌가.

군사 정권 때처럼 억지로는 안 되는데 국민의 지지가 막 떨어져 나가는데도 붙잡고 늘어졌다. 그러한 정국을 수습하고 끌고 갈 지도력, 그런 핵심이 없다. 그런 의미에서는 노태우 정권의 마지막과 다를 것이 없다. 하는 수 없이 끌려간다. 그래도 앞으로 몇 달 멋있게 하고 물러날 수도 있을 텐데. 물론 그것이 가능할 리 없지만.

김대중을 두려워할 필요는 없다. 김영삼의 대선자금 운운이니, 김현철 문제니, 모두 무사히 해결할 수 있는 사람은 그 이외에는 없다. 지금 다른 후보들이란 지금은 잘 보호한다고 해도 야당이 떠들고 여론이 동조하면, 김영삼이 전두환, 노태우를 옥에 보낸 것처럼 어떻게 할 도리가 없을 것 아닌가. 그럴 힘이 없을 테니까.

김대중의 경우에는 김영삼을 문제 삼을 수 없을 것이다. 그의 리더십 아래서는 국회가 그런 일로 떠들썩할 수는 없을 것 아닌가. 그는 국민을 설득할 힘과 논리를 가지고 있을 것이고. 앞으로도 대통령의 결단을 요구하는 많은 문제가 있다. 국민은 이제 다양해졌으니까 무슨 결정을 내려도 반대하는 의견과 세력이 있을 것이다. 그때 국민을 설득할 수 있는 힘과 논리와 사상이 있어야 한다.

그래야 정치가 안정을 되찾는다. 독재체제에서 민주주의로 가는 과정은 몇 단계를 거쳐야 한다. 독재의 색깔은 시간을 거쳐 가면서야 희석되는 법이다. 이번에 어떤 선거 결과가 나오든 한국의 민주주의는 전진한다고 생각한다. 강한 지도 능력과 정말 뛰어난 통찰력이 있는 지도력이 나와야 정치적으로 국민통합을 이루어낼 수 있다고 생각한다. 정치적 혼란이 이 이상 계속되어서는 안될 텐데.

나만 이렇게 염려하고 떠드는 것일까. 젊은이들은 속으로 비웃을지도 모른다. 사실 떠들고 나면 뒷맛은 씁쓸하다. 메아리 없는 독백이었구나 하는 생각에 사로잡힌다. (1997년 9월 24일)

권력과 문화

문화는 권력의 빛깔을 띤다. 지배자의 어법을 사용한다는 말이다. 오늘은 문화가 소비사회의 익명의 권력과 유착을 한다. 『유정』이나 『뜻으로 본 한국역사』에서 한국인의 생활을 단죄하다시피 한 것은 종속된 자의 입장에서 전개한 어법이라고 하기보다는 역시 지배문화에 깃들어 있는 어법이라고 할 수 있지 않을까. 일본 유학을 한 지식인의 어법. 그때는 일본 문화가 모범이었을 테니까.

오늘 일제 시대를 총체적으로 부정하던 자세를 수정한다는 식민지 하의 근대화론이란 어떤 것일까. 그것은 오늘의 지배자의 어법에 따라 경제적인 통계숫자에 다소 변화가 있다고 해서 그 시대를 긍정하려는 것이 아닐까. 역시 '마스터 내러티브'(master-narrative)라는 말이다. 거기에 있던 굶주림과 수탈과 강제동원 그리고 갖은 모욕과 굴종이라는 정말 종속된 입장, 즉 '서브얼턴 내러티브'(subaltern-narrative)에서는 도저히 승인할 수 없는 것을 긍정하려고 하는 것이다.

그 어법은 일제 하의 역사를 일제의 '마스터 내러티브'로 보는 것이며 오늘 이 나라에서의 '마스터 내러티브'란 이 대중 소비사회의 내러티브를 말한다. 지배의 어법이란 그렇게 정치적 상황, 민족적 차이도 뛰어넘는다는 말일까. 그들의 눈에는 일제 하의 역사가 이제는 그렇게 희석되고 퇴색되어 보이는 것일까.

언제나 우리가 그 시대를 바라보는 눈이란 어둡고 위로받을 길 없는 것이어야 한다. 아마도 그러한 비판적인 눈은 오늘 이 현실을 보고도 위로받지 못하며 오늘의 문화부재, 정신부재에 고뇌하지 않을 수 없다.

파키스탄계 미국인 영문학 교수 사라 슐레리(Sara Suleri)의 글을 읽으면서 여러 가지를 생각한다. 한 가지만 더 들어보자. 미래란 문화에서도 낯선 것 '수많은 타자성(他者性)'과 만나게 되는데 우리는 그것과 손잡고 나아가야 한다고 그녀는 말했다. 역사에는 정말 예상하지도 못했던 것이 일어난다. 그런 점에서도 객관과의 사이에 장벽을 없애기 위해서 우리는 항상 자신을 부정해야 한다는 아도르노의 말을 받아들이지 않을 수 없다.

나는 우리나라 학교에서는 '이지메'라는 교내폭력은 없을 것이라고 말해왔다. 그것에 저항하는 정의의 소리가 있을 것이라고 했는데 지금 횡행하는 학교폭력에 대해서 뭐라고 하겠는가. 일본에서 흔히 말하는 '원조교제'라고 하는 유형의 여학생들 윤락행위도 이제는 우리나라에서도 대단하다는 것이 아닌가. 경험하지 못한, 생각해 본 적도 없는 낯선 상황에 대처할 수 있어야 하겠는데. 소비생활도 정보화 사회도 여성해방의 상황도 어디까지 갈지 모른다. 익숙하지 못한 내일에 우리는 계속 직면할 수밖에 없다.

벤야민의 영원 회귀한다는 역사와 이렇게 나날이 예기치 못한 것이 나타나는 역사라는 두 가지 역사관에 대하여 우리는 어떠한 주석을 달 수 있을 것인가. 거시적으로는 영원회귀이고 미시적으로는 나날이 다르다고 할까. 마치 유행이 달라지는 것처럼. 달라지는 것 밑바닥에 영원 회귀가 있다고 할 것인가. 그러기에는 너무나 커다란 변화인 것 같다. 진보는 아니고 다만 변화라고만 할까. (1997년 9월 26일)

이광수의 『무명(無明)』의 주인공들, 그뿐만 아니라 20년대, 30년대의 계몽주의적인 지식인, 특히 일본 유학에서 돌아온 지식인들은 한국 민중에 대해 거센 비판적인 태도를 가지고 있었다. 거기에는 함석헌도 예외가 아니었다. 『무명』은 루쉰(魯迅)의 『아큐정전』(阿Q正傳)과 상통한다. 무기력한 중국 민중. 그러니까 중국 민중에게서 혁명의 가능성을 찾으려고 했던 중국의 초기 사회주의자들이 그것을 반동적인 것으로 본 것은 당연하다.

그 후에 그들은 권력을 쥐고 나서 루쉰을 위대한 사회주의 작가로 떠받들었다. 무엇보다도 나는 20년대, 30년대 지식인들의 오만한 자세에 혐오를 느낀다. 해방 후 그들은 자기반성, 자기비판 없이 민중에게 군림하려는, 아도르노가 말하는 정신이 결여된 오만한 지식인으로 남았던 것이 아닐까.

그런 지적 전통 위에 서 있다는 것을 잊어서는 안 될 것 같다. 그것은 내게도 흐르는 지적 오만일 것이니까. 이것이 유교적인 권위주의적인, 정말 계급적인 지식인이라는 전통과 맞물려 있을 테니까. (1997년 9월 30일)

민주화 세력과 근대화 세력이 손을 마주잡아야 한다고 박태준이 말했다고 한다. 어떤 시대가 와도 살아남으려는 그들의 자세에서 온 것이겠지만. 그 대표적인 예가 김종필이고. 대선에 이기기 위해서 그래야 한다는 것이겠지만 사실은 집권을 유지하기 위해서도 이제는 그래야 한다는 것이 정치적 현실이 아닐까.

군사정권 30여 년. 근대화, 산업화라는 이름 아래서 나누어 가질 몫도 커진 셈인데 그 대부분이 그들과 그 주변 세력에게 가 있다. 주로 경상도 계열에. 작은 일을 하나 해내려고 해도 그들의 협력을 받지 않으면 안 된다. 나라의 부나 힘이 거기에 가 있다. 그들이 이른바 중산층이라는 것일까.

새로운 세력이 등장한다고 해도 어떻게 그것을 무시할 수 있겠는가. 그들이 민주 세력과 손을 잡아야 한다는 것은 그래도 그들이 세력을 독점할 수 있는 시대는 지나갔다고 보기 때문이 아니겠는가. 그래서 김종필은 권력을 나누어 가지려고 술책을 다하고 있다. 김대중이 당선된다고 할 때 당선을 위해서도 그들의 힘이 필요하지만 그 후에 그들과 분열해서는 안 된다. 그렇다면 그런 연합된 정치력을 형성한다는 것이 가능할 것인가.

그들이 반기를 들고 떠들어대면 어려운 국면에 떨어진다. 지금 여당이 집권을 계속하게 된다면 야당이 시끄러울 것이고 아무리 김영삼을 지키려고 해도 노태우 때처럼 견디어 내기 어려울 것이 아닌가. 북에 대해서도 그렇고 국내 개혁에서도 그렇다. 두 세력의 합의에 의해서만 강력한 정책을 수행할 수 있다. 한쪽만일 때는 다른 쪽이 고의로라도 훼방을 놓을 테니까 국민은 두 쪽으로 나뉘게 된다.

이런 상황에서 김영삼도 김대중이 집권했을 때 가장 안전할 수 있을는지 모른다. 정치보복 없는 나라, 국민 총화의 날을 위해서라고 국민을 강하게 설득해야 할 테니까. 또한 평화공존을 위한 대북정책을 시행하려고 한다면 보수 세력과 정책을 공동으로 입안할 때만 국민의 합의를 얻을 수 있다. 바람직하지는 않지만 이것이 현실이다. 이런 현실이 상당히 계속될 것이 아닌가. 그런 정치를 해나갈 수 있을 것인가. 유능하고 국민의 신뢰를 얻고 정치적 흥정이 아니라 정말 정치적인 공정성을 보일 수 있어야 하는데.

그런 기적과 같은 것을 어떻게 기대하겠는가. 기대하다가는 실망만 안고 돌아올 텐데. 강연 때문에 장성군을 다녀와서 느끼는 것은 역시 민력이 자라고 있다는 것이다. 대도시는 정말 부패할 대로 부패하여 대도시의 거대한 대중 속에서는 민주주의가 제대로 기능하지 못한다. 그러나 기초단체의 지방자치에서는 상당히 깨끗한 민주정치가 가능하게 된 것이 아닐까. 농민들은 소득을 올리기 위해서 노력하는데 지방자치 단체는 자신들의 지방정치를 위해서 그것을 격려해야 한다.

지방에서 경제가 성장하고 대학도 언론도 종교도 자체의 힘을 가져야 한다. 이처럼 모든 기관 집단 단체가 자기들의 힘을 가지게 되어서 어떤 정치세력도 침범할 수 없게 되어야 한다. 그들의 발언을 두려워하지 않을 수 없는 사회가 되어야 한다. 국민의 힘이 지방이나 여러 집단에서 일어나서 올라와야 한다. 모두가 균형을 이루고 기초적인 힘이 모여서 견제도 하고. 불교도 자기들을 키워서 나라의 기초적인 힘을 이룩해야 한다고 느꼈다.

모두가 성장할 때 정치적 독재도 불가능해지지만 혁명도 불가능하게 된다. 정말 짧은 경험이지만 지방자치에도 활력이 생기기 시작한 것을 볼 수 있었다. 불교도 입장세를 자기네가 차지하니까 제 힘으로 환경도 정비하고 도량도 만들고 하면서 꾸려나가지 않는가. 백양사를 밖에서만 바라보면서도 그런 고동을 느낄 수 있었다. 모두가 활성화될 때만 서로 견제하면서 균형을 이루어 가게 된다. 사회가 밝아진다. 부정을 용허하지 않게 된다.

(1997년 10월 3일)

흑색선전만이 승리의 길?

김대중 수백억 원 비자금 운운하는 신한국당 강삼재의 발표로 큰 파동. 며칠 전에 김영삼이 중립적인 입장에서 공명선거 운운하더니 그것은 이런 발표를 하기 위한 복선이었던가. 또 깜짝쇼. 김영삼은 김대중과의 싸움에는 수단을 가리지 않는다. 그러다가 자신의 통치도 망쳤는데도. 95년 6 · 29 이후의 모든 무리한 정치와 음모는 거기에서 나온 것이라고 해야 한다. 강삼재란 항상 그런 악역을 사서 충성심을 과시하면서 자기 이익을 차지해 왔다. 깜짝쇼란 야당으로 유랑할 때 이념 없이 살아온 음모가가 일삼는 것이었다. 나폴레옹 3세 때처럼. 그런 보스 주위에 부랑배가 모여서 그의 지시에 따라 움직이고 충성심 경쟁을 한다. 이것으로 김대중도 이회창도 상처를 입겠지. 이인제가 어부지리를 얻는다는 것일까.

청와대에서 정권교체냐 세대교체냐가 이번 과제라고 하더니 이른바 세대교체라는 데로 몰고 가자는 음모. 김대중은 어떻게 대응하려는 것일까. 집단이니 군중이니 하는 것은 사회적인 여러 관계의 산물이니까 유동적이게 마련이다. 이번 폭로로 어디로 흘러갈 것인가. 김영삼은 이인제라고 생각하는 것인가. 정당이란 이런 놀음만 한다. 정치를 하는 사람들이란 자기와 자기 당 그리고 눈앞만 보는 것이니까, 나라는 안중에 없는 모략정치다.

정치의 표류는 계속될 것이다. 총력을 집결할 수 있는 정권이 생기기는 어렵다. 공작과 조작의 음모정치, 국민 우롱을 일삼으며 권력을 쥐면 만능이라는 생각이다. 사상도 노선도 다르지 않은데 나라를 망각하고 일생을 두고 어린애 같은 싸움을 한다. 그러니까 국민들은 골목대장 싸움이라고 비아냥하는 것이 아닌가. 참 유치한데 국민은 이것을 이겨낼 수 있을 것인가. 다시 우리 국민은 시험대에 서게 된다. 정치 세력 간에 서로 폭로하면서 몰락해 가는 것일까. 누가 이 역사의 뜻을 알 수 있겠는가. 먼 앞날에 가서야 알게 되겠지. 그때 가서야 이 역사가 완결된다고 할 수 있으니까 (1997년 10월 9일)

김정일이 당 총비서에 취임한다고 북에서는 축제에 축제다. 박수에 춤을 추고 감격의 눈물까지 흘린다. 김일성의 상도 벗었으니 이제는 춤을 추어도 된다는 것이겠지. 길거리마다 그런 모양이라고 한다. 김일성이 태어난 4월 15

일은 태양절, 그해 1912년을 기준으로 한 주체연호. 김일성을 영원한 신적 존재로 하고 김정일에 이르는 그들의 가계는 신성가족. 남쪽의 선거를 위한 흑색선전도 그렇지만 정말 북의 이런 꼴은 마르크스가 한 말을 생각나게 한다.

"역사란 철저하게 낡은 형태를 무덤으로 운반해 갈 때 많은 단계를 거쳐 간다. 하나의 세계사적 형태의 최후단계는 그것의 희극이다."

젊은 마르크스가 『헤겔 법철학 비판서설』에서 한 말이다. 봉건사회나 부르주아 사회만이 아니다. 그의 후예로 자처한 공산사회도 그 길을 간다는 역사의 아이러니. 그래서 마르크스의 사상은 그 시대를 넘어 있다.

"왜 역사는 이렇게 진행하는 것인가. 그것은 인류가 밝게 기꺼이 그 과거와 헤어지기 위해서다."

김정일 자신도 저렇게 깡충깡충 뛰는 것은 거짓이라고 했다지만, 그 거짓이 없어지면 인기를 잃은 배우처럼 허전해질 것이다. 그 거짓이 있는 한 자기 체제는 견고하다는 환상을 계속 품을 수 있을 것이 아닌가. 그러나 시대착오의 부끄러운 역사. 그 체제의 모든 것이 희극이다. 남쪽 흑색선전의 고함소리도 그렇지만. 정말 악한 자가 살아남아서 판을 친다.

남북관계란 냉전 시대를 넘어서야 할 것. 통일도 근대적인 국민국가식 통일이 아니고 포스트 국민국가식이어야 하는 것이 아닐까. 남북의 관계도 적대적인 의존관계 또는 세력 균형적인 것이 아니라 평화 지향적인 것이 되어야 한다. 동북아시아의 평화도 마찬가지다. 이런 것이 정치가가 선택하는 정책이기 이전에 국민의식 속에서 점차로 일어나야 할 것이 아닌가 생각한다. 관객에 따라서 배우는 춤을 추어야 하는 것이다. 그러나 참말로 머나먼 길이다.

(1997년 10월 10일)

신한국당의 강삼재니 이사철이니 하는 사람들이 이번에도 악역을 맡아 출세하기로 한 모양이다. 그래야 충성심이 있다고 하는 정치풍토니까. 김대중 의혹을 또 떠들어댔다. 10개 기업에서 91년에서 93년 사이에 134억 원을 받았다는 것이다. 동아일보 오늘 사설은 「먹기 겁나는 수입식품」「억울한 세금」「돈 받아도 풀려나는 공무원」이라고 되어 있으니 오늘의 세태가 어떤 것인지를 여실하게 보여 준다. 그런 속에서 정치자금 문제도 터진다.

김영삼 정권은 김대중을 떨어뜨리려고 갖은 수를 다 쓴다는 것이겠지. 어쩌면 노태우 말기와 그렇게도 같은 것일까. 자기가 집권을 계속했으면 하지만 그것이 안 된다면 자기네 패 사람을 시키려고 안간힘을 다한다. 그러다가 국민과 역사 앞에 패배하고 만다. 이것이 모든 통치자가 가는 길. 북에서는 김정일로 갔지만. 남에서는 이번에는 성공한다는 것일까.

그렇게 돈이 드는 부정한 선거지만 그렇게 못하게 하는 법과 제도를 만들고 실천하자는 데는 관심이 없다. 그럴싸한 법을 만들어 놓는다고 해도 자기네들은 그 법에서는 벗어나고 야당이나 말 안 듣는 사람만 거기에다 건다. 범법을 해서도 자기네 편으로 들어오면 문제가 되지 않는다. 그렇게 해서 자기들의 세력을 불린다. 법이란 자기네 세력을 확대하기 위한 도구다. 그것이 정치라는 것이다. 법을 어기게 하고는 그것을 미끼로 해서 지배를 강화한다. 군사정권이 하던 버릇을 김영삼도 그대로 답습하고 있다. 적과 싸우면서 적을 그대로 닮았다고 할까.

김영삼의 대선자금은 밝히지 않고 자기 것에 비하면 쥐꼬리만한, 권력의 눈을 피해가면서 제공한 패자의 대선자금만 파헤친다. 그래서 자기 것도 문제가 된다면 자기는 결백하다고 권력으로 누르고 잡아뗀다. 그래서 국민여론이 일어나고 야단이었지만 임기는 채우게 해 줘야지 정치적 혼란을 어떻게 하겠느냐고 여론이 자제했다. 그러나 권력을 쥔 자는 그런 국민의 자제력을 보려고 하지 않는다. 나라가 어떻게 되든, 선거가 어떻게 되든 칼을 휘두른다.

한나 아렌트를 생각하지 않을 수 없다. 정치학, 정치적 발언이란 정치하는 사람들을 향해서 하는 것이 아니라고 만년에 이르러 그는 회고했다. 배우가 바뀌려면 관객의 비판과 비난밖에 다른 길이 없다. 그러니까 정치학도, 정치적 발언도 국민으로 향해야 한다. 관객을 마음대로 조종할 수 있다고 할 때 그 배우들의 횡포, 국민우롱은 끝날 날이 없을 것이다. 정치하는 자들은 정말 타락한 부랑자의 무리라는 말인가.

그 정체가 낱낱이 폭로되어 국민이 강하게 반발하고 전 정치제도를 근본적으로 개혁하는 날이 오기까지 이런 진통이 계속된다는 것일까. 서로가 헐뜯으면서 사실은 그날을 불러오고 있는 것인지도 모른다. (1997년 10월 11일)

끝없는 이전투구

김대중 스캔들 폭로가 국민의 지지율에 별로 영향을 주지 못하는 모양이다. 신문이 그것에 대해서 매우 비판적이기 때문이다. 혼란으로 몰고 가거나 대통령선거 방해로 몰고 가서는 안 된다고 생각하는 것이다. 이런 점에서 신문은 온건한 입장에서 일반국민의 여론을 반영하고 있다고 할 수 있다.

사실 지난번 한보 비리니 김현철 문제니 할 때 92년 대선자금을 놓고 신문이 한층 공격적일 수도 있었다. 그러나 신문은 마지막에 가서 자제했다. 김영삼의 임기는 채워줘야 한다고 생각했기 때문이 아닐까. 이번에도 선거는 무난히 끝내야지 그것을 방해해서는 안 된다는 생각이었다. 이런 점에서 양심과 양식을 지니고 있다고도 하겠다.

중산층의 의식이라고 할까. 변화를 두려워하고 혐오한다. 좀 더 잘살 것만 생각하고 정치에 대한 기대는 별로 없다. 무난하면 된다고 생각하고 정치란 모두가 그렇다고 생각한다고 할까. 윤리적인 데 대한 불감증도 있고. 사실은 그러면서도 새로운 정치적인 세력이 대두할 것을 갈망하지만 그럴 가능성이 없다고 체념하고 있다. 누가 누구를 비난한다는 건가. 이전투구가 아닌가. 다음 대통령은 진흙탕 물에서 피어 나온 연꽃일 수 있을 것인가. 정치에 대한 또 하나의 실망으로 끝날 것인가. 그저 그 모양으로 보여서 정치란 그런 것하고 거의 반영구적인 체념만 낳고 말 것인가. 이런 의미에서도 한국 정치가 기로에 서 있다고도 하겠다.

아도르노의 어록(『부정변증법』)이 이미 공산주의에 대한 종언을 선언하고 있었다. 지금 북한을 생각하면 그것은 더욱 예언적으로 들려온다.

"이론은 패배자였기 때문에, 실천은 개념을 잃어버리고 정책의 일부가 되었으며, 이론은 이 정책에서 나오면 된다고 하게 되었다. 요컨대 이론은 권력의 손에 넘어갔다."

사상이란 정치의 시녀로 화한다. 그러므로 지식인이 권력에 참여하면 권력의 시녀가 된다.

"권력자들이 쇠사슬에 묶을 필요에서 조정하고 있는 저 객관적 정신이라는 것은, 수세기에 걸쳐서 쇠사슬에 묶여온 의식에 걸맞은 것이다."

혁명이니 주체사상이니 반공이니 세계화니 모두가 그런 것이 아니겠는가.

"공포정치적인 국가기구는 거의 50년간—오래 관리되어 온—프롤레타리아 독재라는 뻔한 구실 하에서, 항구적인 제도가 되어버렸다."

전체주의 국가기구, 북한의 오늘이란 그런 것. 그래서 아도르노는 이렇게 말한다.

"유물론은 야만에의 역행으로 화한다. 이전에는 유물론은 이 역행을 저지하는 것이라고 했는데… 혁명이 일어난 후부터는 자주성의 상실은 증가일로의 길을 걷고 있다."

그래서 아도르노는 "지금 지배적인 유물론은 이전에 시민사회가 은근히 정신을 경멸했던 것과 마찬가지로 정신을 냉소적으로 경멸하고 있다"고 했다. 정신과 인간에 대한 경멸. 그것을 부르주아 사회에서 공산주의 사회도 고스란히 이어받았다. 오늘 우리 남쪽도 그래서 공포와 폭력의 사회라고 해야 하는 것이 아닌가. 김대중 스캔들과 그것에 대한 그것보다 몇 십 배나 더한 폭로라는 스캔들도 일어나는 것이고. 정신부재, 인간부재다. (1997년 10월 13일)

가을도 됐으니까 그럴까, 외로움이 엄습해 온다. 그리고 모든 것을 떨쳐 버리고 혼자 훨훨 떠나고 싶은 심정이다. 대통령이 되겠다는 분들, 그 나이로, 그렇게도 정열이 넘치는 것일까. 자기는 옳고 남들은 옳지 않다고 열을 올리고, 텔레비전에 나가서 그렇게 시달리고.

선거전 TV 시대가 왔다고 하겠지만 그들을 불러놓고는 국회 청문회나 되는 것처럼 추궁한다. 심지어는 사상검증회라고 하는 것까지도 한다. 시장에서 음식배달을 하게 하고 옷가지를 팔게도 한다. 대중화, 통속화가 여기에까지 이르렀다. 그만큼 국민이 그들을 불신하고 있다. 그렇게 양같이 순하다가도 당선만 되면 이리같이 되고 만다는 경험을 했으니까.

박정희는 마지막이라고 울면서 호소하고 자기를 불행한 군인이라고 하더니 다시 권좌를 차지하자 표범처럼 잔인해지고 일생 동안 그 자리를 누리겠다고 유신헌법이라는 것을 선포하지 않았던가. 그렇게 될 가능성이 있으니까 될 수 있는 대로 검증해 보겠다는 심정도 이해할 수 있다.

그러나 대통령이 되겠다는 사람들이 텔레비전 쇼의 대상이 되다니 한심하기 짝이 없다. 이 사회의 대중화가 거기에까지 떨어졌다. 끝없는 권력욕, 게다가 금욕에 물든 인간상, 정치가란 그렇게밖에 보이지 않는다. 그런 속에서 사람을 택해야 한다. 그들의 산실인 정당이란 흙탕물이니, 어떻게 정치가 바른 시민이 참여하는 광장이 될 수 있을 것인가. 오늘과 같은 다양한 생각과 이해관계를 가진 사회에서. 저런 정당인데도 불구하고 거기서 나온 후보가 아니면 TV는 상대도 하지 않는다. 그렇다면 거기서 나왔으면서도 그 풍토를 거부하려고 하는 기적과 같은 정치를 기대할 수 있을 것인가. 정말 한국 정치는 기로에 서 있다고 하지 않을 수 없다. (1997년 10월 14일)

대통령 선거전

여당은 김대중을 뇌물수수, 조세포탈 등으로 고발했다. '주식투매'는 '600선 붕괴'니까 "신용 공황 오나"라고 신문은 보도한다. 경제의 불이익을 감수하고 비자금을 폭로한다고 하더니 그대로 가는 모양이다. 이회창은 인기하락이고 김대중의 인기는 상승세가 주춤해졌다고 한다.

그래서 이 씨는 92년 대선자금에 대해서 김영삼 측도 수사해야 한다고 했다는 것이다. 김영삼은 침묵일관이지만 이렇게 되면 그는 더욱 이회창 아닌 세력으로 정략을 짤 것이 아닌가. 점점 그것이 노골화하고 이인제 측이 올라간다면 이회창이 반발하지 않을까. 이 위험한 게임에 김영삼이 승리할 수 있을까. 이회창이 당선되면 김영삼의 92년 선거자금 방어 능력도 그럴 의사도 없을 텐데, 여당의 대붕괴가 나타날 것인가.

강삼재 폭로전의 진행을 막는 것은 여론이다. 김영삼 계열은 이인제와 조순이 합하기만 하면 거기에 대거 참여하려고 음모가 한창인 모양이다. 조순도 그 꿈을 버리지 못하고 따라다니는 셈이다. 조순을 세우고 이인제를 다음 선거에 기대를 걸게 하려는 것인가. 그러기에는 조순에 대한 국민의 지지도가 너무 약하다. 이 씨를 세우고 조 씨를 따르게 하려면 조 씨가 말을 듣지 않을 것이고. 참 어려운 바둑이다. 오랜 세월 익숙해진 음모를 강삼재, 서석재 등 모두가 연합해서 김영삼의 지도에 따라 꾸미고 있는 셈이다. 이런 음모의 정치야말로 바로 우리 국민이 이번에 깨쳐 버려야 하는 것인데.

앞으로 청와대가 말하는 정권교체냐, 세대교체냐가 이번 이슈라는 터무니없는 망상의 정체가 드러날 것 같은데 국민은 어떻게 반응할 것인가. 세계전략을 어떻게 하며, 나라의 방향을 어떻게 잡으며, 남북문제가 어떻게 되느냐가 아니라 어느 사람이 대권을 잡느냐, 자기파 사람이 잡느냐 잡지 못하느냐 하는 것만이 문제라고 하는 발상이다.

이래서 이 나라 정치는 흔들리고 있다. 위기를 앞에 놓고도 정쟁을 일삼던 오랜 당쟁의 악습. 몇 마리 토끼를 한꺼번에 좇는 듯한 음모, 무성의 한국 정치. 그러나 그것이 역사의 흐름을 이겨낼 것인가. 그것은 종당에는 무너질 것인데. 역사의 교훈을 알기에는 그들의 욕심이 너무 두꺼워서.

(1997년 10월 17일)

오늘 연구회에서 우리의 경우에는 모든 문화운동이 그 고유의 영역을 떠나서 정치적 해방운동으로 갔다는 얘기를 했다. 독립신문에 나왔던 그 급진적인 여성해방사상도 그랬다. 그 후 일제 하에서 일어난 여러 문화운동의 경우는 더 말할 것도 없다. 정치적 혁명이 우선 과제였으니까. 민주화 운동 시대 여성근로자의 운동도 정치적 민주화 운동에 매몰되다시피 했고.

그런 데 비한다면 민주화 후의 문화운동은 다른 양상을 띠게 되었다. 여성운동도 여성해방운동, 페미니즘 운동 그 자체일 수 있게 되었다. 그래서 여성들이 민족주의 비판도 하면서 페미니즘 우선을 주장하는 것이 아닐까.

한국은 자칫하면 문화적으로 불모이기 쉬웠다. 문화란 평화의 그늘 아래서 가능한 것인데 일본에 비해서 거듭 침략을 받아야 했고, 근대사에서는 일제 지배, 현대사에서는 남북의 대립과 분쟁, 그리고 독재에 휘말려야 했다. 이제는 그래도 평화를 누리게 됐다. 그리고 원시적인 빈곤도 벗어나게 되었다. 그러니까 문화의 토양이 생긴 셈이다. 그리고 밖에서 활약하던 문화인들이 돌아와서 공헌한다. 지금 음악인들의 귀국에서 보는 것처럼 그들은 밖에서 세계적으로 자랐다. 우리가 그들의 것을 받아들일 수 있는 문화적인 인프라를 갖추게 되었다. 그들은 세계에서 익힌 탁월한 기능과 함께 그들 자신의 예술적 사상적 메시지를 가져온다.

오늘 청소년을 위한 정명훈의 열린 음악회에서 보는 것처럼 'I believe'의 사랑과 평화의 메시지를 전한다. 마치 마틴 루터 킹 목사의 'I have a dream'과 같이. 민주화된 땅이니 아무리 정치적인 혼란이 있다고 해도 그것을 받아들일 수 있다. 이런 문화 앞에서 정치는 작아지고 추해진다. 차범근 축구팀의 승리도 그렇게 평가할 수 있다. 민족의 에너지를 생각하게 된다. 개방된 사회만이 그 힘을 키울 수 있다. 북녘을 생각하면서 더욱더 그런 생각이 든다. 개인과 사회가 대립하는 것이 아닌 것처럼, 이제는 세계화와 민족주의가 상충하지 않는다. 3 · 1 독립선언에서 보는 것처럼 우리의 민족주의란 원래 그런 것이었다. 한국의 미래, 한민족의 미래에 축복 있어라 라고 기원하게 된다. 정치도 그리로 가기 위한 진통이겠지. 새 대통령으로 그런 비전을 가진 분이 당선된다면 국민의 한이 가시고 국민의 소원이 강물처럼 터져 나올 것 같은데.

(1997년 10월 19일)

검찰이 김대중 비자금 수사를 대선 후로 미룬다고 발표했다. 그것은 김대중 비자금도 김영삼 비자금도 수사하지 않는다는 발표라고 해야 한다. 액수의 과다는 있지만 마찬가지일 테니까. 김영삼은 두고 김대중만 해치려는 음해공작이 국민들 사이에 먹혀들어 가지 않았다. 이회창의 지지율만 떨어질 뿐이다. 이제는 음해공작이 먹혀 들어가기 어렵다. 색깔론도 그렇고. 국민의 기부감을 거슬러가면서 밀고 나갈 수는 없는 것이겠지. 그러기에는 이미 김영삼의 힘도 미치지 못한다. 국민의 힘이 자라나서 선거와 정치에 영향을 미치는 셈이다.

김영삼의 정치적 일생이란 김대중에 대한 경쟁의식을 축으로 한 것이었다. 그래서 95년 6 · 27 지방단체장 선거 패배 후에 김대중이 나오자 그를 밀어내기 위해서 96년 4 · 11 총선을 그렇게 혼탁스럽게 치렀다. 그 후의 그의 무리한 정치란 김대중 제거를 위한 것이었다고 할 수 있다. 그러면서 자기 힘의 연장을 꿈꾸었다. 김대중의 재등장을 저지하려는 일념 때문에 역사의 흐름에 저항하면서 모든 정치를 비정상으로 끌고 갔다고도 할 수 있다. 이제 그 투쟁도 끝나 가는 것일까. 선거 때마다 방해하고 소란을 피우면서 개혁적인 세력이 등장하는 것을 방해해 오던 북은 이번에는 조용할 것인가. 민통선에서 끌고갔던 모자도 나흘 만에 송환했다고 하는데.

그렇다면 새 정권은 그들 북의 정권의 연명을 보장해 주면서 대화를 할 수 있다는 것일까. 그들은 그렇다고 해도 그들의 붕괴에 대한 공포심을 이해, 동정하면서 성실성 있게 대해 준다면 어떨까. 동서독 간의 관계와 같은 단계에 이제 처음으로 들어갈 수 있을 것인가. 정말 중대한 시기에 우리는 새로운 정권을 선택하려고 한다. 21세기를 향한 정치적 지도력이 각 영역에서 요청된다. 냉전 이후의 새 지도력 말이다. (1997년 10월 21일)

김영삼은 갈팡질팡하고 있는 것이 아닐까. 김대중 비자금 문제가 일어나면 김대중의 인기가 떨어질 줄 알았는데 그렇지 않았다. 도리어 이회창이 92년 대선자금을 문제 삼아야 하는데 김영삼의 경우라고 성역일 수 없다고 했다. 김영삼으로서는 퇴임 후가 가장 문제인데 이회창으로는 야당과 국민여론이 일어나면 막아낼 수 없을 것 같다. 도대체 여당 후보가 어떻게 김영삼의 문제도 들출 수 있다고 말할 수 있는 것인가. 여기서 검찰은 김대중 비자금 수사는 하지 않는다고 했다.

그래서 오늘 이회창은 3김 청산을 위해 김영삼은 신한국당을 탈당하라고 했다. 물론 명예총재직도 버리고. 이래서 이회창과 청와대가 대결양상에 접어들게 됐다. 김영삼의 허둥지둥하는 모습은 노태우의 말기와 마찬가지다. 이 사람 저 사람이 혹시나 자기가 나올 수 있는 것이 아닌가 하고 기대를 걸고 이른바 '노심'(盧心)을 읽느라고 야단이었으니까. 이 모두는 한 시대가 지나갈 때 나타나는 희극이 아니겠는가.

흥분하거나 슬퍼할 필요는 없다. 오랜 독재에서 벗어나려는 몸부림, 생생한 드라마다. 우리는 그것을 바라보는 관객의 여유를 가져야 한다. 그들은 생사를 걸고 모든 묘기를 다 보이려고 하지만 우리는 때로는 웃고 때로는 박수를 보내면 된다. 신한국당은 주류와 비주류로 분당의 위기에 처해 있다. 여당은 언제나 나누어 가질 특권이 있어서 하나로 머물러 있을 수 있었고 야당은 언제나 분열한다는 정치사가 계속했는데 이번에는 여당의 분열일까. 그것은 여당이 야당이 될 수밖에 없는 운명의 전야이기 때문인가. 지금까지 여당이란 집권이 불가능하게 되면 와해됐으니까. 선거 패배로 살아남지 못하는 여당.

이회창은 여당이 특권인 지정기탁금제도도 폐지할 용의가 있다고 한다. 이처럼 그들 자신들끼리 권력싸움을 하는데 그 반민주적인 정치 속에서 도리어 민주화는 진행된다고 할까. 국민의 지지를 얻으려고 야단하는 동안 그들의 뜻과는 달리 역사가 그 자체의 길을 가면서 새 시대를 준비한다고 해야 하겠다. 이미 우리나라 정치는 국민이 결정하는 단계에 왔다고 할 수 있지 않을까.

(1997년 10월 22일)

아시아정치의 소용돌이

중국의 강택민 주석이 미국에 가니까 매스컴은 미 · 중 접근이니 하고 야단이다. 일본은 자기들을 제쳐놓고 미 · 중이 서로 협력해 가는 것이 아닌가 하고 불인해한다. 또 한편 우리나라에서는 김대중과 김종필이 단일화를 성사시켰다고 한다. 이회창은 정치 초년생으로 이용만 당하다가 탈락하는 것인가. 조순 역시 그 모양이 아닐까. 슘페터가 제1차 세계대전 후 오스트리아의 사회당 정부에 참여했다가 절망한 것을 생각하게 된다. 그래서 그는 경제발전을 주도하는 것은 기술혁신이고 정치 같은 것이 아니라고 생각한 것이 아닐까.

격변하는 이 시대에 김대중과 김종필의 단일화는 절대 필요하다. 정치적 이해관계로만 하는 야합이 아니라 이른바 이념적인 민주화 세력과 현실적으로 실세라고 할 수 있는 보수 세력이 사전조율에 의해서 결정적일 때에 한 목소리를 낼 수 있어야 한다. 어느 한쪽이 반대편에 서서 발을 잡아당겨서는 안 된다. 국내 정치의 중요한 문제에서도 그렇지만, 아시아의 정세에 대응하고 대미관계에 대처하고 더욱 대북관계를 수행하기 위해서는 그렇게 해야 한다.

양 김 씨의 협력이 선거를 위한 일시적인 거래가 아니기를 바란다. 사실 군사정부에서 자란 세력이 군대, 재계나 기업, 관료 모두를 뒤덮고 있다. 혁명으로 모두를 추방하고 말살하는 시대가 아니니 그 리얼한 세력을 어떻게 할 것인가. 그것은 영남 세력이기도 하지만. 점진적으로 민주화로 끌고 갈 민주화를 위한 지도력이라면 현실적으로 그 길을 택할 수밖에 없는 것 아닌가. 김영삼은 실정의 연속으로 민주 세력을 키우는 데 완전히 실패했다. 한국의 민주화를 도운 세계 여러 나라 사람들을 한 번도 만나 보지 못했을 정도였다. 어떤 의미에서 생각해 보면 6월 항쟁으로부터 10년, 이제야 민주화 세력이 한계를 자각하면서 구세력과 손을 잡아야 한다는 리얼리즘에 도달했다고도 하겠다. 구세력도 그렇게 생각하고 민주화의 틀 속에서 그들의 정치이익을 취할 수밖에 없다고 생각하게 됐고. 역사란 그런 것이 아닌가.

(1997년 10월 28일)

강택민 주석이 미국을 방문하고 미국과 더불어 2강의 시대를 꿈꾼다. 그런데 동북아시아에서 일본의 외교력이란 부재라고 해야 한다. 눈치만 보고 뒷걸음치고 있으니까. 일본의 오랜 관습인 거래식 외교 그리고 냉전 하의 외교로는 안 되는 시대인데.

북은 미국하고만 손을 잡으면 된다고 생각하면서 남한은 배제하려고 한다. 실제로 북은 힘의 공백지대인데. 19세기 말 이래 힘의 공백 때문에 외세에 의해 한반도의 운명이 지배되어 왔지 않는가. 한국이 미국의 정보공작을 벗어난 것은 언제부터일까. 67년 선거 때만 해도 미국의 정보부와 한국의 정보부가 함께 대통령 선거를 조작하고 성공 축하파티를 홍콩에 가서 했다는 소문이 돌았다. 이제 국력이 자라서 한국은 미국 외교의 상대가 되어 가고 있다고 하겠다.

이에 비하여 북은 미국의 공작 대상으로 전락할 가능성이 있다. 그렇게 되면 미국이 그 체제를 존속시킬 수도 있고 무너뜨릴 수도 있을 것이다. 그것을 가지고 한반도 정세를 조정할 수 있을 뿐만 아니라 바로 동북아 정세를 좌우할 수도 있다. 북의 어리석음. 굶주림 속에서 권력의 연명만 꿈꾸고 있다.

한반도의 비극과 희생을 우리는 피하려고 해야 한다. 그럴 필요가 없다면 흡수통일이 온다고 해서 무엇이 두려울 것이 있겠는가. 민족의 에너지를 믿는다. 70년대에 그 빈곤을 이겨냈고 오늘 국민 참여의 민주주의를 이끌어내려고 몸부림치는 에너지 말이다. 65년에 평화선을 잃고도 70년대 초에 이미 어획고를 배가시킨 그 에너지 말이다. 기독교를 봐도 우리에게는 서독 교회가 동독 교회를 대하는 것 같은 이기주의나 냉담이 없다. 그날만 오면 북으로 뛰어가려고 하는 선교 열이 있고 실지 회복의 열정이 있다. 이것은 외국인은 모르는 우리만 아는 우리의 힘이다.

어쨌든 국내외를 바라보았을 때 현명하고 리얼리스틱하고 뚜렷한 비전을 가진 새로운 지도력이 필요하다. 이제는 정치적으로도 보수, 반동, 급진, 온건 등으로 다양화된 국민을 설득시킬 힘이 있어야 한다. 그리고 무엇보다도 존경받을 수 있는 지도력이어야 한다. (1997년 10월 29일)

국민회의와 자민련이 통일후보를 내고 집권하면 권력을 나누어 가진다고. 김대중 대통령에 김종필 총리로 할 모양이라고 한다. 두 김 씨가 권력을 나누어 가지고 2년 후에는 내각책임제로 개헌하겠다면, 국민을 내버려둔 채 자기들끼리 정하는 밀실정치의 연장이 아니냐는 비난을 받는다. 그렇게 하도록 국민이 방관할 것인가. 이 모든 정치음모를 견제할 수 있는 것은 국민의 힘뿐이다.

박태준도 자민련에 불러들인다. 선거에 이기기 위해서 이런 연합이 필요하지만 선거 후의 정책시행에도 필요한 것이 아닐까. 그러나 지난날처럼 치열한 정쟁으로 발전하면 큰일이다. 김영삼은 신한국당을 탈당하고 이인제 편으로 가려는 것인가. 그렇게 되면 이회창은 김대중 김종필 세력으로 기울어질 가능성도 있는 것이 아닐까. 이회창과 김영삼의 결정적인 분열일 테니까. 그렇게 되면 이회창도 정치꾼에게 이용됐을 뿐이라는 고배를 마시게 된다. 조순도 그렇게 보이지만 이회창이 그렇게 되면 민정계는 김종필, 박태준 주위로 모일 가능성도 있을 것이다. 그러면 그들은 거대한 세력이게 된다. 김대중의 국민회의는 집권하고도 소수 세력으로 전락할 수 있다. 이른바 보수연합이 성립되는 셈이니까.

그렇게 된다면 그들은 김대중의 집권 하에서 연명하면서 자라나고 군부세력 하에서 누리던 실지를 회복할 수 있다고 보는 것이 아닐까. 김대중 다음에는 다시금 경상도 정권을 꿈꿀 수도 있을 터이다. 그렇다면 그들도 내각책임제를 원하지 않을 수도 있다. 모두 대통령 꿈을 다시 꾸게 될 테니까. 이 이합집산, 정치적 음모가 대통령선거를 향해, 또는 그 이후를 향해 계속될 것이 아닌가. 여기에 결정적인 영향을 줄 수 있는 것은 역시 국민의 힘이다. 김대중이 여기에 어떻게 대처할 것인지. 음모가 아니라 정치적 정도로 국민의 지지를 얻는 것이 제일이 아닐까.

북의 동향은 어떨까. 지난번에 휴전선을 넘은 모자를 곧 돌려보낸 것은 재미있는 일이라고 하겠다. 미국의 입김이 영향을 미치는 것이라고도 하겠다. 언제나 선거 때면 소란을 피워서 남쪽의 부패한 정권이 계속되고 국민의 저항이 일어나도록 부축이던 그들이 이번에는 조용할 것인가. 그렇다면 북은 새로운 개혁 세력, 군부 세력이나 김영삼 세력과는 다른 세력을 원하는 것이다. 그래야 자기들이 기아에서 벗어날 수 있다고 보는 것일까. 그러나 거기에도 변화의 징조는 있을 것이다. 남에서 이합집산에도 불구하고 역사적 변화를 기대할 수 있는 것처럼.

정말 국민도 극우, 보수, 반동, 진보, 극좌 그리고 많은 부동 세력 등으로 다양화되어 있으니 이에 대응할 수 있는 정치 세력도 다양한 세력의 연합일 수밖에 없다. 그런데 그것이 민주적인 훈련이 없는 전통에서 잘 기능할 것인가. 중대한 시기에 중대한 변화는 왔는데. 음모정치를 넘어설 수 있는 힘은 다만 국민에게서…라고 해야 한다.

정말 그것이 잘만 운영된다면 대북정책도 강화될 것이 아닌가. 일본과의 관계에서도 아주 흥미 있는 상황이 나타날 수 있다. 낡은 보수의 노선도 되살아난다. 새로운 리버럴한 노선도 가능하게 된다. 그러면서 정부 외곽에 두뇌집단을 만들어 일본의 보수정권에 대한 한일 리버럴의 연합포위망을 만들 수도 있다. 그렇게 해서 국력을 키우고 바른 방향으로 아시아 정치를 끌고 나가는 데 한국이 주도할 수도 있을 것이 아닌가. 억압받은 쪽이 평화를 낳는다. 중국도 일본도 일국 평화를 생각할 수 있으나 우리는 역사적으로 동북아시아의 평화 없이는 우리의 평화가 없다고 생각해 왔지 않는가. 한말의 역사, 3 · 1 독립선언에서 보는 것처럼.

그러니까 우리의 민족주의는 하버마스의 말처럼 국가적 시민권과 세계적 시민권을 연결할 수 있는 것이었다. 이런 거대한 역사적, 정치적 실험을 이제 21세기로 들어서면서 시도해야 하는 것이 아닐까. (1997년 11월 4일)

구심력과 원심력

레비 스트로스(Claude Levi-Strauss)의 『머나먼 시선(視線)』을 읽으면서 여러 가지로 생각하지 않을 수 없었다. 세계화라고 하지만 그것은 인류가 수십만 년 동안 서로 떨어져서 소집단으로 살던 시대의 종언을 의미하지 않겠는가 하고. 그리하여 인류문화에 전해져 온 '특수성, 독자성'이 세계문명 앞에서 무너지고 만다.

"남과의 완벽한 커뮤니케이션은 조만간 타자의 그리고 나의 창조의 독창성을 죽이고 만다."

'창조활동이 왕성했던 시대'는 떨어져 있던 집단이 만날 때였다. 토인비가 지적했듯이 간다라의 불교예술이 헬레니즘과 대승불교의 만남에서 일어난 불꽃, 기적이었던 것처럼. 교류가 너무 잦아지면 '서로의 다양성'을 없애버리고 만다는 말이다. 그런 뜻에서 오늘날은 '청력장해' 없이 남의 것을 잘 받아들일지 모르지만 창조가 따르지 못한다. 지금까지 창조된 것에 대한 끝없는 소비자가 되어 버리고 "아류의 작품과 조잡하고 유치한 발명만을 만들어 내는 데" 만족하고 있다는 것이다. 후쿠야마의 역사의 종언도 여기에서 배웠는지도 모르겠다. 그는 레비 스트로스처럼 그것을 '무서운 내일의 위기'로 보지 않고 미국 문명의 승리를 구가하는 것이라고 보았지만.

어쨌든 여기에서 우리는 민족주의를 세계화의 시대라고 해서 비웃는 이들을 후쿠야마주의자들이라고 해도 되지 않을까. 적어도 문화적인 의미에서도 민족이니, 민족문화니 또는 민족주의를 생각해야 한다. 그러면서도 하버마스가 말한 것처럼 국민이라는 것(state citizenship)과 세계인이라는 것(world citizenship)을 연속적으로 생각해야 할 것이다. (1997년 11월 7일)

이인제는 이미 대통령이 된 것처럼 안하무인이라니 우리의 풍토에서 정치를 한다는 사람은 왜 이럴까. 거기에서도 줄서기에 야단이라니 정당정치의 전면적인 개혁이 없이는 정치개혁이란 있을 수 없다. 그것을 그들 자신이 이룩해 낼 도리가 없으니 역시 국민과 여론에 기대할 수밖에 없다. 이합집산, 밀실정치, 권력 나누어먹기로 정국이 어지럽다. 김영삼이 이인제당을 지원했다고 해서 그것을 부정하느라고 야단이다. 이런 정치양상은 시정할 도리가 없다는 것인가.

이인제가 젊어서 대통령이 된다면 얼마나 오만하고 대담할까. 그리고 단임 5년으로 끝내려고 하지 않을 테니까 또 많은 음모가 뒤따를지도 모른다.

김대중, 김종필, 박태준이 권력을 나누어 가진다는 것도 마찬가지다. 거기에 끼지 못한다고 박철언 등은 반발하고 있다. 그러면서 경북, 대구 사람들의 정서 운운하면서 그곳 주민들을 팔고 있다. 김대중, 김종필의 양자 연합이 아니라 야합이 되려고 한다면 그것을 견제하는 것도 국민과 여론이다. 보수와 혁신이 손잡고 중대한 시대를 헤쳐 나간다면 획기적인 것이 될 것이다.

레비 스트로스는 근친상간을 금지시킨 것은 인간이 사회조직을 가져야 한다고 느꼈기 때문일 것이라고 했다. 문화가 자연을 지배한 것이다. 고립된 폐쇄적인 가족이란 "필연적으로 무지, 공포 그리고 증오의 침식을 받는다"고. 지역감정이니 정치적 대립이라는 것도 궁극적으로는 마찬가지가 아닌가. 자기보존과 '자가 존속'만 알지 넓은 공동체를 찾지 못하고 자연의 지배 하에 있다는 것. 그것은 공포심과 적대의식에서만 살고 있을 테니까.

(1997년 11월 12일)

연합이니 통합이니 하고 있지만 특권을 누리는 사람은 이회창, 뭔가 변화의 비전을 찾는 사람은 김대중이라는 대립은 벗어나기 어려운 것 같다. 이회창은 이인제를 넘어뜨리고 경상도 세력을 업으면 승리한다고 생각하는 모양이다. 이인제가 이회창과 손을 잡으면 김대중은 패배라는 생각을 모두가 하는 것 같다. 이인제는 나이도 있으니까 이회창 대통령에 이인제 총리도 받아들이지 않겠는가. 영남의 지역감정, 그 특권, 그 지배욕은 사라지지 않고 있어 시 영남 표가 또 뭉칠 것이다. 김영삼이 이인제를 밀고 그 세력이 커져서 이회창을 밀어내게 되면 도리어 이회창이 김영삼이가 미워서 지는 바에야 라는 생각에서 김대중에게 기울지도 모른다고 보았으나 지금은 반대방향으로 가는 것 같다. 김영삼은 큰소리를 치지만 이제는 무력한 존재. 노태우의 마지막 임기 때처럼 갈팡질팡하면서 후퇴하는 것이겠지만 그는 정말 끝까지 자기 권력만 생각해서 잘못된 길을 택하고 있다. 고이 물러나지도 못한다. 정치가적 인간이란 그런 것일까.

그래서 민주계는 모두가 허둥지둥 신한국당에서 나오기도 하고 남기도 한다. 사분오열이라고 할 수밖에 없다. 남은 민주계는 민정계가 설치는 꼴을 볼 수가 없다고 한다는데 이런 정당정치를 어떻게 하면 벗어날 수 있다는 것일까. 세계적으로는 한국 경제의 몰락을 경고하고 있다고 한다. 나는 한일협정이 성립되던 1965년에 61만 6,000톤에 불과했던 어획고가 6년 후 71년에는 107만 4,000톤, 거의 배가 됐던 민족의 에너지를 믿는 것이지만. 평화선을 포기하면 한국 어업은 전멸이라고 했었는데도.

현대의 민주주의란 역시 중우정치(衆愚政治)에 불과하다. TV에서 검증한다니… 그렇다면 모든 것을 아는 척하고 말만 잘하면 된다는 것인가. 그리고 모든 사람을 만족시켜 주려고 하는 미사여구, 책임 없는 말을 되풀이하고 모두가 최고의 말, 책잡히지 않는 말만 나열하다 보니 결과적으로 후보의 말은 모두 같아지고 만다. 앞으로 정치를 실제로 할 때는 전혀 달라질 텐데. 말은 같은데도 실제는 세 사람이 다르고, 권력을 쥐면 전혀 다를 것이라면 지금 텔레비전에서 보는 것은 배우가 보여 주는 허상에 지나지 않는다고 할 수밖에 없다.

그들은 전지전능한 것 같고 가장 선량하고 양심적이고 애국적인 것 같다. 그들에게는 무지를 고백하는 미덕이 없고 고뇌하는 인간성이 없다. 그것은 텔레비전과 그것을 바라보는 국민의 요청에 순응한 것이라고도 하겠다. 그렇게 만들어 놓고는 그렇게 같아지니까 이번에는 정책적 차이가 없다느니 하고 야단이다. 그래서 차이를 만들려고 3김 청산이니, 정권교체니, 세대교체니 하고 인신공격, 흑색선전밖에 할 수 없게 된다. 민주주의라는 연극이라고 할까.

(1997년 11월 16일)

아도르노는 칸트의 『도덕형이상학에 대한 기초 부여』에 도덕의 나르시즘적인 면이 나타나 있다고 지적했다. 누가 친절하게 해 주면 나도 그런 마음을 가지고 싶다고 생각하게 된다. 여기에 '인격의 내적 가치의 증대'가 일어나는 것이라고 한다. 인간관계에서 이 같은 인간의 내면이 형성된다는 것이 얼마나 중요한가.

오늘 아침 이삿짐을 나르느라고 엘리베이터를 독점하고도 미안하다는 말도 없던 뻔뻔스러운 젊은이들과 만났다. 그러자 이쪽도 계단을 걸어 내려와서 그들이 아래서 짐으로 길을 막고 있으니 뭐냐고 하면서 밀고 지나가게 된다. 이러한 거래가 계속된다면 '인격의 내적 가치의 증대'란 이루어질 수 없다. 마음이 빈곤해지고 퇴폐해진다.

대학에 갔다. 우편물 자동차를 몰고 온 젊은 우편배달부가 가벼운 인사를 한다. 낯모르는 사람이 왜 하고 생각했다. 그러나 조금 지나서 생각났다. 며칠 전에 그가 커다란 우편주머니들을 가득 실은 손수레를 밀고 올 때 내가 출입문을 열어주고 지나가게 한 적이 있었다. 그리고 손수레를 조금 밀어줬던 것이다. 그래서 그도 나에게 머리를 숙이고 내게 친절하게 하려고 했다. 작은 '인격의 내적 가치의 증대'가 일어난 것이다.

지금 선거에서 되풀이되는 저 상호 비방이란 그런 경험을 부정하고 마음의 빈곤과 퇴폐를 촉구하는 것이다. 그리하여 거칠어질 대로 거칠어진 마음으로 권력을 쥐게 된다. 참으로 불행한 일이다. 바로 그것이 경쟁관계에 사는 현대인의 모습을 뚜렷하게 확대해서 보여 주는 것이라고 하겠다. 문제라고 하지 않을 수 없다. (1997년 11월 18일)

유토피아에 대한 환상

경제파탄. IMF 지원을 받는다고. 나라는 망해도 개인은 살찐다. 회사는 망해도 개인은 살찐다고 하던 것처럼. 『바람과 함께 사라지다』에서 나라가 흥할 때보다 망할 때 돈벌이가 낫다고 했던 것이 잊혀지지 않는다. 그래서일까, 고급외제가 팔리고 연말을 맞이해 호텔 연회장은 만원이라고 한다. 나라는 망해도 나만 잘살면 된다는 것이다.

은행이자가 1할이 넘으니 앉아서 쏟아지는 수입을 주체 못하는 계층이 있다. 전 인구의 1퍼센트나 2퍼센트일까. 그들이 국민이 힘들게 벌거나 빌려온 달러를 모두 쓰는 셈이다. 외제품을 사고 호화스러운 해외여행을 하고 국내에서의 생활도 사치와 낭비를 일삼는다. 서민도 그것을 따라가지 못해 안달이다. 저 밤늦게까지 켜져 있는 황홀한 불빛, 그것이 오늘의 경제위기를 몰아온 상징이다. 그러나 지금 누구도 책임지려고 하지 않는다. 김영삼 체제란 바로 그런 것. 끝까지 망치고 가는 정치권력.

그리고 이렇게 위기로 몰고 가는 것은 정치권력이고 재벌이지만 밖에는 미국, 투자가들이라는 복병이 있다. 한국 경제 위기설을 퍼뜨려서 돈이 빠져나가게 하고 달러 사기를 부축이더니 이제는 그래도 한국 경제는 튼튼하다고 한다. 자기들의 목적을 달성했으니 이제는 딴전을 피운다. 말 안 들으면 말레이시아나 인도네시아 꼴을 만든다. 한국도 자동차 협상이니 미국산 쇠고기에 바이러스니 하면서 야단했고 북에 대한 미국 정책에도 이의를 제기했다. 게다가 김영삼의 오만한 몸가짐이 싫었다. 냉전 후 한층 더 이른바 세계의 시장경제에서 미국은 폭력을 휘두르고 있다.

서울대 고영복 명예교수가 고정간첩이었다고 한다. 왜 대선을 앞두고 경제위기 속에서 이런 발표를 할까. 선거용이나, 경제위기에서 눈을 돌리게 하기 위해서인가. 좀 더 두고 볼 필요가 있다. 선거전에는 아우성을 치다가 선거 후에는 용두사미가 된 간첩 사건들이 적지 않으니까. 이미 당국이 파악하고 어떤 의미에서 이용하고 있던 사건도 필요에 따라 터뜨리는 경우도 있는 모양이니까.

역이용하다 버리는 경우가 정보전에서는 허다한 것이 아닌가. 이한영 살해 사건도 여기에 포함시켜서 종결시키는 것 같은 인상도 있다. 모두 두고 볼 일이다. 국내외로 세계적으로도, 국내적으로도 정보와 공작이 날뛰는 세상. 어디에서나 인구의 1, 2퍼센트의 가장 비인간적인 세력이 쥐고 흔드는 것이 아닐까. 세기말. 인류사는 더욱 악화되고 정보화 시대는 바로 이것을 더욱 촉구한다는 것이 아닌가. 여기서 살아남는다는 것은 뱀처럼 슬기롭고 비둘기처럼 온화해야 한다고 할까. 실제로는 악랄하게 현명한 '도구적인 이성'만이 살아남는 것 같다. 그러나 뱀처럼 슬기롭고 비둘기처럼 온화한 이성에 대한 동경은 남아 있다.

초시대적 삶, 유토피아에 대한 동경. 세상모르는 이런 꿈이 그래도 구원이라고 할 수밖에 없다. 나르시시즘이라고 하겠지만 난세에는 그것이 유일한 삶이라고 할 수밖에 없지 않은가. 아렌트는 현실에서 좌절했을 때가 바로 사색의 때라고 했는데.

(1997년 11월 22일)

미국이란 나라에 대해서 여러 가지로 생각하게 된다. 일본 NHK의 친구가 하던 말이 생각난다. 컴퓨터 그리고 정보화 시대 — 모든 것을 파괴하고 폭로하고 그러면서도 통제하는 무서운 힘. 어그레시브(aggressive)한 미국 문화로 말미암아 인류사회는 산산이 부서지는 것 같다고 했다. 야스에(安江良介) 이와나미(岩波) 사장도 그런 얘기를 하면서 인류문화의 장래에 대해 비관적이라고 했다.

야스에 사장 얘기가 나왔으니까 생각나는 일이 정말 많다. 그는 한국이 민주화 과정에서 수난을 겪고 있을 때 눈물을 흘리던 분이었다. 일본에서 한국 문제를 전공하는 사람들도 처음에는 의식이 뚜렷한 것 같았지만 점점 후퇴하는 것을 나는 보아왔다. 일본인 일반의 한국관으로 되돌아간다. 그래야 신문에다 글이라도 쓸 수 있으니까 그럴 것이고 본래의 잠재의식으로 되돌아간다고도 하겠지만 무엇보다도 처음부터 한국에 대한 애정이 없었으니까 라고 해야 하는 것이 아닐까.

야스에는 달랐다. 그는 항상 일본 매스컴에 대해 분개하고 있었다. 언제나 일본 비판적, 자기비판적이었다. 아도르노가 말하는 것처럼 자기비판적이었고 그럼으로 해서 정신이었기 때문이다. 그러나 지금은 병상에 누워 있다. 참 귀중한 사람이었는데. 일본의 살아 있는 양심이었고 한국인의 진정한 벗이었는데. 물론 군사정부는 그를 반한파라고 하고 잡지 『세카이』(世界)를 좌익이라고 했지만.

미국 얘기를 하려다가 빗나갔지만 미국의 세계전략이라는 것도 그런 것이다. 소련이 없어졌으니까 이제는 다른 작은 나라도 말 안 들으면 해치운다는 자세다. 말레이시아도 그래서 당했고 한국의 경우도 김영삼이 대북 문제니, 자동차협상이니 말을 잘 듣지 않았고 수입쇠고기나 수입 아이스크림 세균을 들추어내었다. 클린턴이 김영삼을 그렇게 싫어했으니까. 미국 신문은 이번 외화파동으로 오만한 한국을 꺾어 버린다고 했다는데.

해방 후 미국은 한국을 마음대로 쥐고 놀았다. 한국이 미국의 정치적 공작의 대상이었던 것은 언제까지일까. 적어도 70년대까지는 그런 공작의 직접적인 대상이었던 것이 아닐까. 그러다가 이제는 원격조정이고 경제적으로 압력을 가하고 이용하려고 공작을 하는 것이 아닐까.

시장개방의 압력을 가한다. 대대적인 달러 투자를 하게 하고, 여기서는 좋다고 달러를 써대고 그러지 않으면 원화가 부족해져서 야단일 테니까. 그러다가 말을 듣지 않으면 어느 날 갑자기 달러를 빼가지고 나간다. 그러기 위해서는 사전에 한국 경제 도산위기를 선전해대고. 이처럼 남을 파괴하면서 자기들은 번영한다. 이것이 자본주의의 삶의 방식이다. 대자본이란 국내에서도 그렇다. 이리하여 미국만이 살아남는다. 대자본만이 살아남는다. 여기서 막스 베버의 자본주의론이 무색해질 수밖에 없다. 인간탐욕의 조직적 발휘인데 학문적 분석이 무슨 소용이 있겠는가. 무서운 세기말적인 현상. 여기서 작은 나라가 놀아나고 약한 자들이 피를 토하는데. (1997년 11월 25일)

『이야기 한국사』를 쓰면서 임진왜란을 회상하고 이런 말을 썼다. 전쟁에 지면 일본의 경우는 와신상담(臥薪嘗膽)하고 권토중래(捲土重來)를 기한다. 그러나 한국의 경우는 전쟁이란 인간이 극한에 이르러 비인간화되는 것이니까 인간성을 회복해야 한다고 생각하고 인간윤리의 재건을 꾀한 셈이라고.

전쟁이라는 극한상황에서도 살아남으려고 인간은 야수화된다.

일본의 군대도 물론 그런 것이었다. 그래서 위안부 문제를 규탄하려고 하는 것처럼 깊은 반성과 비판을 하려는 사람들이 있는가 하면 그래도 그 시대를 옹호하려는 인간들이 있는 것이 아닌가. 같은 역사를 체험했어도 이렇게 인간은 갈리는 법이다. 정말 이런 인간에게 구원이 있을 수 있는 것일까.

(1997년 11월 27일)

도착된 논리

국민회의는 자민련이 적극적으로 활동해 주느냐 여부에 따라 승리가 결정된다고 하겠다. 무엇보다도 연합을 하려고 한다면 높은 이론으로 국민을 설득하는 역할을 담당해 주어야 한다. 김대중은 양보할 대로 양보했기 때문에 그들이 승리하면 취약하고 동요하는 정부가 되고 권력 나누어 먹기가 된다고 국민은 생각한다. 여기에 대한 충분한 설득을 자민련이 맡아주어야 한다.

오랜 대립 끝에 보수와 진보가 협력해서 강한 정부가 된다. 김대중 같은 비전을 가진 지도자는 없다. 그는 정말 아시아적인 지도자로 이 위기를 극복하는 데 최적임자다. 어떤 의미에서는 단임 5년의 대통령이라는 것을 생각할 때 그가 이번에 나오는 것은 신의 뜻에 의한 것, 정말 구국적인 일이라고 해야 한다. 그로 말미암아 국민도 총화를 이루어 두 세력이 합세해서 강한 정책을 국내적으로도 대북정책에서도 시행할 수 있다고 해야 한다. 영남이 국민총화의 시대를 열지고 호소하면서.

내각책임제 운운은 국가 위기에 내세우는 것이 아니라 국내외 상황을 보면서 국민의 충분한 동의를 얻어 언젠가는 그런 성숙한 민주주의를 가지고 싶다고 말해야 한다. 자민련이 좀 더 이념적으로 국민을 설득해 주어야 한다.

간첩 사건은 더 진행되지 못하는 것 같다. 계획이 빗나간 것일까. 북은 이번에 북풍 없이 조용하려는 것인가. 아직 18일이나 남아 있으니 보아야 할 일이지만. 조용하다면 그것도 흥미 있는 일. 남북이 민족적이 되려면 개혁적인 의존관계가 되어야 하는데. (1997년 11월 30일)

1997년 12일 3일 밤 드디어 IMF에 전면항복을 하고 600억 달러 정도 빚을 내오는 모양이다. 모든 시장, 증권업도, 은행도 개방한다. 일본은 독도 문제도 들고 나왔다고. 미국 재무차관보인가가 남몰래 들어와서는 총지휘를 하면서 미국의 이익을 철저히 챙겼다고 한다.

국치일이라고 한다. 1910년 8월 29일과 너무나 흡사하다. 이번에는 항복문서에 대통령 후보들까지 서명하게 했다고 한다. 이런 수치가 어디 있을까. 총칼은 없었지만 역시 목을 졸라매고 강압적이다. 김대중 후보만이 이에 저항하고 대통령에게 보내는 서한으로 대신했다. 그는 원칙적으로 합의한다고 하면서 재협상의 여운을 남겼다는 것이다.

국민은 어안이 벙벙하여 영문도 모르고. 경제학자들은 '이것을 계기로 하여 운운' 으로 국민을 타이르려고 한다. 첫 번째 국치일에도 집권세력은 그랬다. 일제 지배를 10년 가까이 경험하고 나서야 국민은 그 정체를 알고 일어난 것이 아닌가.

그때도 일제 하에서 생존과 부를 누린 자들이 있었고 그것에 희생되거나 피 흘리며 저항한 것은 하잘것없는 서민들이었다. 이제 빚으로 들어오는 600억 달러를 향해 장사꾼이 몰려오겠지. 싼 주식을 사면서 몰려드는 외국의 달러상인과 함께. 그렇다면 누가 저항하느냐. 저렇게 닥쳐오는 외제 물품을 사지 않고 쓰지 않고 저항해야 하는 것은 오늘도 하잘것없는 서민이다.

그것이 가능하겠는가. 그때는 억압자가 폭력을 썼는데 지금은 IMF 대표의 얼굴처럼 미소 짓고 있고 달콤한 것인데. 무서운 자본주의. 미국은 정치적으로 간섭하고 지배하더니 이제는 경제적으로 손아귀에 넣는다. 달러를 넣었다 뺐다 하면서. 한 가지 아직 우리가 우리 대통령을 뽑을 수 있다는 가능성이 남겨져 있다고 할까. 그런데 두 사람은 오늘의 형편이 무엇인지도 모르고 도장만 찍는 사람들이니.

이런 판국에 『창작과 비평』은 민족주의란 낡아빠진 것이고 일제 하에 근대화의 싹이 자라났고 그것이 70년대 경제성장의 밑거름이 됐다고 했다고. 그것은 70년대의 발전은 박정희 덕택이라고 하다가 일제 통치 덕택이라고까지 하려는 것일까. 가공할 논리이다. 그래서 지금까지의 역사는 무턱대고 일제 하에서 수탈당해서 빈곤했고 운운하는 식이었으니 역사를 다시 써야 한다는 것이다.

뭔가 남다른 소리를 하면 된다는 것이겠지. 경제통계만 보고 말해서는 안된다. 요즘 경제란 정치, 사회, 문화와 함께 총체적으로 보아야 하는 것이 아닌가. 70년대의 성장에는 여러 가지 요인이 있었다. 그중에서도 총체적으로 말한다면 무엇보다도 역경에도 불구하고 빈곤을 이겨내려는 민족의 에너지라고 해야 한다. 1930년대에도 그랬다.

오늘 IMF 지배 하에 들어가고 대국의 경제적 독점주의에 시달리면서 어떻게 민족주의란 시대착오라고 하겠는가. 3 · 1 독립선언의 민족주의가 그런 것인가. 지금 읽어도 그 드높은 이념에 감동하게 되는데. 세계화니 뭐니 하면서 남은 무장하고 달려오는데 우리만 무장해제하고 모두 내맡기자는 것인가. 어떻게 학문을 그렇게 하는 것일까. 역사의 물음은 현재에서 일어난다고 하는데. 문제설정, 역사를 보는 눈부터, 정말 처음부터 잘못되어 있다.

무턱대고 좌익이론을 숭배하다가 아무런 사상적 필연성 없이 반동으로 치달리려는 것인가. 여기서도 사상의 불모성을 느끼게 된다. (1997년 12월 4일)

IMF라는 제국주의

IMF의 가혹한 지배. 그 배후에는 무엇보다 미국이 있고 또 일본도 있다. 지금 같은 최저주가라면 약 5조 원으로 중요 기업도 금융기관도 모두 장악할 수 있다는 것이다. 이른바 핫머니가 들어왔다가 빠져나간다. 빠져나갈 이유를 세계적인 경제관계의 보도가 계속 선동한다. 그것을 모르고 대처를 하지 못해 당한 셈이다.

그 핫머니는 미국의 패권과 관련되었을 수 있다. 정보관계의 돈 또는 그것과 관련 있는 돈일 수 있다. 그것은 철저하게 기업으로 가장한다. 그 밀실까지 파고 들어갈 길은 없다. 정치적 간섭과 지배에서 경제적 간섭과 지배로 나아간다. 그것이 오늘의 패권이다.

19세기 말, 20세기 초에 한반도에 나타났던 힘의 공백 또는 진공상태를 생각하지 않을 수 없다. 한반도에 대한 '공백이론' 또는 '진공이론'이라고 해도 좋다. 그 옛날 임란 때 군사적 진공 속으로 왜군의 힘이 침입해 들어온 것처럼. 19세기 말에도 역시 정치적 · 군사적 공백이 있었다. 그래서 일본이 들어왔다. 이것을 미 · 영은 가쓰라 · 태프트 밀약이나 일영동맹 같은 것으로 밀어줬다.

이번에는 경제적 공백이다. 북은 기아상태, 남은 IMF 체제. 북은 기아 때문에 미국 의존, 남은 달러 부족 때문에 미국 의존. 미국의 자본주의 압력에 남북이 모두 굴복한 것이 아닌가. 이 뒤에 일본이 따르고 있다. 미국의 세계전략이란 이런 것이 아닌가. 아시아가 말을 안 들을 것 같으니까 더욱 이렇게 위협하지 않을 수 없다는 것인가.

말레이시아 마하티르도 굴복시켜야 했다. 김영삼도 오만하고 비협조적이었다. 여러 가지 뒤얽힌 상황이 와도 미소를 띠면서 국가이익을 도모할 수 있는 지도력이 이번에는 나타날 것인가. 국내 문제만이 중요한 것이 아니다.

미국 특히 일본을 대할 때 지금까지는 식민지 지배논리라고 할까, 과거를 가지고 압력을 가할 수 있었고 냉전논리로 그야말로 무리한 요구를 하고 응석을 부릴 수가 있었다. 이제는 그런 가능성이 사라지고 말았다. 앞으로 일본에 대해서는 미래지향적으로 환동해(環東海)논리 같은 것을 내세울 수 있을 것인가.

이회창은 이런 상황에 대처하기는커녕 이해도 못할 것 아닌가. 이런 속을 헤엄쳐가려면 역시 김대중을 택해야 하는 것이 아닐까. 무게, 특히 사형선고까지 받았던 일생이 가지는 민주투사로서의 무게란 대단한 것이다. 거기에다가 총명한 대응력.

국내 문제에서도 그렇다. 앞으로 다가올 불안, 실업자들의 소동도 있을지 모르는데, 국민 설득을 하면서 정치력을 집결시켜야 한다. 이회창이 되면 재야 세력의 공세를 당해낼 도리가 없을 것이다. 김대중이 집권하면 한나라당은 중핵을 잃고 표류할 것이다.

아렌트는 정치적 파워란 여러 세력이 민주적으로 협동하는 데 있다고 보았다. 권위나 물리적 힘이 아니다. 김대중과 자민련과의 연합이 아렌트가 말한 정치적 파워를 이루어야 이 난국을 헤쳐나가리라고 본다.

정말 동북아시아에서 미국은 무서운 관여를 할 모양이다. 유럽국가라면 이번 아시아 사태와 같은 것을 일으키고 지배하려고 하지 못했을 걸 하는 목소리도 있다. 영토적 지배는 아니다. 정치적, 군사적 지배도 냉전붕괴로 끝났다. 그것도 사실은 경제적 이해를 위한 것이 아니었던가. 냉전 후 지금은 미국의 국가이익을 위한 경제적 지배다.

19세기 말과 20세기 말을 비교하면서 나는 심한 위기의식을 느끼고 있다. 여기서 살아남을 수 있는 길은? 여기에 대응할 수 있는 지도력은? 하고 묻고 있다. 이런 지배 하에서도 살아남는 세력은 있게 마련이다. 저항하는 사람들이란 힘없는 사람들이다. 일제의 폭력에 저항했던 사람들은 그래도 눈에 보이는 것과 싸웠다면 지금은 경제니 상품이니 하는 눈에 띄지 않는 것과의 투쟁이니. 일상생활 속에서 매일처럼 싸워야 하는데 이 싸움을 해낼 수 있을 것인가. (1997년 12월 10일)

선거전이란 광기에 모든 것이 극도로 얼룩지게 되었다. IMF에 대한 협상 가능성을 김대중은 시사했다. 국제적으로 한국을 믿지 않아 달러가 들어오지 않아서, 말하자면 빚을 얻을 수 없어서 외환위기라고 야단이다. 미국 신문이 그러는 것, 더욱이 월스트리트 저널 같은 것이 그러는 것을 가지고 이회창은 좋아라 하고 김대중을 공격했다. 우리 신문도 동조했다. 특히 이회창을 선호한다는 조선일보는 국민 선동이라고 할 정도로 야단이다. 매국적 논쟁이라고 할까.

미국은 이 통에 한국 경제를 더욱더 자기네 손아귀에 넣자는 것이다. 거기에 이회창 진영은 덩달아 춤을 추면서 550억 원인가 되는 한나라당 약속어음 사건이나 불러일으켰다. 외세를 업고 금력을 동원하고 수단과 방법을 가리지 않는 선거전이다. 가장 조용해야 할 이 시기에 대통령 선거전 때문에 한층 위기를 부축이며 놀아나고 있다.

언젠가는 일본도 IMF 체제 하에 놓여야 한다는 미국의 농담 섞인 진심을 이해하고 정말 뱀처럼 슬기로운 아시아연대를 이룩해 내야 한다. 그래서 동요될 수 없는 아시아의 힘을 구축할 수 있어야 한다. 오랜 표류의 시대가 계속될 것 같다. 서구의 지배라는 19세기에서 미국 지배라는 20세기가 역시 21세기까지 연장되는 것인가.

소련이 그것에 항거하다가 쓰러졌다. 반서구였다가, 반미국으로 갔는데 패배하고 말았다. 서구의 세계 지배란 19세기 후반부터 20세기 후반까지고, 미국의 지배란 20세기 후반부터 21세기 전반까지일까. 그것이 무너지기 위해서는 미국 국내외의 도전이 있어야 하는데, 먼저 아렌트가 말한 '추한 미국인'이라는 이미지, 또는 의식이 세계에 확산될 필요가 있다. 그런 의식, 그런 문화가 종당에는 역사의 변혁을 가져온다. 지금 한쪽에서는 한국 경제가 무너져도 미국 경제에 대한 영향은 미미하고 일본에는 상당히 영향을 줄 것이라고 하는 세력도 있다고 한다. 그러나 자본가가 아무리 작더라도 이권을 놓치려고 하겠는가. 세금으로 IMF 돈이 온다면 그것을 둘러싸고 돈벌이를 하려고 야단일 것이다. 모든 돈은 자본가의 손으로 간다. 국민세금도 이렇게 앗아간다.

미국의 공격적인(aggressive) 문명이 아무래도 도처에서 위기를 불러일으킬 것 같다. 일본의 그런 자세를 우리는 염려해 왔지만 지금은 역시 미국이 문제라고 해야 한다. 벤야민이 『파사주론』에서 그려낸 19세기 후반의 프랑스와 정말 조금도 다를 것이 없다. 음모가였던 나폴레옹 3세, 그를 둘러싼 부랑배 가신들, 깜짝쇼 포고령만 내리더니 보불전쟁으로 몰락했다. 그것은 아렌트의 말에 의하면 민주제도의 창설보다 행복만 추구했던 프랑스혁명이 걸어간 고된 길이었다.

부르주아 사회란 투기의 사회다. 개인자산의 평가가 오르락내리락 하고, 벼락부자가 일어나 전에는 꿈도 꿀 수 없었던 기업이 생긴다. 전에는 가게 하나를 소유하려고 해도 3세대가 걸린다고 했는데. 이 혼란 속에서 돈을 번다. 달러가 오른다니까 수출해서 달러가 들어왔어도 내놓지 않는다. 좀 더 원을 더 받을 것을 기다리면서 그것을 부채질하고 있다.

그러나 한편으로 생각해 보면 근대화란 얼마나 희생이 많았고 고비에 고비가 겹쳤던 것인가. 일본만 해도 전쟁에 전쟁을 거듭했고 국내 불황과 정치 부패, 쿠데타 등이 그치지 않았다. 그러다가 제2차 세계대전에까지 말려들고. 이것이 근대화라는 길이 아닌가. 이런 역사가 앞으로도 계속되고 그야말로 천민자본주의는 횡포를 더할 것이다. (1997년 12월 13일)

대통령 선거 전야

어제 저녁 텔레비전 뉴스에 북을 다녀왔다는 재미교포가 도쿄에서, 북에서 김대중에게 보냈다는 서한을 발표했다. 김대중에게 지난날 망명 시에 20만 달러를 보냈다고 하면서 북은 그를 지지한다고 했다. 그런 편지 내용을 공개했다면서 한나라당은 김대중에게 진상을 공표하라고 했다. 앞뒤가 맞지 않는 우스운 일이다. 북은 무슨 일을 꾸민다는 것인지. 남의 정국을 희화화하자는 것일까. 선거 날을 며칠 앞두고 또 무엇을 하려는 것일까.

안기부는 황장엽도 쓸모가 없고 고영복 교수 사건 같은 것도 별로 도움이 되지 않았다고 체념하고 있는 듯하다. 남쪽 권력층의 북풍공작, 북쪽 권력층의 북풍공작, 이 모두가 이제는 효력을 거둘 수 없게 됐다는 것일까. 그렇다면 그 정도만이라도 역사가 전진한 것이라고 할 수 있지 않을까.

권력이 우선이고 민족이나 나라는 2차적인 것이다. 북에서는 물론이고 남에서도 IMF 논쟁이란 그런 것이 아닌가. 굴욕적인 것으로 받아들이고 언젠가는 고치고 벗어버리려는 것이 당연한데 이회창은 그것을 붙잡고 외세 찬양을 일삼고 있다. 마치 일제의 한국 병탐 전야같이 보인다. 다른 데서는 대결해도 이런 데서는 침묵해야 하는데. (1997년 12월 14일)

대통령 선거는 모레로 임박했다. 어제 TV 토론까지 보면서 느낀 것은 세 사람이 다 머리가 좋다고 하는 것이겠지만 그 질은 서로 다르다. 이회창은 판사, 이인제는 변호사, 김대중은 정치인. 이회창이 높은 소리를 지를 때는 소름이 끼친다. 이인제의 날카로운 반론에는 쾌재를 부르게 된다. 김대중의 발언에는 마음이 조마조마해진다.

선거 막바지가 되니까 단순한 방관자의 입장을 유지할 수 없게 된다. 누군가를 택해야 하니까. 김대중이 승리해야 한다고 생각하면서 그가 노령임을 걱정하는 마음에서일까. 그러나 내 자신의 건강과 견주어보며 그가 견디어내고 해낼 수 있다고 생각하면서도 마음이 조마조마해진다. 비판적 입장에서 참여의 입장으로 갈 수밖에 없으니까. 사실 참여의 민주주의를 위해서는 국민들 사이에서도 자유로운 논쟁이 있을 수 있어야 하는 것이 아닌가.

내일 모레가 지나면 IMF 문제까지도 안정을 되찾을 것이 아닌가. 정치적 혼란, 경제적 혼란을 함께 겪으면서도 잘 이겨내고 있다고 할 수 있는 것이 아닐까. 그래도 그만큼 우리나라 사회가 성숙되어 있다는 것이겠지.

(1997년 12월 15일)

박정희의 아들, 딸들이 여당이니 야당이니 하면서 찾아 들어가고 박정희가 존경하는 대통령으로 등장했다는 기현상. 에리히 프롬의 『자유에서의 도피』를 다시 참고하면서 이 시대를 분석해야 하는 것인지도 모른다. 나치를 따르는 독일 국민은 부친이나 조부의 세대가 피 흘려 찾은 자유를 헌신짝처럼 벗어 버리려고 한 것이라고 했다. 우리도 10년 전에 피 흘려 얻은 자유를 벗어던지려는 것이라고 할 수도 있지 않을까.

혁명이란 프랑스의 경우처럼, 미국의 독립과는 달리 자유의 창설을 위한 것이 아니라 행복을 더 얻기 위한 것이라고 생각하기 때문이다. 그래서 프랑스혁명은 오랫동안 자유와 독재 사이를 방황해야만 했다. 실제로는 해방과 자유를 맛보았으니까 행복을 약속하는 독재로 되돌아갈 수는 없었겠지만.

우리나라도 지금은 군사독재를 불러일으킬 만한 때다. 그러나 군대가 나오지 못하고 독재를 할 수 없다는 풍토는 결정적이다. 이것이 오랜 민주화 투쟁이 남긴 정치풍토라고 해야 한다.

사실 미국도 이제는 자유의 창설보다는 행복의 추구에 몰두하고 있는 것이 아닌가. 1950년대 매카시즘이 창궐했을 때를 가리켜 아렌트는 루스벨트가 남긴 중요한 업적을 파괴하고 '추한 미국인'이 등장했다고 했다. 특히 외교무대에서 지금 그러한 미국이 판을 치고 냉전이 끝났으니 승리를 구가하면서 워싱턴포스트 기사대로 "거만한 한국에 본때를 보여 주어야 한다"고 야단이다. 미국의 정치도 이처럼 그들 자신의 행복을 추구하고 세계제패를 꿈꾸면서 지난날의 스탈린주의처럼 무분별하고 독선적이다. '추한 미국인'이 더욱 외교에서 기승을 부리는 것이다.

영국의 『더 타임스』는 IMF의 세계전략이 통용된다면 "80년 전 레닌을 기차에 태워 러시아에 보내는 것과 같은 양상이 될 것이다"라고 했다. 실업자들의 항의 또는 반미가 뒤따를지도 모른다는 것이다. 프랑스혁명의 자유가 사라졌을 때 나타났던 모든 반동이 세계를 휩쓸고 있다. 우리도 저 잔인했던 박정희를 되새기고 있다. 그럼에도 불구하고 자유도 함께 요구하는 6월 항쟁의 유산이 아직은 숨 쉬고 있으니 다행이다. 이런 속에서 김대중의 집권은 가능할 것인가. 그리고 그가 집권한다면 이런 상황을 자유의 창설과 행복의 추구라는 두 마리 토끼를 제대로 쫓아가고 잡아낼 수 있을 것인가.

선거 막바지가 되니까 한나라당은 정말 지난날 여당이 하던 행태를 노골적으로 드러내는 듯하다. 북이 김대중에게 주었다는 20만 달러설을 떠들고 영남에 가서는 지역감정을 충동하고 이인제에게 투표하면 김대중이 된다고 외친다. 중앙일보는 막바지라고 더욱 노골적으로 이회창을 추켜든다. 『일요서울』에서 6백 년 전 무학대사가 15대 대선에서는 "목자주초(木字走肖)", 즉 이회창 · 조순이 "새 시대를 연다"고 했다고 대대적인 주간신문 광고를 냈다.

중앙일보는 철저한 재벌신문 구실을 하고 있다. 그래서 삼성 왕국을 유지하자는 것이겠지. 돈이면 무소불능이라고 생각하는 재벌. '민족진영애국단체연합, 자유민주민족회의'라고 해서 정체 모를 우익단체가 또 떠들고 있다. '건국운동단체, 참전호국단체, 월남이북도민단체, 6 · 25 희생 군경유가족단체, 6 · 25 전상자단체, 자유민주수호단체'라는 것이 그 산하단체들이다.

그들은 "국민의 이름으로 고발한다" "경제파산 누구 탓인가" "간첩 천국 · 안보 부재 누구 탓인가" · '3김 정치' 청산이라고 하고 김대중에게 갖은 공격을 다 가한다. 지난 반세기 동안 정적을 몰아세우던 수법이다.

이런 모든 것을 벗어버리기 위해서도 김대중에게 승리를 안겨 줘야 하는 것인가. 이번에는 그런 공격이 옛날처럼 국민을 사로잡지 못한다. 정말 구태의연하다. 신문은 돈만 생긴다면 이처럼 분명히 선거법을 위반하는 글에도 광고지면을 할애하는 것인가. 한쪽에서는 공명선거를 외치면서도. 이것도 천민자본주의의 역겨운 모습이라는 것일까. (1997년 12월 16일)

투표의 날

오늘은 투표의 날. 이회창은 오랜 부정에 얼룩진 여당의 체질을 그대로 짊어지고 있다. 경선자에 대한 음해 — 김대중에 대한 색깔론, 건강 문제도 끝까지 떠들고 있다. 이인제에게 투표하면 김대중 당선이라는 호소. 반호남정서 충동, 충청도에서는 충청도 사람은 제2인자만 뽑는 자존심 없는 사람들인지 묻고 다녔다. 그릇이 작고 철학이 없고 군사정권 하에서도 살아남은 사람. 국회에서 다수를 차지하고 있다고 지금이 안정되어 있다는 구호.

조선일보는 자기네들이 킹메이커라고 생각해 오고 있는 모양이다. 언론은 근본적으로는 체제지향적이다. 그 시대 질서나 사회를 지지하고 자본의 논리에 봉사한다. 혁명적인 미디어가 아닌 이상 말이다. 그렇다면 당당히 누구를, 왜 지지한다고 논진을 펼 수 있으면 좋을 텐데 법적으로 그럴 수 없다는 것도 문제이겠지만 상업주의로 어느 독자도 잃지 않겠다는 의도가 있으니 노골적으로 본심을 드러낼 수가 없다.

그래서 음성적인 지원으로 나타난다. 국민신당의 거센 항의. 정경유착 또는 정관업의 유착만이 아니라 정 · 관 · 업 · 언의 유착을 말해야 한다. 이회창 진영에는 그야말로 이런 낡은 권력구조가 그대로 도사리고 있다. 이것을 한 번 갈아버릴 노력을 해야 한다. 그런 의미에서도 김대중은 승리해야 한다.

저 오랜 여당 냄새. 민주화 투쟁과 그 승리란 바로 그러한 언론에 항거한 국민의 승리. 언제나 권력만세의 자세로 있다가 국민에게 버림받지 않으려고 그들도 맨 나중에 가서는 국민의 투쟁을 받아들였다. 내부에서 기자들의 저항도 일어났었다.

정경언유착으로 언론도 자기 이익을 취하고 그 특권을 연장시키자는 것이겠지. 이런 점에서 보아도 한국의 언론이란 아직도 미국 서부 시대의 언론이라고 할 것인가.

(1997년 12월 18일)

김대중의 승리. 민주주의와 경제발전의 양립이 우리가 당면한 과제라고 했다. 지금까지의 경제일변도가 나라를 이 꼴로 만들었다고. 김종필도 한강의 기적으로 세계를 놀라게 했고 IMF 구제로 다시 놀라게 했는데 이번에는 민주주의의 재건으로 세계를 세 번째로 놀라게 하자고 호소하여 설득력이 있었다. 이번 김대중의 승리, 해방 이후 처음의 민주적, 평화적 정권교체가 이미 세계를 놀라게 한 것이 아닌가.

『세카이』의 오카모토 편집장에게서 전화. 김대중의 승리는 『세카이』의 승리이기도 하니 『세카이』에다 축제 특집을 만들어 달라고 부탁했다. 지난날의 민주 세력들 중에는 김대중이 타락했다느니 군부 세력에게 굴복했다느니 말이 적지 않지만 현실정치란 그렇게 우여곡절을 거칠 수밖에 없는 것 아닌가. 이번 투표에도 나타난 것처럼 이른바 안정을 원하고 현상유지로 특권을 옹호하려는 세력이 그렇게 강한데. 그것이 정치적인 현실이다. 지난날처럼 혁명으로 정권을 바꾸는 것이 아닌 이상 그런 타협은 불가피하다고 해야 한다. 김대중의 승리를 민주화의 승리로 받아들이고 축제를 만들 수 있는 정치감각이 있어야 하는 것이 아닌가. 역사에서의 승리란 그것을 위해 싸우던 사람들이 그리던 것과는 다른 새로운 모습으로 나타난다. 그래서 도리어 당황하게 되는 법이다. 그것은 인간의 승리라기보다는 역사 자체의 승리라고 해야 한다. 인간의 승리라고 볼 때는 프랑스혁명이나 러시아혁명에서처럼 인간은 오만해지고 역사는 위기에 빠진다. 김대중은 이러한 역사의 진리를 알고 자기비판을 가하면서 새롭게 대처하려고 했다고 하겠는데.

이회창의 패배란 돈에 있다. 여당의 승리란 언제나 관권 동원과 금권선거에 있는 것이다. 이회창이 신한국당 경선에서 승리를 자신한 것도 돈이다. 거기에는 특정재벌이 관계되어 있을 것이다. 이번에 김영삼에게는 그다지 기대하지 못했을 테니까. 그러나 IMF 파동으로 그것도 불가능하게 된 것이 아닐까. 그래서 사채시장에서 돈을 끌어대려고 하다가 폭로전으로 실패했다. 막바지에 돈 부족으로 패배했다고 보아야 한다.

투표자들의 선택에 대한 뚜렷한 기준이 성립될 수 없었다. 거기에다 총체적인 정치 불신이었다. 그럴 때 국민의 판단을 좌우하는 것은 지극히 우연한 요소일 수밖에 없다. 그래서 흑색선전이 판을 치게 해야 했고 대대적으로 선거운동을 펼 수 있는 운동원이 있어야 했고 돈이 필요했다. 우리의 형편은 아직 이 정도에 지나지 않는다. (1997년 12월 20일)

'개혁을 해야 하는데' 라고 말한다. 자민련이 반동의 복병으로 체제 속에 들어가 남아 있는 것이 아닐까. 밖에 그 많은 반동의 복병이 숨을 죽이고 있다가 서서히 일어나는 것은 아닌가. 그 막강한 힘에 대결하기에는 김대중은 너무나 허약하다고 해야 하지 않을까. 그를 밀어줄 힘이 있어야 한다. 사실 그는 사면초가에 싸여 있다. 그를 밀어준 표란 이 나라에서 가장 약한 자들의 표가 아닌가.

앞으로의 역사를 주시할 필요가 있다. 그는 너무나 많은 부정적인 유산만을 안고 있는 셈이다. 그 현실을 철저하게 인식하지 못한다면 김영삼의 전철을 밟게 된다. 개혁의지를 보였으나 반동의 힘에 부딪쳐서 타협, 그러다가 몰락한다. 김대중은 그렇게 어리석지는 않겠지만. 이회창을 지지한 세력은 기회만 노리고 있을 것이다. 그런 의미에서는 IMF 체제를 유리하게 사용할 수 있다고 할 수 있을까.

김대중의 표정에서 미소가 사라졌다. 원래 그것은 선거 유세용이었겠지만.

(1997년 12월 22일)

부끄러운 날

조선일보에서는 월스트리트 저널에서 김대중은 예측하기 어려운 인물이라고 생각해서 달러를 내놓지 않는다고 김대중 비판을 시작했다고. 이회창을 밀다가 실패하고는 하는 말이다.

김대중을 중상모략으로 죄익으로 몰던 식의 정치가 바로 이 나라를 이 꼴로 만들었는데 아직도 그것에 연연하면서 자기정당화를 꿈꾸는 그야말로 기득권 언론이다. 월스트리트 저널이나 월가는 어디서나 세계수탈을 위해 어떤 공작도 서슴지 않는데 그들의 말을 공박하기는커녕 그것을 들어 제 나라 지도자를 궁지에 몰아넣으려는 것인가. 그것을 바로 매국적이라고 하는 것 아닌가.

IMF를 가지고 정치논쟁으로 삼아온 것이야말로 부끄러운 일이다. 그 점에서는 김대중도 마찬가지였다. 적을 앞에 놓고도 대립하고 싸운 셈이니까. 거기에는 이런, 이런 문제가 있다, 그러나 지금은 이런 상황이니까 우리는 그것을 받아들이고 하나가 될 수밖에 없다고 해야 하는 것 아닌가. 그래서 김대중도 우리도 하나가 되어서 지켜가야 할 것이라고 강조해야 하는 것 아닌가. 그들의 논조를 가지고 우리 지도자를 공격하다니. 월가는 자기네에게 유리하게 그야말로 이 기회를 이용하여 한층 경제침략을 강화하자는 것인데 그것에 동조하다니. 자기네 지도자를 옹호하지 못하고. 언론이란 그럴 수밖에 없는 것인가.

정말 IMF 문제에 대해서는 정쟁을 중지하고 하나가 되어야 했고 그것을 언론은 지원해야 했던 것 아닌가. 국가이익을 옹호한다는 것인데 자기들의 하잘것없는 지배욕이 국가이익보다 앞선다는 것인가. 이념이나 국가이익에 위배된다고 생각했을 때 비판하는 것이지 침략자의 의도에 따라 제 나라 지도자를 비난하는 것이 언론의 비판정신이라고 할 수는 없는 것 아닌가. 무모하고 오만하고 경솔하다. (1997년 12월 24일)

1998년

IMF체제와 자유

아도르노는 자유란 '사회적인 적대 관계'에서 형성된 것이라고 말했다. 그러나 적대 관계가 증대하면 증대할수록 '개인의 자유'는 빼앗기고 만다고 했다. 개인은 '경제활동을 영위하는 시민적 주체'로서 자유로운 존재지만 그 경제활동에서 자유는 여지없이 부정된다.

세계의 핫머니로 지배되는데 한국에 자유가 존재하는가. 그 투기성 자본주의의 지배 하에 놓여 있다. 개인은 거기서 언제라도 추방당한다는 공포 아래 있다. 이 현대사회의 지배구조를 문제 삼아야 한다. 투기적인 세계자본주의야말로 천민자본주의가 아니겠는가. 거기에는 막스 베버가 말하는 자본주의의 에토스 같은 것은 추호도 없다. (1998년 1월 2일)

오늘 김대중은 두 시간 동안이나 국민과의 대화를 텔레비전을 통해서 실시했다. IMF 관리 체제에 관한 문제가 태반이었지만 결론에 가서 "나는 재임

중에 칭찬받는 대통령이 되기보다는 퇴임 후 또는 죽고 나서 칭찬받는 대통령이 되고 싶다" 고 한 말은 감동적이었다.

텔레비전을 통한 이러한 대화는 현대식 직접민주주의다. 고대 그리스에서는 하루에 다녀올 수 있는 사람들 사이에서 직접민주주의를 시행했다. 그런 의미에서는 오늘날 우리는 특히 텔레비전을 통해서 직접민주주의를 행할 수 있는 셈이다. 그것이 오늘날의 참여민주주의일 것이다. 그는 국민 설득으로 합의를 도출해 낼 수 있는 정치가다.

선거 기간 중 텔레비전을 통해서 사실대로 자기를 알리는 데 성공한 것을 그는 충분히 인식하고 있다. 더욱이 우리나라 신문이 왜곡을 일삼고 있다는 사실도 잘 알고 있다. 처음에는 찬양하다가 야금야금 끌어내리는 신문의 전법도 잘 알고 있으니까 그는 신문을 통해서 전해지는 자신이 아니라 직접 자기를 국민에게 보여 주려고 하는 셈이다. 신문은 그것을 보도하는 수밖에 없게 된다. 훌륭한 전략이다. 국민 설득에 의한 국민 합의의 정치가 시작되는 셈이다.

국민을 자기편에 끌어당김으로써 신문을 견제하고 보수 세력, 반동 세력 야당도 견제한다. 반동적 책동이 언제나 있을 수 있고 일단은 다수 야당이니까 더욱 그렇게 할 수 있을 것이다. 압도적 다수의 반동에도 불구하고 당선됐다는 사실도 잘 인식하고 있으니까 정말 직접민주주의만이 반동적인 움직임을 제어할 수 있다고 생각하는 것이 아닐까. 대의정치의 대표들이 완전히 타락해 있으니까 더욱 그렇다. 한국 정치풍토의 생리를 잘 아는 데서 오는 전략이라고 하지 않을 수 없다. (1998년 1월 18일)

김대중은 3월이나 4월에 경제 청문회를 연다고 한다. 이것은 지금 야당인 한나라당을 궁지에 몰아넣게 되는 것이 아닐까. 그리고 국회에서 여당의 위치는 올라가고. 그렇게 함으로써 5월 지방선거에서 승리도 거두려고 한다.

김대중은 정도를 걸으면서 그것을 정치적으로 이용할 줄 안다. 저 부패한 국회, 그를 지지하지 않는 부패했고 간교한 세력, 야금야금 달려들어 격하시키려고 하는 언론, 이 모두를 제어하는 데 폭력이 아니라 바른 정치를 사용한다.

김영삼처럼 선거법으로 묶어놓고 배반자들 중에서 자기편에 온다면 용서해 주고 반대하면 잡아넣고 하는 식으로는 하지 않는다. 그것은 군사정권이 오랫동안 해 온 짓이다. 김대중은 폭력이나 금력, 중상모략을 쓰지 않고 당당하게 하려고 한다. 정치는 예술이라고 할 수 있는데 이 고도의 정치가 어떤 성과나 결과를 가져오는가에 주목해야 한다. 사실 국민의 힘, 바른 길로 사악한 세력을 견제해야 한다. (1998년 1월 19일)

범죄적 연관?

아도르노는 개인의 자립이란 "교환사회의 기능을 유지하기 위해서 있으며 그래서 통합에 의해서 개인의 폐기로 끝나버린다"고 했다. '자유를 생산한 것이 비자유로 전환'하게 되는 셈이다.

오늘 투기적 국제금융 즉 '글로벌 캐피털'의 한파에 휩쓸린 한국의 현실 속에서 우리는 아도르노의 자유론이 구체화된 양상을 그대로 볼 수 있는 것이 아닌가. 자유의 극대화에서 일어나는 자유의 상실. '글로벌 캐피털' 하에서는 자유로운 시장경제란 없다. 정리해고된 사람들에게 어떻게 직업선택의 자유가 있다는 말인가. 밥을 먹여 준다면 노예처럼 끌려갈 수밖에 없다. 그렇게 개인은 사회에 통합되고 만 것이다. 이런 사회로 전락한 것에 대해서 인과성을 묻는다는 것은 무의미하다. 아도르노의 말을 인용해 보자.

"완전히 통합된 사회 내부에서 무엇이 원인이었는가를 찾아보아도 무의미하다. 원인이 있다고 하면 그것은 그 사회 자체이다… 인과성은 전체성 속에 매몰됐다. 전체적인 체계 한가운데서는 인과성은 알아볼 수 없게 된다… 어떠한 상태도 수평적으로도 수직적으로도 모든 상태와 관계되어 있고 모든 상태에 침투하며 모든 상태에 의해서 침투당해 있다… 산 사람이 바로 한조각의 이데올로기다…”(『부정변증법』)

우리 사회가 오늘의 상태에 이른 원인을 어디서 찾을 수 있다는 말인가. 한 사람, 한 사건, 한 국면이나 부문을 원인으로 삼을 수 없다. ‘범죄적 연관’이라고 할 수밖에 없다. 아도르노처럼 총체적으로 이 사회 자체가 그 원인이라고나 할까. 경제청문회를 한다고 하지만 그것이 공전하기만 할 가능성이 있다. 뇌물을 받은 사람이나 찾아내면 제법이다. 그 안에서 사는 인간의 의식이란 그 자신의 주관인 것 같지만 그 사회에 의해서 주어진 것에 불과하다. 외압이 내재화한 것이라고 해야 한다. 그러니까 인간 자체가 이데올로기의 파편이 된다. 그리고 거기서는 “낡은 종속 관계가 전면적인 상호작용 속에서 확대 재생산된다”고 아도르노는 말했다.

그렇다면 오늘날 인간의 자유란 남아 있는 것일까. 아도르노는 자유를 ‘억압의 여러 가지 형태’에 대한 저항에서 ‘구체적으로’ 되는 것이라고 했다. “인간이 자신을 해방시키기를 원한 만큼 그 정도로만 자유가 존재했다”고도 했다.

그리고 또 하나의 자유로서 도피의 자유, 심미적인 또는 탐미적인 자유를 생각할 수 있지 않을까. 그것은 밖에서 오는 억압의 내재화라고 하겠지만. 실제로 브레히트도 벤야민도 사랑으로 달려갔고 벤야민은 핫시슈(Haschisch) 흡인이라는 마약 도취로 향했던 것이 아닌가. 오늘 많은 사람들이 알코올 도취로 향하듯이. 그것은 인과성을 찾을 수 없는 노예적인 현실에서 자유를 갈망하는 모습이라고 할 수 있을지 모른다. 자유를 찾으면서 사실은 다시 자유를 상실한 것이겠지만. 신앙으로 가는 자유도 이러한 자유에 속하는 것이 아닌가 생각된다. 아도르노는 “자유는 상부구조 속에 가냘프게 존재하는 데 불과하다”고 했다.

클린턴 대통령의 성 스캔들 문제가 막 번져 가는 모양이다. 한 여인을 사랑한 것이 아니라 여러 여성과 성 관계. 미국 정치에 모럴이 없는 것을 상징하는 것이다. 이렇게 되면 개혁 의지를 버리고 부유한 자의 편으로 가야 무사할 수 있다. 케네디의 경우는 개혁 의지 때문에 생명을 잃어야 했다.

김대중이 재벌도 군대도 안기부도 경찰도 개혁하려고 할 때 무사할 수 있을까. 그는 고군분투하고 있고 이념 같은 것은 생각한 적이 없는 기득권 세력으로 포위당하고 있는 셈인데.

일본은 드디어 이 시기에 한일어업협정을 폐기했다. 일본 국내 정치에서 오는 이유가 있겠지. 그러나 이 IMF파동 속에서 김대중 신정권에 정면으로 돌을 던지는 셈이다. 그는 다루기 어려운 존재니까 돌을 던져놓고 반응을 보자는 것이 아닐까. 일본이란 새 시대에 새롭게 대처할 생각이 없다.

그들은 아시아에 대한 지도력을 발휘하기에는 너무 근시안적이고 너무나 편협하다. 이 시대에 김대중 정권에 대해서 이렇게 자기네 힘이나 과시할 수밖에 없다는 것일까. 그들은 승리한 것같이 생각하겠지만 또 하나의 패배다. 아시아에 대한 국수주의적인 힘의 과시. 지난날에 그랬던 것처럼. 정말 그들은 언제라야 그 '사로'(邪路)에서 벗어날 수 있을 것인가. (1998년 1월 24일)

아픔을 느낄 수 있는 신체

아도르노가 『부정변증법』에서 전개한 도덕의 아포리아는 감동적이다. 오늘날 '도덕적 문제'는 '성적 억압이라는 불쾌한 패러디'에 관계되는 것이 아니라고 했다. 그것은 "고문을 해서는 안 된다" "강제수용소가 있어서는 안 된다"에 관계한다. 그러나 그것이 추상적인 원리가 되어서는 안 된다. '도덕적 행동에 내재하는 충동'이란 브레히트의 말에 의하면 '아픔을 느낄 수 있는 신체'다.

아픔에서 나타나는 '자연발생적인 활동'이 있다. 이러한 실천에 대해서 왜 그러한 악이 있으며 반면에 우리에게 '아픔을 느끼는 신체'가 있는가가 논의의 대상이 된다. '아픔을 느낄 수 있는 신체'를 추상적으로 이론화할 수는 없다. 그리고 '개인적인 무력'이라는 것이 '도덕의 무대'라고 말한다. 도덕이란 그러한 몸부림이다. 그렇게 몸부림치고 거기에 항거하는 데 '휴머니티'가 있다는 말이다.

이러한 아픔, 이러한 몸부림에 대한 하나의 커다란 경우로서 그는 아우슈비츠의 예를 들었다. 범죄자가 20년이나 숨어서 살다가 나타나니까 벌떼처럼 그를 변호하는 자들이 나타났다. 그것을 정의라고 하지만 그것은 '기만'이다. 이것은 하나의 도덕적 '아포리아'다.

"이러한 아포리아의 역사적 근거는 독일의 반파시스트 혁명이 좌절됐다는 것, 더 나아가서는 파리와 로마가 해방된 1944년에 혁명적인 대중운동이 일어나지 않았다는 것이다."

그러므로 이러한 재판에 대한 모순을 사법이 의식하고 있지 못한다면 "사법은 정치 세력이 되어서 고문적인 방법의 존속을 허용하는 것이 된다"고 했다. 우리는 전두환과 노태우의 체포와 재판과 석방에서 이 같은 아포리아에 직면했던 것이 아닌가. 국민이 느꼈던 도덕적 무력감.

1987년에 그렇게 거대한 민중혁명이 일어났다고는 하여도 그것은 좌절된 '반파시스트 혁명'이다. 더욱이 혁명 세력 단일화에 실패함으로써 그 좌절은 결정적이 되었다. 그리고 나타난 사법처리. 그러나 그 정도의 사법처리도 드디어 무효화됐다. 사법이 아니라 정치로. 그리하여 '고문적 방법의 존속', 잔인한 수법으로 권력을 쥐고 영화를 누리는 역사는 존속하게 됐다. 아도르노의 말대로 '집단적 무의식'이 그것을 가능하게 했다.

죄인들에게 '분에 넘친 자유'를 허용해 주고도 사법에는 고민도 없다. 뜻있는 국민의 무력감과 허무감만이 계속되고 있다. 아도르노는 현실에 몸부림치면서 행동을 자아내려 했고 왜 그런 것이 영속하는가 라고 그것에 대한 이론을 찾았다. 실천과 이론은 분리되지 않고 실천은 순수한 이론에 환원되지 않는다고 그는 말했다.

정말 도덕적 실천이란 이론에서 오는 것이 아니다. 그것은 '아픔을 느낄 수 있는 신체'에서 온다. 그러한 상황이 있을 수밖에 없다는 데 대해서 생각하지 않을 수 없다. 거기에서 이론이 형성된다. 아담 하와의 타죄(墮罪)부터 성서는 얼마나 그런 이론을 자아내려고 했는지 모른다. (1998년 1월 28일)

아도르노가 지닌 인간, 인격 또는 양심, 순수의지나 선의지 또는 도덕에 대한 부정적인 생각이란 무서울 정도다. 그것은 사회적인 강제가 내면화된 것이니까. 칸트조차도 유대인 멸시에는 그 시대 사람들과 마찬가지였다고 한다.

아도르노는 이성도 '야만적인 자기보존'으로 바뀐다고 보았다. 그렇다면 참다운 이성이란 이러한 자기보존에 대한 반성에서나 있을 수 있다. 도덕은 부도덕 또는 자신의 무력에 몸부림칠 때만 가능하다. 그런 무력과 그런 몸부림이 '도덕의 무대'인 것이다.

순수의식이라고 생각하면 그것은 위조된 것이다. 현실이 왜곡되어 있다고 고뇌하는 주체에게 "순수의지는 부정적인 모습으로 스며나온다"고 아도르노는 말한다. 선, 충성이라고 하면서 인간을 살해하는 역사를 보아온 그는 선을 자신하는 인간에 대한 불신, 증오에 가득 차 있었다. 무서운 악이 눈앞에서 전개되는데도 선에 대한 신념을 가지고 그 악에 가담했으며 그러고 나서도 무엇보다도 그런 신념에 대한 자기반성이 없었기 때문이다. 모두가 그런 사신을 바라보고 고뇌할 줄 몰랐기 때문이다.

나치의 그러한 시대를 오늘도 우리는 계승하고 있는 것이 아닌가. 모두가 자신의 선을 자신하고 남을 호되게 비난하고 있다. 자신의 선이 위조된 것임을 바라보고 고뇌할 줄 모른다. 고통과 고뇌 속에만 인격, 순수의지, 선의지, 도덕, 휴머니티가 있는 것인데. (1998년 1월 29일)

다난한 시대인데

클린턴 대통령의 성 스캔들 소식을 들으면서 여러 가지를 생각하게 된다. 대통령에게 굉장한 권위를 부여하던 시대에는 제왕시대의 관습에서처럼 아마도 그런 일이 있다고 해도 폭로하거나 문제 삼으려고 하지 않고 쉬쉬했을 것이다. 그때는 종교에 감싸인 이중생활. 그러다가 모든 것을 폭로하는 현대가 되었다. 그래서 그것으로 심한 타격을 받을 수 있었다. 그러나 이제는 거듭되는 그런 사건에 불감증에 걸리게 됐다. 미국 국민도 지금 클린턴의 인기가 사상최고인 것처럼 윤리나 민주주의보다는 그저 잘살면 된다는 것이다. 행복이라는 것, 그것을 위해 프랑스는 혁명을 일으켰고 미국은 자유의 창설을 위해 미국 독립 혁명의 길을 갔다고 아렌트는 말했는데.

아렌트는 1950년대에 매카시 선풍(Macarthyism)이 불 때 특히 외교 면에서 '추한 미국인'이 나타났다고 했다. 그들은 루스벨트가 남긴 민주주의 전통을 모두 무너뜨렸다고. 그런 미국이 반공을 일삼다 이제는 냉전체제 후에 부를 찾아서는 무엇이라도 할 수 있다는 정말 추한 미국인이게 되었다. 월가의 투기꾼으로 대표되는 그들이다.

그리고 그와 같은 스캔들을 일으키고는 고소하기도 하고. 남편과 함께 옛날 일을 폭로하기도 하니까. 그런 얘기를 친구에게 했더니 그 친구가 비밀을 터뜨렸다. 그런 스캔들이란 비밀이고 합의하에서 이루어진 것일 텐데, 존경도 애정도 없는 성희롱만인가. 그러고 나서는 서슴지 않고 폭로하고. 이 후안무치의 군상들. 성적 동물만 있고 사랑하는 남녀란 없다고 해야 한다는 말인가.

그런 대통령으로도 잘살게 해 주면 된다는 것이다. 바른 방향으로 개혁하려면 케네디의 운명이 되고. 부를 쥔 자들의 손에서 노는 것 아닌가. 그들을 건드리지 않는 한 놓아둔다는 것이겠지. (1998년 2월 5일)

노사정 대타협이 이루어졌다. 위대한 결정이며 전진이다. 외환이자도 타협됐고. 그러니까 이제는 재벌구조개혁을 촉구하고 다음으로는 정치권의 개혁이라는 것이다.

대북 관계 개혁에서도 그의 뛰어난 지도력을 엿볼 수 있다. 65세 이상의 북에 있는 가족 방문 허용. 우리 정부의 허가 없이 북의 허가만 있으면 된다는 것이다. 북에 있는 가족에게 개인적으로 구호품도 보낼 수 있다는 것. 동서독 간의 예를 생각하면서 인도적인 접근을 하자는 것이다. 그리고 경제 교류도 한다. 문제를 던져주었으니 북이 대답해야 한다. 남북 간의 합의를 촉구하는 것이 아니라 이쪽에서 이니셔티브를 취하는 것이다.

이런 자세라면 북이 적어도 김대중을 반민족적 운운하면서 공격할 수는 없어진다. 그만큼 그들은 난처해지는 셈이다. 북이 공격적이라면 그것이 아무리 엉터리없는 것이라고 해도 김대중의 국제적 위상에는 손상을 끼치게 된다. 이런 모든 정책적 전환을 받아서 착실하게 수행해 나갈 간부나 관리가 우리 측에 있는 것일까. 김대중처럼 국민 설득력을 가져야 하는 것인데. 그는 정말 위대한 대통령이 될 것인가. 비상한 정치가. 정말 정치는 예술인가.

일본 대사를 만났다. 노사정대타협에서 보는 것처럼 김대중은 대립보다는 합의를 도출하는 분이라고 했다. 그는 오랜 수난의 생애를 걸어왔기 때문에 이념과 논리로 국민을 설득할 수 있는 힘을 가지고 있다. 전 · 노를 석방해주고 전라도의 동의를 얻어낸 것을 보면 알지 않는가. 이것은 대일 관계에서도 마찬가지다. 그는 대일 감정을 국내 정치에 이용하려는 사람이 아니고 그럴 필요도 없다고 했다.

그는 일본을 아는 마지막 정치 지도자라고도 했다. 같은 언어로 말할 수 있는 영미 관계를 특수하게 보아야 한다. 일본말을 하고 일본 신문을 읽으며 일본 식민지 지배를 체험하고 그것으로 단순히 원한을 품는 것이 아니라 그렇기 때문에 도리어 바른 한일 관계가 절실하다고 생각하고 그것을 이룩하려고 노력하는 지도자이다. 일본어도 일본도 모르는 젊은 세대와는 다르다.

이 세대 지도자에 의하여 새 시대를 열고 다음 세대, 다음 세기에 넘겨줘야 한다고 했다. 이런 획기적인 공헌을 하게 해 주어야 한다고.

정말 우리 세대에게는 그러한 책임이 있다. 성숙한 한일 관계를 이룩해 내야 한다. 일본 사람들의 심성도 좋든 나쁘든 이해할 수 있는 아량을 가지고.

(1998년 2월 7일)

영화 「스카라의 노래」를 보았다. 과테말라에서 혁명으로 소모사를 무너뜨렸지만 산디스타는 좌익이라고 미국 CIA는 작전을 개시한다. 그 내전 속에서 전개되는 비참한 정경이 그려져 있다. 『세카이』 3월호에는 그 후 친미적인 군대가 대두한 기나긴 내전의 진흙구덩이에 대한 화보가 실려 있다.

미국이란 이런 나라다. 간혹 인권 문제를 내걸지만 그것은 위선의 겉치레 또는 국가 이익추구를 위한 도구일 뿐이다. 1945년 이후는 서구 제국주의를 미국이 대표한다고 해야 한다. 군사적인 데서 필요하다면 경제적인 데로 간다. 중남미는 아직도 군사적, 정치적 무기를 쓰는 대상이고 아시아는 보다 경제적 무기를 쓰는 대상이라고 할까.

김대중은 방미를 연기한다고 한다. 미국은 리버럴한 권력을 이용해서 미국 국가이익을 추구할 수 있게 한국 국민을 통제해 달라고 하다가 그것을 조금 벗어나서 자주적이고자 하면 경계하고 감시하는 것이 아닐까. 그러다가는 과테말라에서는 국내에 남아 있는 반동적, 용병적인 세력을 시켜서 암살도 하고 소란도 피우고 내전도 일으키게 한다. 이렇게 되면 무기 상인들은 그동안 쌓인 탄환이 소비된다고 기뻐할 것이고. 김대중의 운명은 하고 물음을 던지지 않을 수 없다. 그런 미국의 세계 전략 속에서 그는 어떻게 걸어갈 수 있을 것인가.

「르몽드 디플로마틱」은 IMF, 세계은행, OECD, WTO를 '글로벌 국가'라고 하고 '사회 없는 권력'이라고 했으며 현실사회는 '권력 없는 사회'라고 했다. 전자는 '의회민주주의'의 지배력이 미치지 못하는 '초국가적 권한'을 가진 기관들이다. 날마다 1조 5천억 달러라는 투자자금이 통제를 받지 않고 국경을 넘나들고 있다. 1세기 전의 제국주의에서는 무력이 그렇게 넘나들었지만. 여기서 아시아는, 한국은 어떻게 살아갈 것인가. 일본은 1세기 전에 비해서 어떤 식으로 살아가려고 하는 것인가.

한국의 경우만 보아도 한국 대외채무의 23%는 일본의 금융기관에 의한 것이다. 그들은 미국 지배 하의 초국가적인 경제기관의 지시에 따라 움직인다. 그것에 밀착되어 있다. 오늘도 세계 제국주의에 기식해서 살아가자는 것인가. 이전 무력의 시대에는 그러다가 종국에는 자기네들도 망했는데. 오늘의 반제국주의 전선은 어떻게 형성될 것인가.

오늘의 IMF 관리체제 하에서의 개혁이란 침략하기 위해 강요하는 개화가 아니겠는가. 개화에 성공하지 못하면 정복당한다. 개화의 길을 가면서 자립할 수 있을 것인가. 자립은 네메시스의 길이 아니라 함께 사는 길이어야 한다. 제국주의 세력이 자기억제를 할 수 있을 것인가. 힘을 가진다는 것은 부도덕해진다는 것이 아닐까. 앞으로 세계사의 위기적인 새로운 국면이 펼쳐질 것이라고 생각된다.

독일 외교관이 프랑스 여성과 결혼하는 경우가 많아서 피차의 외무부, 대사관에 서로 주재하고 있을 정도라고 한다. 그래서 독일과 프랑스 사이에서는 상대 나라의 국민을 생각하면서 자기들을 컨트롤할 수 있을 정도로 관계가 성숙해졌다고 한다.

이렇게 사회가 깊이 연결되어 있고 교류가 깊어질수록 양국 관계에서 불안 요소가 적어진다는 것은 당연한 일이다. 그러나 영국이 프랑스와 가까워지고 프랑스가 핵실험을 하니까 독불 관계에 다소 갈등이 생기게 되었다. 앞으로 경제가 어려워지고 실업이 더욱 늘어난다면 독불 관계도 위협받을 수 있을 것 아닌가.

이런 점에서 한미 관계나 한일 관계도 생각하게 된다. 한일 관계에는 대중

문화개방 문제가 있다. 사실은 유럽에서처럼 여러 나라 배우가 함께 출연하는 영화가 나타나고 그것이 여러 나라 말로 각국에서 상영되어야 영화시장도 넓어질 것 아닌가. 이런 식으로 문화교류가 이루어져야 하는데, 그러면 미국 영화만이 판을 치는 상황도 달라질 수 있지 않겠는가. 영화 시장이 한국만으로 국한될 때 어떻게 좋은 영화를 만들 수 있겠는가. 그러나 아직은 문화시장을 개방하면 일본 것이 지배하고 우리나라 문화사업은 완전히 그들에 의해서 침식될 것이라고 한다. (1998년 2월 17일)

난투하는 국회

오늘 국회는 또 난장판이 되었다. 김종필 국무총리 인준 문제로 투표에 들어갔다가 여야 충돌로 임시국회는 막을 내리게 됐다. 한나라당은 당 결속이라는 명분을 내걸고 비밀투표를 방해한 것이다. 민주주의와는 먼 국회. 폭력으로 개인 의사를 억압하고 있다.

그것은 여당이 야당이 되어 본 역사가 없는 한국 정치사니까 하는 수 없이 겪어야 하는 진통이라고 할까. 여당은 집권했던 보스만 없어지면 붕괴했다. 여당이 야당이 되어서 재도전하는 역사가 있어야 민주주의가 가능한 것인데, 이번에 야당이 승리한 것으로 민주주의가 일보 전진했다고 하겠지만. 야당으로 남아서 재도전하도록 성장해야 민주주의가 더욱 전진하는 것이 될 텐데, 권력 주변의 온실에서 자란 정당이란 그럴 기력도 이념도 없다.

반민주주의적인 반발의 연속이다. 새 대통령에게 한 번 해 볼 기회를 준다는 대정치의 금도가 없다. 오랜 폭력적인 사고만이 지배적이다. 그러니까 내가 자멸할까 두려워하고 더욱이 정치개혁이 온다면 내 운명은 어떻게 될 것인가만 생각한다. 그리하여 낡은 반민주적인, 국회의 품위를 저버린 투쟁만이 계속된다.

여당으로서 대통령만 따라다녔으니까 완전히 지도력 부재의 상태. 거기에서 국회의원도 아니면서 아무런 잇속도 없이 따라다니는 조순의 모습은 만화에 가깝다. 그 험악한, 토인비가 말하는 '야만인'들 사이에서. 정치 불신은 더욱 증대될 것 아닌가. 그러면 그들의 뜻과는 반대로 대통령의 힘만 강화된다. 김대중은 무슨 수를 쓰려고 할 것인가. (1998년 3월 2일)

김종필 총리서리로 내각이 출발했다. 장관 인선에 대해서 신문은 비판했다. 새 인물을 기용하면 행정 경험이 없다고 하고 군사정부 하의 경험도 경험이라고 해서 이미 자리를 차지해 본 적이 있는 사람을 쓰면 참신하지 못하다고 한다. 강인덕도 선거 기간 중에 김대중과 단독으로 만났고 또 그전에 아태재단 강연회에도 나갔다고 했는데, 그것이 모두 사전검토였다는 것일까.

내각에 국회의원 출신이 많다고도 시비다. 토인비가 윌슨 대통령 시대를 들어서 그는 국회의원과 신문기자, 그 야만인들을 다루기에는 너무 고고했다고 말한 것을 되새기게 된다. 여자 장관들은 국회에 나가 울기까지 하지 않았는가. 관료들 사이에서도 울고. 청와대 비위를 맞추노라고 야단이었고. 그러니 국회의원 출신 장관이 낫다. 그래야 관료들 사이에서도 힘이 있고.

실무는 차관 이하가 해야 하는데, 장관을 임명하고도 김대중 대통령으로서 너무 말이 많은 것이 아닐까. 장관으로 하여금 말하게 하고 자기는 중대한 때만 발언을 해야 하는데 말이다. 과잉된 자기과시. 교육부 장관이 젊다느니 경험이 없다느니 하니까 오늘 대통령이 대학의 자율화니 뭐니 모두 자기가 말해 버리는 것이었다. 개인이 아니라 팀이 되어야 하고 그것이 그 자체의 힘을 기를 수 있게 해야 하는 것 아니겠는가. (1998년 3월 4일)

이 어려운 시기에 한나라당은 살아남기 위해 그렇게 하는 도리밖에 없다는 것일까. 권력을 쥔 자들에게 그렇게 약하던 그들이 이번에는 민주적으로 처리하고 정치적 보복이나 위협이 없다니까 저 모양일까. 민주정치 하에 살

자격이 없다. 신문도 그들을 비판하는 데 소극적이다. 그들도 권력에 약한 자였는데 이번에는 안심이라는 것일까. 그 신문 누구누구가 한나라당의 사돈이니 뭐니 하는 것 때문일까. 지금까지 그 정당, 그 신문이 모두 이해관계를 함께해 왔으니까.

정리해고제니까 모두가 바깥권력보다 사내권력이 더 무서우니 이제는 사주만능의 시대가 오는 것일까. 김대중은 대일 관계에서도 결연한 듯하고, 정말 개혁의지로 좌충우돌하는 것 같은데, 그것을 관철해 낼 수 있을 것인가. 살아남을 수 있을까. 그런 점에서 그는 김종필 총리와 손을 잡고서 자기방어를 해야 한다. 한나라당은 그 연결고리를 끊어 보겠다는 것이지만. 한나라당이 민주주의 하에서 야당이 되는 길은 아직도 멀다. 당내 민주주의가 아니라 폭력이 지배하고 있다. 군사정권 때 여당 행세와 마찬가지가 아닌가. 저러다가 칼자루를 쥔 여당에 의해서 산산조각이 나려는 것일까. 야당이 자승자박으로 무너진다면 민주적인 야당을 원하는 김대중의 자세도 무너진다. 불가피하게 비민주적인 여당의 행태를 되풀이하게 된다. 민주적 정권교체를 이룬 민주주의가 그 다음 단계에서 정지되고 만다. 민주적 야당의 성립으로 이어져야 하는 것인데 워낙 폭력적인 여당이었으니까 대통령이 없고 권력이 없으면 전혀 지도력이 없는 공백상태가 되고 만다. (1998년 3월 5일)

저 한나라당이 헌법수호위원회까지 만들었다니 희극도 이만저만이 아니다. "자기들이 하는 것을 알지 못함이니이다"(누가 23장 34절). 지금 김종필 총리 인준을 거부하면서 소란을 피우는 사람들은 그래서 자기들은 김대중 정권에 상처를 주고 자기들 처지를 방어하자는 것인데 정말 그들은 자기들이 하는 일이 무엇인지 알지 못하고 있다. 총리직을 고집하는 김종필도 그렇겠지만 이 IMF 관리체제 하에서 어쩌자는 것인가. 정치란 그런 것이라는 국민의 불신을 더 자아내고 어쩌자는 것인가. 거기에 과거 민주화 운동을 하면서 고생을 했다는 친구들도 덩달아 뛰는가 하면 앞장까지 서고 있다고 하니 한심한 일이다. 정말 자기들이 무엇을 하고 있는지 모두 모르고 있다.

적을 앞에 놓고 우리는 100년 전에도 그랬었다. 한나라당은 그래서 몰락하는 것이고 김종필은 그렇다면 내각제로 집권을 하려는 꿈을 버려야 한다. 김대중도 지나친 자신을 그만 버려야 하고. 인간의 실패와 좌절을 통해서 역사는 그 뜻을 수행한다. 그 모든 것은 아버지의 뜻을 이루기 위한 것. 그래서 우리도 "아버지 저들을 사하여 주옵소서" 라고 기도할 수 있어야 한다는 것일까. (1998년 3월 7일)

자본주의는 공산주의에 대해서 승리했다. 그리하여 오만하고 잔인한 자본주의가 아무런 제한도 받지 않고 마치 그것이 진리인 양 지배하게 됐고 모두가 그것을 받아들이게 됐다. 사실은 그래서 자본주의가 패배하는 길을 가게 되는 것이 아닐까.

미화가 없으니 외국 물건을 못 산다. 그러나 IMF로 긴축을 요구하면서도 외국 물건은 사야 한다고 한다. 미국 무기를 사는 돈은 삭감해서는 안 된다고. IMF 하에서 민족주의가 대두하는 것 같으니 경고한다고. 그래도 아무 말 못한다. 외채를 걷어가고 국가 파산을 일으킬 수 있다고 협박하고 있으니까. 초콜릿처럼 외환, 외채를 맛보게 하고는 어느 날 갑자기 외환을 빼앗아 간다. 그러면 중독환자처럼 몸부림친다. 다시 초콜릿을 눈앞에서 흔든다. 중독환자 앞에 마약이다. 이런 체제로 강대국의 세계 지배는 어디까지 가는 것일까. 아도르노는 이렇게 말한다.

"오늘에는 다른 세계가 올 가능성은 파탄되고 말았고 이제는 어쨌든 파국을 회피할 가능성이 있는가 여부로 압축되어 버렸다."

우리의 경우도 새로운 좀 더 품위 있는 사회에 대한 꿈은 산산이 부서지고 파국을 회피하려는 노력으로 순간순간을 이어가고 있다. 사실은 우리만이 아니다. 미국도 그렇다. 새로운 시대나 세계를 건설하려는 것이 아니라 이 순간에 파국이 오지 않기만을 바라고 있다. 그것을 위해서는 무엇이든 해낸다. 외화 보유고를 회복하라고 하면서도 자기네 물건을 사고 무기를 사라고 하는 것이 바로 거기서 오는 것이다. (1998년 3월 12일)

역사의 마지막 희극

일제의 식민통치란 군사적인 '직접적인 폭력'을 쓴 것이었고 영국은 인도에 대해서 법적 문화적으로 동의를 얻으려고 하는 '온건한 폭력'을 썼다. 국민의 국가란 계급투쟁이 없는 사회국가이다. 국가권력이 사회복지정책을 쓴다면 그 헤게모니에 대해서 저항하던 카운터 헤게모니도 비폭력적이게 된다. 그리고 그 체제 내에서 비판하게 된다. 인도에서는 반식민지 투쟁도 그런 길을 걸어갔다.

군사통치의 후유증. 박정희 시대에는 60만의 정보부원이 있어서 대한민국 군대보다 많다고 했다고. 지금 김대중 정부는 이 만악의 근원에 손을 대려고 하고 있다. 반발을 극복해 내야 할 텐데. 김영삼은 그것을 그대로 이용하려고 했다. 지금 전 안기부장이 구속된 것은 지난날의 공작 때문이다. 군사정부 후유증이 여기까지 왔다. 이인제를 지지하게 하다가 안기부가 그의 당선은 어렵다고 하니까 이회창 지지로 갔다고 한다. 그러면서 북풍공작. 그런 때는 남북이 서로 돕는 것이니까 김영호 교수가 말하는 것처럼 적대적 의존 관계였다.

남북이 개혁적 의존 관계로 전환할 수 있을 것인가. 너무나 엄청난 과제 앞에 김대중은 서 있다. 건재, 건투를 기원할 따름이다. 반동의 화살이 무서우니 주변을 많은 세력이나 인물로 보강해야 할 것이다. 한나라당이란 저렇게 반동적이고 신문도 거기에 동정적인 듯하다. 거기서 집권세력은 개혁은 말하지만 단호하지 못하다. (1998년 3월 20일)

1970년대에 영국에 있었던 IMF 관리체제, 1980년대에 멕시코에 있었던 IMF 관리체제 그리고 한국의 경우 등을 비교해 볼 필요가 있을 것 같다. 이것을 비교경제학이라고 해도 좋을까. 그러면 IMF와 미국의 국제정치가 어떤 관계를 가졌는가를 알 수 있지 않을까. 미국의 정책에 나타난 인종차별마저 알 수 있을는지 모른다. 한국의 경우는 성장하는 아시아, 일본 그리고 중국 등 여러 가지 요인과 관계되어 있을 것이 아닌가. 거기에 대북정책도 작은 요인이겠지만 있을지 모른다. 김영삼 대통령 개인 문제도 있을 것이고. 그는 무척 미국의 미움을 사고 있었다.

안기부장의 자해행위로 문제는 더욱 착잡해진다. 레비 스트로스는 "역사는 그 자체를 희화화해서 반복한다고 마르크스는 말했다"고 썼다(『머나먼 시선』에서). 이것은 마르크스가 『헤겔 법철학 비판서설』에서 말한 역사는 '낡은 형태를 무덤으로 가져갈 때' 마지막 단계는 '희극'이라고 한 것을 가리키는 것이겠지. 그것은 "인류가 명랑하게" 과거와 결별하기 위해서라고 했는데.

지금 북풍공작 운운에서 보는 것도 그런 '희화' 또는 '희극'이 아니겠는가. 어제 전권을 가졌던 자가 오늘 전락된 자기 모습에 견딜 수 없어서 자해를 시도했을 것이다. 북과 교섭을 하고 돈을 건네고 "대선에서 북풍을 일으킨다면 북한의 연방제 통일방안도 받아들이겠다"고까지 했다고 한다.

그러다가 대선에서 불리해지니까 흑금성인가 하는 자가 김대중 진영에 가까이 왔고 패배하자 「해고 공작원 정보보고」라는 의심스러운 문서를 공개하면서 살아남으려고 했다. 이런 세력에다 대북 문제를 완전히 맡기고 있던 셈이다.

남북이 서로 공작으로 연명을 꾀했다. 정말 적대적 의존 관계가 아닌가. 거기에 민족적 이념이란 티끌만큼도 없었다. 어떻게 개혁적 의존 관계가 있을 수 있었겠는가. 그래서 남북문제는 벼랑 위를 떨어졌고. 우리는 그런 냉전 시대를 벗어나려고 이 몸부림이지만 북은 변한 것이 없으니 정말 다난한 장래라고 하지 않을 수 없다.

김영삼도 권영해도 크리스천. 그들이 믿는 신이란 어떤 신일까. 마틴 루터 킹이 1960년대에 미국 남부에서 첨탑 높이 솟은 저 백인 교회를 찾는 크리스천들이 믿는 신이란 어떠한 신일까 했던 물음을 상기하지 않을 수 없다. 북풍 소용돌이 속에서도 환율이 내리고 안정되고 있다니 다행이다. 사회는 그 정도의 기반은 가지게 됐다는 것일까.

레비 스트로스는 『머나먼 시선』에서 인류는 오랜 역사를 소집단으로 살아왔다고 하면서 말하자면 세계화에 경고를 발했다. 그것은 '인간의 종언'이라고까지 했다. '청력장애'(聽力障碍)가 있어야 한다는 것이었다. 서로 달라야 그 사이에서 문화의 창조도 가능하다. 그렇지 않으면 "창조된 가치만을 아무것도 낳지 못한 채 소비하는 자가 되고 아류의 작품과 조잡하고 유치한 발명만을 낳는 데 만족하고 만다"고 했다. 원칙 없는 민족주의에 대한 공격이면서도 또한 어리석은 세계주의에 대한 경고다.

그러면서도 인간이 근친상간적인 관계를 배제하면서 폐쇄적인 사회를 거부해 온 것을 높이 평가했다. 그것은 인간의 문화가 인간의 자연을 지배한 것이 아니겠는가. 폐쇄적인 집단이란 "필연적으로 무지, 공포 그리고 증오로 좀먹는" 것이 되고 만다는 것이다. 민족에 대한 변증법적인 정의가 아니겠는가. 북쪽을 바라보면 그들은 나가면 죽을 것이라고 생각하고 우리식대로 살자고 하고 있는 것이다.

이 책에서 레비 스트로스가 '인권의 기본원리를 정신적인 존재로서의 인간의 본성이 아니라 생물로서의 인간의 본성'에서 구해야 한다는 것은 장엄한 선언이 아니겠는가. 인간의 자유는 다른 생물의 생존권으로 제한을 받아야 한다. 다른 종의 존재에 위협을 주어서는 안 된다. 불가피하게 육식은 해도 그 종의 절멸을 초래하는 것은 무서운 죄악이라는 말이다.

이 책에서 교육은 유희가 아니라 일이라고 강조한 것은 한나 아렌트와 같은 생각이다. 오늘의 소비생활에서는 모든 것이 주어지니까 창조의 경험이 없고 창조력이 쇠퇴하며 철저한 교육이 없다는 것이다.

또 한 가지 국가에서 '부분사회'를 폐지해서는 안 된다고 레비 스트로스는 루소를 비판했다. "부분사회를 어느 정도 부활시키는 것이 병든 자유의 건강과 활력을 회복하는 최후의 수단이다." 아렌트는 큰 나라의 구제불능 상태를 개탄하면서 소국이나 대국 안의 "작지만 분명한 지역에서" 새로운 가능성을 찾았다.

(1998년 3월 23일)

"자본주의적 축적의 법칙은 자연법칙으로까지 신비화된다…." 그래야 어떠한 수단을 써서라도 자본을 축적할 수 있을 것이고 수탈을 당하는 측은 그것을 숙명으로 받아들인다. 마르크스의 이러한 비판은 오늘도 그대로 해당된다. 자연에서 인간이 떠나면서 사회적인 지배가 강화될수록 그 사회가 스스로 만든 것을 불가항적인 자연이라고 생각하게 된다. 오늘이 바로 그렇지 않은가. 자연에서 극단적으로 멀어짐으로써 이 상태, 이 사회구조를 자연적인 것, 피할 수 없는 운명적인 것처럼 생각하게 됐다. 그런 것으로서 시장경제를 찬양하고 그것을 신비화하면서 그것을 위해서는 무엇을 희생해도 견디어 내야 한다고 하게 된다. 그것만이 자연이 준 인류 행복을 위하는 길이라는 것이다. 그리고 그것에 의문을 던지거나 그것을 부정하고 다른 사회구조를 찾은 것은 모두 잘못이라고 한다.

시장경제의 승리란 자연 그대로의 삶을 무기로 해서 사회를 짓밟은 결과일 뿐이다. 그러나 그 속에서 살아가지 않으면 죽음이 있을 뿐이라면 어떤 대처방안이 있을 수 있겠는가. 그 속에 살면서도 그런 삶에 대한 고발을 그치지 말아야 한다는 것일까. 적어도 그것이 반인간적이고 반자연적이라는 인식과 더불어 몸부림치는 수밖에 없다는 것일까. 아도르노는 그것이 정신적 도덕적이라고 한 것이 아닐까. (1998년 3월 24일)

살아남은 자의 슬픔

오늘 저녁 텔레비전 뉴스에서 이번에 출옥한 황석영은 방북에 대해서 묻는 물음에 작가로서는 해볼 만한 경험을 했다고 생각한다고 하면서 그것을 승화시키겠노라고 대답했다. 그리고 가을에 처음으로 남녀의 사랑 얘기를 작품으로 내놓겠다고 했다. 5년간 투옥 후 특사를 받은 작가의 말이 그래서 되는 것일까. 좀 더 충분한 시간을 줘서 얘기를 하게 하면 어떨까. 투옥과 석방에 대한 작가 자신의 견해를 좀 더 길게 발표하도록 해야 했다. 날카로운 자기비판과 지난 나날에 대한 고뇌란 없는 것일까.

그때 그가 북으로 가고 북에서 어떤 도움을 받고 무슨 활동을 하려고 했다면 그것에 대해서 지금은 어떻게 생각하는지를 말해야 한다. 그 경험의 승화라고 하기 전에 나는 이렇게 생각하고 이렇게 했는데 그것에 대한 자신의 비판은 이렇다고 성실하게 대답할 수는 없는 것일까.

군사정권에 대한 저항이 출구가 없어 보이고 남북통일이 이룩되어야 해결될 것이라고 생각했다든가, 지금 생각하면 그것은 통일낭만주의에 불과했고 정치를 냉엄하게 이해하려고 하지 않은 데서 온 환상이었다든지, 그런 답을 했어야 했다. 이제부터는 그런 추상적인 영웅주의적인 발상에서 벗어나는 노력을 해야 하리라고 생각한다든지, 이런 식으로 겸허하고 비판적인 고백이 있어야 하는 것이 아닐까.

참회 없는 자기정당화란 이 나라 전체를 뒤덮고 있는 공기가 아닐까. 자기비판, 자기반성이 없다면 아도르노가 말한 것처럼 정신부재가 되는 것인데. 그래서는 객관적인 현실도 바르게 인식하지 못하는 법이다. 정말 우리의 정신 풍토가 문제라고 하지 않을 수 없다. (1998년 3월 27일)

사카모토 요시카즈(坂本義和) 교수는 서구에서는 시장경제와 시민사회가 병행해서 발전했는데 아시아에서는 시장경제만이 판을 친다고 했다. 시민사회의 미성숙. 이번 영남 지방 보궐선거야말로 그 대표적인 예라고 할 수 있다. 지역감정을 다시 부추기고 아버지의 위업을 계승한다는 군사독재자의 딸이 등장하는 우스운 광경이었다. 그래서 승리했다는 것이다.

그래도 대통령선거 때보다 이번에는 여당 지지표가 많았다고 하겠는지. 역시 앞으로의 선거는 영남 세력으로 결정된다고 반동의 바람이 부는가. 그래서 한나라당도 다시 모이는 모양이다. 김대중 정권 후, IMF를 극복하고 나면 복고 시대라는 말인가.

한편 김대중은 이번 런던, 아시아유럽수뇌회의에서 맹활약을 했다. 먼저 아시아를 내세우고 아시아를 대변하면서 아시아의 리더로 부상했다. 안보는 한미 일변도이지만 그 외는 경제도, 문화도, 세계적인 안목으로 본다고 하겠다.

그러나 국내 문제는 혼돈 그대로이다. 관리들은 자리만 지키려고 하고 신복지부동이라고 한다. 대통령은 고군분투한다고 할까. 그는 밖에서 안으로 공세를 펴고 조여 들어가는 것이라고 할까. 참을성 있게 느긋한 마음으로 행하고 무엇보다 건강을 조심해야 할 것이다. (1998년 4월 10일)

아우슈비츠에 대한 아도르노의 물음은 누구도 그 화살을 피할 수 없을 만큼 신랄한 것이었다. "아우슈비츠 후에 시를 쓰는 것은 야만이다." 어떻게 인간을 아름답게 그릴 수 있고 신을 찬양할 수 있겠는가. 그것만이 아니다. 그 후에도 살아남아서 살아간다는 것은 냉혹하고 잔인하다는 것이다.

그 잔인한 것이 유럽 문명 속에서 일어났다. 그 문명 속에 '비진리'가 스며들어 있었기 때문이 아닌가.

"깊이 죄에 물든 그리고 상처투성이의 이 문화를 유지하기 위해서 이것을 옹호하는 자는 야만에 동조하는 자들이다." (『부정변증법』)

자기만 살아남았다고 신의 은총을 찬양하는 이른바 '참호(塹壕)의 종교'. 그것은 승리한 자 아니 도망한 자의 종교이다. 그것을 옹호해 온 형이상학. 그것은 살인자가 지녔던 것과 마찬가지 잔인성을 짊어지고 있다는 것 아니겠는가.

지난 4월 중순에 200만의 동족을 살해하고 간 폴 포트의 경우 그리고 우리 광주 사건의 경우에도 이것을 생각하지 않을 수 없다. 광주 이후에 이 민족을 찬양할 수 있겠는가. 인간은 인간을 사랑한다고 할 수 있겠는가. 그것을 가능하게 한 민족주의란 무엇인가. 지역주의라는 원시적인 감정으로 치달린 것 아닌가. 오랜 우리의 문화를 그것은 송두리째 부정했다. 우리 문화 속에 스며들어 있는 죄악을 스스로 폭로했다.

살아남았다는 것은 부끄러운 것. 살아간다는 것은 야만이고 냉혹하다는 것. 어떻게 살아남은 것을 은혜라고 하나님께 감사한다는 말인가. 하는 수 없이 살아남았다고 한다면 속죄행과 먼저 간 사람들에게 대한 레퀴엠을 반복할 도리밖에 없는 것 아닌가. (1998년 4월 27일)

칼럼을 쓰면서 언제나 이번에는 무엇을 문제 삼을까 하고 생각하지 않을 수 없다. 한 달에 한 번 쓰는 것이니까. 누구나가 생각하는 것이 아니라 모두가 미처 생각하지 못하는 것, 그런 의미에서 망각된 것을 찾으려고 한다. 소란 속에 함께 흘러가면서 듣지 못하는 음성을 찾아서 그것을 상기시키려고 한다.

"어떤 다른 세계가 온다는 가능성이 파탄되자 오늘은 어떤 일이 있든지 간에 파국을 피할 수 있는 가능성에 움츠러들고 있다."(『부정변증법』)

IMF 관리체제 하의 한국처럼. 보다 나은 내일을 그리고 그것에 대해서 노력을 전개한다는 것은 생각할 수 없다. 어떻게 하면 오늘을 무사히 넘길 것인가만 생각한다. 그렇지만 이것은 현대사회의 특성이 아니겠는가. 도박에서 이번에는 벌었다고 환호를 지르는 것처럼. 다음에 다가올 위기가 한치 앞도 볼 수 없는 흑암 속에 도사리고 있다. 오늘 미국이 구가하는 호황이 바로 그런 것이다.

세계가 불황 속에서 허덕이는데 자기네만 살아남았다고 기뻐하는 것, 남은 실업자가 됐는데 자기는 살아남았다고 자기가 믿는 신에게 감사하면서 신은 나와 함께한다고 하는 신앙. 그것을 아도르노는 '전선에서 도망친 자의 신앙'이라고 했다. 그때 남은 죽었는데 나는 살아남았다고 한숨을 내쉬어야 하는데. 도망친 것, 거기서 살아나온 것, 그 전선에서 자기만 총알을 피한 것을 부끄러워해야 하는 것 아닌가.

나는 남보다 낫다는 것이 아니다. 미안하다. 브레히트가 말하는 살아남은 자의 슬픔이 있어야 한다. 종교적으로는 나만 살아남은 데 대한 신의 뜻을 묻는 자세가 있어야 하지 않겠는가. 살아남은 나에게 주어진 삶이란 저기서 저렇게 무명의 사람으로 처참하게 죽었다는 메시지를 전하라는 명령을 받은 삶인지도 모른다. 떠난 자와 남은 자라는 칼럼을 써야 하리라고 생각한다. 남은 자가 그렇게 생각하고 살아간다면 다시 떠난 자를 맞이하게 되는 날이 올 것 아닌가. 서로가 영원히 헤어져서는 안 된다. 승자와 패자로 가르는 이 악한 세대. 실업의 시대. 한쪽은 떠나야 하고 한쪽은 남는다고 하는데. 그것이 불가피하다면 그것을 인간적으로 살아가는 방식을 터득해야 한다. 지금 여야의 경우도 그렇다. 실업의 시대에 말할 수 없이 냉혹한 반인간적인 군상이 서성거리고 있다. 서로가 무척 냉랭해진 시대다.

마르쿠제는 체제에 대한 저항이 밀려난다면 지금까지의 '기성의 언설의 세계'를 타파하려는 움직임이 일어난다고 보았다. 그처럼 모든 혁명적 이론은 흑암이 더하면 더할수록 아침은 온다고 생각했다. 문제는 어디서 누가 그 흑암을 인식하고 '기성의 언설의 세계'를 타파하고 "미래를 확보하려고" 하는가 하는 데 있다.

아무래도 혁명의 사상은 문명 주변에서 일어나기보다는 그 문명 중심에서 일어나는 것이 아닐까. 문명 중심에서 그 문명이 해체되어 가는 징조를 보고 그 문명의 붕괴를 확신하기에 이른 사람들 속에서 일어나는 것이다. 해체하는 문명은 번영을 그 문명 중심에 집중시킨다. 그리하여 주변에는 물리적 생존에 대한 위협만이 나타난다. 그래서 거기서는 그 위기에서 살아남으려는 몸부림만 있게 된다.

그 위기에서 살아남으려고 한다면 그 체제를 긍정하는 것이 된다. 거기서 살아남으려고만 한다면, 거기에 모든 이론과 실천을 집중시킨다면, 어떻게 그 체제를 변혁하려는 이론과 실천이 나올 수 있겠는가.

그것이 오늘의 상황이다. 우리는 IMF 관리체제 하에서 살아남으려고만 한다. 그래서 도리어 미국 안에서 빵을 찾아서 헤매는 무리들에 의해서가 아니라 연구실에서 파이프를 물고 철저하게 관찰자일 수 있는 이른바 대국의 학자들에 의해서 오늘의 말기자본주의에 대한 신랄한 비판, 개혁의 이론과 실천이 나오는 것이 아닌가.

문명의 종언은 언제나 그런 양상을 띤다. 그 체제의 피해자들은 그 체제에 끝까지 매달려서 살아남으려고 애쓰고 그것을 바라보면서 특권을 누리는 자들 사이에서 그 체제의 종말을 예고하고 경고하는 이론이나 사상이 나온다. 이 얼마나 안타까운 역사의 아이러니일까. 살아남으려고 몸부림치는 노예들 사이에서는 내일을 일으킬 혁명사상은 나오지 않는다는 것일까.

그런 의미에서는 체제가 바뀌어도 그들이 주인이고 불운한 주변인들은 다시 그들을 따라서 그들의 선동에 의해서 몸부림칠 수밖에 없다는 것일까. 눈앞에 이런 역사가 다가오고 있는 것 같다. 유럽이 하나가 되고 '유로'와 '달러'가 지배한다. 그 체제 속에서 우리는 살아남으려고 하다가 하는 수 없이 우리도 그들을 모방하려고 할 때, 때는 이미 늦었다고 할지 모른다. 19세기 말과도 같은 아시아의 불행이다. (1998년 5월 3일)

에로스와 포르노그라피

'기성의 현실 속에서 침묵하고 왜곡되고 압박받고 있는 것에 말과 가락과 이미지'를 주는 것이 예술이라고 생각했다.

"진리는 희생자의 아름다움, 다정함, 정열 속에 있는 것이지 억압자의 합리성에 있는 것이 아니다."(마르쿠제Herbert Marcuse「예술과 혁명」)

그러므로 예술은 눈에는 가리어져 있는 장소에 들어가서 정말 '이화'(異化)함으로써 본질을 드러내는 것이게 된다.

이것은 예술만이 아니다. 학문도 역사도 그래야 하며 어떤 의미에서는 저널리즘도 그러한 예술적 의도나 직관을 가져야 하는 것이 아닐까. 그래야 지배 이데올로기에 봉사하는 데 끝나지 않는 언론일 수 있을 것이다. 나는 내 칼럼도 그래야 한다고 생각한다.

오늘 동아일보에 신라 '토우'(土偶)에 관한 기사가 나왔다. 성적인 의미에서도 자유분방했다. 그렇다면 향가의 세계도 일본의『만요슈』(萬葉集) 노래에서처럼 그랬을 것 아닌가. 토우는 고구려에는 없는 남방문화였다. 그런 문화가 북방문화에게 패배를 당하고 밀려나는 것이 아닌가. 특히 중국 문화가 전해 주는 유교문화에 의해서.

그래서 나는 그런 향가, 그런 노래가 분서(焚書)로 사라진 것이라고 했다. '이언부재'(俚諺不載)의 이언이란 우리말이라는 뜻이 아니라, 내용이 유교문화에서 보면 담을 수 없는 말이라고 윤리적인 자세에서 한 말이 아닐까. 글로된 것은 분서, 금지와 파기로 없어졌고 땅에 묻힌 것은 토우로 남아 있다. 여기서도 가려진 것, 우리 눈에 간단히 들어오지 않는 것을 찾아가야 한다고 하겠다. 마르쿠제가 예술에 대해서 말한 것처럼 역사에서도. (1998년 5월 4일)

마르쿠제는 오늘의 사회가 지닌 '전체주의적 조직 그 폭력과 공격성'이 예술을 받아들일 수 있는 '내적 또는 외적 공간' 즉 그러한 정신적인 '프라이버시'를 침범하고 말았다고 했다. 말하자면 그가 말하는 '침묵'을 허용하지 않는다는 것이다. 현대사회의 소란, 대중문화의 소란이 안방까지 몰려온다.

그 침묵이란 오늘의 일상적인 것에 대한 반응을 거부하는 데 나타나는 정신적 공간을 의미한다. 그 공간, 그 공동(空洞)에 메아리쳐 오는 것이 있다. 거기에 예술의 출현이 있다고 마르쿠제는 생각했다. 거기에 예술의 혁명성이 있다고 했다. 그러나 그것은 혁명적 현실 속에서도 그것에서 오는 직접적인 메아리에 대해서는 침묵하는 것이다. 그런 의미에서는 이런 침묵을 매개로 본원적인 '혁명을 환기하는 것'이라고 할 수 있다는 것이다. 정치란 반동적이든 혁명적이든 그것에 대한 종속을 요구하는 것이다.

예술은 혁명적이지만 혁명의 '직접적 충격 아래서 쓰인 시'는 아니다. 언제나 어떠한 현실도 '이화'한다. 그것으로써 보다 본질적인 인간에 육박하면서 현실을 거부한다. 참말로 혁명적이다. 마르쿠제는 그렇지 못한 현실에 대한 단순한 반발은 "이 세계의 폐기를 부르짖는 좌절의 목소리에 되돌아간다"라고 했다. 그리고 그것은 종당에는 현실 질서에 "내재하는 일차원적인 것이 되고 그리하여 이 질서에 항복하는 것이 된다"라고 생각한 것이다. (「예술과 혁명」)

그러나 그는 "예술이 사람을 움직일 것이고 사물을 움직일 것이다"라고 했다. 예술이 민중을 움직이고 역사를 움직이는 힘이 된다는 낙관론을 가지고 있었던 것 같다. 전체주의적인 '폭력과 공격성' 속에서 그러한 예술을 받아들일 공간이 소멸되는 것을 말하면서도. 그런 점에서는 그보다 앞섰던 아도르노는 훨씬 절망적이었다. 아도르노라면 그런 것은 지금은 누구도 들어주지 않는, 미래에 가냘픈 소망이나 걸고 있는 유언이라고 생각했기 때문이다. 오늘의 현실에서는 아도르노의 이 비관이 더욱 공감을 불러일으킨다.

마르쿠제는 흑인민중 예술이 백인의 세계에 와서 변질된다는 것을 지적했다. '고뇌 슬픔 고발'의 제스처가 백인의 음악에서는 연출된 '연주'가 되고 만다.

"개인의 의식을 압도하고 사회적 기초를 가지지 못한 채 집합적 무의식을 동원한다는 점에서는 '전체주의적'인 것이 된다."

그것은 마이다스크 수용소에서 유대인을 학살할 때 죽어가는 사람의 절규 소리를 듣지 못하게 하기 위해 히틀러의 친위대가 확성기를 동원해서 밤새껏 흘려보내던 바그너의 「지그프리트」 같은 것이다. 그런 음악과 같은 전체주의의 목소리가 이제 다가오는 이 한국 땅 지방선거에서도 울려 퍼지려고 한다. 그것은 "개인의 의식을 압도하고" 막연한 '집합적 무의식', 본능적 감정을 동원한다. 그것이 지역주의라는 유령이다. 선거전에서 목청을 돋우는 자들은 '록'을 연주하는 전체주의자들이다. 그것은 '록'의 음악이 그랬듯이 히스테리적이고 일시적인 카타르시스를 찾는 집단적인 도취이고 환상적인 집단적 치료책이다.

혁명에서의 시. 마르쿠제는 거기에서는 '사랑의 시는 연애시이고 정치시'라고 했다. 이 경지에 대해서 이렇게 설명한다.

"그런 것이 유행에 따라 탈승화(脫昇華)되고 성적인 언어를 마구 써댈 적이 아니라 그와는 반대로 성애(性愛)의 에너지가 승화되고 시적인 표현이 주어졌을 때 바로 그리하다."

'사랑과 전복(顚覆)과의 통합, 에로스에 내재하는 사회적 해방'은 낭만적인 시를 낳는다. '전복'이란 혁명을 말함은 물론이다. 그런데 거기서 퇴폐해졌을 때 '포르노그라피(pornography)적인 것, 즉 성에 대한 선전, 노출광적인 프로파간다'가 나타나는데 그것은 '시장을 향한 에로스'라는 것이다. '더러운 언어와 대중잡지에 나타나는 성에 대한 사진' 이런 것이 이제는 오늘의 사회에서 '교환가치'를 가진다고 했다.

나는 귀국해서 우리나라에서 남녀 간의 사랑의 표시가 퍽 자유로워지고 거의 공개적이 됐다고 생각했다. 민주화 운동 시기에 '형'이라고 부르다가 '오빠'라고 부르게 됐다는 것일까. 혁명적 낭만적인 사랑이 스승이나 부모, 기성세대나 이웃을 두려워하지 않고 그것에 반항하면서 민주화 운동에서 성장했다. 그것이 자유로운 사랑을 가능하게 했다. 그러나 혁명의 때가 지나가니까 아름다운 성이 아니라 추한 성이 범람하게 됐다. 사랑에서 이념이나 거룩한 저항은 떠났고 대중소비사회에서의 시장적 성이 젊은이들을 사로잡게 됐다. 사랑에서 시적인 언어는 사라졌다. 그것은 상품 세계를 받아들이고 '상품 세계에 의하여 요구되는 연기, 태도, 용모, 몸짓'을 받아들인 사랑이다.

마르쿠제는 보다 나은 사회를 동경할 필요가 없는 사회에서는 '예술의 종언'을 맞이하게 된다고 보았다. 거기서는 '진위(眞僞) 선악 현재와 미래의 구별'이 없어진다. 그때는 문명의 정점에서 나타나는 정신성을 잃어버린 '야만의 상태'라는 것이다. "그리고 그러한 상태는 실제로 역사적으로 가능하다"고 본 것이었다.

여기에 마르쿠제의 환상적 낙관론이 깃들어 있다. 꼬제브(Alexandre Kojève)가 본 예술의 종언도 헤겔이 내다본 역사의 종언에서 찾은 것이었다. 주체가 객관에 대한 저항을 잃어버리고 예술이 이 세계에는 없는 미를 찾는 것을 그만두고 음악은 벌이 붕붕대는 반복에 지나지 않게 된다는 것이다.

오늘 혁명의 종언과 함께 우리는 점차로 역사의 종언, 예술의 종언을 말하게 됐는지도 모른다. 그것이 문명의 완성에서 온 것이 아님은 물론이다. 그것은 현대문명이 소비사회와 대중문화로 그리고 혁명을 생각할 수 없는 현실로 억압을 가해 온 탓이다. 억압체제의 완성에서 온 것이다. 폭력 없이 그것에 대한 저항 없이 지배가 완성된 셈이다. 굴복을 강요당하는 것이 아니라 자발적인 복종이 일어나고 있기 때문이다.

IMF로 우리도 자발적으로 굴복하고 지배자가 노동자를 추방하는 것이 노동자를 위하는 길이라고 하며 그들도 그 말에 동의해야 하니까 말이다. 여성들이 오랫동안 복종을 미덕으로 생각해 온 것처럼 오늘의 사회가 던져주는 상황에 모두가 순응하기로 약속해야 하는 것이 미덕이라는 말인가.

브레히트(Bertolt Brecht)의 『서푼짜리 오페라』는 "부르주아의 지배가 전적으로 범죄를 토대로 성립됐으며 또한 언제나 범죄를 산출하고 있다"는 것을 증명한 것이었다. 이 말처럼 오늘 우리나라의 현실을 잘 말해 주는 말이 따로 있을 것 같지 않다. 저 국회의원들, 그들은 범죄로 그 자리에 앉은 사람들이고 부단히 범죄를 산출하는 사람들. 더욱이 그런 범죄로 성립된 한나라당이 범죄를 계속 산출하지 않고 견딜 수 있겠는가.

정도의 차이는 있어도 국민회의에도 김대중에게도 그런 비판을 가해야 하는 데, 오늘 우리들의 슬픔이 있다. 부르주아 사회이고, 그런 정치풍토이고, 그런 제도인데 거기서 집권을 한다고 하니까 말이다. 그것을 직시하고 자기비판적인 자세에서 그것과 타협하는 것이 아니라 그것을 파쇄하려고 할 수 있을 것인가. 자기 모순투성이라고 하지 않을 수 없다. 민주주의란 그런 현실을 긍정하고 보다 작은 악을 택한다는 것일까. 그 속에서 그저 몸부림친다는 것일까.

(1998년 5월 5일)

달러와 유로의 연합

김영삼은 검찰에 보낸 외환대란에 대한 답변서에서 자기에게 모든 책임이 있다고 하면서도 임창렬만은 물고 늘어졌다. 자기를 배반했다고 생각했기 때문이다. 대통령이 IMF 구제금융을 받으라고 하는데 누가 그것을 거역하거나 지연시킬 수 있겠는가. 이 점은 임창렬이 옳을 것이다. 그것을 갖고 여야는 또 큰 소란이다. 나는 아무래도 한나라당이라는 것을 야당이라고 부르려면 어색해 못 견디겠다. 범죄에 범죄를 거듭하고도 이제는 권력을 비판한다고 하니 정말 구토증이 날 지경이다.

언론이란 언제나 양비론(兩非論)이어야 한다고 생각한다. 외압이 없으니까 마음대로다. 국민의 정치 불신도 심하게 되어 있으니까 어느 쪽도 공격하면 된다고 생각한다. 어느 쪽도 그르다고 한다면 현실적으로는 구체적인 정치적 판단이라고는 할 수 없다. 방향을 그것도 가능한 방향을 제시해서 어떤 결정을 하게 해야 하는데. 정 할 수 없으면 보다 작은 악이라도 택하도록 제시해야 하는 것이 아닌가. 어디가 옳다, 어디가 보다 낫다, 어디가 그래도 덜 나쁘다고 해야 현실적인 선택을 권하는 것이 되지 않겠는가.

예를 들면 김종필 총리 인준 문제에 대해서도 이제는 하는 수 없으니까 이렇게 해라라고 해야 되는 것 아니겠는가. 언론이 오늘의 상태를 더 악화시키는 역할밖에 하지 못한다. 무얼 해도 비난만 하고, 싸우면 재미있다고 부추기는 격이다. 여기에 성의껏 일해 주는 사람도 없고 난국을 헤쳐 나갈 능력 있는 관리도 없으니 대통령의 관여는 더욱 늘어나고 그러니까 내각은 실질적으로 더욱 무력해진다. 일하게 하려니까 믿을 수 있는 사람들을 쓰게 되지만 이번에는 김영삼 정권 때와는 달리 악한 자들의 네트워크가 아니라 개혁하기 위한 것이 되어야 할 텐데.

이런 생각은 해방 후 그래도 처음 지지해야 하고, 지지하고 싶은 정권이 나왔다는 어떤 의미에서는 내 애정이나 내 편견 탓일는지도 모른다. 나에게는 분명히 내가 박해를 당한 정권이었지만, 다른 사람들은 어느 정권이고 다 마찬가지이고 도리어 전 정권에 애착을 느낀다는 것인가.

김영삼은 자기에게 잘해 주지 않은 사람, 자기를 배반했다고 생각하는 사람, 자기의 적수라고 생각하는 사람에게는 끝까지 적의나 복수심을 버리지 못하는 사람으로 보인다. 정권을 잡고 나서 구여권 사람들, 대통령선거에 출마하려고 한 사람들까지 원수로 삼았다. 그리고 김대중에게 대한 오랜 원한도 그렇다. 김대중이 손을 내밀어도 그는 받아들이지 않는다. 갖은 공작을 해도 실패하고 도리어 그것이 자신에게 상처를 입히면 입힐수록 적의에 불타는 모양이다. 임창렬 문제에도 이 모든 것이 얽혀 있다고 생각된다. 고난에서 적의를 더했을 뿐 고난을 승화시키지 못했다. 정신부재의 인간이라고 할까.

3김의 경쟁과 대립과 음모는 아직 생생하다고 할까. 노욕 때문에 한층 더하다고 할까. 여기에서 김대중은 살아남을 수 있을 것인가.

일본은 달러와 유로 사이에서 어느 한쪽 화폐로 다가가는 것인가. 그 두 가지에 의지하면서 살아남으려고 하는 것일까. 이것은 19세기적인 선택이다. 아시아와의 연대의 길을 찾을 자신도 없을 것이고 그것은 도리어 패배의 길이라고 그 옛날처럼 생각하는 것이 아닐까. 언제나 서바이벌을 위한 전략이니까. 그렇게 하다가 마지막에는 저희도 먹히고 마는 것이었는데. 이번에도 마찬가지일 것 같다. 김대중이 IMF 하에서 그렇게 메시지를 보내도 묵살할 뿐, 그것이 일본의 정치력이라는 것이다.

일본은 항상 살아남기 위한 탐색을 할 뿐, 비전을 가지고 새로운 세계를 그려내지 못한다. 클린턴 정부는 안하무인의 탐욕으로 이제는 일본도 무시하고 중국으로 향하는 모양이다. 밀어붙이자는 것이겠지만 그러나 중국은 노련한 외교 솜씨를 보인다. 한국을 먼저 여행 자유국으로 하는 개방적인 자세, 미국과 거래를 하지만 아시아를 버리지는 않는다는 자세니까 일본과는 다르다. 정말 노련하고 신중하다. 그런 정치문화, 정치풍토라는 것. 일본은 시계가 좁고 곧 속을 드러내고 반발한다. 옛날에는 곧 발딱해서 무력을 쓰고 싶어 했지 않았는가. 여기서도 정신부재라고 해야 한다.

미국의 음흉성과 중국의 음흉성이 다르겠지만 그것이 앞으로 동북아시아에서 어떻게 대결할 것인가. 한국이 갈 길은. 어리석고 타락한 저 정치 세력을 이끌고.

(1998년 5월 7일)

아도르노는 칸트의 "인간의 의식은 주어진 인식의 제반 형식 속에 말하자면 영원한 감금을 당하는 숙명을 지니고 있다" 라는 말을 인용했다. 부르주아의 인식과 프롤레타리아의 인식이 다르듯이, 우리의 인식은 우리의 인식방식에 철저하게 제한되어 있다. 그러나 "형식과 존재하고 있는 내용의 상호성에 의해서 형식도 그 자체로서 발전한다" 라고 아도르노는 말했다. 다음과 같은 말은 더욱 중요하다.

"실제로 경험은 그것이 열려 있는 경험일수록, 또한 현실적인 것일수록 반드시 자체의 형식을 보다 크게 변화시키는 것이다. 그런 변용이 불가능하다는 것은 경험 그 자체가 불가능하다는 것이다." (『부정변증법』)

우리는 우리 자신의 자세 이상으로 인식하지 못한다. 그러나 그런 자리에 머물러 있다면 변화무쌍한 다양한 현실을 인식할 수가 없다. 인식의 형식이 인식할 내용에 따라 변화할 수 없다면 말이다. 한국에서 전개되는 역사, 우리의 생각을 넘어 전개되는 역사 속에서 정말 그러한 인식론적인 체험을 하고 있다.

그래서 나는 인과관계에 감금되어 있는 19세기적인 역사가 아니라 몽타주의 역사를 말하는 것이다. 역사란 아도르노가 말한 것처럼 '인간의 머리 너머로 관철하는 역사적 동향' 이다.(아도르노 『프리스멘』) (1998년 5월 11일)

얼마 전에 미국 자동차회사 크라이슬러가 독일의 벤츠와 합작을 한다고 했다. 그러자 조금 지나서 여기에 일본의 닛산이 가담한다는 것이었다. 거기에는 단순한 자동차회사들의 움직임 이상의 징후가 서려 있다고 할 수 있지 않을까. 19세기에서 20세기 전반에 이르는 역사를 반복하는 것 같은 징후 말이다.

유로화와 달러화의 연합. 그래서 일본 엔은 지역화로 전락한다. 그때 일본은 구미에 가담함으로써 살아남으려고 한다. 아시아를 버리고 정말 탈아(脫亞)해서 혼자만 살아남으려고 하다가 마지막에 가서는 자기도 패배하고 만다. "긴 것에는 말려들어라" 식의 삶이 초래하는 결말이다. 이것은 20세기 말에서 21세기로 접어들면서 다시금 일본이 택해야 하는 길일까. 아시아는 지금 19세기 말에서 20세기로 가던 그 무렵처럼 몰락하는 것같이 보인다는 것인가.

중국에 대한 에피소드가 있다. 지금 중국은 대 한국 무역에서 연간 80억 달러의 적자를 보고 있다. 그래도 그것으로 한국이 IMF 관리체제를 벗어나는 데 도움이 된다면 좋다고. 자기들은 다른 데서 흑자를 내서 충당하면 되지 않겠느냐고 하면서 한국을 여행 자유국으로 해달라는 요청도 간단히 받아들였다는 것이다.

중국은 일본과는 달리 유로화와 달러화에 대항하면서 살아남으려고 하겠지만 자기 위치를 지키려고 할 것이다. 머지않아 클린턴이 온다는데 역시 노련한 정치력을 보일 것이 아닌가. 그렇게 구미 블럭이 접근하니까 더욱 아시아에, 특히 한국에 대해서도 배려를 하려고 한다. 북한에 대해서도 그렇지만. 이번 아시아의 경제위기에서 일본은 결국 구조개혁을 해내지 못하지만 중국은 해낼 것이라고 하면서 아시아에서의 지위에 변동이 일어나고 있다고 중국인들은 말하고 있다는 것이다.

중국이 한국에 대해서 가지는 태도에 오랜 한중 관계라는 역사가 영향을 드리우고 있는 것도 사실이 아닐까. 역사란 커다란 무게로 문화 속에 침전되어 있기 때문이다. 그들은 특히 제주도에 대해 대단한 호기심을 가지고 있다고 한다. 일생에 한 번은 거기에 가보고 싶다고 한다는데 그것은 봉래섬(蓬來島)에 대한 전설 때문일까. 불로불사의 약을 찾아간다는 환상 때문일까. 이래시 앞으로 중국에서 65만 명의 관광객이 올 것이라고 한다. 상당한 부를 축적한 인구가 이미 7,000만 명쯤은 된다는 것이다. 중국 인구 비례로는 대단치 않지만 다른 나라와 비교하면 수적으로 대단한 것이다. 중국의 관광객에 대한 우리의 준비를 모두가 염려하고 있다.

서부활극의 피날레

자카르타는 불타고 있다. 수하르토는 아직도 권력을 버리지 않는다. 계속 왕궁에 앉아 있어야 일가족의 망명지라도 제공될 터이기 때문이다. 이승만은 독재자였지만 역시 나라를 사랑하는 마음이 있었다. 민주주의를 좀 알았다고 할까. 정신적인 것이 있었고 국민을 죽이면서는 통치할 수 없다고 생각했다고 할까. 그렇게 음모가였는데도 "국민이 원한다면" 하면서 하야할 줄 알았고. 그래서 4 · 19의 비극을 그 이상 확대시키지 않았다고 할까.

한나라당의 모습은 가관이다. 조순은 이래야 5년 후에 재집권할 수 있다고 당원을 격려하고 있는 것이다. 이래야 오늘의 IMF 위기를 극복한다는 것이 아니다. 김대중은 그런 것을 방치해 둔 채 정치개혁에 대한 국민의 지지를 확대시켜 나가려는 것이 아닐까. 지금까지의 권력자들처럼 성미가 급하지 않고 권위도 생각지 않고 참고 참는 인동초(忍冬草). 이번 지방선거가 그의 통치에 대한 분수령이 될 것인가. 김영삼의 경우에는 지방선거가 그가 몰락으로 가는 결정적인 전기였다. 두고 볼 만한 역사다. (1998년 5월 15일)

"인간들은 살아가기 위한 고생이라는 객관적인 압력 아래서 오랫동안 주위의 오욕에 휘감겨 있어서 인간성에 눈뜨는 데는 시간이 걸렸다."(『부정변증법』)

아도르노의 이런 얘기에서 우리의 형편을 되돌아보게 된다. 일상생활에 매몰되어 있을 때 우리에게 근본적인 사고란 있을 수 없다. 높고 깊은 예술도 없다고 해야 한다. 우리는 IMF 체제 하에서 어떻게 살아남느냐를 생각할 뿐 그 자체 그리고 오늘의 자본주의에 대한 근본적인 사고를 금지당하고 있는 셈이다. 마치 일제 치하에서는 국가적인 독립만을 생각해야 했고 군사독재

하에서는 그것에 대한 저항만 생각했던 것처럼. '살아가기 위한 고생이라는 객관적인 압력'으로 체제에 대한 근본적인 사고를 할 여지가 없었다. 사고의 빈약, 사상의 불모. 가난이란 그렇게도 저주스러운 것이라고 할까.

병 주고 약 준다는 것일까. 그래서 그들은 IMF도 주고 그 체제를 비판하는 사상도 우리에게 준다. 그러니까 그들은 오늘도 내일도 우리를 지배하는 셈이다. 그리고 우리가 이 체제를 벗어나려는 몸부림이란 기껏해야 종교적인 것이다. 이 세상에서는 모든 것이 허무하다고 한다면 그것은 아도르노도 말하다시피 "다만 기능하고 있을 뿐이고 사회조직을 돕는 것이다." 그것은 '동의를 위한 심정적인 패스포트'라고도 했다. 현실도피로 현실 체제의 존속을 돕고 있다는 말이다. 이것이 주변적인 삶의 비극이라는 것이다. 우리는 철저한 피지배자이다.

김대중은 5 · 18에 대해서 이렇게 말했다. "형제 · 자식의 시체를 앞에 놓고" 도 "10일 동안 일체의 폭력을 쓰지 않았고 어떤 보복도 없었다. 평화적으로 질서를 지키며 대화를 요구했다." 이것은 "국민적 자랑일 뿐만 아니라 세계적 자랑이다" 라고. 그러면서 "광주를 팔아 그 정신을 왜곡시키는 일을 가장 경계해야 한다" 라고 말했다. 특히 폭력을 경계한 것이다. 지금 인도네시아의 불타는 자카르타를 멀리 바라보면 혁명에는 드높은 이념과 폭력, 심지어는 약탈하는 폭력마저 뒤섞이는 법인가.

김대중은 그렇게 정신적인 해석을 가하고 광주 현지에는 김종필을 보낸다고 한다. 너무 지역적이라는 인상을 주지 않기 위해서겠지. 이 모든 신중성을 볼 때 그는 위기를 극복할 수 있는 사람이다. 한국의 정치풍토에서는 돈이 없으면 안 된다. 그래서 다른 정치인과 무엇이 다른가라는 말도 들었다. 권모술수도 있었다. 그러나 그 모든 것은 정치적 리얼리즘이다. 참을 줄도 알고 결단을 억제하다가도 시기가 성숙되었다고 하면 단호하게 행동한다. 패배할 줄 알면서도 승리한다고 하면서 출마했다. 그래야 잊혀지지 않고 세력도 계속 이끌어 갈 수 있었기 때문이다. 돈도 얻어 나누어 줄 수 있는 것이었고 그것이 이 나라 정치풍토였다. 그러면서 실패에서 배워 가지고 승리한 위대한 정치가다. 한나라당의 운명도 이제는 결정적인 단계에 온 것이 아닐까.

(1998년 5월 17일)

요즘 절망을 발판으로 한 행동이라는 생각을 하고 있다. 정말 니힐(nihil)과 회의가 있으니까 자포자기나 폭력이 있을 수 있다. 젊어서는 그래도 희망과 목표가 있었으나 이제는 그런 것은 없다. 절망이 있으니까 뭔가 이 순간만이라도 충실할 수 있는 것, 뜻있는 것을 구한다. 거의 순간적이라고 할 수 있는 충실감을 찾는다. 다음 순간에는 또 니힐이 엄습해 오지만 이 순간이 빛날 수 있었으면 한다.

거기서 아렌트가 말하는 활동, action이라는 것을 생각할 수 있지 않을까. 그것은 무대에서의 연기처럼 사라지는 것이지만 전심전력을 부어넣는 행동이고 실천이다. 그리고 그 결과는 운명에다, 신에다 맡긴다고 할까. 아니 곧 물거품처럼 사라지는 것을 알면서도 그렇게 사는 것이다.

나는 언제나 모든 것이 헛되다고 하는 듯, 말을 타고 서쪽 광야 끝 뉘엿뉘엿 해가 지는 곳으로 향하는 서부활극의 마지막 장면 같은 것을 좋아한다. 그 걸음으로 통나무집 교회 텅 빈 안으로 걸어 들어가는 피날레도 좋다. 거대한 자연 속에서 인간으로 산다는 것이 얼마나 허무한가. 그 허무에 도전하는 것처럼 싸우고 승리했다고 해도 아니 그러면 더욱 스며드는 허무감, 이런 것이 서부활극에는 있었다. 소박했던 시절의 미국 문화에도 있었다.

지금은 니힐을 모르는, 니힐을 아는 정신성이 없는 니힐 속에서 모두가 속되고 허약하다. 서부활극과는 달리 오늘의 문화에서는 이 세상이, 거기서 얻는 하잘것없는 승리가 찬양을 받고 절대화되기까지 하는 것이다.

(1998년 5월 24일)

1930년대에 벤야민은 왜 이러한 시대가 되었는가 하고 고민하면서 그 근원을 19세기에서 찾으려고 했다. 그리하여 근대를 '부르주아의 기념비가 무너지기 이전에 이미 …폐허'라고 바라보았다.

우리는 한국의 오늘, 이 퇴폐한 현실의 기원을 어디에서 찾을 것인가. 해방 이후 남북분단의 증오의 시대를 거쳤고, 6 · 25의 극한상황에서 비인간화, 반민족화되었는데도 거기서 치유되기를 찾지 않고 도리어 그것을 증폭시켜 온 탓이 아닐까. 임진왜란 후에는 비인간화되고 비윤리적이 된 인간을 유교적으로였지만 회복하려고 했다. 그래서 국력을 기울여 『신속 동국삼강행실도』도 편집했던 것 아닌가. 심리학자 미나미(南博)의 다음과 같은 말은 음미할 필요가 있다.

"전시생활 속에서 경험하는 온갖 욕구불만의 축적은 그것이 집단적 불만이 되어 그 구성원들의 심리상태를 이상할 정도로 공격적인 것으로 바꾸어 놓는다. 이렇게 집단적으로 강화된 공격성은 기회가 있을 때마다 폭발하여 학살, 폭행이라는 결과를 낳는다."(『일본적 자아』)

이런 심성을 일본은 무사사회 속에서 치유하려고 하지 않고 도리어 확고하게 간직하고 그것을 강화하려고 했고 찬양하기까지 했다. 그렇다면 임란 후의 우리의 치유 노력이란 아주 놀라운 것이라고 해야 한다.

그러나 해방 후 특히 6 · 25 후, 반공체제 군사독재체제로 가면서 우리는 바로 일본의 무사사회가 걸어간 그 길을 밟은 것이 아니겠는가. 그러다가 '기회가 있을 때마다 폭발하여 학살, 폭행'을 일으켰다. 여기에 광주 사건도 필연적으로 일어날 수밖에 없지 않았을까. 학살, 폭행은 분출된 것이고 그렇게 발작까지는 하지 않았어도 그런 정신상태가 계속했을 것이고, 여기에 오늘 이 땅에 퍼져 있는 정신적 퇴폐에 대한 기원이 있다고 본다면 어떨까.

(1998년 5월 26일)

김대중 정부에 대해서는 많은 비판이 있다. 대담한 구조개혁을 하지 못하고 기아니 동아그룹이니 역시 부실기업에다 돈을 대주기 때문에 외국에서는 도저히 개혁을 해내지 못할 것이라고 본다고. 지방선거 때문일까. 지방선거가 끝나고도 해내지 못하면 위기는 장기화할 것이라고 말한다. 하루라도 빨라야 위기극복의 기간이 단축된다는 것이다. 그런 부실기업이 국민회의 간부들을 움직인다고도 한다. 경제 팀이 실정도 모르고 무능력하다고도 한다. 지방선거 후에도 결단을 내리지 못하면 김대중 정부는 끝장난 것이라고 보아야 한다고까지 말한다. 기업들을 살려주는데도 경상도 기업은 제외한다고 영남에서는 야단이라는 것이었다. 선거철이라 지역감정을 선동하는 것이 보통이 아닌 모양이다.

미국 경제를 말하면서 그 거품도 머지않아 꺼질 것이라고 한다. 그런데 무엇보다도 요즘 미국 사람들이 내뿜는 자신 과잉과 거만이 미국 경제의 몰락을 예시하는 것 같다고 한다. 일본이 한창때 그랬고 우리나라도 얼마 전까지 그랬지 않는가. 1960년대 동경에서 밤 관광버스를 탔더니 가이드라는 사람이 버스가 긴자에 가까워오니까 마이크를 쥐어 잡고 하던 말이 생각난다. 긴자에는 하룻밤에 100만 엔을 버는 호스티스가 있다고. 그러면서 일본 경제의 번영을 자랑하는 것이었다.

니버는 인간 역사란 구약에서 보는 것처럼 인간의 휴브리스(Hybris)에 대한 신의 벌이 반복된 것이라고 하지 않았는가. 칼을 쓰는 자는 칼로 망한다는 것도 바로 같은 맥락에서 나온 말이다. 오만하면 사실과 진실을 볼 수 없기 때문이다. 칼이 지배하는 나라에서는 인간이 비정상화한다.

(1998년 5월 27일)

프랑스에서는 철학이나 지식인의 사상이 "정치 차원의 강한 작용을 받는다"고 한다. 그래서 제2차 세계대전 후 프랑스의 지식인들은 좌경했다. 나치 시대에 공산당은 '총살당한 자들의 당'이었고 '애국의 순수성을 거세게 옹호한 자들'이었기 때문이었다. 그렇게 싸우지 못한 사람들은 그 보상으로 공산당에 가담했다.

이것은 해방 후 한국의 상황이기도 했다. 그리하여 한국에서도 마찬가지로 20세기 중엽은 철학의 시대였다. 19세기는 역사의 세기라고 말하지만, 프랑스에서도 그렇기 때문에 그 무렵에는 '나치를 방치하고 나치에 아첨하고 그러고 나서 드골에 합한 것과는 다른 사회'를 지식인들은 꿈꾸었다고 한다. (에리봉Didier Eribon『미셸 푸코전』 참조)

여기서도 우리는 오늘 20세기 말 한국에 대해서 묻지 않을 수 없다. 철학의 시대는 지나고 다시 역사의 시대가 왔다고 할지 모른다. 군사독재를 방치하고 그것에 아첨하면서 연명하고 지금 다시 민주정권 하에서도 그것에 아부하여 살아남는 이런 세력 구조와는 다른 사회를 우리는 꿈꾸고 있는 것인가. 아니 우리는 실망과 절망 속에서 이미 그런 꿈을 포기했을 수도 있다. 나도 역시 정치적 현실주의라는 이름으로 현실을 긍정하고 있다. 거기서 철학이나 이념은 포기하고 역사란 그런 것이라고 체념하고 있는 셈이다.

(1998년 6월 4일)

거듭되는 역사적 과오

지방선거에서 여당이 압승했다고, 수도권에서는 국민회의가 대승했으니까. 이것은 다음 국회의원 선거에도 이어질 것인가. 51.6%라는 낮은 투표율. 정치를 하는 자들은 믿을 수 없다는 것이다. 바른 사람이 나올 정치구조가 아니다. 그런데 정치구조개혁이라면 기껏해야 야당의원 빼오기일까. 그렇다면 과거와 무엇이 다른가. 벤야민이 말한 대로 부르주아 사회에는 모든 것이 영원회귀라는 말인가. 의회정치란 요식행위이고 정말 정치 따로 민심 따로이다.

영남의 불만이 강하다면 이제는 영남이 과거의 호남처럼 된다는 말인가. 강원도는 기성질서 유지다. 투표율이 낮으면 이미 잘 알려진 현직이 유리한 셈이다. 이념도 이데올로기도 사라지니까 뭉치는 것은 무의식적인 감정에 의해서다. 그래서 아무리 규탄해도 지역감정은 요새처럼 강하다. 이런 때면 군사독재 같은 것이 나오는 법인데 지금은 그것에 대한 쓰라린 기억을 간직하고 있으니까 무사하다. 더욱이 IMF 관리체제 하에 있으니까. (1998년 6월 5일)

후보를 세운다면 모두 낡은 체제 하의 유물들로, 지명도가 높다느니 행정 경험이 있다느니 하면서 그 체제 그 인물이 계속된다. 그렇게 해야 다수표를 얻을 수 있다니 이것이 국민의식, 정치풍토라는 것이다. 국민 전체가 비윤리적이고 반정신적이다. 그러니까 누가 해도 마찬가지라고 기권한다. 그리고 당선을 결정하는 것은 조직표나 이해관계로 던진 표라고 하겠다. 각기 자신을 중심으로 해서 거기에 따라 투표하는 셈이다.

입후보한 사람들이 정책대결을 해야 한다고 하는데 그것은 우스운 일이다. 좋은 정책이라고 하면 한 수를 더 뜨자는 말잔치인데, 상대를 비방하기 위한 흑색선전 같은 것으로 차이점을 드러내자는 것이라고 해야 한다. 정말 구토할 만한 시대인데 이 역사의 구원을 시간에나 맡겨야 하는 것일까. 19세기 후반의 프랑스도 그랬다. 타운 홀 미팅 같은 데서 성장하지 못하고 우리나라에서는 독재를 거치면서 간신히 얻은 민주주의였으니까 잘살게 해 준다고 거짓 구호를 내걸고 자기만 잘살 꿈을 꾸었다고 할까.

아렌트는 프랑스혁명을 목표만 내걸고 수단은 무엇이든 괜찮다는 식의 비민주적인 자세가 드러난 것으로 해석했다. 미국 독립의 혁명은 타운 홀 미팅서 민주적인 과정을 통해 공공이익을 찾으려고 했다고 보았다. 그러나 그도 말년에는 미국의 민주주의가 정당 관료주의에 의해서 작용을 하지 못하게 되었다고 보았다. 우리는 처음부터 정치 따로, 민심 따로 가려는 것이 아닐까. 정치는 그들만의 장난이고 기껏해야 축제에 불과한 것이 되고 말았다.

(1998년 6월 6일)

나는 우리나라 사회과학자들이 여러 가지로 중대한 문제를 소홀히 하고 있다고 생각한다. 그중 하나가 이번 지방선거에서도 뚜렷하게 나타난 지역감정 또는 지역주의라는 문제다. 그것은 어디서 기원했는가. 그 터무니없는 허상, 반이성적인 언설(言說)에 대해 그것을 해체하기 위해서도 푸코가 말하는 고고학을 시도해야 한다. 그것은 오늘날 한국인의 기본적인 의식이라고 해야 하는 것이 아닌가.

또한 사회학적으로는 지금 영남과 호남의 격차는 어디까지 와 있는가를 정말 통계학을 써서 해명해야 한다. 그것이 영남 정권이 30여 년이나 계속되면서 이루어 놓은 것이라면 부의 편중을 통해서 영남 군부 세력이 이 사회를 어떻게 점령지배해 왔는가도 찾아보아야 한다. 특권이 부여되고 부가 거기에 편중되면 그것은 대대로 이어진다. 교육에서조차도 특권을 가진다. 외국 유학을 통해서 특권에 대한 면허를 얻는 사회니까 더욱 그렇다. 지역주의란 남을 배제하고 남을 광기로 내모는 현대의 질환이 아니겠는가.

이러한 현실에 대한 연구로서 우리 사회에 대한 가장 근원적인 비판이 전개되어야 하는 것이 아닌가. 우리가 직면하고 있는 중요한 문제에 대한 지식인의 회피, 학문적인 망각은 심각한 문제라고 해야 한다. 그런 태만을, 그런 연구는 지역감정을 도리어 조장하는 것이라는 자기변명으로 호도하고 있는지도 모른다. 현실에 직면할 용기 없이 어떻게 사상이나 학문이 가능하다는 것인가.

이런 지역주의, 민족적인 분열을 가지고 어떻게 통일을 바랄 수 있다는 것인가. 그런 봉건적인 의식이 근대화 속에서 이렇게도 강화됐는데 북쪽이 2등 국민적인 지위로 편입된다면 정말 무서운 상황이 나타나는 것이 아니겠는가. 그들은 어떠한 자기방어의 수단도 가지고 있지 못할 텐데. 국민 각자 속에서 의식적으로 자기극복을 위한 처절한 싸움이 일어나야 할 것이다.

(1998년 6월 7일)

지난번 한일 역사회의에서 들은 말이다. 왜 일본은 한국 대통령이 방일할 때마다 사과를 해야 하느냐고 양국 차관회의에서 일본 측이 말했다고 한다. 그것이 그들의 일치된 생각으로 외무성은 적당히 교섭만 하는 것이지 알맹이 있는 실천을 하려고 하지 않는 모양이다. 우리가 하는 역사회의가 바로 그런 것이다. 입으로만 사과하지 실천에서는 일보의 진전도 없다. 그러니까 사과해야 한다고 거듭 강요하게 되는 것 아닌가.

클린턴은 중국을 방문하여 미 · 중 우의를 다짐하고, 일본에는 일본의 내수확대 등에 대한 경고조의 발언만 하고 들르지도 않는다. 중국 사람들은 자기들은 구조개혁을 해내지만 일본은 못해낼 것이라고 한다. 주체적인 결단은 없고 외압에 밀려서야 하는 사람들이니까. 일본에 대해서 일본이 자칫하면 고립될 가능성이 있다는 경고를 주는 것은 중요하다. 이번 김대중 대통령의 방일이 성공적이 되지 못한다면 한국은 중국으로 기울고 한 · 중 · 미의 우의가 깊어질 것이라는 경고를 보낼 필요가 있다. (1998년 7월 3일)

전쟁에서 생기는 이상(異常) 심리, 사람고기를 먹는 데까지 이르고 살인에 환희하던 인간. 치유를 받아야 한다. 사회주의 사회에서는 밀고를 일삼고 숙청에 가담하고 남을 적으로 삼고서야 살아남을 수 있었다. 그러한 이상 심리와 그런 비인간화에서 비롯되어 세계가 달라졌는데도 북에서 오는 잠수함은 끊이지 않고 있다.

한국의 군사독재, 거기서 나타난 이상 심리, 그것이 치유되지 않고 있다. 영남에는 박정희 딸만 가면 한나라당의 득표율이 올라간다고 한다. 박정희의 이상 심리 조장이 아직도 계속되고 있는 셈이다. 민주주의 사회에서는 그런 이상 심리에 대한 치유를 생각해야 한다, 베트남 전쟁 후의 미국에서처럼.

수험전쟁 같은 경쟁사회를 살아도 젊은이들은 치유를 받아야 하는데. 거기서 나타난 이상 심리, 심리적 질환을 더욱 강화하는 사회다. 지금 영남 심리를 부추기는 정치처럼 말이다. 한국은 전면적으로 치유를 받아야 할 사회다. IMF라는 것이 사회적 병리현상을 더 부추기고 있는 셈이다. 경쟁에서 이겨야 하고 패배하면 추방한다고 하기 때문이다.

기독교가 이상 심리의 시대에 어떤 역할을 담당하느냐 그리고 그런 시대가 끝났을 때 상처받고 비인간화된 상황을 인식하고 어떠한 치유행위를 하느냐 하는 것은 중요한 문제다. 그런 이상 심리로 스스로도 상처받은 채 그 시대에도 그 시대 이후에도 그릇된 체제에 편입되어 있을 수도 있지 않을까. 이런 점에서 한국 교회 특히 서로 대립하고 있는 지역의 교회에 대한 사회조사는 매우 필요한 것이 아니겠는가. (1998년 7월 19일)

아도르노도 말했지만 "정신을 부정함으로써 정신을 구출한다"는 생각은 서구사상의 근본에 깔려 있는 것이다. 자기부정, 그것은 기독교에서 왔을 것이다. 불교에도 강한 부정의 논리가 있다. 그러나 기독교와 불교의 부정은 다른 것이 아닐까. 자기를 부정함으로써 진실에 이른다.

이때 진실이 무엇이냐 하는 것이 문제라고 생각된다. 인식과 관념에 머무는가, 그것이 역사적 사실이며 실천과 하나인가 하는 데 차이가 있는 것 같다. 그러니까 이 역사가 진실이냐 무냐, 자기부정의 정신이 역사에 되돌아오느냐 그렇지 않느냐에 갈림길이 있는 것이라고 생각된다. 아도르노는 주관의 부정이 객관을 인식하기 위한 전제조건이라고 했다. 불교에서는 주관만이 아니라 객관도 무이며 공이라고 했다.

7월 21일 보선에서 김대중 정권은 7의석 중에서 3의석밖에 건지지 못했다. 이제는 강원도에서까지 자기네 사람 대통령 만들기에 참여하자고 해서 표를 모았다고 한다. 마르쿠제는 "개인의 의식을 압도하고 사회적 기초를 가지지 못한 채 집합적 무의식을 동원"하는 데서 '전체주의적인 것'을 보지 않았던가.

오늘의 상황은 바로 전체주의 전야이다. 도산 안창호는 위대했다. 「갑자논

설」에서 이렇게 말씀하셨다.

“오늘날 우리가 요구하는 합동은 민족적 감정으로 하는 합동이 아니요 민족적 사업에 대한 합동이외다. 민족적 감정으로 하는 합동은 인류사회에 폐단을 주는 것이라 하여 깨뜨리어 없이 하려고 하는 이조차 있습니다.”

「청년에 부치는 글」에서는 또 이렇게 말씀하셨다.

“조직에 합당한 지식, 조직에 합당한 신의—이것을 갖춘 그 인격 없는 것이 한 큰 원인이다.”

제국주의로 달리는 민족주의. 우리의 경우도 애국열은 과다한데 합리적이지 못하고 조직적으로 힘을 만들어 내지 못하는 데 대해서 고뇌하면서 하신 말씀이다. 아렌트가 말하는 ‘프래터니티’(fraternity)만 있고 진정한 ‘프렌드십’(friendship)이 없는 상황이다. 룰도 없고 계약 관계도 없고 자제할 줄도 모르고 조직, 즉 ‘파워’를 이룰 줄 모르는 ‘스트렝그스’. 그것은 위험하다는 것이다.

이런 지역주의의 범람, 지도자를 섬기면서 조직이나 ‘파워’를 이루어내지 못하는 상황이다. 19세기 말에 개화를 위한 설득이 필요했듯이 지금도 설득과 계몽이 필요한데 김대중이 혼자 뛰고 있을 뿐 국민운동이 없다. 모두가 자기이익과 지역감정에 방치되어 있다. 국난(國難) 앞에서도 이렇게 국민이 분열돼 온 역사이다. 4 · 19의 희생을 마다하지 않았으나 승리 후에 나타났던 무서운 이기주의와 그것에 의한 끝없는 혼란을 새삼 생각한다.

국내가 그렇고 남북이 분열되어 있고 동북아시아가 이해와 협력을 모른다. 우리의 선각자들이 개탄한 상황이고 3 · 1독립선언이 애달프게 부르짖은 ‘동양평화’를 생각하게 된다. 거기서는 하버마스가 말하는 ‘국가의 시민’이라는 것과 ‘세계시민’이라는 것이 동시에 추구되었다.

지난날 개화는 곧 일본화라는 현실에서 우리는 수구로 달리려고 하지 않았던가. 오늘은 IMF체제의 수용이란 곧 세계 금융자본에의 편입을 의미한다고 볼 것이 아닌가. 달러와 유로 앞에 놓인 아시아는 그 체제를 수용하면서 거부한다고 할까. 그것을 받아들이면서 자강을 추구한다고 할까. 여기 반발하는 세력, 그것을 인식하지 못하는 무리들. 계몽과 설득이 필요한데 그것은 혼자서 가능한 것이 아니고 적어도 19세기 말 20세기 초에 볼 수 있었던 국민운동이 뒷받침해야 하는 것이다. 그런데 지금으로서는 시민운동, 시민의 자각과 열기가 없다. 대중소비사회에서 그 정신이 몰락했다고 할까. 민족적 열기가 결여된 시대. 타락한 정치가 그런 상황을 부추기고 길을 막고 있는 셈이다.

(1998년 7월 23일)

푸코, 오늘을 진단하는 철학

미셸 푸코는 '철학의 역할은 진단하는 것' 철학자는 "'오늘이란 무엇인가'를 진단하는 사람"이라고 생각했다(D. 에리봉 『미셸 푸코전』). 여기에 저널리즘이 철학을 떠나서는 안 될 이유가 있다. 벤야민이 말한 대로 현실적인 것에 숨어 있는 참다운 '액추얼리티'(actuality)를 찾아내려는 노력이 있어야 하기 때문이다. 그렇지 않으면 정보 그것도 천박한 눈에 비친 것만이 남아서 퍼져나갈 것이다.

에리봉은 구조주의와 실존주의의 논쟁에 대해서 이렇게 기록했다.

"푸코는 사르트르의 말투를 비꼬아대면서 그의 반응은 사상의 가차 없는 걸음을 막으려고 하는 마르크스주의의 최후의 시도라고 생각한다."

마르크스주의는 그것이 아닌 것을 적으로 삼음으로써 사상의 전진, 지성의 자유로운 발전을 가로막았다. 교조주의란 그것에서 온 당연한 귀결이었다. 그런 사회의 후유증이란 대단하다. 주자학만은 허용하고 사상의 흐름을 막으려고 한 우리의 역사. 그것은 익숙하지 않은 새로운 담론에 대한 공포였다. 그 후유증 속에서 우리는 살고 있다. 반공주의도 그렇지만 북의 사회주의는 그야말로 이중, 삼중으로 교조주의화한 것이 아닌가. 통일의 날이 온다면 그 무서운 후유증을 우리 모두가 짊어져야 한다. 조선조에서부터 온 사상의 자유로운 흐름을 막으려는 집요한 노력이 여기까지 와 있는 셈이다.

프랑스에는 그렇게도 많은 사상적인 잡지가 있다. 그 사이에 논쟁이 끊이지 않고. 거기서 강하게 자기주장을 하면서도 형성된 지식인의 네트워크가 존재한다. 이것이 바로 문화와 사상이 탄생하고 성장해 갈 수 있는 문화적 풍토다.

푸코는 사고의 체계가 우리의 사고와 개념을 규정짓는다고 보았지만 그 체계가 가진 물질적인 하부구조가 그러한 문화풍토라고 해야 한다. 사고나 개념은 그것의 상부구조다. 미디어가 없다면, 지적 네트워크가 없다면 지성의 성장이란 있을 수 없다. 미디어에 의해서, 그 요청에 따라서 지적 활동은 전개된다. 기회가 없는데 어떻게 지적 활동이 가능하겠는가. 지적 활동은 지적 공간에서 이루어지는 것이다.

우리에겐 정도 높은 종합지도 지적인 잡지도 없다. 그러니 사상가도 사상도 출생해서 성장해 갈 물질적 기초가 없는 셈이다. 우리는 언제라야 이 난제를 풀 실마리를 찾을 수 있을까. (1998년 7월 25일)

미셸 푸코가 1970년대 초에 '형무소 조사집단' 운동을 전개한 것은 매우 중요하다. 그것은 '용서할 수 없는 것을 용서하지 않는 조사'라고 했다. 이 질서를 해체시킬 수 없다고 하여도 그 질서를 분석하고 가면을 벗겨서 '가시적(可視的)인 것'으로 만들어야 한다는 것이었다. 형무소가 비행을 생산하고 사람들을 숙명적으로 비행자로 머물게 한다. 이 운동에서 그의 저서 『감옥의 탄생』도 집필되었다.

우리도 '형무소 조사집단' 운동을 시작해야 하는 것이 아닐까. 특히 소년원이나 육군 형무소는 범죄를 생산하는 곳이 아닌가. 아도르노는 '풍토가 존속하는 것을 견딜 수 없어 하는 자연발생적인 활동'을 윤리적 실천이라고 하였다. 권력 아래서 "왜 공포가 언제나 존속하는가" 하는 것을 인식하자는 것이 이론이라고 하지 않았는가(『부정변증법』). 푸코에게 형무소란 윤리적 실천을 불러일으키는 것이면서 동시에 이론적인 탐구를 촉구하는 것이었다.

철학은 '진단하는 것'이고 철학자는 "'오늘이란 무엇인가'를 진단하는 자"라고 했지만 푸코는 실천을 매개로 거기에 도달했고 거기에서 또한 실천에 나서지 않을 수 없었다. 여기에 지식인의 모습이 있다. 우리나라는 오랫동안 인권의 사각지대였는데. 독재란 우리들의 인권감각을 마비시켜 놓고야만 통치할 수 있었다. 세뇌하고 무사고(無思考)로 만들었다. 살아남기 위해서 그랬겠지만 보들레르가 말하는 것처럼 "민중은 사고 능력을 잃게 하는 채찍에 매료된다."

그 후유증, 팬타스마고리아(phantasmagoria). 그래서 사형집행자들은 살아남고 순교자의 흐느낌은 잊혀진다. 그래서 박정희는 되살아나고 그의 딸마저 터무니없는 언설로 국회의원이 된다. 이것을 비판하는 언론이란 없다. 독재가 만든 반인권적 풍토다. 그 정도로 세뇌되고 마비되어 있다.

인권이라는 눈으로 우리나라 풍토를 바라보아야 한다. 우리도 양심수의 인권은 말하면서 일반수의 인권은 망각하고 있다. 우리도 현대적인 권력이 일삼는 분할에 동참하고 있기 때문이다. 지식인이란 정치권력의 결함이나 찾아내서 비난하는 것이 아니다. 그것은 야당이 하는 일이다. 지식인이 거기에 동조해서 불평이나 한다면 그것은 회피와 자위. 그리고 자기정당성을 가장한다면 그것은 위선이다.

역시 우리 손으로 계속 해방을 추구하는 것이다. 지역주의와 같은 자리 잡은 이상 심리의 흑암을 파헤쳐야 한다. 이 개혁의 시대에 우리가 할 수 있는 '용서할 수 없는 것을 용서하지 않는 조사'를 수행해야 하는 것이 아닐까. 그것은 실천이면서도 이론적인 작업이다. 여기에서 지식인은 계속 지식인일 수 있을 것 아닌가. 거기에서 이룩되는 지적 생산물이란 『감옥의 탄생』에 대해서 말해 온 것처럼 "흑암의 교훈에서 양분을 받고 있는" 책이라고 하게 되는 것이 아닐까. 그것은 현실 밑바닥에 깔린 '액추얼리티'를 가시적이게 하는 것이다.

우리 지식인에게는 오랫동안 혁명에의 참여를 지상의 과제로 삼아왔기 때문에 폭력적인 정치권력과 그들의 경제적인 독점만이 비판행동의 대상이라고 생각하는 경향이 있는 것이 아닐까. IMF체제 아래서 그 대상이 희미해지자 그들의 비판도 왜소해지고 표층적인 것이 되었다. 또는 사회적으로 그들의 퇴장이 강요됐을 뿐만 아니라 그들 스스로도 퇴장을 받아들이고 그것을 희망하기까지 했다. 우리들의 지(知)를 문제 삼아야 한다는 근본적인 투쟁을 발견하지 못한 것이다. 감옥은 물론이고 대학 자체에서도 그 지(知)가 어떻게 세뇌되어서 권력에 예속되어 있는가를 물으려 하지 않는 것이 아닌가.

(1998년 7월 26일)

푸코는 '형무소 조사집단'이라는 활동에서 그야말로 『감옥의 탄생』을 탄생시켰다. 그러니까 그것은 계보학적(系譜學的)이지만 이른바 지나간 역사에서 나온 것이 아니라 '현대 이 시대의 역사에 대한 집필'이었다. 그의 실천 없이는 이 책이 있을 수 없었으며 그것은 실천으로 회귀하기를 촉구하는 책이다.

그래서 그는 『광기의 역사』도 『감옥의 탄생』도 '작은 도구 상자'라고 말했다. 거기에서 '장도리'라든가 '볼트 돌리기'라든가를 찾아내서 '권력 시스템'에 정전을 일으키든지 그것을 '실격'으로 내몰아야 한다는 것이다.

여기에 푸코의 위대한 사상이 있었다. 그래서 그의 학문 그의 저작은 그렇게 난해하지만 생기가 있었다. 한국의 학문, 사상이 생기를 잃은 것은 바로 그것과 상반된 연구로 전락했고 그런 무기력한 것으로 자기정당화를 꾀하면서 그것이 바른 학문이라고 말하고자 하는 데 있다고 할 수 있지 않을까.

이렇게 해서 체제에 봉사했던 것이다. 그런 식으로 권력에 따르는 가치관으로 스스로 활기를 잃었고 시민들을 무력하게 한 것이다. 미국사회에서 보는 것처럼 그것이 부르주아사회 권력이 우리에게 과한 '지'의 세계다. '일망감시장치'(一望監視裝置) 아래서 형무소뿐만 아니라 사회 전체가 관리되고 계층화되고 획일화된 것이다. 사르트르는 그것을 '우리 모두를 일종의 강제수용소적인 세계 속에 가두어 둔 억압체제'라고 했다(에리봉 『미셸 푸코전』).

(1998년 7월 29일)

푸코는 '특수를 목표로 하는 지식인'을 지향했으며 사르트르적인 지식인은 '전체를 목표로 하는 지식인'이라고 했다. 후자는 체제를 전복하려고 혁명적이었음에 비해 전자는 "전적으로 명확한 문제점에 대하여 한정된 장소에서만 행해지는" 국지적인 투쟁을 감행하는 것을 의미했다. 베트남 전쟁 반대나 이민추방 반대투쟁 그리고 이란 혁명 지지와 같은 문제 중심의 투쟁, 말하자면 인권을 위한 투쟁이었다. 이란이 혁명 후 다시 폭력적이 되었을 때는 그것과 싸워야만 했다. 그것은 '권력의 시스템 그 자체, 권력의 행사와 적용 모두'와 싸우는 '근본적인' 것이었다.

그는 이란 혁명 후의 폭력적 사태에서는 당황하고 절망하였다. 실패하고 만 사명. 그래도 신념을 버리지 않고 사실을 재검토하고 자신에게 충실하면서 판단을 변경한 것이라고 에리봉은 말했다. 아렌트가 말했듯이 모든 혁명은 실패한 혁명이다. 우리도 민주화 운동에서 그런 모습을 뼈아프게 체험한 것 아닌가. 그렇다고 혁명적인 이상과 이념을 포기하는 것이 아니라 현실을 재검토하고 판단을 수정하면서 이상에 대한 리얼리스틱한 접근을 다시 시도한다. 이것을 살아가는 것을 미셸 푸코에 따르면 '마음 편치 못한 데 대한 윤리'라고 하겠다. 다시 일어서는 것이다. 절망으로 전락하거나 반동으로 타락하지 않고.

푸코의 "권력은 아래서부터 온다"라는 명제는 정말 그렇다고 생각한다. "지배자와 피재배자라는 이항대립적(二項對立的)인 것이 총체적인 대립을 이루는 것이 아니다." 우리 주변에서 나타나는 관계가 권력을 형성한다. 여성차별을 하고 소수민족을 차별하고 지역감정으로 뭉치고 계급적 권위적으로 대하는 것이 박정희 군사 권력을 가능하게 했다. 그 권력을 산출했다. 그러니까 그가 무너진 다음에도 사회는 변하지 못했다.

새로운 인간 관계, 생산 관계, 가족 관계 또는 여러 가지 제도 하에서의 '역학 관계'가 생겨나야 권력도 달라진다. 그러니까 "전체를 목표로 하는" 혁명적인 투쟁보다 "특수를 목표로 하는" 인권적 투쟁이 중요하다. 그것은 혁명 후에 퇴폐해지는 일이 없고 혁명 후의 폭력 하에서도 그칠 줄 모르는 투쟁을 전개하면서 좌절을 모른다. 현실에 대한 새로운 파악과 그것에 대한 새로운 판단으로 자신을 견지하면서, 말하자면 자기반성과 자기비판으로 더 성숙해진다. 민주화 운동의 좌절 후에 우리가 다시 찾아서 세워야 하는 자세란 이런 것이 아니겠는가. 그것이야말로 불굴의 정신이다. (1998년 8월 3일)

지식인은 퇴장하는가

1981년 12월 폴란드에서 야르젤스키 장군이 연대를 탄압했을 때 미셸 푸코와 여러 프랑스 지식인이 취한 행동은 놀랄 만하다. 미테랑 정부는 그것은 폴란드의 국내 문제니까 개입할 생각이 없다고 했다. 이에 대하여 프랑스의 지식인들은 군사독재의 성립을 폴란드 국내 문제라고 하고 "폴란드인들에게 자기네 운명을 스스로 결정하게 한다"고 하는 것은 '도덕에 반하는 거짓된 주장'이라고 항거했다. 그러고 나서 벌어지는 TV 또는 신문과의 연계투쟁은 정말 놀라운 것이었다.

한국은 지식인의 나라라고 하지 않았던가. 지식인의 퇴장과 전락과 퇴폐가 계속되었고 저널리즘이 전락했다. 지식인이 재기하는 시기는 올 것인가. 김대중 정권이 개혁을 해낼 수 있다면 그런데도 김종필의 자민련이 기어코 내각책임제로 자신들의 권력을 회복하려고 한다면, 그때가 지식인 복권의 시기일지도 모른다.

푸코의 1981년 투쟁 때처럼 TV와 『해방』과 같은 신문의 역할이 중요하다. KBS, 『한겨레신문』 등이 중요한 몫을 담당해야 할 수도 있다. 복귀하려고 하는 부패한 세력에 대한 투쟁일 테니까. 김대중 정권 2년이 가까워지면 미리 준비를 해야 하는 것이 아닐까. (1998년 8월 4일)

조선 왕조 500년은 세계에서 가장 긴 왕조라고 한다. 그것이 가능했던 것은 국외적으로는 중국에 대한 사대적인 관계가 있었고 국내적으로는 공고한 주자학적인 체제가 있었기 때문이 아니었을까. 무사사회라면 무력에 의한 정권 탈취가 없을 수 없다. 오늘에도 군사우위의 사회에서 문관체제가 확립되어 있지 않다면 쿠데타란 언제나 일어날 수 있을 것이 아닌가.

그렇게 해서 정권을 탈취하면 그 정통성을 부여받기 위해 유럽에서는 로마 교황이 필요했고 일본에서는 천황이 필요했다. 그래서 쇼군(將軍)은 세이이다이쇼군(征夷大將軍)이 되어야 하는 것이었다. 그러므로 누가 정권을 쥐든 교황이나 천황은 필요했다. 그렇게 해서 그런 제도는 존속할 수 있었다. 조선 왕조에서는 왕조의 혈통이 정통성을 부여해 주니까 쿠데타를 일으키면 왕제(王弟)쯤을 찾아서 왕으로 세워야 했다.

우리나라에서는 지식인의 전통, 그 역할이 프랑스에서처럼 매우 중요했다. 그러므로 지식인이 그 자리를 회복하려는 노력이 있어야 한다. 미셸 푸코는 '60년대 이후의 지식인의 역할'이라고 해서 다음과 같이 말했다.

"바로 자기체험, 자기능력, 자신의 개인적 선택, 자신의 욕구에 따라서 자기의 자리매김을 하는 것."

남에 의해서 역할이 결정되는 것이 아니라 지식인들은 철저하게 자신에 따라서 행동한다는 것이다. 그러면서도 그 역할이란 사회적이어야 한다. 전통적으로 유교사회에는 그런 지식인이 넘쳤다. 오늘은 그런 지식인은 쇠퇴했고 퇴장했다. 그러나 다시 지식인이 민중과 연합하는 결정적인 역사, 역사의 전환점이 올 것만 같다. (1998년 8월 5일)

클린턴의 성 추문에 대해서 부인 힐러리 여사가 그것은 극우 보수파의 음모라고 반격을 가했다고 한다. 그래서 힐러리 여사의 인기는 상승했다. 종전의 대통령 영부인과는 다른 그의 이미지가 이제는 이해를 얻고 지지를 받는다는 것이다. 대통령 그늘에서의 영부인이 아니라 스스로의 의지로 행동하는 여성이라는 것이다.

그리고 클린턴 대통령의 지지도도 여전하다는 것이다. 무엇보다도 그의 경제적인 성공 때문이라고 한다. 그는 그런 지지도를 위하여 세계에 대하여 무리하게 미국의 경제적 우위를 강요한다. 언제나 극우가 용납할 수 있는 강경 자세를 보여야 하고. 그것이 극우가 원하는 바가 아니겠는가. 개혁적인 권력을 그들 스스로의 목적과 이익을 위해서 사용하는 것이 되는 셈이며 거기에 리버럴들도 동조하고 있는 것이다. 이렇게 해서 세계 특히 아시아는 미국의 패권에 울어야만 하는 것일까. 극우 세력의 거대한 음모. 세계사는 그들이 조작하는 것이라는 말.

벤야민은 모든 인간적인 제작물이 역사적으로 그 삶을 끝낼 때에는 폐물이 된다고 생각했다. 그런 말기의 모습이란 '히포크라테스의 얼굴' 즉 죽음의 얼굴을 띠게 된다. 이런 것을 바라보는 인간의 정서란 우울이고 권태라는 것이었다.

벤야민은 여기서 혁명 전야의 부르주아 사회의 모습을 그려냈다. 그러나 나는 혁명 후의 모습도 그런 것이라고 생각한다. 오늘 우리 사회에서 보는 것처럼, 혁명이 낡은 역사적인 삶을 끝나게 하는 것이 아니라 그 죽음의 얼굴을 더욱 절정에 이르게 하기 때문이다. 그 후에도 말기의 얼굴은 계속하는 것이고 그것과 대면하는 인간의 우울과 권태는 계속하는 것이다. 그러므로 그런 우울과 권태에서 기분전환을 하려고 안간힘을 다하게 된다. 소비나 대중문화, 나아가서는 폭력이나 성이나 음주도 여기에 동원된다.

그렇다면 종말과 새로운 시작은 언제 오는 것일까. 자본주의가 얼굴 표정을 다소 달리하면서 계속하는 것처럼 그것은 역사 내재적인 원인에서 오지는 않을 것 같다. 인간의 간지(奸智)가 그 종말과 새로운 시작을 가로막고 있기 때문이다. 혁명 세력조차도 그것에 동원되고 만다. 혁명 과정에서 고양된 이념과 인간성만이 희미한 기억 또는 흔적으로 남는다고 할까. 밖에서 오는 비약이 없다면.

어떤 민족이 남달리 거대한 에너지를 가지고 있다고 하자. 그것은 위대한 문명을 낳는 정신으로도 나타나고 또 거대한 정복이나 폭력 잔인성으로도 나타나는 법이다. 유대인의 경우도 미국인의 경우도 그런 것이 아니겠는가. 그렇기 때문에 거대한 문명이란 인간 구원의 사상과 인간 멸망의 잔인성이 뒤얽힌 것이라고 해야 하겠다.

뮤지컬 「명성왕후」를 보았다. 미국 뮤지컬이 동양에서 새로운 모습을 띠게 됐다는 의미에서도 그것은 새로운 시도라고 할 수 있지 않을까. 테마도 미국식 중산층의 낙관주의적인 것, 해피엔드로 끝나는 것이 아니다.

민비가 죽을 때 여러 명의 궁녀들이 쓰러진다. 왜 역사는 민비의 죽음만 기록했을까. 인간의 생명은 동일한 것인데. 궁녀들의 죽음, 숨겨진 보잘것없는 죽음을 찾아가는 것이 오늘의 역사가 아닐까 생각했다. (1998년 8월 17일)

벤야민은 '폐허', '역사의 경과라는 이미지가 각인된 자연, 즉 썩고 낡은 자연'을 문제 삼았다. 벤야민이 말하는 '자연사'(自然史), 자연과 역사의 관계를 어떻게 생각할 것인가. 인간이 자연이면서도 정신인 것처럼 역사도 자연의 세계이면서도 정신의 세계이다. 슈펭글러가 말한 탄생, 성장, 번창, 쇠퇴라는 삶의 사이클은 자연의 경과이지만 그것이 인간 역사의 경과이기도 하다. 그러한 순환은 자연사이면서도 역사가 걸어가야 할 길이라고 해야 한다. 그때는 역사, 즉 자연이고 건전한 자연사 과정이 전개되는 셈이다.

가령 오늘의 부르주아 사회에서처럼 죽음의 얼굴을 하고 빈사상태에 빠진 역사를 인위적으로 억지로 유지하려고 할 때 얼마동안 자연사를 연기시킬 수는 있다. 그때는 반복되는 역사일 뿐이다. 마치 모드를 달리하면서 계속되는 상품이나 정치적 구호를 달리하면서도 마찬가지로 되풀이되는 정치처럼 일종의 '영원회귀'의 현상이 나타난다. 이것이 바로 벤야민이 말하는 '썩고 낡은 자연'이라는 것이 아닐까.

거기에는 건전한 생명의 과정이란 없다. '히포크라테스의 얼굴' 그 임종의 모습(相)이 계속되고 연장될 뿐이다. 생명은 출생했다가 자연 그대로 죽어야 한다. 산소호흡으로 연명하는 썩은 얼굴만이 있을 뿐이다. 거기에서는 자연의 순환, 슈펭글러적인 자연의 사이클이 단절된 채 몸부림치고 있다. 그리고 낡은 레코드판처럼 영원한 반복이 계속된다.

아마 그러다가 생명 자체가 종말을 맞이하게 될 것이다. 인류문명 또는 지구의 종말도 역시 그렇다는 것이다. 그때 역사가 보여 주는 자연이란 생명을 제거한 정말 내용 없는 반복이라는 형식뿐이다. 이것이 '썩고 낡은 자연'이라는 것이 아니겠는가.

슈펭글러가 본 것처럼 말기 부르주아 문명 이전의 오랜 인류의 역사는 탄생, 성장, 번창 그리고 쇠망이라는 건전한 정상적인 자연사(自然史)를 반복했다. 그러나 말기 부르주아 문명에서는 그러한 자연의 궤도에 대한 거역이 계속되고 있다. 그래서 '히포크라테스'의 죽음의 상이 이렇게 오래 계속되고 있다는 것이다. 혁명은 반혁명으로 이어지고. (1998년 8월 18일)

클린턴이 케냐 미 대사관 폭파의 범인이 아랍 세력이라고 수단과 아프가니스탄의 이른바 게릴라 훈련 기지에 미사일 폭격을 가했다. 소련 없는 시대에 미국의 폭거. 혁명 불가능의 시대에 거대한 폭력과 싸우는 길은 게릴라 작전밖에 없다는 것 아니겠는가. 역시 이슬람과의 대결. 그런 데서 헌팅턴은 문명 충돌의 가능성을 보았다는 것이겠지. 클린턴의 섹스 스캔들은 이래서 미국 국민의 관심에서 벗어날 것이라고 한다. 미국 국민은 90% 이상이 이런 강경정책에 찬성한다고 하니까, 이제 아랍 세계에서 더욱 반미의 움직임이 커질 것이다.

무엇보다도 공화당이 대찬성이고 극우 세력이 박수갈채를 하고 무기 상인들이 기뻐할 것은 말할 것도 없다. 서부활극 시대가 계속되는 것 같다. 섹스 스캔들로 클린턴은 이런 극약을 계속 쓰면서 연명할 것이다. 민주당을 내세워서 극우 미국이 더욱 음모를 꾸미고 그 효과를 보는 셈인데, 그래도 리버럴은 클린턴을 극우와 싸운다고 지지할 것인가.

이런 악순환이 언제나 끝날 것인가. 역사의 종말에 되풀이되는 영원회귀 현상이다. 그러면서 미국도 세계도 퇴폐해지고. 모두가 강자를 닮으려고 할 테니까, 이 수렁에서 헤어날 길이 없다. 여기서 역사의 종말이란 예기치 않게 초월에서 찾아오는 것이라고 보게 된다. (1998년 8월 22일)

중우(衆愚)정치

어제 정대철을 구속하고 오늘부터는 한나라당 의원들을 줄줄이 구속할 모양이다. 김대중은 은인자중(隱忍自重)한다고 할까. 국민들이 야당 탄압이라고 동정하기보다는 철저한 사정을 요구하는 공기가 짙어지자 칼을 뺀 셈이다. 그는 국회의원들이 어떤 인간들이라는 것을 누구보다도 잘 알고 있다는 것이겠지 .

31일에 이회창이 전당대회에서 대표가 됐지만 나아질 것이 없다고 보인다. 이회창은 누가 시켜주면 고위의 자리에 앉는 것이고 자기가 싸워서 획득하지는 못하는 인물인데 그런데도 대여투쟁, 강경자세를 내건다고 한다.

한나라당의 정략 전술은 아주 잘못되어 있었다. 지난날 많은 부정을 했으니까 싸워서 살아남는다고 생각했지만 이것은 잘못된 작전이다. 김대중은 협력만 하면 과거는 덮으려고 했을 것이고, 그러면 그대로 개혁을 추진할 수 있었을 텐데. 그럴 수 없다고 했을 때 그는 칼을 들 수밖에 없었다. 과거의 야당 같은 저항력이 없으면서도 집권자의 힘을 과소평가했다. 제 힘을 알고 적의 힘을 알아야 싸울 수 있는 것이다.

김대중은 약하게 보이려고 지금까지는 목소리도 들릴까 말까 하게 했으나 이제는 과거의 목소리로 돌아왔다. 결단의 때가 온 것이겠지. 정치적으로는 다수야당의 파괴, 사정, 재벌과의 빅딜. 노사 문제에는 경찰 개입의 강경정책. 이 모두가 동시에 행해지는 것은 주목할 만하다.

과거의 정경유착, 한나라당은 자기들을 돕던 삼성 같은 재벌의 저항을 배경으로 해서 지금까지 버티었는데 동시에 무너진다. 한나라당 사정을 보고 재벌들도 그 사정이 자기들 앞에도 다가올 것이 아닌가 두려워했을 터이다. 그러니까 빅딜로 되어나가는 모양이다. 국내 정치에 성공해야 대외적으로도 성공적인 외교를 할 수 있을 텐데, 일본은 지금까지 김대중을 싫어하면서 약체라고 보고 있었겠지. 다수 야당에 쩔쩔매고 재벌 고집, 노조 고집에 갈팡질팡한다고 보아온 일본에게는 언제나 힘을 보여 줘야 한다.

김대중의 통치철학과 통치 스타일이 본격적으로 시동하는 데 성공을 거둘 것인가. 나는 그의 개혁 드라이브가 성공한다고 본다. 그의 역량으로 아시아의 리더십으로서도 성공하기를 바라고 있다. 그의 정책, 정치적 결정을 하나씩 단편적으로 보아서는 안 된다. 종합적으로 묶어서 판단해야 한다. 그가 주의할 것은 그렇게 뜻대로 되어갈 때 자기를 과신하고 오판을 하기 쉽다는 점이라고 하겠다. 예의 주목하면서 글을 써가야 할 텐데. (1998년 9월 3일)

김대중의 통치철학은 분명한 것 같다. 김정일은 주석 취임을 하지 않을 것이라고 보았다고 한다. 국민을 먹여 살리지 못하면 어버이 수령은 될 수 없다는 것이다. 그래서 실제 효과는 마찬가지니까 유훈통치를 한다. 그는 대중연설을 해내지 못한다. 외국 사신도 만나기 싫어한다. 그러니까 주석이라는 자리를 피하려고 할 수밖에 없다고 한다.

언제나 강경한 행동을 보이면서 남한을 자극하고 혼란을 자아내려고 하니 그 수에 놀아나서는 안 된다고. 김대중은 역시 언젠가 변하는 것이 역사라고 생각하는 셈이다.

국내 정치에서도 다수당인 야당과 잘해 나갈 수 있는 대통령이 되고 싶어했다. 그런데 한나라당은 처음부터 발목잡기였다. 그렇게 1년만이라도 보아달라고 호소했는데도 말이다. 그래서 참고 참다가 여당 불리기를 시작해서 지금의 혼란이 왔다. 과거는 묻지 않고 개혁동참을 호소했던 것이 아닌가. 그러나 한나라당은 패배에 원한을 품고 자기들의 죄를 은폐하는 수단이란 강경 일변도의 대립이라고 생각했다. 야당이 여당에 대해서 강경해지려면 명분이 있어야 하는데 야당의 싸우는 방식만 계승한 셈이다. 그것도 이 민주주의 시대에 지난날의 독재 하의 야당처럼 말이다.

우리 정치풍토는 선거 결과에 승복하고 여야가 대화하다가 때가 오면 야당이 여당이 되는 민주정치의 역사와는 아주 멀다. 앞으로 어느 정당이 여당이 된다고 해도 민주주의 풍토와는 먼 것이 아니겠는가. 김대중은 문제가 있어서 여당으로 오는 그 부정한 세력을 가지고 정치개혁을 하려고 한다. 그들을 이용하고 나서 그들을 추방한다는 것인가. 전비(前非)를 뉘우치고 잘하면 된다는 생각인가. 새로운 틀에서 새로운 역할이 있을 수 있다는 것일까. 그들을 이용하는 것이 정치적 리얼리즘이고 개혁은 아이디얼리즘이라고 하는 것일까.

김대중의 대일자세도 그렇다. 그의 정치를 꿰뚫고 있는 철학이 있다. 평화지향성이라고 할까. 이런 얘기를 하는 것이었다.

"일본이 잘못된 점은 사실대로 지적한다. 그것을 시정하는가 하지 않는가는 그들 자신의 문제다. 시정하지 않으면 아시아의 신뢰를 얻지 못한다. 그것은 일본의 손실이다. 일본이 아시아에서 아주 중요하다는 것을 인정하는 데 인색해서는 안 된다. 그들이 그렇다고 해도 될 수 있는 대로 미래 지향적으로 협력하려고 자기는 노력을 다할 생각이다. 대중문화 개방도 적극적으로 해야 한다. 관광을 와달라고 선전하면서 어떻게 당신네 나라 문화는 거부하겠다고 하겠는가. 우리나라 이미지가 중요하다. 그래야 관광도 오고 상품도 팔린다. 개방으로 손해를 본다고 해도 다른 데서 벌어들인다. 개방해야 경쟁하면서 우리 대중문화도 발전한다. 개방을 한다고 하면서 억지로 하는 것같이 보이지 말라."

이러한 개방적인 자세. 어렵다고 해도 자신과 신념을 가지고 있다고 하겠다. 정말 밝고 기분이 좋은 만남이었다. 일본이 그의 이런 자세를 이해해 줄 수 있을까. 그럴 도량 또는, 철학이 있는 것일까. (1998년 9월 10일)

오늘도 야스에 료스케(安江良介)의 『동시대를 보는 눈』을 펴들었다. 역시 아름답고 명쾌한 글이다. 「미국을 주시한다」라는 칼럼에는 1993년에 클린턴이 대통령에 당선됐을 때의 정경이 그려져 있다. 취임연설에서 '재생을 위한 용기와 희생'을 호소했다. 워싱턴에 입성하기 3일 전에는 킹 목사의 탄생기념식전에 참가해서 출석자들과 함께 "We shall overcome"을 불렀다. 그리고 선거 때 '희망의 얼굴'이라고 한 시민들 한 사람, 한 사람과 악수를 나누었다. 집 없는 사람들, 장애인들, 전 폭력배, 어려운 사람들을 돕는 자원봉사자들이었다. 이 모임에서 감격해서 클린턴은 몇 번이나 목이 메었다는 것이다.

레이건, 부시 후 퇴폐한 미국을 건지겠다고 했다. 그러나 지금 그는 어떤 상황에 놓여 있으며 미국은 어떤 상태인가. 미국은 세계 지배에 여념이 없고 미국 내부에는 레이건 · 부시 시대의 불평등이 확대되고 있을 뿐이다. 그러한 부도덕한 미국 사회 앞에서 클린턴은 그들과 타협할 수밖에 없었다. 그리고 지금 저렇게 스캔들로 고통을 겪고 있다. 그것을 이겨내기 위해서도 그는 보수적인 미국에 야합하는 수밖에 없었다. 보수적인 중산층, 현상유지를 요구하는 그들을 만족시켜 줘야 하니까. 민주주의란 우중(愚衆)정치란 말인가. 개혁주의자의 좌절, 그리고 도리어 반동화한다는 역사의 반복일까.

스캔들은 그를 공격하기 위한 수단이다. 그는 젊은이들의 자유스러운 성생활이 보여 주는 보통 미국인의 일상생활을 벗어날 수 없었다. 미국의 보수세력은 잃어버린 권력을 되찾으려고 총공격이다. 그를 추방하지 못한다고 하여도 다음 선거에서는 승리하고, 그를 보수노선에 잡아매어 자기네 이익에 봉사하게 하기 위해서다. 매스컴이 총동원되고 있는데, 거기에 대항해서 이겨낼 수 있을 것인가. 흩어져 있는 리버럴의 점(点)들이 연대를 해낼 수 있을 것인가. 상처투성이의 부도덕한 이미지에 가득 찬 인물이란 그들의 사기도 저하시킨다. 정말 어려운 싸움, 취약한 저항전선인데 힐러리 여사는 누구보다도 그 모든 것을 잘 알고 클린턴을 옹호하는 것 아닐까. 가장 고뇌하고 있는 투사는 그들 부부가 아닐까 생각된다. 여기서도 김대중 정권의 개혁정치가 겪어야 할 운명을 생각한다.

개혁주의자의 운명. 김대중도 취임식에 소년가장, 장애자, 이런 이들을 불러놓고 출발했다. 한나라당의 잔류파, 저들이야말로 반동의 전위대이다. 탈당원들의 유영(遺影)이라고 해서 검은 테를 두른 사진을 가지고 나와서는 화형식까지 하는 모습이다. 더욱 그것들을 여사무원들로 하여금 들고 서 있게 했으니 수단과 방법을 가리지 않는다. 못 견디게 하려고 입에 담을 수 없는 욕설까지 서슴지 않는다.

(1998년 9월 12일)

클린턴의 스캔들에도 불구하고 힐러리 여사가 취하는 태도는 참 훌륭하다. 가슴속에서는 치욕감과 분노가 치밀어 오를 텐데, 내가 존경하는 남편이고 미합중국의 대통령이라고 서슴없이 부르고 미소를 짓는다. 자기감정과 자기가 위기에서 공적으로 취해야 할 자세를 분명하게 구별하고 있다. 그러니까 클린턴이 퇴임하면 이혼하는 것이 아니냐 하는 소문이 있을 정도다.

힐러리 여사는 그래야 자기도 살 수 있고 그래야 자기의 앞날이 있고 물론 클린턴의 앞날도 있을 수 있는 것을 잘 알고 있다. 어느 날인가 그가 미국의 첫 여자 대통령이 되어도 좋은 것이 아닌가. 압도적 지지를 받을 수 있는 여성이다. 여성들은 동정할 것이고 남성들은 그런 속에서도 남편을 지지한 위대한 아내라고 생각할 것이다. 르몽드가 지적하듯이 가장 성적으로 문란한 나라에서 포르노그라피적인 정말 주간지적인 엽기 기사로 흥분하게 한 짓에 불과했다고 역사는 기록할 것이고 미국 대중도 그렇게 생각할 것 아닌가. 더욱이 기득권을 누리려고 보수 세력이 꾸민 연극이라는 것도 분명해질 것이 아닌가.

여야의 대립 이른바 사정 정국은 더욱 낭떠러지로 낙하하고 있다. 김대중은 추격의 고삐를 늦추려고 하지 않는다. 국민은 정치 불신, 국회의원에 대한 혐오로 침묵한 채 대안의 불처럼 바라보고만 있으니까 얼마든지 추격하고 있는 것 아닌가.

근본적으로 야당이라고 하는 한나라당의 정략 부재에서 온 사태라고 나는 생각한다. 여당만 하던 편한 생활 자세에서 벗어나지 못하기 때문이다. 김대중의 당선을 오랜 민주화 투쟁에서의 승리라고 추켜세워 주고 이 난국을 함께 타개해 나가자고 했어야 한다. 그래서 과거는 묻지 않고 전진해 나가게 했어야 하는데 다수 세력이라고 해서 처음부터 물고 늘어지려고 했다. 어리석다. 무소불능의 대통령제라는 이 나라의 상황이 어떤 것이라는 것을 잘 알고 있을 텐데 말이다. 거기서 특권만 누렸고 그 꿈에서 깨어나지 못했다는 것일까. 협력하면서, 지난날의 특권을 깎이는 아픔을 참으면서, 정치개혁과 국가개혁에 참여했으면 김대중은 과거를 묻지 않았을 것이다. 그러면 개혁정치도 국민의 큰 호응을 얻었을 것 아닌가. 불행한 일이다. 그들의 다수란 사상

누각이었다.

한나라당에는 그런 슬기, 그런 지도력이 있을 수 없었다. 권력에 기생해 온 세력이었기 때문이다. 그들은 자기들의 악을 그런 대립으로 가릴 수 있을 것이라고 생각했다. 용서받고 눈감아줘야 살아남을 수 있다는 생각은 하지 못한다. 저항하는 세력에게는 대의와 도덕적 결백성이 있어야 하는 것이 아닌가. 자기들의 다수란 허구이고, 허상이고, 상대의 일격으로 거꾸러질 것이 아니었을까. 그들은 자신도 모르고 상대도 몰랐다. 더욱이 국민 심성과 시대의 흐름을 몰랐다. 과거의 야당처럼 저항하면 국민의 호응을 받을 수 있으리라고 생각했다면 어리석은 생각이다. (1998년 9월 17일)

전쟁 히스테리의 언론들

최장집 교수에 대한 조선일보의 고의적인 공격을 보면서 조선일보 논설진에게 그러다가는 일본의 「산케이신문」(産經新聞)으로 전락하는 것 아닌가 우려한다고 했다. 왜 대신문이 그런 길을 가느냐고, 반공절대의 노년층에게는 환영을 받을지 모르지만 40대 이하에게는 인기가 없을 것이라고 했다. 그들도 인정하며, 경영진이 그러니까 하는 수 없다는 것이었지만.

미래를 지향하지 못하는 신문, 그러나 시작된 싸움이니 하는 수밖에 없다는 것이었다. 자기들이 대통령도 만든다고 했으니까, 지나간 망령의 팬타스마고리아에 사로잡혀 있다고 할까. 그것도 끝나가는 역사가 말기에 보여 주는 희극이라고 할까.

미국에서는 클린턴 스캔들을 신문들이 앞 다투어 취급했다. 그러나 국민여론의 클린턴 지지도는 변함이 없으니 중간선거에서는 어떻게 나타날 것인가. 신문은 경영위기도 있어서 센세이션으로 부수를 올리려고 했다는 것이다.

언론 자체의 힘에 대한 과소평가도 좋지 않지만 과대평가의 환상은 더욱 위험하다. 군사정권 하에서 언론이 그 정권을 지지하고 민주화 운동에 대해서는 보도하지 않았는데도 민주화는 성공한 것이 아닌가. 자기들이 국민을 마음대로 움직인다고 과신한다면 정말 그것은 위험천만의 과대망상이다.

김대중 대통령 이전처럼 무성의하게는 보이지 않으려고 일본 측은 상당히 유의했지만, 역시 지난 번 「한일포럼」에서도 말장난만 무성했다. 한마디로, 일본은 지금 경제적으로 여력이 없으니 김대중의 요청은 실현 가능성이 없다는 것이었다. 그런 말을 하려면 이 회의에 무엇 하러 나온 것인지. 서로 어렵지만 가능성을 찾아보자는 것이었기 때문에 나는 그들이 무성의하고 오만하다고 생각했다.

나더러 문화에 대한 소견을 말하라고 해서 경제는 결정론적이고 비관론적일지 모르지만 문화란 그런 속에서도 상상력을 발휘하는 것이라고 했다. 그리고 마지막에 가서 21세기는 문화의 세기라고 하는데 만약 한국이 문화관광사업에 참여하게 된다면 결코 일본의 미니어처나 단순한 모방을 일삼지 말아야 할 것이라고 했다.

내 머리에는 일본 도쿄역의 축소판인 서울역, 도쿄제대의 축소판인 경성제대 건물이 떠올랐었다. 그리고 서울 거리에 넘치는 일본 축소, 모방, 개악의 흔적을 머리에 떠올렸다. 영국이 인도에서 한 뉴델리 건설을 생각해야 하지 않는가. 그들은 그 풍토에 맞게 새로운 창조를 하려고 했다. 일본이 우리나라에서 한 것을 반성하면서 그것을 넘은 꿈을 실현하려고 해야 하는 것이 아닌가. 그것이 새로운 동북아시아의 문화를 이룩해 낼 수 있는 문화적인 에너지라고 할 수 있다. 그런 대화를 한일 간에 나눌 수 있어야 할 텐데. 정말 일본문화의 변두리라는 추악한 모습은 되지 말아야 한다. (1998년 11월 2일)

오늘도 국제회의에 참가하면서 느낀 것이 있다. 중앙지만 아니라 지방지도 마찬가지다. 보도를 위하여 처음만 참석해가지고는 사진도 찍고 하다가 다 가버린다. 회의 알맹이는 전혀 모른 채 적당히 글을 쓴다. 우리도 참석하면 배우는 것이 많은 데 그들은 관심이 없다. 회의 전체에 참석해서 그것을 집약해서 발표하는 훈련이 되어 있지 않다. 스스로 그런 기회를 포기하고 있으니까.

그래서 좌담회나 대담을 해도 제대로 간추리지 못한다. 그런 훈련이 없으니까. 무엇이 중요한지도 모른다. 발언한 사람의 의도도 파악하지 못한다. 문장도 서툴고.

이런 데 비해서 일본 기자들은 중요한 행사라고 하면 처음부터 끝까지 참석한다. 그리고 간추린 기사는 실제 발언보다 더 좋은 내용이라고 생각될 때가 적지 않다. 이런 훈련을 그들은 쌓아온 것이다. 우리의 형식주의, 적당히 하면 된다는 생각이 여기에도 스며들어 있다고 할까. 그런 시간적 여유가 없을 만큼 인원은 적고 일은 많다는 것, 그렇게 혹사당하고 있다는 것일 수도 있다. 그러다가 그렇게 대강하는 것이 습성화됐는지 모르겠다.

(1998년 11월 20일)

중국 강택민 주석은 일본을 방문하고 있지만 중국에 대한 사죄가 충분치 않다고 공동선언에 서명을 거부했다고 한다. 궁중만찬회에는 중산복(中山服)으로 나타나서 과거사 문제에 언급했다. 일본 천황은 과거사 문제를 한마디도 언급하지 않았다. 동북아시아 대국끼리의 대결이라고 할까. 중국은 한국과는 다르다는 것일까. 김대중 대통령의 경우를 의식한 행동일 것이다. 일본도 대결에서 굴하지 않겠다는 것이고.

김대중이 방중했을 때 여러 가지 문건을 좀 자세히 검토해 볼 필요가 있을 것 같다. 중국이 자신을 가지고 패권적인 자세를 가진다면 우리는 일본과 좀 더 긴밀해질 가능성이 있고 그래야 하겠지만 그렇다면 중국은 더욱 그것을 의식할 것이 아닌가. 한국은 미국과 가까우니까 모두 함께 일본을 견제하자고 중국 요인들이 말하고 있다고 했다. 중 · 일 두 나라를 놓고 생각한다면 우리에게는 중국과는 역사적인, 문화적인 관계로 전통적으로 가깝고 일본과는 근대문명, 지금은 민주주의 체제라는 점에서 가깝다고 할까. 그러면서도 지난날 역사 때문에 반일적(反日的)이고. 그러나 미래를 생각하면 어쩐지 한일관계가 더 중요할 것같이 생각된다. 중 · 일 사이에서 평화적인 역할을 해야 하겠는데 한중일의 문제를 앞으로 더욱 주목해서 생각해 보아야 하겠다.

한국과 일본이 먼저 새로운 가치관을 가지고 과거를 청산하고 미래지향적인 관계를 가져야 한다. 중국은 역시 대국의식에서 벗어나기 어려운 것이 아닌가. 어쩐지 한국과 일본은 앞으로 수평적 관계를 가질 수 있을 것같이 생각된다. (1998년 11월 28일)

리프먼(Walter Lippmann)이 제1차 세계대전 직후 1922년에 『여론』을 간행했다는 데는 여러 가지 의미가 있다. 제4부 12장에서 전쟁이라는 이상상태가 얼마나 인간을 비인간화하는가에 대해 예리한 분석을 전개했다.

"일단 전쟁이 일어나면 아마도 존경을 받던 사람들도 누구나 살인과 증오를 정당한 것이라고 느끼기 시작할 것이다."

"그것은 이른바 적, 즉 거의 모든 인간이 전쟁 중에 만나는 적이라는 관념에 향할 뿐만 아니라 지금까지 줄곧 증오해야 할 존재였던 모든 사람들, 사물, 사상에 향해서도 출구를 찾는다. 적에 대한 증오는 합리화된다."

이런 충동은 한번 일어나면 좀처럼 가라앉지 않는다. 그리고 인격파탄이 일어난다. "고등한 자아가 보다 하등한 자아라고 생각되는 인격에 의하여 행동해야 하기" 때문이다. 이런 것이 고질화되어서는 사상을 탄압하게 되고 '문명의 위기'가 찾아온다.

"만약 히스테릭한 사람들이 많아서 필요를 구실로 해서 전쟁 중 금기였던 것을 평화로운 세상에까지 끌고 들어온다면 문명이 전시의 타격에서 회복하는 데 방해가 될지 모른다."

조선일보의 최장집 공격이란 바로 이런 것이 아닐까. 리프먼은 그렇게 떠들다가 슬며시 그런 화제를 지워버리는 신문에 '세심한 주의'를 기울여야 한다고 했다.

"신문은 너무 위험한 줄타기를 시도하려고 하지 않는 것이 보통이다. 그 화제에 관한 뉴스의 송출을 점점 적게 하다가 꼬리를 감추게 한다. 이런 식의 방법이 쉽고 안전하다. 연료 보급을 끊어서 불을 끈다는 방식이다."

모든 신문이 그렇게 해서 그릇된 보도를 감추어 온 것처럼 조선일보도 그렇게 해서 조용해졌다.

우리는 근대사가 가져다 준 험난한 상황에서 반식민지 투쟁을 했고 더욱이 냉전의 최첨단에서 열전을 싸웠고 그러고 나서는 냉전을 가장 고조시켜 왔다. 거기에서 치유되어야 하지 않겠는가. 신문에서 보는 것처럼 우리는 히스테릭한 자세, 반문명적인 자세를 의식적 무의식적으로 취해 왔다. 그것을 강요당했고 그러한 팬타스마고리아에 사는 세력이 지금도 판을 치고 있는 것이 아닌가. (1998년 12월 10일)

애매한 사고 덩어리

국민회의는 정권교체, 집권 1년 자축행사를 대대적으로 펼치는 모양이다. 동아일보는 그만했으면 정치도 경제도 괜찮다고도 하겠지만 그래도 역시 정치는 낙제라는 것이었다. 리프먼이 제퍼슨에 대해서 쓴 글을 생각하게 된다.

"제퍼슨은 자신의 당선에 대해서 '1800년의 대혁명'이라고 했지만 무엇보다도 그것은 사람들의 머릿속에 일어난 혁명이었다. 대방침(大方針)이 변한 것은 아니지만 새로운 전통이 확립되었다. 왜냐하면 제퍼슨이야말로 미국 국민에게 헌법이 민주주의의 도구라는 것을 가르쳐준 사람이고 이미지나 관념 또는 많은 어구를 스테레오타입화한 사람이기 때문이다."

이리하여 리프먼은 "제퍼슨의 머리는 애매한 사고(思考)덩어리였다"라고 했으며 그것은 그의 사고에 결함이 있었기 때문만이 아니라 그 당시의 정치학으로서는 생각할 수 없었던 '연방제도'와 '민주주의'를 융화시키는 것을 구상했기 때문이라고 했다.

이렇게 생각한다면 김대중의 머리야말로 얼마나 애매한 사고의 덩어리라고 할까. IMF 극복이라는 과제에서 대북정책에서는 안보와 교류의 병행, 경제개혁에서는 기업의 구조개혁과 실직자 구호, 무엇보다도 민주주의와 경제의 병행, 한일 관계에서는 과거사 청산 문제와 일본의 전후에 대한 평가 등.

오늘은 혁명이라는 말은 금구(禁句)가 되다시피 됐지만 혁명은 혁명이다. 잭슨의 시대가 그랬고 그래서 그의 통치는 대혼란이었다. 혁명이란 정치에서 가장 커다란 혼란의 양상을 보이는 것 아니겠는가. 김대중은 한국의 정치사에서 리프먼이 제퍼슨에 대해 말한 것처럼 민주주의에 대한 스테레오타입화한 이미지나 어구나 관념을 남길 것이 분명하다고 하겠다. 한국 정치사에서의 제퍼슨. 햇볕정책만 해도 그렇지 않은가. (1998년 12월 17일)

같은 상황이라고 해도 그것에 대응하는 방식은 여러 가지다. 마치 로마의 지배에 대하여 헤롯당적인 자세와 열심당적인 자세가 있었듯이. 일제 지배하에서 일어난 역사관에서도 마찬가지다.

신채호는 인류사를 '아(我)와 비아(非我)'의 투쟁사로 보고 신라의 삼국통일은 동족을 멸하고 북쪽 조국 땅을 상실한 기껏해야 '반변적 통일'(半邊的統一)

에 불과하다고 보았다. 이에 따라서 함석헌도 고구려의 멸망을 개탄하고 '만주'를 상실하고 문약한 반도국가로 전락한 것을 원망했다. 신라 통일로 말미암은 한반도의 운명에서 곧 이 민족의 비운의 역사가 기원한 것이라고 보았다. "고구려가 그 거인의 시체를 만주 벌판에 드러내놓음으로써 한국 민족은 고난의 연옥(煉獄) 길을 걷게 된다"는 것이었다.

그런가 하면 일제 지배 하의 상황에서 3 · 1독립선언과 같은 발상이 가능했던 것이다.

"조선 독립은 조선인으로 하여금 정당한 생영(生榮)을 수케 하는 동시에 일본으로 하여금 사로(邪路)에서 출하여 동양 지지자인 중책을 전(全)케 하는 것이며 지나(支那)로 하여금 몽침(夢寢)에도 면하지 못하는 불안 공포에서 탈출케 하는 것이며 또 동양평화로 중요한 일부를 삼는 세계 평화 인류 행복에 필요한 계단이 되게 하는 것이라, 이 어찌 구구한 감정상 문제리오."

나는 신채호, 함석헌의 신라통일론에서 보는 것 같은 사상을 지정학적인 발상이라고 하고 3 · 1 독립선언의 그것을 지정문화적인 발상이라고 했다. 그리고 20세기를 지정학적 발상의 세기라고 한다면 21세기는 지정문화적 발상의 세기여야 하지 않겠는가고 보는 것이다. 오늘도 두 가지 발상이 다 있겠지만 후자의 발상을 택하자는 것이다. 후자가 우위를 차지할 수 있는 역사적 조건이 성숙되어 가고 있다고도 하겠다. (1998년 12월 22일)

1999년

제퍼슨의 길일까?

국회 529호실 운운으로 야단이다. 여당은 단독으로 법안을 통과시키고 야당(아직 야당이라고 느껴지지도 않지만)은 국회에서 농성을 한다고 야단이다. 저희들 죄를 은폐하고 연명하려고 안간힘을 다하지만, 물고 늘어진다고 해서 될 것인가. 옛날 야당은 수난자의 모습이었고 국민의 공감을 받고 있었지만 지금은 누가 동정하겠는가. 다만 정치 혐오증만 일으키는 데 불과하다. 자기들의 죄를 은폐하려면 협조하는 것밖에 없다. 칼자루를 쥐고 무슨 일이든 했는데 반대로 이번에는 자기들이 무력해졌다는 것을 왜 모를까. 자기들에게 힘이 아직 있다고, 세상이 변한 것을 느끼지 못한다는 걸까. 나를 알고 시대를 알아야 하는 것인데.

정신문화원도 세종연구소도 모두가 바뀌는 모양이다. 그러니까 불만이 대단하다. 형편을 내다보다 결단하고 사표를 내기보다는 쫓겨나가는 형편이다. 왜 그리도 연연할까. 정치란 그런 것이라는 걸 모르는 것일까. 정치를 해온다는 사람들이. 자리에 대한 집착만 있다는 것이겠지.

집권 2년에 들어서니까 모두 자기 세력으로 바꾸자는 것이겠지. 처음에는 기반이 취약하니까 한 번에 일어날 반발이 두려웠을 것이다. 지난번 CBS에서 김대중이 말한 것처럼 오랜 민주화 투쟁에서 희생당한 사람들에게 어떻게 특별한 배려를 하지 않겠는가. 게다가 구정권 사람들이란 반대자들이고 은근히 자기들의 날이 다시 올 것을 기대하면서 복지부동(伏地不動)일 테니. 개혁에 참여할 사람들을 택한다고 하는 데는 명분이 있다.

그러나 떠나는 사람은 물론 등용되지 못한 채 바라다만 보는 사람들도 불만에 불만이다. 역시 지난날 정권과 다를 것 없고 독재의 연속이라고들 생각한다. 지난날 방식에다 자기 방식을 더했으니 한층 더할 것이 아닌가고. 생각하지만 지난날에는 부패 세력 고리 안에서 자리를 차지하고는 특권을 누렸는데 이번에는 바르게 하고 개혁에 참여하면 되는 것인데. 그런 뜻이 거기에 담겨 있다고는 생각하지 않고 자리만 뺏는다고 생각하는 것이다. 폭력이 없어도 혁명인데, 이것이 민주혁명이라는 것이다.

제퍼슨은 자기의 당선을 '대혁명'이라고 했고 그의 머리는 '애매한 사고'로 가득 차 있었다. 누구도 생각하지 못한 '새로운 엄청난 구상'을 머리에 그리고 있었기 때문이라고 리프먼은 말했다. 여기까지 오면 지금 김대중이야말로 제퍼슨의 길을 가고 있는 것이 아닌가라고 불가피하게 묻고 싶어진다.

(1999년 1월 6일)

국민회의는 영남 인심이 크게 악화되어서 한계점에 이르렀다고 심각한 우려를 표시했다는 것이다. 영남에 있는 공장을 뜯어 광주에 가져가는 것이 빅딜이라는 유언비어까지 돌고 있다고 한다.

여기에는 매스컴의 역기능도 크게 작용했다고 해야 한다. 예를 들면 신문 판매를 생각해서 그런 소문을 낱낱이 들어 부당하다고 공격하지 못한다. 그 민심을 들어 고려하라고 말하지도 않는다. 어느 쪽이 잘못이라고 하기보다는 양비론이다. 그래서 저 한나라당도 체포를 면하려고 저 야단을 해도 다만 여야의 정쟁으로 비추어지게 마련이다.

한나라당이 바른 야당이 되는 길에서 어떻게 실패했는가 하는 글을 썼더니 동아일보도 게재할 수 없다고 했다. 전라도 신문이라고 하는 소리가 두렵다는 것이었다. 경상도 푸대접을 떠들어대서 영남은 잃을 것이 없다. 그동안의 기득권을 지키자는 것이고 김대중 정권 하에서 우위를 계속 유지하자는 것이고, 어떤 의미에서는 그래야 이권을 얻을 수도 있기 때문이다. 오랜 군사정권 하에서 이러한 잘못된 지역구도가 생기고 말았다. 기득권 개혁에 대한 반발이 이처럼 영남과 한나라당에 집중되어 있는 셈이다. 물론 그것은 하나로 합쳐서 있는 것이고, 여기서 구세력이 연명하자는 것이다. 이 얘기를 어느 언론도 하지 못한다. 권력을 견제한다고 김대중 정권이 인사 편중이라고만 목소리를 높인다.

일본 『쇼쿤』(諸君)이라는 극우잡지에 이른바 종군위안부 문제로 일본 정부가 정부 사죄와 보상으로 갈까봐 견제하는 글이 나왔다. 천황의 방한도 반대한다는 것이다. 김대중 대통령의 방일 이후에 일어난 한일 우호의 무드를 깨겠다는 것이다. 한일 우호 무드가 계속되면 일본에서 우익이 설 수 있는 발판이 무너지기 때문이다. 그들은 김대중이 어떻게 일본에 우호적일 수 있겠냐고 하면서, 일본은 일본주의의 길을 가야 한다는 것이다.

이상하게도 이런 세력이 한국의 반개혁 세력과 연대한다. 이것이 지난날의 친한파다. 반동의 국제적 연합이다. 일본 정부는 그것과 생리를 함께하지만 그렇게 해서는 국제 외교를 할 수 없으니까 그들보다는 한 발자국 물러선 자세를 취하는 데 지나지 않는다.

일본에서는 우파가 되어야 세력을 가진다. 그 연결이 거대하기 때문이다. 우리나라의 경우도 어느덧 그렇게 된 것이 아닐까. 이것은 특권층이 상당히 두터워졌다는 것을 의미한다. 대중의 상당 부분이 거기에 가담해서 보수적이 됐다는 것이다. 아직도 보수적이면 안전한데 비판적이면 외롭다. 민주화 투쟁의 시대에는 괴로웠지만 외롭진 않았던 것 같다. 역사적 변화란 우리의 생각을 넘고서 다가오는 것이다. 아이들 사이에 왕따가 한창이라고 한다. 나는 오랫동안 일본에 있으며 한국에는 그런 것은 거의 없다고 했으며, 폭력이 지배하려고 하면 그것에 저항하는 양심이 있다고 했는데.

예상치 못한 역사의 출현으로 우리의 생각은 부단히 무너질 수밖에 없다. 엄연한 객관 앞에서 주관은 부단히 자기부정을 행하는 수밖에 없다. 아도르노는 이렇게 말했던 것 아닌가.

"다만 비판적 자기반성만이 주관의 풍부함을 제한한다든가 자기와 대상 사이에 벽을 쌓는다든가 자기의 대자존재(對自存在)를, 즉대자(卽對自)로 생각한다든가 하는 것에서 주관을 지켜준다."(『부정변증법』) (1999년 1월 21일)

노천명의 시

지난 24일 일요일에 한나라당은 마산에서 대집회를 열고 영남을 차별하고 야당을 탄압한다고 열변을 토했다. 권력을 쥐고 갖은 부정을 다하던 그들이 이렇게 야당을 탄압하다가는 영남 전체를 출국금지시키기까지 할 것이라고 했다는 것이다. 30여 년간의 영남집권으로 사회 세력의 비중이 완전히 달라졌는데 그런 특권이 없어졌다고 아우성이다.

그래서 김대중 정권은 전두환이건 김영삼이건 어떤 세력과도 대동단결한다는 것이다. 위기의식에서다. 총선에서 패배할 것이 두렵고 김종필 세력과의 내각제 공방이 문제이기 때문이다. 모두 부패를 덮어두고 하나가 되어서 정권을 유지하자는 것인가. 지난날의 정치와 다른 것이 무엇인가. 정치 세력에만 가담하면 어떠한 범죄도 용서받고 힘없는 시민들만 단돈 100만 원에도 철창행이다. 대통령 아들이면 어떤 죄든 사면된다. 법치국가이기를 그만두는 셈이다. 사정이란 제 세력을 만들기 위한 도구였던가.

개혁 포기 그리고 반동화의 길을 간다. 역시 성공한 혁명은 없다는 것인가. 정말 예의 주시해야 한다. 국민은 등을 돌릴 텐데, 그런 국민은 무시하려는 것인가. 선거를 위해서 조작하자는 것인가. (1999년 1월 26일)

다음 단계는 정계 빅딜. 무엇을 위해서인가. 권력 강화를 위한 것인가. 개혁을 위한 것인가. 오랜 전통이다. 아마도 조선 왕조부터일까. 동등한 자가 없어야 자기 권력은 가능하다고 생각하는 것은 자신이 없다는 것 아닐까. 다음을 노리는 자는 자기가 노력해서 뛰어나야 한다는 것이 아니라 경쟁자들이 없어져야 한다고 생각한다. 그러니까 이회창의 몰락에는 그 모두가 속으로 기뻐한다. 경쟁과 앙심으로 남을 제치고 출세한 이회창인데 이런 정치계를 넓게 바라보고 노련한 솜씨를 발휘할 도리가 없다는 것인가.

김대중은 거대한 정치조직, 국민의 조직적 동원을 꿈꾸는 모양이다. 그래서 범법자들도 모두 되살아나는 것이겠지. 자기편에 오기만 하면 모두 관용을 베푼다는 것이니까. 그래서 그들은 전천후인간으로 살아남는다. 그렇게 되면 민주개혁을 염원했던 세력은 더욱 멀어진다. 그리고 자기희생으로 민주개혁을 추구하던 세력은 나만 손해 봤다, 정말 어리석은 것은 나라고 자학적인 경지에 빠질 것이 아닌가.

'불의에 저항한 것은 나 자신의 인간성을 위한 것 아니었던가' 라고 스스로를 위로할 수 있게 되어야 할 텐데, 두 세력이 싸움으로써 모두가 상처를 입는 셈이다. 승자도 패자도 없다. 한나라당은 무너질 것이고 국민회의 등 여당은 등을 돌린 국민을 되돌아오게 할 수 없을 것이다. 해치려고 하면 자기도 상처를 입는다. 지금 검찰청 소동도 바로 그것이 아니겠는가. 그들 사이에서도 그렇겠지만. (1999년 1월 28일)

한일문화교류정책 자문위원회에서는 일본 측에 향해서 21세기를 눈앞에 두고 한일 간의 문화 관계를 착실하게 추진해 가야 하지 않겠느냐고 말하고 있다. 일본 측은 이것을 피하려고 야단이다. 이른바 한일 포럼이라는 유명무실한 모임에 예속시켜 보려고도 한다.

일본은 한일 양국 수뇌가 결정해도 외무성이라든가 관리들이 회피하거나, 격하시키거나, 내실 없는 것으로 만들려고 갖은 간계를 다 쓴다. 그들은 한일 관계라고 하면 경제 관계 이외의 것은 생각하지 않는다. 경제 관계란 경제이익을 추구하자는 것임은 물론이다. 문화교류는 그것을 위한 도구이고 구실일 뿐이다. 그러니까 이코노믹 애니멀이라고 하는 것 아닌가.

이것을 일본으로 하여금 문화나 경제 외의 관계에 들어오지 않고는 배기지 못하게 하려는 것이 우리 위원회의 장기적인 계획이라고도 할 수 있다. 정정당당하게 문화교류에 대한 제의를 한다. 회피하려는 것을 견제하려고 노력한다. 우리가 먼저 한일 심포지엄 같은 것을 개최하면서 여론을 환기시킨다. 일본 언론과도 이야기한다. 그러다가 그들이 그래도 소극적일 때는 일본 언론에다 공개하고 필요에 따라서는 한국 언론에서도 문제를 삼는다. 이렇게 협공을 하는 셈이다.

해 보는 수밖에 없다. 지난해 10월 김대중 대통령이 방일했을 때도 이러한 수법을 썼다고 할 수 있는 것이 아닐까. (1999년 1월 29일)

노천명의 시가 이렇게 뛰어난 것인지는 정말 미처 몰랐다. 「고독」은 이렇게 노래한다. "그는 고요한 사색의 호숫가로 나를 달래 데리고 가/ 내 이지러진 얼굴을 비추어 줍니나" "창상한 얼굴의 구름을 빗기고" 하는 식의 은유와 상징의 풍부성. 그러면서도 그 토속성. 민족의 깊은 삶을 노래한다. "조국을 원망하나 미워하지 못하는 / 情의 칼에 어여지는 아픈 가슴이 있으리…"

"밀을 찧어 가지고 오늘 친정엘 간다는 새댁
대추나무를 쳐다보고도 일없이 좋아했다"(「연자간」)

그에게서의 하늘이나 별 그리고 고향은 구원이었다. 1930년대 조선 땅에서의 구원이었다. 하늘과 별은 체념으로서, 고향은 마치 역사 이전의 무구(無垢)의 세계로서. 그는 천재적 시인이었고 고뇌 깊은 사상가였다고 생각된다. 그에게 좀 더 오래 살게 하고 싶었다. (1999년 2월 1일)

정말 노천명의 상상력. 거기에서 오는 시어(詩語)의 구성은 대단했다. 해방 후의 후기작품들.

"내 가슴에선 사정없이 장미가 뜯겨지고
멀쩡하니 바보가 되어 서 있습니다.

흙바람이 모래를 끼얹고는
껄껄 웃으며 달아납니다.
이 시각에 어디메서 누가 우나봅니다." (「아름다운 새벽을」)

"손수건같이 꾸겨진 오늘을 응시하며" "올빼미처럼 눈을 뜨고 깨어 있는 밤"이라고도 했다. 그리고 이제는 "별도 내 친구는 못되고 / 풀 한 포기 나지 못한 허허벌판에서 / 전투기의 공중선회적 현기증"을 느낀다고 「독백」에서 읊었다.

이제는 맑은 하늘도 그리고 밤하늘의 별도 구원이 되지 못했다. 그래서 짧은 인생의 마지막이 가까워지자 "저마다 내가 죄인이노라 무릎 꿇을— / 저마다 참회의 눈물 뺨을 적실— / 아름다운 새벽을 가져다 주소서"(「아름다운 새벽을」) 하고 기원하게 된다. 이제는 하늘과 별 또는 고향이 구원일 수 없다. 거기에 도피할 수 있는 인생이 아니었다. 구원이란 그렇게 밖에 있는 것이 아니라 참회의 눈물 흘리는 새벽에 있고 인간은 그러한 실존의 세계를 피할 수 없다고 느낀다. (1999년 2월 2일)

미국의 저널리스트 헤드릭 스미스는 역사에는 권력을 쥐고 연약하기 짝이 없는 민주주의를 짓밟은 자가 많지만 고르바초프는 독재에서 평화적으로 민주주의에로의 이행을 감행한 유일한 독재자라고 했다는 것이다(야스에 료스케 『동시대를 보는 눈』). 정말 그는 위대한 철학을 가진 거대한 지도자였는데 왜 몰락했을까. 미국은 옐친을 택했다. 부시 행정부는 고르바초프를 두려워하고 혐오했다.

한국에서의 정치나 선거에 대한 미국의 자세도 마찬가지였다. 이번에도 김대중이 등장할 수 있었던 것은 미국이 그를 권력에 앉히기를 꺼리던 자세를 바꾸었기 때문이 아니었을까. 사실 북의 상황이 위험하다고만 선거기간 중에 미국이 발언했어도 상황은 달라졌을 것이다. 미국은 사사건건 오만하게 미국과 충돌하는 김영삼 정권을 견딜 수 없다고 생각했다. 그리고 대북 문제에 대한 협력자가 필요했다.

노천명의 말년의 시는 기다림의 시라고 할까.

"진달래 곱게 핀 꽃길을 걸어서
승전한 그이가 돌아오게 해 주소서."(「꽃길을 걸어서」)

"시간표에도 없는 차 시간을
사람들은 지금 기다리고 있다."(「대합실」)

"이세나 오시렵니까 하바 저세나 오시렵니까
당신의 말굽소리 듣는다면
담박에 내가 십 년은 젊어지겠나이다."(「그대 말을 타고」)

견딜 수 없는 현실이기에 무언가를 기다릴 수밖에 없었다. '작약' 꽃이 활짝 피는 것 같은 날을. 유토피아를 찾는 시인이었다. 깊은 종교적 경지였다.

거기가 아니고는 자신이 살 수 없었기 때문이었다. 거기서만 그는 구원을 받을 수 있었다. (1999년 2월 4일)

무너진 민족 공동체

김영삼은 한보그룹 회장이 청문회에서 150억 원을 그에게 주었다고 했다는 보도가 나오자 김대중이 정치보복을 한다느니 하고 발끈해서 기자회견을 한다고 하다가 쑥 들어갔다. 이에 대한 이른바 전직 대통령이라는 사람들의 논평은 가관이다. 현직 대통령을 받들어야 한다느니, 전직 대통령이 현직 대통령으로 하여금 좋은 역할을 하게 한다느니, 최규하는 예나 지금이나 다를 것 없이 무슨 말인지 애매하게 '상호주의 운운'이라고 했다고 한다. 노태우는 새삼스럽게 전 씨를 백담사에 보낸 것은 불가피한 사정이었으니 미안하다고 했다. 각양각색, 뿔뿔이 헤어진 채 자기변명이고 자기옹호일 뿐, 누구 하나 책임감에서 자기비판을 할 생각이나 나라를 염려하는 사려 깊은 생각을 말하는 사람은 없다. 저런 천문학적 숫자의 부정을 저지르고도 그것을 챙기려고 갖은 애를 쓰는 우둔하기 짝이 없는 자들이 나라 권력을 거머쥐고는 횡포, 지금도 잘났다고 이 나라의 최고의 어른이라고 적반하장의 부질없는 발언을 한다. 마치 저것이 국가를 대표하는 말씀이라는 듯이 신문은 대서특필한다. 만화, 희화의 세계. 한쪽에서는 김영삼이 분통이 터져서 어찌할 바를 모르고 있다.

유럽에서는 18세기에, 근대국가 이전일 텐데, 이미 근대화의 물결 속에서 공동체가 붕괴되고 모두가 뿔뿔이 헤어져 가는, 즉 근대가 가져다주는 분열과 분화에 철학자들은 고민했다. 거기에 니힐리즘의 몸부림이 있었다. 종교가 통합력을 상실했다면 예술이 어떤 힘을 발휘할 수는 없는가 하고도 생각했고, 신화는 어떨까 하고도 생각했다. 예술을 내포하고 그것을 넘어선 철학이라고도 해 보았으니 그것은 그전까지 기독교가 발휘한 통합력이 너무 컸기 때문이었을까. 여기에 쉐링도 니체도 고민했다. 니체는 예술작품으로 변용된 종교적 축제가 종교적 의례공동체를 이룰 것이라고 생각했다. 쉐링은 서로 떨어져 있는 한 사람의 시인이 아니라 새로운 '一族(Geschlecht)'을 상징하는 시인을 생각했다. 이런 상황이 바로 근대 국가주의 심지어는 나치로까지 전락할 수 있는 터전이었는지도 모른다. 이러한 공동체 문제에 대한 사색에는 세계사적인 의미가 깃들어 있었다.(하버마스 『근대의 철학적 담론』)

그렇다면 우리는 이러한 대립, 적대 관계 그리고 경쟁과 원자화라는 공동체 상실의 현실에서 무엇을 생각하고 있는 것인가. 잃어버린 민족적 통합성. 이에 대하여 우리의 철학자들은 현실 포기에서 내면화의 길을 간다는 것일까. 내면적인 교양주의일까. 그래서 더욱 힘을 잃어버리고, 일반 국민은 지역주의나 가족이기주의로 후퇴한다. 이런 의미에서 지역주의는 정치적 문제이기도 하지만 우리의 문화, 문명의 문제이고 사상사적인 문제이기도 하다.

(1999년 2월 15일)

니체가 '삶의 조형력(造形力)'을 말했을 때 그것은 붕괴된 공동체나 내면적 교양이 무력한 데 대한 반발에서였다. 이처럼 공동체의 상실이 문제된 것을 보면서 우리도 우리의 역사에서 민족적 공동체 문제를 자세히 검토해 볼 필요가 있다.

일제 지배 이전에는 통일국가라고는 해도 민족적 공동체 의식은 아직 약했다. 동학운동에 중부니 북부에서는 공감하지 못할 정도였다. 참다운 민족주의는 일제 하에서 이루어진다. 그것은 국민국가라는 인공적인 것에서가 아니라 감정의 깊이에서, 정말 피와 살에서. 그 단적인 표현이 3 · 1운동에서의 일체감이다. 그것은 종교적 축제적 제의(祭儀)였다고도 할 수 있을 것이었다. 그러나 전후에는 붕괴 과정을 달린다. 반공적 국민국가 형성으로 인위적인 통합을 시도하기도 했지만, 북에서는 전체주의적 전제주의로 가고 남에서도 그 후 더욱 붕괴되었다. 지금은 지역주의로까지 전락했다. 그 배후에는 근대화에 의한 경쟁과 적대 관계와 개인의 원자화 현상이 있었다. 근대화에 의한 붕괴는 역시 해방 후에 비롯된 것이다.

일제 하에서는 낡은 지역공동체, 그 혈연적이고 유교적인 공동체가 붕괴되어 가는 것을, 통합의 상실을 그다지 슬퍼하지 않은 것이 아닌가. 그것은 유럽의 계몽주의에서 생각한 것 이상으로 극복해야 하는 낡은 유산이라고 생각했기 때문이다. 그래서 상실된 공동체에 대한 슬픔은 우리의 근대적인 지식인들 사이에서는 그다지 찾아볼 수 없는 것이 아닐까.

근대문학을 자세히 검토해 볼 필요가 있을 것 같다. 거기다가 일제 치하니까 재빨리 민족적 공동체로 비약해 갔다. 거기에 구원이 있다는 듯이 거의 자연감정적으로. 거기에 성립된 공동체는 그런 의미에서 인위적이고 인공적인 '슈도'(pseudo)의 것이 아니었다. 천황제 하의 민족주의와는 다른 자연적이고 자발적인 것이었다. 천황이나 일인자가 없는 것이었다. 그것은 종교적이고 구원적이고 제의적(祭儀的)인 성격을 띤 것이었다. 이런 공동체 의식이 해방 후 붕괴되어 간 것이다. (1999년 2월 16일)

아직도 관료 중에는 복지부동의 경향이 있는지 모른다. 그러나 또 한편 정권은 바뀌어도 관료는 그대로 있으니까 윗사람을 받드는 데 같은 습성이 작용하고 있는 것이 아닐까. 취임 1주년의 인상을 좋게 하려고 주가를 500선 이상으로 유지하려고 애썼다는 설도 있다. 그러니까 앞으로는 떨어질 것이라는 것이겠지.

그것보다도 분명한 것이 있다. 오사카(大阪)에 있는 우리 총영사관에서 일본인 지식인들에게 취임 1주년을 맞이하여 김대중을 찬양하고 격려하는 글에 서명해 달라고 했다는 것이다. 김일성 시대에 전 세계에서 줄줄이 찬양하는 목소리가 이어졌던 것이 생각난다. 남북을 통하여 그런 충성심이란 마찬가지라는 것일까. 독재정권 후유증이라는 것일까. 그래서 그런 것은 세계 어디서나 있는 것인데 우리는 그래도 자유로워서 북보다는 덜하다는 것일까. 앞으로 김대중 정권이 안정되면 관료들은 어떤 형태를 보일 것인가.

"새로운 신화는 뿔뿔이 헤어져서 존재하는 시인들 중 누구 한 사람의 고안에 의한 것이 아니다. 그것은 말하자면 한 사람의 시인으로서 나타나는 새로운 일족(一族)의 손에 의해서 되는 것이다."(하버마스 『근대의 철학적 담론』)

쉐링(Schelling)의 말이다. 독일은 이처럼 공동체 상실감에서 오는 불안과 공포에서 민족이나 국가로 달려간 것이 아닐까. 그러다가 드디어 나치로까지 전락하고 말았다.

우리의 지역주의도 이러한 맥락에서 볼 수 있지 않을까. 뿔뿔이 헤어진 개인을 결집시키는 힘으로서의 민족이 이제 힘을 잃어 가는 것 같다. 남북분단에서 그것은 시작됐고 대중소비사회에 와서 그것은 더욱더 결정적이게 되었다. 그래서 지역주의가 일어나지만 그것을 이용한 세력이 군부 통치자들이었다. 지역주의와 군부독재 그리고 대중소비사회는 불가불리의 관계에 있다.

자유당 치하에서 여당적이었던 호남. 그때 저항적이었던 영남. 그러한 시대가 역전됐다. 김대중의 수난이 이런 관계를 상징적으로 나타내고 그런 관계를 결정적이게 했다. 호남과 영남을 축으로 해서 한국 현대정치사를 쓸 수는 없는 것일까. 거기서는 공간적 요소를 내포하면서 미시적인 역사방법론도 채용하게 될는지 모른다. (1999년 2월 24일)

일본 무사사회에서는 개인적으로 원수를 갚는 것을 가치가 있는 것으로 미화하였다. 한이 개인 대 개인의 것이 되고 개인 사이에서 풀어야 할 것으로 생각되었다. 논어에서 말하는 '이덕보은'(以德報恩)이나 '이직보은'(以直報恩)의 사상이란 있을 수 없었던 것은 물론이다.

우리는 무엇보다도 한을 쌓아두고 그야말로 한에 서린 개인적인 체험을 일반화하여 삶이란 그런 것 하는 식으로 체념도 했지만, 체험을 경험화하고 일반화했다고도 할 수 있다. 그리고 한이 일어나지 않는 화해와 평화의 세계, 그러한 새로운 질서를 동경하였다. 그러니까 그것은 메시아니즘적이었고 때가 오면 혁명으로 이어질 가능성이 있었다.

이에 비하면 한을 개인과 개인의 문제로 삼고 개인 사이에서 해결할 수 있다고 본 것이 일본의 '우라미(怨)'라는 것이었다. 그것을 미화하기까지 한 것은, 의식적이든 무의식적이든 그것을 일반화하지 못하게 하고 거기다가 상상력을 제한하게 해서 혁명을 억제하려는 방법이었다고도 볼 수 있다.

이것은 권력을 위하는 가치관 또는 문화라고 해야 한다. 일본이 역사적으로 어떻게 민중 사이에서 혁명의식을 찬탈했으며 차단했는가 하는 것은 중요한 사상사적인 과제가 아닐 수 없다. 여성의 경우는 우리도 그렇지만 인(忍)을 여성의 미덕이라고 찬양했던 것 아닌가. (1999년 2월 26일)

3 · 1 운동 80주년이다. 3 · 1독립선언은 지난날의 화이(華夷)사상이나 종족주의적인 민족주의에서 근대적 보편적인 가치를 찾는 민족주의로의 전환을 가장 확실하게 보여 준 것이었다. 함석헌도 그때야 자유, 정의, 평등 같은 것을 확실하게 인식하게 됐다고 했다.

오늘 문화일보에 나온 김영호, 이태진, 김성재 세 교수의 3 · 1운동과 한일관계에 대한 글을 읽었다. 일본이 아직도 계속하고 있는 국가주의적인 발상에 대해서 우리가 보편적인 가치에 근거해서, 사상적 이념적 윤리적인 우위에 서서 일본을 대하려고 하는 자세를 뚜렷하게 볼 수 있었다. 그런데 일본은 아직도 관료주의적인 작문만 가지고 대하려고 한다.

민무신불립(民無信不立)

5월 광주 사건은 이제 문화적인 기원을 이룬다고 해야 하는 것이 아닐까. 거기서 평화와 화해의 사상이 나온다. 그리고 고백론적인 역사가 시작되어야 한다. 광주 피해자들이 공수부대를 찾아가 화해의 손길을 내밀었다고 한다. 공수부대원들의 고백이 나와야 한다. 우리에게는 자화자찬의 자기를 정당화하는 회고록만 있고 김기림이 읊은 "간사한… 옷을 찢고… 피묻은 몸뚱아리를 쏘아"(「除野」) 보는 고백록이 없다. 우리들 사이에서 일제에 예속된 시대에 종군위안부로 끌어내고 끌고간 사람들도 있었을 텐데, 침묵만 흐르고 있다. 일본에 대해서는 그것에 대해서 속죄하라고 하면서도.

신문의 발생사는 흥미롭다. 프랑스에서는 19세기 전반에 정당 간의 대립에서 자기를 주장하고 상대를 헐뜯기 위해 신문을 시작했다는데 그러다가 광고와 연재소설로 재미를 보게 되었다. 우리의 경우는 독립신문도 그렇지만 특히 3·1운동 후에 시작된 신문이란 근본적으로 독립운동의 도구로서의 신문이었다. 애국계몽운동에서 대표되는 것처럼. 그런 언론의 종언을 나는 『사상계』(思想界)의 종언에서 본다. 애국운동으로서의 언론은 거기에서 끝난 것이라고 생각한다. 그렇기 때문에 그러한 언론들은 지금의 언론 중립이니 하는 기준으로 평가해서는 안 된다. (1999년 3월 1일)

이제 와서야 여야가 협력해서 정치개혁을 한다고 김대중, 이회창 간에 합의가 됐다고 하지만 그것에 대한 국민의 눈은 의혹에 가득차 있다. 냉담하기 짝이 없다. 국회의원 보선을 한다고 해도 아무런 관심도 없다.

야당의 지도력 부재. 싸워야 자기를 지킨다고 생각하기 때문이다. 이제 세풍(稅風), 총풍(銃風) 관련자를 우물우물해버리고 마는 모양이다. 하지만 처음부터 심기일전 야당은 협력적으로 동반자 역할을 했어야 하는데, 다수의 힘을 과시한다고 김종필 총리인준을 6개월이나 끌었다. 그것이 야당의 자세여야 한다고 생각했다. 독재와 싸우는 양심의 이미지가 전혀 없었고, 그것에 대한 언론의 자세도 마찬가지였다. 스캔들 기사로 독자들의 흥미나 끌려고 했다. 언론도 여야정쟁으로만 보아 왔다. 역사의식이 완전히 결여되어 있었다. 독재와 싸운다는 식의 생존방식과 그것에 길들여지고 그래서 특권을 누리는 식의 생존방식밖에 몰랐기 때문에 여야가 어떻게 해야 국가의 앞날을 열어갈 것인가 하는 비전을 전혀 가지지 못했다.

이부영을 만나서도 김종필의 인준이 벽에 부딪혔을 때 거의 모든 언론이 대신할 다른 사람을 내놓으라고 사설에 썼지만 나는 인준해 줘야 한다고 칼럼에 썼지 않느냐고 했다. 언론도 그 정도였으니 국가의 방향을 생각하고 언론의 자리를 어디에 두어야 하는지 전혀 모른다고 할 수밖에 없다. 그 정치세력에 그 언론이라고 할까.

한일 문제나 대북 문제에서는 언론이 정말 바른 자세를 가져야 하는데 정부가 말하면 야당은 반대하고 언론은 판단을 보류한 채 그 대립을 부추기는 자세나 취하면서 이것을 가지고 그들은 중립이라고 말한다. 사실만 보도한다고 하면서 악한 객관주의를 취할 뿐 사실의 비중을 생각하려고 하지 않는다. 그러니까 해설 기사를 쓰지 않는다. 이런 미성숙한 자세 때문에 앞으로도 많은 시행착오를 거쳐야 할 것 같다. (1999년 3월 18일)

어제 청와대 만찬에서 어찌된 일인지 일본 오부치 총리가 만찬사에서 나라에도 덕이 있어야 한다고 했다. 지나간 말처럼 가벼운 인상을 주려고 했지만 정말 그는 그런 뜻을 가지고 일본의 정치 풍토 속에서 고뇌하면서 가능한 길을 찾고 있는 것일까. 정말 그렇다면 일본과 같은 정치풍토에서도 그런 연꽃이 필 가능성이 있다는 것일까. 우리 한국과 같은 정치 풍토에서 개혁의 정치를 실현할 대통령이 정말 나올 수 있을까 하고 생각하는 것인데.

한국의 국회에서는 집권층에 압력을 가하면 자리를 얻게 되고 자기들의 특권에 대한 보호를 받게 되는 셈이다. 한국에서도 집권 세력의 약점을 파헤치면 파헤칠수록, 소리를 지르고 소란을 일으키면 일으킬수록 특권을 확보할 수 있게 된다.

한나라당은 이런 전략을 쓰다가 당하기도 했지만 자기보존을 하기도 했다. 시끄러우니까 더 이상 과거를 묻지 않게 됐다. 그러나 깊은 자기반성에서서 개혁에 협력한다는 것은 상상할 수도 없게 된 셈이다. 미국의 클린턴 스캔들을 둘러싼 소란이 말기현상적인 것이라면 우리의 경우는 어떨까. 민주주의적인 성장으로 가는 도상에서 불가피하게 일어나는 일일까. 아니면 이 상태, 이런 정치는 더욱 심화돼 갈 것인가. 국민의 바른 힘과 그것을 배경으로 한 정치 세력의 결단에서만 발전은 이루어질 텐데.

어쩐지 미국에서는 정점에 이르렀던 정치가 전락하는 모습이라고 보이는데 우리의 경우는 목표에 이른 적이 없었으니까 올라가는 길에서의 우여곡절이라고 생각하고 싶은데 이것은 지나친 낙관일까. 아직은 정치에 대한 호된 비판과 국민의 저항하는 에너지가 남아 있는 듯이 보이기 때문이다.

『논어』에서는 '족식'(足食)하고 '족병'(足兵)이면 '신'(信)이 있게 되고 천하태평이 된다고 본 모양이다. 오늘에서 보면 '족식' '족병', 즉 풍요롭고 바깥 세력에서 오는 위협을 받지 않는 태평성대에는 신, 즉 인간관계에서의 신뢰란 성립되는 것이 아니라 도리어 무너지는 것이라고 해야 하는 것이 아닐까. 그리고 식과 병과 신, 삼지 중에서 하나를 버려야 한다고 하면 첫째는 병이라고 보고 국방을 희생하면서도 식은 줘야 한다고 하면 어떨까. 오늘 북한은 식은 버려도 병은 택한다는 것일까.

우리 남한은 병보다 식을 택했던 것 같다. 그런데 풍요로우면 신은 사라지니까 이제는 풍요와 신 사이에서 어느 하나를 버려야 한다면 식이라고 해야 하는 것이 아닐까. 신이 가능해야 사실은 식도 가능하다고 해야 하는 것 아닐까.

이런 의미에서는 자고로 '민무신불립'(民無信不立), 백성 사이에 믿음이 없다면 나라는 서지 않는다고 해야 한다. 논어는 인간이란 죽는 것이니 하고 믿음만 있다면 죽음도 함께할 수 있지 않겠는가라고 가르친 것 같다. 가족 사이에서는 먹을 것이 없어도 믿음으로 하나가 되고 함께 죽음을 마다하지 않는 것이 아닐까. 그런데 믿음을 회복할 길은 거의 절망적인 것 같다. 이런 의미에서 어쩐지 우리 사회의 장래에 대해서도 비관하게 된다.

(1999년 3월 21일)

김기림의 시

아도르노에게 있어서의 '동일성 사고'(同一性思考)에 대한 저항이란 이성비판이 이성에 의해서라는 것과 마찬가지로 모순을 지닌다. 가령 '비동일성'(非同一性)의 사고를 가진 이웃을 찾아간다면 이것은 비동일성을 찾는 동일성이라고 하지 않을 수 없다. 그러나 그것은 동일성 사고에 대한 부정 위에 선 동일성 사고라고 해야 한다. 그러므로 그것은 혁명적인 동일성 사고라고 할 수 있다. 주변이 주변을 찾는 것이니까.

데리다(Jacques Derrida)가 논리보다는 레토릭을 고찰하려고 한다면, 전위적인 예술에서 논리나 윤리나 진리가 허구임을 드러내려고 한다면, 논리적인 또는 윤리적인 일관성이란 무너지고 만다. 그렇다면 윤리란 어떠한 전통, 도덕적 명령 또는 율법에도 그 근거를 가질 수가 없다. 서로에 대한 인간적인 배려만이 모럴일 수 있다면 그때는 모럴이란 미적인 것, 현명한 균형감각이라고도 할 수 있는 것이 아닐까.

그렇다면 일본의 영화 감독 야마다 요지(山田洋次)의 다음과 같은 말이 더욱 흥미로워진다.

"옛날에는 장지로 방이 나뉘어져 있었기 때문에 행동을 하거나 얘기를 하거나 장지 저쪽을 염두에 두어야 했다. 때로는 들릴 듯 말 듯한 얘기로 장지 너머 아이들에게 넌지시 훈계하기도 했다."

일본 문화나 윤리는 장지문화라고 해도 좋을 것이다. 그것은 언제나 장지 너머에 대한 배려에서 윤리를 세우려고 했다. 그렇다면 그때의 윤리란 엄숙한 정언명령(定言命令)으로서의 도덕이 아니라 인간관계를 부드럽게 하고 균형을 잡으려는 미학적인 것이라고 할 수 있지 않을까. 일본인들의 경우에는 그런 윤리가 전통적으로 지배해 왔다고 할 수도 있다. 양심의 명령, 신의 명령을 나 홀로 듣는다는 것이 아니라 아름다운 조화를 이루려는 것이다.

(1999년 3월 27일)

논리가 무너지고 레토릭만이 문제가 될 뿐이라면 신학적인 사고란 정말 그런 것이 아닐까. 신의 부재가 신의 존재를 제시한다고 말한다면 그것은 논리가 아니라 레토릭이다. 부정신학(否定神學)에서 보는 것처럼. 이 세상은 신의 창조이면서도 신을 떠나 있고 악은 신을 떠나 있으면서도 신의 절대 지배하에서 악은 있을 수 없다고 한다면, 거기서는 논리는 불가능해지고 그것을 어떻게 레토릭을 잘 써서 표현하는가 하는 미학적인 문제가 있을 뿐이 아니겠는가.

잔인한 유고 정권. 그러니 나토의 공격을 보면서 천문학적인 무기를 생산하는 자들은 싱긋이 웃고 있을 것 아닌가. 이미 생산한 무기와 탄약은 써버려야 하고 또 새 무기를 만들어 내야 하기 때문이다. 오늘날은 현실적으로 어느 세력에도 찬성표를 던질 수 없다. '레서 이블'(lesser evil)도 찾을 수 없으니까.

한국의 선거도 마찬가지다. 여야 어느 쪽을 누가 자신을 가지고 선택할 수 있을 것인가. 이런 속에서 김대중의 개혁은 낡아빠진 것이 되고 말았다. 이 현실을 그려낼 수 있고 판가름할 수 있는 논리란 없다. 보들레르처럼 모두 단죄하고 조소하는 시, 즉 레토릭만이 있다는 것일까.

김기림의 시를 읽으면서 여러 가지를 생각했다. 일제 하, 그의 시에는 보들레르의 영향이 있는 것이 아닐까. 나는 그의 시 속에서 나라 없는 민족의 슬픔을 보고 나라에 대한 간절한 희구를 본다. 그의 시는 일제 하에서 가장 심오한 상징성, 상상력을 보여 준 것이라고 해도 되는 것이 아닐까. 「房」이라는 시를 나는 조국을 읊은 시라고 본다.

"유리창 넘어서 흘기는 어둠의 검은 눈짓에조차 소름치는 겁 많은 房아"라는 말로 첫 구절을 끝맺은 「房」은 "— 어서 밤이 새는 것을 보고 싶다 —/— 어서 새날이 오는 것을 보고 싶다 —"로 끝나지 않는가. 그에게 있어서 그 휘황찬란한 레토릭은 일제 하에서 몸부림치는 그의 심성을 방어하는 방패나 투구가 아니었을까.

그러니까 해방과 더불어 의상을 달리하고 「우리들의 八月로 돌아가자」와 같이 그렇게도 평이한 애국시를 연속 읊게 된다. 마치 지난날의 레토릭이란 사도(邪道)라고 생각이나 하는 듯이.

"어찌 닭 울기 전 세 번뿐이랴
다섯 번 일곱 번 그들 모른다 하던 욕된 그날이 아파
땅에 쓰러져 얼굴 부비며 끓는 눈물
눈뿌리 태우던 우리들의 八月"(「우리들의 八月로 돌아가자」)

여기서는 그의 시가 지녔던 난해성이 사라졌다고 기뻐하기보다는 너무나 진부한 레토릭에 실망하게 되는 것이 아닌가. 그러나 이것이 일제 하의 지식인이 걸어온 길. 만약 그에게 더 오래 자유 속에 살아갈 수 있는 인생이 허락됐다면 그의 그 난해했던 상상력은 어떻게 되었을까. 실제로는 그것이 꽃필 수 없는 상황이 계속된 것이다. 그 감격이 사라지고 더 깊은 회의에 빠졌을 때 그의 시가 보들레르에서처럼 그로테스크하게 꽃필 수는 없었을까 하고 생각해 본다. (1999년 3월 28일)

다시 써야 하는 6 · 25 史

4 · 19 직후 같은 해이상태. 정치 세력은 뿔뿔이 흩어지고. 모두가 자기 이익만 찾는다. 내년 총선에 당선되느냐 여부에만 관심이 쏠린다. 모든 행동, 모든 발언이 그것을 지향하고 있기 때문에 다만 제 이름을 알리려고만 애쓰고 무분별하게 선동적이다. 오로지 이른바 상대를 향한 흠집 내기뿐이다.

김대중 정권은 그 와중에 휩쓸려 정치의 비전을 잃어버린 채 갈팡질팡한다. 이제는 국민의 신뢰를 잃어버려 몰락으로 치달리는 것이 아닐까. 권력에만 연연할 것이고. 거기다가 간계를 일삼는 김종필 세력이 더욱 정치 불신을 조장할 터이다.

이러한 사태에서 국민의 욕구만이 분출된다. 정치권의 타락으로 국민도 이념을 향한 생각을 저버리고 자신을 지키고 이익을 얻기 위한 기회만 노린다. 이처럼 국가의 총체적인 분해현상이 일어난다. 모두가 흩어진 채 자기 길을 가려고 한다. 이것이 4 · 19 직후와 같고 어떤 의미에서는 독일에서 제1차 세계대전 후에 나타난 바이마르 공화국 때와도 같다.

군사정권이나 독재정권이 나타나지 못하는 것은 지난날 군사독재 하에서 뼈아픈 체험을 했기 때문이다. 일본에서는 이시하라 신타로가 도쿄도지사에 당선됐다. 일본이 천황세 하의 내각책임세가 아니라면 그런 인물이 대통령도 됐을 것이다. 오늘의 한국에는 그래도 그런 분위기와 그런 인물은 없다. 강력한 지도자에 대한 공포와 염증이 대단하기 때문이다.

이런 상황이 오는 데는 언론이 큰 책임을 져야 한다. 신문은 바른 방향을 지시하면서 시비를 가리지 않고 언제나 여야에 대한 양비론으로 싸움과 혼란만 보도하면서 이것이 언론의 중립이라고 해오며 결국은 그 혼란을 조장해 온 셈이다.

언론의 체질이라는 것을 문제 삼지 않을 수 없다. 취재도 제대로 하지 않고 제멋대로 써낸다. 정치에 대한 평가에서와 마찬가지로 무슨 문제에 대해서도 가치관에서 비롯한 판단을 할 줄 모른다. 그런 감각, 그런 시각이 성립되어 있지 않다. 오랫동안 권력의 힘과 돈에 길들여진 언론이 아닌가. 게다가 IMF로 생사여탈권을 가지게 된 사주가 언제나 그들을 위협하고 있다. 그만두라면 그뿐이다. 이것이 세계화 시대의 경쟁사회라는 것인가.

여기서 최소의 인원이 최대치 일을 해내야 하니 언제 현장에 나가고 언제 생각하고 글을 다듬을 수 있겠는가. 그럴 여유도 힘도 권한도 없다. 신문사의 소유권과 편집권의 분리란 이제 생각할 수도 없게 됐다. 사주의 말에 따라 기사가 좌우된다. 그래서 사주가 세상을 떠나면 대통령이 서거한 것처럼 대대적으로 신문을 꾸밀 정도다. 대체로 그런 사주란 이념이니 머리니 논할 수 없는 사람들인데 그들이 신문편집도 완전 지배한다. 그 지배에 굴종해야 기자들도 살아남는다.

이런 신문의 비판을 두려워해야 하는 정치. 언제 정치, 언론, 시민이 서로 다른 입장에서 국가 발전에 힘을 모을 수 있겠는가. 정치적 자유가 주어지면 주어질수록 정치계는 부패하고 언론도, 경제도 마찬가지로 혼란과 몰락에 휘몰리고 마는 것이 아니겠는가. 이리하여 국가의 혼란과 몰락이 몰아닥쳐 온다고 생각된다.

병역비리가 또 문제되고 있다. 권력, 금력으로 병역을 면제받게 했다는 것이다. 그래서 강남에서는 군대에 간다면 친구들이 "너희 어머니는 계모냐" 라고 한다는 말까지 들리지 않는가. 이렇게 지금 병역비리를 문제 삼는 것은 정말 개혁을 위한 것인가, 내년 총선거용인가. 그만큼 김대중 정권의 개혁의지에 대해서도 국민은 의심하고 있다. 하지만 그러한 민심이 정치를 움직이는 시대가 됐다고 할까.

병역비리란 6 · 25 때부터 오랜 역사를 가지고 있다. 3사단에 있을 때 생각이 난다. 춘천역에 도착한 신병들이 그들이 실려 온 화물기차 칸에서 내리자마자 왁 하고 아우성치면서 눈을 집어먹는다고 야단이었다. 여러 날 화물찻간에 갇혀 있으면서 포장된 전투식량만 먹었을 뿐 물을 마시지 못했기 때문이었다. 찻간 문을 열면 도주할지도 모른다고 해서 화차 안 그 암흑 속에 가두어 두었던 것이다.

나는 신병을 인수하려고 나온 미 10군단 인사참모에게 손전등으로 화물차 칸 안을 비추면서 저 꼴이니 누가 군대에 오겠다고 하겠느냐고 했다. 안에서 대소변을 다 봤기 때문에 그것은 정말 돼지우리였다. 이렇게 해서 그들은 머지않아 전선에 배치됐고 그중에 적지 않은 젊은이들이 생명을 잃었을 것이 아닌가. 죽으면서 그는 대한민국을 원망하고 권력이나 돈이 없는 부모를 원망했을는지 모른다.

이렇게 실려 오는 청년들은 힘없는 농촌 출신들이었고 조금이라도 세력만 있다면 아들들을 빼돌리는 시대였다. 그래서 숫자를 채우려고 환자고 약자고 모두 실어 보냈다. 그래서 군의관은 그중 20퍼센트는 돌려보내야 했다고 하면서 실려 온 병사들 중에는 한센씨병 환자까지 있고 몇 번이고 실려 보내졌다가는 되돌아온 젊은이도 있다는 것이었다.

춘천역에서 이런 모습에 놀란 10군단에서는 신병인수에 하급 장교만이 나타났다고 분노를 터트리면서 전면적인 수정을 명령했다. 그 다음부터는 한국군 부사단장도 나오고 인사참모 등 영관급도 춘천역에 나타나게 되었다. 그리고 내리자마자 따뜻한 물도 끓여서 마시게 했다. 나는 그릇된 상황을 우리 스스로가 고치지 못하고 언제나 밖에서 압력이 와야 고칠 수 있는가 슬퍼했다.

이처럼 병역비리의 역사란 오랜 세월 쌓여온 고질이다. 더 거슬러 올라가면 유성룡의 『징비록』에 기록된 임란까지, 무(武)를 경멸한 조선 왕조에까지 이르는 것인지도 모른다. 그렇게 모두 피해 가고 돈을 먹고 놓아주고 했는데 그래도 이 민족사에 줄기찬 의병의 투쟁이 있었던 것을 어떻게 설명해야 할 것인가.

6 · 25 때의 군대는 정말 부패했었다. 한 번 치열한 전투가 있거나 포위나 당하면 양식 배급은 중단되고 사상자 확인도 늦어진다. 그래도 식량은 인원대로 타오니까 남는 것은 후생차량을 굴리면서 내다 판다. 장성과 고급장교는 이렇게 해서 잘살았다. 제주도 훈련소에서는 미군 사령부에서 시찰이라도 오면 병약자는 산 넘어 바닷가에 숨겼다가 숨지게 한 경우가 있었다고 하는 것 아닌가. 3사단장 하나는 전선 사단 사령부 사단장실 뒤에 호를 파놓고 거기다가 좋아하는 여자를 숨겨놓고 있었다. L19 경비행기로 여자를 날랐으니까 도로에 서 있는 미군 헌병들의 수색을 면할 수 있었다. 그래서 사단 내에는 사단장은 정력보충으로 보신탕만 먹고 있다는 소문이 자자했다.

군은 특권계층이고 어떠한 조사도 받지 않고 신문의 스캔들도 되지 않는 성역으로 보존되어 왔다. 군사정권 하에서는 안보라는 구실에서 특권화되었고 비밀지대화되었다. 그렇게 해 놓고는 민주화 운동을 하면 젊은이들을 거기에다 감금하고 얼마나 많은 이유 모를 고통, 심지어는 죽음을 당하게 했던가.

다할 수 없는 슬픈 이야기들이 거기에 있다. 제3경비대대에 있을 때였다. 동해안을 올라가면서 평해에서 일어난 한두 가지 일. 어느 날 대대장이 이렇게 말했다.

"서울대에 다니던 빨갱이 학생을 하나 잡아왔어. 인민군 공작대에 들어가 활동을 했어. 누이동생들은 공작대 연극단에서 배우노릇을 했고."

나는 대대장의 지시로 그 학생이 조사를 받고 있는 정보과로 갔다. 그리고는 그를 만나자마자 "김 형 이거 어떻게 된 거요" 라고 했다. 그 후 나는 대대장에게 "그는 6 · 25 전에 서울대학교에서 학도호국단 간부로 활약했는데 아마도 그래서 빨갱이에게 협력하는 척했던 모양" 이라고 했다. 사실은 내가 전혀 기억하고 있지 못하는 학생이었지만. 그는 상당히 부유한 그곳 홀어머니의 외아들로, 어머니는 그 아들이 죽는다고 땅을 치면서 울어서 손톱이 빠지고 피가 흐르고 있다고 했다. 그때는 군대가 즉결처분을 할 때였기 때문이다. 내가 군에 입대할 때도 육군본부의 영관급 장교가 나와서 분대장 이상에게 총살권을 부여한다고 호통을 치던 상황이었다. 그는 석방되었다. 그 후 그는 무사했는지 지금도 가끔 회상하면서 한 번 평해에 가 보고 싶다는 생각을 한다.

또 한 가지 이야기. 겨울인데도 피복 보급이 여의치 않았다. 그래서 그 추위에 보초를 서다가 도주하는 병사들이 있었다. 그중의 한 병사가 잡혀 와서 총살형을 받게 됐다. 그를 앞세우고 전 대대가 언덕으로 올라갔다. 그때 정경을 잊을 수가 없다. 그는 총살을 당했다. 그렇지만 그의 집에는 전사로 알려졌다고 했다. 그러나 그 후 소문으로 자세한 소식을 알았을 것 아닌가. 그때 그의 부모는 어떻게 그 쓰라린 심정을 달랬을까. 한이 쌓이고 쌓였다고 할까.

그리고 삼척에서 있었던 일. 나는 작전과 하사관으로 있었다. 그날은 북으로 달아나던 인민군 패잔병들 10여 명을 총살하는 날. 나는 작전과에서 육군본부에서 온다는 전화를 받았다. 그 내용이 잘 들리지 않았지만 나는 사형장으로 달려갔다. 그리고는 이미 구덩이를 파놓고 형을 집행하려는 부대대장을 향해서 언덕 아래에서부터 육군본부에서 명령이 왔다고 외쳤다. 많은 동리 사람들마저 모아놓고 총살형을 집행하려는 시위적인 행사였지만 나는 육본 명령이라는 것을 전달했다. 총살하지 말고 전원 대구육본으로 보내라는 명령이라고.

부대대장은 한참 머뭇거리다가 포로는 후송하지만 빨치산은 죽인다며 절반 정도를 총살형에 처했다. 마을사람들 앞에서 적어도 그 정도는 해야 한다고 생각했던 것 같았다. 나는 그 광경을 보고 싶지 않아서 언덕을 뛰어내려오면서 총성을 들어야 했다. 몇 사람은 살아났지만 그래도 몇 사람은 죽어야 한다는 인간의 운명, 이 생각을 계속 되씹어야만 했다.

또 한 가지 강릉 북방에 주둔했을 때 일이다. 일선부대가 지나간 다음에 올라긴 우리 부대 앞에 니다난 피난민들은 토굴에 피해 있던 탓으로 입고 있는 흰옷이 황톳물로 물들어 불그스레한 색깔을 띠고 있었다. 이들을 취조한다고 하면서 여자들의 옷을 온통 벗기는 것은 정말 예사로운 일이었다. 그 후에 여자를 고급장교가 이른바 현지처로 하는 경우가 비일비재했다. 이들은 요즘 어디에 살아남아 있을 것인가. 이들은 한국군 종군위안부라는 말인가.

그런 시대에 3사단에서는 이런 일이 있었다. 사병들이 강간을 하려고 했으니 군기를 보여 주기 위하여 처형을 한다는 것이었다. 당사자 여인들이 그렇지 않다고 했는데도 10여 명이 처형됐다. 변호사였다가 징발되어 법무관이 된 분이 우리 천막을 찾아왔다.

"법이 다 무엇입니까. 우리가 아니라고 해도 됩니까? 여기에 우리도 가담하라는 것이니 정말 죽지 못해 삽니다."

이 경우에도 전사로 처리되었을까. 이런 식의 법이 군사정권 하에서도 양산되어 사형, 무기 등 민주화 인사들에게 과해진 것이 아닐까. 그래도 그때는 국민의 저항으로 종당에는 감형도 하고 석방도 할 수밖에 없었다. 그러나 비밀의 베일에 싸여 있는 군 내부에서는 6 · 25의 악유산이 계속되어 비밀로 붙여진 폭력과 죽음이 이어졌던 것이 아닌가. 같은 민족을 적으로 삼고 싸워야 했던 전쟁. 우리는 남한 내에서도 적을 섬멸해야 한다고 아우성쳤다고 할까.

3사단 때 일 한두 가지만 더 기록하고 수많은 이야기를 상징하는 것으로 삼았으면 한다. 너무나 쓰라린 일들, 이제 기술한들 무슨 소용이 있겠는가 라고 할지도 모르지만.

적이 야밤에 들어오면 전초소대 같은 데서는 하는 수 없이 후퇴하지만 사단본부까지는 보고하지 않는 경우가 적지 않았다. 날이 밝으면 비행기 때문에 으레 후퇴할 것이라고 생각했고 사실대로 보고하면 야단을 맞고 무리한 명령이 내릴 것이 뻔하니까. 그러다가 비행기가 뜰 수 없는 우기 같은 때 적이 계속 공격해 오면 전초소대에서 아무 연락도 없었는데 주전선이 갑작스럽게 포위당해서 대혼란이 일어나는 경우가 있었다. 야간에 연대병력이 후퇴하고도 옆의 사단에 연락해 주지 않아 후방에서 나는 적의 총소리를 듣고 허둥지둥한 적도 있을 정도였다.

그런가 하면 수색대가 적의 진지 가까이 가지도 않고 가 있는 것처럼 무전으로 보고하는 경우도 있었다. 적당히 간 것으로 해서 위치를 보고하면서 적의 소재를 알리고 폭격을 가해 달라는 것이었다. 적의 포화가 두려워서 가지 못한다고 하면 무조건 가라고 무리한 명령을 해 올 테니까 적당히 허위보고를 해 버렸다. 사단 사령부 작전실에서는 으레 그럴 것이라고 생각하는 모양이었다. 이리하여 허위보고가 일상화되고 그에 따른 작전마저 행해진 셈이다. 군사정권의 유산 속에 사는 오늘의 정부 행정에도 그런 흔적이 짙게 남아 있는 것이 아닐까.

이런 중에서 휴전이 성립되기 전 내가 경험한 통탄할 수밖에 없는 일이 지금도 기억에 생생하다. '클램 업'(clam-up)이라는 작전이 있었다. 포로도 잡히지 않고 적의 동정을 알 수가 없었다. 그래서 '클램 업' 즉 조개처럼 오므라드는 작전을 쓴다는 것이었다. 모든 전선에서는 적극적인 전투행동을 하지 않고 야간에는 모든 차량이 라이트를 밝히고 달리면서 전선에서 후퇴하는 것처럼 가장했다. 이렇게 1주일을 한다는 것이 그만 3일 정도로 중단되고 말았다. 나는 여기에는 내가 근무하던 3사단에서 일어난 어리석은 짓이 영향을 준 것이 아닌가 생각했다.

이 작전으로 적은 수상히 여기고 밤에 전초지대 가까이 탐색해 오기 시작했다. 그러자 3사단장은 공명심에서 절대로 작전행동을 해서는 안 된다는 명령을 어기고 도리어 이곳에서 포로잡기 작전을 하다가 거꾸로 우리 군대가 포로로 잡히고 말았다. 그러나 이것을 보고할 수가 없어서 침묵하고 있는 동안에 적의 작전활동이 더욱 활발해졌다. 적의 포화도 더욱 심해졌다. 그래서 아군의 피해만 늘어났다. 어쨌든 이 작전은 중단되었지만 나는 아무래도 3사단 포로 때문에 정보가 샌 것이 아닌가 하는 의문을 지워버릴 수가 없었다.

6 · 25 때 4년 반 동안의 군 경험으로 나는 지금도 군 개혁을 위해서도 6 · 25전사는 다시 써야 한다고 생각한다. 민족적인 비극에 대한 고백의 기록으로서 말이다. 1961년 5월 군 쿠데타가 일어났을 때 이러한 군이 통치하는 시대가 왔다니 전율을 느끼지 않을 수 없었다. 거기에 내가 군사정권 비판에 종사할 수밖에 없었던 이유의 원점 같은 것이 있었다고 해도 되지 않을까. 이런 군이 국정을 장악하다니 무서운 일이라고 할 수밖에 없었다. 그리고 우리

국민에게 대해서도 회의에 가까운 것을 품지 않을 수 없었다. 더욱이 수많은 사람들이 굶주리면서 피난길에 오르는 북녘을 생각하고는 몸서리쳤다. 인간이란, 권력이란 그리고 정치란 본질적으로 그런 것일까. (1999년 5월 1일)

로마적인 더러움

종말이란 오늘날처럼 의미상실의 시대다. 혁명가가 참여할 기회를 찾지 못한다. 그래서 고전적 반체제주의자들은 모두 퇴장하고 만다. 우리의 노력으로는 구출할 수 없는 세상이기 때문에 신의 관여를 기대한다. 그런 시대를 살고 있을 때 성서는 개인의 구원과 시대나 사회, 세상의 구원을 말한다. 마태 25장 첫머리에 나오는 '신랑을 맞으러 나간 열 처녀'의 경우가 그런 것이다.

그것은 종말에서의 개인의 구원을 말한다. 멸망하는 그 시대에서 개인이 살아남는다. 그렇다면 소돔과 고모라 이야기에서 의인이 그 시대를 구한다는 것은 어떻게 되는 것일까. 종말이나 심판은 오는 것이지 그것이 의인에 의해서 중지되거나 연기되거나 또는 새날 새 세상이 그들 소수에 의해서 이루어지거나 하는 일은 없다는 것일까. 시대의 구원과 개인은 관계가 없다는 것일까. 흑암 속에서도 꺼져가는 등불처럼 약하나 그래도 의를 지킨다는 것이 개인 구원 이상의 뜻은 가지지 않는다는 것일까.

열왕기 상에서처럼 엘리야와 "바알에게 꿇지 아니하고 다 그 입을 바알에게 맞추지 아니한"(19장) 7천 명에 의한 구원이라는 의미는 신약에서는 강조되지 않은 것이 아닐까. 역사에 대한 개인의 역할이란 없다. 로마의 절대적 지배 하에서는 개인이 의롭게 살아남는다는 것만 생각할 수밖에 없었다는 것일까. 오늘과 흡사하다고 할까. 벤야민이 비약과 신비에서만 역사의 진보가 있다고 했듯이, 그런 신적인 개입에서만 역사의 구원이 있다고 할 것인가. 그것을 위해서 개인이 할 일은 없다. 다만 살아남기 위해 개인의 구원을 위해 마태 25장에서처럼 산다는 것일까. 이 시대에서의 역사 참여란 시대의 구원을 위한 것이 아니라 개인 자신의 구원을 위한 것이라는 말일까.

하버마스는 단독적인 인식에서의 '자기의식의 패러다임'에서 '양해의 패러다임'으로, 즉 '대화적으로 사회화되고, 서로 상대를 인정하고 상호적 승인을 행하는 개개인의 상호 주관적 관계의 패러다임'으로 전환되어야 한다고 했다. (『근대의 철학적 담론』)

"기본적인 발화행위(發話行爲)는 세 가지 구성요소가 뒤얽힌 구조를 보여주고 있다. 사실을 서술하는 (또는 말하는) 명제 구성부분, 대인 관계를 받아들이는 발화내적 구성 부분 그리고 발화의 의도를 표출하는 언어적 요소다."

어떤 사람이 말을 할 때 그와 대화를 하는 사람들은 그 내용이 뭔가 생각한다. 그 말하는 사람이 그들과의 관계에서 어떤 사람인가가 문제된다. 그 다음에는 그렇게 말하는 의도가 무엇인가를 생각한다. 대화에서 양해를 얻어내고 공동체적인 합의를 도출해 낼 때는 이러한 고려를 한다고 이해하면 되는 것일까. 오늘날 우리나라의 많은 발언, 특히 정치적 발언에서는 이 세 가지 요소가 모두 불신을 받고 있다고 하겠다. 따라서 양해와 합의가 성립될 수가 없다. 정치 세력 내에서는 물론 국민과의 대화에서도 그렇다. 그러니까 양해의 패러다임이 파괴되고 없는 것이다. 그래서 대화 불능의 대립만이 있다. 말이란 대화를 위한 것이 아니라 사기나 투쟁을 위한 것에 불과하다. 그러므로 발화 이전의 생활 세계에서 신뢰 관계가 우선되어야 한다. 그것이 없다면 민주정치의 기본조건이 결여된 상황이게 된다.

다음 선거 후에도 이런 방향으로 향하는 진보가 없다면 우리의 정치는 이전투구(泥田鬪狗)이고 속임수의 경쟁이다. (1999년 5월 5일)

지난 7일 밤에 나토군이 주재 중국 대사관을 '오폭'(誤爆)했다는 사건이 일으킨 파장을 보면 매우 흥미롭다. 오늘 신문(동아일보)에는 중국에서는 '반미'를 무마하느라고 야단이고 미국 언론은 '반중' 논조를 고조하느라고 야단이라는 것이다. 중국은 그것이 국민의 체제 불만을 불러일으키는 데로 번져 갈까 불안해하고 미국은 미국 국민의 반중의식을 고조하고 자기들을 정당화하는 데 광분하고 있다.

소련이나 동구권이 없어졌으니까 이제 새로이 1급 적(敵)에다 중국을 넣자는 것이겠지. "명백한 실수를 놓고 이처럼 반미 캠페인을 선동하는 우방은 없다" "중국이 우리의 적국임이 분명히 드러났다"(『뉴욕 타임스』의 기고문) "중국은 언론 통제를 통해 반미주의를 선동하고 있을 뿐만 아니라 반인륜적인 범죄를 저지른 슬로보단 밀로세비치 유고 대통령을 지원함으로써 자신의 정체가 무엇인지를 국제사회에 스스로 폭로하고 있다"(『워싱턴 포스트』 사설). "중국 대사관 오폭이 중국의 콤플렉스를 자극했기 때문"(『워싱턴 포스트』의 기고문).

마지막 글, 워싱턴 포스트에 기고한 조나단 콜라치는 중국 전문가라고 한다. 오폭이라고 강조하고 도리어 적반하장으로 반중감정만 부추기자는 것이다. IMF사태를 일으켜 놓고는 한국 비방을 일삼던 미국 여론이 생각난다. 네브래스카산 소고기에 바이러스가 있다고 야단하고 자동차 협상에서 배짱을 부리던 우리의 어리석음. 그러자 곧 IMF 사태였지 않은가. 그리고 지금은 한국을 사려고 가죽가방을 들고 몰려드는 그 꼴. 누가 '이코노믹 애니멀' 인가. 그들이 세계 언론을 쥐고 있으니까, 그런 말은 그들 자신에게는 쓰이지 않는다. 그렇게 유통하는 금융자본에는 미국 CIA 돈이 몇 조 달러가 들어가 있을까. 미국의 여론, 미국에 있는 중국, 한국 전문가란 이런 식으로 미국의 국가이익에 봉사한다. 일본을 때릴 때도 일본 연구가들은 어제의 친일에서 오늘의 반일로 돌변하며 그런 때야말로 자신들이 그만큼 애국적임을 과시하려고 한다. 그렇게 해서 반동보수 세력에게 자기네 존재를 알리고 그들의 특권 주변에라도 끼어들려고 하는 것이다.

일본 아사히신문 친구들이 그전과는 다르게 이번 오폭은 아무래도 미국 정보부의 계산된 오폭으로 보인다고 했다. 아시아 경제를 뒤흔들고 일본을 흔들다가 지금은 멈칫하고 있다. 자기네들 경제에까지 큰 영향을 줄 테니까. 중국은 종당에 러시아처럼 분열되고 무력화되기를 바란다. 미 제국주의의 아시아 지배다. 헌팅턴 같은 사람은 그 이데올로기로서 문명충돌론을 말한다. 아시아 제패, 19세기 역사의 계속이다. 아사히 친구들과도 이 무서운 폭력을 수용하면서도 거부해야 하고 그 체제 하에서도 가능한 조그마한 여지를 찾아가면서 19세기의 실패가 아닌 아시아의 서바이벌을 추구해야 하는 데라고 이야기를 나누었다. 이런 정치적 지혜가 필요하다. 저항해서 옥쇄하는 것이 아니라 차선을 택하는 것이다.

역사 그것은 역시 베이유(Simone Weil)가 말한 것처럼 '로마적인 더러움'으로 가득 차 있다. 정말 '잔인한 이야기'다. 미국은 인디언을 학살하고 흑인을 린치하고 이민노동자들의 노동운동을 탄압하고 남미를 수탈하고… 그 모든 잔인한 역사. 그러나 역사란 승리자가 편찬한 것이다. 아마도 인간이란 그런 어두운 이야기만으로는 견딜 수 없는 것이겠지. 그래서 그것을 도금한 역사를 받아들인다는 면도 있다. 인디언을 학살하고는 교회에 찾아가던 그들의 신앙. 그들의 민주주의와 인권이란 그런 것이다. 서구의 민주주의란 국내에서는 다소 체제를 완화하는 데 공헌했겠지만 대외침략에서는 완전히 그 가면을 벗어버렸던 것이 아니었던가.

선한 사람들이란 베이유가 말하는 '로마적인 더러움' 속에 때때로 보이는 '순수함의 물방울.' 승리자들 사이에 그런 얼굴과 말이 있다면 그들 자신의 의사와는 관계없이 그 사악한 체제가 악만이 아니라는 변명, 정당화의 빌미를 제공하는 것에 지니지 않는다고 할지 모른다. 그것은 그 체제의 혜택을 듬뿍 받으면서 고급주택 안에 소파에 누워서 내뱉는 인류에 대한 사랑의 시처럼 들려온다. 사악한 문명에 민주주의나 인도 또는 인권이 도금을 해 주는 역할을 하는 셈이다.

이런 역사를 어떻게 살아갈 것인가. 슬로보단 밀로세비치의 유고를 어떻게 지지하겠는가. 그렇다고 어떻게 나토를 지지하겠는가. 깊은 우울에만 빠지게 된다고 할까. 역사적 판단이나 결단을 내릴 수 없는 역사의 아포리아. 오폭을 가지고 반대하는 러시아와 중국이라는 두 나라 중에서 중국을 친다. 그래서 오만한 중국을 굴복시킨다는 것. 냉전에서의 완전승리를 손에 쥔다는 것 아니겠는가. 무기와 달러로 해내려는 세계 제패다. 그러나 그들은 원자탄을 독일이 아니라 일본에 떨어뜨린 것처럼 이번에도 러시아가 아니라 중국을 선택하는 인종주의자들이 아닌가. 이번 오폭은 새 지도를 만드는 자들이 사기저하로 말미암아 오기(誤記)한 것에 따라서 일어났다는 미국의 우스꽝스러운 변명. 우리는 이러한 역사를 직시하고 정치적으로 리얼리스틱하게 살아가면서 안개 낀 역사의 우울을 되씹어야 한다는 것일까.

(1999년 5월 13일)

의화단 봉기를 상기하며

코소보 사태에서 나토군에게 공격을 받는 유고. 이 1999년의 사건은 바로 1세기 전 중국에서 일어난 의화단(義和團) 봉기와 거기에 대한 이른바 연합군 공격에 비할 수 있을는지 모르겠다. 그때 연합군이란 일 · 미 · 영 · 노 · 독 · 불 · 이 · 오(오스트리아) 8개국이었다. 같은 세기말 사건. 그것은 다음 세기의 구미 그리고 일본의 지배를 결정적으로 상징한 것이었다. 이번에 중국 대사관 폭격이 그런 상징성을 더한다고 할 수 있다. 19세기 말에서 20세기에 패권을 뒤흔든 구미의 세계 지배의 역사는 계속한다. 이번에는 미국이 주고 유럽은 따라오는 것이 겠지만. 달러와 유로의 지배 그리고 엔은 추종하게 되는 21세기는 20세기의 다소 변모한 연장이라고 할까.

유고 대통령은 마치 청나라 지도부처럼 지나간 체제의 상징이다. 내셔널리즘을 내걸고 패배의 길을 간다. 그리고 역시 낡은 시대의 꿈에서 깨어나지 못한 국민들의 내셔널리즘은 국가의 비운만 가져온다.

이런 시대를 살아가는 우리 민족은? 북에서는 100만 단위로 죽어가는 기아상태이지만 남한에서는 그런 것에는 아랑곳하지 않는다. 사소한 이익으로 대립하고 싸우고 사회의 몰락을 촉구하는 부패한 부도덕하기 짝이 없는 정치세력. 그것이 상층이라고 하니까 국민은 이념이나 윤리를 상실한 채 아귀다툼으로 자기만 있고 남은 없다. 나는 4 · 19 직후를 닮았다고도 생각한다. 위기에 지도력 없이 국민의 힘을 집결하지 못했던 역사. 19세기 말에서 20세기 초, 그래도 하늘이 우리를 버리지 않아서라고 하겠고 의병과 충절(忠節)의 미담을 남겼다고 할까. 앞으로도 새로운 사태에 대한 대응에서 정치 세력은 실패할 것이고 국민은 퇴폐의 길을 걸을지 모르지만 그래도 이 민족은 잡초처럼 살아남는다. 양심적인 많은 사람들이 크게 고뇌한다고 할까.

(1999년 5월 14일)

김대중은 대구에 가서 박정희 찬양에 열을 올리고 있다. 전두환은 추징금은 못 내겠다고 하면서 전국을 돌며 정치를 한다. 이런 상황에서 김영삼은 쓴맛을 다시면서 침묵하고 있는 것 같다. 김대중에게는 이것이 정치적 리얼리즘이라는 것일까. 더욱이 내년 총선을 앞두고 경상도 인심잡기인 모양이다.

그런 것이 현실정치니 어떻게 하겠는가라고 말할 수 있다. 그러나 그렇게 얻어들이는 승리가 무엇을 위한 것인가가 문제다. 개혁을 위한 정치력을 집결하기 위한 것인가. 김대중 자신의 집권연장 또는 그 세력의 재집권을 위한 것인가 하는 것을 주목해 보지 않을 수 없다. 종당에는 그런 정치 싸움에 불과한 것일까.

저렇게 추할 만큼 타협을 하고 이념이나 역사의식을 완전히 저버린 것 같은 정치행태가 정말 무엇을 위하는 것일까. 개혁을 위한 정치력을 집결하려는 노력이라면 정치적 리얼리즘이라고 해서 관용을 베풀 수 있을까. 이런 속에서 박정희 정권에 대한 준엄한 비판적인 태도를 유지하려는 소수 지식인들의 역할은 정말 귀중하다. 역사의 등불을 지키자는 것이니까, 사악한 정치판에서.

(1999년 5월 15일)

미국과 한국 정치. 미국은 지금까지 군사적, 정치적으로 직접 압력을 넣었고 CIA 공작을 했고 지금은 경제적으로도 공작을 한다. 박정희 정권 초기 CIA 공작원들은 박 정권을 한쪽에서는 강화하면서 반정부적인 인사들에게는 박 정권은 머지않아 무너질 테니 기다리라고 했다. 장면 정권 하에서 재무장관을 거친 김영선은 그들을 만나고는 용기백배해서 『사상계』에 나타나곤 했다. 냉장고를 하나 받았다고 2년 옥살이를 시켰다고 하면서 박정희는 더 많이 먹었으니 그 몇 십 배 옥살이를 시켜야 한다고 했다. 그러나 CIA의 말이 헛된 것이라는 것을 드디어 알고 그는 박 정권에 참여해서 충성을 다했다.

윤보선이 박정희 집권에 도전했을 때 한 번은 근소한 차로 지고 한 번은 큰 차로 졌다. 두 번째는 개표 처음에 경상도 표를 먼저 개표하여 완패감(完敗感)을 갖게 했다. 이 모든 공작은 미국 CIA와 한국 CIA의 합작이었다고들 했다. 미국의 공작과 한국의 공작, 이 모두를 증언하는 사람이 있어야 하는데 공작원은 배반하면 죽는다고 하니까 어려울 것 아닌가. 이런 정치의 실체는 숨겨둔 채 부정선거였다고는 하면서도 선거의 몇 %가 사실인 양 기술하는 역사가 무슨 의미가 있을까.

일제 시대에 종군위안부로 내몰았던 말단직원의 증언도 없고 광주 사건 때의 공수단원 증언도 없다. 언젠가 한 번 광주사건에 대해서는 정신이상이 됐다는 병사의 증언이 있었지만 그대로 사라지고 말았다. 그런 병사의 증언에 따라 그 상사를 불러오고 하나하나 거슬러 올라가면 발포 명령자, 잔인한 행위의 명령자를 모두 알아낼 수 있지 않겠는가. 모든 것을 숨겨둔 채, 알아보려는 성의도 없이 재판을 한다. 요즘은 광주사람 대표자라고 하면서 사건 피해자들과는 관계도 없는 지금의 공수단원과 화해의 악수만 한다. 이 거짓에 넘친 희화(戲畫)의 세상, 희화의 역사.

미국은 전 세계적으로 정보 공작이 가장 무서운 나라다. 그들은 한국에서 김대중의 지도력이 강화되는 것도 물론 원치 않는다. 박 정권 초기처럼 신문도 야당도 재벌도 은근히 선동할 테지. 김대중 정권에게는 그들을 지지한다고 하고 또 한편으로는 한나라당 쪽에 가서는 그들을 지지한다고 하고 미국 공화당이 반격을 가한다는 둥 하면서 말이다. 우리는 지나칠 만큼 솔직하게 무슨 말이든 다 털어놓지 않는가. 그렇게 해서 이 위기 속에서 모두가 손오공의 손바닥 위에서처럼 놀아나는 것이다. 일본도 그렇게 미국의 손에 놀아나고 있다는 것을 최근에야 알았다고 일본 언론계 친구들도 말하고 있지 않았는가.

그러나 그것이 현실이니 반대하면서도 받아들일 수밖에 없다. 그 아래서 그래도 작은 출구라도 찾아서 우리의 길, 아시아의 나아갈 길을 찾아야 하는 것이 아닌가. 김대중이 미국의 정책, 더욱이 그 나라 무기상들의 이익에 전면적으로 대결한다면 더욱 위태로워질 것이 아닌가. 우리나라 언론이란 미국의 소리가 곧 신의 소리인 것처럼 전하고 야단법석을 한다.

신문사에 따라 사람 쓰는 법이 다르다. 중요한 자리에 오래 두지 않는다. 칼럼 담당자도 수시로 바꾼다. 개인의 생각이 '사'(社)를 대표해서는 안 된다는 것일까. 개인이 유명해져서는 안 되고 '사'만이 군림해야 한다는 것일까. 그렇다면 월터 리프먼도 제임스 레스톤도 나올 수 없지 않는가. 모두가 고용인이며 '사'만이 영원하고 모두는 그 부품이며 소모품이다. 그렇다면 어떻게 '사'에 대한 충성심이 있겠는가. 개인은 없고 조직만 있다는 구조. 그래서 살아남기 위해 복종하게 된다는 것일까.

어느 날 미국이 북을 때리기로 결정할지 모른다. 거기에 저항하면 우리나라 정권은 견디어 내지 못한다. 세계에다 악인으로 선전해 놓고 때리는 것이다. 중국을 좀 더 약화시켜 놓고서 할지 모른다. 유고 대통령이라는 자의 어리석음, 지배욕이 비극을 불러들이는 것처럼 김정일이 그런 비극을 불러들일 것인가. 미국 무기상 재벌은 쌓인 실탄을 다 팔아줘서 좋다고 호경기를 구가할 것이다.

클린턴의 섹스 스캔들로 그가 자기네들 마음대로 된다고 웃으면서 샴페인을 터뜨리겠지. 그를 그 정도하고 놔두는 것이 다음에 공화당 정권이 나오는

데 유리하다고 보기 때문이 아닐까. 이런 세계적인 음모가 앞으로 더욱 진행되는 것이 아닌가. 그것이 21세기의 모습이라는 것일까. 의화단(義和團) 사건이 20세기를 향한 신호였다고 한다면 이번 유고 사태는 21세기를 향한 신호라고 할 수 있다. 구미는 달러와 유로가 연합해서 세계 제패를 꿈꾼다. 20세기는 유럽 주도로 시작되었고, 21세기는 미국이 주도하는 세기이다.

이 역사에 간섭할 수 있는 힘이 있다면 벤야민의 말처럼 신비와 비약이 있을 뿐이다. 그것을 기다리며 나는 이 말년에 이처럼 누구도 읽으려고 하지 않는 유언, 증언이라도 남겨야 하겠다고 몸부림치는 것일까. 증언이란 무력한 자의 푸념이 아니겠는가. (1999년 5월 16일)

아레나스의 유언

쿠바의 뛰어난 소설가 레이날도 아레나스(Reynaldo Arenas, 1943~90)는 1984년에 쿠바를 떠나 미국으로 망명했지만 스스로 목숨을 끊었다. 그는 "아메리카는 공장이다. 형태는 다르지만 쿠바와 같다"라고 했다. 모두가 도시에서도 시골에서도 돈만을 위해서 살고 있다고도 했다. 우리나라 요즘이야말로 그런 것이 아니겠는가.

1967년에 처음 미국에 갔을 때 관광버스에서 운전사가 저 건물은 얼마의 예산으로 지은 것이라는 등 돈으로 계산하면서 자랑하는 안내를 듣고는 미국인들이란 얼마나 천박한가 하고 혐오감을 느꼈다. 역사가 짧으니까 건물을 소개하는 데 역사의 길이로 설명하지 못하고 돈으로 설명하는구나 하고 생각했다. 요즘 무슨 벤처기업이 얼마를 투자해서 얼마나 짧은 기간에 얼마를 벌었다고 신문이 떠드는 것을 보고 이 나라도 역시 역사를 자랑하기보다 짧은 역사에 돈타령만 하는구나 하고 생각하지 않을 수 없었다.

아레나스는 그런 미국에서는 "더럽다, 나쁘다라고 보면 자동적으로 배제되고 살해되는 것이다"라고도 했다. 돈으로 사는 사회에서는 인간차별이란 끊을 수 없는 원죄다. 거기에서는 인간다운 삶이란 없다. 아레나스는 "20세기의 삶이란 돈이나 권력에 고집하든가 그렇지 않으면 죽는 길밖에 없다"라고 했지만 오늘 우리나라의 형편도 그런 것이 아니겠는가. 정치권력 주변에서는 더욱 그렇겠지.

손숙 여사가 장관이 되었다. 그래도 무대에는 서겠다고 했다. 우리나라 사람은 무슨 일에 종사하든 정치권력에 대한 매력을 버리지 못하는 것일까. 그래서 김대중은 주변 인물들에게 그것을 하나씩 나누어준다. 연극계, 영화계 사람들이 정상에 오르면 감투를 쓰고 싶어하던 그 습성을 손숙도 벗어나지 못하는 것일까. 국민의 존경을 한 몸에 지니는 국민적 배우란 우리에게는 불가능한 것인가. 20세기에는 더욱 돈이나 권력에 고집하고 그것 없이는 죽음과 다름없다고 생각한다니까. 오늘의 시대도 우리 국민도 그럴지 모른다. 그렇다면 정말 고독한 죽음을 초연하게 맞이할 준비가 필요할는지도 모른다.

아레나스는 그것을 혐오하는 인간이란 이 땅에 잘못 태어나온 것이라고 생각했다.

"…인류란 이 혹성에 귀속하지 않는 것이 아닐까. 동물은 다르다. 동물에게는 슬픔이나 괴로움과 같은 것이 없으니까 여기에 있을 수 있다. 인간에게는 여러 가지 것이 있으니까 이 혹성에는 귀속할 수 없어."

이렇게 말했다는 것이다. 그래서 인간에게는 그 이상 갈 수 없는 선이 있다고 생각했고 47세에 그는 이미 그 한계선에 도달했다고 생각했던 것이다.

전위적인 연극인 스티븐 발린트(Stephen Balint)의 독일인에 대한 평은 매우 흥미롭다.

"그들은 자기들이 독일 사람이라는 것에 부끄러움을 품고 있으며 그것이 그들의 겸허함과 관계한다."

여기에서 독일인들은 그 경제력에 걸맞는 정치력을 행사하고 있지 못하다고 했다. 일본인들에게 대해서도 어느 정도 그렇게 말할 수 있는 것일까. 이에 비하여 미국인들은 얼마든지 오만할 수 있다고 할까. 그래서 안하무인격으로 세계에 대해서 정치력을 발휘하려고 한다. 그것을 뒷받침하기 위해서 군사력을 고집하고 있다. 그래서 미국이 무너진다고 한다면 그 내부적인 원인, 무엇보다도 그 사회의 황폐에서 오는 것이 아닐까.

불가리아 출신의 아티스트 야바체프 크리스토(Javacheff Christo, 1935~)는 정말 브레히트가 읊은 것처럼 "구두창처럼 나라를 바꾸면서" 살았다. 여러 나라 말을 했고 모국에 자유가 왔어도 돌아가려고 하지 않았다. 국민국가를 넘어서는 발상 때문에 이러한 망명자들의 사상이 다음 세계에 더욱 중요해질 것이 아닌가.

이런 생활 속에서 그는 아티스트로 장치미술을 하면서 일과성(一過性)의 예술을 추구한 것 같다. 백남준의 경우에도 그랬던 것처럼 그것은 이방인, 망명자, 유랑하는 주변인의 예술이었다. 그것은 지금까지 익숙해져 있던 것, 조화라고 생각해 온 것을 파괴한다. 남는 것이 있다면 그것은 우리의 기억 속에 있다. 그래서 그는 "기억이야말로 땜이다"라고 했다. 사실 시간의 장단(長短)은 있어도 예술이란 일과성의 것으로 기억에만 남는다. 우리는 무엇이든 기억으로서만 내 것으로 삼는다. 그것이 우리의 삶이고 우리의 창조의 원천이다.

라틴 아메리카 지식인들은 1920년대에 서구와 만남으로써 자기들의 조국을 재발견했다고 한다. 우리나라 근대 지식인들도 그 무렵에 일본과 만남으로써 우리나라를 재발견한 것이 아니겠는가. 이광수의 『유정』에 나오는 소련군 R 소장이 보는 한국도 그렇게 발견한 조국이 아니었겠는가. 그것은 이광수 자신의 것이었겠지만. 내게는 1970년대서부터 일본에 살면서 발견한 조국이라는 것이 있는 것 같다. 이런 의미에서 우리의 근대 지식인과 일본이라는 문제를 더듬어 볼 필요가 있다. 또 미국과의 만남이란 어떤 것일까. 이 물음과 대비해 보아도 좋겠다.

군 출신이란 적과 싸우는 것은 알아도 적과 서로 얘기한다는 것은 상상하지 못한다고 한다. 말하자면 커뮤니케이션이라는 것을 모른다는 것이다. 우리도 사문난적(斯文亂賊)의 유교문화에서 그렇게 생각했고 군사정권 하에서, 반공적 대립에서, 독재정권 하에서 그랬었다. 여야의 관계란 언제나 그런 것이라고 생각해 왔는데, 언제나 그런 풍토가 가실 수 있을까.

소련의 권력자들은 '죽은 천재'밖에 사랑할 줄 모른다고 하면서 소련에서 이스라엘로 간 연출가 유리 류비모프(Yuri Lyubimov, 1917~)의 말은 흥미롭다. 심지어는 죽은 히틀러도 박정희도 되살아나기도 하지만. 그는 하벨 대통령에게 대해서 다음과 같이 말했다.

"체코의 비극을 훌륭하게 분석하고 누가 나쁘다는 범인 찾기를 하지 않는 것이다. 그는 전체주의적인 국가에서 격리되어 있었기 때문에 전원이 공범자고 모두가 나빴다는 자세를 취했다."

해방 후 우리도 그랬다고 할까. 그래도 친일파 숙청을 제대로 하지 못한 데 우리 역사의 잘못이 있다고도 하지 않는가. 친일파가 어떻게 살아남았는가. 군사독재의 범법자들은 어떻게 권력을 누려왔는가. 김대중은 어떻게 이 문제에 대처하고 있는가. 원칙 없이 갈팡질팡한다고 할까. 정치 세력에 대해서는 과거를 묻지 말자고 했어야 하지 않을까. 개혁에 협력한다면 그들을 국회의원으로 둘 수밖에 없었으니 말이다. 그런 풍토가 우리에게는 없었다고 할까. 우리는 범인잡기에 해가 저물었다고 할까. 여야에 그러한 대정치가가 있을 수 없었다고 할까. 또한 그렇게 해서 살아남게 하기에는 그들의 범죄가 너무 크다고 할까. 아직도 전두환, 노태우 사람들은 그 부정축재 지키기에 전력을 다하고 있다.

발린트의 헝가리인에 대한 비판도 아주 재미있다.

"헝가리인은 대단한 비평가이고 그런 것을 좋아하는 민족이다. 그들은 무엇인가가 일어나기도 전에 벌써 그것을 비평하고 있다. 그러한 멘털리티 속에서 무엇인가를 만들어 낸다는 것은 아주 어려웠다."

한국인들과 유사하다고 할까. 일본인들과는 다르다. 합심한다면 무엇인가를 이루어낼 수 있을 텐데 이번 개각만 해도 그렇다. 비판 무성의 나라, 정치하기 힘든 정치문화의 나라라는 것을 전제하고 정치를 해야 하는데 그런 빌미만 주는 김대중의 인사처리이다. (이상은 이와키리 도루 『망명자』를 읽으면서)

김대중의 정치에는 시행착오가 너무 많다. 원칙과 이념이 없는 현실주의가 앞으로는 더욱 심해질 것이 아닌가. 나는 그를 지지한다. 다른 정치인들과 비교해서라고 할까. 그래도 그가 민주화의 명맥을 잇고 있다고 해서일까. 이제는 더 이상 그의 정치를 논하고 싶지 않다. 그를 비판하면 지난날의 반동세력을 지원하는 셈이 되고 칭찬할 것이 별로 없기 때문이다. 이제는 침묵이 있을 따름이라고 할까. (1999년 5월 29일)

날개 돋친 옷

김대중이 러시아와 몽골을 다녀왔다. 한국과 양국 간의 관계를 정립한 것도 중요하지만 대북관계에 대한 지지를 얻어낸 것이 중요하다. 그러나 국내 신문은 장관 부인들 고급 옷 뇌물로 떠들썩하다. 요즘 신문에게는 그런 스캔들이 국가적인 외교보다 더 중요한 관심거리다. 센세이셔널한 기사만 좇는 시대. 모두가 경중을 가리지 못하고 주간지로 전락해서 떠들어댄다고 할까. 미국 신문들도 클린턴 섹스 스캔들로 그랬으니까.

그런데 그 뒤에 미국 보수파의 음모, 클린턴 길들이기와 클린턴 후에 대한 보수의 음모가 있지 않았겠는가. 이번에도 김대중 정권 흔들기가 진행되었겠지. 경찰도 정보를 흘렸다고 한다. 보선이 있고 내년 총선도 있으니까.

이런 반동의 음모를 생각해서라도 제대로 인사처리를 해야 하는데 김대중은 자신과잉이다. 야스에가 칼럼에서 인용한 말이지만 『논어』에 이런 말이 있지 않는가. "곧은 사람을 등용해서 곧지 않은 사람들 위에 놓으면 백성은 마음까지 복종하지만, 곧지 않은 사람을 등용해서 곧은 사람 위에 앉히면 백성이 진심으로 따르지 않는다(擧直錯諸枉 則民服 擧枉錯諸直 則民不服)"라는 것이다. 곧지 않은 사람들을 제 사람들이라고 끌고 다니니 반동 세력의 공세에 말려 들어가는 것이 아니겠는가.

내년 총선을 향하여, 대권을 쟁탈하기 위하여 김대중 정권을 누수현상에 빠뜨리려고 반동 세력, 기득권 세력, 지역 세력 모두 전력을 다할 것 같다. 김종필은 대통령과 임기를 함께한다면서 눈치만 본다. 그런 세력을 안고 가야 한다니까 대담한 개혁이란 있을 수 없다.

이번 이형자의 폭로도 남편이 체포되어 감정적으로 격앙되어서라고 하지만 그 배후에 있는 반대 세력의 음모에 놀아나는 것이 아니겠는가. 그런데 검찰은 검찰청 앞문 자동차에 기찌를 앉혀 놓고 기자들은 따돌리고 장관 부인을 뒷문으로 빼돌렸다는 것이다. 이런 엄호작전을 하면서 어떻게 공정한 수사를 한다는 것인가. 국민을 우롱하는 처사이다. 무법천지인 것처럼 제멋대로다. 충성을 바치는 자들은 공공연하게 무엇을 해도 좋다는 것이데, 이것은 옛 버릇 그대로다. 대들어 보겠으면 대들어 보라는 것이다. 권력은 그들을 이용하는 데 바빴고 그런 약점을 잡고 그들은 안하무인, 방약무인이다. 이렇게 국

민의 눈에 비치게 되니 김대중 정권의 누수현상은 더욱더 심해가지 않을 수 없다. (1999년 6월 1일)

김태정 법무부 장관 부인만을 남겨놓는 검찰 조사. 검찰이란 언제나 그렇다. 그러나 언론도 문제다. 스캔들을 독자들 흥미 위주로 떠들어댄다. 그리고는 그 여론에 밀려서 법무장관 사임이라고 사설까지 야단이다. 자기들이 선동해 놓고는 그 여론에 밀려갈 수밖에 없다. 김종필 총리 인준 때도 그랬고 언제나 그런 식이다. 어느 신문도 냉철하게 대처하자고 하지 못한다. 그러면 정부 측을 든다고 독자들이 생각하는 것이 두렵다는 것이다. 중우언론이라고 할까.

그런 일이 일어나면 언제나 공격을 가해야 한다고 생각한다. 권력에 대한 반발. 언제나 비난 비판해야 한다는 생각. 거기에 질시하는 서민심리가 있고 거기에서 카타르시스를 찾으려는 심리가 있다. 이런 때는 떠들어야 하는 것이고 냉정해지자고는 할 수 없다는 것이다. 흥분의 도가니 속에서 자제를 모르는 군중심리에 기름을 붓는다. 그래야 신문은 팔린다고 생각하고 서로 뒤질세라 야단이다. 이래서 스캔들을 먹고사는 국민이 된다. 간음한 여자에게 돌을 던지려는 군중. 거기에 냉철하게 서서 타이르는 예수와 같은 존재는 없다. 신문은 그런 스캔들 소동으로 연명하며 자기들은 가장 공정하다는 얼굴을 한다. 룸펜 프롤레타리아트의 심리란 브레히트의 『서푼짜리 오페라』에 의하면 수탈자의 가치관에 동조하는 사람들이 아닌가. (1999년 6월 3일)

보선 두 곳에서 한나라당이 이겼다고 야단이다. 대통령이 민심을 몰랐다는 것이다. 자신 과잉이 그에게 있고 그는 너무 말을 앞세운다. 경제가 그럭저럭 위기를 넘겼고 남북문제에 큰 진전이 있으니 됐지 않느냐 하는 오만함이 그에게 있는 것이 아닐까. 겸손이나 심사숙고란 지금까지 어느 대통령에게도 아니 어느 정치인에게도 없었던 미덕이다. 김영삼에게 남은 것은 양심이었고 전두환이나 노태우에 남은 것은 몸을 지키고 돈을 지키겠다는 생각뿐이었다.

김영삼도 1996년의 지방선거 패배로 그 다음 총선에서는 이겨야 한다고 무리를 써서 몰고 가다 부정이 점점 더 크게 터지니까 좌초했다. 김대중은 어떤 반응을 보이면서 어떤 길을 가려는 것인가. 이제 신문 등은 탄력이 붙어서 기승을 부리면서 권력누수 현상을 강화해 가려고 할 터이다.

이번 선거 결과로 그리고 그러한 여론공세로 무엇보다 김대중이 그의 임기 5년 후에 어떤 형태로든 권력에 남으려는 계략은 실패할 것이라는 것을 보여 주었다는 것이 중요하다. 그리고 역시 중앙정치는 난맥의 게임이니 우리도 일본에서처럼 지방정치가 주민을 위한 것으로 민심을 붙잡아야 할 것이다. 탈국가 시대에 중앙정치란 그렇게 해서 더욱 혼탁해 갈 것이 아닌가. 정말 역사의 무대에서 사라져 가는 세력이 더욱 희극을 계속 상연할 것이라고 생각된다. 사라져 가는 것에 대해서 안타까워하기보다는 새로 나타날 것에 주목하고 거기에 새싹이 보이지 않는다면 그야말로 우려해야 하는 것 아닌가.

어제 6 · 3 35주년 기념식에서 본 여야 의원의 모습. 오래간만에 카타르시스의 순간을 맞이했다고 일부러 가슴을 펴려는 한나라당 사람들이었다. 모든 것이 서글퍼 보였다. 그러는 동안에 이 나라 역사는 어디로 가는지 모르고 있다. 저렇게 선거에서 투표로 또는 기권으로 저항하는 국민. 좋든 나쁘든 그것이 역시 역사를 변혁으로 이끌어 나간다.

그러나 그것은 네거티브한 것이고 저항적인 것이다. 저 에너지가 건설적으로 동원될 수 있어야 한다. 그래서 국민과 직접 호흡할 수 있는 지방정치에 기대를 걸고 싶은 것이다. 거기서는 권력이나 정당정치의 대중조작도 없을 것이고 매스컴이 스캔들이라고 떠들어 댈 것도 없을 테니까. 그런 것을 배제해야 좀 더 조용한 진정한 정치가 가능할 것이다. 독일의 바이츠제커(Richard von Weizsäcker) 대통령은 TV 때문에 정치가 재미없게 됐다고 했다는 것 아닌가.

(1999년 6월 4일)

김대중은 법무장관은 유임시킨다는 것이다. 그리고는 강도 높은 사정을 들고 나올 것이라고 한다. 그러면 잠잠해질 것이기 때문이다. 확인되지도 않았고 확인하려고도 하지 않고 한 여인의 발설로 신문은 떠들어댔다. 도적의 말이라도 거기에 신뢰를 두고 그것이 재미있다고 떠드는 세상이다. 그만큼 권력을 가진 자를 비판하고 싶어하고 그들을 질투한다고 할까. 그것보다도 그러는 것이 정의로운 것이고 사회를 위하는 길이라고 생각하는 것이니 이것은 정치풍토의 문제이다.

여기에 대한 김대중의 대응, 그 자세란 무엇일까. 언론의 그런 자세에 굴하지 않는다는 것이다. 야당이란 지금은 정의로운 듯 떠들지만 그것은 과거 범죄집단이 아니었던가. 얼마든지 공세를 취해서 결단낼 수 있다고 생각한다. 언론이란 무엇인가. 부패권력과 결탁해서 치부한 세력이 아닌가. 그러니까 모두 반개혁 세력이 떠드는 것이라고 치부한다.

그러면서 김대중은 자기 길을 간다는 것이다. '경제도 어려운 고비를 넘기지 않았는가. 대북관계나 그것을 위한 주변 국가들과의 외교도 대성공이 아닌가. 그렇게 노심초사하고 있는데 여자들 옷 타령으로 나라를 떠들썩하게 하느냐. 나 혼자만 고생하라고 하고 모두가 자기 이익을 차지하려고 그 야단이냐. 후세에 역사에 기록될 대통령이 되면 된다. 정치란 그런 것이다. 저들은 저렇게 떠들게 하라. 뭔가를 준다고 해도 그때뿐이다. 민주주의 테두리를 남기고 경제나 대북관계에서 성공해야지. 국내 개혁에 그들의 도움을 얻을 길은 없을 테니까.' 이렇게 매우 위험한 결의를 하려는 것 같다. 그런 그의 생각이 정치개혁에는 어떻게 나타날 것인가.

억지로라도 여론의 비난이 비등해도 정계개편을 해낼 것인가. 비판은 하는 수 없다고 하고 기대를 걸지 않고 사정을 계속하고 행정에서 해낼 수 있는 것을 추진해 갈 것인가. 역대 정권이 민주주의를 유린했거나 민주주의 테두리만 남기고 사리사욕만 취했지만 지금은 민주주의는 확대되고 정치는 바른 방향을 찾고 있는 것이 아닌가. 민주주의로 말하면 반동 세력으로서 너희들이 사실은 그것을 파괴하고 있는 것이 아니냐 하는 이런 배짱인 것같이도 보인다. 사정을 위해서 내용을 샅샅이 알고 있는 법무장관과 그의 진용이 필요하다. 그것으로 반동 세력을 누르는 수밖에 없지 않는가. 그들은 기회만 있으면 소란을 피우려고 하지만 이것이 집권 2년여에 도달한 김대중의 정치이해가 아닌가 하는 생각이 든다.

또 한 가지는 중앙정치는 어디서나 정치게임화하고 있다는 것이 오늘의 세계라고 봐야 하지 않을까. 아렌트도 그러한 미국의 정치에 절망했다. 거기에는 개인의 이익이나 당리밖에 없었기 때문이다. 그래서 그는 『폭력에 대해서』에서 오늘의 대중사회가 아닌 어떤 다른 곳, 작은 규모의 나라에서 민주주의의 새로운 가능성을 찾으려고 했다. 일본도 중앙정치는 그 모양이나 지방정치는 정말 국민과 더불어 가고 있는 듯했다. 설득도 통하고 의견도 수렴되고, 대화가 있다. 우리의 정치도 그런 길로 향한다. 다음 총선을 거쳐도 중앙은 나아질 것이 없을는지 모른다. 중앙에서는 큰 정치의 방향이나 잡았으면 되는 것이고 지방에서 내실 있는, 참여하는 정치가 행해졌으면 좋겠다. 김대중은 어쨌든 지금까지의 집권 경험 위에 서서 새로운 자세를 가다듬는 것이 아닐까.

그가 민심을 몰라서가 아니라 민심을 너무나 잘 알고 있기 때문에 그 자신의 대응책을 이제부터 세우려고 하지 않을까 생각한다. 김대중의 개각이니 이번 사태에 대한 대응을 보면서 그는 매우 현명한 사람이니까 역시 세상에서 평가하는 것과는 다른 무엇을 가지고 있지 않은가 생각해 본다. 그렇다고 해서 그 자신이 자기 속을 그대로 말할 수는 없을 것이고, 퍽 고독하고 때로는 분노하고 있는 것이 아닐까. 그렇지 않고서는 요즘의 그의 대응을 이해할 수 없다. 권력 누수현상이니 레임덕이니 하지만 아직 그렇지는 않을 것 같다. 외교나 대북관계 그리고 경제에서 보는 것처럼 그의 통치는 성공을 거두고 있고 강한 리더십을 보이고 있다. 동요되는 데가 없다. 앞으로 더욱 그러리라고 생각된다. 사실 그가 정말 개혁을 실현하려고 한다면 그것은 유혈 없는 혁명이 될 것이 아닌가 생각한다.

(1999년 6월 5일)

미국의 그늘

김영삼은 일본에 가서 마음대로 떠들고 있다. 왜 일본에 가서 떠들어야 하는가. 그의 말에 일관된 것은 자신은 잘했고, 잘못은 남에게 있다는 논리다. 그러니까 오만하고 고집불통이고 비합리적이라고 보지 않을 수 없다. 무엇보다도 따뜻한 인간미가 없다. 그래야 한국 정치에서는 성공한다는 것일까. 배짱이라고 하는 것인지 모른다.

그러나 나는 그에게서 마르크스가 "낡은 형태를 무덤에 장례 지내려고 하는 때는 많은 단계를 밟고 간다. 한 세계사적 형태의 최종단계는 희극이다"라고 한 말을 생각하게 된다. 요즘 유행하는 박정희 찬양도 전씨나 노씨의 움직임도 만화 같다. 자기 존재를 그래도 각인시켜 보려는 몸부림으로 열등의식과 자기 과신이 뒤얽혀 있다. 그것은 언제나 자신들에게도 뒷맛이 씁쓸할 것 아닌가. 마르크스는 이렇게 말했지 않는가.

"왜 역사는 이러한 과정을 밟는 것인가. 그것은 인류가 명랑하게 스스로의 과거와 결별하기 위해서다."

우리도 쓴웃음을 머금고 그들의 마지막 무대를 바라보면서 과거와 결별하고 있다는 것일까. 상식으로나 정상적으로는 이해할 수 없는 그들의 말이다. 신문도 중요해서 기사화하는 것이 아니라 우스운 읽을거리를 제공해 준다는 것일까. 신문 자체가 만화화되고 웃으면서 읽게 되어야 한다는 것이 요즘 대중매체가 품고 있는 목표이며, 그래야 상품이 된다는 것 아닐까.

(1999년 6월 8일)

이전에는 권력이 인격에 연결되어 있었지만 지금은 권력이 화폐에 동화됐다고 하버마스는 말했다(『근대의 철학적 담론』). 생활 세계 전체가 화폐에 동화된 것이다. 노동과는 관계없는 화폐 증식, 그것은 마르크스가 말한 대로 야만상태다. 생활 세계는 황폐해져서 '커뮤니케이션에 의한 일상적인 실천의 흔적만 남아 있을 뿐'이라는 것이다.

인간과 인간 사이에 대화나 생활이 없는 껍데기만의 삶. 화폐를 매개로 한 관계만이 있고 인간이 상실되고 화폐의 다과만이 거기에서는 문제가 된다. 생활 세계가 사물화한 것이다. 근대에는 개개인이 자주적이 된다고 해서 인륜적인 공동체가 무너지고 그 개인은 사물적인 계약에 의해서만 남과 연결된다. 개개인이 전적으로 사물화되어 있는데, 어떻게 주체일 수 있다는 말인가.

아사히신문은 중국에서는 코소보 사태에서 중국 대사관이 폭격을 당한 것은 결코 '오폭'이 아니라고 믿고 있다는 것이다(6월 6일). NATO군의 폭격이 아니라 왜 미국 단독의 폭격이었는가. 한 발이라면 오폭일 수 있지만 다른 방향에서 다섯 발이나 쏘지 않았는가. 그리고 미국 본토에서 온 B2형 스텔스 폭격기가 아니었던가. 요즘 위성사진은 노상에 멎어 있는 차량번호까지 알아내지 않는가. 이런 경우에 낡은 지도 운운하는 것은 미국의 상투적인 변명일 뿐이다. 1972년 10월 베트남에서 화평교섭이 진행되고 있었을 때도 미국기는 월맹측 하노이에 있는 프랑스 대표부를 폭격하지 않았는가.

중국이 이런 이의를 제기하는 것도 흥미가 있지만 일본이 이것을 보도하는 것도 흥미롭다. 미국은 그동안 중국이 미사일 정보를 훔쳐갔다고 야단이었다. 우리에게 IMF가 과해지던 때는 자동차 협상이 결렬됐고 수입된 네브래스카 소고기파동으로 야단이었고 미국의 김영삼 정권에 대한 혐오가 고조됐던 때였다. 김대중이 대북관계에서 이니셔티브를 쥐었다고 호언하고 미사일 방어시스템을 우리는 사들이지 않는다고 한다. 중국이 그것을 칭찬하고 해도 되는 것일까. 그렇게 큰 목소리를 내는 것은 조심해야 할 것이 아닌가.

IMF 때 썰물처럼 빠져나간 미국 돈 중에 많은 부분이 미국 CIA 돈 또는 그 영향 하에 있는 돈이고, 그 전체의 시나리오에 미국 CIA의 마수가 뻗쳐 있었다는 의문을 지울 수가 없다. 중국의 대두를 두려워할 테고 미국 대통령이 이런 CIA나 군부를 통제하지 못한다. 그 뒤에는 군산복합체를 움직이는 극우의 거대한 세력이 있을 것 아닌가. 케네디도 암살하고 견딜 수 있는 세력 말이다. 지난번 클린턴 성 스캔들에서 볼 수 있는 것처럼 대통령도 그 세력에 당하는 것이며 스스로를 방어하려고 안간힘을 다해야 하는 것 아닌가. 민주주의란 겉치레라고 할는지 모른다. 그것을 민주주의라고 찬양하는 순진한 미국인도 있지만, 모든 것이 화폐에 동화되기에 이른다면 야만상태가 되고 마는 것 아닌가.

지금 언론의 김대중 정권에 대한 반발이 절정에 이른 감이 있다. "DJ의 오만 — '마녀사냥?' … DJ의 언론관을 묻는다"(NEWS+)라고 내걸고 크게 공고를 낼 정도니까. 한나라당을 비롯한 구세력이 하나가 되어서 민심을 선동해 놓고는 이것이 민심이라고 공격을 가속화한다. 민심과 신문의 비판, 비난이 상승작용을 하고 있다. 어떤 식의 휴전이 오려는 걸까. 이번에 손숙을 장관으로 임명한 것처럼 김대중은 이런 사태에 안이하게 대처하고 있다. 우리도 역시 모든 것이 화폐에 동화된 야만의 나라라는 것인가.

배후에 미국이 있다는 생각을 지울 수 없다. 1945년 이후 줄곧 한국 정치를 지배해 온 미국 CIA이다. 김대중이 대북관계에서 성공하는 것을 미국은 원하지 않는다. 그가 이니셔티브를 쥐고 영웅이 되는 것을 원하지 않는다. 한국이 이렇게 안정되는 것도 원하지 않는다. 그런 미국을 생각하면서 역시 거대한 힘을 수용하면서도 그것에 저항하는 자강(自强)의 길이란 험준한 길이라고 생각하지 않을 수 없다. 지금 도처에 복병이 있는 셈인데, 김대중 정권이 그것을 해낼 수 있을까. 어리석어서는 안 된다. 무서울 정도로 냉철한 정치적 리얼리즘이 필요할 것이다. 한국의 동요는 계속된다. 아시아의 동요는 계속된다.

(1999년 6월 10일)

정치문화라는 것을 생각하지 않을 수 없다. 옷로비 사건으로 저렇게 떠들썩한 것과 거기에 그렇게 대신문들도 주간지처럼 야단법석 하는 것, 모두가 이 나라의 정치문화라고 할 것인가. 군사정부의 억압에는 그렇게 아부하던 그들이 그것을 권력, 권위에 대한 저항이라고 생각한다. 미국의 언론도 그랬으나 그 언론을 미국 국민은 따라가지 않았다고 한다. 그 와중에 공안부장 검사라는 사람이 대낮에 폭탄주를 마시고는 조폐공사 노동운동 조작 사건을 횡설수설 자기자랑이라고 했다니, 지금도 그렇게 공작을 해야 충성을 다하는 것이라고 생각하고 있는 것이다. 이것이 우리나라 정치문화라는 것인가.

모든 것이 그런 정치문화가 낳는 필연이라고 할는지 모른다. 그러나 폭탄주로 그런 것을 발설했다는 우연으로 정국은 예상하지도 못한 방향으로 달린다. 역사의 우연. 오늘 같은 사회에서 그런 우연이 역사에 결정적인 영향을 준다고 해야 한다. 역사는 우연으로 움직여 가지만 우연적인 요소는 모두 가려지고, 역사가는 거기에서 필연을 보고 인과관계를 찾는다고 할까. 그 역사를 산 사람들은 우연을 보고 후세 사람들은 필연을 본다고 할 것인가. 우연의 힘을 생각하지 않는다면 정치적 자유, 정치적 선택의 자유는 없어지는 것이 아닌가.

(1999년 6월 11일)

김대중 정권을 시비하고 깎아내리기만 하면 다음 총선에 승리할 것이고 우리는 살아남아 재집권도 할 수 있을 것이라고 생각하는 것이 한나라당이다. 나라는 안중에 없고 선거만 생각하고 자기가 당선되느냐 여부에만 집중한다. 이것이 정치라는 것이다.

특검제 도입이 되어야 한다고 하는데 조폐공사 파업을 검찰이 유도했다는 것은 정말 중대한 문제다. 군사정권 이래 항상 써온 대중조작. 그리고 이른바 옷 로비 사건이란 다만 안방 스캔들인데 이것을 구별하지 못하고 그것을 들추어야 민심을 흔들 수 있다고 그것도 특검 대상에 포함시키자고 야단이다. 남편이 체포된다니 같은 모임에서 부인들이 동정해서 검찰총장 부인을 좀 찾아보아야 하지라고 생각할 수도 있지 않는가. 그것이 화제가 된다고 고집하는 한나라당이다. 나라는 안중에 없고 정권을 깎아내리고 자기들은 화제가 되어 당선되고 이렇게밖에는 생각하지 못한다. 모든 생각이 거기에 집중되고 다른 것은 눈에 보이지 않는다.

언론은 길을 제시하는 것이 아니라 보도한다고 하면서 싸움을 도리어 선동한다. 여야가 대립되면 제3의 길을 제시할 줄 알아야 하는데, 역사가는 역시 다르다고 할까. 강만길 교수는 이것을 개탄하면서도 그래도 김대중 정권이 극복할 것이라고 낙관한다. 이회창, 이부영 양씨는 넓게는 생각하지 못하고 물고 늘어지면 된다고 생각하여 원한에만 가득 찬 얼굴이다. 한심하다.

남북의 배가 서해에서 충돌했다. 북은 한쪽에서 악수하면서 한쪽에서는 칼질을 한다. 그래야 자기들은 산다는 생각이고 그것이 민족을 위해 무엇을 의미하는 것이며 동북아시아의 새로운 역사를 위해서 어떻게 해야 하는지는 생각하려고 하지 않는다. 우리 남쪽 국내 정치도 앞을 내다보지 못하니 북은 더할 것 아니냐. 이 중대한 시대에 또 역사를 그르치려는 것일까.

김대중의 대북자중론이 역사적으로 어떻게 기록될 것인가. 역시 김대중은 너무 말이 앞서는 것 같다. 남북문제란 그렇게 간단한 것이 아닌데도 자신이 있다고 확고한 자세를 국민에게 보여야 한다고 생각하는 나머지 자기도 모르게 허구를 그려놓고 과신한다. 국민과 더불어 우려하는 자세를 보임으로써 국민과 공감을 나눌 수 있는 것인데 언제나 자기는 우위에 서고 싶은 것인지. 그의 말에 위신이 없어지고 그의 권위가 떨어지고 있다. 깊은 생각을 지닌 사람으로 비쳐야 하는데 경박하게까지 느껴진다.

그러나 그만한 대통령도 어디 있겠는가. 저항, 비판, 비난하고 무고를 밥 먹듯이 하는 우리의 정치풍토, 이런 정치문화를 이겨내고 그가 말하는 대로 후세에 평가받는 대통령이 될 것인가. 경제 문제, 대북관계, 대일관계 등 대외 관계에서 한 역할은 평가를 받을 것인가. (1999년 6월 13일)

신문에 대한 실망

오늘 아침에 드디어 백령도 앞 바다에서 남북이 5분간 발포를 했다. 북의 어뢰선 같은 것은 침몰한 모양이다. 무기의 열세를 자각할 것인지. 김대중의 대북관계 개선에 대한 과신, 무엇보다도 미리 낙관적으로 발설하는 것이 문제다. 왜 그처럼 과신할까. 그것은 허세와 별 차이가 없다. 김영삼의 경우도 그랬다. 한국 정치가에게 공통된 것일까. 보고자들이 공로를 내세우느라고 낙관적으로 말한 탓일까.

북은 이렇게밖에 체제를 유지하지 못한다고 생각한다. 그런 발상, 그런 자세는 체질화된 것으로 저 모습은 유고와 무엇이 다를까. 유고 사태도 진정되어 가니까 미국은 또 하나의 목표를 찾을 가능성도 있다. 북이 체면을 깎였다고 대들면 유고 꼴이 될 가능성도 있다. 북이 전략 전술에서 우수하다고들 흔히 말하지만 나는 그렇게 생각하지 않는다. 경직된 사고로 터무니없이 우매한 짓을 한다. 히틀러도 그러지 않았는가. 무너져 가는 자의 희극, 전체주의적 사고는 그런 것이다. 오늘은 6 · 25를 열흘 앞둔 6월 15일. (1999년 6월 15일)

오늘 아침 신문도 국가정보원이 언론단을 신설한다고 해서 "언론장악 음모 중단하라" 라고 1면 톱기사로 다루고 있다. 연일 김대중의 언론관을 문제 삼고 있다. 신문이 자기네 권력을 유지하려고 요즘은 한나라당은 물론 누구든 정부 비판이면 지지한다는 자세다.

토인비는 국회의원과 신문기자는 야만인(barbarian)이라고까지 하면서 우드로 윌슨은 학자 출신이라 이들을 다루는 데 실패했다고 하지 않았는가. 사실 케네디도 이들과 충돌했다. 김대중과 이들의 대립과 충돌은 어떤 결과로 나올 것인가. 김대중에게는 언론, 특히 신문이란 언제나 체제에 기식해서 이익을 얻어온 것이 아닌가 하는 생각이 있는 것 같다. 언론이 도와주어서 민주화 투쟁이 승리한 것이 아니라 그것이 정치권력 이상 방해했는데도 민주화 투쟁은 승리했다고 자신하는 것이 아닌가.

언론은 민심이 모두 달라졌다고 하면 박종철 사건 때처럼 국민의 비판에 가담해서 결정적인 승리를 가져오게 했다. 그것도 국민이 끌어당기니까 상업상 국민에게 기울어지는 것이고 권력의 패망이 눈앞에 보이니까 그러는 것이 아니었을까. 정말 그렇게도 생각된다. 그때는 그것이 그들의 보신과 이익에 부합했기 때문이다. 자기네 이익에 반한다면 모든 것을 동원해서 어떤 세력이라도 무너트리려고 한다. 김대중의 국회의원과 언론과의 싸움, 어디로 갈 것인가. 대단한 결의로 임하는 것 같은데, 내년 봄 선거 때쯤 판결이 날 것인가. 신문의 소란에 들떴던 민심, 특히 노동운동은 불이 좀 사그라지는 것 같다.

김대중이 야만인들을 다루는 데 상당히 실패하고 있다는 것은 사실이다. 무엇보다 그들에게 꼬리를 잡혔다. 이번 개각에서의 서툰 인사를 보아도 알 수 있다. 개혁을 단행할 수 있기에는, 더욱이 국민의 신뢰를 얻기에는 과거에서부터 너무 흠이 많다. 그는 자신을 내세우고 자신을 과시하려고 한다. 그러나 오늘의 정치에서 다른 누구를 택할 가능성이 있다는 말인가. 너무 말이 많고 말이 앞서서 존경과 신뢰를 받지 못한다. 좀 자제하고 자기를 가릴 줄 알아야 하고, 자신을 돋보이는 것도 필요하겠지만 국민과 더불어 우려하고 고뇌하는 표정 그러면서도 따뜻한 표정을 보일 줄 알아야 하며, 나타나지 않고 말하지 않아서 좀 그윽한 데도 있어야 한다.

일본 불교는 일본의 기층문화 샤머니즘과 결부되어서 일본 사회, 촌락 집단사회 그리고 무사사회의 지배 이데올로기와 결합함으로써 깊이 뿌리를 내리고 번창했다. 그러니까 신토(神道)와 그것은 분리되지 않는다. 종교란 이처럼 기층문화와 그 사회의 에토스나 이데올로기와 하나가 되어야 그 사회에 뿌리를 내릴 수 있다.

한국에서도 기층문화는 샤머니즘이었다. 그리고 지배적인 에토스나 이데올로기는 유교였다. 한국 기독교는 이 양자와 결합했다. 그래서 짧은 시간에 뿌리를 내렸다. 초대 기독교는 이 두 가지 요소와 균형을 잡고 있었다면 지금 근본주의적 교회는 샤머니즘 냄새를 짙게 풍기고 개혁적인 기독교라면 유교 윤리의 전통을 이어받고 있다고 할 수 있는 것이 아닌가. 초대교회는 깊은 내면적인 신앙을 지니면서도 매우 윤리적이고 사회 참여적이었는데.

(1999년 6월 19일)

오늘의 신문을 고발해야 한다. 그러나 시민운동을 한다는 사람이나 단체들도 신문비판은 하지 못한다는 것이다. 시민운동을 한다는 뉴스를 한 줄이라도 신문이 써 주어야 자기들 존재도 드러나기 때문이라고 한다. 신문의 권력에 모두가 이렇게 예속되어 있다. 자기들과 생각이 다른 사람들은 배제하니까 비판의 말은 설 자리를 잃어버리고 마는 셈이다. 그래서 지금 정부만이 그것과 대결한다. 그러면 언론탄압이라고 아우성이다. 거기에 국민을 자기편에 세우면서 대결하기에는 이미 정부는 너무 상처투성이다. 신문의 매카시즘의 시대로 거기에 양식의 소리, 소수자의 소리란 없다. 신문에는 기업, 탐욕적인 기업의 소리만 있다. 그들은 혼란을 조장해야, 그런 센세이셔널리즘에서만 살아갈 수 있다. 혼란을 먹고 살아가는 동물이라고 할까?

그것은 세상이 조용하면 살지 못한다. 성장하지 못한다. 오늘은 이것을 욕하다 내일은 저것을 욕한다 하면서 앞뒤가 맞지 않는다. 이런 것을 밝히는 언론사(言論史)가 필요하다. 우리는 애국적이고 국민봉사적인 언론이었다는 지난날의 생각에서 언론의 역사를 잘못 쓰고 있다. 혼란을 먹고 살아온 괴물의 언론사도 써야 한다. 부패한 언론의 역사 말이다. 간혹 양심적인 글도 실으면서 자기정당화를 시도했다. 참 갈팡질팡 오류에 넘친 그 신문의 역사를 써야 한다면 오늘까지 권력에 아부해 온 말, 그 어록을 내놓는 것도 중요하다.

우리도 영화 「쇼아」(SHOAH)를 만들 필요가 있다. 일제 하를 증언할 사람들, 해방 후 현대사를 증언할 사람들이 아주 사라지기 전에. 「쇼아」는 사르트르가 창간한 『현대』의 편집장 클로드 란츠만이 제작한 상영 9시간 반의 작품으로 제작에 12년이나 걸렸다고 한다. 한국판 「쇼아」엔 4 · 19도, 5 · 18도 모두 담고 그 증언을 영원히 남겨야 한다. 거기다가 언론의 횡포, 반역도 담아야 할 것이다.

기자 추방도 마음대로 하고 그들이야말로 국민에게도, 권력에게도 오만하고 횡포를 일삼고 부패의 역사를 걸어왔지 않는가. 그 권력을 지키기 위하여 국민 선동도 하고 힘 있는 정치권력에게는 아부하고 곡필을 서슴지 않았다. 정치권력의 누수현상을 자기들이 만들 수 있다고 생각한다. 누수가 시작됐다고 우선 선전해서 국민이 그렇게 생각하게끔 한다. 그런 언론에 대한 벤야민의 말을 인용해 두자. 그는 잡지 '새로운 천사'를 내야 한다고 생각하면서 가차 없는 발언을 해야 하겠고 '필요하다면 독자대중'도 '완전히 도외시'해야 한다고 하면서 이렇게 얘기하지 않았던가.

"저 새로운 것이라는 얼굴을 하고 있는 불모의 표층 아래 형성되어 있는 정말로 액추얼한 것에 의거해야만 한다. 피상적인 새로운 것을 착취하는 것 같은 것은 신문에 맡겨두면 되는 것이다."

피상적인 것을 착취해서 떠들어대는 신문이 절대적인 시비를 일삼는 사회는 위험하기 짝이 없다. 잡지가 없는 사회란 그러니까 위험하다. 잡지가 신문을 이끌어야 한다던 이와나미(岩波)의 야스에 사장의 말이 생각난다. 잡지가 신문에 끌려가면 정치는 자멸의 길을 간다. 그리고 신문의 횡포만이 남는다. 신문은 잡지만한 품격을 가지는 것이 아니라 더욱더 타락해서 선동적인 주간지 역할을 하게 된다. 신문은 날마다 그런 '피상적인 새로운 것', 그런 읽을거리를 착취하려고 광분하고 있다. 시민운동은 적어도 그것을 비판해야 하는데 자기네 운동에 대한 기사가 한 줄이라도 신문에 나야 하니까 그것에 비판은커녕 아부할 판이라는 것이다.

신문의 권력이란 그런 것이다. 마르크스가 말한 한 사람 한 사람이 자기

이익에 의해서 고립되고 서로 대립하고 있는 '시민사회'라는 속에서는.

(1999년 6월 20일)

대우 김우중도 사재를 기업에 투자할 테니 기업을 구출해 달라는 것이다. 김종필은 내각제 운운은 포기하겠다는 것 같고 임창열도 묶여 들어갔다. 김윤환은 법정에 서서 정치를 하는 사람은 모두 그렇게 돈을 챙기는 것인데 누가 여기에서 결백하다고 할 수 있겠는가라고 하면서 그야말로 적반하장이다. 그는 조선일보 기자 출신으로 신문의 생리를 잘 알고 있었으니까 그렇게 돈을 긁어모아 뿌렸겠지. 신문은 그의 발언이라면 당치 않게 크게 내곤 했었다. 그래서 전에도 나는 이상하다고 생각했었다.

이 모든 부패가 얽히고설키었으니 정말 모두가 자기이익을 위해서는 앞뒤를 가리지 않았다. 그 신문이 김윤환에 대하여 사설에서 30억 원을 "그냥 쓰시오" 하고 건네주었겠는가라고 썼다. 그러면 그를 무슨 거대한 정치가나 되는 것처럼 선전해 온 신문은 그냥 그렇게 써왔겠는가, 묻고 싶다.

김종필은 밀고 당기고 하면서 자기 이익만 찾는다. 그의 팔자야말로 상팔자로서 잇속은 다 챙기면서도 대통령처럼 책임을 지거나 상처를 받을 필요가 없다. 행세만 할 뿐이다. 그런 사람이 전권을 쥐는 내각책임제를 국민이 받아들이지 않을 것이니까 그것을 간판으로 해서 세도나 더 써보자는 것이겠지.

이대로 가면 5년간 그야말로 만년 총리가 아니겠는가. 내각 책임제가 되면 국민여론으로 언제 자리를 떠나야 할지 모를 불안한 자리일 텐데. 그는 그런 계산으로 모사다운 처신을 한다. 그래서 박정희 군사정권 이래로 40년 가까운 세도를 누리고 있다. 분명 오늘은 혁명의 시대인데 진정한 의미에서의 혁명적인 정치권력이 없으니까 이처럼 혼란스럽다.

김대중 정권의 실정. 너무나 시행착오가 많다. 혁명 의욕과다로 개혁이라고 사방을 들추어 놓고는 수습을 하지 못한다. 모든 혁명정권이 그랬던 것처럼 혁명 또는 개혁과 반혁명 또는 후퇴의 반복으로 너무나 많은 분야에 동시에 칼을 대려고 했다. 가장 가능한 영역, 가장 중요한 영역에만 손을 대고 그것이 성공함으로써 국민의 신뢰를 얻고 행정에 대한 자신도 가지게 되었어야 할 텐데, 모든 것이 실패처럼 비치게 됐다.

사실 내가 하는 조그마한 일에서도 사람이 없다고 절실하게 느낀다. 그러한 능력, 그러한 성의, 그러한 인간성이 정말 드물기 때문이다. 대통령의 개혁 의지만으로 되는 것이 아니다. 대북 문제에서는 더욱 그렇지 않은가. 북의 말을 믿고 안이하게 장밋빛 꿈을 그리면서 김칫국부터 먼저 마시는 격으로 금년 가을에는 큰 진전이 있을 것이라고까지 하지 않았는가. 북의 의사에 영합했다고 할까. 너무 말이 빨랐다. 국민에게 대한 책임 없는 선전이 앞섰다. 민주화 투쟁 시대의 버릇일까. 그때는 환상을 제시해야 했고 그것이 실현되지 않아도 집권 세력 탓이라고 하고 책임을 지지 않아도 되었다. 마치 내일이면 독재정권이 무너질 듯이 예언을 해도 말이다. 집권 세력은 그러니까 더욱 저주할 수밖에 없는 악마라고 하면 되었었다.

김대중이 구 여당 정치 세력을 어떻게 취급했어야 할까 하는 데는 상당한 고뇌가 있었다. 모두가 타락한 국회의원. 그들에게 1년간을 봐달라고 했다. 그러나 그들은 자기들이 저지른 죄과를 생각하면서 극한투쟁만이 살 길이라고 생각했다. 과거는 묻지 말자는 타협과 개혁이라는 이름의 사정. 어느 길로 가면 여야의 정치력이 개혁을 향해 집결될 수 있었을까. 새로운 방향을 향한 일치된 협력이란 있을 수 없었다.

이리하여 정치적 혼란을 가져왔을 뿐만 아니라 국민의 마음에서 공공심을 앗아갔다는 것이 가장 중요한 결말이라고 할지도 모르겠다. 이제 다시 국민의 마음을 불러일으킬 도리는 없다. 국민 모두가 정의로운 선택을 할 수 있는 양식을 잃어버린 것이 아닌가 생각한다. 김대중 정권이 지탱될 수 있는 최대의 이유는 야당도, 재야도, 군대도, 북도, 모두 동시에 이미지가 몰락되었기 때문에 그것을 대신할 얼터너티브가 국민의 눈앞에 없다는 데 있다. 그런 상황에서 정권이 동요될 가능성도 없어졌으니까 확고하게 정책을 펼 수도 있을지 모른다. 김종필도 하는 수 없이 따라오게 되어 있으니 국민설득을 하면서 대담하게 정책을 펴나가도 될 것 아닌가. 내년 봄 총선 후에는 남은 3년 가까운 세월 뭔가 해내려고 할 것인가.

어느 정권이나 그런 기대를 배반하고 언제나 몰락의 길을 걸어갔던 것 아닌가. 김대중 정권도 이미 그런 방향으로 운명지어져 있는 것일까.

(1999년 7월 18일)

히노마루와 기미가요

일본에서는 히노마루와 기미가요를 국기와 국가로 제정하는 법률이 중의원을 통과한 모양이다. 한국 신문사설도 일제히 일본의 보수반동 회귀를 우려한다고 썼다. 이제 그것은 그들의 국내 문제니까 하는 자세로 이렇게 우리는 사후비판만 전개한다. 한일 관계가 성인 관계에 들어섰다는 것일까. 그것을 한사코 저지하려고 일본의 시민운동이나 리버럴한 여론과 연대하려고는 하지 않는다. 그것은 우리나라와 직접 관계된 것은 아니니까 하는 생각이겠지.

일본 정부는 많은 우여곡절을 거치면서 이제는 다수가 그런 법률을 지지하니까 소수의견은 무시해도 된다고 생각한 것일까. 세상이 변하면 따라가는 척하다가도 언젠가는 옛것으로 되돌아가려고 하는 일본이다. 이른바 고층(古層)의 융기(隆起)라는 것인가. 또 하나의 결정적인 퇴보, 권력으로의 회귀이다. 새로운 것이 확대되어 가는 것이 아니라 종당에는 낡은 것이 되살아난다. 그리하여 새로운 방향을 지지하던 리버럴은 소수파로 좌절을 경험하고 배제된다.

그래서 그들은 양심의 소리가 더욱 커져서 승리한다는 신념을 가지지 못한다. 그것은 언제나 패배할 운명에 놓여 있고 어떤 변화가 찾아온다면 그것은 바깥에 나타나는 새로운 세력이나 변동에서라고 생각한다. 이 패배의식,

그런 역사적 경험에서 소수파의 양식은 언제나 고독하고 거기에 대중은 가담하려고 하지 않는다. 그래서 대중을 끌어당기려는 노력도 하지 않는다. 이런 역사에 대한 반전이 일본에서 일어날 수 있을 것인가. 대중소비사회라는 사상이 없는 공동(空洞)의 상황에서는 더욱 어려울 것이 아닌가.

한국 사회도 그 뒤를 따라가는 것 같은 형편이다. 하지만 일본에서 지금까지 히노마루 기미가요에 반대해 오던 교사들은 어떻게 될 것인가. 많은 사람은 굴복할 것이고 또 적지 않은 사람은 모욕감에서 냉소적이 되고 의욕을 잃어버릴 것이다. 여기에서 양심을 지키면서 산다는 것은? 도피하는 것일까. 일본 정부는 그들에게 밟고 지나가면 처형한다는 후미에(踏繪)를 던져놓고 다수를 묶어 보자는 것인데, 그것이 그 사회에 퇴폐를 더할 것이 아닌가 하는 생각을 지울 수가 없다.

되풀이되어 온 일본 정치, 일본 역사. 어쩐지 1930년대 군국주의로 기울어져 가던 일본이 생각난다. 이번 국기, 국가 제정을 지난날 그렇게 반동으로 치달리던 어느 날, 어느 사건에 비할 수 있을까. 한국에서도 「황국신민의 서사(誓詞)」를 부르게 하던 그날일까, '호안덴'(奉安殿)이라는 것을 지어놓고 아침저녁 배례(拜禮)를 강요하던 그때, 그 제도를 우리는 회상해야 하는 것일까.

(1999년 7월 24일)

일본에서 히노마루와 기미가요를 강요하는 법률을 만들었다고 해서 문제가 해결될 것인가. 법률이 없어서 거기에 반발한 것이 아닌데. 앞으로는 반발을 하면 법 위반이라고 몰고 갈 수 있겠지만 강요가 듣지 않는다면 법률 무시라는 사태가 될 것이 아닌가. 학급 붕괴도 막지 못할 형편인데. 무언가에 반발하고 싶다면 히노마루와 기미가요가 그 대상이 될 수가 있다. 그때 과연 폭력을 동원할 수 있을 것인가. 그럴 수 있다면 일본 사회는 공포의 사회가 될 텐데, 정치가란 천박하기 짝이 없으니 그런 미래를 전망할 수 있을 리가 없다.

김대중 정권을 둘러싼 우리나라 정치도 그런 것이다. 이제는 이기주의 만발이다. 어떤 선의가 서려 있다고 해도 정치하는 자들의 말이나 검찰의 말이라면 믿으려고 하지 않는다. 시민단체가 반발한다고 해도 그것은 거의 직업적인 단체 직원 정도이다. 그래야 운동에 대한 보조금을 받을 수 있을 테니까. 그러나 그 보조금 때문에 더 거센 반발은 할 수가 없다.

자기들이 돈을 내고 점심을 싸들고 와서 하는 운동이란 없다고 한다. 어디에선가 자금이 들어올 것을 기대하고 그것에 기식한다고 할까. 대학에서는 연구비 나누어 먹기가 관습이 될 정도로 정말 전체적인 부패와 퇴폐다. 그런 사슬로 묶여 있으니 모두가 그런 공기와 물에서 살아간다고 할까.

그렇게 되면 언젠가는 저항이 온다고 하는데 그렇게 될 것인가. 고도의 지배기술로 이겨나갈 무혁명의 시대인가. 개혁의 의지가 있어야, 보다 나은 사회에 대한 강한 동경과 낙관이 있어야 혁명이 가능하다. 무엇보다 그런 가능성에 대한 희망 나아가서는 확신이 있어야 한다.

그런 의미에서 혁명의지가 결여되어 있다. 모든 혁명에 대한 환멸, 그리고 이제는 심한 무력감에 사로잡혀 있다. 그러니까 적당히 타협하든가 고고하게 혼자 남든가 어느 한쪽 길밖에 없다. 후자는 극히 소수의 길이고. 그렇게 부패하고 퇴폐했는데도 살아가야 하는가. 산소가 아주 결핍하기까지는 무력해지면서도 살아가는 것 아니겠는가. 경제가 무너질 것 같아도 벤처 기업이 뭔가를 벌어들인다. 정치보다도 기술혁신이 역사를 바꾼다고 슘페터는 본 것이 아닌가. 정치는 저 꼴로 간다. 그것만 보면 망할 것 같다. 그러나 사회를 지탱하는 다른 힘이 있다.

벤야민이 말한 대로 신비나 비약에 의한 진보가 오지 않는 한 세계적으로 이런 후기 자본주의의 모습은 상당히 오래 계속될 것 같다. 이것은 부르주아 사회의 영원회귀의 양상이다. 아도르노가 말한 것처럼, 여기서 남은 자의 삶을 말해야 하는 것 아닐까. 글을 쓴다면 지금은 독자가 없는 유언을 쓴다는 심정으로 써야 하는 것일까. 그런 소수자, 남은 사람들이 모이는 뜻있는 소집단은 있을 수 있을 것인가.

힘을 무너트릴 힘이란 없다. 중국도 미국 앞에 굴욕을 참고 있다. 법륜공(法輪功)의 지령이 미국에서 오지 않았는가. 그런 힘에 맞설 수 있는 힘이란 미국 내에서는 있을 것 같은데 실제로는 미국 내에서도 그런 힘이란 없어졌다. 더욱이 집단으로는 가능하지 않다. 화폐화의 문명과 싸우기 위해서는 먼저 그것을 혐오해야 하지만, 그것을 무너트리기 위해서도 그런 힘과 수단이 필요한 형편이니까, 모두가 몸도 마음도 그것에 사로잡혀 있기 때문에 불가능하다는 것일까.

절망적인 남은 자의 삶을 성서는 권고한 것 같다. 로마의 거대한 힘 앞에서는 그런 길밖에 살 길이 없다는 것이었겠지. 오늘의 거대한 로마인 미국 문명 앞에서도. 성서가 가르쳐 주는 것은 절망 속에서도 살아갈 수 있는 삶의 자세라고 할까. 오늘은 사회 전체가 군사 정권 이상의, 대개는 눈에 보이지 않는 폭력을 가해 오고 있는 것이 아닌가. (1999년 7월 28일)

기업이익만 있고

김영삼마저 경남 지역의 몫을 찾으려고 하니까 3김 청산이라는 목소리가 높아진다. 김대중과 김종필은 내각제 개헌 연내 포기를 결정했다고 한다. 동아일보는 오늘 아침에 3김 식 정치의 청산이라고 사설에 쓰고 있지만 사실은 모두가 그것에 얽매어 있고 그것에 기식하고 있다. 지역주의를 모두가 입으로는 탓하고 있지만 그 속에서 숨쉬고 있다. 그것으로 상처난 정신들이 아닌가. 그것이 선택의 기준이고 사귐의 실체이고 가치관과 기호의 중심을 이루고 있는 것이 아닌가.

김대중도 김영삼과 마찬가지 과오를 범하고 있다. 인기 있는 초기에 내각제도 국민에게 물어서 그것을 초극했어야 하는데, 지금 인기 추락의 내리막길에서 김영삼에게 밀리고 있다. 그가 지방선거에서 참패한 것 같은 길을 가고 있다. 자기는 부정과 야합으로 다음 총선에서 회복할 수 있다는 것인가.

그래서는 더욱 추락할 것이다. 지난날 김영삼이 국회에서 다수를 얻었다는 것이 아무 의미도 없었지 않은가. 민심이 떠나면 하는 수 없다. 무리를 더하면 부패와 무질서만 더욱 심해질 뿐이다.

김대중 대통령에 김종필 총리를 5년간이나 계속하고 임기 말에 가서 내각제를 해서 김종필 총리에 김대중 대통령을 5년 더하자는 것인가. 양 김 씨 왕국. 누구나 정권을 잡으면 장기집권의 꿈인데 국민이 이것을 허락할 줄 아는가. 지금까지 모두가 실패했다.

정치와 국민과의 괴리는 더욱 깊어만 간다. 우리나라 정치는 훌륭한 정치로 큰 업적을 남기는 것이 아니라 반면교사(反面教師)로서 정치 발전에 공헌하는 것인지도 모른다. 전직 대통령에게서 배울 것이란 그래서는 안 된다는 것뿐이다. 유교적인 왕도정치의 꿈에서 우리 국민은 역사를 통하여 지나치게 정치적이었다. 그동안 정치가들을 경험하면서 정치 자체에 대한 환멸을 뼈저리게 느꼈다. 그래서 정치가 우리를 구원한다고 생각하지 않는다. 국민은 정치와 따로 놀면서 체념을 되씹는다. 정치에 기대를 걸지 않고 내 시민생활만 침범하지 말아달라고 한다. 실제로 정치가들도 무대에서 놀며 구경거리를 제공해 주지만 입장해 줄 관객은 기대하지 않는지 모른다.

이런 것이 정치라는 것을 국민에게 가르쳐주는 데 김대중 정권도 공헌하고 있는 것이 아닐까. 과오와 실패로 국민에게 주는 실망과 절망, 거기에서 오는 국민의 각성과 체념—이것이 한국 정치에 대한 위대한 공헌이라고 할까. 국민이 정치와 혁명의 배신에서 배우는 것이다. 그래서 이 사회는 저만 살겠다고 모두가 아우성이고 총체적으로 이기주의의 도가니가 되고 있다. 그러면서도 여기서 역사의 전진을 보려고 한다면, 국민이 터득하는 아이러니에서나 찾아야 할 것이 아닐까. 거기에 나타난 전진이란 인간이 이룩한 것이 아닌 섭리와 같은 것이라고나 할까. 절망과 고난에서 배우는 것이다.

그래도 이 나라가 지탱되고 살아남고 발전도 하는데 그 이유는 어디에 있는가 생각하게 된다. 정치가도 관료도 언론인도 대학인도 모두 거품 속에서 사는데 그래도 잘살려고 애쓰고 있는 무엇보다도 생산기반이 튼튼한 것이 아닐까. 농사를 해서 더 수확을 올리고 더 좋은 품종으로 수입을 올리고 수출마저 하려고 몸부림치는 그들. 기업이야 절약하면서 좋은 물건 만들지 않고 어떻게 살아남겠는가. 어떻게 경쟁에서 이겨내지 않고서 수출을 할 수 있겠는가. 거기에서는 실질적이 되고 견실하지 않을 도리가 없는 것이 아닐까.

이렇게 부패하고 이렇게 혼란스럽고 이렇게 모두가 이기주의에만 치달리는데도 이 나라가 존속하고, 그래도 경제가 조금이라도 나아진다면 그것이야말로 최대의 기적이 아니겠는가. 거기에 대한 사회과학적 연구가 필요할 것이다. 사회를 너무 윤리적으로 판단하려고 하지 말고 삶을 위한 에너지, 민족의 에너지에서 보아야 할 것 아닌가. 홍수에 쓰러진 삶의 터전을 다시 일으켜 세우는 저 민중의 에너지 말이다. 정치권력을 다소라도 국민적이게 하는 것이 있다면 저 국민의 힘 말고 무엇이 있겠는가.

1970년대와 80년대의 혁명에 대한 환상은 그것을 마르크스의 이론과 같은 것으로 그려낼 수 있는 것이라고 생각했다. 그러나 오늘은 그런 환상이 여지없이 깨어진 냉소주의의 시대, 반이성적인 폭력이 횡행하는 시대가 아닌가. 7, 80년대의 이론이 다시 무너지는 수밖에 없다. 부패한 거대한 체제, 그것을 무너트릴 힘은 누구에게도 없다. 이 무력감에서 이제는 개혁을 위해서 무언가를 하는 것이 아니라 이 패역한 시대에 나를 지키는 길은 무엇인가 생각하지 않을 수 없다.

내 삶이 원칙을 지킨다. 내 주위, 내가 할 수 있는 영역에서는 바르게 살고 바르게 찾아 세운다. 이것은 이 세태를 본받지 않으려는 남은 자의 삶, 이 시대의 파도에 휩쓸려 내려가지 않기 위한 노아의 방주. 그런 뜻을 새롭게 새기는 삶이라고 할까. (1999년 8월 5일)

8 · 15의 대통령 경축사. 문화일보는 전문을 싣고 「국가개혁과 지도자들의 자세」라는 사설을 실었다. "국정의 방향은 잘 잡았다" 고 하고 개혁은 국민의

협력이 있어야만 가능하다고 했다. 이에 비하여 동아일보는 경축사를 간추려 싣고 「김 대통령 현실인식 문제 있다」라는 제목으로 사설을 실었다. '겸허한 자기반성과 철저한 현실인식'이 결여된 '내년 총선을 의식한 공약 나열에 치중한 느낌'을 준다는 것이다. 동아일보는 인색하고 전면적인 비판이다. 감정이 서린 것 같은, 알맹이 없는 인상을 주로 한 비판이다. 모두가 선거용이라는 식의 표현이다.

민주정치란 선거를 위해 공약을 내걸고 그것을 국민적인 비판의 대상이 되게 함으로써 발전하는 것이 아닌가. 일본 저널리즘이 일단 받아들이고 나서 점차로 그것을 척도로 삼아 야금야금 비판한다고 한다면 한국에서는 힘에는 힘으로라는 방식으로 처음부터 공격하고 본다. 양 국민이 지닌 자세의 차이라고 하겠다.

그런데 더욱 중요한 것은 어느 신문사가 어떤 식으로 대하는가는 신문사의 이익에 관계된다고 뜻있는 사람들은 말한다. 군사정권의 경우에는 무엇을 하든 전면 찬양이었던 역사를 가진 신문. 요즘은 자유가 주어져서 그럴까, 문화일보에는 그들의 이해관계가 있고 동아일보에는 그들의 이해관계가 있다는 것이다. 그것은 물론 경제적인 관계. 이에 따라서 논조를 달리한다면 공론은 사라지고 기업만 있다. 이 나라는 지금 이기주의에 휘말려 있다. 지역주의적인 것이 형태를 달리해서 어디서나 판을 치고 있다. 돈이 생기면 지지하고 이익이 없으면 반대한다. 그러니까 발언의 동기 그 배후가 문제이다. 불행한 풍토라고 하지 않을 수 없다.

김대중의 최대의 실패는 이러한 풍토를 만들어 버렸다는 데 있다. 개혁을 한다고 모여들었던 자들이 줄줄이 부패에 걸려들고, 개혁을 한다는 자들이 개혁당해야 하는 자들의 하수인이었다. 정치적 현실주의라는 뜻에서 김대중은 이들을 비호했다. 설혹 개혁으로 시계추가 움직인다 해도 언제 이런 현실주의로 통틀어 회귀할는지 모른다.

어쨌든 민심이반이 너무 심하다. 이미 때는 늦었는지 모른다. 얼터너티브는 없지만 차라리 반 김대중 세력을 지지하자는 심리가 작용할 수 있다. 정치인이란 이익에 의한 이합집산이 곧 정치라고 생각해 왔기 때문에 그 버릇에서 자기개혁을 하지 못한다. 나는 모진 비판을 가하는 분들에게 내년 4월 총선까지는 기다려 보자고 했다. (1999년 8월 16일)

전통을 아는가

8월 27일과 28일 도쿄 모임에서는 3 · 1운동의 비폭력이 문제되었다. 기독교의 영향이라고 하지만 불교계의 한용운 선생도 그렇게 주장하였고 전략 전술적으로도 그 길밖에 없지 않았는가. 그리고 무엇보다도 그 배후에 오랜 유교적인 전통이 있지 않았는가. 유생의 저항이란 늘 그런 것이었다. 그러니까 비폭력이 국민적인 공감을 얻었다.

그러나 군중행동이란 격정으로 치달리고 폭력을 낳고 피를 보기 쉽다. 그러므로 지도자들은 계속해서 비폭력을 역설해야만 했다. 폭력을 자제한다고 도리어 자신에게 폭력을 가한 분신자살도 민주화 운동에는 있지 않았는가. 이러한 문(文)의 저항이 우리의 전통이다.

여기에 비하면 일본의 1923년 관동대지진 때의 조선인 학살, 조선인 죽여라 죽여라를 외쳐대던 일본의 서브리더는 도덕적인 리더가 아닌 폭도적 리더였다. 그것을 보고 이것이 근대화되고 문명화됐다는 일본인가 하고 함석헌은 그의 일본관에서 일종의 전환(conversion)을 경험한다. 거기서 개화된 일본이라고 부럽다고만 생각한 이광수와의 차이가 생겼다. 이광수는 근대화론자 후쿠자와(福澤諭吉)만 찬양했으니까, 어떤 의미에서는 일본의 전체를 보지 못하고 일본의 허상을 보고 믿고 있었던 것이 아닐까. (1999년 9월 2일)

양반사회에서는 무인이 경멸을 당한다. 양반들이 내거는 정신, 지성, 학문이 존중되고 생산성은 도리어 경시를 당한다. 문인은 육이나 신체성을 경멸

했고 무사는 신체성을 대표하는 것이었다. 주자학의 유학 세계에서는 무반은 격하될 수밖에 없었다. 그것은 자연에 대한 경시이기도 했다. 유가사회에서는 농민이나 생산자만을 차별한 것이 아니라 여성도 그러했다. 노예와 마찬가지로 여성도 생산성과 신체와 자연을 대표한다고 보았기 때문이다.

「드레퓨스(Dreyfus) 사건 이후의 프랑스 지식인」(Christophe Charle)이라는 글을 읽었다. 드레퓨스 사건에 현저하게 드러난 프랑스 지식인들의 계보를 더듬은 것이었다. 그러나 오늘에는 프랑스에서도 지식인의 퇴장이 뚜렷하다. 지적 직업에 종사하는 사람들이 늘어났는데도 '지식인'은 이전에는 생각할 수도 없었을 정도로 적어졌다는 것이다. 이제는 대립되는 가치를 놓고 토론하는 논쟁이 없어졌다. 그리고 무엇보다도 지식인이 등장하는 미디어가 퇴락하고 말았다는 것이다. 가치를 둘러싼 논쟁이나 정치적 논쟁을 대중매체가 배제하고 말았다.

샤를은 이제 프랑스에서 프랑스인은 무엇이냐 하고 물으면서 동시에 유럽의 이념을 물어야 하는 것이 지식인의 과제라고 했다. 새로이 정교분리도 문제 삼아야 하고, 유럽에 대해서는 보다 높은 통일성의 문제를 논해야 한다는 것이다. 통일된 유럽이 단순히 자유무역을 위한 통일된 교역권으로 끝나서는 안 된다고 생각한다. 지금의 미디어는 스캔들만 파헤쳐서 장사할 생각만 하고 있으니까, 그런 것을 위한 매스미디어는 지식인 스스로가 만들어 내야 한다는 것일까.

그렇다면 우리나라의 경우에는 어떻게 해야 할 것인가. 그 안에는 동북아시아의 이념이라는 것도 포함되어야 하고, 무엇보다 한국의 국가성이나 국가 이념도 문제 삼아야 하는 것이 아닌가.

1992년 11월에 독일에서 발표된 "독일은 변해야 하기 때문에"라는 지식인들의 「선언」을 읽었다. 그 첫머리부터 "이렇지는 않았다, 되풀이하지만 이럴 수는 없었을 것이다"라고 건국 40주년, 재통일된 독일이 이럴 줄은 몰랐다고 개탄했다.

우리도 이런 개탄을 오늘의 한국 사회를 향해서 발해야 하는 것이 아닐까. 김대중 정권이 되어서 이럴 줄이야 라고 해야 할지도 모른다. 바이츠제커 대통령이 말했듯이 '요구가 많은 제멋대로의 사회'이고 '권리주의'가 팽배했으니 '단념'을 권고해야 했다. '대개의 사람들은 자기가 건강하고 행복하다는 것' 이외에는 생각하지 않는다. 그것을 만족시켜 준다고 싸우는 것이 정치일까. 우리에게 있어서도 정치는 그런 것이 되고 말았을까.

교사는 학생들의 '반항적 언동'이 두려워서 피하고 있고 사회는 도덕적 한계를 가지지 못한 '퍼미시브 소사이어티'(permissive society)이며 "정치계급의 질은 도처에서 저하하고 있다." 이것은 세계적인 현상이라고 할지 모르지만 독일만이라도 '다소의 변혁'을 시도해야 하지 않겠는가. 이 모두가 우리나라를 향한 말이기도 하다고 생각된다. 독일은 그래도 『디 차이트』 같은 뛰어난 미디어가 있어서 이런 것을 발표할 수는 있다고 할까. (1999년 9월 16일)

미 상원에서는 포괄적 핵금지조약 비준을 거부했다. 대통령 선거가 있고 공화당의 클린턴 대통령에게 대한 미움은 끝이 없다. 거기서도 감정까지 동원된 정쟁으로 민주정치는 금권정치로, 그리고 우민정치로 가고 있다. 정치에 대한 철저한 불신은 곧 국가에 대한 불신으로 이어지니까 모두가 공공심을 잃어버린 이기주의로 달릴 수밖에 없는 것이겠지.

일본의 초등학교 교실에서는 열성이 있고 성실한 교사가 도리어 거부당한다는 것이다. 이념이 조소를 받는 시대니까. 무엇보다도 그런 교사가 하는 수업은 재미가 없다. 폭력이나 엿으로만 다룰 수 있는 버릇없는 아이들뿐 아니라 어른들도 모두 그렇게 되어 가는 것이니까 유아적인 시대라고 할까.

중앙일보 홍 사장이 구속되었다. 역시 지난번 선거에서는 삼성, 중앙일보, 그리고 이회창이라는 선이었던가. IMF로 돈이 중단되자 이 씨는 패배했나

보다. 모두가 수수께끼다.

노근리 학살. 전쟁터에서는 어디서나 마찬가지라고 할 것인가. 6 · 25 낙동강 전선에 수없이 버려져 있던 민간인 시체. 지금도 앞으로 꼬꾸라져 있던 흰 옷 입은 여인의 모습이 눈에 선하다. 농민들이 산으로 피했는데 산으로 포를 쏘아댔다. 북쪽 게릴라와 구별이 되지 않는다고 했지만 한국 전쟁터에서는 민간인의 생명이란 아무것도 아니라고 생각했던 것 아닐까.

그때 이런 말도 들려왔다. 갑작스럽게 한두 시간 내에 집을 떠나라는 명령이었다. 미군 쪽으로 달아나 온 사람이 아니라면, 그대로 남아 있기라도 했다면 모두 적으로 간주됐다. 전쟁터 민간인들이 남하한 공산군과 적어도 그들의 눈에는 구별되지 않았던 것도 사실이다. 이것이 내전의 비극이다. 농민들이 어떻게 그렇게 갑작스럽게 집을 떠날 수 있었겠는가. 꼭 미군을 따라가야 한다고도 생각하지 않았을 것이고. 우리 피난민 행렬보다도 더 빨리 인민군이 다가왔다. 무서운 비극이었다. (1999년 10월 18일)

부산서 부마사태를 기념하여 민주공원을 만들고 개장식을 한다고 김대중, 김영삼 양씨가 참석했다. 김영삼은 거기서도 노기가 폭발하여 김대중 공격에 열을 올린 모양이었고 김대중은 그를 추켜올리면서 어린애 달래듯 했다. 이 나라에는 그들의 사석만 있고 공석은 없다는 말인가. 전두환, 노태우 양씨의 경우도 그렇다.

왜 김영삼은 그럴까. 아들을 다음 총선에 내보내서 자기 뒤를 잇게 하고 싶어서이겠지. 국회의원이라는 무한 자유의 자리를 누리게 하고 대통령도 잇게 하고 싶다고 생각하는 것일까. 그래서 자기 눈앞에서 한을 씻고 성공을 보자는 것이다. 당신은 아들을 내세우면서 내 길은 왜 방해하느냐는 것이다. 전면사면을 줘서 아들을 내세울 수 있게 해 주는 것이 도리가 아니냐는 식이라면 그것은 제왕적 의식이다. 타키투스(Tacitus)는 권력에 대한 욕망은 '모든 정열 중의 최악의 것'이라고 하지 않았는가.

문화의 날 행사에 이곳저곳 참석하고 나니 입맛만 쓰다. 오늘 신문에도 이날에 대한 언급이 거의 없다. 제왕에 바치는 식전 같았다. 문화대통령으로 자임, 이렇게 도와주니 잘 하라고 하니까 뜻을 받들어 잘 하겠습니다 라는 식의 다짐이었다. 문화에서 민족국가만 찾고 간신히 세계화를 말할 정도고 문화산업이 가져다주는 경제성만 달러로 계산한다. 문화산업의 시장성만 생각하면서 거기에 나타나는 문화의 위기, 사회의 몰락은 염두에도 없으니 위험하기 짝이 없다. 이것이 이 나라 사회풍토이고, 시간만이 이런 제왕적 대통령의 시대를 청산해 준다는 것일까. 문화의 고뇌를 모르는 지도자들이라면 정치권력이 문화의 얘기를 하지 않는 것이 가장 문화적이라고 해야 하는 것이 아닐까.

(1999년 10월 21일)

문화 불모지에 서다

한나라당에서는 동티모르 파병에 찬성했다든가 해서 당명 불복종이라고 하면서 두 명의 국회의원을 제명한다고 했다. 그렇게 단합하는 모습으로써만 다음 총선거를 이긴다는 것이다. 그러면서도 여당에 대해서는 당의 민주화를 해야 한다고 요구한다. 무엇보다도 선거만 눈앞에 있고 개인의 당선, 당의 승리만 생각한다. 당내 민주화란 요원하다. 크로스보팅은 반란이라고 몰아붙이니 민주적인 인격이 인정되지 않는다. 개인적으로 국민 또는 선거구민에게 책임을 질 줄 모른다. 언제나 당에 줄줄 끌려 다녀야 한다.

이런 데 대한 신문의 날카로운 비판이란 없다. 소신껏 행동했다고 찬양하며 그것이 민주주의라고 하기보다는 그러면 그렇게 당하는 법이지 하는 식의 자세다. 그런 정치에 그런 매스컴, 그런 여론이라고 할까. 바이츠제커 전 독일대통령은 미국을 '매스미디어 국가'라고 했는데 우리나라도 그런 것이 아닌가. 그런데 그 매스미디어가 저 모양이다.

김대중 정권 출범 이래 매스컴의 불명(不明), 그것이 저지른 과오는 너무나 크다. 편협한 인품으로 원한에 가득 찬 이회창이 한풀이를 하는 비협력 투쟁을 야당의 견제라고 치켜든 것도 신문이다. 그리고 그것에 대한 여당의 대책은 모두 야당탄압이라고 하고 그런 매스컴을 비판하면 언론탄압이라고 하였다. 사실은 그런 자신들의 생각과 맞지 않는 모든 국민의 소리는 배제하는 이것이 바로 한국이라는 '매스미디어 국가'의 모습이다. 전혀 정치철학이나 언론으로서의 자각을 가지고 있지 못하면서 오만하고 불장난을 일삼는다.

그 매스컴이 여당의 권력남용을 견제하면서도 야당의 합리적인 승복과 협력을 종용할 줄도 알았다면, 국가 목적을 위하여 국민의 합의를 도출해낸다는 뜻을 가졌다면, 오늘의 정치, 국가적인 상황은 훨씬 달라졌을 것이다. 처음부터 여야 관계를 잘못 가게 한 것은 신문이라고 말해야 하지 않을까. 처음부터 김대중 정권으로서는 도저히 해낼 수 없는 김종필 국무총리 불가론만 되풀이했다. 그렇게 해서 한나라당은 그런 길이 자기들이 사는 길이라고 착각하게 되었고 그것은 편협한 지도력을 가지고 있는 그들의 체질에 꼭 맞는 것이었다. 불가능한 것은 받아들이게 하고 가능한 것, 옳은 것은 협력하도록 해야 했는데도 말이다.

김대중이 모든 정치적 과거는 독재 하의 국민적 비극이라고 생각해서 묻지 않을 테니 이제부터는 커다란 여야 관계를 열어 가자고 했더라도 이회창, 조순의 지도력으로는 받아들이지 못했을 것 아닌가.

대통령을 했다는 사람들과의 관계도 그렇다. 자기정당화, 원한, 질투밖에 없다. 그렇다면 그들은 보통 이하의 인간들이 되는 것인데, 김영삼은 일본 요미우리신문과 인터뷰를 하고 그런 추태를 또 연출했다. 그는 수단과 방법을 가리지 않았고, 일본 신문은 그것을 가십으로 즐기고 한국 정치를 비웃자는 것이니, 한말(韓末) 때와 마찬가지라고나 할까. 정치적 슬기란 전혀 찾아볼 수 없다. 이 모든 것은 좀처럼 단시간에 가실 길이 없겠지. 김대중은 그가 처한 어려움에 대해 좀 더 철저한 인식을 가져야 하며, 우려를 국민과 함께해야 하는데 너무나 자신과잉이다. 제도를 개혁해도 그 안에 들어가는 내용은 변하지 않는다고 할까. (1999년 10월 24일)

아무리 봐도 이 나라는 도착된 상황 속에 있다. 정형근 의원이라는 안기부에서 고문을 일삼던 사람이 민주투사인 양 언론의 입장을 대변한다. 그래서 독재를 옹호하고 그것에 굴복해서 가진 추태를 부리던 신문이 이제는 됐다고 그와 함께 떠들어댄다. 언론문건이라는 것에 나온 내용보다는 그것은 유야무야로 하고 언론간섭과 탄압이라고만 떠든다. 민주화 투쟁에 섰던 이들이 자기 정치적 이익, 자기 당의 정치적 이익이라고 해서 반개혁, 반동에 발벗고 따라가고 있다. 눈앞만 보고 대국을 보지 못하고 자신이 어떠한 역사의 흐름에 가담하고 있는가를 분간하지 못한다. 약장수나 선동가가 거짓말이라도 수백 번 떠들어대면 자기도 그것을 진실이라고 확신하게 되며 그 선전에 열정마저 느끼게 된다고 하지 않는가. (1999년 10월 28일)

이미 『서울의 찬가, 서울의 애가』에서 내가 인용한 것처럼, 벤야민은 대중사회와 함께 출현한 신문의 역사에 주목하였다. 정치가들이 소란을 자아내는 시절에 신문은 생겨났다. 돈 버는 신문으로서, 독자의 눈을 끌기 위해서 재미있는 지면을 꾸며야 했고 스캔들을 찾아 떠들어대야 했다. 그런 저널리즘에 가장 민감한 자들이 바로 '비전이 없는, 즉흥적이며 중상모략을 일삼는 음모가적인 정치가'라고 했다. 그래서 그들은 신문을 잡아야 한다고 생각했다. 벤야민은 그것이 곧 신문 부패의 역사라고 했던 것 아닌가.

벤야민이 말하는 부르주아의 도박으로서의 정치란 사기의 정치이기도 하다. 군사정권 하에서는 바로 정언유착이었다. 무서운 권력 앞에서 하는 수 없었다고 하나 사실은 상호의존 관계였다. 권력은 신문을 통해서 대중조작을 했고 신문은 특혜를 받았는데 지금은 그런 혜택이 없다. 지금 정부는 언론장악이 아니라 바른 글을 써달라고 할 정도다. 나폴레옹 3세 치하에서 투옥을 당하면서도 '농'(non)이라고 외친 졸라. 그것은 문화 불모지, 문화 사막에 대한 고독한 저항이었다.

이런 언론의 횡포 그 폭력을 비판하고 견제할 수 있는 영향력 있는 미디어가 없다는 데 이 나라의 불행이 있다. 『디 차이트』가 없고 『세카이』조차 없다. 그런 것이 있어야 다소나마 견제를 받을 텐데, 신문 안에는 양식이 존재하지 않는다. 그것을 허락하지 않기 때문이다. 지금도 언론고발의 편지를 누가 쓰고 어디에 전달했는가만 떠들고 그것이 곧 언론탄압이라고만 한다. 그 고발의 내용에 대한 논의는 은폐하고 말살한다. 벤야민이 말했듯이 신문이란 언제나 근원적인 것은 은폐한다. (1999년 10월 29일)

간밤의 꿈이 어찌된 셈인지 뚜렷하게 기억난다. 산골 아름다운 물에 잠겨 있었다. 그러다가 갑자기 물이 없어져 나와 보니까 구두가 없다. 소풍을 온 학생들의 말에 저기 갖다 놓았다고 해서 거기까지 따라갔으나 모두 버리고 없다는 것이다. 그래서 항의하니까 비웃기만 하다가 하는 수 없이 구두 한 켤레를 갖다 놓았다.

내 것이 아니지만 신고 서울로 간다고 했는데 인솔자 선생이 학생들 앞에서 주지 않겠다고 송곳으로 그 구두를 찢으려고 했다. 그래서 내 것도 아니고 내 것보다 못하지만, 맨발로 따라다니며 고생하다가 그것이나마 신고 가겠다고 하는데 이런 법이 어디 있느냐고 길가는 사람들이 모여들도록 거세게 항의를 했다. 그래서 종당에는 승리한 것 같다.

왜 이런 꿈을 꾸었을까. 안기부에서 갖은 악행을 다한 사람의 적반하장(賊反荷杖)의 꼴에 견딜 수 없다는 것이었겠지. 이회창은 그를 믿고 정치를 하는 셈이다. 그는 독재정권에서 영광을 누렸으니 그렇다고 하고 민주 세력이었다는 어떤 사람은 악명으로라도 유명해진다면 당선된다고 생각하는 것일까. 그는 이제 처음으로 당내 실권파에 속했다고 그들과 힘을 합쳐서 야단이니

이 전도된 세상에 대해서 내 꿈이 반격을 가한 것이 아닐까. 살아남은 자들은 썩어서 부끄러워할 줄을 모른다. 김대중은 역시 인동초라는 것인가. 모든 악을 저지르고도 떠들어대야 악은 은폐된다는 것인지 눈에는 독이 오르고 그렇게 해서 권력을 되뺐으려고 하는 정국이 아닌가.

동아일보가 10 · 24 민주언론 투쟁에 대해서 위대한 백지광고 투쟁이라고 자화자찬하니 너무나 우스운 일이다. 그래야 정 · 관 · 기 · 언으로 야합해 온 지난날 역사가 가리어진다는 것인가. 백지광고 투쟁은 위대했다. 그러나 종래는 투항하고 용기 있는 동료들을 추방하고 말았다. 적의 앞잡이가 된 자가 그렇게 배반하기 전에 충성을 다한 것을 자랑하는 것과 다름없다. 한때 싸웠으나 친일파가 된 자가 한때 잘 싸웠다고 자랑할 수 있겠는가. 배반한 자들이 남아서 떠난 사람들의 영광을 차지하는 견딜 수 없는 정경이다. 친일파가 남아서 집권하고는 그들이 핍박한 애국자들을 자기네 영광으로 삼는다는 것이다. 박정희 정권이 바로 그랬었다.

그렇게 잘 싸웠던 자신이 전향한 아픔 그 부끄러움을 반성하고 그 원인을 따지고 자기비판을 해야 하는데 자기 과거는 미화하고 반성할 줄을 모른다. 이광수의 경우와 다를 바가 무엇인가. 잘못을 했다는 것보다 그것에 자기비판을 가할 줄 모른다는 데 더 큰 문제가 있다. 그런 자기비판의 정신이 있다면 변절도 하지 않았을 것이다. 반성할 줄 모르는 인간들이 판을 치고 있으니 정말 슬픈 일이다. (1999년 11월 2일)

오늘 아침 신문에야 비로소 정형근, 이신범 양씨의 폭로가 얼마나 문제인가에 대해서 정치부 기자가 쓰고 있었다. 거짓 또는 잘못이라고 드러나도 사과 한마디 없이 지나가 버린다는 것이다. 그래서 그들을 비난한다고 하지만 모든 것이 신문에 대서특필이 되고 난 다음 이야기가 아닌가. 그들은 그처럼 신문에 나면 유명해져서 다음에 당선된다고 생각하는 처지가 아닐까.

신문의 역사는 프랑스에서도 '정치부패의 역사'와 짝을 이루면서 걸어왔고 나치는 그런 대중매체로서의 신문을 손에 넣으려고 했다. 그것이 성공했을 때 정치와 신문의 부패는 절정에 이르렀다. 부패한 정치는 신문의 부패를 구하고 부패한 신문은 부패한 정치를 찾는다. 부패한 정치인의 거짓말을 좋다고 아무런 확인도 없이 떠들어댄 신문의 책임은 묻지 않는다는 건가. 모든 문제는 사실 그런 신문에 있는 것인지도 모른다. (1999년 11월 9일)

상징을 잃어버린 언어들

한일 간의 문화 관계 회의를 할 때마다 느끼는 것이 있다. 거의 모두가 은연중에 일본 문화는 우리 것보다 낫다는 생각이고 일본인들은 더욱 그렇게 생각한다. 여기에는 적어도 두 가지 잘못된 전제가 있다. 하나는 경제적인 우위에 서 있는 나라는 문화적으로 우위에 서 있을 것이라는 생각이다. 또 하나는 다른 문화를 상하, 우열의 척도로만 잰다는 것이다. 이것이야말로 서구자본주의가 전제한 제국주의적인 발상이 아니겠는가. 우리도 서구가 경제적인 우위뿐만 아니라 문화적인 우위에 서 있다는 서구 우위의 20세기적인 이데올로기에 빠져 있다.

이것이 월러스틴(Immanuel Wallerstein)이 말한 지정학적 우위에 매몰된 채 그 도구로서 사용되는 지정문화라는 서구화의 발상이라고 해야 한다. 그런 의미에서 지난번에 프랑스에서 한국 시를 소개했을 때 이질적인 풍토에서 일어난 다른 발상에 의한 시라고 한 것은 매우 성숙된 자세라고 하지 않을 수 없다. 그래서 한국시는 그들의 시를 풍부하게 해 준다는 것이다. 거기서는 문화의 우열이라는 생각은 제거된다.

일본의 야나기 무네요시(柳宗悅)도 한국의 민중적인 도자기에서 미를 발견했다. 서툰 것, 그가 말하는 「게테모노」(下手物)라는 것에서 미를 발견했다. 그것은 데포르메된 것에 깃들어 있는 것이 미의 본류에 충격을 가한다는 것이라고 하겠다. 옛날 일본에서는 고려자기 중에서 잘못된 것, 버려진 것에서 고려 다완(茶碗)의 미를 찾았다는 것이 아닌가. 그런 문제에 대해서 언젠가 한 번 문제를 제기하는 글을 쓰고 싶다. 상하, 우열이라는 문화관을 타파하자는 것이다. "나사렛에서 무슨 선한 것이 날 수 있느냐" 하는 지배자의 통념을 깨자는 것이다. 거기서 월러스틴이 말하는 지정문화가 아닌, 그러한 이데올로기를 거부하는 문화관이 가능할 것이 아닌가.

아프리카의 춤은 그들로서의 최고의 예술이다. 그들의 삶 속에서 나온. 그것이 서구의 이른바 세련됐다는 무용만 못하다는 생각이 문제인 것이다. 그런 서구의 춤은 아프리카의 그들에게는 의미를 가지지 못한다.

문화의 새로운 지평이란 서로 다른 문화가 평등하게 수평적으로 만나고 충돌하는 데서부터 시작한다. 그것이 문화교류라는 것이다.

(1999년 11월 14일)

이전투구의 이 나라 모습, 정치의 모습은 날로 더해 간다고 할까. 정형근, 이종찬 양씨, 거기에 검찰과 신문이 뒤엉키고 옷 로비 운운으로 여인들까지 말려들고 정말 진흙탕 물로 뒤범벅인데 제 얼굴은 못 보고 남의 얼굴에 진흙물을 끼얹고는 박수를 치고 야단이다. 고문과 정보정치의 악인, 이리 붙고 저리 붙고 하면서 꿈은 대통령이 되는 것일까. 권력의 시녀로서 갖은 추한 꼴을 다 지으면서 부패의 역사를 걷다가 이제는 경세의 목탁이라고 하는 신문. 그런 큰소리가 이긴다는 것이겠지. 검찰은 언제나 권력의 하수인인가.

그들이 발버둥치는 것으로 흙탕물은 더욱 흐려져 가는데, 조선일보는 역시 제일 나은 대통령은 박정희였다고 매일같이 반복한다. 우리나라 신문은 원래 프랑스에서처럼 정치싸움 속에서 생겨난 것이 아니다. 적어도 민족의 각성, 독립운동을 위하는 계몽지로 태어났는데, 아마 그런 정신의 흔적은 1965년경까지나 이어졌을까.

그 후도 때로는 국민의 저항이 극도에 달하면 국민 쪽에 기울어졌다고 하겠지만 그것은 기회주의와 그 안에 있는 기자들의 희생적인 투쟁에서 온 것이었다. 신문의 위력을 알고 그것을 통제 하에 넣었던 나치처럼 군사정권은 그것을 채찍과 엿으로 완전 장악했다. 그래서 권력이 말하는 대로 춤추었다. 영일만 앞 바다에서 석유가 나온다고 박정희가 말하면 계속 산유국 타령을 연재하면서 춤을 추고 독재자가 평화의 댐을 건설해야 한다면 북괴의 위협이라고 날마다 떠들어대었다. 그래서 일제 말에서 1980년대에 이르는 신문 축소판도 마이크로필름도 공개적으로 내놓지 못하는 것 아닌가.

그래도 그때가 좋다고 그들은 생각한다. 그 덕에 부를 누렸으니까 거기에 대한 향수가 박정희 찬양이다. 오늘의 이 모든 진흙탕물이 거기서부터 흘러온 것 아닌가. 진흙탕 물에서만 내 세상이라고 살 수 있는 물고기가 되어 버렸을까. 게다가 대중소비사회라서 더욱 돈맛을 알게 됐고, 민주주의라고 하니까 제멋대로 써대면 된다는 게 언론자유라는 것일까. 진흙탕 물을 뿌리고 아우성을 치고 그 물을 더욱 흐리게 하는 자유, 그것이 부르주아사회에서의 언론의 자유라고 하는 것인지도 모른다. 벤야민은 그렇게 보지 않았던가. 그래서 '새로운 천사'를 내야 한다고 생각했는데.

이것을 대안의 화재처럼 쳐다보고 절망을 되씹는 것이 나의 '레이터 스타일'(later style)이라는 것일까. 나는 저런 시대에는 속하지 않는다. 나는 그것과는 관계가 없다는 것일까. 이것을 죽음을 앞에 둔 늙은이의 특권이라고 스스로를 위로하고 만족하고 있는지도 모른다. (1999년 11월 20일)

김대중 정권이 저지르는 실정의 원인은 어디에 있을까. 개혁의지 과다일는지도 모른다. 개혁에 반발하는 세력이 너무나 커졌다. 기득권 세력이 가지고 있는 반발의 힘을 너무 경시했다고 할 수도 있다. 거기에 신문이 동조했다. 아니, 신문이 주도했다고 해야 할는지도 모른다.

개혁한다고 하면서 과도하게 사방을 들추어 놓고는 수습하지 못했다. 그래서 이랬다저랬다 했다. 개혁은 반드시 성공이라는 인식을 주었어야 했는데, 지금은 모든 것이 시행착오라고 국민이 인식하고 있으며 정부를 불신한다. 이 시대가 탈중심의 시대라고는 해도 국가의 중심이 없어졌다. 그렇게 지도력을 상실했는데도 군림하려고 하니까 문제다. 야당 시대의 논공행상, 거기다가 구정권 시대부터의 전천후 인간들의 등용 등. 인사의 난맥이 아니었던가. 개혁을 추진해 갈 능력도 비전도 충성심도 없는 자들만이 난립했다. 개혁은 사실이라고 해도 대통령 혼자만 떠들 뿐, 그들은 청와대가 제공하는 저녁만 먹고 나와서는 팔짱만 끼고 있다.

정부 지원금의 원칙 없는 살포. 지원금이 효율적으로 지급되는 것은 거의 없는 것 같다. 재단의 지원금도 나누어먹기다. 그 주위에 몰려드는 무리들의 음모 술책, 어디나 마찬가지가 아니겠는가. 나라 전체가 그렇다.

김종필은 아무런 책임도 지지 않는 총리라서 자민련을 가지고 홍정만 한다. 책임은 모두 김대중에게 떠넘겨 김대중은 더욱 제왕처럼 보이지만 모두가 지당장관뿐으로, 되는 일이 없다. 앞에서는 굽실거리고 돌아서면 모두 잊어버린 채 제자리 보전만 꾀하고 소리 나지 않게 자기이익만 차지한다.

김대중 정권은 혁명을 시도했지만 내부의 퇴폐와 외부의 반동으로 혁명의 지마저 상실했다는 것인가. 김대중과 소수의 민주 세력만 초조해져 있다고 할까. 이 사태를 총선 이후에 회복할 수 있을까. 초기에 그런 신뢰받을 수 있는 체제를 갖추었어야 했는데 시기가 이미 너무 늦었다. 혁명이란 언제나 실패한 혁명으로, 혁명역량을 구축하지 못한 채 혁명의지를 상실하고 권력에 안주하는 것일까.

그런 때 흔히 폭력을 쓰는 것이지만 김대중 정권은 그럴 수도 없고 그러지도 않는다. 그런 의미에서 열린 일반적인 사회를 유지하는 데 공헌했다고 할까. 4 · 19 이후의 한국을 생각할 수 있을지 모른다. 이번에는 일단 민주적인 원칙 위에 서서 걸어오게 됐다고 할까. (1999년 11월 25일)

"가공의 이야기가 만들어지기도 하고 무너지기도 하는 것은 어떤 체제가 끝나려고 하는 시기에는 강한 영향을 끼친다는 것… 이 체제는 이론적으로는 절대이지만 실제로는 점차로 사람들의 의견의 하잘것없는 변화에도 상처받기 쉽게 되어 있었다." (Robert Darnton 『혁명 전야의 지하출판』)

프랑스 혁명 전야 때 이야기다. 오늘도 가공의 이야기가 만들어졌다가는 무너진다. 어떤 개혁을 내걸어도 중상의 도가니에 빠지게 된다. 체제 자체의 위신이나 정당성을 무너뜨리려고 한다. 증오가 앞서기 때문이다. 이런 영향이 사회저변에까지 미치고 있다. 단튼이 그려낸 프랑스혁명 전야의 모습에서 배워야 한다. 선거전이라고 갈팡질팡하는 김대중 정부는 선거에서 다수를 얻는다고 해도 재생할 것 같지 않다.

다수를 얻기 위해 무리를 한다면 김영삼 정권이 지방보궐선거에 패배하고 나서 다음 총선에서 무리를 하던 상황을 반복할 것이다. 사회저변까지 너무나 민심이 이반하였다. 그래서 하잘것없는 변화, 비판에도 휘청거린다. 한나라당은 표만 된다고 하면 어디서나 어떤 자세라도 취한다. (1999년 12월 11일)

"혁명의 앞날은 서로 고발을 경쟁하는 속에서 언제나 동요되고 있었다고 보이지만 논의 자체는 개인적인 매도의 차원을 넘는 경우란 거의 없었다. … 혁명 전과 마찬가지로 프랑스인은 정책보다도 인물이나 스캔들에 대해서 토론하고 있었다." (로버트 단튼, 앞의 책)

이와 같은 간단한 말로써 우리도 오늘의 현실을 비추어 볼 수 있다. 우리 현실도 혁명 속에 있다. 그렇기 때문에 고발경쟁이고 그것은 거의 객관성이나 나라를 위한 뜻을 가지고 있지 않는 매도라고 해야 한다. 그리고 이 나라 신문들까지 스캔들에 도취하고 있다. 정책을 제시하라고 입으로만 말한다. 이런 혼란과 동요가 프랑스의 근대사를 지배했다면 우리도 역시 그런 형편에 놓여 있다.

그것이 독일과도 달랐고 더욱이 같은 혁명의 길을 갔어도 미국과는 전혀 달랐다. 미국에서는 민주주의 논쟁, 건국이념 논쟁이 핵심에 있었던 것이 아닌가. 우리나라의 경우에는 정치가 고발 경쟁, 모략중상 경쟁으로 전락한 것 같다. 신문은 상업주의 때문에 그것을 즐기고 국민은 정치 불신에서 그런 스캔들에 매몰됐다고 할까. 그래서 정치가 아직 국민에게 와 닿지 않고 있다고 할까. 정말 전체적인 정치부재의 상황에서 정치를 둘러싼 소음만 요란하다.

그래서 나는 이 나라에서는 언어란 지시, 명령, 선동, 거짓, 기만, 중상을 위해서만 있고 진정한 표현이나 상징을 위해서는 존재하지 않는다고 생각하고 싶다. 그런 상황을 단적으로 나타내고 있는 것이 국회라는 거의 무뢰한의 집단처럼 보이는 곳이다. 사실 정치란 얼마나 아름다운 이념을 내걸 수 있는 마당인가. 거기서 춘추에 빛나는 말들이 생산되어왔지 않는가. 그러나 이제는 모두가 아도르노가 말하듯이 현실적인 목적을 위한 수단으로서의 말이 아니라면 무의미하며 진리가 아니라고 생각하는 시대가 되었다. 참, 오늘은 20년 전에 전두환이 쿠데타를 일으킨 날이다.

그동안 밤늦게는 이제는 지나가 버린 옛 시인들의 시를 읽어 왔다. 일제하에 읽던 시들에서는 김기림과 노천명이 가장 천재적이라고 생각했다. 김기림의 시에서 보들레르를 찾으려고 했고. 그러나 해방 후의 그의 정치적 시는 그렇게 좋지 않다고 생각했다. 억제된 마음에서 조국을 그리는 것이 좋았고 가장 지성적인 시인이라고 생각했다.

"가난한 내가
아름다운 나타샤를 사랑해서
오늘밤은 푹푹 눈이 나린다" (백석 「나와 나타샤와 흰 당나귀」)

이것은 백석의 시 첫머리. 철저한 고독을 그는 옹기종기 초가집 모여 사는 고요한 마을에서 읊었다고 할까. 그도 눈을 좋아했다. 그들을 생각하면 왠지 슬퍼진다. 내 슬픔에서 오는 것이겠지. 계속 옛 시를 읽어갈 생각이다. 그 옛날 좋아했던 서정 어린 시들. 그러나 그 시인들이 어떤 경우에는 이제 마음에 와 닿지 않는 데 놀랐다. 젊은 시절과 노후의 느낌의 차이라고 할까.

요즘 우리 언어를 생각한다. '다'로 끝나는 단조로움. 그래서 사상도 진부한 느낌을 주는 듯하다. 이광수는 나쓰메 소세키(夏目漱石)와 같은 역할을 했다고 할까. 논술조 문체와 소설조 문체를 하나로 했다는 뜻에서. 어쨌든 언문일치였다. 이광수의 문장에서 우리는 아직 발전하지 못한 것이 아닌가 하는 생각이 든다.

프랑스에서도, 일본에서도 새로운 작가는 새로운 문체를 가지고 나온다고 하는데. '다'로 끝나는 문장, 그때는 그것을 언문일치라고 했겠지만 지금 우리가 입으로 하는 말에서는 끝내는 말이 얼마나 다채로운가. 새로운 언문일치를 향한 모색이 필요하지 않을까 생각한다. 우리의 경우도 지금까지 시인들은 퍽 거기에 대해서 모색을 해 왔다고 보지만. (1999년 12월 12일)

언론 없는 언론

오늘 아침 동아일보 사설은 김대중 대통령에게 '충언'한다는 제목을 붙이고 얼마 전에 김대중이 지난날 민주화 운동을 해 온 분들 앞에서 한 말을 문제 삼았다. 기득권의 반발을 거론하고 야당이 개혁의 발목을 잡는데 신문도 이른바 옷 로비 사건이라고 해서 7, 8개월 떠들어대니 여러 가지로 어렵다고 하면서 경제 문제를 극복한 것 같은 잘한 것은 언급도 하지 않는다는 내용에 관한 것이다. 첫머리에서는 경제 문제나 대북 관계나 4강 외교 같은 것을 들고서 그것은 잘했다고 하겠으나 라고 했지만 역시 심한 공격의 논조였다.

신문이 7, 8개월 옷 로비로 떠든 것은 허위보고, 허위증언들, 청와대나 검찰의 잘못 때문이 아니었던가. 야당을 잘못 다루는 것, 더욱이 기득권 세력이란 어디서나 저항하는 법인데, 그것을 잘못 다루는 것은 대통령의 지도력 문제가 아니겠는가. 내각책임제 개헌을 가지고 그렇게 오래 떠들어대서 그렇게 된 것 아닌가 하는 등의 논조였다.

이런 언론에 대해서 다른 의견을 발표할 데가 없다는 것이 오늘의 문제다. 반대 의견이나 소수자 의견은 없고 신문이 말하는 것만이 전체적인 의견, 국민의 여론이라는 것이 되고 만다. 언론의 잘못이란 하나도 없다고 하면서 절대선을 가장한다. 군사정권에 아부했을 때도 그랬던 것처럼. 오늘날에 이르기까지 거기에 대한 반성은 한 줄도 없이 기회만 있으면 '구국언론' 이었다고 과거에 대한 자랑만 늘어놓는다. 역겹기 짝이 없는 자화자찬이다.

동아일보도 일제 하 시절은 그만두고라도 해방 직후 한민당 기관지로 전락했던 때부터의 스스로에 대한 참회 없이는 바로 설 수 없다. 오늘이 어떤 시대인가. 독재정권을 타도한 4 · 19 직후와도 비교할 수 있는, 그야말로 온 국민이 어제까지의 이념이나 자기희생의 투쟁을 망각하고 민주주의라는 미명 아래 세포분열을 거듭하고 있다. 신문도 거기에 가담해서 역시 자기이익을 취하며 패권적인 힘만 추구하는 것이 아닌가. 정말 네티즌의 반격이라도 있어야 한다.

모두 겁을 먹고 있는 것인가. 의식이 없는 것인가. 대한매일, 지난날의 서울신문에 그런 기력이 있을 리 만무하다. 그 신문이 르몽드를 지향했어야 하는데 새 간부진용이라는 것도 그렇고 안에 있는 사람들은 옛날 그대로여서 눈치만 보는 것 아닌가. 르몽드의 패기와 지성이 어디 있겠는가. 정말 그것이 신문 중의 신문이 되기를 기해야 하는 것이었는데, 그런 신문을 만들지 못한 데 김대중의 실책이 있었다고 해야 한다.

지난번에 대한매일에 「신문의 위기와 국가의 위기」라는 글을 썼는데 다음과 같은 구절은 삭제되고 말았다. 제멋대로. "그들 신문은 이미 독재 권력에 유착함으로써 그런 성공을 꿈꾸었고 그러다가 거기에 대한 한마디 뉘우침도 없이 민주화라는 구호 밑에 전개된 대중소비사회의 왕자로 군림하게 됐다면 지나친 말일까" 서울신문이야말로 그랬으니까 그럴 수밖에 없었던 것일까. 또는 다른 신문의 비난이 무서워서 그랬을까. 어쨌든 한심한 일이다.

우리나라 신문이란 민주주의 정부에 힘을 실어준 경험이 없다. 중립이라는 이름으로 정쟁이 일어나면 그것을 보도한다고 할 뿐 방향을 제시해 주지 못한다. 그것은 결과적으로 싸움에 부채질하는 것이다. 정치권력이 누르려고 하지 못하는 경우에는 반대하고 떠드는 소리만이 요란하고 정부는 수동적이 된다. 신문은 누르면 들어가고 아첨하고 그야말로 엿과 회초리만이 효과를 발휘할 수 있는 오르테가가 한 말대로 '버릇없는 아이들'. 지금은 엿이 없고 회초리가 없으니. 반세기 이상 그렇게 살아온 신문이고 그것이 체질화되어 있는 것이 아닌가. 그들이야말로 기득권 세력이다. 게다가 독자를 의식하고 선동하고 경쟁한다. 지금 정치가 실종돼 있으니까 정치 가십이나 스캔들이 정치의 얼굴을 하고 판을 친다. 그런 것을 정치기사라고 자기기만을 하고 신문사업과 광고수입만 생각한다. 신문 부패의 역사를 달리고 있으면서 스스로 절대 정당한 체하는 위선. 신문은 정말 뉴스만 다룰 뿐 정세에 대한 총체적인 분석을 하고 그것을 해석할 수 있는 능력을 가지고 있지 못하다. 어떤 의미에서는 그것을 기피하려 하고 있다. 잡지가 없으니까 그런 것을 비판하는 글이나 방향을 제시하는 글이 있을 수 없다. 스캔들을 떠들어대는 그런 식 뉴스, 그런 식의 감정적 반응이 신문에서 가장 무게를 차지한다는 타락상만이 엿보인다.

지식인은 발언을 실어줄 미디어가 없으니까 점점 비판 능력을 상실해 가고, 지식인 부재의 현실이 크게 확대해 가고 있다. 그래서 이 사회에서는 지식인이란 존재하지 않는다고까지 하게 됐다. 지식인의 퇴장이라고 하지 않는가. 지식인의 존재를 격려해 줄 수 있는 방도가 없다. 그 부재를 염려하는 매체도 기관도 사람들도 없으니까.

탈중심화 시대. 국가권력은 약체화되는데. 국가는 이러한 상황에 대한 조정자 역할을 해야 할 것인데. 그런 방향을 바라보면서 김대중은 의식을 가지고 인내하고 있는 것일까. 시간에 따라 사회는 변동하고 불균형이 생기는 법인데 그것을 품위 있는 인간사회를 위해서 어떻게 조정할 것인가를 정치는 생각해야 하는 것이 아닐까. 매스미디어가 큰 권력으로 부상하는데 그들에게는 그러한 자의식 위에 서서 방향타를 잡을 만한 사상도 자세도 자질도 없으며 그런 자질을 요구할 국민의 힘도 없다는 것일까.

"개인의 타락이 공적인 문제가 된다는 급소를 찌른다. 중요한 지위에 있는 인물을 중상함으로써 체제 전체를 몰락으로 내몬다."(로버트 단튼, 앞의 책)

정치적 스캔들을 폭로한 지하문서가 체제를 좀먹어 가는 과정을 설명한 말이다. 우리나라 정치에서도 그랬다. 군사정권이 몰락해가는 경우도 물론 그랬다. 박정희의 사생활을 둘러싼 스캔들도 그런 역할을 했다. 오늘 그런 것들을 잊어버리고 그를 존경하는 사람도 많다고 하지만 그것은 오늘에 대한 부정이라는 반작용에서 오는 것이리라. 김영삼 정권 때도 여러 가지 스캔들이 그런 구실을 했다.

오늘 김대중 정권 주변의 옷 로비 사건이니 하는 것도 그런 역할을 한다. 이제 정치권력의 위신은 땅에 떨어졌다. 혁명적 상황이라고 하겠지만 다행하게도 오늘은 혁명이 없는 시대이다. 이것은 불행한 일이겠지만 왕조 시대적인 전통을 무너뜨리는 것이 되는 것인지도 모른다. 권위는 다 무너진다. 권위 추락의 긴 인류 역사. 교권도 부권도 무너지고 있으니까 그 다음에 오는 것은 무엇일까. 베버나 아렌트가 말한 합리적인 권위일까, 유능하니까 지닐 수 있는. 그런 권위가 아니라 내가 행사할 수 있는 파워만이 남는 것일까. 교사가 간신히 가지고 있는 성적을 평가하는 파워 같은 것 말이다. 이것은 계층 질서에 수반되는 파워라고 할까. 내 승진과 내 수입에 관계되는 윗사람의 물리적인 파워 같은 것 말이다. 후광을 가진 권위란 모두 사라지고.

(1999년 12월 18일)

30대 후반에 교장 자리에 앉았을 때를 생각한다. 어제까지 동료로 뜻을 함께했다고 생각했는데 교장이 되자 모두가 내게 비판적이 되었고 나를 군림하는 존재라고 보고 저항심을 가지는 것 같았다. 그것은 의심과 대립과 증오를 내포한 일종의 노사 관계였다. 조그마한 학교도 그러니 어찌 대통령을 할 수 있겠는가고 말한 적이 있다. 윗사람이란 수탈하고 억압하는 자이고 아랫사람은 저항하고 반감을 품을 수밖에 없다는 오랜 역사와 전통. 이것이 역사를 변혁해 온 것도 사실이지만 사회는 언제나 심하게 동요되는 수밖에 없었다.

일본의 경우는 '긴 것에는 말려라'는 속담처럼 일단은 권위와 명령을 받아들이고 그것에 순종해야 살 수 있었다. 그래서 그렇게 살아야 한다고 생각했고 심지어 그것을 미덕이라고까지 생각했다. 그들의 '오야분 · 고분'(親分子分)의 관계에는 대립과 증오가 아닌 인정과 의리도 내포되어 있었다. 우리들 사이에서는 구관이 명관이다. 이런 식으로 그때는 눌려서 한을 품었어도 지금은 전임자가 나았다고 하는 생각이다. 이래서 오늘 그렇게도 포악하고 권력욕에 사로잡혀 있던 박정희를 존경한다는 우리 국민. 그때는 그렇게 거의 전 국민이 그를 내몰려고 했고 1980년의 서울의 봄을 그렇게 환호했었는데 말이다. 이런 전통이 아직도 우리를 지배하고 있다는 것일까. 이 국민의 심성을 이해해야 한다.

김종필은 남미엔가 가서 언제 자기가 합당한다고 한 적이 있는가 라고 발뺌을 하면서 합당하고 싶은 사람은 나가야 한다고 했다고 한다. 그리고 우리는 보수정당이니 그럴 수 없다고 했다. 몇 번이고 합당을 시사하더니, 정치란 이랬다저랬다 하면서 속이고 잇속을 차지하려고 하고 거래하는 것이라는 철저한 술책을 부리는 사람이다. 보수정당이라고 강조한 것은 국민회의를 다른 한쪽으로 몰아붙이자는 것이다. 어느 정당에나 좌파 우파가 있어야 자연적인 것일 텐데.

언제나 그가 노리는 것이 있다. 그래야 연명할 수 있다는 한심한 이 땅의 정치가 아니겠는가. 김대중 세력을 우롱하는 것. 내년 총선 후 김대중은 모든 난관을 무릅쓰고 개혁으로 향하면서 그 힘으로 다음 대통령 선거에서 자기 사람을 밀겠다는 것 아닌가. 그러나 그의 인동(忍冬)으로 반동 세력을 너무나 키운 것 같다. 이번에도 내각책임제를 걸고 선거를 치른다고 하는데 그런 것은 집권 초기에 정도(正道)를 따라 처리했어야 하지 않았겠는가. 김종필은 철저한 술책이라는 평을 받아도 할 수 없다. 그래서 말하자면 박정희 치하의 핵심 세력이면서도 유일하게 살아남은 것 아닌가. 충청도의 지역주의를 업고 처신했다. 외국에 왔으니 국내 정치는 돌아가 얘기하자는 정도로 피할 줄도 알아야 하는데 귀국에 앞서 또 돌을 던져보자는 것이겠지. (1999년 12월 19일)

정치라는 스포츠

"'일반독자'는 정치를 악역과 영웅은 있지만 쟁점이 없는 … 스스로는 참가하는 일이 없는 스포츠라고 생각했다."(로버트 단튼, 앞의 책)

그래서 혁명 전야에 그런 정치를 전해 주는 '비방문서'를 근대의 독자들이 잡지나 만화를 보는 것처럼 흥미진진하게 읽었다는 것이다. 그러나 그것이 혁명을 준비했다. 체제의 정당성 권위 또는 그것에 바쳐야 할 예절, 이런 모든 것을 앗아갔기 때문이었다. 그런 비방문서와 루소의 철학은 체제 밖에 나란히 있으면서 같은 작용을 하고 있었다. 그러면서 1789년의 혁명이 호령하는 것을 기다리고 있었다.

여기에 비하면 우리가 군사정부를 타도한 지하문서는 근엄하고 윤리적이었으며 비장한 것이었다고 할까. 우리들의 지하문서에 대해서 좀 더 깊은 연구를 할 필요가 있다. 그리고 오늘 지하가 아닌 지상, 즉 신문에서 떠들어대는 스캔들은 어떻게 볼 것인가. 그것이 정치라면 그것도 쟁점 없는 정치인가. 어느 날은 그가 이긴 것 같고 영웅 같기도 하고 어느 날은 그가 악한이고 패륜아 같기도 하다.

그들이 생명을 건 것처럼, 나라의 운명을 건 것처럼 싸우지만 일반국민은 자기들이 참여하지 않은 스포츠, 구경거리라고 생각한다. 그 기사에는 윤리가 없다. 근엄하지 않고 비장하지 않다. 그것에 끌려가는 일반국민도 그야말로 혁명적인 분노 없이 스포츠를 바라보는 느낌. TV 화면이나 즐기는 만화와 다름없다고 할까. 더욱이 상층이었던 사람들이 줄줄이 끌려가서 고통을 연출하는 데 새디즘적인 재미를 느낀다고 할까. 이것이 지도층의 권위나 그것에 대한 예절의 심정을 우리에게서 앗아간 것이 사실이다. 이것이 '프랑스 혁명' 전야의 비방문서와 어떻게 다르다고 할 것인가.

혁명 없는 이 시대에 그것은 선거에 어떻게 나타날 것인가. 그때는 정치라는 스포츠에 그들 방관자들도 참가하는 것인데. 그 결과가 어떻게 나타나든 그들은 기대를 걸고 있지 않다는 것인가. 혁명적 의지는 없다. 이것이 현대의 정치라는 것일까. 어떤 의미에서든 내년 4월 총선은 퍽 흥미롭다.

(1999년 12월 21일)

"왜 모순, 내지는 거기서 나오는 명제를 말하자면 격리해서는 안 된다는 것일까. 그것들을 체제의 주요 부분에서 떼어놓을 수가 있고 그러고 나서 나머지 부분을 훌륭하게 사용할 수 있다면 그러한 격리를 해서는 안 된다는 이유는 없다고 생각된다." (A. J. Ayer, 『비트겐슈타인』)

이것은 수학자들이 모순을 혐오하는 데 대해서 비판한 말이다. 여기서 나는 마르크스의 이론에 대해서 생각한다. 전 체계가 아닌 부분만을 얼마든지 떼어내서 생각할 수 있다. 어느 부분을 격리시켜 놓고 나머지 부분을 훌륭하게 사용할 수 있다. 이것이 마르크스의 사상에 대한 도그마적인 집착을 배제하는 태도다.

케인즈는 언제나 자기 이론을 부분적으로 수정하면서 변화무쌍한 현실에 대응했다는 것이 아닌가. 그것은 모자이크적인 사상이 될 수밖에 없었다. 어떤 모럴 체계에서도 그렇다. 정의를 원칙으로 하면서도 어느 땐가 예외적으로 불법도 행하는 수밖에 없다. 비폭력, 정직 등의 경우에도 그렇다. 그럴 수밖에 없는 대상 또는 상황이라면 이런 모순을 두려워해서는 안 된다. 그러나 그것 때문에 모럴 원칙이 붕괴되어 가서는 안 된다. 그런 분별, 그런 자제력이나 자기반성이 아주 문제가 된다. 그러한 예외적인 부분 자체도 도덕적인 의미를 지녀야 하는 것이다.

벤야민이 생각한 것처럼 지난날의 사상은 물론 우리의 발상, 사상도 언제나 해체되고 거기서 진주낚시질을 해서 어떤 것은 구출해 내야 한다. 마르크스에게서도, 체계로서의 마르크스 사상의 숭배가 아니라. 정치에서는 물론 리얼리스트이어야 하겠지만 사상에서도 그렇다. 변화하는 객관, 역사가 아프리오리하게 존재하기 때문이다. 그런 것은 종말을 믿으면서도 오늘을 전부인 것처럼 살아가는 자세에서도 볼 수 있는 것이라고 하겠다. 그런 것을 모순이라고 비웃어서는 안 된다. (1999년 12월 29일)

진보와 보수

2000년대

"신은 이미 죽었다. 우리가 죽인 것이다"라고 니체는 말했다.
민주주의는 이미 죽었다,
우리가 죽인 것이다.
공산주의에 대해서도 그렇게 말할 수 있다.
드높은 이념의 이름으로 인간은 이념을
저 멀리 묘지로 보내고 만다. 나라사랑도 죽었다.
바로 우리가 죽인 것이다.

2000년

새 아침에

김대중 정권의 앞날을 모두가 걱정한다. 오는 4월 선거에 대패할 것이 아닌가 하고. 뉴욕타임스에서도 국회에서 법안이 제대로 통과되는 법이 없고 국회의원들은 자기들 세비를 올리는 데만 만장일치 가결이었다고 했다.

개혁을 지지하는 시민 세력은 지금 딜레마에 빠져 있다고 할 수 있지 않을까. 그들은 정부의 지원도 받고 있으며 김대중 정권을 마음에서는 지지하지만 정권을 위한 어용단체로 보여서는 안 된다고 생각한다. 한국에 민주주의 시대가 꽃피고 시민단체가 활발하게 활동하게 된다는 것은 김대중 정권 다음일지 모른다. 다음 정권이 또 한 번 보수반동으로 간다. 그리하여 시민운동을 누르면 물론 그것은 성공할 리가 없고 크게 시민운동이 일어나서 민주정치가 전진한다. 그때 지금의 김대중 세력은 야당적인 존재로서 그러한 시민 세력과 연대한다. 오늘은 그러한 시대를 준비한다고는 볼 수 없을까. 그런 전망으로 김대중 정권은 이들과 관계를 맺을 필요가 있지 않을까. 개혁이란 그처럼 우회해 가는 머나먼 길. 그리고 위로부터의 개혁이 아니고 아래로부터의 개혁이 일어나야 하는 법.

미국은 경제적 번영으로 내부갈등도 감소되고 있는 모양이다. 러시아는 옐친이 사임할 정도이고, 얼마나 많은 고민과 고통이 지식인들을 억누르고 있을 것인가. 공산주의 꿈이 깨어지고 거기에서 아픔에 몸부림쳐야 하고 자유와 민주주의를 외쳤으나 오늘도 환멸과 고통의 나날이다. 그러나 러시아의 지성, 문화의 전통은 거기에서 무엇인가를 준비할 것이 아닌가. 미국의 번영 포식의 사회 속에서 퇴폐해지면서 다 잊어버린 정신적 진주가 러시아에서 자란다. 그리하여 자본주의의 퇴폐와 혼란 속에 구원의 메시지를 던져준다. 공산주의 혁명에서는 실패했지만. 그럴 가능성이 있을 수 있을까.

우리는 정말 20세기의 고통을 한 몸에 지닌 것처럼 살아왔다. 무엇보다 6 · 25전쟁을 경험하지 않았는가. 그러나 그 고난이 깊은 정신적인 것으로 결정되지 못한 것 같다. 지적 전통이 천박했던 탓이었을까. 원시인들이 경험하는 고난의 경우가 그랬던 것처럼. 고난을 사상화하는 정도란 그 전통의 질과 비례하는 것인지도 모른다. 독일의 경우와 일본의 경우를 그렇게 비교할 수도 있는 것이 아닐까. 이 땅은 사상 또는 문화의 불모지인 것같이 생각된다. 사상도 구미에서 논의되는 것에 대한 정보일 뿐 우리 자체의 창조가 아니다. 아니 오늘날 어디서나 사상의 불모지가 확대되어 가는 것인지도 모른다.

김대중 정권의 위로부터의 혁명이 실패했다고 하는 문제는 심각하게 분석해 보아야 하리라고 생각한다. 수구 세력—언론까지 포함해서—의 힘을 과소평가했고 국민의 양식과 양심에 지나친 기대를 걸었던 것은 아닌지. 그런 이념적인 점에서 민주화 세력으로서 역시 나이브했다. 그렇다고 강권으로 되돌아갈 수는 없다. 모든 혁명은 그랬고 그럼으로써 몰락해 간 것이다. 김대중은 강권으로 갈 수는 없었고 민주주의를 내걸어야 했지만 수구 세력을 누를 수 있도록 국민 대중을 우군으로 하는 데는 실패했다. 그런 상황에서 수구 세력에 그들 스스로가 전향하지 않은 것만도 다행이라고 할까.

혁명 세력이란 자기들의 힘을 과시하려고 하기 쉽다. 민주화 세력에서 정권에 참여하지 못하고 소외되고 몰락해 버린 불쌍한 사람들이 너무나 많았다. 이들을 조직하고 훈련하는 데도 물론 실패했다. 혁명 후의 민중의 이반, 혁명 세력의 부패와 분열. 김대중 정권도 역시 과도적인 정권. 과도정권으로서 할 수 있는 것을 상당히 해냈다는 평가는 받을는지도 모른다. 그러나 종국에 가서는 민주주의란 국민이 이룩해 내야 하는 것.

대미 대일 외교 등에서는 성공했다고 하지만 거기에는 비판적인 국민 세력이라는 문제가 개재하고 있지 않았기 때문이다. 김대중 그 자신의 개혁의지와 외교 능력으로 수정을 가할 수 있는 것이었으니까. 거기에는 일본의 경우에는 조금 다르겠지만 국민의 비판적인 목소리가 그다지 크지 않았으니까. 대북 정책에 있어서도 그렇다고 할 수 있다. 그는 적어도 국민들의 대북 감정을 집권 세력을 위한 대중조작에는 이용하려고 하지 않았다. 대일 관계에 대해서도 그렇겠지만. (2000년 1월 2일)

김대중은 교육부 장관을 부총리로 승격시켜 문화 관광 과학정보 등의 인력개발 정책을 종합적으로 추진하게 했다. 재경부 장관도 부총리로 승격시켜 경제부처를 총괄하게 하고 여성특별위원회를 여성부로 바꾼다는 등을 제시했다. 선거용이라는 비난도 있겠지만 국정 운영에 있어서 그의 고뇌를 나타낸 것이라고 할 수 있지 않을까 생각된다. 이 나라는 이미 피리를 불어도 춤추지 않는 사회.

행정체제, 관료사회가 좀처럼 움직이지 않는다. 윗사람의 지시는 즉흥적으로 보이고 시간만 지나가면 그만이라고 생각한다. 관료사회는 너무 비대해졌다고 할까, 너무 안정됐다고 할까, 스스로 움직이려고 하지 않는다. 어떻게 하면 피할까만 생각한다. 일 안하고 돈만 더 벌 수 있으면 최상이라는 오늘의 처세술일는지 모른다. 그러니까 일이 안 되는 것 같아 제도만 바꿔보는 것이다. 그러나 움직여지지 않는 것은 여전하다. 국민은 왜 저러지 하고 대안의 불을 보듯이 굳게 닫힌 마음을 열려고 하지 않는다. 정말 그처럼 이반(離反)한 국민을 끌어안으려고 가진 노력을 다해도 되지 않는 것이 아닐까. 이제는 너무 때가 늦은 것 같다.

그래서 지금은 채찍은 불가능하니까 엿만 주려고 하지만 그런 것으로 가능할까, 모두가 회의적이다. 엿을 준다면 받아먹고는 그전과 마찬가지로 냉담하다. 이 같은 불감증에 걸린 국민이라는 상황은 좀처럼 바뀔 것 같지 않다. 그들을 움직이게 하는 것은 그들 자신의 이익밖에 없다고 할는지 모른다. 정부가 내거는 추상적인 이익이 아니라 오늘 당장 차지할 수 있는 이익이어야 한다. 이제는 이런 국민을 잠에서 깨운다고 떠들고 헛수고하지 말고 소리 없이 나라를 남모르게 끌고 가야 하는 것이 아닐까. 그들은 개혁의 구호에 지쳐 있다. 그래서 김대중은 더욱 초조해 하는 것이 아닐까. (2000년 1월 4일)

총선 전략

적어도 칸트가 『영구평화론』에서 말했듯이 공화체제, 즉 민주체제란 '인간의 법에 완전히 적합한 유일한 체제'이지만 그것을 '수립하는 것 더욱이 그것을 유지하는 것이 가장 곤란한 체제'라고 해야 하는 것 아니겠는가. 그리고 북의 체제에 대해서는 칸트의 말처럼 밖에서 다가오는 위기 앞에서는 전제체제를 버리라고 요구하기가 어렵고 공화체제를 실행하는 것을 "적당한 시기까지 연기하는 것을 허용해야만 한다"고 설명해야 하는 것이 아니겠는가.

우리는 외국 사상가의 사상을 성보로서 전달할 뿐 그것이 우리를 위해서 어떻게 해석되어야 하는가를 생각하는 주체적인 자세를 갖추지 못하고 있다. 그것이 내 사상 속에서 육화(肉化)되지 못하고 사전적인 것에 머물러 있다고 할까. 그 사상을 가지고 생각하고 그것을 적용해 보고 그러면서 필요하다면 그것에 수정을 가하는 작용을 하지 못하고 있는 듯하다.

그래서 그것이 사실은 현실과 유리된 채 부유(浮游)하고 있다. 현실에서 실증도 되지 않은 채 진리인 양 주장되기도 하고. 이것은 지식인 자신이 무사상이고 말하자면 지적 공동을 안고 있음을 의미한다고 할까. 아직 그런 정보를 가지고 있지 못하다면 비웃음을 산다는 식으로 그것은 한때의 유행을 따르는 것이라고도 할 수 있다. (2000년 1월 5일)

「색깔론 다시 불붙다」라고 신문은 쓰고 있다. 이회창이 예비역 장군 400명에게 오늘 '목숨을 걸고 간첩을 쫓던 사람이 그 간첩에 의해서 백주에 쫓겨 다니는 신세'가 된 상황이라고 했다고 한다. 국가보안법 개정을 말하는 것도 좌익이라고 보고 "이 나라가 지금 어디로 가고 있는가에 대해서 개탄하는 분들이 늘어나고" 있다고 했다는 것이다.

무엇이든 반대하면 된다. 시끄럽게 해야 된다. 무엇이든 물고 늘어져야 한다는 식. 민주화 추구라든가 하는 대의명분이 아직 없는데 야당이 사사건건 반대하던 방식만이 남아 있다고 할까. 개혁을 위한 반대가 아니라 반동을 위한 반대, 명분 없이 이기주의만 남아 있다.

저런 야당이 국정을 그르쳤다. 그런 것이 부당한 것을 알면서도 언론은 여야의 대립만 주목하고 그것을 스캔들화하는 데 주력하면서 스스로 방향을 제시하려고 하지 않았다. 하기야 그런 식견도 없을 것이다. 정치적 중립이라는 이름에서 야당의 터무니없는 공세도 그것에 대한 여당의 대응도 다만 균형 있게 다룬다는 것이었다. 그런 뉴스를 위해서 야당은 더욱더 가치 없는 아니 거짓 정보도 염출하려고 했고 여당은 일일이 이것에 대응해야만 했다.

이런 풍토에서 한국 정치는 정계 소식만 전할 뿐 경륜이 없는 정치로 전락하고 말았다. 야당은 그것이 정치이고 대여 투쟁이라고 생각하고 있으며, 가령 교육정책 실업자 대책 등 모두가 과오와 상처투성이인데 그것을 자세히 조사해서 조언 충고하고 대안을 제시하는 등 대 정치를 해낼 그릇이 되지 못한다. 출세만 꿈꾸고 통찰력도 비전도 없다고 할까. 야당은 지는 것을 견디어 내지 못하고 패배했다고 앙심만 품는 세력이다. 정말 한국의 불행이다. 이런

정치풍토는 가실 길이 없을 것인가. (2000년 1월 20일)

선거법 개악으로 일어난 여론, 시민운동을 배경으로 김대중은 정치적인 하나의 커다란 도박을 감행하려고 한다. 신당도 시작되었다. 한나라당의 항거도 있지만 자민련의 반발도 있다. 거기에 지금까지의 실정으로 인한 저항과 민심이반도 있다. 여기서 김대중의 남은 3년을 위한 총선 전략이 성공할 것인가. 한나라당뿐 아니라 자민련도 있는데.

김대중은 반동보수에 대하여 소수파로서 하는 수 없는 양보나 타협을 했다. 그러나 개혁에 실패했다고 해서 스스로 반동과 퇴폐의 길은 걸어오지는 않았다. 개혁을 현실과 맞추면서 참을성 있게 진행시켜 왔다고 해야 한다. 그것은 개혁포기 또는 반동으로의 선회가 아니라 신중한 리얼리즘을 선택한 것이라고도 할 수 있다.

이런 속에서 은근히 시민운동을 키웠다. NGO 예산을 150억 원이나 책정했다고 한다. 그리하여 시민운동과 자신의 개혁이 힘을 합하고 여기에 국민의 개혁의지가 결합되는 새로운 혁명을 시도했다고 할까. 정권을 잡은 소수파가 국민의 개혁 세력과 손을 잡고 지금까지의 부패한 세력에 공세를 가한다. 3월이 되면 학생 세력도 여기에 합세할 것인가. 그렇게 되면 경영진의 반동적 자세에도 불구하고 신문도 참여할까. 제3의 혁명이라고 할 수 있겠는데 이 도박이 성공할 것인가. 그러기에는 지금까지의 실정(失政)이 너무 크다고 생각된다. 어쨌든 한국 정치는 정말 무대 위의 격렬한 연극을 바라보듯 스릴에 넘친 것이다. 이런 혁명을 향해서 앞으로도 여러 가지 정치적인 수가 있을 테지만, 선거법 개정 그리고 비례대표 선출도 그런 기회라고 할까.

시민혁명이라는 환상

오늘 우리는 정치적 언어, 거의 폭력적이라고 할 수 있는 정치적 언어를 개탄할 수밖에 없다. 그것은 지시, 선전, 이기적인 목적을 위한 언어이고 합의를 찾으려는 언어가 아니다. 저 국회의 언어가 상징하는 것처럼 그것은 표현이나 상징성을 잃어버린 최악의 형태로 표출된 것이라고도 하겠다. 그것은 결코 대화가 가능한 언어일 수 없다.

그런 언어란 사실과 유리되어 있기 때문에 명제적 진리의 요구를 충족시켜줄 수 없다. 그것은 있어서는 안 될 언어이기 때문에 규범적 정당성의 요구를 만족시켜 줄 수 없으며 물론 발언자의 성실성이 그것에 따르고 있다고 볼 수도 없다. 김대중의 말도 이 세 가지 요구를 충족시켜 주지 못하고 있다는 데 문제가 있다. 그래서 국민의 지지 또는 국민과의 합의를 도출해 내지 못하고 있는 셈이다.

국회 안에서 저 면책특권이 있다고 해서 내뱉는 무책임한 말, 신문이 언론자유라고 해서 흥미위주로 터뜨리는 말 — 이 모든, 생활 세계를 교란하면서 커뮤니케이션을 방해하고 국민의 합의를 저해하는 말들, 이 사회를 정치 불신의 도가니로 몰아넣는 말들이다.

국민을 움직이는 말이란 위에서 말한 세 가지 요구를 충족시켜 주는 말이어야 되지 않겠는가. 그때 혁명도 개혁도 가능한 것이다. 민주화 운동 때의 말이란 정말 그런 것이었다. 그것은 권력을 쥔 자들이 숨기고 있는 것과는 달리 진정한 사실을 알리는 말이었고 민족의 역사를 위하여 소리 높이 외치는 말이었으며 죽음과 투옥으로 증언하는 주관적 성실성에 넘친 말이 아니었던가. 그래서 그것은 국민의 공감을 자아냈고 혁명을 가능하게 했다.

(2000년 1월 22일)

오늘 시민연대가 66명 공천 반대자를 발표했다. 큰 파문이 일어날까. 그래도 정당에서 공천을 한다면 낙선운동을 버리고 제2차 발표도 하겠다고 한다. 2차 발표에서는 출마하는 사람들에 대해서 할 모양이다. 내일부터는 옥외 집회도 한다고 한다. 김대중의 정치개혁 의지가 거기에 반영됐을 것이라고 하겠지. 기구와 제도를 개혁함으로써 정치개혁을 하려고 해도 되지 않으니까 사람들을 몰아내자는 것이다.

김종필도 해당된다. 무엇보다도 헌정질서를 파괴하고 민주 세력에 대한 온갖 탄압을 가했고 부정을 일삼았기 때문이다. 공천반대 대상을 찾는 데는 물론 김대중이 관여하지 않고 내어맡긴 것이겠지만 국회의 꼴을 그대로 내버려두고 국민과 시민운동이 반발하기까지 기다렸다면 대단한 인내심이다.

현행 법, 구조, 인물 모두에 대한 반항. 학생과 언론이 여기 어떻게 가담할 것인가. 66명만 내어 쫓아도 자동적으로 상당한 수가 줄어들 텐데. 그들은 사력을 다해서 저항하겠지만. 그리고 앞으로 병역 문제로 또 상당수가 걸려들 것이고. 민주혁명으로 이어질 것인가. (2000년 1월 24일)

지난 25일부터 28일까지 제주도에서 열린 인권재단 회의에 참가하여 강한 인상을 받았다. 이른바 NGO의 활동에 대한 보고가 있었고 나는 기조강연을 했지만. 작년에 시애틀에서는 강대국 각료회의가 국제적인 NGO의 저항으로 혼란을 빚었는데. 그들은 금년 4월에는 워싱턴 세계은행과 IMF 연속회의에서 싸우고 7월에는 오키나와에서 열리는 G7 회의에서 저항을 한다고. 이런 것을 고려해서 일본은 오키나와로 회의장소를 가져가는 것인지도 모른다. 오키나와 사람들이 크게 저항에 참여할 것인가.

이른바 신자유주의라는 것에 반대하고 국제 시민사회를 건설한다는 것이다. 21세기의 혁명 세력, 개혁 세력은 여기에 있다는 것이겠지. 사카모토 교수가 말하는 시민국가(civic state)를 세우자는 것이다. 버마 문제에도 집중하겠다고. 이 세력의 압력으로 이미 NGO 원조법안이 사방에서 통과되고 국제기구에도 이들의 대표가 앉을 자리를 마련해 주게 되어 가고 있다. 비폭력적인 혁명 세력. 이것이 21세기에는 크게 일어날 것 같다. 자본의 횡포, 그 횡포의 세계화를 용허하지 않겠다는 것이다. 20세기의 혁명 세력이 이렇게 역사의 흐름에 따라 전략을 바꾸는 것이다.

우리나라에서도 마찬가지다. 이미 국민기초생활보장법 제정 같은 데서 승리를 거두고 있다. 참가하고 있는 변호사, 교수, 종교가, 시민운동 지도자들, 정말 우수한 젊은이들이었다.

민주화 운동이 이쪽으로 흘러간다. 그들은 비장한 각오로 싸워 온 일종의 카리스마적인 종래의 반체제 지식인들과는 다르다. 그들은 조용히 시민들과 대화하는 정말 부드러운 지식인들이다. 구 지식인들의 퇴장과 새로운 지식인들의 등장. 그것을 나는 지금까지 모르고 있었다.

지난날에는 야당 세력과 민주화 세력이 반체제 세력을 이루었다. 이제는 시민운동 세력이 연합하여 지방에서는 지방자치단체에 압력을 가하고 중앙에서는 중앙정부에 압력을 가한다. 그래야 관리들의 복지부동도 깰 수 있다는 것이다. 지금의 총선시민연합도 갑자기 이루어진 것이 아니라 이런 시민운동에서 일어난 것이다. 이것이 대안을 제시하고 시민국가를 수립하려는 세력이 된다. 한나라당 등 저 부패한 세력들도 총선 후보로 새 인물을 낸다고 야단들 아닌가. 변화는 일어나고 있다.

우리 국군이 베트남에서 행한 양민학살도 문제 삼고 있었다. 자기 군대가 저지른 것을 비판하고 이에 대한 사죄를 하고 배상을 하는 데 성숙한 국가의 모습이 있다고 하는 것이다. 일본에서는 리버럴하다고 하면서도 한국도 베트남에서 그랬으니 과거의 일본에 대해서 할 말이 없지 않느냐고 하는 자세를 가진 사람들도 있었다고도 한다. 한국이 베트남 양민학살을 문제 삼는 것은 인류의 보편적인 가치를 위하는 것 아니겠는가. 이것을 보고 일본도 미국도 속죄할 줄 알아야 하는 것 아니겠는가. 제주도에서 이번에 나는 큰 깨달음을 얻었다.

미국에서는 보안관을 선거로 뽑기 때문에 범죄에 대한 강경책, 죄수들에 대한 처우 악화가 진행된다고. 죄수들은 거의 유색인종이고 감옥은 늘어나고 있으며, 200만의 죄수라고 했다. 세계에서 범죄자 비율이 가장 높다는 것이었다. 백인 중산층들이 그들을 가두어 놓고 자기들만 행복하게 살겠다고 하는 것 아니냐고 제주도 모임에서 만난 서울대 한 교수가 말했다. 사형집행도 늘어나고 있다는 것이었다. 그러나 우리나라는 97년부터 한 명도 사형집행을 하지 않았다. 앞으로 사형이 없는 나라가 될는지도 모른다. 그리고 특사로 풀어주어서 수감자를 줄이고 있는 것이 아닌가. 거기다가 집필도 TV 시청도 허락해 주고, 모범수는 가족과 함께 지낼 수도 있게 해 준다는 것이었다. 이런 것은 자신이 6년 3개월을 감옥에서 보낸 김대중 정부에서나 가능한 것 아니겠는가고 생각했다.

시민운동의 경우도 그렇겠지만 대내외적으로 이 나라는 크게 변하고 있다. 이러한 역사의 흐름을 누가 감히 막을 수 있겠는가. (2000년 3월 2일)

「Pola X」라는 영화

지난번 도쿄에서 본 프랑스 영화 「Pola X」가 잊혀지지 않는다. 40세의 레오 카락스 감독의 작품이다. 첫 장면이 유고슬라비아 공습의 처참한 흑백장면. 그리고 셰익스피어의 햄릿의 독백. "이 세상 꼴이 잘못됐다. 무슨 악인연인가, 그것을 고칠 역할을 지니고 태어났다니" 라는 자막이 나온다. 그리고는 미모, 명예, 재산을 모두 지닌 어머니와 아들. 아들 피에르는 아름다운 여성과 약혼한 사이고 아무것도 부족한 것이 없지만 권태롭기 짝이 없는 나날을 보낸다. 그는 발칸의 전란을 피해 온 이사벨이라는 여인과 만난다. 꿈에 나오던 흑발의 여인으로 "나는 너의 아버지가 외교관일 때 발칸에서 남긴 딸, 너의 누나" 라고 말한다.

피에르는 소설을 구상하면서 이사벨에게 빈민굴에서 부부라고 꾸미고 함께 살아가자고 한다. "나는 쭉 기다리고 있었어. 이 세상을 넘어설 계기를."

이리하여 드디어 근친상간이라고 하는 데 이르게 된다. 기다리다가 약혼자도 피에르 곁으로 온다. 가난 속에서 편집자를 찾아가 원조를 요청하자 "세상에 벌을 주면, 세상의 복수를 받는다"는 말만 듣는다. 피에르는 돈을 위해 TV에 나갔지만 '모든 것이 허위'라고 고함을 지르자, 많은 사람들이 항의하는 아우성 속에 쫓겨난다.

이리하여 영화는 살인과 교통사고로 끝나지만 일본서도 근친상간의 영화라느니 마리라는 어머니 역할을 맡은 카트린 드뉴브가 어쩌느니 하고 야단이었다. 그 속에는 유럽의 근대와 현대에 대한 거센 고발이 서려 있었는데 한국에서의 반응은 어땠을까.

마리와 피에르의 귀족적인 생활이란 발칸의 외교관으로 갔던 마리의 남편, 피에르의 아버지가 남긴 재산 덕분이었다. 즉 그것은 서구 제국주의의 수탈에서 온 것이다. 그러나 풍요롭다고는 해도 의미 없는 권태로운 생활은 견딜 수 없는 것이었다. 이사벨은 그들의 제국주의에 의해서 수난을 당하고 오늘도 폭격을 받아야 하는 발칸의 상징이지만 서구 문명의 아버지, 또는 누나가 아닌가. 그러나 그 관계는 망각된 채 희미해지고 말았었다.

그런 이사벨을 찾아간 피에르 그리고 그를 뒤따라온 약혼자 리슈도 모두 파멸되고 만다. 잘못된 세상을 고치려고 하면 이 세상의 복수를 받아 파멸되고 마는 셈이다. 바로 이것이 오늘의 서구 세계와 제3세계가 아니겠는가. 여기서 유고슬라비아에 대한 폭격장면이 맨 처음에 나와야 하는 이유를 알게 된다. 이 처참한 비극. 이사벨을 박해하는 현대, 피에르나 리슈가 나타나면 파멸로 몰고 가는 현대가 거의 무한한 것처럼 오늘 계속되고 있다고 카락스는 고발하고 있는 것이 아닌가.

선거, 수단과 방법을 가리지 않는 추악한 양상. 거기에 휩쓸려 가는 거대한 국민의 파도가 있다는 것인가. 이른바 지역주의. 경상도 정권을 회복하자고 아우성이다. 무대연극도 아닌데. 그것도 눈살 찌푸리게 하는 과잉된 연기인데 우리는 쓴웃음만 머금고 있어야 하는 것인가. 선거 결과로 우리 국민이 얼마나 성숙되어 있는가를 알 수 있게 될까. 총선연대 운동이 낳은 효과는? 그러나 누구도 선거 결과를 예측하기 어렵다는 것이 바로 민주주의가 아니겠는가.

김대중은 그런 소용돌이에서 호연하게 유럽 방문, 외자를 유치하고 밀라노와 대구의 섬유산업 협력을 꾀한다고 대구 시장을 동반하니 급수 높은 정치라고 할까. 김종필은 비난의 화살만 던지는데 거기에 같은 충청도 출신의 이인제가 그야말로 지역감정과 구 정치 청산을 한다고 동원되고 있다. 이인제는 거기에서 승리하면 대권의 꿈을 꿀 수 있을 것이라고 생각하는 것 같다. 다음에 전라도 출신 대통령이 나오는 것은 불가능할 테니까.

개혁적인 인물, 개혁을 수행할 수 있는 인물이 나오고 그와 연계하여 김대중은 아시아 외교, 남북외교에 국가 원로로서 힘을 실어줄 수도 있을 것인가. 김종필의 악에 바친 공격이 한의 소극(笑劇)으로 끝난다면 우리 정치사의 성숙을 보여 주는 것인데. 그는 터무니없는 선동가다. 71년에 김대중이 출마해서 지역감정이 생겼다고. 부패한 군부집권이라는 부정한 권력을 유지하느라고 오랜 경상도 비호정책을 써온 것을 숨기려는 데마고그.

신문은 지역주의는 안 된다고 하면서도 왜 그것이 일어났으며 그것을 어떻게 극복할 것이며 거기에 어떻게 대처할 것인가에 대해서 당당하게 논하지 못한다. 그럴 식견도 비전도 없겠지만 그럴 용기는 물론 생각도 없다. 양식이나 성의가 없다. 지난날 그런 정치의 수혜자인 데다 지금도 그것에 연연하고 있으며 화제나 일으키고 떠들면 된다는 것이니까. 일본에 비하면 그래도 우리는 바른 소리에 대한 국민의 메아리가 있다. 이것을 지원하지 못하는 언론 · 교회도 물론 그렇고. 국민적 함성이 있어야 하는 것인데, 침묵 속에 있는 국민이 어떻게 투표에서 반응할 것인가. 선거라고 저렇게 떠들어대도 국민은 거의가 조용하다. 그 어느 때보다도 국민이 심판하는 것뿐만 아니라 심판을 받는 것인데 그런 상황에 기여하지 못하는 신문인 것 같아 한심하기만 하다. 영향력 있는 다른 매체가 없다. 제대로 된 종합잡지 하나 없으니 선거

혁명의 시대를 놓치려는 것일까.

일본은 기미가요, 히노마루를 법제화하고 저항하는 교원을 징계하면서 헌법조사위원회니 뭐니 하더니 이제는 국방성을 둔다고 한다. 정말 고삐 풀린 말처럼 마음 놓고 우경화의 길을 달리고 있다. 그것에 대한 저항의 소리에 국민은 거의 호응하지 않는다. 그래서 일본서는 고층(古層)이 융기(隆起)하고 복고의 길을 쉽사리 간다는 것일까.

김대중이 떠나면 개혁이 물 건너가고 반개혁, 반동의 시대가 올 것이 아닌가 염려했다. 그러나 오늘은 저 부패한 낡은 정치 세력마저 겉치레로라도 개혁적인 인물을 앞세워야 산다고 하지 않는가. 역사를 거스르지 못하는 모양이니 지난날 같은 반동적인 폭력이 되살아날 수는 없을 것 같다. 집권 인물들의 교체가 아니라 거대한 국민의 힘이 역사의 흐름을 결정해 가는 것이 아니겠는가. 일본의 경우에는 저런 힘이란 상상도 못하고 지금 가지고 있는 보잘것없는 것에 안주하고 그것만 지킬 수 있었으면 한다. 그런 국민이 문제라고 해야 하는 것이 아닐까. (2000년 3월 9일)

이상화의 시.

"오늘이 다 되도록 일본의 서울을 헤매어도
나의 꿈은 문둥이살 같은 조선의 땅을 밟고 돈다.

예쁜 인형들이 노는 이 도회의 호사로운 거리에서
나는 안 잊히는 조선의 하늘이 그리워 애닯은 마음에 노래만 부르노라"
(「동경에서」).

이상화의 초기 시를 읽고 서정성이나 상상력이 부족하다고 생각했는데,

「빼앗긴 들에도 봄은 오는가」 이전의 시에서 이미 그 서정, 상상력 그리고 나라에 대한 열정, 정말 대단하다. 그는 오래 살 수 없었고 그 시정신의 날개를 마음대로 펼 수가 없었다.

김대중의 전략은 대단하다. 변화하는 상황에 대한 놀라운 적응력, 어떠한 어려운 상황이 와도 거기에서 새로운 적극적인 구상을 펼쳐 보인다. 그래서 종당에는 승리한다고 할까. 어떠한 상황도 이용해서 자기 뜻을 이룬다. 총선 시민연대가 던져준 파문에서 자민련을 떠나가게 하고 야당 난립의 상황을 만들었다. 야당에 대한 염증을 국민들 사이에 불러일으키려는 것이겠지. 민주당 지지 세력은 변하지 않을 테니까. 야당들이 패배하면 군소 정당, 군소 인물로 전락할 것이고.

유럽 순방에서는 140억 달러인가의 외자를 유치했고 북과의 관계개선을 위한 베를린선언을 했다. 북이 그럴 수밖에 없는 시기를 보아서 그들과 사전에 교감을 가지고 선언했다고. 그들이 자유주의 국가와 관계를 가지려고 할 때 그것을 돕는다는 것이다. 이렇게 발언해서 스스로 한민족 전체의 지도자로 위상을 높이려고 한 것 아닌가. 선거 후에 수락을 발표해 달라고 했다고까지 한다.

국내에서는 총선 때문에 정당 보스들이 추한 꼴을 모두 드러내는데 나는 이렇게 나라를 위하고 있다고, 나는 그들과는 다르다고 시위를 한 셈이다. 이회창은 상호주의를 포기하였으니 북의 군비만 증강시키고 있다느니 하면서 낡은 이미지로 스스로를 선언했다. 국민의 70퍼센트 이상이 베를린선언을 지지한다고 하니 이회창은 스스로 묘혈을 파고 있는 것 아닌가.

게다가 곧 외교통상부 장관을 미국에 보내서 올브라이트 국무장관에게서 선언에 대한 전폭적인 지지를 끌어냈다. 북이 미국에게 일보 더 가까이 가려고 협상을 하고 있는데 그렇다면 이회창은 미 국무성에서도 지지를 받지 못하는 낡은 지도자가 된 것인가. 김대중의 시기를 포착한 현명한 전략. 나는 민주당 압승이 아닌가 하고까지 생각한다. (2000년 3월 14일)

혁명의 전통

이즈쓰(井筒俊彦) 씨의 『이슬람 문화』를 읽었다. 영성의 권위자 이맘을 내세우고 세계를 이원론적으로 풀이하면서 종말에는 역사의 완성이 온다고 생각한 이란의 시아파 이슬람. 거기서 혁명이 온다. 현세를 신의 나라라고 하고 샤리아, 즉 이슬람법으로 공동체를 강조하는 수니파 이슬람이 지배하는 아랍에서는 혁명은 없다.

일본에서는 유교가 현실적인 공동체를 위해서 존재했고 현실을 비판하거나 이상적인 나라를 꿈꾸려고 하지 않았다. 거기서 유교는 혁명적일 수 없었다. 한국에는 왕도정치의 이상형을 꿈꾸는 유교 특히 재야 유학자들이 존재했다. 그래서 이 사회는 혁명적인 전통, 비판의 전통을 지녀온 것이 아닐까. 내일부터 선거인 등록을 하고 본격적으로 선거전에 돌입한다고 하는데, 이러한 이 나라의 전통적인 풍토가 아직도 의미를 가지는 것일까.

유대계 지식인들이 세계 어디에 가도 그렇게 혁명적이었던 것은 유대교의 예언자적인 전통과 종말론이라는 문화적 전통에 의해서였던 것이 아닌가. 한국에서 재야 유교와 기독교가 쉽사리 결부됐던 것도 그런 데 이유의 일단이 있을 것이다. 한국 근대사에서 기독교의 혁명적 역할에 대해서는 앞으로 좀 더 깊이 연구할 필요가 있을 것 같다. 천주교를 포함해서.(2000년 3월 27일)

해방을 기다리는 역사적 경험이 없는 곳에서 오늘을 넘은 유토피아 사상 또는 혁명적인 사상이 있을 수 없다. 우리의 일제 식민지 경험은 우리에게 혁명의 날에 대한 갈망, 기다림의 의식을 심어주었다. 이것이 유교에서의 왕도정치를 향한 기다림과 결부된다. 일제 하에서도 크리스마스가 되면 모세의 출애굽을 연극으로 보고는 감격했던 것을 회상한다.

그러므로 한국의 현대사는 혁명을 향한 기다림 그리고 환멸, 이러한 사이클이 되풀이되어 온 것으로 볼 수 있다. 그것이 이번 선거에서는 어떻게 나타날 것인가. 그래도 집권 세력이 야당보다는 개혁적이라고 하겠는데, 반개혁적인 민중이 되었다는 것일까. 다만 환멸과 좌절을 겪었기 때문에 개혁 세력이 아니라도 반 권력 세력에 가담하겠다는 것일까. (2000년 3월 28일)

또 이상화의 시집 『빼앗긴 들에도 봄은 오는가』를 읽었다. 초기의 시는 시어(詩語)에 있어서 서투른 것 같았으나 점점 상상도 은유도 풍부해져서 그의 시어는 역동적이게 된다. 이처럼 줄곧 조국, 일제에 짓밟힌 조국을 격정으로 노래한 시인이 또 있었을까. 동경을 '인형들이 노는' 거리라고 보았지만 오늘도 우리의 서울에 비하면 동경의 거리는 인형이 노는 듯 화사하고 기계적이고 장식적이며 무표정하다고 할까. 생동적이 아니다.

"하늘을 우러러
울기는 하여도
하늘이 그리워 울음이 아니다
두 발을 못 뻗는 이 땅이 애닯아…" (「통곡」)

그러다가 그의 목소리는 저주로 터져 나온다.

"아 사람의 마음은 두렬 것 없다 만만하게 생각고
천 가지 갖은 지랄로 잘 까부리는 저 하늘을 둡이야말로 속터진다."
(「시구 혹섬의 노래」)

"이 땅과 내 마음의 우울을 부술
동해에서 폭풍우나 쏟아져라 — 빈다." (「폭풍우를 기다리는 마음」)

이상화의 시를 읽으면서 더욱 그렇게 생각했다. 편집인들이 다만 시의 문학적 내용만 중시해서 그런 것일까. 왜 시 하나하나에 읊은 시기를 기록하지 않았는가 하고 생각했다. 많은 시인들의 경우 어떻게 해방 전의 시와 해방 후의 시를 함께 취급할 수 있겠는가. 일제의 지배 형태가 변해 감에 따라서 시도 표현 내용을 달리해야 했던 것 아닌가. 이상화는 해방 전에 세상을 떠났지만 그의 시 한 편 한 편에 그 시대가 스며들어 있다. 우리는 그때그때의 정치적 저항을 서정시에 결정시켜 왔다. (2000년 4월 7일)

4월 13일 선거 결과를 보면서 국민은 가혹하다, 용서가 없다, 이렇게 느낀다. 김대중도 그렇게 느끼겠지. 남북정상회담 발표 때와는 달리 그렇게 고뇌하면서 주야 노심초사로 일해도 눈에 들지 않으면 뱉어버린다, 마치 노예의 주인처럼. 집권당은 언제나 수세에 서야 하니 앞으로 저런 모습은 누구에게도 권력을 쥐면 찾아오는 것이 아닐까.

너무 권위주의적인 얼굴이나 태도는 싫다. 이회창은 이제 승자의 얼굴. 이인제는 원래 굳은 얼굴. 권위주의적이면 모두 미움을 받는다고 인식해야만 자신들을 위해서 좋은 것이 아닐까 생각한다. (2000년 4월 14일)

나는 동아일보만 보고 있으니까 잘 모르지만 김성재 정책수석에 대한 신문의 공격은 대단한 모양이다. 국회가 쉬고 있으니까 말이지 국회가 개원되고 야당이라는 것이 그것을 들추고 언론이 맞장구를 친다면 대단할 것이 아닌가. 조선일보는 주간에다 김 수석 인터뷰를 하게 하고 다수의 단결은 부정의한 것으로, 소수의 단결은 정의로운 것이라고 했다고 본지에다가 유근일로 하여금 공격을 시킨 모양이다. 하나의 음모라고 하겠다. 본인은 그것이 거두절미한 것이라고 했다는데.

동아일보에서는 사설까지 썼고 기회만 있으면 비난공격을 가하려고 한다. 언론의 힘을 이용해서 한 사람을 지목해서 공격하고 그가 떨어져나가는 날까지 물고 늘어진다는 것인가. 누구나 '재야'였다고 하면서 몰아내자는 생각이다. 언론의 이 비상식적인 반동성을 어떻게 할 것인가. 군사정부의 체제에 기식해서 번영을 누렸으니까.

김대중 자신이 반동과의 투쟁에 과감하지 못했다. 적당히 하면 그들의 지지도 얻을 수 있으리라고 착각했다. 그러나 결과는 결국 그들로 하여금 반개혁연합을 굳히게 하였고 기회만 노리게 하였다. 오랜 특권으로 뼛속까지 반개혁이며 무엇보다 그러한 사주들의 하수인이니까. 서울신문에 뜻있는 지식인들을 집결시켜야 했는데 그 신문은 정론을 펴기에는 경영진이 취약했다. 김대중은 그래야 자기를 도울 수 있으리라고 착각을 했겠지. 한겨레신문은 어떤지. 이 나라에는 정론이 없게 됐다.

김대중 정권은 정론이 곧 자기들의 동지라고 생각했어야 하는데, 보수까지 포함한다는 정치적 리얼리즘은 종당에는 파탄할 수밖에 없었던 것이 아닐까. 남은 2년 반여의 기간 동안 이러한 한국의 현실에 대한 준엄한 인식 위에 서서 가장 바른 정치를 지향해야 하리라고 생각한다. 그러기에는 이미 좋지 못한 세력이 너무나 많이 자리를 잡았다고 해야 할지 모르지만. 악과의 타협이 어떻게 정치적 리얼리즘이라고 하겠는가. 정치 술수만 있고 이상이 없다. 사상적 문화적인 고뇌가 없는 것 같다. 그런데도 그것을 우리는 오늘 이 땅에서 가질 수 있는 최선의 정권이라고 해야 하는 것일까. (2000년 5월 5일)

전략의 길

여야가 당내 민주화를 위하여 진통을 겪고 있다. 이회창은 그런 움직임이 민주당 내에 있다는 보고를 받고는 '민주당 내 초선들의 요구는 민주파 움직임이라고 보기보다는 레임덕의 표출'이라고 했다는 것이다. 아전인수, 모든 화살을 김대중에게 던지고 그를 깎아 내리고, 자기는 한나라당에서 일인자로 군림하자는 것이다. 선거 때에는 보스정치를 청산해야 한다느니 3김 정치를 몰아쳐야 한다느니 하고 외쳤지만. 김대중은 크로스보팅에 찬의를 표하는 것 같다.

민주화에 대한 새로운 움직임을 억압하고 저지하는 데서만 자기 세상이 온다고 생각하는 발상과 역사의 방향을 앞질러가면서 경륜을 펴려는 자세의 대결로 정말 반동과 개혁의 대결이다. 이것이 다음 대통령선거까지 갈 텐데, 한나라당에서 그 반동구조를 깨려는 새 세력이 가능할 것인가. 민주당의 크로스보팅이란 그것을 격려하자는 것일 게 아닌가.

문제는 신문에 있다. 가치판단을 상실한 지 오래니까 이 두 경향에서 어떤 것이 민주화의 길, 국가적인 정치 발전의 길인가를 내다보고 글을 쓰려고 하지 않는다. 정책대결, 정책대결 하고 입으로만 말하고 이런 것은 다만 여야의 싸움이라고만 생각하고 보도한다.

지식인의 퇴장이란 그들에게서 발표할 장을 앗아갔다는 데 큰 원인이 있는 것이 아닌가. 개혁사상의 광장을 만들지 못한 것이 가장 커다란 실패의 하나다. 김대중과 민주당이라는 서클 밖에 민간 특히 지식인 세계라는 커다란 정신적인 중심이 없지 않은가. 정당 바깥에 자기와 함께하는 개혁 세력을 조직했어야 했다.

제2군민운동이니 하는 식의 어용단체가 아니라 역동적인 자생적인 조직 말이다. 몇 사람을 뽑아서 정부 내에 배치하는 것만이 아니라.

이것을 이룩하지 못했다는 것은 김대중 정권을 위해서 불행한 일이었을 뿐만 아니라 이 나라를 민주화시키고 품위 있는 사회를 만들기 위한 커다란 가능성을 무너뜨린 것이라고 해야 한다. 퍽 아쉽다고 하지 않을 수 없다. 김대중도 역시 자기와 버금가는 존재 또는 세력이라면 무조건 혐오하는 것일까. 시민운동 세력이 일어난 것만도 다행이라고 하겠다. (2000년 5월 11일)

또 스캔들이 터졌다고 이 나라 신문들이 야단이다. 흥미 있다고 생각하는 것일까. 남을 끌어내리고 위신을 전락시키는 것이 버릇처럼 됐다는 것일까. 광주에서 광주사건 20주년 추모의 날 전야제에서 386세대니 교육부 장관이니 하는 사람들이 술을 마시고 즐겼다는 것이다. 북을 다녀온 임수경이 그 소식을 인터넷에 올렸다고 한다. 거기에 총선연대 대변인이 성희롱을 했다느니 하고.

신문은 절대선으로 자처하고 스캔들만 찾는다. 그 심정은 나의 부도덕을 은폐하려는 데서 오는 것 아닌가. 모두를 부도덕하게 만들고 선으로 판단기준을 삼는다는 것에 사실은 냉소를 퍼붓고 있다. 진상도 확인하지 않고 막 써댄다. 바로 그들이, 바로 그 신문이 비난과 공격의 첫 대상인데도.

시민운동단체들이 재벌들의 2세 계승을 공격하겠다더니 잠잠하다. 현대가 휘청거리니까 지켜보자는 것일까. 만약 그런 공격을 개시해도 신문사의 2세, 3세 계승은 문제 삼지 못한다. 시민운동도 신문이 보도해 주어야 살 수 있다고 생각하고 있으니까. 한국의 민주개혁이 계속된다면 신문의 개혁이란 맨 나중일지 모른다.

그 신문이 정권 주변을 치는 데 힘을 기울이고 있다. 이리하여 김대중 정권을 레임덕으로 몰고 가려고 할 수도 있다. 국회가 개회된다면 이른바 야당과 더불어 스캔들 폭로는 더욱 늘어날 것이다. 거기에 남북정상회담마저 실패하면 총공격을 받고 김대중 정권은 휘청댈 수 있다. 북은 그것을 가지고 자기들에게 유리하게 공작을 펴려고 할 것이니, 이 점에서는 김대중 정권은 자칫하면 북에 의해서 발목을 잡힐 수도 있다고 하겠다.

이때 신문은 제 나라 정권을 밀어주려고 하기보다는 쓰러뜨리려고 할 것이 아닌가. 그래서 다음에는 더 취약한 정권, 자기들이 다시 득세할 수 있는 정권을 만든다고 그 어리석은 2세, 3세 사주들은 날뛸 것이다. 자기네가 차기 정권을 만들고 조정한다고 할 것이다. 이 사악한 힘에 김대중은 이겨낼 수 없을는지 모른다.

그런 속에서 한나라당은 대통령 후보를 확정해 놓은 셈이니까 일관된 길을 가게 될 것이고 여당은 후보 문제로 갈팡질팡하고 또 김 심(心)이니 뭐니 할지 모른다. 그러면 김영삼 때와 마찬가지로 대통령은 힘을 상실하고 말 것 아닌가. 이런 길을 김대중도 반복할 것인가.

야당이 거의 단일후보가 확실하다고 한다면 우리나라도 매스미디어 국가니까 여당은 미국에서처럼 프라이머리로 떠들썩하면서 인물을 만들어 가는 것도 한 방법이다. 김대중 정권 말기가 되면 나도 80을 바라보면서 공적인 활동에 막을 내리게 된다. (2000년 5월 29일)

대대적으로 남북정상회담에 간다고 하는데 한나라당은 가지 않기로 했다고 한다. 절차에 대해서 상의할 때 자기네들을 소외시켰기 때문이라고 했다. 어디서 행정부가 어떤 정책결정 과정 아니 시행 과정을 일일이 야당과 더불어 상의하겠는가. 한나라당은 이 민족적 대행사가 실패하기만 바라고 있다는 속셈을 드러냈다. 협력하기보다는 바라보면서 흠집만 내려고 하고 그렇게 되면 공격을 가하고 그래서 다음 선거를 위한 당리만 거두어 본다는 정치적 계산이다.

이러한 이른바 야당의 자세보다도 더욱 문제인 것은 신문이 그것은 옳지 않다는 논조를 펴지 않는 것이다. 정쟁과 민족적 결정 사이에서 판단할 수 있는 의지와 능력이 없기 때문이다. 어찌됐든 여기에는 참여하라고 쓸 줄 모른다. 모든 것을 정쟁에 이용하는 것을 방치해 두고 있다. 일본에서도 정쟁이 대단하지만 외교에서 예를 들면 가네마루의 방북 같은 일에 있어서는 여야가 일치했던 것 아닌가.

요즘 나타나는 파업에 대해서도 그렇다. 사실을 보도하거나 보도를 자제하거나 하는지는 모르지만 거기에 대해 언론의 입장을 밝히려고 하지 않는다. 파업하는 세력이 비난할 것을 두려워하고 그것이 신문장사에 미칠 영향을 두려워하기 때문이다. 이러니까 이른바 정론은 없어지고 기껏해야 양비론이고 사실보도라고 해서 사건을 스캔들화하여 흥미위주로 다루기 마련이다. 어떠한 중대 결정을 해도 언론에 의하여 의미부여를 받지 못한다. 기껏해야 그 사실만 보도하고 잘해 보라는 식이다.

정말 그런 데 대한 대문장이 나타나는 법이 없다. 기껏해야 거기에 상식적인 조언이나 몇 가지 덧붙인다. 자기네는 그것에 초연한 자세로 대하고 언제나 중립적이고 공정하다는 것이다. 이런 무관심이 감격이나 정열을 잃어버린 냉소주의 또는 무지로 변하여 이제는 구제할 길이 없는 것 같다. 언론의 여지없는 타락이라고 하지 않을 수 없다, 군사독재에 투항하고 거기서 부귀를 누릴 수 있으니 좋다고 하기 시작한 날부터 그렇게 전락하고 만 것이다. 이것은 언론의 불행, 민족의 불행이 아니겠는가. (2000년 6월 7일)

의료대란

다시 의료대란이다. 세계적으로 의사들의 특권의식과 정치적 압력이란 대단하니까 우리나라에서도 그런 과정이 벌어진다고 할까. 뛰어난 두뇌에다 의사가 되기까지 많은 고생을 했다고 할는지 모른다. 그러나 그들만이 일생 직장을 보장받고 고수입을 누릴 수 있어야 한다고 생각하는 것은 오만하기까지 하다.

김대중 정권은 왜 이렇게 갈팡질팡할까. 개혁을 한다고 했다가는 후퇴하고 압력에 밀리고 그러다가 강경책을 쓴다고 인신 구속을 한다. 대통령이 생각나는 대로 지시하면 앞을 다투어 지당합니다 하고 곧 뛰어다니는 장관들. 지시를 받고는 상황을 검토하고 합리적인 방도를 시간을 가지고 찬찬히 추구해야 하는 것이 아닐까.

국민 여론이야 어떻든, 정책의 현실이야 어떻든 대통령 비위를 맞추는 데만 급급하다. 자기 방침을 가지고 뜻에 맞지 않으면 그만둔다고 해야 하는데, 윗사람이 그러니 하는 수 있느냐고 국민도 현실성도 안중에 없이 밀어붙이려고 한다. 자기주장은 받아주지 않고 무리한 일만 억지로 하라고 한다면서 장관 자리를 걸고 싸우다가 안 되어서 물러섰다는 장관은 하나도 없다. 자리

를 지킨다는 것이 앞선다, 그러다가 언제나 하는 수 없이 밀려나고 만다,

김대중 정권은 너무나 단시간에 많은 개혁을 한다고 하다가 실패했다. 이제는 국민 신뢰를 상실하여 국민의 뜻을 동원하지 못한다. 국민은 쓴웃음을 머금고 바라보고 있는 방관자들이다. 김대중은 자기 생각이 제일이니까 정부조직과 정당조직이라는 하수인만 있으면 된다고 생각했다. 이해찬을 내세운 무리한 교육개혁도 실패가 아닌가. 말을 들으면 돈을 준다는 식의 대학 개혁이 어디 있겠는가. 막대한 예산 낭비, 교원의 정년을 올렸다 내렸다 갈팡질팡하며 설득할 논리도 없었고 다만 윗사람에게 업적 과시만 한다고 급급했다. 이렇게 충성심을 다한다는 것이었다.

모두들 국내 정치의 실패는 이제 돌이킬 수 없을 것이라고 생각한다. 이번 의료대란의 경우도 사실은 이렇게 정부와 의사회가 팽팽하게 맞선다면 의료계, 약학계 그리고 사회의 존경받는 원로들이 중재한다고 나서야 하는 것이 아니겠는가. 국민의 생명에 위협을 주어서는 안 되니까 양쪽이 서로 양보하고 그리고 이 중재위원회가 시간을 가지고 보완해서 필요하다면 국민에게 호소할 수도 있지 않았겠는가. 왜 당사자들이 극한적인 대치만을 일삼게 하는가. 힘으로만 더 얻어낼 수 있다는 생각에서 상대방의 굴복과 패배라는 일방적인 승리만을 얻으려고 하는가. 김대중의 자신에 대한 과신과 장관들의 아부만을 일삼는 자세, 바로 여기에 파국에 대한 큰 원인이 도사리고 있다.

김대중 정권은 과도하게 개혁을 하려다가 자기네 정치 세력을 상처투성이로 만들면서 실패를 거듭하고 있다. 경제개혁, 정치개혁, 대북 문제 이렇게 세 가지에 집중하면서 나머지는 시간을 가지고 현재 상황에 큰 타격을 주지 않고 차근차근 추려나가야 하는 것이 아니겠는가. 병폐나 관습은 오래됐고 5년의 기한이란 너무나 짧은데 현실을 너무 안이하게 생각했다. 민주주의란 목표에 있다기보다는 방도와 수단에 있는 것인데. 만약 불가피하다면 비민주적인 방식을 쓴다고 해도 그것은 최저최소로 국한해야 하는 것 아니겠는가.

벌집 쑤시듯 들추어 놓고 국민의 지지를 잃으니까 정치에 무리가 많다. 김종필을 이용한다고 그것에 끌려 다니는 꼴이 되고 말았다. 정말 내정에서는

실패. 또 귀한 기회를 놓친 셈이다. 대일 관계, 대 이북 관계에서는 그렇게 성공했다는데. 이래 가지고 2002년의 선거를 어떻게 치른다는 것일까, 현직 대통령이 자기를 이을 사람에게 힘을 실어줄 수 없고 그가 후원하면 도리어 표를 깎는다면 김영삼 말기와 같이 될 위험성이 있는 것 아닌가.

(2000년 8월 11일)

지난번 선거전에 독설로 유명했던 정형근, 이부영 양씨가 요즘은 조용하다. 국회의원의 특권이라고 해서 갖가지 유언이나 날조도 유포할 수 있었는데 사실은 그 모두가 선거에서 당선되기 위한 전술이었다. 악명이라도 유명해야 하니까, 반 김대중 물결을 타고 당선하자는 것이었기 때문이다. 이신범은 그것 가지고도 실패했다. 그러니까 부정선거를 했으니 노벨상을 타게 된다면 시상식이 있는 장소에 가서 데모를 하겠노라고 했다고 보도하는 신문들. 그런 신문이 있으니까 그런 폭로라는 허위선전이 유행한다. 당선이 되면 당분간은 신분이 보장되겠으니 안심해서 조용해지고, 다음 선거 때가 되면 또 이른바 포문을 연다는 것이겠지.

국회의원이란 이런 종류의 사람들인가. 그러니까 중우정치(衆愚政治)가 될 수밖에 없다. 거기에 어떻게 하버마스가 말하는 사실을 말하고 가치를 제기하며 신뢰받을 수 있는 대화가 가능하겠는가. 합의를 도출해 낼 수 있는 공통의 문맥이 있을 수 없는 풍토가 아닌가. 거기서야말로 근대성이라고 할 수 있는 주관성이 이기적으로 각기 분열된 채 공공성, 공동선이란 찾아볼 수 없다. 합의를 위해서 대화하는 것이 아니고 분열을 위해서 대화한다. 자기반성과 화해를 촉구하는 국민의 목소리란 이질적인 세계에서 울려오는 거의 나와는 상관없는 소리로 여기고 하는 수 없으면 대화하는 척하는 데 불과하다고 할까.

(2000년 8월 13일)

의료대란이란 무엇을 남긴다는 것인가. 의사에 대한 마지막 신뢰마저 저버리자는 것인가. 어디서나 경제 제1주의이고 자기이익 중심이라는 말이겠지. 그러면서도 이것은 국민보건을 위한 투쟁이라고 신문광고를 내고 있다. 지금 진료를 거부하면서 이것도 당신들을 위한 것이라고 환자들에게 말하고 있는 셈이다. 의사회 파워가 선진국에서처럼 정치를 지배하는 데까지 커지려는 것인가.

거기에는 이 나라의 갖은 병폐가 그대로 나타나 있다. 의약분업은 해야 한다고 원칙을 내세우면서도 내가 손해 볼 수는 없다는 이기주의. 대학병원에서까지 약값을 조작하고 과다하게 부과하면서 돈을 버는 것은 의사의 상도라고 해 왔다. 집단적인 부정을 눈감아 주기로 했다는 것이다. 권력기관의 부정부패와 본질적으로 다를 바가 없다. 부정하지 않고는 못산다는 논리. 그래서 세금납부에서도 부정을 일삼았으니까 병원에 대한 세금사찰을 한다고 하면 거기에는 굴복하고 만다. 그렇다면 권력남용으로 치부한 것과 무엇이 다르겠는가. 의사, 병원의 이런 식의 축재를 바라서 젊은이들은 의과대학으로 쇄도하는 것인가. 이제부터는 그런 부정이 어려워진다고 파업인가.

의료수가가 문제라면 거기서 왜 합리적인 논의를 할 수 없다는 것인가. 오랜 세월의 부정의 관행, 거기서는 합리적인 토의란 없었다. 그리고 의약분업을 시행하는 데서도 명령일변도의 행정이니 정말 구태의연하다. 대통령이 한 마디 하면 과잉충성이고 비위를 맞추는 데만 급급해 한다. 현실은 이러니까 이렇게 해야 한다는 합의된 안이 없다. 그런데도 강요한다면 뜻이 맞지 않는다고 자리를 물러나는 장관도 없다.

정말 윗사람만 바라보고 자리를 지키려고 안간힘을 다한다. 이런 대란이 일어나도 국민은 방관만 한다. 국민이 존경하는 사람들에 의한 중재란 있을 수 없다. 팽팽히 맞서다가 일방적인 굴복만이 있다. 그래서 원한이 팽배한다. 그렇다면 정상화된다고 해도 그것은 겉모양뿐이지 상처는 치유될 수 없이 남는 것 아닌가.

무엇보다도 환자에 대한 치료를 거부하고 나서 어떻게 의사라고 하겠는

가. 외국인 동료들 앞에서 어떻게 얼굴을 들겠는가. 자기들의 힘에 의한 정부의 굴복만을 극단적으로 추구했다. 상황에 대한 바른 인식, 거기에 상응하는 전략 전술이란 없었다. 폭력적인 힘에 대한 과신. 그래서 언제나 강경파에 끌려간다.

일본의 우익, 우리의 우익

남북이산 가족의 상봉. 북쪽에서는 아직 그렇지 못하겠지만 남쪽에서는 가족이 월북했다고 해서 받던 서러움은 이제 사라진 셈. 반공이란 명분을 잃었고. 이렇게도 급작스럽게 이데올로기의 해체가 이루어지는 것인가. 정말 하루아침에 탈 이데올로기의 시대다.

북은 국제적으로 후퇴하기 어려울 것이다. 남도 자신을 가지고 여유를 보이면서 관용하는 자세를 취한다. 우리의 남북 관계는 독일의 경우나 베트남의 경우와는 다른 길을 가려는 것인가. 여기서도 새로운 정치적인 실험인데 성공할 것인가. 김대중의 이니셔티브로.

TV는 화해 · 협력의 새 시대는 왔다고 보도하기보다는 연일 선전이다. 이회창은 작아지지 않을 수 없다. 그래서 북이 초청해도 당분간은 가지 않겠다고 한다. 대통령 꿈만이 살아 있으니까. 만사에 반대하는 것이 정치가 아니라 함께 가면서 계승할 준비를 하고 전면적 부정이 아니라 수정하고 강화해 간다는 것이 야당의 길일 텐데. 이런 것에 대한 훈련이 없으니까.

뜻밖에 남북의 정치적인 협력까지 과속으로 달려갈 것도 같다. 이것이 이른바 국민의 정부 후반기의 전략일는지 모른다. 김정일은 남쪽에서는 반공을 위한 무장이 해제됐다고 기뻐할 것이고 북은 그대로 꽁꽁 묶어놓고 그는 한두 번 가족방문 이벤트로 우호 무드를 고조시켜 놓고는 서울 방문도 할까.

김대중의 연출도 김정일의 연출도 대단하다. 가족상봉은 거기에 동원되고 있다. 남쪽으로 말하면 가장 북을 증오하던 사람들이 북을 존중하고 가족이 있으니 그곳을 지원하게 되는 것이다. 미국 정치도 이런 남북 협력 관계를 기정사실화하면 이회창의 설 땅이 없게 된다는 것일까, 그러한 신속한 진행에 반동이 오는 일은 없을 것인가.

임동원이 그런 시나리오를 충실하게 실행하고 있는 듯하다. 그래서 KBS도 적극적이고. 화해 통일이라는 이의를 제기할 수 없는 목표로, 그것을 향한 눈부신 진전을 앞세워 이회창도 제거하자는 것이 아닐까. 이번에는 TV의 역할이 큰 것이었으니까 그쪽으로 작용하고 있는 모양이다. 대신문은 뜻대로 되지 않는 것 같으니까. 이회창은 그 노선을 따라가면서 자신의 경륜을 펴야 했는데 그는 그것이 실패하기만 기다리는 반민족적이라고 비난을 받을 수 있는 쪽에 가담하고 만 셈이다.

조선일보, 동아일보가 북행(北行)에 소극적이었던 것도 같은 자세로 볼 수 있다. 게다가 자기네 같은 대신문은 군소 언론처럼 정부를 따라다니지 않는다는 것이겠지. 모든 것을 함께하면서도 자기들을 다르게 부각시킬 수 있어야 하는데 거만한 고립으로 지도력을 잃어버려서는 안 되는 것 아닌가. 군사정부라면 앞 다투어 따라다녔는데. 이념이 없고 지도력을 발휘할 인물도 없고, 2세, 3세 지배하의 한심한 상태, 아류의 시대가 아닌가. (2000년 8월 20일)

·

김대중의 일본 방문. 문화인 간담회, 경제인 간담회 등으로 대단한 인원이 수행한다. 대대적인 방문이었다. 나도 참석한 22일 오후의 문화인 간담회에서 그는 멋있는 대답으로 좋은 인상을 주었다. 그러나 우익이 한 명 나타나서 복도에서 "김대중 죽여라" 고 했다고 일본 기자들은 말했다. 북쪽에 대한 화해정책에 대한 반발이었겠지. 그들은 직업적인 반공주의자들이니까.

그러나 일본의 우경화는 대단하다는 것이었다. 모리 수상은 그런 분위기 속에서 힘의 정치를 불사하는 모양으로 이번에 정상회담이 행해진 곳도 아타미의 자기 후원자의 호텔이라고 한다. 그 호텔의 격을 높여 주자는 음모라고 하면서, 일본 사람들도 보통사람이라면 그런 데는 피하는 법인데 라고 하는 것이었다.

일본 교과서는 뒤로 되돌아가고 있다. 뉴스위크 일본어판에 일본에서는 전쟁이란 소수 파시스트들이 한 것이고 일본 국민은 피해자라는 식으로 국민을 가르쳐 왔다는 글이 나왔다. 그 당시 화가들의 그림에 나타난 광기를 추궁하는 수집가의 말을 인용하고 있었다. 그리고 천황이 얼마나 전쟁에서 주도적인 역할을 했는가 하는 책에 대한 서평도 나왔다.

아사히신문 친구들은 이런 글이란 일본 잡지에는 나올 수 없는 것이라고 했다. 『세이론』(正論)이니 『쇼쿤』(諸君)이니 하는 우익 잡지는 합하면 10만 부는 팔릴 것이고 『세카이』는 도리어 2, 3만 부대로 떨어졌을 것이라고 했다. 아시아 다른 나라들은 개혁과 변화를 찾는데, 일본은 변할 줄 모르는 나라니까 이제는 논의에서 제외시키자고 동남아시아에서는 공공연하게 말한다는 것이었다.

그래서 우리나라 김대중 정권과는 잘 하자는 것일까. 정부는 그렇다고 해도 민간 쪽에서 지식인들은 일본에 대하여 다시 비판의 화살을 겨냥해야 하는 것이 아닐까. 일본은 외압이 아니면 변하지 않는 나라이니까. 일본 친구들도 퍽 우려하고 있었는데 이제는 외압도 잠자고 있다는 것일까.

우리나라에서는 그런 일본을 좋아하고 미국 선거에서는 부시가 이기기를 고대하는 것이 이회창 진영이라는 것일까. 개혁에 반대만 한다면 그들이 집권하면 특권층이 원하는 데로 되돌아가려고 한다면, 그때 그 혼란을 어떻게 감당하겠다는 것일까. 김대중의 능력을 가지고도 자유와 민주주의 하에서의 통치란 이렇게도 어려운데. 이 불행한 정치구도가 언제까지 계속될 것인가. 이러한 구도에 대한 국민의 혐오감이 다음에 무엇인가를 가져올 수 있을 것인가. 단순한 반복이며 계속, 연속이라고 볼 것인가. 거기에 변증법적인 발전을 그릴 수 있다는 것일까. 일본사에 비하면 우리 역사는 지난날을 초극하는 길을 걸어오지 않았는가. (2000년 9월 24일)

역사가 지나감에 따라 사상도 폐허가 된다. 벤야민은 거기서 타다 남는 것을 주워 모은다고 했다. 그것은 그 사상을 지난날의 맥락에서 떼어버린다는 것을 의미한다. 그것은 비판적인 대결이다. 과거의 계승일 수 없다. 마루야마 마사오(丸山眞男)는 후쿠자와 유키치(福澤諭吉)에 대해서 그런 대결을 하지 못했다. 그것을 계승한다고 했고 그것을 그 당시의 문맥에서 이해한다고 했다.

이것이 아니라 대결적인 자세에서 미래에 대해서는 등을 돌리고 있는데도 강풍이 불어와서 불가항력으로 미래 쪽으로 밀려간다고 벤야민은 생각했다. 이 '강풍'이 진보라고 했지만 나는 '강풍'에 의해서 밀려가는 것이 진보라고 말하고 싶다.

혁명적인 시대에 어떻게 지난날을 폐허라고 하고 이것에 대결하지 않을 수 있겠는가. 이러한 대결 없이 미래로 걸어 나가는 것이 아니다. 21세기에는 우리도 20세기의 폐허화를 시도해야 한다. 거기에 21세기를 향한 진보가 있는 것이 아니겠는가. 이런 혁명적 사유가 필요할 것 아닌가. (2000년 9월 25일)

중국을 바라보고

북과 미국의 극적인 화해. 클린턴 대통령이 임기 내에 북을 방문한다고 한다. 선거 전에, 그것이 민주당에게 유리할 거라고. 부시가 되는 것은 북도 한국도 원하는 것일 수 없다는 것이다.

김대중은 김정일을 따라간다고 김영삼은 말했지만 그것과는 정반대다. 벌써 김대중은 한반도 전체의 운명을 다루고 있다. 그 다음에는 일본과 북 사이에서도 역할을 할 것이 아닌가. 모리 정권도 그래야 산다고 생각할 것인가.

북경을 보고 와서는 정치적 안정 속에서의 자본주의 경제의 발전이라는 것을 생각하게 된다. 유럽에서 사회주의 정권이 붕괴해 가는 과정을 보면서 중국은 자기들 나름대로의 실험을 하고 있다고 봐야 하는 것이 아닌가. 그것은 자유주의적 자본주의를 극복하는 아시아적 정치실험이라고 해야 할 것이다. 당이 유능한 인물을 뽑을 수 있고 신속한 개혁을 해낼 수 있다면 그것은 놀라운 일이다. 일본이나 한국은 비능률적인데 북도 그 길을 가려는가.

중국에서는 그 경제적 성과를 13억 인구로 나누어서 생각해서는 안 된다. 상층 1억이 가진 파워를 생각해야 한다. 북도 그렇게 달라진다면 남에 새로운 위협이 될 것이다. 그러나 그때는 시대가 달라지고 남북의 상호 의존도가 엄청나게 자란다.

일본 사람들 특히 지식인들은 아시아를 바라볼 때 언제나 소극적, 부정적이며 특히 지식인들은 어두운 면을 더 강조한다. 그러나 21세기에는 아시아에 새로운 시대가 오는 것이 아닐까. 서구 근대문명을 충분히 수신하고 이제는 발신할 수 있으니까 서로가 경쟁하면서 협력하고 격려한다면 속도는 1세기, 2세기 전보다 훨씬 빨라질 것이다. (2000년 10월 12일)

야스퍼스와 아렌트의 왕복서간집 서문을 읽으며 그들이 서독이나 이스라엘이나 미국에 대해서 기대하다가 실망해 간 과정을 보면서 여러 가지를 생각하게 된다. 아렌트는 대중사회에서는 이데올로기나 운동이 없어도 전체주의로 간다고 생각했다. 야스퍼스는 모럴이 상실되면 무서운 내셔널리즘이 대두하는 것이라고 보았고. 이것이 오늘의 일본의 경우이다.

한국 사회도 아렌트가 우려한 것 같은 경향을 띠고 있는 것은 물론이다. 한나라당이 집권하면 더욱 그런 경향으로 간다. 김대중 정권 하에서도 모럴의 상실, 전체주의에의 위험이 없는 것이 아니다. 그러나 현실정치란 선택의 문제가 아니겠는가. 김대중 정권을 지지할 수밖에 없고 때로는 그것에 대한 비판이 있어도 침묵하는 데는 그럴 이유가 있다. 반공적 독재의 가능성도 역시 한나라당에 깊이 도사리고 있는 것이니까.

그들의 수단과 방법을 가리지 않는 정략에 민주당은 어떻게 할 것인가. 더욱이 자민련이 소수이면서도 양다리를 걸치고 어부지리를 찾고 있는데. 이번 검찰총장 탄핵 문제란 바로 그런 성격을 띤 것이다. 현실정치란 구체적으로 그런 딜레마를 안고 있다. 아렌트는 야스퍼스에 비해서 그래도 좀 더 정치적인 판단을 하려고 했다고 할까. 이스라엘을 그렇게 사랑하면서도 그렇게 비판했고 또 그러면서도 관계를 유지했으니까. (2000년 11월 19일)

윤동주를 생각하며

윤동주의 시를 읽는다. 일제 하 가난한 동족에 대해서 그의 시 「슬픈 족속(族屬)」보다 더 슬프게 그리고 아름답게 그러면서도 단호하고 간결하게 노래한 시가 또 있을까.

흰 수건이 검은 머리를 두르고
흰 고무신이 거친 발에 걸리우다.

흰 저고리 치마가 슬픈 몸집을 가리고
흰 띠가 가는 허리를 질끈 동이다.

그에게는 언제나 「무서운 시간」이 다가왔다. "아직 여기 호흡이 남아" 있는 데도 누군가가 부른다. 죽음으로. "한 번도 손들어보지" 못했고 단 "한 여자를 사랑한 일도 없는" '나'를 부른다는 것이다. 절망, 죽음에의 유혹. 거기에서 그는 단호하게 "나를 부르지 마오"라고 외친다. "바람이 자꾸 부는데" '반석 위'에 서 있으려고 한다. "강물이 자꾸 흐르는 데" '언덕 위'에 서 있으려고 했다.(「바람이 불어」)

그런 죽음에로의 유혹은 "고향에 돌아온 날 밤에 / 내 백골이 따라와 한 방에 누웠다"로 그려진다. 내가 우느냐. 백골이 우느냐. 혼이 우느냐. 그런 속에서도 그렇게 죽음 그리고 혼의 패배를 거부하면서 "백골 몰래 / 아름다운 또 다른 고향에 가자"(「또 다른 고향」)라고 외치지만 하는 수 없이 순교의 날이 올 것을 예감한다. 그러한 죽음이 아니라면 그것을 받아들일 수 없다는 것이었다.

그래도 그날이 온다면 예수처럼 "모가지를 드리우고 / 꽃처럼 피어나는 피를/ 어두워가는 하늘 밑에 / 조용히 흘리겠습니다"(「십자가」)라고 했다. 순수한 영혼의 천재적 시인. 그에게서는 젊음에서 오는 그 자신의 고독과 민족의 슬픔 그리고 이념 앞에서의 자기성찰이 하나로 승화되었었다.

의약분업 파동이 드디어 진정되어 가는 모양이다. 그러나 그 후유증이 대단하다. 전공의들의 오만불손, 원장도 안중에 없다고 한다. 이탈을 막는다고 매일 회의를 열고 주동자는 숨어서 무슨 사령관이라고 하면서 지령을 보내는데 그는 10여 년 만에 의사국가고시에 들었다는 운동가라고 한다.

그동안 수개월 동안 전공의 없이 고생을 해야 했던 의사, 교수, 간호사의 불만 또한 대단해서 이 간격을 넘는다는 것은 여간 어려운 과제가 아닐 것이라고 한다. 질서가 무너졌다. 투쟁 후에 나타나는 마음의 황폐. 강경파, 운동꾼이 상황을 이끌어가고 풍랑이 없던 의대 병원에도 한총련 사태가 이제 일어났다는 것이다. 그러나 그렇게 한 번은 무너지고 새로운 관계가 일어나야 할는지 모른다. 옛날에는 조교수도 상사의 노예 같았다고 하니 그러다가 교수가 되면 같은 모진 시어머니가 되는 것이었다. 이런 악순환이 언젠가는 끊어져야 했기 때문이다.

김대중 정부의 개혁은 거의가 이런 것으로 그래서 후유증이 사방에서 대단하다. 의약분업도 탁상 논의로 간단하게 생각하고 실시를 명령했다. 관리는 현실을 무시한 채 현실에 대한 정확한 보고로 대화나 수정을 할 생각도 없이 위 눈치만 보고 무리한 줄 알면서도 밀어붙인다. 이런 정책이 지금 현실로부터 커다란 반격을 받고 있는 셈이다.

개혁이란 개혁의 비전이 뚜렷한 정치가와 그것을 이해하고 열의를 가지고 현실을 직시하는 우수한 관료에 의해서 실행되는 것인데 김대중 정권은 그런 팀을 구성하는 데 실패했다. 거기에는 김대중의 자기 능력에 대한 과신, 개혁의지의 과잉이라는 것이 있었다. 그런 독재적 성격에는 아부하는 자들만 모여드는 법이다. 그리고 그런 예스맨만 좋아하고. 여기에 군사정권 하의 낡은 부패한 인간들이 모여들어 결국은 스캔들만 일으켰다.

야당이라고 해서 처음부터 비협조적이었고 공격적이었으며 신문은 그들의 중상모략을 사실 여부의 확인도 없이 확대 재생산했다. 이리하여 모두가 개혁의지를 상실했다. 자기이익만 찾는 이기주의 도가니로 이 사회는 변하고 말았다. 구조조정을 하려면 경영측도 노조도 반격하는 것이어서 고삐를 늦추려고 하면 경제가 삐걱삐걱한다.

게다가 선거가 있으니 개혁을 얼버무릴 수밖에 없었다. 소수당의 서러움 때문에 그것을 극복하려고 아무리 노력해도 넘어설 수 없었다. 개혁은 대통령 혼자 하려고 하는 것이 되었고 우군이 없었다. 개혁 핵심 세력이 부재였던 것이다. 이미 때는 너무 늦었다. 저 불성실하고 무능하고 부패한 기회주의자들, 자민련을 언제까지 끌고 갈 것인가.

김대중 정권에 대한 비판을 하려면 끝이 없다. 그러나 그것이 민주주의와 인권과 개혁을 지향하고 있으니 여기서 반동에 가담하지 않으면서 전개할 수 있는 바른 정치비판이란 어떤 것일까. 심한 딜레마에 빠지고 만다. 발언은 현실적인 정치적 효과를 생각해야 하는 것이며, 진리나 진실이 문제가 아니고 효과 또는 설득이나 합의를 찾는 것이어야 한다. 그리고 구체적인 사안에 대해 발언하는 것이지만 그 근저에 원리적인 것이 있어야 하는 것인데.

(2000년 11월 26일)

오슬로를 다녀와서

12월 8일에서 14일까지 김대중 대통령 노벨 평화상 수상식에 수행했다. 오슬로도 스톡홀름도 예년과는 달리 영상 5도 정도로 눈이 아니라 비만 내리고 홍수가 문제라는 것이었다. 아침 8시에 해가 뜨고 저녁에 해가 지는 것은 3시라고 하지만. 흐리고 비만 내리니까 해를 볼 수가 없었다. 그곳 사람들은 어둠을 사랑하는 촛불문화를 가지고 있었다. 어두컴컴하게 하고 와인을 즐기며 담소한다.

일행 모두가 지겨운 날씨니 우리나라가 좋다고 야단이었지만 나는 이러한 날씨가 사색적인 터전이라고 생각했다. 젊었다면 뜻 맞는 연인과 어두컴컴한 공원 길을 거닐며 담소하고 싶었을 것 아닌가. 뭉크의 그림도 비겔란드의 조각공원도 인간의 삶을 둘러싸고 심오한 상념이 서린 것이었다. 고독 단절 절망, 그 속에서 대화와 화해에 대한 갈망이 서렸다, 그곳 사람들의 표정도 과묵한데다 심오했다. 그러나 백화점에서 본 것처럼 친절하고 소박하고 퍽 인간적이었다.

김대중은 초인적인 노력으로 하루에 여덟 번이나 강연 또는 인터뷰를 했다. 10일의 노벨 평화상 수상 연설은 국내에서 하는 것처럼 너무나 구체적이고 실제적이었다. 모두가 가슴에 뭉클하게 와 닿는 감동적인 데가 없는 진부한 것이라고 실망했다. 미군 주둔에 대해서 합의했다든가 납치 때 예수님의 환상을 보았다든가 하는 얘기는 반드시 하는 것이었다.

나도 실망했지만 그날 밤 여러 가지로 생각했다. 이제는 연로해서 같은 말만 되풀이하는가도 생각하면서 염려하고 슬퍼했다. 만약 그렇지 않다면 그는 단순한 운동가가 아니라 현직 대통령이고 더욱이 부시 정권이 탄생하게 된다는 위기에 서 있다는 것을 고려해야만 하는 것이라고 생각했다. 나는 그 다음날 그런 점을 들어 여러 사람들에게 설명하려고 했다.

여기까지 온 남북 관계를 후퇴시켜서는 안 된다. 부시의 모험주의를 가능하게 해서는 안 된다. 한반도에 다시 비극이 일어나서는 안 된다. 이러한 내 추측은 아무래도 맞은 것 같았다. 김대중은 BBC나 CNN의 인터뷰에서도 그리고 원고 없이 한 만찬회에서의 인사말에서도 같은 말을 되풀이해서 강조하는 것이었다. 그것은 부시 개인은 물론 미국 공화당에 보내는 메시지이고 세계에 그것을 호소하는 것이 아니었을까. 그 후 클린턴 대통령은 방북을 희망했고 이것을 공화당이 반대했다는 것이 아닌가. 군수산업이 특히 긴장격화를 바라고 있으니 부시는 그쪽으로 기울어지는 것이 아닐까.

김대중은 만찬 연설에서는 미국 정세를 가리키면서 "얄궂게" 되었다고 했다. 노르웨이 초중고생이 아리랑까지 부르면서 그에게 축하를 보냈을 때는 그는 정말 멋있는 메시지를 보냈다. 노르웨이는 자유스럽고 행복하고 위대한 나라. 세계의 가난하고 억압받고 고통당하는 사람들을 위해서 애쓰고 있으니까 더욱 위대하다고. 이 나라에 인류가 기대와 희망을 걸고 있다고 하면서 자신은 거기에 참여해서 걸어갈 생각이라고 말했다. 노벨 평화상 수상자로서, 참으로 훌륭한 연설이었다. 국내 정치 얘기는 거기에는 없었다.

그의 고충을 알 것 같았다. 수행한 일행도 그런 생각은 못하니 어쩔 수 없는 간극, 국민들과의 사이에는 더욱 커다란 간극이 놓여 있는 것이 아닐까. 그래서 이 경제적 어려움 속에서 수상을 하려고 노르웨이에 가느냐는 비난이 있다. 언론도 그렇고. 그는 참으로 고독한 사람이 아니겠는 하가고 생각했다.

따라오는 사람이 거의 없는 속에서 고군분투하고 있는 것이 아닐까. 지금도 측근들이 문제되고 있지만 그가 1992년에 대통령 선거에 패배하고 유럽에 갔을 때 "서울대 출신 똑똑한 사람들이 언제 나를 따라왔느냐" 고 박경서에게 화를 냈다는 것 아닌가. 그래도 그의 측근들은 죽음을 함께하려고 했는데.

노르웨이에서는 김대중은 노벨평화상을 수상한 후 국왕 초대에서 노르웨이 총리에게 북에도 대사관을 두고 남북통일을 도와달라고 했다. 만찬연설에서는 석유 값이 많이 올랐으니 그런 정도의 비용은 낼 수 있는 것 아니겠느냐고 하면서 웃었다고 한다. 만찬장에서 또 그런 말을 한 것은 거기에 유력한 노르웨이 국회의원들도 있었기 때문이 아니었을까. 그렇게 그는 일일이 계산하고 있었던 것 같다. 우리 측 대사의 초청이었고 노벨 평화상 위원장도 남아 있었는데 대통령이 나가니까 우리 측 사람들이 모두 우르르 따라 나가는 것이 우습고 안쓰러웠다.

노르웨이에는 한국 입양아가 2천 명, 스웨덴에는 8천 명이 있다고 한다. 스웨덴에는 자기들은 결혼해도 애들을 낳지 말고 이미 세상에 나온 아이들을 키우자는 여성운동이 있었다. 고아들은 흑색머리를 그들의 블론드로 물들이고 있었다. 아직 이민에 의한 위협이 없는 탓인지 거의 인종차별이 없다고 했다.

우리 입양아들은 대개 중산층 가정에 갔기 때문에 학교 성적도 좋고 사회 진출도 좋다. 노르웨이 깃발과 태극기를 가지고 김대중 대통령의 수상을 축하하고 있었다. 멀리 떠나갈 때 눈물을 글썽거리는 것 같았다. 우리 대사관이 주관하는 한국어와 한국 문화 코스에 양부모들이 적극적으로 그들을 참여하게 한다는 것이었다. 먹어 본 적이 없는 한식을 그렇게도 좋아하더라고 해서 유전자에 무언가가 심어져 있는 것이 아니겠는가 하고들 말했다.

한 가지 더 재미있는 일은 한국 음식이 노르웨이, 스웨덴 사람들 사이에서도 붐을 일으키고 있다는 것이다. 특히 건강식품으로 선전된 김치 때문에. 일본 음식은 먹을 것도 없고 비싸기만 하다고 소문이 나서 음식점이 폐쇄되었다는데, 우리가 갔을 때도 한국 음식점에는 그곳 사람들이 쇄도하고 있었다. 모든 기회를 차근차근 이용해서 적극적으로 살려나갈 슬기가 필요하다고 느꼈다.

(2000년 12월 25일)

2001년

제3당과의 연합

김대중 정권은 소수당 정권으로 출발했다. 소수당을 거느린 대통령이라고 해도 의회의 다수당인 야당과 함께 민주정치를 해 나간다는 대정치는 이 땅에서는 불가능했다. 그래서 지난번 총선에서 자민련을 떼어버리고 다수를 차지했으면 했지만 그것도 실패했다. 국민의 눈에는 소수당으로 고통을 겪고 있다고 보이기보다는 이미 오만해진 권력으로 보인 것이 아닐까. 너무나 많은 실정을 거듭했다고 하겠다.

그래서 자민련이란 당리 사리만 우선시키는 간교한 정당이지만 다시 그것과의 공동정권이라는 길을 택할 수밖에 없었다. 김종필은 그런 사람인가. 이념은 없이 술수만 있고 이익에만 영리하고 그의 리얼리즘의 배경에는 시니시즘이 있다. 이상주의를 비웃고 자기의 현실주의가 사태를 휘두를 수 있다는 자신감. 그러나 여기에도 새로운 정치적 실험이 있다는 것을 잊어서는 안 될 것이다. 지금까지는 언제나 집권 세력이란 다수를 차지했고 통치자를 따르는 단일 세력이 아니었던가. 이제는 집권당이 다른 소수당과 연합해서 공동정부를 운영할 수밖에 없게 된다. 이것은 우리 정치사에서 처음 있는 경험이다.

앞으로는 우리나라 정치사에서도 하나의 당이 압도적인 다수를 차지하고 거기서 대통령이 나오는 것은 어려울지도 모른다. 다른 당과의 연립정권이란 이제는 당연한 추세일지 모른다. 지금은 제3당이 제대로 된 세력은 아니라고 하더라도 앞으로는 양식 있는 세력이 그런 자리를 차지할 수도 있지 않겠는가.

양당 정치에 맡기는 것이 아닌 정치적 균형이 필요하다고도 하겠다. 총선이란 그렇게 다양성을 낳게 될 수도 있다. 그렇다면 제3당과의 연합이라는 우리 정치사에서 처음 나타난 상황은 어쩌면 정치사적 의미를 지닐 것 아닌가.

민주당이 다수당이 될 수 없는 상황에서 그들은 이렇게 현실을 받아들이기 위한 논리를 자아낼 필요가 있다. 패자의 변처럼 들리겠지만.

(2001년 3월 15일)

오늘 김종필은 김대중과 만나서 매우 기분이 좋았다고 한다. 김대중은 다수당이 되어서 정면 돌파를 하려고 했으나 실패했으니까 김종필은 그 모든 것을 잘 알면서 철저하게 이용한다. 자기 세력을 제거하려고 한 과거를 잊은 듯이, 도리어 그것 때문에 더 큰 몫을 얻게 됐다고 쓴웃음을 웃고 있는지 모른다. 그들의 정치적 야합으로 이 나라 국민을 아직도 움직일 수 있다는 것일까.

미국에서는 부시 정부의 대북 강경정책. 그러나 클린턴이 펴온 외교노선을 번복하려는 자세에 대한 비판도 일어나고 있는 모양이다.

오늘 저녁에 러시아의 푸틴 대통령이 내한한다. 남북 가족의 상봉으로 눈물의 바다인데. 3월 초에는 김대중은 미국을 방문한다. 부시 정부가 대북 강경책을 내비치고 있는데, 살얼음 위를 걷는 것처럼 김대중은 외교전을 전개하고 있는 셈이다. 지금까지 햇볕정책이 이룩해 놓은 것을 후퇴시키지 않으려고 한다. 부시 정권은 이라크 폭격을 계속하고 있는데, 그런 일이 이 땅에서 또 있어서야 되겠는가.

한국은 아시아 대륙을 향해서 움직여 가고 있다. 중국과는 흑자무역, 수출총액이 머지않아 대일 수출을 넘어설 전망이다. 그러니까 사실은 대일 관계가 중요하다. 일본인 한국 방문자는 작년 2000년에 247만 2,054명 1999년보다 13퍼센트나 늘었다. 한일의 협력으로 중국을 견제하기도 해야 한다. 어쨌든 두 나라는 개방된 사회가 아닌가.

그런데 일본은 극우파의 교과서 파동. 자기들 이익만 생각하고 자민당 정부가 약체화된 때를 이용하자는 것이다. 자민당은 그렇게 연명하자는 것인데 한일 관계를 유지 발전시키면서도 극우와 싸워갈 수 있는 전략과 전술은 무엇일까? 이런 점에서 일본의 『아사히신문』 『세카이』와 공동작전을 펴야 하겠다. 그렇지 않으면 모든 것이 후퇴하고 김대중 정권은 대일 정책에서도 실패할 것이 아닌가. (2001년 2월 26일)

김대중은 미국을 방문. 김대중의 햇볕정책은 지지하지만 자기들은 북에 대한 강경책을 쓰겠다는 부시 행정부. 기자회견에서 김대중을 가리켜 this man이라고까지 했다니까. 푸틴과의 사이에서는 NMD 운운 문제도 있었고 미국 아래 있는 약소국이 뭘 멋대로 하겠다는 것인가 불쾌하다는 것인지 모른다.

앞으로의 한미 관계는 정말 두고 볼 일이다. 인내력으로 참아가야 하겠지만 원칙적으로는 국가 이익을 위해 한국이 미국과 입장을 달리하는 일도 얼마든지 있을 수 있다. 이제 한국은 더욱 대륙으로 향할 것인가. 일본이 역사 교과서를 놓고 저 모양이니 대륙 세력과 해양 세력 사이에서 19세기 말, 20세기 초처럼 한국은 딜레마에 고뇌해야 하는 것일까.

이때 한국의 매스컴이나 야당은? 여당은 한미 관계 공동보조에 이상이 없다고 선전하면서 현실을 은폐하려고 하고, 야당은 미국이 김대중 정권을 지지하지 않으니 이제는 됐다고 방해를 놓을 것인가. 김영삼 정부도 집권 후반에 가서는 대미 관계가 좋지 않았다. 그래서 김대중의 등장도 가능했던 것이다. 부시 정부의 반감에도 불구하고 현 여당이 정권 재창출을 해낼 수 있다면 그것은 대단한 일이 아닐까. 한미 관계가 이렇게 불협화음을 보인 것은 이승만 박사 이래의 일일지도 모른다.

여기서 이겨낼 수 있을 것인가. 대단한 시대에 접어든다고 하지 않을 수 없다. 미국은 모든 형태의 압력을 정말 폭력적인 자세로 가해 올 것이라고 보이고 남한 내에서의 대응도 문제고 북의 대응도 문제임은 물론이다. 이러한 남의 입장, 그 고충을 알고 남북이 대화할 수는 없을까. 민족적으로 중대한 고비에 다다랐는데 생존을 건 외교전략을 자아낼 수 있을 것인가. 한국으로서도 정말 내우외환 시대인데 언론은 어떤 자세를 보일 수 있을까.

(2001년 3월 11일)

미국에서는 부시 정부의 대북 강경정책 또는 클린턴이 펴온 외교노선을 번복하려는 자세에 대한 비판이 일어나고 있는 모양. 김대중은 그것을 기다리고 있었겠지. 북이 장관회의에 나타나지 않은 것도 그런 것을 지켜보자는 것일 것이고. 미국도 일본도 유럽도 경제공황을 염려할 정도니 부시도 강경책을 마음대로 밀고 나가기는 어려울 것 아니겠는가. 정말 중장기 대북 정책으로는 포용정책 이외에 없는 것 아니겠는가. 오늘 청와대를 찾은 체코 대통령도 우선 그것을 지지한다고 했으니 김대중이 노벨 평화상을 받으면서 자신의 대북 정책에 세계적인 찬의를 얻어놓은 것은 중요한 일이다.

실패로 이어질 것인가

오늘 지금까지 써온 정치일기의 극히 일부분이지만 문장에 손을 대면서 내가 얼마나 김대중에게 지나친 기대를 걸어왔는가를 확인했다. 지난번 총선에서도 승리를 기대하고 믿었으니까.

그러나 지금 생각해 보면 김대중은 자신의 능력에 대한 과신 그리고 권력을 잡으면 무엇이든 가능하다는 과신에 사로잡혀 있었던 것 같다. 그러나 그도 점점 정치란 그런 것이 아니며 실패의 길을 걸어왔다고 생각하기에 이른 것이 아닐까. 그래서 초조해졌다. 이제라도 그는 과신과 과욕을 버리고 냉철하게 현실을 바라보아야 하리라고 생각한다.

그는 그러한 과신 때문에 특히 행정부에는 모두 자기 말만 잘 듣는 사람이 앉아 있으면 된다고 생각했다. 이 나라의 가장 능력 있는 사람을 집결시켜서 자기와 함께 팀을 짠다는 생각은 없었다. 기껏해야 국회나 정당이나 바라보면서 판을 짜려고 했다. 정치적 목적을 위해서 사람이란 이용하고는 버리는 것이라고 생각했다. 이 모두에 국민은 선거를 통해서 저항한 셈이다.

그런 의미에서 다음 지방선거, 대통령선거에서 어떠한 일이 일어날지 누구도 예측하지 못한다. 확실한 것은 민주주의는 포기할 수 없는 것이고 민주주의가 보장되어 있는 한 우리 국민은 진보하는 방향으로 역사를 변화시켜 갈 것이라는 것이다. 그리고 국민의 힘은 강해지고 있고 대통령을 중심으로 한 정치 세력의 힘은 더욱 약화될 것으로 보인다. 그러니까 자기 분을 아는 겸허한 자세로 일하는 합리적이고 유능한 지도자가 요청되는 셈이다. 만약 다음 정치 세력이 합리적인 것이나 개혁적인 것을 저버린 채 나아가서는 자유와 민주주의를 억압하려고 한다면 수습할 수 없는 혼란만 낳게 될 것이다.

그것이 성공할 리가 없다. 그러나 국민의 저항은 앞으로는 혁명의 형태가 아니라 일종의 사보타지, 비협력적 저항의 길을 택할 것이 아닌가. 그런 권력은 무시하고 자기이익만 취하려고 할 것이다. 비협조의 공기가 이미 팽배해 있지 않는가. 이 늪에서 헤어난다는 것은 여간 어려운 일이 아니다. 김대중의 개혁을 내건 현실주의가 냉소주의를 낳았고 이제 많은 사람이 무관심하다. 기대를 걸지 않는다. 그가 말하는 것은 미사여구, 경청할 가치가 없다고 생각하는 것 같다. (2001년 3월 16일)

김대중 정권은 정말 너무나 많은 정치적 실험을 하려고 했다. 실패한 것도 많다. 우리나라에서도 이제는 절대 다수의 강력한 여당이란 있을 수 없다. 국회가 힘을 가지고 대통령의 힘은 약해지고. 대륙 세력과 해양 세력 사이에서 교묘한 외교를 시도해야 하고, 거기에 남북을 시야에 둔 정치여야만 한다. 국민에게 개혁에 대한 의지가 별로 없는데도 불구하고 많은 개혁과제들이 눈앞에 놓여 있다.

신문과의 대결도 계속되고 있지만 신문이 횡포를 다하던 시대도 이제 지나간다. 금융계의 부정기업과의 유착, 이런 것도 모두 지난날 이야기가 되어 간다. 국민의 자유는 그것이 아무리 이기주의적인 것이라고 해도 꺾을 수 없다. 모든 것이 성숙된 사회로의 길이라고 할까. 이것을 되돌릴 수는 없다. 아무리 야당이 집권을 한다고 해도 그런 반동적인 노력은 터무니없는 거대한 반발에 부딪히게 될 테니까.

미국은 은근히 야당의 보수성을 밀어줄 가능성이 있다. 한국의 정치를 그 얼마나 미국 정보부가 이끌어왔던가. 미국은 한국 정치란 자기들 손바닥에서 노는 놀음이라고 생각했었다. 그래서 김대중이 부시의 이북 비난에 대해서 참고로 하겠다고 하자 불쾌한 표정을 지었다. 기자회견에서는 이 사람이라고 부를 정도로 미국 정치는 오만하다고 할까. 민주주의라는 허울뿐 역시 돈 선거라니까 그것이 곧 이 시대의 몰락을 말해 주는 것 아닌가. 미국의 성립 자체, 그 민주주의 자체가 범죄적인 구조 위에 서 있다고 만년의 아렌트는 생각하면서 미국에도 "정치 과정에 범죄행위 그 자체가 침입함으로써만 기능하게 되는" 정치가 진행되고 있는 것이라고 했던 것이 아닌가.

일본은 노골적으로 우경화하고 있다. 자민당이 어떤 방법으로도 세력을 유지하기 어렵다고 생각한 모양으로 5, 6년 전에는 중선거구제를 폐지한다고 하더니 이제는 중선거구제를 되찾겠다는 것이다. 한 선거구에서 한 명은 당선되게 하겠다는 것이다. 소선구제로 사회당을 붕괴시키더니. 국민은 아랑곳없이 숫자놀음이다. 한국도 그런 것이 정치적 현실이지만 국민은 그래도 성숙해 가는 것일까. 정치에서는 그래도 한국이 일본보다 민주적이라는 것은 일본 사람들도 인정한다. 한국이 국민의 압력이라는 점에서는 훨씬 강하니까.

지난번에 도모토 아키코(堂本曉子)가 이른바 보수의 본바탕 지바(千葉)에서 현 지사로 당선하는 것을 보고 여러 가지를 생각했다. 그러다가도 또 고층(古層)이 일어나서 그 옛날로 돌아가는 것인가. 이것은 그래도 시민들이 싸워서 차지한 것이니까 지탱해 가면서 확대할 수 있을 것인가. 이에 비하면 한국의 경우에는 모든 것이 피 흘려 싸워서 얻은 것이라고 할 수 있을 텐데.

(2001년 4월 1일)

일본의 우경화, 우익 교과서

혁명도 개혁도 불가능한 사회 또는 시대, 그렇다면 그대로 두고 일어나는 상황에 따라 다소의 수정만 할 수 있다는 것일까. 고장수리의 정부, 기본적으로 지극히 보수적일 수밖에 없는 것일까. 현대사회가 너무나 뒤엉켜 있어서 어떤 혁명도 어떤 개혁도 불가능하다고. 혁명 불가에서 개혁 불가로, 혁명이 가능할 수 있는 사회적 기반이 없는 것처럼 개혁 가능의 기반도 없다. 사회풍토가 허락하지 않는다. 그러한 선의지(善意志)란 존재하지 않는다. 어떠한 경우에도 탐욕적인 자기이익만 찾으려는, 정말 맹수가 개혁을 먹어 삼키려고 입을 벌리고 있는 셈이다.

의약분업이 대실패였다고 한다. 보건복지부에는 약사 출신이 압도적이어서 제약회사의 지원을 받아가면서 자기들에게 유리하게 노력하다가 그것 때문에 희생되면 뒤를 봐준다고 한다는 말도 있었다. 그리고 의약분업이 되니까 약을 필요 이상으로 복용하도록 한다. 게다가 대개가 수입품인 고가약으로 외화 낭비를 한다. 개혁에 협력은커녕 이처럼 모든 기회를 이용하여 자기 이익을 찾는 탐욕적인 사회구조다. 의약분업을 시작할 때, IMF 금 모으기 운동에 나섰던 소수 국민의 선의를 지나치게 믿었을까. 민주화 운동에서 민중을 우상화하던 버릇이 남아 있었던가. 예수께 환호를 보내던 민중이란 예수를 못 박으라고 아우성치게 되던 민중이기도 한데.

그러니까 모든 개혁이 실패로 돌아갔다. 그것이 김대중 정권의 발목을 잡는다. 점점 민주당의 정권 재창출이란 어려워진다. 권오갑, 박지원 양씨 같은 동교동 세력 그리고 그들의 민주당. 자리를 놓고 제 세력을 강화하려고 호남 세력 안에서도 아귀다툼이다. 자기들 밖에 있는 무서운 세력은 보지 못하고 가까운 세력과의 싸움에 몰두하고 있다. 정권의 말기란 정도의 차이가 있을 뿐 어디서나 마찬가지일까.

이런 모든 것을 비판해야 하는데 정치적 발언이란 세력의 균형을 보면서 해야 하는 것으로 부적절한 시점에 비판하면 더 악한 반대 세력에 유리하게 된다. 정치적 발언보다는 본질적인 삶에 대한 사색이 바람직하다는 것일까. 그러나 그것은 역시 아렌트가 말하는 work이고 action은 아니다. 성서에서와 마찬가지로 아렌트는 우리에게 주어진 한계 속에서 action을 선택했다. 그것을 더 영원한 것이라고 생각했다. 그렇지 않으면 정치적 참여란 가치 없는 것이라고 생각되고 비참여의 길을 택하게 되는 것이니까. 한계 지워진 인간에게 대한 사랑, 여기에 정치적 발언은 자리하고 있다. 그 사랑 때문에 그것은 비진리의 가능성을 포함하고 있으면서도 영원한 것, 생명책에 기록되는 것이다.

(2001년 4월 5일)

일본 교과서 문제가 한창이다. 일본 우익집단이란 나치와 다를 바 없다. 그것이 일본 정부와 결탁되어 있다. 일본 사회의 우익화는 더 진행될 것이 아닌가. 이런 천황제 만세의 터무니없는 교과서가 나타나는 것은 일본 정치력의 후퇴에서 오는 것이다. 모리 수상에 대한 지지는 9퍼센트라고 할 정도니까. 지난 3월 25일에는 무소속이며 정당의 지지란 없는 도모토 아키코가 보수왕국이었던 지바 현에서 지사로 당선될 정도니까 집권 세력은 당황해 할 수밖에 없는 것 아닌가.

우리 정부가 교과서 파동이 일어나자 재빨리 강경책을 발표한 일은 잘한 것이다. 그렇지 않았으면 반일운동으로 번지고 그것에 정부도 끌려갈 판이었는데 기선을 제압한 셈이다. 그러나 이것도 우리 정치력이 힘을 못 쓰는 데서 온 것이다.

사실은 1998년의 공동성명 정신을 살린다면 여야 총재가 만나고 지식인들의 의견을 듣고 매스컴 편집자들과 상의하면서 대일 관계에 있어서 이중적인 정책을 써야 하는 것이었다. 의연한 자세로 비판하면서 일본의 비판 세력과 연대한다. 그러나 월드컵도 있고 하니 시민적인 연대를 모색하면서 국민 간의 교류나 문화교류는 더 활성화한다는 식으로 말이다.

이런 시민적인 교류와 연대를 강화하면, 그런 우익의 폭행은 물러날 것이니까. 정말 한일 관계란 취약하기 짝이 없어서 저런 우익의 책동으로 어이없게 무너지고 만다. 우리 정부에도 그런 여유 있는 자세를 취할 여지가 없었다.

그러기에는 정치력이 여지없이 몰락한 것이라고 해야 한다. 대통령 지지 39.2퍼센트에 이회창 지지 21.0퍼센트고 국회 지지는 5.1퍼센트라고 한다. 국민에 대한 지도력은 와해되고 있는 셈이다. 여야가 모이고 하나가 되어도 국민에 대한 설득력을 가지지 못한다. 여기에서 한국 측으로도 일본 교과서 문제에 이성적으로 대할 능력이 없다. 일본의 경우도 한국의 경우도 서로 맞서고 있을 뿐이다. 그래서 차원 높은 중재단이 발동되어야 하는 것 아닌가 라고 나는 말하고 있지만 교과서 채택 문제가 한물 건너간 8월경이라야 움직일 수 있을까.

아렌트는 모브(mob)에게 있어서는 "폭력행위, 권력욕, 잔인함이 인간 최고의 능력이었다"고 말했다. 그들은 '무뢰한에 바치는 영웅 숭배, 모든 잔학성에 대한 찬가'를 되뇌이면서 '르상티망 또는 절망 위에 선 모든 계급 탈락자'와 동맹을 구축한다고 했다. 그들은 반문화적이어서 "문화라는 말만 들어도 나는 총을 겨눈다"라고까지 했다는 것이다. 이런 자들의 동맹을 일본에서도 볼 수 있다. 그것이 자본가들과 공감대를 이루고 정치 세력과도 연합을 이룬다.

이런 것이 가능하다는 것은 일본에 무사사회의 전통 그 토양이 이어져 왔기 때문이다. 폭력행위, 권력욕, 잔인성 등, 범죄적인 데도 불구하고 힘이 세다고 해서 숭배하는 풍토란 유교적인 전통에서는 가능하지 않은 것이 아닐까.

그런 체제는 우리들 사이에서는 무너지기 마련이다. 그것을 무너뜨리는 도덕적인 힘이 있다. 그래서 저항하는 글이란 숭고한 모럴로 채워지곤 했다. 무뢰한에 대한 충성이란 있을 수 없고 왕도(王道)를 갖추어야만 한다. 일본에서 저 우익운동이 얼마나 확산되어 갈 것인가. 그것에 대한 저항 세력이나 사상이 가능할 것인가. 국민이 그런 흐름에 말려들어가기 때문에 그것을 부정하는 힘은 언제나 밖에서 와야 했던 것이 아닌가. 자생적인 강력한 이념적인 저항 세력이 가능할 것인가. 그것을 뒷받침해 줄 수 있는 사회적인 힘이 있을 수 있을까. 그런 면에서 나는 일본의 우경화에 심한 우려를 품고 있다.

여기에 한국의 존재이유가 있을는지도 모른다. 일본의 선한 힘을 격려해 주는, 그들이 기대하고 의지할 수 있는 힘으로서의 한국이란 한갓된 백일몽일까.

(2001년 4월 15일)

편향된 언어

제3의 길이나 신자유주의 경제에 대한 비판. 그리고 김대중 정부가 오늘의 세계 시스템에서 살아남으려는 현실적인 노력을 비판의 대상으로 삼기는 그다지 어렵지 않다. 그것이 빈익빈을 낳고 미국에의 예속을 낳는다. 그렇다면 그것을 떠나서 지금 이 세계 속에서 살아남을 수 있을 것인가. 이것을 전면 부정한다는 것은 현실적으로는 죽음을 의미할 수도 있다.

그것을 비판 또는 부정하면서도 오늘 그 체제에서 살아남기를 기한다. 이것이 현실적으로는 가능한 길일는지 모른다. 그것을 부정하는 이념으로 오늘의 노력을 비판하면서도 가능한 조정을 시도하며 균형을 잡으려고 할 수 있어야 할는지 모른다. 그 길을 가면서 언제나 균형을 찾는다. 그것이 가져오는 불행을 의식하고 경계하며 그것을 치유할 길을 찾는다.

김대중 정권을 반동적으로 치부하고 공격한다면 그것은 지금 누구를 이롭게 하는 것인가. 그런 원칙론은 세계 시스템에 대한 비판은 될 수 있어도 오늘 어떤 특정한 정치적 개인의 노력을 비난하는 잣대일 수는 없다. 오늘 특정 정치인을 비판하는 잣대는 그런 고답적인 이론이 아니다. 그에게 어떤 현실적인 대안이 있을 수 있다는 것인가. 정치적 현실에 대한 언어는 진리가 아니라 진실이라고 하겠고 그것도 지나치다면 합의를 찾는 언어 또는 불가피하게 때로는 일면적인 편향된 언어일 수밖에 없는 것이라고 할 수 있다. 그것은 현실을 움직여야 하기 때문이다. 보다 나은 방향을 찾는 반진리(半眞理)에 지나지 않는다. 예지 또는 지혜라고 해도 좋고.

칸트도 『영구평화론』에서는 그런 것을 찾은 것이 아닌가. 이념과 예지를 그는 구별했다.

그것은 마치 어린이를 인도하는 것 같은 교육적 의미를 띤 정말 커뮤니케이션을 위한 언어다. 내게만 진리가 있다고 한다면 그것은 오만한 것에 불과하다. 내가 일단 김대중을 지지하는 것은 이러한 현실적 선택에 의한 것에 불과하다. 이런 딜레마를 이해하지 못하는 단순논리, 유아적 발상이 너무나 많은 것이 아닐까. 예수의 절대적 윤리를 상대화하는 것이 기독교윤리인 것처럼, 정치적 이상주의를 현실화하는 것이 오늘의 정치자세라고 해야 하는 것이 아닐까. 그런 입장에서 정치를 바라보고 구체적이고 현실적인 비판을 전개해야 한다. 칸트의 『영구평화론』은 철학이 현실과 부딪칠 때 전개되는 이론에 대한 하나의 모델이라고 할 수 있을 것이다. (2001년 4월 28일)

대륙 세력과 해양 세력 틈바구니에서 우리는 어떻게 살아가야 할 것인가. EU 방북단을 북에 가게 한 것도 김대중 대통령일 텐데. 그러나 김대중의 EU 국가에 대한 노력을 부시 대통령은 아니꼽게 생각할 것이 아닌가. 이렇게 미국의 비위를 거슬러도 된다는 것일까. 미국은 갖은 공작을 다할 것이고 우리나라에서 차기정권을 자기네 사람으로 해야 한다고 야단일 것 아닌가. 김대중 정권은 클린턴 민주당 정권 하에서만 가능했던 것 같다.

남은 기간 김대중 정권은 고립된 채 어떻게 하려고 할 것인가. 한반도를 위기로 몰아넣고 미국의 죽음의 상인들에게 내맡겨 줄 수는 없는 것이 아닐까. 그것이 불가능하다고 저항도 하지 않고, 패배할 것이 기정사실인데도 어떤 우연만을 기다리면서 저항하는 몸부림이라고 할는지도 모르겠다. 거기에 강한 국민적인 동의도 없는데.

부시 치하에서 다음 정권이 생길 것이지만 그것은 특히 이회창이 된다면 이른바 친미라는 이름으로 반동의 길을 택하는 것일까. 그것은 동시에 국내적으로는 어두운 시대를 의미할 것이다. 힘에 밀려가지 않으려는 민주화 세력은 비판과 저항을 계속할 것이 아닌가. 혼란은 계속될 수밖에 없을 것 같다. 그런 세력이 그동안 더욱 각성하고 성장하지 않았는가 생각한다.

(2001년 5월 5일)

먼 훗날

아렌트와 야스퍼스의 왕복서간을 계속 읽어가고 있다. 아렌트는 유대인이라는 데 고집하고 야스퍼스는 독일인이라는 데 고집하고 있다. 그러나 거기에서 보편적인 인간으로 가서 두 사람은 크게 만나는 것 아니겠는가.

아렌트는 제2차 세계대전 속에서 타락했던 독일의 대학과 교수에 대해서 심하게 비판적이었고 야스퍼스는 이에 대해서 변명해 주려고 했다. 우리 사회는 군사정부 후에 각 기관 그리고 지식인이 자기비판을 소홀히 하는 사회 풍토였다. 해방 직후도 그랬겠지만 거의 전 국민이 굴복했다고 해서 모두가 면죄를 받는다는 것은 아니다. 지식인의 경우는 더욱 그렇다. 친일파 제거의 논리를 펴자는 것이 아니다. 그런 강제적, 사법적인 것이 아니라 정신적인 의미에서 하는 말이다.

아렌트는 자기의 정치적 논설에 대해서 그것은 '우리의 정치적 상황에서 특수한 순간에 대해서 특수한 정치적 의미를 가지는 것'이라고 했다. 정치적 논설이란 정말 그런 것이다. 그것은 원칙적으로 옳은 것이라고 해도 그때 그런 상황을 고려해서 넣은 글이어야 한다. 지금 이 순간에는 그것이 악마에게 유리하다고 하면 설혹 진리라고 해도 포기해야만 한다. 그것은 언제나 구체적인 상황에서의 발언이고 비교 위에 선 선택적인 발언이며 행동이어야 하고 상황을 떠나서 추상적일 수는 없다.

그런 의미에서 나는 오늘의 월드 시스템을 비판하면서 김대중 대통령을 마치 그 하수인 것처럼 인용하고 비판하는 것은 옳지 않다고 생각한다. 그것은 전부정(全否定)의 자기정당화만을 꾀하는 오만하고 불성실한 담론이다. 그렇게 해서 정치적인 결과에서 누구를 어느 세력에게 플러스한다는 것인가. 그런 추상적인 논의란 사실은 오늘의 시점에서 정치적인 책임을 포기하는 것이라고 해야 하겠다. 구체적이고 정치적인 배려 위에 서서 발언한다는 의미에서 그것은 예지를 담은 지혜의 말이어야 한다. 정치적 발언이란 언제나 상대적이고 자기 한계를 가지는 말이다. 야스퍼스가 말한 진리(Wahrheit)이기보다는 성실성(Wahrhaftigkeit)이라는 구별을 여기에서도 말할 수 있을는지 모르겠다. 그것은 부분적인 진리이다.

지난해 12월 오슬로에서 김대중의 노벨 평화상 수상을 발표하면서 노르웨이 평화상 위원회 군나르 베르게(Gunnar Berge) 위원장이 인용한 시인 군나르 로르드크밤(Gunnar Roaldkvam)의 「마지막 한 방울」이라는 시를 생각하게 된다. 첫 방울로 시작하는 자는 용감하다. 그런 첫 방울보다 자유를 누리게 될 마지막 방울이 되기를 사람들은 원한다. "그렇다면 누가 첫 방울이기를 바라겠는가."

역시 김대중은 첫 방울이며 역사의 시작이다. 개혁은 어려운 과업. 보통사람은 감히 엄두도 내지 못하는 것. 그것이 어떻게 당장 열매를 맺겠는가. 마지막 방울이 차지할 행복이 어서 찾아오지 않는다고 아우성을 치면서 그래서 실패했다고 비난하는 것이 오늘의 상황이라고 나는 생각한다.

물론 좀 더 나은 방식이 없었다거나 시행착오가 없었다고 하는 것은 아니다. 개혁이 그러한 어려움을 알고 밟아야 할 과정을 마련하지 않은 채 졸속하게 시작한 개인의 결단처럼 보이는 데가 있었을는지도 모른다. 그러나 첫 방울과 마지막 방울이라는 대조를 잊어서는 안 되지 않겠는가. 그런 의미에서 베르게 위원장은 역사를 내다보는 노련한 정치가였다.

김대중은 첫 방울로 우리 역사에 기록될 것임에 틀림없다. 그렇게 용감하게 아픔을 참고 전개한 개혁은 많은 수정을 거쳐서 정착되어야만 한다. 개혁이란 부단한 개혁의 과정에서만 개혁일 수 있는 것 아닌가. 김대중은 재임 후보다 퇴임 후 평가받는 대통령이 되고 싶다고 했는데. 그도 이미 첫 방울과 마지막 방울의 대립을 각오하고 있었던 것이 아닐까. (2001년 5월 6일)

오늘 덕성여고에 들렀더니 교장의 말이 컴퓨터교실이 놀랍다는 것이었다. 수업시간에 컴퓨터로 작업을 하는 것을 보면 더욱 놀랍고. 3년 전에는 한 반에서 컴퓨터를 만지는 학생이란 한둘이었는데 이제는 전원, 그것도 그 깊이가 이만저만이 아니라고 한다. 교무실도 모두 컴퓨터, 정부의 지원으로 된 것이라고 한다. IMF 관리체제 하에서도 이렇게 변했다. 공교육 붕괴라고 간단히 말하지 말라는 것이었다.

김대중은 이렇게 교육에 투자해야 내일이 있다고 생각한 것이겠지. 일본이 미국의 기술을 사들이면서 경제대국이라고 자부하고 미국은 이제 경제대국의 자리를 내놓았다고 떠들고 있을 때 사실은 미국은 교육과 연구에 투자

했다. 10년 후가 되니 판도가 전혀 달라졌다고들 하는 것 아닌가. 김대중은 그런 것을 머리에 두고 있는 것 같다.

그래서 그렇게 실패라고 야단을 하는데도 정치적 상처를 입으면서도 밀고 나아간다. 10년 후면 알게 될 테니까. 개혁의 아픔은 견디기 어렵다고, 단기적인 성공이 보이지 않는다고 조급한 마음으로 이반하는 국민에게 시달림을 받으면서도 그 길을 멈추려고 하지 않는다. 병역비리도 그렇지 않은가. 특권층의 힘이나 권력으로 그런 비리가 일어나는 악한 관습을 추방하자는 것이다. 금융권이나 기업에 오랫동안 깃들어 있던 부정에 대해서도 그렇고. 먼 훗날 알리라고 하는 것이 아니겠는가.

이런 것을 이해하고 국민의 동의를 형성하려고 하지 않는 매스컴. 정치권과 매스컴의 개혁은 거의 시작도 못한 것처럼 보인다. 그러나 국민의 검증을 받게 되는 정치계로의 출발은 이미 시작되었다고 보아야 한다. 매스컴도 소유주 전횡의 시대는 지나가는 징조를 보이기 시작했다고 해야 하는 것이 아닐까. 개혁의 머나먼 길이 이미 시작된 것이다. 이런 역사의 흐름에 대한 인식이 우리에게 결여되어 있는 데 불과하다. 징조를 보지 못하면 개혁은 실패라고 속단하게 되고, 존재하지 않는 것이 되어 버린다.

그렇게 컴퓨터화하니까, 컴퓨터 관계 업체도 세계 시장에서 어깨를 겨룰 수 있도록 성장하게 됐다. 내수의 증대로 그러한 산업을 밀어주어 첨단산업이 크게 성장한다. 거기에서 얼마나 많은 고용을 창출했을 것인가. 벤처 기업 붐을 이렇게 해서 일으킨 것이다. 거기에 부정도 있고 실패도 있었을 것이다. 그런 것은 어떤 일을 시작하는 데도 따르는 것. 그런 것을 지나치게 강조해서 정권의 발목을 잡으려고 하는 것은 그것이 이룩한 변화를 보지 않으려는 것이다. 보도의 향방을 돌리도록 노력해야 하며, 무엇이 어떻게 변화했는가를 찾아보고 그 변화에서 일어나는 문제도 짚어볼 줄 알아야 한다.

(200년 5월 8일)

미국도 북과 대화를 하겠다고 한다. 김대중은 모욕에 가까운 미국의 압력을 견디어 내면서 미국 정계의 변화를 기다리고 유럽 정상들의 움직임을 촉구했다. 페르손 스웨덴 총리가 그런 역할을 하고 있지 않는가. 이번에 부시 대통령을 맞이하고 유럽 정상들이 이례적으로 부시와 함께 김 대통령의 햇볕정책을 지지한다고 했다는 것 아닌가. 그것이 가지는 의미, 그것을 위한 대통령의 노력, 그 고충을 평가할 줄 모르는 신문, 지식인, 국민인 것같이 생각된다.

김정일의 남한 답방에 대해서 왜 그렇게도 거듭 언급하는가. 요즈음도 여덟 번이나 언급했다는 것 아닌가. 나도 지나치게 자주 언급한다고 생각했지만 그것은 잘못이다. 구걸이 아니다. 그래야 약속을 이행하게 되는 것이지, 그러지 않으면 적당히 뭉개버리는 것이 이북이니까. 자기 임기 중에 약속을 지켜야 하지 않는가 라고 촉구하고 있는 셈이다. 사실은 그런 것이 자기들의 묘혈을 파는 길인데도 6 · 15 합의도 언제나 헌신짝 버리듯 할 그들이니까. 그를 끌어내서 남북 관계를 전진시켜야 한다. 그것이 한국을 위하고 전 민족을 위하는 길이라고 생각하니까.

이 집념. 누구도 이해해 주지 않으니까, 드디어 "나는 고독하다" 고 그는 하지 않았는가. 그래도 은인자중. 북에는 원조도 그래야 줄 수 있다고 암시하고 있는 듯. (2001년 6월 19일)

오는 일본 기업을 매수하는 데 성공한 미국 경영인을 소개하는 NHK 위성 방송 프로그램을 보았다. 그는 대학에서 철학을 전공했다면서 「오컴의 면도날」(Occam's Razor)에도 언급하는 것이었다. 불필요한 것을 제거하고 중요한 몇 가지 요소에만 집중한다는 것이다.

김대중의 개혁은 비중에 따라 구별함이 없이 너무 벌여 놓았다. 그러니까 중심적인 과제에서 성공하지 못했고 사방에서 반발이 일어났고 그것들이 연합을 하여 감당해 내기 어려워졌다. 중요한 몇 가지에서 성공하면 그것에 따라오는 것이 많을 것이고 성공하는 정부라는 이미지가 생겼을 텐데. 개혁의 첫 방울이기는 했지만 실정(失政)이 너무 많았다.

그러나 둘째 방울의 열매는 있을 것 아닌가. 병역 비리는 이제는 저지르기 어려워졌고 교육계도 이제는 스스로 변하지 않고는 못 견디게 되었고 신문도 누구도 손댈 수 없는 권력으로 대물림을 받는 기관일 수는 없게 되어 간다. 돌이킬 수 없는 흐름을 만들었다. 노동자도 의사도 자기들에게 이익이 된다면 범죄적인 사실도 옹호한다. 국회도 그랬으니까. 의사협회가 의료비 부정이 없게 법을 강화한다고 하니까 거기에 가담한 국회의원들에게 다음 선거 때 낙선운동까지 한다고 공언하고 있으니. 노조는 가뭄이라고 해서 자기들의 격렬한 시위를 자제할 필요가 어디에 있는가 라고 하고 있다. 정부의 힘은 약해지고 이런 기관들, 이익집단들이 거의 폭력을 휘두르다시피 하면서 횡포를 부리는 세상. 신문도 노동조합도 불가침의 영역으로 화했다. 그러나 그 모두가 불합리하면 무너질 수밖에 없다는 역사의 흐름을 막을 수는 없는 것 아닌가. 부정을 막는 것은 시민의 힘인데. 그것이 앞으로 어떻게 형성될 것인가.

(2001년 6월 22일)

'사실'은 무력하다

한나 아렌트는 현실 또는 사실은 무력하기 짝이 없다고 생각했다. 그것을 증언하는 사람이 없다면 그것은 무로 환원될 수밖에 없는 것이 되고 말기 때문이다. 그러니까 증거와 증인을 찾아야 하지만 그것은 권력 아래서 얼마나 말살되고 억압되어 왔는가. 증거, 증인이 없다면 단순한 의견이 되고 만다. 우리나라 신문은 언제나 사실을 확인하고 바른 보도를 일삼으려고 하기보다는 그러더라, 그렇게 주장한다고 해서 단순한 의견으로 돌리려고 해 왔다.

또 한편 신문에는 터무니없는 것도 사실인 양 보도돼 왔다. 국회의 거짓말도 사실과 함께 주장 또는 의견으로 유포됐고 여기서 국민들은 사실이 아니라 자기들의 구미에 맞는 것을 골라서 사실인 양 유포하려고 했다. 거듭 진실과 허위가 구별되지 않은 채 뒤범벅이 되었다. 그리하여 드디어 신문 보도는 믿을 수 없는 것이라고까지 하게 되지 않는가.

이런 면에서 본다면 TV 뉴스는 신뢰도를 가질 수 있게 된다. 영상으로 사실에 대한 증거를 부여해 줌으로써 사실을 확립시켜 주기 때문이다. 거기에는 거짓이 들어갈 여지가 적다. 미리 뉴스에서 제외하는 것은 있을 수 있어도. 정말 신문은 얼마나 많이 사실을 왜곡, 과장, 말소해 왔던가.

사실은 빈약하고 취약한 것이고 간단히 말소될 수 있는 것이었다. 그러니까 지금 일본의 우익 교과서는 사실 말소에 전력을 기울이고 있다. 난징 학살도 증거가 없다고 주장하고 그 증거를 중국이 제시한다면 그것은 반일을 위한 조작이라고 하며 자기 형편에 따라 역사를 날조한다.

우리는 의문사 진상위원회를 설립했다. 그러나 사실을 확립한다는 것이 얼마나 어려운 것인가. 김대중 납치 사건도 오리무중이 아닌가. 우리나라의 현대사는 사실 말소의 역사였다고도 할 수 있다. 범행에 가담한 자들은 증인으로 나타나려고 하지 않으니까. 거대한 사실이 실은 밀실에서 꾸며지고 실행됐으니까 불신의 풍토는 당연하다고 하지 않을 수 없게 됐다.

내일은 6 · 25 51주년. 그것도 역시 수많은 진실의 은폐 위에 서 있는 것이 아니겠는가.

(2001년 6월 24일)

아렌트는 20대에 『라헬 파른하겐』(*Rahel Varnhagen*)이라는 책을 썼지만 그 난삽한 글 속에 그 후의 역작 특히 『전체주의의 기원』의 원형이 들어 있었다고 하겠다. 1920년대 후반과 1930년대 초, 그가 대학에서 더욱이 하이데거와의 사이에서 맛보아야 했던 반유대주의, 그때 겪은 고독과 절망은 이 책에서 말한 것처럼 그의 '사적인 일이 아니었고 몰락하는 운명에 처한 세계의 반영'이었던 것은 물론이다.

독일 문화 그 사회에 동화하려고 해도 언제나 주변으로 내밀려나고 마는 운명. 그들은 언제나 독일인의 눈에는 '인간문화의 하등단계'에 머물러 있는 존재였다.

"이러한 인식은 냉대를 받음으로써 한층 더 높아진 감수성으로 그가 차지한 것이다."

라헬도 아렌트도 그 사회에 속해 있지 못했기 때문에 날카로운 감수성을 지닐 수 있었다. 이것이 소수자, 주변인이 누릴 수 있는 특권이다. 그들은 '밖으로는… 사려 깊고 예의 바른 태도'를 보였지만 '내면적으로는 판단하거나 전적으로 경멸하거나 또는 숭배하는 태도'를 지니고 있었다. 그래서 그들이 '남을 대하는 자세와 판단 사이에는 간격'이 가로놓여 있었다.

그들은 '조그만 모욕'에도 괴로워했다. 거기에서 '인간에 대한 적대적인 지식'이 생겨났지만 '현명함과 민첩성'도 생겨났고 "지루한 것조차 즐거운 것으로 만드는" 지혜도 나타났다. 거기서 인간과 인생, 사회와 역사 자체를 보편적으로 인식할 수도 있었다.

그러나 아렌트의 경우도 그랬겠지만 라헬은 그런 고독, 절망을 동시에 인간에 대한 일반적인 것, 운명적인 것으로 이해하지 않고 '역사적으로 잘못된 데서 생겨난 역사적으로 몰락해 가는 세계에서 공유하게 되는 특정한 불행'이라고 인식하기에 이른다. 아렌트의 경우에는 그것이 분명히 정치적 투쟁과 사상으로 결정(結晶)된다.

이러한 인식의 과정은 내게도 있었다. 일본에서의 내 생활자세는 냉대 속에서 얻은 지혜에 근거한 것이었다. 나는 일본 사회에서 추방당해 있었기 때문에 그 사회를 주변에서 바라보아야 했고 "우연하게 무엇이 일어났을 때만 그 세계에 자연적으로 끌려 들어갔다." 그리고 "이 매우 비인간적인 지상에서는 인간의 귀란 실제로 인간의 탄식을 들으려고 하지 않는다"고 생각했다. 그러니까 그렇지 않은 일본인, 아니 인간을 만났을 때는 감동했다. 그것은 국가주의를 넘어선 계몽, 이성에서만 가능했다.

라헬은 자기를 추방하는 세계와 싸우기 위해서, 거기서 살아남기 위해서 '자신을 벽처럼 아무것도 통과할 수 없는 것'으로 견지해야만 했다. 그것은 소수가 차별 받는 세계에서 살아나가는 지혜, "인생과 시간이 할 수 있는 모든 것을 '초월'할 수 있는" 길이었다. "불행을 당한 사람은 말을 할 수가 없다." "불행에 의해 죽는 사람만이 고귀한 존재로 그대로 남는다."

라헬은 '향유하는 것에 대한 기쁨'을 "체념으로 손에 넣었다"고 했다. 그러므로 그는 '지상에서 가장 가치 있는 행복은 많은 것을 빼앗겼음에도 살아남는다는 것'이라고까지 했던 것이다. 체념이 주는 행복. 이것이 삶의 「레이터 스타일」(later style)임은 물론이다. 그때 고독 속에서 지금까지의 삶에 대한 이야기를 자아낼 수 있다. 그때 그것은 개인을 넘은 일반성을 차지할지도 모른다.

라헬이 체험했던 여러 가지 사랑. "낭만적인 사랑이 사랑하는 대상을 그 실제 모습에서 유리시키는 것처럼 사고는 대상에서 자유롭다." 라헬의 그런 자유로운 사고. 많은 허위가 진실을 가장하는 속에서 그의 진실은 숨겨지기 일쑤였다. "진실은 … 분별할 수 있는 표식도 없이 원래 눈에 띄지 않는 것이라는 것을 체험으로 알았다." 진실이 기껏해야 하나의 의견으로 전락하고 만다는 것은 아렌트가 현대정치를 바라보는 중요한 관점, 그의 비판 원리의 하나가 아니었던가.

라헬은 버림받은 사회에서 사람과의 연대를 찾았다. '사회적 지위 없이 살 수 있는 가능성'을 지닌 삶들의 연대. 거기에 그의 살롱이 있었지만 그것은 거친 사회에 의해서 여지없이 무너져갔다. 그런 초월적인 공간을 가능하지 못하게 하는 '사회일반의 불행한 힘'이 몰아쳐 왔기 때문이다. 사적인 것을 남겨두지 않고 모든 것을 공적인 것, 국가적인 것으로 만들고 말았기 때문이었다. 그래서 라헬은 '사람들 사이에서의 인간'일 수 없게 되었다. 그리고 독일에서는 애국적인 배타적인 살롱들만이 번성했다.

이 모든 과정 속에서 라헬이 경험한 여러 가지 사랑은 계몽정신에서 그 사회를 몰락해 가는 것으로 보는 공통의 의식에서만 가능했다. 라헬처럼 그 사회에서 추방되어 있어야 사랑을 위한 공동의 기반을 가질 수 있었다. 사랑이란 대상을 '그 실제 모습' 이상으로 만드는 것이지만 현실에서 그 실제 모습에 접할 수밖에 없었을 때 그것은 무너질 수밖에 없다. 그러나 남는 것은 정(情). 상대를 내용 있는 존재로 세워 가는 과정에서 변질되어 가는 사랑. 상대에서 정신을 취하려고 하는 사랑이라면 그 정신에 도달했다고 할 때 무엇 때문에 그래도 그에게 끌려가게 될 것인가. 정은 있겠지만 그 육체는 보잘것없다면 말이다. 거기에 이르는 과정에서 이미 사랑은 단순한 교육 과정으로 변질될 것이 아닌가.

라헬의 사랑은 추방당한 몸으로 언제나 그 사회와는 다른 정신성을 서로가 공유해야 하는 것을 바탕으로 삼는 것이었다면 그것은 언젠가는 비극으로 끝날 수밖에 없는 것이었다. 정말 나도 공감하는 것이지만 정신적인 사랑의 허무함이여. 그것은 육체적 미를 탐했던 사랑이나 마찬가지 운명의 길을 가고 만다. 육체는 시들어가는 것이고 미는 상대적인 것이기도 하니까. 여기서도 체념만이 행복의 근원일 수 있다는 것이겠지. 가치 있는 행복이란 많은 것을 잃었음에도 불구하고 '살아남는다는 것.' 그것은 행복이라기보다는 매우 초라하게 보이겠지만 그 체념이 위대한 것이라면 장엄한 삶이라고 할까.

라헬은 그에게 플라토닉한 사랑, 더할 수 없이 아름다운 자연을 사랑하듯이 하는 사랑을 보내오던 마르위츠를 떠나서 평범한 파른하겐을 택할 때 이렇게 기록했다.

"내가 사랑하는 사람은 나와 함께 살려고 생각하지 않으면 안 되고 내 옆에 있어야만 한다." (2001년 8월 2일)

라헬을 통해 본 유대인의 운명, 그것은 아렌트의 운명이기도 하였다. 그의 인식은 '냉대를 받음으로써 훨씬 높아진 감수성'에 자리하고 그의 자세는 밖으로는 '사려 깊고 예의 바른 태도'였지만 '내면적으로는 심판하거나 완전히 경멸하거나 또는 숭배하는 태도였다.' 그러니까 겸손하게 보이지만 거기에는 지적 오만이 스며들어 있었다. '남에게 대하는 자세와 판단 사이의 거리'라고 할까. 이것이 또한 볼품없는 몸으로 가난하게 살아온 내 모습이었는지도 모른다. 20년간의 일본 생활에서는 더욱 그랬다. 공허감에서 언제나 공감 어린 우정이나 인간관계를 찾으면서. 오늘도 그렇겠지만.

9월 11일

그러나 거기에는 이런 장점이 있다고 아렌트는 말했다.

"길가에 있으면서도 한 번도 말려들어가 본 적이 없는 사람보다 지난날의 일, 지나간 일을 더 잘 아는 사람은 없다."

진실된 방관자만이 역사를 가장 잘 이해한다. 유대인의 뛰어난 지성이란 그런 것이었다. 그것은 고난을 겪으면서도 그것에 굴복하는 것이 아니라 그러면 그럴수록 더욱 섬세해진 감성과 지성이었다.

고난에서 인생 일반이란 보편적으로 그렇게 불행한 것이라고 현실을 부정하고 거기서 도피하거나 허무주의로 또는 그것을 극복하려고 종교적으로 흘러갈 수 있다. 그러나 그러다가 그것을 인간생활이나 역사에 본질적인 것이 아니라 '역사적으로 잘못된 것에서 나타나고 역사적으로 몰락해 가는 세계' 어디서나 나타나는 '특정한 불행'이라고 생각하기에 이른다. 나의 과거도 그랬던 것이 아닐까. 혁명의식의 성장 과정이라고 할까.

일반적으로 볼 때 불행한 사람들이란 그 구렁에서 나오려고 몸부림친다.

라헬이 독일 귀족의 일원이 되려고 안간힘을 다한 것처럼. 그러나 그것은 룸펜 프롤레타리아트적인 심성이라고 해야 한다. 그런 사회에 대한 증오와 비판으로 나아간다면 그것은 혁명적이라고 하겠고 그렇다면 프롤레타리아트라고도 말할 수 있다.

일본사에서 흔히 보는 것은 룸펜 프롤레타리아트적인 것이다. 자기만의 탈출을 꾀하는 것이니까 혼자만의 벼락부자를 꿈꾸는 셈이다. 자기만 지위가 향상되면 그만이라고 생각하고 억압받는 이웃들을 위해서 아파하는 혁명 정신은 없었다. 민중을 도리어 경멸했다고 할까. 혁명 후에 나타나는 프롤레타리아트의 룸펜 프롤레타리아트적 정신으로의 타락을 또한 생각해야 한다. 민주화 운동에서 그렇게 고난을 겪었으면서도 저렇게 타락하고 상승된 지위에만 집착하는 것이다. (2001년 8월 19일)

11일에 일어난 뉴욕, 워싱턴의 참극으로 아직 미국은 공포 속에 파묻혀 있는 듯하다. 거의 모두가 희생자들에게 대한 애도와 함께 복수해야 한다고 외친다. 전쟁도 불사한다고 하는 듯하다. 그러나 부시 대통령의 모습에는 믿음이 가지 않는다. 성조기가 동이 날 정도로 애국의 물결에, 아랍계 시민들에게 대한 공공연한 폭력사태가 일어나고, 깃발을 들고 모여든 사람들을 TV 화면에서 보고 저런 분위기니까 모두가 따라갈 수밖에 없을 것이라고 생각한다. 미 의회도 부시가 청구한 군사비를 배액으로 해서 400억 달러를 승인해 주었다고 한다. 강경 발언이 나오면 누구도 반대하지 못하는 분위기일 테니까. 이렇게만 보는 것은 거대한 미국, 오만하고 탐욕하게만 보이는 미국이라는 이미지로 내 눈이 흐려졌기 때문일까. 많은 연출이 작용하고 있는 것같이만 보인다.

TV 화면에서는 흑인들로 하여금 일치단결과 보복을 외치게 한다. 그들까지도 이렇게 애국적이라는 것이겠지. 그렇게 해서 그들을 진정시키려는 것이기도 하고, 약한 자들은 이런 때일수록 더욱 충성을 맹세해야 하는 것이니까. 지금까지 저항해 온 이슬람계 흑인들도 있을 것이 아닌가. 모든 정부가 미국의 자세에 공감한다고, 아라파트 의장도 테러로 부상당한 미국인들을 위해 헌혈을 한다고 TV 화면에서 누워 있었다. 무슨 쇼라는 것일까. 그런데 팔레스타인 아랍 사람들은 환호하고 있다. 미국에서 보복을 지지하지 않는다는 13퍼센트만이 양심의 소리가 아니겠는가.

세계적으로 정부의 소리와 국민 또는 민중의 소리가 양분되어 있는 듯하다. 북한도 게릴라를 비난했다는 것은 미국의 강경책으로 희생이 될까 두려워하는 것이다. 그러나 미국의 힘에 의한 지배질서가 점차 무너져 가는 것이 아닐까. 힘이 더욱 오만해질 때 그것에 저항할 방법이 없다면 죽음을 내건 테러밖에 없지 않겠는가. 우리도 식민지 하에서 그랬고 민주화 운동에서는 분신자살의 길을 택했으니까. 그것은 힘의 마지막 단계가 아니었던가. 그것은 힘 있는 자가 비인간화의 마지막 단계에 이르고 의로운 저항이 죽음을 마다하지 않는 폭력밖에 없다고 생각할 때가 아니겠는가.

나는 아버지 부시의 미국이 10년 전에 이라크를 공격했을 때 그것은 아랍인들에게 또는 훗날 역사에 있어서 또 하나의 아편전쟁이나 의화단(義和團) 사건으로 기억될 것이라고 쓴 적이 있다. 그런 군사행동을 일으키게 한 잘못이 없었다는 것이 아니다. 그러나 그것이 모두 힘 있는 자들에 의해서 일어난 것 아니었던가. 오늘 보복으로 미국이 포탄을 퍼붓는다면 미국 군수 자본가들은 속으로 기쁘다고 웃어댈 것 아닌가. 저장했던 낡은 탄환을 써주고 새것을 사줄 테니까. 그리고 신무기를 위한 시험장이 나타났다고 할 테니까. 그들은 부시 정권의 동맹군인가. 전쟁이 일어나야 죽음의 상인들은 활기를 띤다. 그래서 그들은 언제나 적을 상정하게 하고 실지로 전쟁을 일으키게 한다.

전쟁이란 이성적인 사고를 하는 사람들은 침묵으로 내몰고, 그것을 기정사실로 받아들이는 분위기 속에서 어이없게 결정된다. 미국은 언제나 악한 나라를 응징한다고 하면서 사실은 전쟁국가로 치달리고 만 것 아닐까. 그러니까 MD를 고집해 왔다. 그것을 넘은 무서운 공격이 뜻밖에 찾아올 수 있는 법인데. 한 명의 도적을 열 사람이 당해내지 못한다고 우리의 선인들은 생각했기 때문에 전쟁국가가 되기를 거부하고 말하자면 나라를 개방해 두었던 셈이다. 도적은 왔다가는 물러가는 법이라고 생각하고 오로지 견디어 내려고만 했다.

그래서 우리는 일본처럼 와신상담이니 권토중래니 하지 않았다. 부시는 너무도 자신만만, 힘을 자랑하면서 적을 만들기를 서슴지 않았고 적이면 쳐부순다는 태도를 보인다. 시오니즘 반대의 자리에서 이스라엘과 함께 단 두 나라만이 반대하고 퇴장한 것은 일본이 1930년대에 국제연맹에서 뛰쳐나오던 모습과 같은 것이 아니겠는가. (2001년 9월 14일)

아렌트가 『라헬 파른하겐』에서 한 말이 생각난다. 그가 살아 있다면 미국 '국민 전체의 정신적 고양'으로 하나가 된 듯한 미국에 대해서 다음같이 말할 것이 아닐까.

"순간이 시간과 인생을 멈추었다. 완성된 것에는 언제나 하나의 이야기만 있다. 그것은 완성된 것으로서 몰락해 가는 수밖에 없었다."

유대인은 그렇게 오만한 힘을 마음대로 부리다시피 해도 홀로코스트의 비극을 겪었기 때문에 지금까지 자칫하면 비판과 비난을 면할 수가 있었다. 따라서 유대인 자신이 저 분위기를 비판해야 한다. 그 점에서 아렌트는 용감하고 위대했다. 미국이 저렇게 아랍인의 적의를 북돋고 있는데 오늘 아렌트 같은 유대계 미국인은 없는 것인가. 하기야 촘스키(Noam Chomsky)는 유대계라고 하지 않는가.

역사의 종언

일본인들은 흔히 자기네 나라 사람들의 말을 인용한다. 나는 왜 구미 학자들의 말을 많이 인용하면서 내 생각을 전개하려고 해 온 것일까. 우리나라에서는 우리 자신들의 말에 무게를 두지 않았기 때문이 아니었을까. 일본에 있을 때는 더욱 그래야만 했다. 내 자신의 말이란 일본인들 사이에서 무게를 인정받지 못했을 테니까. "마리우스 잰슨(Marius B. Jansen)도 이렇게 말하지 않았는가", "칸트가 이렇게 말했으니까"라고 할 수밖에 없었다.

그런 점에서 나는 어느 사상을 체계적으로 또는 다이제스트해서 전하는 데는 서툴게 되고 말았다. 벤야민처럼 인용으로 또는 인용만으로 내 생각을 전개하려고 한 셈이 됐다고 할 수 있지 않을까. 그런 상황이 내 사고방식을 규정한 것 같다. (2001년 9월 15일)

아프가니스탄에 대한 보복공격이 임박했다고 한다. '21세기 최초의 전쟁이고' 작전명은 '무한 정의'라고 한다. 어려운 전쟁이라고 떠들어대고 걸프 전쟁 때처럼 곧 끝내겠지. 그러나 이라크 전쟁때처럼 언제나 다시 축적된 무기를 쓸 여지를 남겨놓을 것이 아닐까. 미래에 이르기까지 모든 게릴라를 소탕해 낼 수도 없을 테고. 무한 전쟁이 있는 한 미국에서는 무기 생산을 무한 계속할 것이고 이 전쟁에 참가할 여러 나라는 미국의 무기를 사줄 것이 아닌가.

그래서 군사자본이 살아나면 그 효과가 미국의 모든 산업 그 경기에 미친다는 것이다. 한편 지금은 소리는 작지만 세계무역센터에 대한 첫 번째 충돌이 8시 48분이었고 펜타곤 충돌이 9시 29분이었다고 한다면 미국의 방공망은 어떻게 된 것이냐고 하는 목소리도 있다. 21세기 최초의 전쟁을 하기 위해, 미국에 저 애국이라는 광풍을 불게 하기 위해 모두를 방치했다는 것인가. 의심스러운 아랍인들이 항공기 조종훈련을 받았다고 하는데 미국 정보기관은 뭘 했다는 것인가.

비행기가 납치됐을 때 휴대전화가 사방에 걸려 왔다고도 하고, 테러의 위험을 벌써부터 알고 있었다고도 한다. 독일에도 일본에도 연락이 왔다니까. 부시의 자세에 아버지 부시는 잘하고 있다고 찬사를 보냈다고 한다. 그 아버지 부시 때 국무장관이었던 베이커는 얼마 전에 서울에 찾아와서 이회창과 골프를 쳤다는데 한국 매스컴은 몰랐다는 것인가.

미국의 일극지배(一極支配)에 도전하는 마지막 세력이 아랍의 테러. 몰리면 무력한 자는 테러를 할 수밖에 도리가 없지 않는가. 우리도 일제에 대해서 그랬었으니까. 그것을 다만 침묵으로 몰아넣는다면 무한 정의가 아니라 무한 폭력, 무한 지배가 가능하다는 것인가.

마르크스는 역사의 마지막 단계를 희극으로 보았지만 사실 그것은 희극이면서 비극. 미국 그리고 저 부시 강경파의 퍼포먼스는 무엇이라고 볼 것인가, 세계사는 뒤죽박죽이라고밖에 할 수 없다. 21세기를 전쟁의 세기로 규정하려는 미국은 군사대국. 그것이 21세기의 시작인가, 그러면서 미국이 몰락해 간다는 의미에서 그것은 역사의 시작이라고 해야 하는 것인가. 그러한 세계사의 궤계에 의해서 날뛰는 인간 군상의 행렬은 그치지 않는다.

(2001년 9월 20일)

김대중도 역시 자기 세력에 의한 재집권을 기도하다가 실패함으로써 실패한 대통령으로 불릴는지도 모른다. 개혁을 위해서는 5년간은 너무나 짧고 남북문제에는 그의 노력이 계속 있어야 함은 부인할 수 없다고 하겠다. 그렇다고 해도 집권 연장이라고도 할 수 있는 정권 재창출이라는 음모는 정당성을 잃어버린다. 그것에 대한 무리로 집권 기간 자체가 검게 얼룩지게 된다. 이미 그런 현상이 나타난 지 오래다.

지금 동교동파를 자기 주변에 모아놓는다는 것은 그것과 크게 관계가 있을 것이다. 정권 재창출을 위해 커다란 음모가 개시되는 것이다. 이에 반대하는 자는 누구든 제거된다. 그들만이 비밀적인 음모를 비밀리에 그야말로 목숨을 걸고야 해낼 수 있기 때문이다. 다른 사람들은 비밀지령을 물불 가리지 않고 수행해 낼 사람들이 아니다. 도중에 포기하거나 언젠가 비밀을 누설할 테니까. 이 음모에 대해서 어떠한 자세를 취하는가. 권력 주위에서 이러한 양자택일이 강요될 것 아닌가.

이 정치적 게임이 성공할 것인가, 그런 무리를 해야 하는가. 그런 무리 없이 정치 본래의 길을 걸어왔다면 그런 승리의 길이 당연히 찾아왔을 텐데 이제는 너무도 늦었다. 키플링(Rudyard Kipling)과 함께 "커다란 게임이 끝나는 것은 모두가 죽었을 때다"라고 되풀이해야 한다는 것인가.

이러한 정치현실 앞에서 그렇다고 해서 어떻게 이회창 중심체제, 한나라당의 반동과 부패에 가담할 수 있겠는가. 이러한 딜레마에 우리 국민 모두가 직면하고 있다. 그러니까 두 세력 모두를 부정할 수밖에 없고 그러면서도 선거라면 그중 어느 하나를 선택할 수밖에 없다니. 아렌트의 말을 상기하게 된다.

"모든 정치형태가 분명히 시대에 뒤떨어진 것이 되고 각 국민에게 이미 정당한 것이라고는 인정되지 않고 있는데도 어떻게 되어서인지 어쨌든 그 운명이 다하지 않고 있는 시대다."(「어제의 세계의 유대인」에서)

이미 '정치적인 대의제도'가 우스운 연극처럼 되어버렸는데도 그것이 반세기나 지속되어 온 것은 유럽이 경제적인 세력 확장에 치달리고 있었고 어느 사회나 국민도 정치 문제를 진지하게 취급하려고 하지 않았기 때문이라고 아렌트는 말했다. 1943년의 이 글은 곧 오늘의 한국을 향한 호소이기도 하다. 아니 그것은 오늘의 세계 정치를 향한 호소가 아니겠는가.

(2001년 10월 7일)

모두가 일본 고이즈미 총리의 방한은 무의미한 것이라고 보지만 그가 위대한 정치가를 만나게 되어서 기쁘다고 한 말, 그리고 회담 끝에 두 사람—모두 잘 웃지 않는 사람들인데 파안대소하던 표정이 기이했다. 거기에는 깊은 내막이 있다는 것 아니겠는가. 비밀리에 나눈 무슨 좋은 이야기가 있었는지.

그래서 어업 문제도 소강상태로 들어갔다. 고이즈미는 상해 APEC에서 1998년 10월에 발표한 공동성명의 길을 따르자고 했다. 그도 아시아에서 고립되었다고 느꼈을 테니까 긴장해서 왔다가 마음을 놓고 갔을 것이다. 김대중이 자기를 도우려고 한다고 생각한 것 같다. 사면초가의 정치계, 내려 깎으려고 호시탐탐 노리는 세계에서 그도 정말 외로울 것 아닌가. 한나라당은 국회에도 찾아오지 못하게 해서 고이즈미에게 관대했던 김대중은 그런 국회의 태도를 공식으로 비난했다. 외교적으로 결례이고 평소에 생각하던 것을 만나서 얘기할 좋은 기회를 박찼다고 생각했기 때문이다.

금년에 고이즈미가 다시 온다고 하는데, APEC을 비롯해서 여러 가지 아시아 국제회의에서 그는 김대중을 따라다니는 듯하다. 그래서 이번 아세안 정상회의에서는 한 · 중 · 일 정상이 만난다고 하는데 김대중이 노력한 결과일 것이다. 김대중은 한 · 일 또는 한 · 중 · 일이 힘을 모으는 것이 일본을 위하는 길이라고 했을 것 아닌가.

정권을 잡아야 한다는 이해관계 때문에 이런 식의 정치가 국내에서는 통하지 않는다. 그래서 민주당도 저 혼란 아닌가. 사실 그것은 낡은 정치라고 해야 한다. 한 · 일이 협력할 때는 협력하면서 두각을 나타낼 줄 알아야 하는데 우리 정치 풍토에서는 남을 물고 뜯어 상대가 몰락해야 자기가 올라간다는 적대적 발상밖에는 없다. 그러니까 이회창에 대한 국민의 지지도도 오르지 않는다. 싸움만 한다는 부정적 이미지만으로 어떻게 믿음직한 지도자라는 인상을 줄 수 있겠는가. 민주당의 자칭 후보자들도 그렇지만. 다음에 대권을 쥐는 사람은 김대중이 건강하다면 그의 대북 또는 대 아시아 영향력을 활용할 수 있어야 하는 것 아니겠는가.

어쨌든 한일 간의 협력 관계는 앞으로 좀 더 가시화되는 것이 아닐까. 한 · 일 월드컵 개회식에 강택민 주석도 초대한다니까. 김정일이 올 가능성은 없는 것일까. (2001년 11월 4일)

야스퍼스와 아렌트

미국은 북부동맹(北部同盟)으로 하여금 대리전쟁을 하게 하면서 이제 아프가니스탄을 대부분 점령했다고 한다. 지하까지 뚫고 들어가는 폭탄을 무수히 퍼부어 탈레반 세력을 쫓아버리고 북부동맹군이 무혈입성을 하게 했다. 그래서 이제는 빈 라덴이 숨어 있는 산악지대를 이들과 미 · 영 특수부대가 완전히 포위하고 있어서 미국 국민들은 탈레반은 물론 빈 라덴을 제거하는 완전 승리가 목전에 다가왔다고 기뻐하고 있다는 것이다. 모든 최신무기를 동원해서 제압하면 끝나는 것 아닌가 하고.

이토 히로부미(伊藤博文)를 살해하고 천황을 암살하려고 했던 지사들의 애국운동에 감격했던 우리는 그렇게 정세를 간단하게 보지 않는다. 만약 빈 라덴이 장렬한 죽음을 한다면 그는 이슬람 세계의 영웅이 되고 그의 뒤를 따르는 지사들이 끊이지 않을 것 아닌가. 미국인들은 미국 내에서도 그렇겠지만 해외에서 가는 곳마다 생명의 위협을 느껴야 할 것이며 대미 위협은 오래 계속될 것이 아닌가.

군사적 발상이란 무기를 제압하면 끝난다는 간단한 사고방식이다. 그런 점에서 미 · 러는 합의하고 있는 모양이다. 이미 미국 단독의 세계 지배는 끝났다는 것인가. 아프가니스탄 내부에서도 어떠한 정세가 일어날지 예측하기 어렵다. 영 · 미 등의 군사행동이 끝났을 때 반미적인 아프가니스탄 민중 속에서 어떠한 권력이 가능하다는 것일까.

잔인한 보복전쟁, 그로 말미암은 세계적인 불안. 누구도 앞날을 예측할 수 없다. 분노한 이슬람 세계를 미국은 어떤 방법을 써도 진정시킬 도리가 없어

보이는데 이스라엘에 압력을 행사하여 팔레스타인을 독립시킨다고 하자. 그러면 그것이 또 반미의 교두보가 될 것이다. 이슬람 원리주의는 더욱 지지를 받을 것이고 그 모든 움직임을 미국이 어떻게 통제한다는 것인가. 미국의 잔인성, 그 범죄는 더욱 확대되어 갈 것인가. (2001년 11월 18일)

아렌트가 그의 저서에 야스퍼스(Jaspers)에게 대한 헌사를 쓴다는 편지에 야스퍼스는 말한다. 인간을 인형처럼 꺼내거나 던져버리는 요즘, 판단력이 뛰어난 친구에게서 찬사를 받는다는 것, 그 얼마나 감격스러운 일인가 라고 했다. 야스퍼스가 지녔던 고독이 마음에 스며든다. 그는 1947년 1월 1일의 이 편지 속에서 "앞으로 오는 여러 세기에 세계 어디선가 독일어를 말하고 독일어가 글로 써진다면 얼마나 놀라운 일일까" 라고 했다. 그 무서운 죄악을 범한 독일 국민, 그 언어도 이제는 세상에서 버려진다고 생각한 것 아닐까. 그런 심정에서 이렇게 부르짖기도 했다.

"오늘날 국가란 참으로 의미 없는 것이 된 것이 아닌가. 그런데도 그 부르짖음이 눈에 보이는 정치적 활동의 전면을 지배하고 있다."

이것이 제2차 세계대전을 경험한 야스퍼스의 심정이었다. 나도 왜 여기에 동조하게 되는 것인가. 20세기의 전쟁, 혁명, 반혁명을 부정하고 동북아시아를 생각하는 탓이기도 하지만 민주화되었다고 해도 타기하고 싶은 정치적 부르짖음이 전면을 차지하고, 국민의 부르짖음이라는 혼란과 탐욕이 거의 가실 길이 없는 데 절망했기 때문이기도 하다.

야스퍼스는 지난날에 '삶의 바로 기본적인 요소를 생각하는 데 거대한 도움을 주었던 것을 찾아' 중국, 인도, 그리스의 사상에 대해서 강의를 할 생각이라고 했다. 중국이 이제는 '거의 제2의 고향'이 되었다고도 했다. 나치의 무서운 증오와 전란을 경험하고 서구 사상에 대한 회의를 느끼게 된 탓도 있었겠지만, 사실 중국에도 인도에도 서구 세계가 돌보려고 하지 않았던 위대한 삶과 사색이 있었던 것 아닌가.

이에 대한 3월 1일의 한나 아렌트의 회답도 또한 감동적이다. 야스퍼스가 '순수한 유럽의 테두리'를 넘어서는 데 동감하면서 중국 사람들에게 대해서 이렇게 말한다.

"나는 중국인을 좋아한다. 파리에서 나는 많은 중국 사람들을 알게 됐다. 그들은 우리와 아주 같았다."

이 편지에서 아렌트는 또 한 가지 뜻 깊은 말을 한다.

"선생님 아세요, 약 20년 전 선생이 나를 격려해 주시던 때 어느 날 나는 내 일생에서 처음이며 마지막으로 야심을 품게 되었어요. 선생님을 '실망시키지' 않겠다는 야심이었지요."

이제 아렌트가 자기 책을 야스퍼스에게 헌정하게 됐으니 그것은 '세계적인 재난 후'에 그의 젊은 시대의 꿈이 열매를 맺게 된 것 아니겠는가. 그런데 그것은 "꿈이 새로운 의미를 지니게 되므로" 가능한 것이었다. "그것은 기적과도 같다." 젊은 시대의 단순한 꿈이 인류의 운명에 대한 통찰과 결부된 것이다. 이것이 인문학의 세계라고 해야 하지 않겠는가. 오늘은 그런 감동이 대학에서 사라진 것 같다.

일본이 차지한 면죄부

다우어(John W. Dower)는 『패배를 껴안고』에서 일본이 전쟁 범죄자들에게 면죄부를 준 과정에 대해서 예리하게 그리고 흥미롭게 기록했다. 그런 자들이 마지막에 어머니 품을 그리면서 죽어간 것을 보여 주는 와카(和歌)나 편지가 베스트셀러가 됨으로써 지난날의 악행은 모두 기억에서 사라지고 그들은 많은 사람의 동정을 받는 보통 인간이게 된다. 원래 일본 문화에서는 누구나 죽으면 '호토케'(佛)가 된다는 것이었으니까. 이리하여 일본 국민 전체가 전쟁의 희생자가 되고 가해자가 아니게 된 것이다.

그렇다면 아시아에 대한 사죄란 있을 수 없게 된다. 우리나라의 경우는 어떨까. 그렇게 미화하는 일은 없는 것이 아닐까. 악을 기억한다. 만고의 역적을 기억한다. 정치적인 적이 아니라 인륜적, 윤리적인 적으로 말이다.

전후 일본의 경제적인 재건에 관한 얘기도 재미있다. 냉전체제에서 되살아날 뿐이 아니다. 전쟁을 자력으로 수행했으니까 공장도 있고 자료도 있고 기술도 있었다. 우리는 해방 후에 무엇으로 경제를 세울 수 있었겠는가. 6 · 25 후에 기껏해야 드럼통으로 자동차 차체를 만들었다는 것일까. 우리 힘으로 한 전쟁이 아니었으니까 민수(民需)로 전환할 아무런 것도 없었다.

야스퍼스는 어렸을 때부터 유대계 독일인도 똑같은 독일인이라고 생각해왔다고 했다. 그러나 1930년대에 들어와서 독일인과 유대인의 구별은 피할 길 없게 되었다고. 아렌트는 유대인이라는 자각을 가지고 있었고 다만 말과 그가 이어받은 문화는 독일의 것이었을 뿐이었다고 했다.

야스퍼스가 독일적인 것에 대한 집착에서 떠나는 과정은 감동적이다. 나치 하에서 그렇게 심하게 나타난 내셔널리즘은 1860년대에 기원한다고 생각했을 때 그때까지 존경하던 인물들의 '진면목'이 분명해졌다고 했다. 무서운 내셔널리즘에 물든 위인들, 그것을 위대하게 생각하고 모델로 삼아온 자신. 이런 반성이나 비판이 전후 일본에 얼마나 있었을까. 국가적인 위대성이란 바로 나치의 온상이 아니었던가.

또 한편 야스퍼스는 아무런 반성도 없이 세상에 따르고 '자신을 모르고 다른 사람들이 하는 말'에만 따르는 대중을 보면서 독일에 대한 애착에서 멀어진 것같이 보인다. 그래서 그는 종전 후에는 많은 비난을 받으면서도 스위스 바젤로 떠난 것이 아닐까.

이 심정을 알 것 같다. 독재 하에서 그렇게 동정했던 우리 민족 또는 민중이 아닌가. 그것이 민주화된 오늘 누구나 할 것 없이 룸펜 프롤레타리아트처럼 자기이익이나 지위 향상만 찾는 세상으로 전락했다. 이제 그 민족이 타기할 수밖에 없는 대중으로 보일 때 우리는 내셔널리즘을 넘어선다고 할까 벗어버린다고 할까. "휴머니티는 단 하나의 뿌리에서 성장해 나온다"는 야스퍼스의 말은 휴머니티는 공통적인 뿌리를 가진다는 것을 의미할 뿐만 아니라 그것은 집단과 같은 것에서가 아니라 한 개인에게서만 가능함을 의미하는 것으로 해석하고 싶다.

야스퍼스는 곧 중국이나 인도로 향했다. 제자백가(諸子百家)의 시대 그 '창조적 세기에 있어서의 지적 투쟁'에 매료된다. 그러나 진시황 이후는 나치 하의 궤벨스(Goebbels)처럼 '국가의 목적에 봉사하는 독창성 없는 학자들과 회의주의자들'이 나타났다는 것이다. 오늘 한국의 경우는 어떨까. 군사정권 하에서는 체제적인 지식인과 침묵하려는 지식인, 거기에 소수의 저항하는 지식인이 있었다고 할까. 그러나 오늘은 거의 모두가 체제의 부르심을 기다리는 지식인과 소수의 회의적인 지식인들이 있다고 할까. 체제와 반체제라는 구도는 상실되고 정부를 비판한다는 것이 저항일 수 없고 사실은 체제의 부르심을 기다리는 자세에 지나지 않는다고 하면 어떨까.

야스퍼스도 '무의미한 일'에 시달리고 있다고 했다. "이대로는 더 이상 갈 수 없다. 명상과 '게으름'이 모든 좋은 생각의 원천이니까." 혼자만의 시간으로 돌아가야 하는데. 세상을 떠다니다니 너무나 허무하지 않은가.

(2001년 11월 24일)

「12세 소년」

다우어(John W. Dower)는 『패배를 껴안고』에서 1951년 4월 맥아더가 일본을 떠날 때의 상황에 대해서 기록했다. 5년 8개월이나 일본에 체재한 후에 그가 떠날 때 일본 국민들이 보인 모습. 눈물을 흘리듯 일본 조야가 들끓었다. 그러나 그는 미 상원 합동위원회에서 일본인은 '12세의 소년'이라고 해야 한다고 발언했다. 그러자 그 열광은 갑자기 싸늘하게 식어 갔다. 다우어는 이런 일본에 대해서 긍정도 부정도 하지 않고 냉정하게 기록했다.

사실 여기에는 상당한 진실이 숨어 있는 것이 아니겠는가. 루스 베네딕트가 말한 일본인 사이에 나타나는 유아 현상, 어린이 같은 순진성, 현실에 대한 이성적인 판단이 없고 어른에게, 지휘자에게 끌려 다닌다. 그래서 아도르노가 말한 것처럼 '좋아하는 것과 두려운 것' '흑백'밖에 모른다. 그것을 넘어서지 못한다. 쉽사리 광기로 끌려간다. 순진성과 광기의 공존. 바로 여기에 실체 없이 기분에 따라 일본 국민 90퍼센트가 지지한다는 오늘의 고이즈미 붐도 있다. 거기에 일본의 위험이 있다. 그렇지만 미국에도 오늘 저 아프가니스탄 전쟁에서 부시를 90퍼센트가 지지한다는 현상이 있지 않는가. 미국도 사실은 12세 소년의 순진성과 광기를 지니고 있다. 나치 독일도 그랬고. 여기에 비하면 한국인은 정치 지도자에게 대해서 아주 냉담하다. 시니시즘에 빠져 있다고 할까. 권력과 싸우는 이념적인 인간, 고통 받는 지도자에게는 크게 공감했는데 그가 일단 권력을 쥐면 역시 의심과 시니시즘의 대상이 되고 만다. 이런 문제를 어떻게 생각해야 할까. 오늘은 도의적인 인간상, 고난 받는 존재란 우리들 사이에서 사라졌고 차디찬 이기주의의 껍질 속에 움츠러들고 있다고 할까.

(2001년 11월 25일)

미국은 포로가 된 탈레반에 참가한 아랍이나 파키스탄 사람들 450명을 북부동맹군과 함께 학살했다. 처참하게 찢겨진 시체들만 나뒹구는데 영미 권력자들은 전쟁에서는 그런 일이란 있을 수 있는 것이라고 대수롭지 않게 말하고 앰네스티의 조사를 거부했다는 것이다. 그들 나름으로 자기들은 '성전'에 참여한 사람들이라는 것일까. 그들을 그렇게 학살하면서도 자기들은 정의의 군대라고 하는가.

이렇게 해서 서리는 아랍인들의 원한을 어떻게 할 것인가. 미국은 카우보이로 인디언을 학살하던 버릇 그대로이고 영국은 아편전쟁 때와 다를 것 없다고 할까. 그들의 문명이란 무엇인가. 서구적 가치에 대한 회의, 큰 의문이 일어난다. 영국도 미국도 오랫동안 적이라면, 인종이 다르다면 벌레처럼 생각해 온 것 아니겠는가.

무서운 후유증이 남는다. 그들 사이에서도 양심의 법정이 열리고야 말겠지. 무엇보다도 저 힘의 무자비한 과잉상태가 무엇을 불러일으킬지 모른다. 전쟁상인들, 전쟁광들은 이라크, 소말리아, 북한까지 들먹거리고 있다. 그리고 아랍인들 사이에 쌓이는 원한은? 무언가 커다란 폭발이 다가올 것만 같다. 아시아의 평화를 귀중하게 생각하는 것이 더욱 절실하다.

영 · 미가, 서구인이 그려낸 세계사를 다시 보아야 한다. 루스벨트가 아주 선한 사람으로 그려져 있지만 그야말로 중국으로 향한 제국주의에서 일본과 충돌한 것에 불과한 것이 아닌가. 우리는 일본의 침략에 대한 원한 때문에 그들을 너무 선하게 그려온 것 같다. 이런 의미에서도 동북아시아사의 어제와 오늘은 재고되어야 한다. 분명히 일본에 원자폭탄을 투하한 것은 시민 학살이다. 도쿄 공습도. 영 · 미도 일본도 공정하게 심판해야 하는 것 아닌가.

김대중 정권은 이제 후퇴를 준비하는 것이겠지. 정부 산하 각 단체 책임자들을 교체하려고 하는 것이 아닐까. 다음 정권 직전 그러니까 내년 중에 지금 사람들의 사표를 받고 새로 자기네 사람들을 임명하면 다음 정권이 들어서도 임기 만료까지 2년 정도는 남아 있을 수 있다. 그러면 다음 정권이 야당에 넘어가도 권력의 일부를 유지하게 된다. 그들은 남아서 면종복배(面從腹背) 할 것 아닌가. 그전 정권도 그랬으니까 이 악습이 가시지 않고 계속되는 것이 아닌가 생각된다. 야당이 집권하면 이에 대한 압력이 다가오기는 하겠지만.

그렇게 되면 모든 기관에 내부 분열이 생길 것이다. 새 정권은 어떻게 해서라도 자기네 사람들을 자리에 앉히려고 할 것이 아닌가. 그 안에 있는 누군가를 자기네 사람으로 만들 수도 있겠지만 이렇게 되면 어쨌든 어디서나 평탄하지 않을 것이고 제대로 일을 해낼 수 없을는지도 모른다. 이것도 한국 정치사에서 반복되는 악순환이라고 할까.

레비나스(Emmanuel Levinas)는 그래서 "옛 그대로 모든 것이 다시 결합되어 가는 것을 보는 것은 기묘한 것이었다"라고 했다. 그리고 '역사는 영원한 재개(再開)'라고 했던 것이다. 그런 것을 모르고 새 시대를 꿈꾸면서 싸워온 "우리는 어쩔 도리 없는 풋내기였다"라고 고백하다시피 했다. 역사, 그 냉혹한 현실에 언제나 배반당하는 군상들. 그러니까 우리는 '우리가 경험한 이상사태 속에서 예외적이었던 모든 것' 그것만을 소중하게 생각해야 하는 것이 아닐까. 그것은 초월적인 것 '종교적이었던 모든 것'이라고 해야 할지도 모른다. 레비나스의 1946년의 글이다("모든 것이 허무한가"에서).

우리 세대가 경험한 '예외적인 사건', 그것은 거의 다음 세대에는 전달될 수 없는 것. 그것은 우리가 품었던 유치한 꿈이나 관념을 분쇄하고 우리를 성숙으로 이끈다고 할 수 있겠지. 그 성숙이란 인생이나 역사의 진상에 다가가는 것 그리고 일종의 체념에 젖어드는 것, 그런 의미에서 종교적이기도 하다.

레비나스는 "모든 것이 허무한가"라는 글 모두에서 "어느 세대에게나 그것을 성숙으로 인도하는 예외적인 사건이 있다"고 했다. 그것을 경험하면 지금까지의 생각을 유치한 것으로 생각하는 자기탈피가 일어난다.

그런 예외적인 사건으로 그 자신이 경험한 히틀러 시대를 들었다. 그런 따위의 역사의 종언이 찾아오면 지금까지의 자신이 얼마나 풋내기였는가를 자각하게 된다. 그러나 그것으로 끝난다. 어리석게도 새 시대에 대한 꿈을 꾸었지만 유대인을 추방하고 가스실을 꾸몄던 그 자리에 다시 그 옛날처럼 슬픈 역사가 계속된다는 것이다. 그래서 역사의 반복을 한탄하게 된다.

그때 간신히 깨달을 수 있는 것은 그런 '이상 사태' 속에서도 '예외적이었던 모든 일'이 있었다는 것이다. 그것은 '종교적인 것' 또는 기적이라고 해야 하지 않겠는가. 신은 그렇게 예외적인 것에 나타난다. 예수의 십자가에 나타난 것처럼. 이것이 역사로서 나치는 끝나지 않고 오늘도 아프가니스탄의 학살에서 이어지고 있는 것이 아닌가.

일본은 또 의화단 사건 때와 마찬가지로 아시아인에게는 굴욕을 안겨주면서 서구 세력에 가 붙어 있고, 우리는 그래서 일본의 배반을 맛보고 우리가 어리석었다고 반추한다. 역사의 반복. 그러나 이때부터 일본의 아시아에서의 고립이 시작됐고 그것이 다시금 일본인에게 실패를 가져다주었다고 후세의 역사가들은 기록할 것인 가. 한 · 중이 더욱 긴밀해지고 함께 발전해 간다면 말이다.

이번 아프가니스탄 전쟁을 보면서 미국의 잔인성의 기원을 생각하게 된다. 근원사(根源史)에 대한 각성이라고 할까. 그것은 미국이 양심의 자유를 찾는다고 미국으로 와서 이교도와 인디언을 박해하던 그때부터 지니고 온 자세가 아니겠는가. 유럽 대륙에서 패배하면서 지배자에게서 이은 욕망과 관습. 서부로 갈 때도 필리핀을 점령할 때도 마찬가지였다. 이제 그 잔인성을 오늘의 '예외적인 사건'에서 다시 생각하고 우리의 어리석음을 뉘우치고 성숙한 자리로 나아가야 하는 것이 아닌가. 그런 때 사실은 일본의 과거도 다시 되새길 수 있다. 그런데도 그들은 아직도 아시아와의 역사적인 대화를 거부하고 다시 힘 있는 자에게로 향한다. 물론 우리가 그런 역사적인 대화를 하려는 것은 그러한 미국과 일본의 지난날의 역사를 초극해 보자는 것인데도 말이다. 벤야민의 말처럼 우리는 위기의 순간에, 돌연 '과거의 이미지' 그 '회상'을 포착하게 된다.

(2001년 12월 1일)

작년에 중국을 다녀온 후 나는 한국은 점점 더 대륙으로 향하고 일본과의 관계는 점점 냉담해질 것이라고 말해 왔다. 그래서 그때 나타나고 있던 이른바 한 · 일 밀월 관계라는 상황이 매우 중요하다고 했다. 한국을 위해서도 중국과의 균형을 잡기 위해서도 한 · 일 관계가 중요하다고 했다.

그러나 일본은 자기네 국내 정치 때문에 역사교과서 문제, 야스쿠니 문제 같은 것으로 그 밀월 관계를 깨치고 말았다. 한 · 일 관계가 적대 관계는 될 수 없을 것이고 거기서 이른바 한국의 이익을 취하려고 하겠지만 한 · 일 관계에 대한 열의나 희망은 사라졌다. 일본의 고립은 심화될 것이다. 먼 훗날, 20세기 전반에 일본이 길을 잘못 간 것처럼 21세기 초에도 잘못 갔다고 역사가는 기록하게 되는 것이 아닐까.

지난 10월에는 중국으로 간 한국인이 11만 3,528명인데 일본에 간 사람은 8만 9,031명, 크게 역전되었다. 무역도 대 중국 수출은 14억 9,423만 9천 달러인 데 비해 대 일본 수출은 12억 5,014만 6천 달러에 불과했다. 한국이 중국으로 향하는 데는 일본의 경우와는 반대로 역사의 인력(引力)이 작용한다. 여기에 대해서 일본은 위기감을 느껴야 한다. 한반도가 통일이 된다면 더욱 그럴 것이 아니겠는가. 중국 지도자들은 이것을 인식하고 있는데 일본 지도자들은 언제나 근시안적이어서 자기네 국내 정치를 유지하는 것만 생각하면서 멀리 보지 못한다. 김대중의 지도력이 사라진다면 우리나라에서도 이런 현상을 보고 우려할 정치가가 거의 없을 것 아닌가. (2001년 12월 6일)

휴머니티를 상실한 시대

야스퍼스와 아렌트 사이에서 왕래한 서신은 정말 아름답다. 서로 서신을 받고는 얼마나 기뻐하는 것인지. 거기에는 깊은 사랑이 깃들어 있었다. 야스퍼스는 "네 정신이 네 편지를 통해서 여기 있는 나에게 방사되어 와서 내 영혼을 따뜻하게 한다는 느낌이 든다"라고 하고 아렌트는 "당신의 편지는 참다운 빛이었습니다"라고 했다.

팔레스타인 문제에서도 유대인이 팔레스타인에 돌아가서 이스라엘 건국을 해서는 안 된다는 것이었고, 더욱이 아랍인들과 대결하며 분리하는 데 대해서는 깊은 우려를 함께했다.

야스퍼스는 1948년에 스위스 바젤로 옮겨간다. 아렌트는 바젤은 유럽 세 나라와 국경을 접하고 있으니 당신이 독일인에서 유럽인이 됐다고 기뻐한다. 독일이라는 올가미에서 구출해 내려는 듯했다. 야스퍼스는 독일에 있으면 내셔널리즘에서 벗어날 수 없다고 했고, 아직 전쟁에서 복구하지 못한 채 허덕이고 있는 독일이었을 테니까 더욱 그랬을 것 아닌가. 그리하여 두 사람 다 국가와 민족을 넘어서 인류와 휴머니티로 나아가는 것이다. 아렌트의 말.

"당신은 지난날의 실존적인 입장을 넘어섰지만 그러면서도 그 입장을 버리지는 않았다."

나치가 대두하던 시대, 독일이 심한 좌절에 빠져 있던 때, 내면으로 내면으로 갔던 야스퍼스의 사상. 그것이 이제 그 성실성을 그대로 지닌 채 세계와 인류의 문제로 나아간다. 인류를 향한 휴머니티, 그 공통적인 것, 그러나 개인에게서만 가능한 것을 찾아 나아간다. 그런 야스퍼스를 바라보면서 아렌트는 이 거대한 스승을 실망시키지 않겠다고 다짐한 옛날을 되새긴다.

"당신과의 결합을 느끼는 행복감에 뒤얽힌 채 나는 당신을 실망시키지 않겠다던 어린아이의 소망을 이룩해내야 하겠습니다. 당신은 다만 단순하게 모든 시대를 통틀어 가장 위대한 교육자입니다. 웃지 마세요. 이것은 사실입니다. 그리고 그것은 오직 당신이 철학자이기 때문입니다."

아름다운 사제애, 우정, 동지애. 두 사람의 삶이 모두 위대했기 때문에 그것은 다시는 있을 수 없는 세기적인 만남이었다. 그러니까 아렌트는 어떤 학문적인 업적이나 예술작품보다도 이렇게 눈에 보이는 어떠한 것을 남기지 않은 일회적인 행위, 그런 것이 영원한 것, 가장 인간다운 것이라고 생각한 것 아닌가. 마태복음 25장에서처럼. 그것은 이런 철학적인 삶에 대한 그 자신의 체험에서 온 것이며 아렌트는 야스퍼스가 철학자이기 때문이라고 했다.

한나 아렌트는 라인홀드 니버(Reinhold Niebuhr)도 없는 미국이며 교회도 두려워서 침묵하고 있다고 했다. 국회의원도 비판하면 쫓겨날 형편이라니까 전쟁으로 몰고 갈 때는 어디서나 마찬가지다.

자폭테러에 대한 보복으로 이스라엘은 아라파트 정부청사에까지 폭격을 가했다. 팔레스타인에 독립을 허용해 주자는 얘기는 부시도 못한다고 한다. 앞길이 포악한 힘으로 막혔을 때 우리도 암살을 하고 분신도 했으며 종교적이라고 할 만한 정신적 고양을 느꼈다. 그런 역사를 우리는 언제까지 계속했다고 분명히 기록해야 하지 않겠는가.

이스라엘은 나라를 세워서는 안 된다. 팔레스타인인들을 쫓아내고 제 나라를 세우다니 그것은 나치의 형태를 닮는 것 아닌가. 다른 민족과 함께 살 줄 모르는 민족이 아닌가. 차라리 흩어져 살면서 억압받는 민족과 사람들의 친구가 되자고 한 아렌트의 이상주의. 이제는 힘 있는 자에게 기대어 권력을 누리는 처지에서 이스라엘은 그런 생각을 비웃고 있다고 할까.

미국의 위선을 고발하던 니버. 신앙의 자유라는 이름에서 나와 다른 사람을 배격해 온 미국의 역사. 그것은 자기들을 박해해 온 자를 닮은 것이고 순수주의의 위험이 아니겠는가. 이리하여 인디언도 흑인도 박해를 받아야 했다. 그런 미국사에 나타났던 자세가 이제 세계로 확대해 간다. 자기들이 부유해지니까 이제는 어디 가서나 부유한 세력, 권력을 가진 세력과 손을 잡는다. 유대인들도 마찬가지다.

그런 미국의 지배질서가 계속된다면 아프가니스탄의 승리로 일이 끝날 리가 없다. 그런 지배질서가 앞으로 무너질 것인가. 21세기가 안고 있는 커다란 과제는 바로 거기에 있다. (2001년 12월 8일)

야스퍼스는 1948년에 바젤로 가서 고향 터전을 잃었다고 탄식했다. 스위스에서는 '항구적인 여행' 상태에 있는 것이라고. 설혹 편안하고 독일과 거리를 두고 반성할 수 있다고는 하여도.

내가 일본에 있을 때를 생각한다. 역시 뜨내기였고 언제나 긴장하고 있었다. 거기서는 한국의 현장에서 함께 싸우고 거기서 발전한다는 것은 있을 수 없었다. 멀리 바라보면서 절실한 감정 없이 좀 냉정하게 생각할 수는 있었고 무엇보다도 한국과 일본을 함께 생각하고 아시아의 미래를 전망하면서 조국이라고 하기보다는 휴머니티를 생각할 수는 있었는지도 모른다. 안이하게 그러기에는 군사독재 하에 있는 조국의 현실이 너무 절실하게 느껴졌지만. 그러나 어쨌든 지금도, 이렇게 돌아와서도 인간관계에서나 생각에서나 이 땅 모두에게 거리를 느낀다고 할까.

어제 문득 이런 생각을 했다. 이인제가 다음에는 가장 유리할지도 모른다고. 이제는 갈아보자고 여당이 싫으니 야당을 택한다는 시대는 지나간 것 같다. 정치 또는 지금 나타나 있는 정치인들에게 대한 불신이 너무 크다. 여당을 비난한다고 해서 표를 쉽게 야당에게 줄 것 같지 않다. 이회창도 김대중을 깎아 내리면서 자신도 상처를 입었다.

지금까지 나타나지 않은 사람을 선호하는 것이 아닐까. 자기는 김대중 사람이 아니다 라고 해야 하고 어느 당파에 치우치지 않고 이제는 정말 그 대립을 수습할 수 있는 사람이라고 선언할 수 있어야 하는 것이 아닌가. 우리를 하나가 되게 해야 한다. 김대중이 잘한 것, 가령 남북문제 같은 것을 자기는 이어갈 것이지만 그러나 야당이 비판하는 것처럼 북과 절도 없이 해나가지는 않을 것이다. 개혁을 계속하되 신중하게 하겠다. 그리면 압도적인 지지를 받을지도 모른다. 여당 내 다른 사람들은 김대중과 민주당에 너무 치우쳐 있다고 보일 것이고, 이인제는 간단히 그렇게 볼 수가 없다고 하겠다. 지금까지 침묵으로 일관했으니까.

국민은 혼란과 후퇴는 원하지 않는다. 그래서 교원 정년 문제에서도 개혁을 뒤집으려는 한나라당의 노력은 실패한 것 아닌가. 거기다가 이인제는 전직 대통령 전원의 지지를 받을 수 있을 것에 반해 이회창은 싫어하는 사람이 너무 많다. 그는 출세를 위해서는 자기를 내세워 준 은인도 배반한 셈이다. 김종필은 이회창 아래 들어가지 않을 것은 이번 검찰총장 탄핵 문제에서 자민련이 한나라당과 행동을 함께하지 않은 것으로도 알 수 있다.

다음 대통령 선거에서는 화해와 단결과 협력을 내걸고 차라리 나는 이인제가 압승했으면 좋겠다고 생각한다. 그러면 김대중 정권이 무리해서라도 개혁의 레일을 놓았으니까 이제는 좀 느긋하게 걸어갈 수 있지 않겠는가. 정말 화합을 찾으면서. 그러면 그는 김대중이 용기 있는 첫 방울이었다고 한다면 그 열매를 거두는 마지막 방울일 수도 있을 텐데.

그의 능력, 그와 그의 부인이 국민에게 보여 줄 수 있는 이미지가 중요하다. 여기에 노력을 기울여야 하고 미국의 태도를 예의 주시하면서 나아가야 하리라고 본다. 미국이 배후조정을 못하게 국민의 절대다수가 이인제 지지로 기울어 가기만 한다면. 그래야 앞으로 올 수 있는 난국도 수습할 수 있겠고 더욱이 미국이 대북 정책에서 모험을 하지 못하게 해야 한다.

이렇게 되어야 민주주의적으로 이 나라가 성숙해진다. 여당에 비판적이니까 야당으로 간다는 반동적인 시대, 어떤 의미에서는 혁명적이라고 할 시대는 지나간 것이 아닐까. 이제는 구 정치가 살아나는 것이 아니라 그것은 한발한발 역사에서 사라져가고 있다고 보아야 하는 것 아닐까.

영남 표가 영남 사람이라면 던지는 것이 아니라 새로운 이념을 향해서 던져지게 되어야 한다. 새로운 사람은 거센 이 국민과 이념적인 자세로 대화를 나눌 수 있어야 한다. 이념과 도의에 대하여 감격하는 심성이 이 민족 밑바닥에 깔려 있으니까 그것을 동원할 수 있어야만 한다. 지금 이 비판적인 국민이 그런 시대를 준비하고 있는지도 모른다. 역사는 지나가 봐야 아는 것이지만. 지금 이 정치상황은 정말 어디로 향하기 위해 진통하고 있는 것일까.

(2001년 12월 9일)

2002년

9·11 후의 흐름

부시 대통령이 한국에 온다. 미국에서는 '부시 핵심 인맥이 줄줄이 연루'됐다는 '엘론 게이트'가 일어나는 모양이다. 파산된 기업과 줄줄이 금전적으로 얽혀 있다는 것이다. 권력 내부의 사정 때문에 전쟁도 일어나는 것 아닌가. 불황이면 전쟁으로 그것을 은폐하려고도 하게 되는 것 아닐까.

부시 정권은 근대사에서 어떻게 평가해야 할 것인가. 인간이 사회와 역사를 제작할 수 있다고 생각한 것이 근대라고 아렌트는 말했다. 그러니까 혁명도 일어날 수 있었지만 반동적인 조작도 가능했다. 나치란 그런 경향이 낳은 커다란 산물이었음은 두말할 것 없다. 원하는 사회를 제작할 수 있는 수단으로는 무력 국민통제 대중조작 등이 있었다. 러시아의 공산주의도 같은 길을 갔던 것 아닌가.

역사를 제작하려고 한 근대사가 낳은 가장 두드러진 것 중에서, 하나는 파시즘 또 하나는 공산주의가 아닌가 생각한다. 물론 자본주의 하에서의 시도도 있을 수 있다. 무력 국민통제 대중조작을 가지고 세계를 제패해서 한 나라

한 세력의 지배 하에 놓는다는 것이다. 바로 부시가 추진하는 것이 그런 것이 아닌가 생각한다. 그런 수단과 힘을 형성하는 과정은 체제의 차이에서 다를 수 있겠지만 방향은 모두 같다.

따라서 붕괴 과정의 양상이나 걸리는 시간은 다를 수 있겠지만 모두가 무너져 가리라고 나는 생각한다. 예를 들면 미국의 경우는 전무후무한 무력을 손에 쥐었다고 생각하겠지만, 결국은 붕괴되고 붕괴 후에 새 질서를 찾는 데는 여러 가지 혼란이 있겠고 수많은 단계를 거쳐야 하겠지. 어쨌든 오늘의 미국은 또 하나의 나치의 길을 걷고 있으며 그 뒤에는 미국의 특권계급이 있고 부시는 히틀러 같은 연출을 하고 있다. 주목할 만한 역사라고 생각한다.

그것을 저지할 수 있는 힘, 그런 사회의 유연성이 미국에 있을 수 있을까. 다만 붕괴를 연기시킬 수 있는 현실감각은 있을 수 있다. 그래서 부시 일파의 스캔들을 들고 나오는 세력이 아직은 미국에 있는지도 모른다. 그래서 새해는 반테러 전쟁이라고 호언하던 부시도 한발 물러설 것인가. 어쨌든 그에 대한 반격이 서서히 일어나는 것 같기도 한데, 그 때문에 또 전쟁을 할 수도 있다. 그렇지만 그것은 쉽지 않은 것이 아닐까. (2002년 1월 12일)

우리나라에서는 부정부패가 끝없이 폭로되고 있다고 할까. 같은 자들의 동맹. 이것은 한국 정치사의 원죄다. 동일한 자들이 하이어라키를 이룬다. 가족, 친족, 종족을 중심으로 한 혈족집단이란 그런 것이다. 근대적 조직이라는 것도 그것을 확대한 것에 불과하다. 비동일성을 견디어내지 못한다. 상하 관계에서 지배하는 것이 아니라 대화를 하는 커뮤니케이션이 성립되어야 한다. 그런 화해상태가 와도 항상 다른 것이 나타나서 불협화음을 일으키는 법인데. 적대 관계가 아닌 대립을 상정하고 커뮤니케이션을 전개해 가는 무한한 과정이 정치라고 하겠는데 그런 고달픈 삶을 견디어내지 못하는 것이 아닐까.

군사독재 하에서는 동일성의 체계만 가능했다. 비동일성의 대상은 힘으로

박멸하려고 했다. 그러니까 비밀로 거의 지하단체처럼 반체제 세력은 개인을 중심으로 뭉쳐야 했다. 이념적인 것보다는 거의 가족적인 충성 관계로. 그렇지만 그렇게 해서 새로운 이념이나 정책을 가진 조직을 키울 수는 없었다. 그런 상태에서 동교동계, 상도동계가 일어났다. 그런 왜곡된 역사가 지금 개방된 사회에서 심판을 받고 있는 것이다. 이런 잘못된 역사를 시정할 수 있는 정치가 앞으로 가능할 것인가.

이런 점에서 김대중이나 이회창 같은 낡은 형태의 정치를 해 온 인물들이 아니라 그들과 거리를 둔 인물과 세력이 요구된다. 우리 국민이 지역감정과 같은 것이 아니라 보다 이념적인 것에 대해서 다수표를 주게 된다면 우리 정치는 또 일보 전진하게 될 텐데. (2002년 1월 15일)

김종필도 출마 선언. 내각책임제 추진을 위해서라고 한다. 그렇게 해서 나중에 유리한 자에게 합세해 가지고 또 연립정부니 공동정부니 하면서 노력도 안하고 상처도 받지 않고 단물만 빨아먹자는 것, 공들이지 않고 열매만 따먹자는 것이 아닐까.

미국서는 '엘론 게이트'를 상원이 들고 나왔다고. 중간선거도 있으니까. 그것도 말살한다고 전쟁을 더 계속하지는 못할 테지. 민주당도 전쟁 문제를 정면으로 들고 나오지는 못하고 경제 문제를 들고 나온다고 하더니 스캔들을 문제 삼으려고 한다. 공화당이 클린턴에 대해서 섹스 스캔들을 들고 나와 그를 무력화시켰듯이. 전쟁 확대는 못하는 것 아닐까. 워싱턴 포스트가 북한의 미사일 문제에 대해서도 MD를 위해 과장한 것이라고 했다. 그러나 미국이 달라질 것은 없다. 몰락할 때는 국민의 눈치를 보면서 강경해졌다 유연해졌다 반복하면서 비탈길을 내려가는 법이다. 우리나라 독재체제도 그렇게 하면서 몰락해 갔지 않는가. 국민적인 상황이, 국민의 심리가 몰락을 독촉하는 것이다.

구소련 하에 있던 나라들 중에는 처음에는 민주화 세력이 집권했다가도 공산사회로 돌아가는 것은 아니라고 해도, 구소련 하에 있던 세력 또는 독재적 권력에 회귀하는 경우가 많다. 이런 식의 반동으로 우리나라도 이회창을 지지하면서 되돌아갈 것인가. 우리 사회의 성숙도로 봐서 그러지는 않으리라고 본다. 그도 대권을 차지한다고 해도 그렇게 걸어가지는 못할 것이고 그렇게 되돌아가는 것을 허용하기에는 우리 국민은 너무나 강하고 우리 역사는 너무나 전진해 왔다.

"공업화는 무엇보다도 사람의 행동을 세밀하지만 거칠게 하며 나아가서는 인간 자신도 그러한 것으로 만들고 만다. 그것은 동작이나 태도에서 주저나 사려나 예절과 같은 것을 일소하고 만다…"(아도르노『미니마 모랄리아』)

이전에 읽었을 때에는 주목하지 못했던 말이다. 우리가 버릇없는 현대인을 말하게 되는 것은 역시 산업화에서 온다고 하지 않을 수 없다. 차를 타도 자동이라면 주의 깊게 문을 여닫을 필요가 없을 테니까. (2002년 1월 17일)

독재정치 하에서도 국민의 눈치를 봐야 한다. 그래서 강경 일변도로는 나아가지 못한다. 그렇지만 느슨하게 해 주면 비판의 소리가 크게 일어나니까 또 강경해질 수밖에 없다. 그러는 사이에 민중의 힘만 강해진다. 그러다가 민중이 폭발하면 걷잡을 수가 없게 된다. 아르헨티나를 보아도 아직 혁명의 시대는 끝나지 않고 있다고 하겠다.

우리나라의 경우는? 대중화된 이 국민의 요구를 무시할 수가 없다. 어느 정권이든 이 국민에게 영합해야 한다. 그 국민의 불만은 끝날 줄을 모른다. 그러니까 정치 세력은 더욱 우민정치를 찾게 되고 사회는 더욱 경우도 사려도 예절도 없는 품위 없는 사회로 전락해갈 것 아닌가. 그 국민의 욕구에 영합해 가는 정치권력이 어떻게 국민의 가치관이나 정신자세에 대하여 시정을 명령할 수 있겠는가. 어떻게 그런 훈련을 실행할 수 있겠는가. 공기업 사장들이 그런 것처럼 재임 기간을 무난히 끝냈으면 되고 그때 호사하고 축재했으면 된다고 할 것 아닌가. 국민의 상황이나 민도가 정치나 역사를 결정한다. 국민이 선택해서 누리고 있는 그 제도 자체를 국민 스스로가 무너뜨린다. 자기가 선 땅을 좀먹는 것이다. 자본주의와 궤를 같이한 민주주의 정치 자체도 무너질 수밖에 없다는 것인가.

그런데도 마르크스는 없는 것일까. 헌팅턴(Huntington)이나 후쿠야마(Fukuyama) 같은 사람들만 있고. 그들은 이 몰락하는 사회의 파생물이고 그것에 기생하고 있으며 그것에 매달려서 이 사회를 찬양하고만 있다. 헌팅턴은 그 사회에 외부에서 다가오는 위협을 경고하지만 후쿠야마는 그 속에 사는 안락을 찬양하는 데 여념이 없다. 마약에서 깨어나지 말라고 하는 셈이다.

이리하여 두 사람이 다 이 세기말적인 사회를 옹호하는 이데올로그의 역할을 충실히 하고 있다. 인류가 선택할 수 있는 사회란 이것밖에 없다는 것이다. 그런 의미에서 역사의 종언을 말한다. 오사마 빈 라덴만 잡아치우면 다시 그 길을 가는 데 막을 자가 없다고 하는 셈이다. 오늘을 위기라고 결코 말하지 말자고 후쿠야마는 강조한다. 그를 한국에 모셔오는 세력이 있다. 아마도 그것이 지난날 꿈에서 깨어나기를 거부하는 한나라당 세력 아니겠는가.

인간이 철학도 예술도 저버리고 개혁에 대한 의지도 없이 벌처럼 꽃 위를 날아다니며 웅웅거릴 뿐이라면 그것이 어떻게 사회의 몰락이 아니라는 것인가. 아무런 가치관도 구하지 않고 무의미한 양식이나 반복하고 아도르노가 말하듯 경험, 충동, 감동을 가지고 인식하려고도 하지 않고 사랑으로 이웃을 대할 줄도 모르는 인간사회라면 어떻게 그것이 존속한다는 것인가. 후쿠야마가 그런 말을 하고 유명인이 된다는 것이 바로 현대사회가 위기에 처해 있다는 것 아니겠는가. 달러를 앞세우고 가는 사상, 반 지성, 반 인간의 데마고그다.

(2002년 1월 17일)

19일 동아일보는 "보기 안쓰러운 경의선 기대"라는 사설을 실었다. 김 대통령이 "북한이 공사용 막사를 수리하는 등 경의선 철도를 연결할 조짐이 보인다는 보고를 받았다"는 말에 대해서 '북측이 더 적극 나서줄 것을 고대해 온 것은 이해할 수 있는 일'이지만 "확실하지도 않은 조짐을 놓고 서둘러 공개한 것은 아무래도 모양새가 좋지 않다"고 비판한 것이다. 지난해 남북 장관급 회담을 앞둔 9월에도 '이번엔 경의선 문제가 반드시 합의될 것이며 기차를 타고 평양에 갈 날이 내일 모레'라고 했다는 것이다.

사실 김대중은 너무 말을 많이 하고 말을 앞세움으로써 위신에 손상을 입고 있다고 하겠다. 북에 대해서보다 우리 국민들에게 대해서 말이다. 그 말은 믿을 수 없다고 하겠고 자신이 없어서 초조해 하는 것같이도 보인다. 왜 그래야 하는가. 그의 어록을 수집해 보면 너무나 그런 것이 많을 것 아닌가.

북이란 모든 것을 정치적으로 이용하려고 할 뿐 그들에게 인간적인 성실성이나 민족적인 결단을 기대하는 것은 어리석다고 할지 모른다. 정권 유지에 대한 위협이라는 점을 빼놓고는 생각하지 못한다. 정권 유지를 위해서도 새로운 결단이 필요할 때는 해야 하는데 그런 유연성을 가지고 있지 못하다.

지난번 『세카이』와의 대담에서 김정일이 자연스럽게 와서 아시아 정상들과 만나면 되지 않겠는가고 했다. 동북아시아를 위한다는 의미에서는 경의선 연결만 예로 든 것은 충분하지 못하다. 남북체제 전체를 동북아시아라는 틀에서 생각해야 할 것 아닌가. 중국도 일본도 김정일 남한 답방을 이 지역의 평화와 발전을 위해서 북에다 요청해야 할 것 아닌가. 가능하다면 미국은 물론 러시아도. 한국 또는 남북 간에만 맡기지 말고 평화를 위해서 여러 나라가 협조를 해야 한다. 그래야 김정일도 움직이기 쉬울지 모른다.

사실 빈 라덴의 테러 문제가 처음 일어났을 때만 해도 역사의 앞날을 내다보는 안목으로 가령 예를 든다면 카터 전 대통령 같은 분이 빈 라덴을 만나고 올 수도 있었을 것 아닌가. 위기의 가능성이 배태되어 있다면 곧 찾아가서 평화를 모색할 수 있는 초국가적으로 신뢰받을 수 있는 평화사절, 평화의 사도가 있어야 하는데. 특히 그럴 수 있는 거물 정치가가 있어야 하는데. 모두가 일이 터지고 나야 떠들 뿐, 그것을 미연에 방지하려는 진지한 노력이 없는 지금이 아닐까.

(2002년 1월 20일)

오늘 개각 진용이 발표됐지만 그 사람이 그 사람. 박지원이 또 정책수석으로 복귀했다. 김대중은 말로는 당에 관계하지 않고 정부 일에만 힘쓴다고 하지만 "어떻게 차기 정권을 자기 뜻에 따라서 창출하느냐" 에만 관심이 있다고 생각된다. 오랜 정략놀음을 벗어나지 못한다. 민심을 사기 위한 큰 정치를 엮어내지 못한다. 말로는 명망가를 등용하여 새 정치를 한다고 하지만 실제로는 이 정도다.

그 이상의 인물을 찾으려고도 하지 않고 그런 인물이 있으리라고도 생각하지 않으며 그런 사람이 있다면 위험인물이라고 생각하는 것일까. 그런 인물은 이제 마지막 단계에 내가 왜 들어가느냐 라고 하는 것인지도 모른다. 어쨌든 실망스럽다. 이것이 이 나라 정치의 한계이다.

김대중의 정치 특히 그 임기 말의 정치나 사회 꼴이나 부정부패나 모두가 지난날의 정권과 다를 것이 없다. 모두 그 한계를 넘어서지 못한다. 이 악순환을 끊을 수 있다면 한국의 민주주의는 일보 전진하는 것인데, 이것은 우리 국민이 하는 도리밖에 없다. 변혁이란 정치가가 가져오는 것이 아니라 역시 지금까지와 마찬가지로 국민에게서 올 수밖에 없다는 것일까.

(2002년 1월 29일)

무기를 가지면 개인이나 국가나 자기 과신과 오만에 빠진다. 거기에 대한 비난이 있으면 불안해져서 더욱 강경해진다. 아프가니스탄에서 최신무기로 마음대로 파괴하고 죽이고 다니다가 드디어 '악의 축'이라고 이라크, 이란,

북한을 지적했다. 방한을 앞두고 북한에 대한 압력이다. 클린턴이 북한과는 미사일 협상이 가능했는데 그것을 깨친 것은 부시라고 하자 더욱 발끈했다. 미국 중간선거도 있으니까.

동북아시아는 비교적 평화 속에서 발전하고 있고 앞으로 지역연합에 대한 욕구도 강해질 것 같으니 이것을 교란하자는 것인지도 모른다. 모두가 미국에 예속되어야 하는 것이니까. 양극에 속했던 세계가 일극 지배 하에 들어가야 한다는 것, 월드컵이 동북아 연합의 계기가 되어서도 안 된다는 것이다.

CIA장관이 떠들고 파웰 국무장관도 이제는 그 온건했던 탈을 집어던지고 부시와의 합창이니 마이너리티가 체제 속에서 살아간다는 것은 그런 것이라고 할 수밖에 없을 것 같다. 먼저 충성을 다하라는 것이다. 그러니까 그들 사이에는 극우와 극좌밖에 없다는 것 아닌가. 프랜시스 후쿠야마 같은 사람도 극우의 길을 가면서 특권층 주변에서 연명하는 것을 기뻐한다.

이런 상황에서 이회창은 미국 우익에 손을 들어주었다고 하겠다. 그러면 대통령이 될 수 있을 것이라고 생각하는 모양이다. 이런 상황에 이 국민은 어떻게 반응할 것인가. 미국이 한국 정치를 결정해 온 역사가 계속될 것인가. 이 국민이 그것을 그대로 받아들일 것인가.

어쨌든 전쟁은 없어야 한다고 했다고 오늘 아침 동아일보 사설은 김대중을 공격했다. 무엇이든 공격한다는 것이겠지만 이런 위기를 직시하고 여야, 국민은 어떻게 대응해야 할 것인가. 쓸 수 있는 지혜도 비전도 양심도 없다. 그저 권력자의 발언을 비판하면 언론은 정당하다는 기계적인 발상이겠지만 언제 그 언론이 권력의 시녀 아닌 적이 있었다는 말인가. 지금은 지금대로 힘에 아부하고 세태를 오도하면서 따라가고 목적하는 바는 오로지 내 권력과 부라는 것 아닌가.

미국에서 베트남 전쟁 반대에 성공하기까지 얼마나 오랜 시간이 걸렸던가. 10여 년이 소요됐던 것이 아닐까. 오늘날 부시의 호전적인 태도가 꺾이는데 얼마나 시간이 걸릴까. 역사는 단축되어 가는 경향에 있다. 그들은 베트남 전쟁 때처럼 오래 끌지 않고 사상자를 내지 않으면 된다고 생각하는 것이 아닐까. 새삼 베트남 전쟁 연구가 필요할 것 같다. 정치적 포악을 멈추는 힘은 비판하는 국민에게만 있는 것인데 지금 대다수의 미국 국민은 호전적인 구호에 선동되고 있다.

유럽도 거의 침묵하고 있고 세계 교회도 숨을 죽이고 있다. 그래서 나는 일본 교회와 한국 교회의 역할이 있다고 했다. 우울한 나날. 동북아시아에서는 어쨌든 국민 교류와 문화 교류를 강화하면서 이 시대를 이겨내야 하는 것이라고 생각한다. 그것은 위기의 시대에 조용히 힘을 축적하는 길이 아니겠는가.

(2002년 2월 7일)

MBC의 「프렌즈」

그저께와 어제 MBC는 일본 TBC와의 합작 TV드라마 「프렌즈」를 방영했다. 종전과는 달리 이번에는 일본 여자가 한국 남자를 연모한다는 내용이다. 어려움이 있어도 극복하고 친해져야 하고 결합해야 한다는 것이다.

아직 제4차 문화 개방이 보류된 채인데 일본어 드라마를 TV에서 내놓은 것이다. 위법이고 방송의 횡포다. 그래서 나는 한일문화교류정책 자문위원회 위원장을 사퇴한다고 문화관광부 장관 앞으로 밤중에 사퇴서를 써서 FAX로 보냈다. 이대로 두면 물밀듯이 TV에 그런 종류의 드라마가 등장한다. 그리고 일본 광고가 나오는데 이번 여주인공 같은 것이 모델이 될 것이다.

일본에서는 이런 일이란 있을 수 없다. 역사교과서 문제라고 한때는 야단이더니 그 불씨가 아직 남아 있고 한일 간에 아직도 불안한 기류가 감돌고 있는 데도 저 모양이다. 우리가 한일 관계에서 가지고 있는 거의 유일한 교섭수단, 견제수단인 문화 개방 문제를 스스로 내놓는 데 서슴지 않는다. 옷을 벗는 것이다. 추이를 주목해야 하겠다.

일본은 이렇게 원칙이 없고 돈이면 다 되는 한국 사람들의 약점을 이용해서 종군위안부 문제 때 그랬던 것처럼 하나하나 각개격파를 해서 원칙을 무력화시키자는 것이다. 이번 여주인공 같은 것을 이용해서 일본 상품 광고도 하려는 것이겠지. 남녀 연애로만 한일 관계를 다루고 다른 것은 다 잊어버리자는 것은 일제 때 전쟁 말기에 그들이 이른바 '내선일체'라는 데서 쓰던 수법이다. 왜 문화협력이라고 한다면 당당하게 양국의 특징 있는 예술가들을 동원해서 영화를 만들지 못하는가. 유럽에서처럼 말이다.

부시 대통령이 19일에 한국에 온다는데 이제는 김대중 대통령의 햇볕정책을 지지한다고. 연두교서 후에 미국 국내외에 나타나는 상황이나 한국 국민의 반응 등도 고려했겠지만 '악의 축'이니 한 것은 정략적인 차원에서 한 말인가. 무엇보다도 그것이 김대중 정권을 제1목표로 했던 것이 아닐까. 미국에 대한 한국 정부의 충성심을 한층 더 요구하며 국내 시장을 더욱 개방하게 하고 수 조 원에 이르는 전투기를 사게 하며 미국식 세계경제에 충실하게 따르라는 것인가.

거기에 충분히 응해 주기로 내락이 있었던 것일까. 이석희 전 국세청 차장이 3년 반이나 미국에 있어도 눈감아주고 있더니 지난 15일 미국 FBI가 그를 체포했다는 것이다. 부시 방한 전에 한국에 서비스를 하자는 것이다. 이회창이 대선 자금을 모금하는 데 이 차장이 관계했다고 하니 이제 그것으로 이회창의 기세를 꺾는 데 미국이 동의한다는 것이 아닐까.

미국이 왜 이회창에게서 등을 돌리는 것일까. 한국 정부의 공작이 계속되었을 것이고 그것을 위해 미국에 당근을 주는 데 주저하지 않았을 것이다. 지난번 이회창이 미국에 갔을 때 그를 테스트해 보고 이회창으로는 안 되겠다고 생각한 것인지도 모른다. 그 인물 가지고는 안 되겠다고 보고 그가 김대중처럼 참을 것은 참으면서 일관성 있게 미국을 지지할지도 의문이라고 본 것이 아닐까.

무엇보다도 그에게 대하여 지금 크게 대두하는 한국 국민의 힘을 누르면서 미국을 위한 시장개방을 추진하고 그런 미국의 이익을 위해서도 사회 안정을 도모해 줄 능력에 의문을 품은 것이 아닐까. 사실 그를 중심으로 한 지난날의 부패 세력을 가지고는 이 사회를 컨트롤할 수 없을 테니까. 그의 인물, 그의 세력에 대한 미국의 평가가 그다지 높지 못한 것 같다. 그래서 그를 지금까지는 김대중 정권을 견제하는 데 써오다가 이제는 내버리려는 것이 아닐까.

어쨌든 험악한 정치상황. 김대중이 집권하기 전에 하던 말이 생각난다. 정권을 한 번 잡으면 누가 내주려고 하겠는가고 했다. 이번에는 바로 그 자신이 그렇게 하고 있는 셈이다. 오늘은 그럴 수밖에 없다고 하겠지만 그렇게 함으로써 일어나는 정치의 퇴폐는 어떻게 하자는 것일까. 김대중도 그런 정치공작을 시도한다면 돈도 필요하고 밀실에서 그것을 해낼 수 있는 인물들도 써야 한다. 자주적이고 능력 있는 인물이 아니라 적어도 그런 정치를 그와 함께 하거나 그 결과를 순순히 받아들일 수 있는. 결국 정부란 기껏해야 아류의 집단일 수밖에 없어진다. 충성도가 우선하고 그것이 절대적인 척도가 된다.

(2002년 2월 17일)

민주주의 속에 전체주의

철도 같은 공기업을 민영화한다고 해서 노조가 파업을 한다. 절대적 빈곤과 억압 속에서 일어나는 것이 아닌 더 많은 풍요를 요구하는 파업이라고 할 상황이다. 다수의 중산층이 근로자들의 파업에 동조해야 문제는 달라지는 것인데. 세계에서 드물게 우리나라 노조 간부들이란 기업이 주는 급료를 받고 막대한 노조비를 마음대로 쓸 수 있는 귀족으로. 그래서 자기들의 존재를 위해서도 노조운동을 해야 한다. 노조원들은 따라만 다니면서 승리하면 수입이 늘어나고 실패하면 노조간부만 잡혀간다고 생각하니 아무래도 좋은 것 아닐까.

파업을 하면 오늘과 같이 서로 얽혀 있는 상호의존적인 사회에서는 아침 출근하는 샐러리맨에서 기업가에 이르기까지 분노를 터뜨린다. 철도파업이라면 물류가 멎어 버리고 산업사회가 마비되다시피 하고 손해가 누적된다. 그러니까 모두가 비판하고 반대한다. 그렇게 뒤얽힌 복잡한 산업사회에서는 혁명이 불가능한 것처럼 전반적인 특히 공기업의 노조파업은 거의 불가능하다. 이러한 시대를 살아갈 수 있는 노사 관계가 문제가 된다.

김대중은 앞으로 선거를 앞두고서 왜 또 국가 기간산업의 민영화를 들고 나오는 것일까. 과잉된 개혁의지(?)로 의약분리 문제에서 그렇게 쓴잔을 마시고 인기가 추락했는데도 역시 역사에 남는 일을 한다는 것일까. 다음 정권에 넘겨주면 더 어렵다고 생각해서일까. (2002년 2월 26일)

철도노조 등은 그럭저럭 직장복귀를 한 모양이지만 발전노조의 경우는 노사협상이 결렬되고 만 것 같다. 대통령 선거전을 위해서도 불리할 텐데 김대중은 왜 철도민영화 등도 추진한다는 것일까. 사형선고까지 받으면서도 자기 생각을 굽히지 않았으니 인기에 연연하지 않는다는 것일까. 조용히 국정을 마무리하려고 하는 듯했는데 개혁을 추진한다는 것인가. 그래서 지난번 개각도 자기 말 잘 들을 인물들로 구성했고.

부시의 이번 동북아시아 방문은 '악의 축'의 발언으로 떠들썩하게 만들고는 말하자면 적당히 우호적으로 마무리하려고 한 셈이다. 병 주고 약 주고. 미국의 힘을 과시하고 대두하는 동북아시아에서 영향력을 계속 행사하면서 미국의 이익을 취하자는 것이겠지. 동북아시아 나라들이 서로 접근하는 것을 막고 미국과의 2국간 관계를 주축으로 모두 매어두자는 것이 아닐까 생각된다. 이런 속에서 동북아시아가 슬기롭게 어떻게 새로운 질서를 구축해 갈 것인가. 뱀 같은 슬기가 요청된다고 할까. (2002년 3월 5일)

아도르노의 말을 다시 상기해야 하겠다. 진보에 뒤떨어진 말하자면 "그 이전의 단계에 있는 사회 쪽이 진보에 뒤떨어져 있기 때문에 더욱 인간적이고 나은 사회다."(『미학이론』) 진보란 의미 없는 것이고 어떤 의미에서 전락해 온 것을 의미한다고 생각했기 때문이다. 이른바 진보가 문제가 아니라 인간적인 사회인가 아닌가 하는 것이 중요하다.

아프가니스탄을 굴복시킨 미국의 진보가 진보라고 할 수 있는가. 절대적 빈곤 속에 아프가니스탄을 남겨둔 것이 비인간적임은 말할 필요가 없다. 대국의 이익을 위해서만 써먹고 뱉어버리고 만 것이었다. 그래서 대불을 파괴함으로써 세계의 주목을 끌려고 했고 그 연장선상에서 9월 11일의 테러 공격도 일으켰다고 보는 견해를 오늘 읽었다.

"철학에 있어서 중요한 것, 그것은 자기에게 분명해진 것을 말하고 그리고 경험의 축적을 힘으로 해서 사회의 연결고리를 끊어내고 사물을 새로이 지각하는 것이라고 그는 논하고 있다."

비거스하우스(Rolf Wiggershaus)가 그의 저서 『테오도르 W. 아도르노』에서 한 말이다. 현실에 대한 부단한 참여와 인식 없이 어떻게 철학이 가능하겠는가. 현실에 대한 참여가 없다면 현실이 지닌 실상을 이해할 수 없다. 현실에서 패배할 때, 그 길이 막힐 때 새롭게 현실을 이해하기에 이른다. 그러므로 실천에서의 실패의 순간은 새로운 이론을 구축하는 출발점이다.

"나치즘이 민주주의 속에 살아남아 있다는 편이 민주주의에 적대해서 파쇼적인 경향이 살아남아 있는 것보다 잠재적으로는 더 위협이 된다고 나는 생각한다."

비거스하우스가 인용한 아도르노의 말, 오늘의 미국에 대해 그것을 말할 수 있지 않겠는가. 민주주의 속에 살아남아 있는 전체주의가 이제 노골적으로 머리를 들고 나오고 있다. 바로 무서운 배타주의, 나와 다르면 모두가 적이라는 생각이다.

"신은 이미 죽었다. 우리가 죽인 것이다"라고 니체는 말했다. 민주주의는 이미 죽었다, 우리가 죽인 것이다 라고 말해도 되지 않을까. 공산주의에 대해서도 그렇게 말할 수 있다. 드높은 이념의 이름으로 인간은 이념을 저 멀리 묘지로 보내고 만다. 나라사랑도 죽었다. 바로 우리가 죽인 것이다라고 할 수 있을 것 아닌가.

(2002년 3월 24일)

정권 재창출

경선에서 이인제 우세에서 노무현 우세로 가고 있다. 동교동계가 이인제를 민다고 하더니 이제는 노무현을 민다고 한다. 사실은 동교동계라고 해도 권노갑이 이인제를 지지하는 듯했던 것이 아닐까. 박지원은 노무현 지지이고. 그것은 경선을 끌고 가기 위한 김대중의 전략이 아니었을까.

지난번 광주에서 노무현에 대한 지지가 많았을 때 그것이 민주당의 작전이라는 생각이 들었다. 지역에 따라 택한 것이 아니라 노선, 즉 민주 세력을 택했다는 것이다. 물론 호남 사람들이 전두환에 대한 원한을 노무현과 공유하고 있는 것이기는 하여도 역시 영남은 노무현 지지일 것이다. 그리하여 노무현이 후보가 된다면 호남의 다수와 영남의 다수 그리고 서울 등의 젊은 층의 지지로 그가 선출된다.

그렇게 해서 이회창의 완패를 결정짓자는 것이다. 이것이 정권 재창출의 길, 이 길을 가는 계획은 김대중의 생각이다. 경선 후보가 차례차례 사퇴하는 것도 거기서 나온 것이 아닐까. 정권을 잡으면 누가 놔주려고 하겠는가 하던 그의 말이 생각난다. 지금은 대통령이라는 막강한 힘을 가지고 말이다. 노무현은 영남 호남을 넘어서 그의 개혁의지를 계승 추진할 수 있다는 것이겠지. 더욱 남북문제를 생각할 때 그 자신의 영향력이 남아 있어야 하는 것이라고 생각할 테니까.

지난번 개각 때 박지원을 다시 끌어들인 것은 이런 계획 때문이었을 것이다. 생사를 함께해 주는, 말하지 않아도 눈치로 뜻을 알아차리는 모사가 필요했다. 그래서 국민의 인기를 모을 수 있는 내각보다 정권 재창출의 계획을 위한 수단이 될 내각을 선택한 것이다. 국민의 반발은 불가피한 것이고 그런 반발에도 불구하고 정권을 재창출한다는 것일까.

정권 재창출로 자기가 세운 권력체제를 유지하자는 것도 있겠지만 정치목적을 실현하겠다는 것이 아닐까. 물론 자기 자신의 영향력을 가능한 한 지속해 보자는 것인데 거기에는 권력욕도 있겠지만 자기의 정치목적 특히 민주화, 한국 사회의 개혁, 남북문제, 동북아시아에 대한 꿈, 이런 집념도 서려 있다. 여기에 미국이 방해가 되지 않게 하기 위하여 차세대 전투기도 사주겠다고 한 것이 아닐까. 사실은 미국 특히 부시 정권에 대한 강한 비판을 품고 있으면서도. 무엇보다도 북에 특사를 보낸다고 하면서 미운 놈 떡 하나 더 주기식이라고 할 수 있지 않을까. 부시의 진심은 무엇보다도 군수재벌을 위해 비행기나 사주어야 된다는 것 아니겠는가.

김대중의 정치력. 그는 미국의 영향을 벗어난 동북아시아를 멀리 그려보고 있는 것이라고 생각된다. 그것을 섣불리 말할 수는 없고 깊은 마음을 혼자 지닌 채 참아내면서 추진해 간다. 김대중은 철저한 리얼리스트이면서도 아이디얼리스트. 노무현이 그것을 이어받을 수 있을 것인가.

김대중은 저항을 받으면서도 철도 등의 민영화를 강행하려고 한다. 그것은 나라를 위해서 해야 한다는 생각이고 그것 가지고 인심을 얻으려는 정책을 써 봤다고 해서 정권 재창출이 가능한 것도 아니다.

정권 재창출이라는 음모에 가까운 선략선술이 가능하다고 보면서 정권 말기에도 불구하고 반발을 사는 개혁을 단행하고 있는 게 틀림없다. 무서운 정치가, 우리 국민이 다시 만날 수 없는 대정치가다. 감상적인 지식인들의 비판으로는 헤아릴 수 없는 인간이라고 해야 할 것 같다. 저항운동을 할 때는 비판적인 지식인들과 함께 걸어왔지만 그의 리얼리스틱한 정책 수행에는 그들은 도움이 되지 않는다고 생각한 것으로 보인다.

이회창이라는 인간을 보고 그는 적당히 대하다가 제거할 인물이라고 결정한 것이 아닌가. 그의 사람을 보는 무서운 눈으로 정권 재창출이라는 거대한 음모가 성공할 것인가. 이것이 정치라는 것 아니겠는가. 그리고 그의 후계자가 그를 유용하게 쓸 수 있을 것인가. 정권 연장을 위한 지난날의 모든 서툰 음모와는 달리 민족의 생존을 위해서도 거대한 사건인데 이번에 김대중은 성공할 것인가. 우리 국민은 강한 국민이다. 개혁의 반동으로 다시 반동적인 전제정치 세력을 택하는 것이 아니라 더욱 민주적인 전진의 길을 잘 밀고 나갈 수 있을 것인가. (2002년 3월 28일)

민주당 경선에서 이인제는 노무현 좌파론을 제기하고 노무현은 이에 대하여 자기를 지지하는 층은 중산층인데 그것은 무너지지 않는다고 했다. 그러면서 보수연합 대 민주연합이라는 정계 개편론으로 맞서고 있다. 때가 어느 때라고 색깔론인가. 내놓고 이렇게는 말하지 못하는 것인가.

오늘날에는 국제 경제에 이겨야 살아남을 수 있으니까 기업은 더욱 강해져야 한다. 국민기업이 되는 길을 걸어가야 한다. 그러나 또 한편 기업이 성장하는 데 대중의 희생이 뒤따르기 쉽다. 건전한 국민기업이 성장해 가기 위해서는 정책적으로 기업과 국민이라는 두 가지 축을 어떻게 조화시키느냐 애쓰지 않으면 안 된다. 두 마리 토끼를 잡는다고 할까. 이것을 위한 노력을 경주하는 것이 새로운 정권이 수행하지 않으면 안 되는 과제다. 오늘날은 보수와 혁신이 대립하여 서로 싸우는 시대가 아니다. 정당 안에도 그런 경향을 달리하는 세력들이 있게 마련이고 물론 여성들의 문제도 있고 장애자들의 문제도 있고 젊은이와 늙은이 다양하기 짝이 없는 문제가 있다. 그 모두를 포함하면서 민주적인 정치 과정에서 오케스트라를 지휘하듯 모두를 아우르면서 조화를 이루어 내야 한다. 이것이 정치가 아니겠는가 하고 왜 노무현은 받아넘기지 못하는가.

아류의 시대. 제왕의 시대는 사라지지만 이런 아류들만으로써는 정말 불안하기 짝이 없다. 시정인을 넘어서지 못한 사람들이 이른바 대권을 꿈꾼다. 유능한 사람은 정치를 회피할 수밖에 없는 시대가 너무나 오래 계속되었다. 아렌트가 유진 매카시가 등장할 수밖에 없는 정당 풍토에 혐오를 느끼고 미국 민주주의에 절망하다시피 했던 것이 생각난다. 그래서 미국에서조차 대통령에는 3류 인물이 나온다고 하지 않았는가. 정치인이라고 하면 모두가 이 전투구 속에서 가지고 있던 능력도 모두 소모시키고 말았을 테니까. 노무현이 민주당 후보로 나온다고 했을 때 이회창과의 토론에서 이겨낼 수 있을 것인가 불안했다. 정말 국민의 지지를 받을 수 있을 것인가. 만약 노무현을 내세우고 나서 지방선거에서 민주당이 실패한다면 후보 교체론이 나올는지도 모른다. 그런 때가 온다면 엄청난 비용을 들여 치른 후보 경선이란 무슨 의미가 있었는가 하는 소리가 들려올 텐데 많은 파란이 예상된다. 정말 아류의 시대는 여러 가지 의미에서 걷잡을 수 없게 표류할 것만 같다. (2002년 3월 29일)

미국은 이스라엘이 잔인한 행동을 해도 그것을 반테러 행위라고 보아주더니 전 아랍 세력이 반미로 달리는 것 같으니까 이스라엘에게 전쟁 지역에서 철수하라고 했다. 카우보이 식으로 인디언을 죽이며 몰아내던 미국. 미국의 기독교는 그런 것을 이교도와의 싸움이며 정의로운 싸움이라고 정당시하려고 했고.

김대중의 대미 외교란 근본적으로 그런 대미 인식을 바탕으로 한 것이 아니겠는가. 거기에 대해서 정권만을 탐내서 좌파정권이라고 떠들어대는 이인제와 이회창. 이인제는 본바탕을 드러낸 것이겠고. 김대중은 북에 특사를 보내면서 특히 대미 관계에서 큰 정치를 하려고 한다. 북이 그것을 이해할 것인가. 미국은 세풍을 일으킨 전 국세청 차장이라는 사람을 대통령 선거를 위해 어떻게 쓰려는 것인지.

미국은 이회창 개인이 아무리 친미적이라고 해도 미국 비판에 크게 기울어진 이 국민을 친미로 끌고 갈 수 있을까 하는 염려를 하고 있겠지. 지금 여당을 미국의 이익을 위해 쓰려고 하는 것이 안심이라고 생각할는지도 모른다.

김대중의 대북 외교와 대미외교라는 큰 정략. 우리나라에서 미국을 찾은 과학자들이 미국 실험실 쪽이 기계도 낡고 정보통신망도 뒤졌다고 한다. 우리나라는 기초과학보다 산업응용 쪽에서 대단한 힘을 가지고 있고 연구자들이 우수하다. 김대중은 두뇌 한국을 일으키자는 것인데 무리를 해 가면서 10년이 지나면 세계가 놀랄 수 있도록 한다는 것이다. 그래서 선거에서도 그것을 계속할 수 있는 개혁적인 인물을 내세운다는 커다란 정략을 쓰고 있다. 역시 큰 정치다.

역사에 남는 대통령이 되려고 참고 참으면서. 교육 전체에 근본적인 개혁이 있어야만 우리나라의 미래는 희망적인데 라고 여러 사람들이 말하고 있었다.

(2002년 4월 6일)

오사마 빈 라덴은 살해됐는지도 모른다. 그것을 숨기고서 살았는지 죽었는지 모른다고 퍼뜨리고 있을지 모른다. 죽었다는 것이 알려지면 이슬람 세계에서는 야단법석일 것이고 영웅 숭배가 대단할 테니까. 이미 아랍 세계에서는 부시와 이스라엘의 샤론이야말로 '악의 축'이라고 야단이라고 한다.

미국은 그 본성을 노출시키고 있는 데 불과하다. 그것은 서구 문명의 본질이기도 하다. 민주주의와 제국주의가 함께 걸어왔기 때문에 민주주의가 제국주의의 도구로 화한다. 흔히 종교가 침략의 도구가 되는 것처럼. 인간이란 언제나 자신의 악행을 선으로 가장하려는 위선에 사로잡히는 법이고, 기독교도 민주주의도 흔히 그렇게 이용된 것이니까, 침략하면서도 이것은 문명화를 위한 길이라고 해왔다. 전쟁을 하면서도 평화를 위해서라고 하고, 무기를 쓰고 인간의 삶의 터전을 파괴하면서도 테러, 폭력으로부터 세계 또는 자유를 지킨다고 한다. 아니, 군수재벌 석유재벌을 도우면서 이제는 미국을 위한다고 노골적이다. 이것이 소련의 말기처럼 붕괴의 징조라고 보고 싶다.

(2002년 4월 7일)

경선을 보면서

이인제나 이회창의 좌파 공격 그리고 언론의 공세에 노무현은 이겨낼 수 있을 것인가. 조선, 동아, 중앙도 가세하고 있다. 남북 관계가 진전됨으로써 좌파 공격은 성공하지 못하는 것 아닐까. 신문은 자기 정당성을 주장하지만 국민이 신문에 대하여 그런 신뢰, 그런 지지를 보내 줄 것인가. 보수 세력에 영합함으로써 선거에서 승리한다는 시대는 지나간 것이라고 나는 생각한다. 이런 공격을 넘어서서 노무현 후보가 승리할 수 있다면 우리나라의 민주주의는 크게 전진하는 것이 아닐까.

임동원 특사가 북을 다녀왔다. 기대를 걸게 되는데 북이 어떤 길을 정말 성실하게 택할 것인가. 베트남에서는 월남을 비판하면서 싸운 세력이 월맹과 손을 잡고 공산사회를 만들었다. 우리는 그것과는 다른 길을 걸어왔다. 미국의 영향 아래서 전제정권을 무너뜨렸지만 북의 노선을 택하려고 하지 않았고 남을 민주화시키고 경제적 번영을 달성하면서 이제는 북에 대해 우위에 서게 되었다.

물론 휴전선으로 막혀 있기 때문이기도 하지만 우리는 오늘에 이르러서야 서독의 동독에 대한 우위와 같은 것을 차지하게 된 셈이다. 이것은 어쨌든 우리 현대사의 특징이라고 해야 한다. 그것은 북이 민족적인 이상향이라고는 도저히 생각할 수 없었기 때문이기도 하다. 이 길을 좀 더 분명하게 추구해 볼 필요가 있다. 오늘 김대중은 대북 관계를 생각하면서 미국 전투기를 사줄 정도는 큰 비용이 아니라고 생각하는 정치를 펴고 있는 것 같다.

개혁에 저항하는 이기주의라고 비판도 하겠지만 이 국민의 힘이 종당에는 역사를 변화시킨다. 국민의 힘과 그 비판과 저항이 없었다면 지금의 대통령 경선제 같은 발전도 있을 수 없었을 것 아닌가. 이 국민의 대중적인 힘이라고 할까, 그것을 어떻게 해석할 것인가. 공적인 선의지를 생각한다. 그것이 자신의 희생을 강요한다면 반발할지 모르지만. 이렇게 이중성을 지녔다고 할까. 공적인 선을 찾는 것은 시민적인 길이라고 볼 수 있겠고, 어쨌든 우리는 권력에 대해서 매우 비판적인 국민이다.

그것이 우리의 민주주의를 전진시킨다. 일본을 앞서갈 것이고, 어쩌면 미국의 민주주의보다도 힘있고 이념적인 것일 수도 있다. 아시아에서 모범적인 민주주의가 될 것인가. 그것이 국민의 권리에 대한 과다한 요구로 끝나는 것이 아니라 이 나라를 위한 추진력으로 작용하게 될 것인가. 시민적인 양식, 동북아시아에 대한 이념, 통일을 위한 관용으로 나아갈 수 있을는지도 모른다. 이런 경우에 나는 언제나 우리가 이어온 강한 주자학적인 전통이라고 할까, 그런 이상주의를 생각하게 된다. 현대의 민주주의 정치가 이것을 담아낼 수 있을 것인가. (2002년 4월 8일)

문화일보 여론조사는 이회창 노무현 양자 대결이라면 29.5퍼센트와 56.2퍼센트라고 한다. 이회창 이인제 양씨가 색깔론을 펴고 노무현을 언론이 비난하고 야단이지만 먹혀 들어가지 않고 반사작용으로 노무현 지지율이 올라가고 있다. 386세대, 이제는 486세대이겠지만 그 이하의 젊은 세대의 반란이고, 기성 정당에 대한 반란이고, 일반시민들의 경우에는 서울대 나오고 출세한 사람들에 대한 반란이기도 하다. 노무현은 상업학교를 나오고 사법고시에 합격해서 여기까지 왔으니까 정말 평민적이라고 생각하고 이인제는 편협하고 거만하다고 한다.

신문에 대한 불신, 그것도 기득권 세력이며 더 젊은 세대는 신문도 잘 보지 않는다고 하니까. 이런 상황에서 신문들도 재빨리 색깔론의 무효를 말하고 노무현을 공격하던 논조를 누그러뜨리는 모양이다.

색깔론도 언론의 폭력도 지역주의도 다 효용이 없어진다면 이것은 정말 선거혁명이다. 신문은 자기들이 대통령을 만들어낸다고까지 했는데 지난번 선거 때부터 그것이 무너지기 시작했다. 그리고 지역주의도 무너진다면, 이렇게 아성들이 무너지면서 덩달아 여러 가지가 무너져 갈 것이다. 서울대의 권위주의도 무너지고 예기치 못한 일이 일어난다. 역시 이 국민은 장하다. 이 국민이 더욱 비판적이 될 텐데 그것에 대응하는 정치력을 창출해 낼 수 있을 것인가. 역시 중대한 시련에 직면해 가는 것이 아닌가 생각된다. 정치를 예견하는 것이 아니라 뜻하지 않게 나타나는 정치현상을 따라가면서 놀람을 가지고 해석하려고 하지 않을 수 없다. (2002년 4월 11일)

김홍걸이 또 문제. 정치에 돈이 필요하다는 것인가. 아버지를 등에 업고 돈을 벌자는 것인가. 그 권력 밑에서 그렇게 버릇없이 자랐다는 것인가. 김대중의 위선이 속속 드러나고 있는 것 아닌가. 이런 것이 정치인이니 김대중도 이회창도 다 싫다. 그러니까 노무현이다. 이런 반동이 판을 치고 있는 셈이다. 그래서 노무현을 선출하게 된다면 그 후 어려운 시대를 헤쳐 나갈 수 있다는 것일까.

이런 불안을 국민이 가지고 있을 텐데 어떻게 대처할 것인가. 아류가 통치하는 체제가 아니고 제왕적인 체제도 넘어설 수 있는 진용, 그런 가능성을 국민 앞에 보여 주어야 한다. 자기 혼자 하는 것이 아니라 한국의 양심과 두뇌 모든 능력을 동원하는 구조를 만들어낸다는 것을 보여 주고 실제로 그런 구조를 멋있게 운용해내야 한다. 그럴 수 있을 것인가. 선거전과 선거 과정에서부터 그것을 보여 주어야 할 텐데.

지금까지의 대통령들처럼 내가 잘 한다 염려 말라는 식의 태도가 아니라 사실을 털어놓고 국민과 염려 걱정을 함께하는 지도력이 필요한 것이다. 권위주의는 사라져야 한다. 권위주의는 제왕적인 통치니까 그 주위에 그렇게 간신배 모리배가 이권을 찾아 모여들지 않았던가. 김대중은 낡은 부패정치의 형태를 그대로 계승하면서 국민의 지지를 받으리라는 망상을 품었다는 말인가.

거대한 부를 이미 축적했을 테니까 정치에 다소 돈이 든다면 그 정도는 자기가 낼 수도 있지 않았을까. 정치로 치부해 온 버릇을 버리지 못했고 그 버릇이 온 가족 친척까지 오염시킨 것일까. 그의 대정치를 지지하고 찬양까지

하면서도 이런 그의 낡은 스타일의 삶을 타기하지 않을 수 없다. 그러니까 그의 대정치도 지지할 수 없게 되는 것 아닌가. 일반국민의 반발이야 오죽하겠는가.

(2002년 4월 13일)

민주당 경선에서 노무현이 계속 선두를 달리고 있다. 이인제와의 대립은 계속되고 있지만 색깔논쟁이니 언론관이니 하는 문제는 한물간 듯하다. 저렇게 대립됐지만 경선이 끝나고 누가 결정이 되든 그때는 한마음으로 협력한다고 하면서 승자를 패자가 밀어준다면 민주당은 압승할 수 있을 것이다. 그래야 패자도 살고 정당이 신뢰를 회복할 수 있는 것인데, 경선에서 아름다운 패배를 할 수 있어야 한다.

한나라당도 경선을 한다고 하지만 처음부터 이회창의 압승이다. 경선의 공정성이 제기되기도 하고 그러니까 경선다운 경선이 아니라고 보게 된다. 이미 민주당의 흥미 있고 열기 있고 긴장감 감도는 경선에 비해 한나라당의 그것은 김빠진 요식행위처럼 보인다. 이부영은 모여든 선거인들에게 왜 젊은이가 이렇게 없는가, 당 조직이 문제라고 발언하고 있다.

정말 활기찬 민주주의다. 민주적인 전진이 오겠지. 이 시대에 알맞은 정치를 찾아내야 한다. 강해진 국민과 더불어 해낼 수 있는 정치 말이다.

(2002년 4월 15일)

김대중의 주변은 더욱 험악해진다. 아들, 조카, 측근 모두가 부정부패 사건에 걸려든다. 정치자금이 필요했던 것인가, 끝없는 탐욕인가. 아들들의 불량한 짓이고 자신은 몰랐다는 것인가. 무사할 줄 알고 정치자금도 얻어 쓰고 자식들 치부도 시키고 하려던 것이 터졌다는 것일까. 멋있는 정치를 하려면 그렇게 많은 자기 돈을 좀 쓰고 자식들은 제 길을 올바르게 가게 하고… 이렇게는 하지 못한다는 말인가. 그렇게도 동북아시아가 협력하는 앞날, 남북이 통일되는 날, 한국이 번영하는 날을 구상했다고 했는데 그 모든 것이 빛을 잃어버리는 것이 아닌가.

왜 그랬을까. 남을 그렇게 비판하면서 자기는 그러지 않는다고 한 것은 거짓말이었던가. 그렇게 숨어서 악행을 할 수 있다고 생각했던가. 그러기 위하여 권력을 쥐려고 하고 그렇게 많은 고생을 했다는 것인가. 정치에는 돈이라는 역시 낡은 정치가였고 그러면서 치부를 해야 한다는 것이었던가. 정말 풀 수 없는 수수께끼다.

그리하여 그를 지지해 온 많은 민주운동 출신 인사들도 실망시키고 있다. 「레서 이블」(lesser evil)을 지지해야 하는 것인가. 구세력은 어디서나 호시탐탐 노리고 있으며, 노무현은 믿음직하지 않다고 한다. 그는 김대중의 대리인이라고 하면서 이회창은 일반 대중의 표를 모으려고 한다. 어디서나 혁신적이라는 사람들을 내몰려고 조직하고 모함 중상하면서 야단이다. 이처럼 구세력은 기득권을 누리고 새로운 세력을 확장하려고 하는데, 결코 그 세력은 만만치 않다. 구세력은 복지부동, 호시탐탐 노리고 있었던 것이 아닌가.

이에 대해서 노무현이 승리할 것인가. 이른바 정당정치에 혐오를 느낀다는 젊은이 세력이 승리할 것인가. 베네수엘라에서 대통령을 내쫓으려다 실패했고 이스라엘 수상을 평화의 사람이라고 부르는 부시의 미국이 기묘한 방법으로 공작을 할 것 아닌가. 재벌 기업이 이회창에게 돈을 퍼부으려고 할 때 노무현은 어디서 자금을 얻어낸다는 것인가. 대통령 선거를 향하여 한국은 크게 뒤흔들릴 것 같다. 이미 월드컵 기간에 치러지는 6월 지방선거는 아랑곳없다는 정세이다.

이런 속에서 노무현이 승리한다면 그것은 기적이다. 장차 어떻게 개혁을 내걸던 정치가들의 실패에도 불구하고 반동으로 가지 않고 민주주의적인 전진을 이루어 낼 수 있을 것이라고 보지만. 정말 신문의 공격, 반기업적인 좌파라는 공격, 반미적이라는 비난, 이 모두를 이겨낼 수 있을 것인가, 그를 지지하는 민주 세력 그리고 젊은 세력이. 나도 힘을 보탤 수 있다면 이 나이를 무릅쓰고 참여해야 한다고 생각한다.

김대중 주변의 권력형 비리. 아들들까지 구속되는 사태. 그는 정치란 역시 돈이고 국회의원들이란 돈으로 다루어야 하고 선거도 돈을 쓰면 이기는 법이라는 일종의 신념을 가지고 있었던 것 같다. 지식인들의 이상주의란 덧없는 것이라고 냉소하고, 그들은 필요할 때 이용해야 할 존재에 불과하다고 생각하는 현실주의 아니 냉소주의였을까.

그래서 처음부터 자민당을 데리고 걸어왔고 2000년 4월 총선에서는 그 식으로 다수당을 만들고 뜻대로 해 보자고 한 것인데 실패했다. 김영삼의 경우와 꼭 같은 실패였다. 그러니까 99년 12월경부터 비밀정치자금 거래가 횡행했다는 것 아닌가. 이것이 국민 특히 민주 세력에 주는 실망이다. 그러나 지금도 민주당의 승리를 위해서는 그 수법밖에 없다고 생각하는 것 아닐까. 박근혜의 미래당인가도 그런 공작 대상에서 제외되어 있지 않을 것이다.

그들은 이른바 보수연합이라는 이름으로 이회창을 제거하고 자기들이 모두 합하면 노무현이 당선되어도 견제하고 이용할 수 있을 것이라고 생각한다는데. 민주당은 국회에서 소수당이 될 테니까 그 다음에는 자기들에게 정권이 돌아온다는 것이 아닐까.

어쩌면 김대중은 김영삼과 똑같은 길을 걷는 것일까. 검은 돈을 모아 가지고 공작을 하는 데는 믿을 것은 자기네 친위대와 가족밖에 없었지 않겠는가. 그래서 그들만 주위에 모아놓고 다른 사람들은 소외시켰다. 아태재단에서도 청와대에서도. 이회창이 탄핵을 말하고 하야를 말하는 것은 정치선전으로서도 어리석은 것 아닐까. 무엇보다도 국민은 그런 혼란은 원하지 않고 있기 때문에. 그런 의미에서 이회창의 브레인들은 현실감각을 갖추지 못하고 있는 것 같다.

저런 검은 정치자금 모금이라는 데는 개인치부가 따라다니는 법 아닌가. 이 모든 구 정치적인 수법이 앞으로는 통용되지 않게 될 것인가. 김대중은 모든 것을 다음 대통령 선거에 걸고 있을 텐데, 방관자라고 자처한다면 국민들에게도 흥미로운 한국 정치사라고 할까. 그런 정치가 이미 경제를 그다지 좌우하지 못하는 데 한국의 성장이 있다고 할지도 모른다. 그전에는 추석만 되어도, 선거를 치른다고 해도 물가가 오를 정도였으니까. 동대문시장에서, 부산 국제시장에서 악착같이 살아온 국민이라고 할까, 정치적 역경에도 쓰러지지 않고 생업에 헌신한 국민이라고 할까, 이런 것이 살아 있어서 거친 이 시대에도 국민의 에너지는 죽지 않았다고 보아야 할까. 이런 것이 일본과는 다르다.

(2002년 5월 23일)

한국의 낙관주의

한국과 일본의 궁중음악 공연을 보고 왔다. 일본의 경우도 한국의 경우도 자기를 발산하였다기보다는 동양적으로 심하게 억제하였다고 보이는 음악. 그러나 한국은 유교적인 자제이고 일본은 불교적인 자제라고 할까. 일본의 경우는 특히 가구라(神樂)의 영향을 받은 것이 아닐까. 다달이 성내는 신을 달래는 것이다. 천황도 신이었으니까. 그리고 심한 격식화, 의식화, 그러니까 예술화라고도 할 수 있다. 춤 동작 하나하나에 의미가 있을 터이다. 무척 섬세한 율동에 시각적이다. 즐기기보다는 그런 귀족적인 의식에 참여했다는 자족감에서 견디어낸다.

한국의 경우는 인간인 임금에게 바친 것이고 주연(酒宴)과 더불어 즐긴 것이다. 시각적이라고 하기보다는 청각적이다. 임금의 위엄을 높이느라고 장엄하다는 데는 한국과 일본이 일치하지만 분명히 한국의 경우는 즐기자는 것이다. 종묘 제례악도 고인이 된 왕의 문과 무를 찬양하자는 것이었다. 그러나 신혼이라는 의미는 거의 없었다. 때때로 북이나 징구, 편종, 편경 또는 박이 리듬을 중단한다. 그것은 동양 음악에서의 불협화음이었다고 해야 하는 것이 아닐까.

일본 궁중음악이 정(靜)이라면 한국 음악은 동(動), 한층 더 청각적이다. 여기에 중국 아악을 가져다 놓으면 어떨까. 궁중음악에서의 한일의 차이란 오늘까지 계속되고 있는 문화의 차이를 나타내는 것이 아닐까. 대중음악에서

조차 볼 수 있는 차이 말이다. (2002년 5월 24일)

"그대와 가깝게 지내면서 나는 인류에 대한 경멸 그리고 냉혹한 무관심이라는 유령을 추방한다."(아렌트에게 보낸 야스퍼스의 서신, 1950년 4월 20일)

이런 야스퍼스에 대해서 아렌트는 이렇게 말한다.

"베버의 지적 냉철함은 당해낼 수가 없어요. 적어도 저로서는. 제 경우에는 언제나 어떤 도그마틱한 것이 어딘가에 걸려 있어요(그것은 유대인이 역사를 쓰기 시작할 때 나타나는 것인데 선생님도 알 수 있을 거예요)"(아렌트가 야스퍼스에게 보낸 서간, 1950년 6월 25일)

그리고 아렌트는 전쟁이 일어난다는 소문에 대해서 언급하고 유대인의 농담을 소개한다. 심하게 짖는 개는 물지 않는다고 하는 말을 듣고는 개도 사람들이 그것을 알고 있음을 알고 있다고 한다는 것이었다. 스탈린이 전쟁을 하지 않는다고 생각하지만 누가 알겠는가. "현실은 정말 기이한 것이다"라고 아렌트는 말했다. 그날이 바로 한국에서 6 · 25가 일어난 날이 아니었던가.

두 사람은 그 후에도 한국전에 대해서는 그다지 언급한 것 같지 않다. 6 · 25는 그들의 관심 안에 들어오기에는 너무나 먼 곳에서 일어난 사건이기 때문이었을까. 한국은 그때 세계사 속에 자리를 차지하고 있지 못했던 것이 아닐까. 스탈린은 그 자신이 전쟁을 일으키지는 않았지만 대리전쟁이 일어나도록 했다.

유대인은 역사를 쓸 때 냉정해지지 못하고 어떤 의미에서 도그마틱해진다는 것은 중요한 말이다. 그것은 게르첸이 망명 러시아인으로서 "역사란 열병이다. …역사란 광인의 자서전이다"라고 한 것과 상통하는 것이 아니겠는가. 나는 요즘 변증적(apologetic) 역사라는 것을 생각하고 있는데.

야스퍼스는 아렌트의 활동에 기대하면서 우리가 이 세상에 살면서 목표로 하고 있는 것을 서로 지켜가자고 강조했다. 그들은 인류에 대한 경멸 또는 냉혹한 무관심에 때로는 빠져 들어가면서도 그것과의 싸움을 멈추려고 하지 않았다. 절망했기 때문에 도리어 공정한 입장에서 싸울 수 있었던 것이다.

오늘 KBS에서 지방선거를 위한 이회창의 스피치가 있었다. 가장 무능력하고 부패한 정권을 내몰고 깨끗하고 유능한 정부를 한나라당과 그 자신이 일으켜 세운다고 하면서 국민을 위하고 가난한 사람을 위한다는 모든 미사여구를 나열했다. 그러면 국고는 탕진되고 말 텐데. 선심공약을 이렇게 난발하는 것이 민주정치다. 그것에 지지 않을세라 노무현은 또 국민을 위한다는 미사여구를 나열할 테니 미사여구의 웅변대회, 누가 새로운 미사여구를 찾아내는가의 경쟁이다. 입장도 이론도 실현 가능성도 생각지 않은 단지 표를 얻기 위한 말의 경쟁을 정책대결이라고 하는 것일까. 좋은 것은 다 내 거니까 서로 다를 것이 없는데 이것이 선거 후의 현실적인 정치와 무슨 관련이 있다는 것인가.

민주정치의 한계. 허위와 거짓의 경쟁에 지나지 않는다. 그러니까 정치도 사회도 혼란스럽고 유럽에서 극우 세력이 등장하는 것이 이런 데서 오는 것 아니겠는가. 질서를 찾고 이민을 추방하고 조국을 굳게 하겠다느니 하니까 우선 명쾌하지 않은가. 거짓 이상주의로 모두가 좀먹어가고 있는 것을 알고 있으니까 이것을 극복해 낼 수 있는 민주주의를 찾아낼 수 있다는 말인가.

근시안의 정치, 선거만 아는 민주정치 속에서 이번 대통령 선거에서 한국은 어떤 선택을 할 것인가. 유령이 판치는 세상은 좀처럼 가실 것 같지 않은데 공약이라는 것, 그 미사여구를 완전히 무시한 투표행위란 있을 수 있는 것인가.

(2002년 5월 27일)

월드컵 개회식을 보면서 생각했다. "비관주의는 기분의 문제이고 낙관주의는 의지의 문제다" 라는 말은 누구의 말일까. 개회식의 쇼는 그 낙관주의의 표현인데 일본은 비관주의의 기분에 잠겨 있는 듯하다. 살려고 하는 의지, 정치가 저 모양일수록 누구에게도 기대지 않고 살려고 하는 의지를 보여야 한다. 우리나라가 과학에서도 세계 10위에 들어간다니, 그래서 노벨 과학상까지 생각한다. 미국에 가 있는 동포들 사이 같은 데서 말이다.

아렌트가 미간행의 강의 노트에서 '철학자'와 '저술가'를 구별했다. "'저술가'는 자기가 생각하는 '진리'를 서술하는 것이 아니라 '정치적 경험에 근거하여 정치를 위하여 서술하는' 사상가"이고 "'철학자'는 '정치를 밖에서 서술하는 것이고 비정치적 기준을 정치에 요구하려고 한다. 이것은 플라톤 이래 또는 더 엄밀하게는 파르메니데스 이래의 정통'"이라고 했던 것이다. 아렌트는 자신을 저술가라고 생각하고 마키아벨리 몽테스키외 토크빌과 마찬가지 역할을 한다고 생각했다. (오다 데쓰오 『한나 아렌트』에서).

루소, 마르크스도 철학자형이라고 할까. 나 자신을 생각할 때 나도 역시 저술가형이라고 해야 하는 것이 아닐까. 그래서 아렌트에게 감동을 받는 것인지도 모른다. 물론 철학자형과 저술가형을 겸하는 경우도 얼마든지 있겠지만 아렌트도 그의 사후에 나온 『정신의 생활』이나 그전의 『인간의 조건』에서는 분명히 정치 철학자였다. (2002년 6월 2일)

월드컵

다음 월요일 6월 10일에 있을 한미 축구가 큰 문제가 된다고 한다. 폴란드에 승리한 한국, 포르투갈에 승리한 미국, 그리고 한국이 16강으로 진출하느냐 하는 문제도 있지만 한국의 대미 감정이 문제라는 것이다. 미국 대사관에 10만 대중이 몰려들까봐 걱정이라고 한다는 것이다. 한국이 패배했을 경우, 동계 올림픽 때 김동성 선수를 탈락시킨 미국의 내셔널리즘 그리고 북을 '악의 축'이라고 하면서 한국을 몰아세우더니 차세기 전투기 구매를 강요한 미국 등으로 한국이 패하기라도 하면 어떤 불상사가 일어날지 모른다고 하면서 한국의 자제를 바라고 있다는 것이다.

사실 대구에서는 이 경기를 위해 한미 양 국기를 게양하는 데도 비난이 쏟아져 미국 국기는 철거해야 했다고 한다. 단지 미국의 한국에 대한 자세에서뿐만 아니라 아프가니스탄에 대한 잔인한 보복, 이스라엘의 잔인성에 대한 지지, 이 모든 것에 대한 그야말로 공분에 가득 차 있다. 미국의 악, 미국인의 잔인성, 부시의 폭력적인 자세에 대한 세계적인 공분을 한국 국민이 공유하고 있는 것이다.

그러나 한국 사람들은 한국이 진다고 해서 일어나지는 않는다. 한국의 패배에 불공정한 심판이 있으면 몰라도, 한국인은 부정한 것에 대한 의분에서만 일어난다. 내가 잘못했는데도 감정적으로 집단을 지어 일어나는 법은 결코 없다. 미국인들은 자기 잘못인데도 약자를 자기를 위해서 여지없이 눌러버리지만. 인디언을 절멸시키고 흑인을 억압해 온 역사가 그런 것 아닌가. KKK의 잔인성이란 미국의 본성이 나타난 것이고 부시는 그것을 이어오고 있다고도 생각한다. 다만 그것을 정치 또는 외교라고 해서 가리고 있는 것뿐이다.

1968년 킹 목사가 살해됐을 때 유니온 신학교의 흑인 사회학 교수 링컨을 만났던 것이 생각난다. "남편과 자녀들이 보는 데서 강간을 했어요. 그것을 보고 우리는 자라났어요." "제1차 세계대전에서 그렇게 용감히 싸우고 이제는 인간 대접을 받는가 하고 애틀랜타 역에 내리자 백인들이 대대적으로 폭행을 가해 왔어요. 흑인들이 전쟁에 공헌했다고 오만해질까봐서 위협을 가한다는 것이었지요." 이것이 미국 백인들이라고 그의 불꽃 같은 눈에 눈물이 고였다.

공분이 크게 자리 잡고 있다는 것, 그것에서만 우리는 분노한다는 것, 이것은 우리 국민의 커다란 자산이다. 이것이 지금까지 우리 역사를 밀어왔다. 여기에 대한 신뢰를 가져야 하고 이것을 두려워해야 된다. 더욱이 정치가는.

(2002년 6월 6일)

붉은 악마들이 반미는 자제할 것이라고 한다. 9 · 11로 일어난 미국의 무지한 내셔널리즘—무엇이나 제1이 아니고는 참을 수 없어 하는, 그리고 폭력적인 복수를 일삼는—이스라엘과 팔레스타인의 싸움처럼 복수에 복수로 이은 것이 미국인들의 인디언과의 싸움이 아니었던가. 그리고 민족, 즉 백인우월주의. 그러니까 부시와 이스라엘은 하나다. 심성이 그대로 일치하니까.

그런 내셔널리즘으로 지난 솔트레이크 동계 올림픽에서 김동성 선수를 탈락시켰다. 그것은 미국인 개인이 한 것이지만 9 · 11에 의한 미국 내셔널리즘이 낳은 것. 그것에 따라 한국의 반미 또 그것 때문에 노무현까지 승리한다면 그야말로 역사의 아이러니가 아니겠는가.

요즘 일본에 대해서 무척 생각하게 된다. 일본은 제2차 세계대전 이후 지금까지의 무리한 경쟁 끝에 지나치게 피로해진 것일까. 원래 집단적으로 지도자를 믿고 그에게 맡기고 상층을 믿고 달려왔다. 세계 제일을 목표로 하고 아시아를 내려다보면서. 그러나 이제 정치도 경제도 부도덕한 자들의 농락 속에 있다는 것을 알았을 것이다. 그런데도 그들은 철없이 오만하고, 그렇지만 그것은 넘을 수 없는 벽이라고 생각해서 깊은 절망과 체념, 체제에 대한 피로가 찾아왔다. 비록 그러다가는 죽음이 다가온다고 해도, 이제 달리고 싶지 않다는 것이다. 노동과 투쟁에 지친 것이다.

여기에 우익이 날뛰려고 한다. 1930년대 후반 이후의 역사를 반복하는 듯하다. 끌려갈 힘도 없는데. 여기에 대한 문화적 철학적 고찰이 있어야 하는 것이 아닐까. 일본이 우익의 길을 가고 고립했다고 해서 제국주의적인 침략의 길을 갈 가능성은 없다. 일본이 아시아나 세계를 필요로 하는 것이지 아시아나 세계가 일본을 필요로 하는 것이 아니니까. 핵무기를 가진다고 해도 그것은 우익들의 자기기만을 위한 도구에 지나지 않는다.

한국은 지금 정력적이다. 그러나 일본의 전철을 밟게 되는 것은 아닐까. 민주화의 열기가 정치에 대한 실망에서 개인 이익의 추구에 대한 열망으로 변하고… 그러다가 그것에서도 벽에 부딪쳤다고 생각하면 커다란 체념의 늪에 빠져 들어갈 수 있다. 우리에게 힘을 불러일으키는 것이 없어질 테니까.

한일 간에는 국민성, 문화, 체제의 차이보다는 역사의 차이 — 말하자면 한국은 일본이 간 길을 시간적 간격을 가지고 뒤좇아 간다는 것만이 있는 것이 아닐까. 고도성장이 낳는 사회현상, 이것도 세계화라는 것인가.

(2002년 6월 8일)

내가 천황이라고 썼는데도 『대구매일』은 역시 '일왕'(日王)이라고 했다. 천황이라고 부르는 데 주저하는 것은 요즘에 한한 일이 아니다. 조선통신사 때에도 우리나라에서는 천황은 물론 막부 쇼군(將軍)을 왕이라고 부르는 데 주저했고 명치 이후에도 일본 황제라고 부르면서 천황의 호칭을 피했다. '일왕'이라고 하는 데는 이처럼 역사가 그늘을 드리우고 있다.

1950년에 『뉴욕타임스』도 "히데요시 이래로 일본인은 조선을 일본의 심장부를 겨누는 단도(短刀)라고 불렀다"라고 언급했다. 명치 시대 지도자들도 그랬지만 이것은 일본의 '옛날부터의 전략적 관점'이라고 브루스 커밍스(Bruce Cumings)는 말했다. 자기네가 침략을 하면서 그렇게 부른 것은 논리적으로 맞지 않는 것이라고 하면서(앤드류 고든Andrew Gordon 편 『역사로서의 전후 일본』에서). '단도'니까 먼저 제압해야 한다는 식으로 침략을 합리화하는 논리였던 것은 물론이다.

(2002년 6월 11일)

브루스 커밍스(Bruce Cumings)의 「세계 시스템에서의 일본의 위치」라는 글을 읽었다. 미국이 쇠퇴의 길을 가면서 역사상 사양길에 들어선 많은 나라가 그랬던 것처럼 '정치적 군사력으로 위협함으로써 경제면에서의 자국의 이익'을 추구하고 있는 것으로 보인다고 했다.

미국에서는 '실업의 증가, 공업도시의 공동화, 중산계급과 노동자의 지위 저하'가 진행되는데 그 미국에서 얻은 자본과 기술로 아시아는 심한 노동에 견디어 내며 교육을 중시하고 강한 '문화적 · 민족적 긍지'를 가지고 결속한다고 커밍스는 보았다. 21세기가 미국의 세기가 되리라고는 생각되지 않는다고 하면서.

미국은 무력감에 사로잡힌 채 그것을 미국식 군사우위 내셔널리즘으로 은폐하면서 국민을 선동해 보려는 것일까. 그런데 일본도 마찬가지라는 점을 커밍스는 생각해야 하는 것이 아닐까. 그것을 초극하는 데 무력감을 되씹고 있다. 저렇게 퇴폐한 정치 세력만 해도 어떻게 할 수가 없으니까.

이 점에서 결코 한국도 안전하지 않다. 격심한 노동에 누가 견디어내려고 하겠는가. 이공계로 진학하는 것도 회피하고 토목 노동자를 구할 수가 없고 그런 일은 모두 외국 노동자에게 의존하게 되어 가는가 하면 정치 세력이란 저런 꼴이다. 이 모든 사회현상을 극복하려는 의지도 없고 그럴 가능성이 있다고도 생각되지 않는다. 그래서 오늘의 풍요에서 자기 몫을 찾는 데만 집중하려고 하는데 이런 점에서 그 풍요를 누려보기도 전에 일본이 가는 길을 너무나 빨리 따라가는 것이 아닐까. 젊은 마르크스의 말이 생각난다.

"…독일은 아직 한 번도 유럽 해방의 수준에 서지 못한 상태에서 어느 날 아침 유럽 몰락의 수준에 몸을 두게 될 것이다."(『헤겔 법철학 비판서설』에서)

그리하여 '근대국가 세계의 문명적 결함'과 '구체제의 야만적 결함'이 결합하고 만다. 후진국의 성급한 발전이란 이런 것. 단축성장을 한다면 단축몰락도 하는 것이라고 할까.

김대중 정권과 박정희 정권에 패러렐을 느낀다고 하면 비난을 받겠지. 박정희의 근대화와 김대중의 지식산업화, 그런 경제발전 또는 전환을 이룩해냈다. 그러나 부패, 정신적 타락. 민주화 세력 또는 국민의 자기희생의 도덕적 에너지가 탐욕적인 자기이익 추구의 에너지로 변질했다. 그래서 박정희 정권 말기처럼 퇴폐한 국민이 자기는 제쳐놓은 채 체제의 부정을 규탄한다. 한나라당이 정직과 윤리를 대표한다고 외치는 그야말로 메아리 없는 목소리. 그 우스운 꼴. 그들 자신도 자기들의 목소리를 공허하게 느끼는 듯 자신이 없어 보인다. 역시 무력감을 되씹을 수밖에 없다. 무력감에서 무기력해지는 것일까.

(2002년 6월 12일)

월드컵 내셔널리즘, 저렇게 '대-한민국'을 열창하니. 그런 내셔널리즘이 또 어디에 있겠는가. 일본은 히노마루를 우리가 태극기를 내젓는 것처럼 흔들어댈 수 없었다. 유럽에서도 월드컵 경기장에서만은 민족주의가 허용된다고 해도 일본 히노마루는 역시 침략의 상징이니까 대대적으로 흔들어대면 세계가 섬뜩해할 것이기 때문이다.

그러나 태극기는 억압받은 국민의 상징이다. 그러니까 '대-한민국'이라는 함성도 리듬이 맞아서뿐만 아니라 내용적으로도 부르기 아름다운 것이다. 작은 나라가 무슨 '대'냐고 하는 부끄러운 생각도 있어서 모두 꺼려서 한국이라고만 했는데. 일본의 내셔널리즘이 한때 대일본이라고 해서 우리도 그랬고 중국도 대중화민국이라고 했던 것 아닌가. 그러나 일본이나 중국은 통칭에만 '대'를 썼는데 우리는 대한제국에서부터 정식 국호에다가 썼다. 이번에 그것이 정말 아름다운 국호가 되었다. 태극기가 이런 해방과 자유 그리고 평화의 상징으로서 영원하기를.

미국은 경기 때마다 성조기를 뒤흔들고 야단법석 하는 내셔널리즘. 그 깃발은 자유를 찾아간 상징이고 이민으로 미 대륙을 찾은 모든 민족에게 대한 통합의 상징이었기 때문이다. 그러나 언제까지 그것이 그런 아름다운 것으로 보일 수 있을까. 이미 그것이 억압의 상징으로 증오의 대상이 되기 시작한 것은 아닐까.

응원단 '붉은 악마'의 덕분에 붉은색에 대한 타부가 깨어진 것도 흥미로운 일이다. 북이나 공산주의에 대한 타부가 이제는 심리적으로 사라진다. 이제 반공이란 심정적으로도 받아들여지지 않는다. 냉전이 의식에서도 씻어지는 것이다. 그렇다면 우리는 탈이데올로기로, 이미 통일의 멘털리티로 달려가고 있다고 할 수 있는 것이 아닐까. 월드컵은 정말 우리에게 많은 변화를 가져다준다. 월드컵에 대한 사상사적인 자리매김이 필요하다고 하겠다.

태극기, '대-한민국'의 외침, 모두가 고난을 이겨낸 환희, 해방의 상징. 그리고 고난 속에서 갈급해하던 동양평화의 상징, 비난과 미움의 대상이 아니다. 그런데도 해방 후에도 어쩐지 자신 있게 내흔들지 못했다. 이제는 긍지를 가지고 내흔들고 외친다는 것이다. 제2의 8 · 15의 감격이라고 할까. 이 나라 현대사 속에는 일본과는 다른 이런 감격의 순간들이 있다.

그러나 그 후에는 실망, 배반감이 따라오곤 했다. 8 · 15 이후의 역사는 그렇게 이어져 왔다. 스포츠가 외교의 실마리를 트고 그 다음에는 실제로 외교와 정치가 이어져야 하는 것인데, 우리는 그런 감격을 승화시키고 조직화시키는 정치가 없었다는 것일까. 이번에는 그런 가능성을 자아낼 수 있을 것인가.

(2002년 6월 21일)

월드컵과 정치

붉은 악마, 매우 흥미로운 심벌이다. 붉은 색에 대항하여 청색을 씀으로써 극복하는 것이 아니다. 그것을 내 것으로 만듦으로써 승리한다. 그렇게 성장한 것이다.

6월 항쟁에서 15년, 광주사태에서 22년. 오늘은 그 광주에서, 그러니까 그 비극의 거리 금남로를 축제로 메웠다. 보람 있는, 긍지를 느낄 수 있는 내 나라를 얼마나 갈망했던가. 중국과 일본이라는 대국 사이에서 유교적인 이념으로 언제나 왕도정치를 꿈꾸면서 이상국가를 염원해 왔지만 현실은 어느 때나 실망만 안겨 주었다. 해방도 그랬다. 그것은 곧 남북분단과 전쟁 그리고 남쪽만의 나라 속에서도 분열, 부정부패, 독재, 그러니까 한이 서리고 서렸다. 민주정부에 걸었던 기대도 김영삼, 김대중 정부 모두 기대를 벗어났다. 그리고 지금 또 정권을 위한 대립 정쟁, 추하기 짝이 없다. 그 슬픔 그 한이 터져 나온다.

민주화 열기가 대중사회 속에서 모습을 달리해서 계승되고 있는 것이다. 그것이 김대중 정권에 대해서 강하게 "노"라고 하면서 동시에 모든 정치 세력에 대해서도 "노"라고 하고 있는 것이다. 그러니까 그처럼 '대-한민국'을 강하게 외친다. 거기는 기도가 서려 있다. 정말 이기게 해 주고 싶다, 한을 풀 수 있게. 그런 심정으로 모여들고 있다. 그리고 그렇게 자각적인 행동을 한다. 바른 국민으로 모범이 되고자 한다. 단순한 놀이가 아니다. 의식적이든 아니든 애국이며 애국을 위한 행동이고 연기이기도 하다. 이것을 뚫어보아야 한다. 민주화 운동이 집단화되어도 그렇게 숭고했고 그렇게 질서정연하지 않았던가. 그 심정이 계속 이어지고 있는 것이다. 단순히 흥에 들뜨기 좋아해서가 아니다. 기도하는 진지한 얼굴들이 그렇게 많지 않았는가.

이제 이 나라를 분열 부정부패로 끌고 가는 세력은 누구도 용허하지 않는다. 이렇게 이 국민이 압력을 가해야 한다. 드디어 4강 진출, 4,700만이 환호한다. 민주화를 이룬 것도 이 세력이다. 김대중은 국회만 바라보고 소수당을 다수당만 만들면 된다고 하는데 그것은 낡은 생각이다. 민주화 운동의 시대를 배반한 것, 그리고 그 다수를 정치자금으로 만들어내려는 낡은 수법, 그것이 좌초하고 만 것이다.

그런 것이 정치적 리얼리즘이라고 생각한다. 썩은 국회에 국민과 함께 압력을 가할 수 있는 체제를 구축하지 못했다. 그 국민이 정치 세력을 밀어서 자신도 대권에까지 간 것인데 그것을 망각했다. 그래서 몰락했다. 어려운 일이 있으면 이 국민에게 호소하면서 힘을 모았어야 했다. 앞으로는 다시는 이 국민을 실망시키지 말아야 하는데, 아니 국민이 그것을 용서하지 않을 것이라는 것을 노무현, 이회창 양씨가 깨닫고 있을까. (2002년 6월 23일)

이회창은 도리어 두려워하고 있는 것이 아닐까. 우선 자기 목적을 달성하는 데 장애가 될 것 같아서. 저런 열기를 참다운 정치로 승화시킬 수 있는 사람이 아니며 한나라당도 그럴 수 있는 것이 아니다. 정치가들이 이것을 진정으로 정치화하지 못한다면 우리 국민이 스스로 정치화의 길을 찾아야 한다. 그것은 우선 그런 정치와 정치가에게 강한 압력을 가하는 일이다.

북에서 다른 나라 경기는 보여 주면서 한국 경기는 보여 주지 않는다고 한다. 4강 승리에 대해서는 축전이라도 보내줄 수 있는 아량을 가져야 하는데, 그러면 그것이 김정일에게도 유리하게 작용할 것이고 그래야 민족을 위한다고 할 것이 아닌가. 김일성이 죽었다고 조전을 보내주지 않았다고만 한다면 우습지 않은가. 북의 움직임을 지켜보고 싶다.

역사와 더불어 우리 민족을 재발견한다고 할까, 좀 더 긍정적으로 인식하게 된다고 할까, 내 민족에 대한 내 잘못됐던 생각을 수정한다고 할까. 그동안 정치계, 언론 또 노동운동이니 대중사회 현상이니 하면서 부정적으로 바라보던 것이 요즘 수정되는 것같이 느껴진다. 우리 민족의 저력에 대한 발견이라고 할까.

일본이라면 '네마와시(나무를 옮겨 심을 때 뿌리를 굴리듯 하는 사전 절충)'를 하듯 골고루 추진해 가는데 우리는 관념이 앞서기 때문에 현실을 생각하지 않고 우선 일을 저지르고 본다고 할까. 아무것도 없이 인천공항을 세우듯이. 그래서 말썽이 많지만 점점 그 주위에 여러 가지가 들어서게 된다.

자본주의란 한쪽을 밀고 나가면서 발전은 하지만 낙오되는 지역이나 집단을 낳는 불균형을 재생산하는 것인데 우리의 사회발전이란 바로 그런 것일는지 모른다. 그래서 생기는 불균형으로 언제나 시끄럽다. 그때 그 마이너스의 측면을 보살펴주어야 하는데, 여기에 민주주의라는 것이 요청되는 것이 아니겠는가. (2002년 6월 22일)

28일 아침 서해바다에서 북 경비정이 내려와 교전이 벌어져, 사상자가 생겼다. 북이 아리랑 축제를 해도 세계의 관심을 끌지 못했다. 남쪽은 월드컵으로 세계의 관심을 집중시켰는데, 북은 국내를 단합시키기 위하여, 남에게 축제에 들떠 있을 때가 아니라고 경고를 발하고, 세계에 한반도가 축제의 땅이 아니라고 보여 주려고 했을까.

어쨌든 국민이 마음을 하나로 하면 외압이나 정치 세력이 이것을 무너뜨리던 우리의 근대사가 또 여기에 나타나는 것인가. 남쪽에서는 지금 중상하고 분열시키는 정치 싸움을 차마 하지 못하고 있는데 그것도 다시 부활할 것인가. 8 · 8 보선을 주목해야 하겠다. 한국 근대사의 악순환을 극복할 것인가. 무엇보다도 강해진 국민이 이것을 제어해야 하는데 그러기에는 아직 많은 시간이 필요하다는 것일까.

지난 28일 서해교전에서 '5명 사망'을 '사상'으로 보고하고 '피해 경미'라고 잘못 판단했다는 것이 문제가 되고 있다. 모든 보고란 자기에게 유리하게 하려고 채색을 가하는 것이겠지만 치명적인 상황에서도 그 꼴이라는 것은 어쩌면 한국군의 전통인지도 모른다. 6 · 25 때를 회상하면서 그렇다고 생각하지 않을 수 없다. (2002년 7월 6일)

공동의 실패

히딩크 감독이 네덜란드로 돌아갔다. 그는 정말 지장으로 자기는 감독이지 영웅이 아니라고 했다. 자기는 모든 영광을 받았으니까 수기에서는 한국 선수의 정신력과 붉은 악마의 성원만을 찬양하고 내일을 향해 한국이 승리할 날이 머지않을 것이라고 했다. 그는 선수들의 심리를 완전장악한 명 교육자이며 참다운 어버이로서 정말 영웅답게 그 영광의 절정에서 무대에서 떠난다. 전체가 멋있는 쇼, 훌륭한 퍼포먼스였다. 멋있는 퇴장. 우리나라 정치인들의 기가 죽은 듯하다. 요즘은 중상과 비난의 입을 다문 채 다소 조용하다.

(2002년 7월 8일)

이대 총장 장상을 총리로 택했다. 아들이 미 국적을 채택했다. 프린스턴 신학교를 나오고 프린스턴대학 신학부를 나온 것처럼 이력서를 기재했다. 땅투기를 했다. 이렇게 신문이 떠들고 한나라당이 떠들어대자 그도 이랬다저랬다 말 바꾸기를 했다. 이미 그도 빛을 잃어버리고 제 구실을 하기 어렵게 됐다. 이렇게 일을 하게 하려는 것이 아니라 끌어내리려는 풍토에서는 일을 할 수가 없다고 그 풍토를 비판하면서 그만두는 것만이 지금 만신창이가 된 김대중 정부를 돕는 길일 것 같다.

김대중 정부의 실패를 나는 역시 케임브리지의 존 던(John Dunn) 교수가 말한 대로 '민주주의를 매개로 한 국민공동의 실패'(a collective failure through democracy)라고 보고 싶다. '민주주의의 실패, 민주주의에 대한 실패'(a failure of and for democracy)라고 본다. 중요한 정치적 과제에 대해서 "평화적으로 서로 자제할 뿐만 아니라, 주의, 인내, 상상력, 용기, 솔직함을 가지고" 모두가 '하나가 되어서 깊이 생각한다는 능력'이 참다운 민주주의가 우리 국민들 사이에서 기능하지 못했던 것이다.

그래서 개혁이라는 과제 앞에서 극한적으로 대립하는 야당을 제압하려고 다수당 공작을 하다가 여당은 실패했다. 군사정권 때처럼 선거자금과 폭력을 마음대로 동원할 수 없으니까 실패할 수밖에 없었다. 신문들은 선동적으로 비판과 비난으로 인기 경쟁을 했다. 이것을 제어하는 데도 실패했다. 그 정치 세력, 그 언론과의 싸움을 국민과 더불어 해냄으로써 민주화를 차지했는데, 다시 그 길을 가야만 했다. 혁명이 아직 성공한 것이 아니었으니까.

오랜 의회정치, 지극히 한국적인 의회정치에 몸담아온 김대중은 더러운 금력에 얼룩진 정치게임만이 정치적 리얼리즘이라고 생각했다. 그리하여 패배한 것이다. 그의 방법은 지금까지의 권력자들과 마찬가지로 친인척과 측근을 동원했고, 재단을 만들어 그런 일을 하기 위한 도구로 삼았고, 그것을 퇴임 후에 영향을 행사할 수 있는 처소라고 생각했다. 한국 풍토에서 민주주의의 또 하나의 실패. 모두가 함께 저지른 실패라고 하지 않을 수 없다.

한국의 어떤 의미에서 아주 부도덕하고 취약한 정치 세력과, 강하게 비판적이며 행동적인 국민 사이에서는 민주주의란 제대로 그 기능을 다할 도리가 없는 것인가. 대통령이 제대로 국민의 기대에 부응할 수가 없다. 이런 의미에서 한국의 대통령은 집권 1년이면 곧 국민 비판의 대상이 된다. 대통령으로서 민주주의라는 이름 아래서는 어떻게 할 도리가 없다. 거의 만능에 가까운 제왕적인 대통령을 그렇게 거부하면서도 그가 전능적이기를 기대한다는 이율배반이 이 땅의 정치 풍토에는 서려 있다.

그래도 나는 대통령제를 선호한다. 일본처럼 내각 책임제로 무책임체제라고 할 만큼 누구에게도 책임을 지울 수 없다고 국민이 무기력해지는 것보다는 낫다고 생각하기 때문이다. 대통령을 희생양으로 삼아서 5년마다 갈아버리는 것이다. 그런 의미에서 대통령 선거에 국민의 스트레스를 풀 수 있는 축제 이상의 의미를 부여할 필요가 없을 것 같다. (2002년 7월 14일)

우리나라 역사에서는 정치적 엘리트, 즉 양반계층의 체제에 대한 순응과 이반현상이 매우 특이하게 나타난 것이 아닐까. 그들이 지주일 수 있었다는 것, 그런 신분적인 특권을 누릴 수 있었다는 것, 이것은 말하자면 양반이 체제에 순응할 수 있도록 토지에 매어두는 것이었다. 유교 이데올로기도 물론 그랬었다. 그러나 그들은 이반하고 만다. 조선조 초기부터 그 중심 엘리트는 분열을 보인다.

이것이 가속화되는 것은 권력에서의 소외현상과 토지 소유자로서의 그들의 특권이 시간과 더불어 소실되어 가기 때문이었다. 그것만이 아니라 그들의 유교적인 이데올로기가 비판적인 사상으로 작용했다. 유교가 전 국민에게 미쳐 있었기 때문에 일반국민이 비판적 이데올로기에 즉각적으로 호응했다. 그래서 쉽게 엘리트와 민중이 연합한 저항 세력이 형성될 수 있었다.

지난날 동북아에는 정치적 군사적 충돌을 넘은 일체성이 존재했다. 정치적 대립이란 단명한 것이 아니었던가. 그것보다는 지정문화적인 면에서 인종과 언어, 종교와 문화의 깊은 관계가 있었겠지만, 동남아와의 비교에서 그보다 더 근본적인 것이 식생활에서의 공통성이었을지도 모른다. 브로델(Fernand Braudel)은 『지중해』에서 지역이란 상호교섭의 깊이와 다양성에서 성립된다고 보았다. 이런 의미에서 동북아 특히 한 · 중 · 일을 보아야 한다.

『지중해』에는 수많은 전쟁이 있었던 것 아닌가. 전쟁도 중요한 관계와 교섭의 하나가 아니겠는가. 그것으로 지역을 분할해서는 안 된다. 수많은 관계와 교섭과 다양성 속에 언어 종교 식생활과 함께 전쟁도 포함된다. 한 국가 안에서도 지역이나 개인 간의 충돌이 있듯이, 전쟁이 있다는 것은 서로 동일한 지역에서 살고 있기 때문이라고도 하겠다. 그 모두를 합친 문명을 생각해야만 한다. 이런 관점에서 동북아시아를 생각해 보고 새롭게 동북아시아사를 구성해 보아야 한다. (2002년 7월 20일)

참 우스운 일이다. 장상이 총리 인준을 얻어내지 못하자 이제는 매일경제의 장대환을 총리에 임명한다는 것이다. 50세 나이로 56억 원인가 하는 재산 소유자라고 하는데 그렇다면 실제로는 백 억이 넘을 것 아닌가. 여러 가지 문제가 있을 텐데 왜 그를 지명하고 그도 그 지명을 받아들였을까.

그는 이회창의 동생과도 친하고 조선일보의 조갑제와도 친하다고 한다. 그렇다면 그를 야당이 어떻게 대하며, 이른바 보수반동 반정부 언론을 어떻게 대한다는 것인가. 그런 딜레마에 빠뜨려 놓고 보자는 생각일까. 그렇다고 그들이 잠잠해진다면 반대 세력 또는 국민여론은 어떻게 된다는 것인가. 국무총리라는 자리를 놓고도 이런 공작 차원에서밖에 생각할 수 없다는 것일까. 그렇지 않다면 김대중은 그런 에피고넨(epigonen) 이외에는 사람을 찾아내지 못한다는 것일까. 정말 그분이야말로 충성스럽고 유능하다는 것일까.

유럽을 다녀온 친구가 하는 말. 그곳의 무법 무질서는 상상 이상이고 그 전날 집권세력과 싸우던 이른바 반체제파들도 이제는 풍요로움을 만끽하고 있더라고. 뭔가 이민 노동자 문제 같은 데 대해서 발언한다고 해도 그것은 위선에 가깝다고 하는 것이었다. 그렇다면 동북아시아가 그래도 사회적인 붕괴를 면하고 있다고 할까. 동유럽도 가속도적으로 부패하고 있다고 하는 것이 아닌가.

일본의 경우도 정치는 마비, 사회는 무기력으로 흘러가는 것 같다. 무(武)의 사회란 목표가 사라질 때 집단적으로 마비되고 무기력해지는 것이 아닐까. 문(文)의 사회에서는 언제나 개인적으로 제 목표에 따라서 살아왔다면 우리는 오늘도 각자가 제 삶을 위해서 투쟁하고 있겠지. 그에 따른 혼란도 가실 길이 없을지도 모른다. 저 월드컵 세대가 정치화되어야 하고 제2의 민주화 투쟁이 일어나야 한다고 새삼 생각한다.

이제 그것은 탄압에 대한 항거가 아니라 정치 또는 선거에 대한 시민적 참여로 적극성을 띠어야 하는 것이 아니겠는가. 그런 힘을 불러일으킬 수 있는 정치세력 또는 지도자나 조직이 없다는 것일까.

북이 경제개혁에 착수했다고 하고 시장경제를 점차 도입한다는 것이다. 그래서 8 · 15 남북회담에도 그들은 적극적이었다. 무엇보다도 쌀을 얻으려고. 일진일퇴가 되풀이되리라고 보지만 어쨌든 획기적인 변화가 왔으면 한다.

로랑 바르트의 『미슐레』

"나는 단언한다. 이 역사는 결코 불편부당한 것이 아니다." 이것이 미슐레(Jules Michelet)의 말이다. 죽어간 사람들에게, 자기 삶의 의미를 모르는 사람들에게, 의미를 해석해 주고 그들이 목소리를 내서 말하게 하는 것이 역사라고 했던 것이다. 그래야 그들은 죽음 속에서 서로 말하면서 슬픔을 치유할 수 있을 것이 아니겠는가고 했다. 해방 이후의 격동 속에서 죽어간 사람들. 프랑스의 혁명시대와 같은 시대였지 않은가. 그런 속에서 죽어간 사람들을 찾아가 그들과 함께하는 것이 역사인데, 이 나라에서 누가 그런 역사를 생각할 줄 안다는 말인가. 역사가들도 반동에 가담하고 거기에 안주하고 있는 셈인데.

(2002년 8월 17일)

로랑 바르트(Roland Barthes)의 『미슐레』를 읽으면 미슐레의 여성관도 흥미롭다. "여인에 의하여 남자는 뛰어난 의식에 도달한다." "유혹자로서가 아니라 비밀을 털어놓을 수 있는 심복으로서의 '여인'과 가까이 사귈 수 있는 운명을 지녔던 미슐레는 동시에 남자이기도 하고 여자이기도 하다"라고 했다. 여인은 이 현실을 넘어서 있는 휴식처. 여기서 남자는 '정신에 의한 인식의 길'이고 여자는 '심정에 의한 인식의 길'을 의미했다. 남자의 인식이란 무미건조한 것이어서 여성적인 것이 없다면 '민중'을 인식하는 데는 도달하지 못한다. "이 양성의 결합 없이는 탁월한 것은 어느 것 하나 가능하지 못하다"고 하는 것이 바르트의 미슐레에 대한 해석이다.

남녀는 서로가 마음을 다하여 헌신해야 한다고 했다. '그런 헌신과 예법'과 무관한 '오르가즘'은 단순한 '합일의 캐리커처'에 불과하고 그것은 "고독과 비애에 지나지 않는다"고 미슐레는 생각했다는 것이다. 사랑이 없는 성교는 허무감만 남겨준다는 것이겠지. 만년에 함께한 젊은 아테나이스와의 생활에서 일어난 생각일까. 어쨌든 미슐레는 "'여인'이 없다면 남성적 천재란 없는 것이고 얼마간의 남성적 섬광이 없다면 여성의 영웅도 없다"라고 생각했으며 스스로 "나는 정신의 두 가지 성을 겸유하고 있는 완전한 인간이다"라고 했다.

그리고 미슐레의 민중에 대한 생각에 대해서 바르트는 '따뜻하게 태아를 품고 있는 자궁'이라고 했다. 미슐레를 인용하면서 바르트는 민중에 대해서 이렇게 말한다.

"지혜와 본능의 저런 짝짓기, '선'(善)의 자궁을 형성하는 정신의 두 가지 성(性)의 저러한 결합을 이상적인 상태로 겸하고 있는 것은 '민중'이다. 따라서 '민중'에게 일종의 무류성(無謬性)을 인정하는 것은 매우 타당한 것이다."

그래서 "역사가가 '역사'를 쓰는 것이 아니다. '민중'이 역사가에게 '역사'를 구술한다"고 했고 "그러므로 가장 좋은 역사가란 '민중' 속에서 나온다고 했고 '민중'의 바로 옆에 있는 역사가(미슐레가 그렇게 하려고 노력한 것처럼)를 말한다"고 했다.

프랑스 혁명은 이러한 역사관을 남겼다. 그래서 정치적 성취란 위정자가 이룩한 것이 아니라고 했으며 법은 '민중'의 힘이 입안했고 '민중'이 결정한 것이 문장화된 것이라고까지 했다. 우리의 경우는 어떤가. 혁명 후에도 그러한 역사관이 일어나지 못한 것이 아닌가. 혁명의 의미를 모르는 대학 연구자들이 역사서술을 독점해 왔기 때문일까. 반혁명적인 사회구조 아래서.

(2002년 8월 24일)

어제 장대환 총리인준이 또 부결됐다. 신문이 사전에 안 된다고 떠들어댔고 국민여론도 그에 따랐으니 국회의원들도 부결로 가닥을 잡을 수밖에 없었다. 상상보다 훨씬 문제가 많았는데 왜 이런 사람을 내세웠을까. 세상을 그렇게 간단하게 보는 것일까. 본인도 그런 배짱이었던 것인가. 제대로 된 사람과 함께 멋있게 국정을 마무리 짓겠다는 생각은 없고 정치공작의 들러리만 찾고 있는 것이겠지.

그렇다고 이회창이면 됐다고는 누구도 보지 않는다. 아들들 병역 문제가 있고 그것을 야당이 힘으로 싸고돈다. 이처럼 이 나라 상층이란 부정하고 부도덕하고 상처투성이고 나라의 기강은 무너졌다. 누구도 위에 선 사람을 믿지 않고 있다. 위에 섰다는 것, 돈이 있다는 것은 악한 인간을 뜻하는 것이라고 그 사이에 등식을 그리고 있을 정도다.

두 번 청문회가 더욱 그런 의식을 우리에게 더해 주었다. 그것을 따지는 국회의원이라는 사람들도 그렇다고 생각하게 했고, 타기할 수밖에 없는 풍토라고 탄식하게 했다. 신문도 그런 것임은 물론이다. 이런 마이너스 현상이 계속되는 속에서 어떤 역사적인 의미, 긍정적인 의미를 찾을 수 있겠는가.

어떤 권위, 어떤 위선도 용서하지 않는 세상이 되어 간다고 할까. 정치력은 더욱 약화되고 그것에 아무런 기대도 하지 않게 되어 가고 어떤 힘으로든 그것을 이용하면서 내 이익 또는 지역이익을 취해 가자는 것이다. 권력과 국민이 협력해서가 아니라 대결하면서 때로는 사사로운 이익을, 때로는 환경 문제에서 보는 것 같은 공공의 이익을 찾아간다. 대화와 협력은 없고, 이것은 어쩌면 세계적인 상황일 수도 있다.

그런 속에서 그래도 일상적인 치안이나 행정이나 인간관계가 무너지지 않고 있는 것이 다행이라고 할까. 그것들만 견고하다면 다른 것은 현대 민주주의가 낳는 공동의 실패라고 감수해야 하고 민주주의에 따르는 불가피한 낭비라고 참아내야 하는 것일까. 그런 낭비를 허용해도 될 만치 우리 사회는 성장했다는 것일까. 뒷맛이 씁쓸한 체념이 서린다고 할까. (2002년 8월 29일)

그릇된 역사학

로랑 바르트의 『미슐레』를 다 읽었다. 뒤늦게야 미슐레에 대하여 자세히 알게 되었다. 이른바 실증적인 사학이니 하면서 건조한 논문 중심으로 역사학을 생각하는 사람들과는 다르다. 그들은 미슐레에 따르면 "영감이나 정열이 전혀 없는 사실의 묶음을 역사라고 하는 사람들이다." 나는 그것을 지난날의 불행한 일본 사학의 테두리에서 벗어나지 못한 것이라고 생각한다.

바른 의미에서의 정열과 비판을 역사에서 제거할 것을 요구하는 군국주의 사회 속에서 역사는 과학으로 또는 실증주의로 도피할 수밖에 없었다. 그것이 일제하에서는 우익적인 광열(狂熱)에 동조하지 않는 학문적인 양심을 지키는 길이라고 생각했다. 그 무렵 한국에서도 진단학회의 논문에서 보는 것처럼 우리도 실증주의를 표방했다. 그것이 국내에서 역사학을 유지할 수 있는 유일한 길이었으니까.

그러한 도피의 사학이 특히 해방 후 좌익적인 지나치게 정치적인 사학이 유행할 때 마치 유일한 역사 기술방법인 것처럼 생각되었다. 그렇게 해서 좌익적인 상황 속에서 역사는 살아남았다. 그들은 우파적인 역사학에 머물렀다. 그리하여 우리의 사학은 사실의 나열 또는 묶음에 지나지 않아야 하는 참말로 메마른 역사가 되고 말았다. 일제 하에서 도피적이고 어떤 의미에서 잘못된 것이 미덕이 되고 당위가 되고만 셈이다. 마치 여성의 굴종을 여성의 아름다운 미덕으로 생각했던 것처럼. 그런 의식으로 여성에 대한 권력적 지배가 완성된 것처럼 말이다. 그때 여성들은 자기들이 당하는 굴욕을 의식하지 못하게 될 테니까. 우리나라의 많은 사학자들이 그릇된 반민족사적인 사학의 길을 간다는 것을 의식할 수 없었던 것처럼. 중독된 자신을 인식하지 못한 것이다.

그러니까 오늘 그들은 지금 일어나는 역사적 사건에 대해서 무관심하고 판단을 내리지 못한다. 일반 국민의 상식을 넘어서지 못하며 흔히 반동적이다. 미슐레의 정열적인 역사학. 그것을 자랑으로 생각하고 이어오는 프랑스의 사학. 우리의 것은 역사라는 이름의 단편적인 탐색이었다. 그것과는 다른 '사서'(史書)가 있었다. 신채호, 박은식 같은 망명사학이 있고 국내에서도 그래도 함석헌의 『뜻으로 본 한국사』도 있지 않았는가. 그것들이야말로 '사서'다.

미슐레는 일을 하다가 영감이 떨어지면 공동변소의 악취를 찾았다고 하니, 극한 혹은 자기학대에서 영감을 회복하려고 했다고 할까. 그러면서 그는 "나는 민중 속에서 출생했다. 나는 민중을 마음속에 껴안고 있다"고 했다. 그렇지만 그는 그들에게 대해서 충분히 말하지 못하는 자기 자신의 역사 서술의 한계에 몸부림쳤다.

"그렇지만 그 언어, 민중의 언어는 드디어 나를 가까이 오지 못하게 했다. 민중에게 그 언어를 말하게 하는 것을 나는 하지 못했다."

위대한 역사가의 자학에 가까운 고뇌. 이것이 미슐레 사학 밑바닥에 깔려 있는 '혼돈상태에 있는 정념(情念)'이었다. 그의 사학의 원천이었다. 신채호에게도 박은식에게도 이것이 있었다. 일제 말기를 살아온 이른바 실증사학도의 해방 후 본거지는 서울대 사학과. 그것이 지금도 이 나라 사학계의 공기를 지배하는 것일까. 현대사, 동란과 혁명의 역사, 그러면서도 배반과 반동과 반역이 판을 친 역사. 어떻게 이런 시대를 그려낸다는 것인가.

제주반란으로 희생된 원혼들, 부정을 고발하고 역사에서 사라진 사람들, 북에서 강제수용소로 끌려간 애국자들… 누가 이들을 미슐레처럼 불러내 음성을 발해서 말하게 하며 "인사를 나누고 슬픔을 서로 위로하게" 할 것인가. 미슐레는 역사가는 죽음과 함께 있다고 했지 않는가. 나와 한국의 이른바 사학자들이라는 사람들과의 거리 또는 차이도 바로 여기에 있는 것이 아닐까. 나는 이들과 운명적으로 충돌할 수밖에 없다고 생각된다. (2002년 9월 4일)

9 · 11 테러 사건 1주년이 되면서 한국 언론도 미국 비판 일색이라고 할까. 더욱이 TV가 그렇다고 하겠다. KBS는 「슈퍼파워 미국」이라고 해서 아프가니스탄에서의 비극 그리고 오늘의 혼란을 보여 주면서 이라크를 공격하려는 미국에 비판을 가했다고 해도 퍽 온건한 편이었다. 이에 비해 MBC는 10회에 걸쳐 특집을 내보낸다고 한다. 오늘 2부까지 내보냈는데 미국의 자유여신상이라는 것이 얼마나 위선적인가를 역사적으로 폭로하는 것이었다. 이민에 대한 차별, 이색분자라고 하면 최근까지 강제로 불임수술을 받게 했다느니, 미국 비판에 인권단체나 개인을 철저히 동원하고 있다. 미국 언론이 얼마나

침묵하거나 동조하는가 하는 것도. 미국이 왜 힘없는 약소국가에서까지 반미가 일어나는가를 알고 있는가 하는 것이었다. 부시 세력 배후에 석유 재벌과 군수산업이 있다는 얘기도 하면서. 한국의 반미를 생각하게 된다. 그것은 북에 동조하는 것이 아니라 북이 우리 생존을 위협하지 못한다는 자신감에서 오는 것이라고 해야 한다. 미국이 우리의 보호자였던 시대는 지나갔다는 것이다.

미국은 테러 배후를 친다고 하면서 이라크를 치겠다는 것이다. 지난날 한국을 자기네 지배 하에 놓은 일본도 독립운동이 중국 동북부에서 전개되니까 그곳을 지배 하에 놓아야 한다고 했다. 자기네 안전을 위해서 침략을 확대해 간다는 것이었다. 미국도 마찬가지가 아닐까. 자기네 생존과 이익을 군사력으로 지킨다는 것인데. 문제가 일어나면 자기들이 속한 체제에 대하여 반성하는 것이 아니라 언제나 잘못 생각하는 나쁜 개인만 잡아치우면 된다는 식의 생각이다. 이것이 바로 반동적인 발상이다. 미국 국내에서는 특히 11월에 중간선거가 있고, 전시라고 하면 미국 국민은 현 정부를 지지해 주기 때문에 이런 발상이 나오는 것이다.

한편 우리나라의 일. 정권이란 언제나 다음 선거를 생각한다. 승리할 수 있는 상황인데도 한나라당은 졸렬하고 어린애처럼 유치하다. 이번 남북친선 게임도, 아시안 게임도 여당이 대통령 선거를 자기네에게 유리하게 하기 위한 것이니까 불참이라고 했다. 대의명분이 서는 것이면 그런 것이 다소 있다고 해도 적극적으로 참가해야 떳떳한 것이 아닐까.

이제는 김정일이 납방해 오는 것도 반대라는 것이다. 그것은 민족적인 것이니 언제나 환영한다고 하면 그것이 여당에게만 유리하게 작용할 것 같으니까 그것을 희석시키자는 것이 아니겠는가. 그것은 국민적인 행사인데 왜 거기서 스스로 물러나가겠다는 것일까. 뭐든지 반대하는 것이 아니라 때로는 국민적인 입장에서 껴안아야 하는데, 너무나 소아병적이 아닐까.

(2002년 9월 8일)

남북 철도가 연결된다는데

내일 남북 철도 연결 공사를 남북이 함께 시작한다. 일본 고이즈미 총리가 북에 찾아가 정상회담을 하며 지나치게 딱딱한 표정을 보이는데 그것은 일본을 위한 국내용이겠지. 김대중이 배후에서 역할을 했다고 생각한다.

나는 일본 TBC 방송에서 이런 이야기를 했다. 1965년의 한일 정상회담은 배후에 있는 미국의 힘에 밀려서 일본이 한 것이고 1972년의 대중 국교 재개는 미국 닉슨 대통령이 먼저 하니까 당황하면서 그 뒤를 따른 것이었지만 이번 고이즈미 총리의 북한 방문은 일본이 미국에 앞서 동북아시아 상황에 이니셔티브를 가지고 참여한 케이스라고 했다. 그것은 지금 한반도에서 진행되고 있는 남북 화해의 움직임과 동시에 진행된 것이다. 임기가 얼마 남지 않은 김대중 정권을 돕는 것이기도 하겠지. 김대중은 그런 대정치를 펴면서 기다린다는 것이 아닐까.

한국은 1965년, 중국은 1972년, 북은 2002년에 일본과 수교를 한다면 해방 후 각각 20년, 27년 그리고 57년 만의 일이다. 그 당시는 모두가 빈곤했지만 이 동북아시아의 나라들은 일본과 수교한 후 '테이크 오프' 하게 됐다고 할 수 있다. 배상금이니 경제원조니 하는 것 때문만이 아니라 나라 자체가 활성화된 것이다. 동북아시아에는 약간 자극만 주면 크게 움직이는 자생력이 있다. 이처럼 무엇인가 해낼 수 있는 자생력을 가지고 있는데 그것을 크게 검토해야 한다. 여기에서 긍정적인 세계화(globalization)가 보이지 않는가.

한일 협정 때부터 일본의 지식인이란 대부분이 대외 원조란 버리는 것이라는 전면 부정적인 자세를 취해왔다. 요즘도 일본의 전 국민은 거의 그런 자세이겠지만 사실은 여기에 21세기의 다이내믹한 동북아시아가 있다고 해야 한다. 아시아가 부흥하면 원조해 준 나라는 물론 모두에게 이익을 준다. 세계화를 미국과 중남미의 지난날 구도에서 볼 수 있는 것 같은 수탈과 피수탈로만 보아서는 안 된다. 거기에는 왜 자생력이 없었는가 하는 것은 중요한 연구 과제이다. 플러스 글러벌라이제이션과 마이너스 글러벌라이제이션, 이 차이는

주목할 만한 사실이 아니겠는가. (2002년 9월 17일)

오늘은 남북이 동시에 동서에서 남북의 철도와 도로를 연결하는 기공식을 거행했다. 남북의 어린이가 만났다. 그들의 미래를 위해서라는 것이다. 북에서도 이제는 동북아의 시대가 온다고까지 했으니. 러시아도 중국도 대환영으로 대륙의 시대가 열린다고 한다. 여기에서 미국을 배제하려고 할 것이 아닌가. 미국은 어떤 의미에서든 서둘러 참여하려고 해야 하겠지.

일본이 여기에 가담하려고 했는데 국내 정치 때문이라고 하면서 실무회담에 국한한다고 했고, 그래서 외국 원수가 오는 데 대한 의전도 생략했고 꽃다발 증정도 없었으니 북은 이미 모욕감을 느꼈을 것이다. 그러면서 참는 것이겠지. 일제 시대를 생각할 때 우선 사죄하러 간다고 해야 하는데 납치 문제를 내걸고 고이즈미 수상은 굳은 표정만 지었다.

싸울 때는 싸워도 웃으면서 악수할 줄도 알아야 하지 않는가. 무서운 비판도 가하지만 찬성도 해야 하지 않는가. 민족적인 성사에 그것을 대통령 선거에 이용한다고 하면서 참여를 거부하는 이회창도 같은 표정이다. 웃으면서 가서도 따질 것은 따질 수 있지 않는가. 식민통치에 사과를 한다고 하면서도 그들은 정말로 적반하장이라고 해야 하는데 그것이 일본식 외교의 모습이다. 납치 문제를 빙자해서 그렇게 고자세를 취하고 유리하게 흥정을 하자는 것이니 그렇게 속 좁은 사람들인가 생각하게 된다.

이제 납치되어 간 사람들 중에서 8명은 생존하지 않는다고 했으니 어떻게 떠들지 모른다, 특히 우익들이. 그러면 북은 마음속으로 일제 때 너희들은 어떻게 했느냐 할 것 아닌가. 보상을 하라고 하면 거기서도 너희들은 어떻게 했느냐고 할 것 아닌가. 그것이 표면화되면 더 야단일 것이고, 북한은 그것을 가지고 흥정을 하려고 할 것 아닌가.

바로 그런 것이 우리가 한일회담과 한일협정에서 경험한 것이었다. 그래서 돈을 주면서도 우정을 얻지 못했고 적대감정만 키웠다. 지금은 과연 그 후유증에서 벗어났다고 할 수 있을까. 이런 과거에서 일본이, 일본 외교가 얼마나 나아졌다는 것일까. 고이즈미는 닉슨처럼 우파로서 적대 관계에 있던 나라와 국교를 재개하려는 것인데, 어떻게 그 길을 열어갈 것인가. 북을 찾아간 날 그의 표정으로 봐서는 불안하다. 일본 외교가 이제는 어른이 되었을까, 주목해 봐야 하겠다. 한일회담 때 외교를 반면교사로 삼아야 하는데.

이런 식으로 우리나라 신문들이 사설 같은 데서 다루어야 하는데 국내 정치 싸움에만 휘말려 그런 비전이 없는 것이겠지. 시골신문, 이런 생각을 한다. 1967년에 미국에서 『뉴욕타임스』를 보다가 돌아오는 길에 일본에 들러서 『아사히신문』을 보고 시골신문이라고 생각했는데 1972년에 가서 완전히 달라진 성장한 모습을 보고 놀랐다. 국제적이라는 것은 무엇보다도 문제를 자국 중심으로 보지 않는다는 데 있는 것이 아닐까. 자기네와는 직접 관계가 없는 인류의 과제에도 관심을 보여야 한다. 우리 신문에서는 슬로바키아의 선거에도 스웨덴의 선거에도 전혀 관심을 보이지 않는다. (2002년 9월 18일)

영화 「오아시스」(이창동 감독)를 보았다. 베니스에서 감독상과 신인 여우상을 받았다고 하지만 놀라운 작품이었다. 감독의 세 번째 작품이라고 하는데 나는 이 작품을 보고 한국 영화의 앞날에 대해서 자신을 가질 수 있었다. 착상이 놀랍다. 장애자 차별에 대한 고발이면서 이 시대에 대한 고발이다. 소외돼 있는 사람들 사이에만 진실이 있는데 이것을 상식의 세계에 사는 우리들이 추방한다. 장애자에 대한 강간이라고 했을 때 그 모순에서 구원해 줄 자는 어디에도 없었다. 진실은 고발을 당하고 그것을 구원해 줄 아무것도 존재하지 않는 세계. 모두가 상식적으로는 성실한 사람들인데 그들이 바로 진실에 대한 가해자다. 오아시스, 현 시대의 유일한 피난처를 오늘 가장 선량한 사람들이 아무런 의식이나 자각 없이 짓밟고 있다. 불안한 나날을 살아가노라고 허둥지둥 하면서. 그것이 바로 사막이 아니겠는가. 그들에게 벌을 준다는 것은 있을 수 없다. 언제나 명랑한 것은 장애자를 사랑하는 전과자뿐이다.

그와 장애자 사이에만 구원이 있다, 오아시스가 있다.

뛰어난 작품이었다. 이러한 깊이에 우리의 영화가 이르고 있다. 내일에 대한 희망을 느낀다. 이 퇴폐한 땅에서 그런 작품의 싹이 돋아나다니 놀랍지 않은가. 신문이 제대로 되어 있다면 저런 작품 세계를 크게 문제 삼으면서 감독에게 찬사를 보내고 그를 격려해 주어야 하는데. 그래야 문화가 발전할 텐데 그런 눈이 있어야지.

김대중과 정치공작

언젠가 김상협이 독립운동을 위해 해외에서 고초를 겪은 사람들을 '유민'이라고 해서 크게 문제가 된 적이 있다. 그도 일본 도쿄대 출신이니까. 똑똑하고 제대로 공부한 사람들이란 체제에 붙어 편하게 살아왔으니까, 고된 세월을 따라가면서 이념과 지조 때문에 몸부림친 사람들의 마음을 알 리가 없다.

기껏 지식인이라고 하는 사람들도 제 눈에 맞으면 받아들이고 조금만 다르면 비판하는 것 아닌가. 나도 그렇게 비쳐졌는지 모른다. 내가 귀국한 직후, 김대중 측에서는 생환 20년 기념이라고 내게 강연을 해달라고 했다. 나는 이제 김대중도 야당 당수로 매일 신문지면을 장식하고 있으니 그런 곳에 참가해서 그들을 찬양하고 지지하는 일은 안 하겠다고 했다. 나는 다시 학문의 세계로 되돌아간다고 하면서. 말하자면 어떤 정치가의 사람이 되지는 않겠다고 한 셈이다. 그전 1987년 선거에서는 나는 후보 단일화를 위해 김영삼에게 양보하라고 했었다. 그리고 그래도 그가 어려운 속에 있을 때에는 그를 옹호하노라고 했지만, 이번 10월호 『세카이』와의 인터뷰 기사 같은 것을 그는 어떻게 볼까. 김대중에게는 이른바 지식인에게 대한 강한 불신이 있는 것 아닐까.

왜 박지원을 비난이 많은데도 끼고 돌까. 주일대사를 최상룡에서 조세형으로 바꾼 것도 큰 이유가 있을 것 같다. 큰 공작을 할 때는 가장 믿을 수 있는 측근 사람들을 배치하는 것이 아닐까. 그런 의미에서 조세형을 통해 북과 일본 사이에서 김대중이 큰 공작을 진행시키려는 것이 아닐까. 유럽과 아시아 정상회담에서도 북에 대한 지원을 호소한다고 하고 고이즈미 총리도 만난다는 것이다.

북까지를 포함한 동북아시아의 활성화. 한국을 위해서는 일본, 중국을 위해서는 일본과 한국 그리고 이북을 위해서는 중 · 일 · 한을 생각하는 것이 아닐까. 그러면서도 미국과의 관계도 유지한다. 그러고는 시베리아로 나아가는 대륙의 시대. 그렇지만 이 동북아의 시대에는 미국은 점점 멀어질 것이 아닌가. 유라시아의 시대가 오고, 김대중은 이런 꿈을 꾸고 있는 것일까. 그러기 위한 공작. 요즘에는 여러 사람을 찾는 모양인데. (2002년 9월 21일)

사회란 원래 통합되어 있다고 하기보다는 서로 분리되고 대립되어 있다고 보아야 한다. 그러니까 대립은 사회에 본질적인 것이라고 아도르노는 말한 셈이다. 사회는 합리화되면서 동시에 비합리화되어 간다. 사회란 초기에는 중립적이지만 점점 대립으로 나아간다. 파시즘 하에서 도리어 아나키에 가까운 대립. 우리의 군사정권 하에서도 그렇지 않았던가.

통일이란 표면에 나타난 거짓된 모습이었다. 오늘날은 통일화와 탈 통일화의 시대이다. 아도르노가 말하듯이 오늘의 대립 속에 스며들어 있는 이데올로기적인 통일. 그것은 무엇보다도 압도적인 상황의 힘에 눌려서 '소여(所與)의 것 저편을 가리키는 가능성'을 환상으로 보는 것이라고 할까. 그러니까 혁명이나 개혁은 포기한 것이고, 그래서 학문에서는 철저한 실증주의. 무엇에 있어서의 대립이냐가 중요하다.

이념에서의 대립이 아니라 이해관계에서의 대립, 이미 군사정권 하에서도 권력과 그 주변에서는 그러한 양상이 아니었던가. 반체제 세력에서는 이념의 대립이 있었지만. 민주화되자 모두가 이해관계에서의 대립이라는 데 흡수됐다고 할까. 이처럼 대립의 내용이 문제가 된다. (2002년 10월 2일)

계속 이회창에게 사람도 돈도 모이는 모양이다. 구세력이나 이념 없는 철새, 출세의 기회를 찾는 자들로 대세는 그에게 기울어지고 있다고 하겠다. 노무현은 참신한 바람을 일으킬 수 있어야 하는데 너무나 약하다. 지식인들의 결집이라는 기적이 일어날 수 있을 것인가. 반동으로의 역행을 허용해야 하는 것인가.

지난날 흑암의 시대보다 오늘이 더 어렵다. 빛과 어둠이 분명하지 않기 때문이다. 투옥도 없고 언론탄압도 없다고 하는데 사실은 언론은 그 편파적인 보도와 스캔들의 보도로 양심의 소리를 가리고 있다. 그러나 이회창 쪽으로 저런 낡고 부패한 무리들이 모여들면 모여들수록 이쪽이 선명한 기치만 내건다면 한층 뚜렷해질 것인데, 이런 국면 전환이 이루어져야 할 것 아닌가.

(2002년 10월 29일)

야스퍼스가 1951년 68세 때 아렌트에게 보낸 편지. 죽음에 대해서 말하면서 이제야 자기 생각을 제대로 표출할 수 있게 되는 것 같다고 했다. 이제 진지하게 일할 수 있다고 생각할 때 죽음이 찾아오는 것이라고. 야스퍼스는 이 나이에도 다시 시작하고 또 시작하는데 이것은 광기가 아니겠는가라고 했다.

"종언의 그림자가 활력을 앗아가지 않는다. 다만 모든 일이 그다지 중요하지 않다는 생각을 가지게 한다. 그것은 유익한 것이다. 왜냐하면 그렇게 생각하는 덕분에 열정 속에서 균형감각을 잃는 일이 없게 되니까."

노년의 신중성이라고 할까. 일종의 체념과 달관이라고 할까. 야스퍼스도 "이 모든 것에도 불구하고 일은 천천히 앞으로 나아간다" 고 했다.

이에 대한 45세의 아렌트의 회답이 또한 훌륭하다. 이런 생각을 하는 야스퍼스를 기쁘게 생각한다면서 신들은 사랑하는 자를 젊었을 때 데려간다는 말을 문자 그대로 생각할 것이 아니라 늙음의 편안—"늙어서 인생에 지쳐 있다"고 느끼는 것 ― 을 허락하지 않는다는 것으로 생각해야 한다고 했다.

"신(神)들의 애매하고 아이러닉한 선물인 죽음은 언제나 파괴할 것을 찾는 것이지만 그것은 우리에게서 젊음으로 남아 있는 것을 파괴한다는 것이다."

죽음은 무화과나무 아래 앉아서 익을 대로 익은 열매가 입에 떨어지는 것을 기다리는 것이 아니다. 살아 있는 한 삶에 충실하다면 이렇게 젊음을 빼앗기는 죽음을 체험할 것이 아니겠는가고 아렌트는 말했다. "죽음은 삶에서 끊어지는 것이고 우리가 살아온 인생의 짐에서 끊어지는 것이 아니다."

그 후 야스퍼스는 1969년까지 18년 더, 86년간의 인생을 살았고 아렌트는 75년까지 24년간을 더 살았다. 69년간의 생애였다. 두 사람이 모두 늙을 줄 모르는 정신의 삶을 살았다. 사이드가 말한 예술가의 레이터 스타일이라는 것과 어떻게 연결시켜 생각할 것인가. 베토벤의 생애 제3기에서는 절망과 체념이 발견된다고 했는데. 그것이 사실은 정신적인 젊음이고 원숙한 균형감각에서 온 것이라고 할 수 있지 않을까. 세속과 타협하는 노추가 아니라.

(2002년 10월 31일)

월남전의 교훈

미국 중간선거에서는 민주당이 대패했다. 그러니까 호전적인 부시 정권이 더욱 오만하게 압력을 가할 것 아닌가. 한국이 북에 대해서 핵 문제가 해결되지 않았는데도 관계개선을 위하여 노력하는 것은 잘못이라고 한다고. 이런 공화당을 정치 세력 속에서 견제할 세력이 없다면 어떻게 될 것인가.

국민의 반전운동밖에 도리가 없다고 비판적인 미국 시민들이 생각하게 될 가능성이 있는 것이 아닐까. 월남전 때도 그랬으니까. 비판은 외국에서부터 일어나 미국 내에 불을 지피기 시작했고 그것이 확대되어 갔다. 부시 정권은 그런 우를 범하지 않으려고 최신 무기로 속전속결을 꾀할 것이다. 일당이 독주한다면 어디서나 마찬가지다.

미국 공화당의 압승은 문제의 해결을 의미하는 것이 아니라 문제의 시작에 불과한 것이라고 생각된다. 이것과 우리나라 정치와의 관련도 주시해야 하는 것이다. 한국에서도 지난날의 반동 세력이 일대집결을 할 가능성이 있다. 그것을 미국은 지원할 것이다. 미국이 한국의 대통령 선거에 관여하지 않은 적이 있는가. 미국 군대가 있으니 그럴 수밖에 없다고 하겠지만, 그런 미국의 의도에 반하여 선거에 승리할 수도 있어야 하는데 정말 주시해야 할 것 아닌가.

(2002년 11월 7일)

부시 미 대통령은 중간선거에서 압승했다고 하고 이라크에 대한 공격은 이제 시간문제라고 공언한다는 것이다. 아프간 사태처럼 단시간에 해치우면 반전운동이 일어날 겨를이 없을 것 아니겠느냐는 자세다. 월남전의 고배를 다시는 마시지 않을 것이라고 한다.

월남전에 대한 반대란 미국 밖에서 일어나 미국 안으로 들어가 말하자면 90퍼센트 전쟁 지지라는 미국의 자세가 무너진 것이었다. 미 정부, 의회, 사법부 그리고 매스컴이 하나가 되어 권력에 대한 견제 세력이 없어진다면 양식 있는 국민이 일어날 수밖에 없다. 지난번 워싱턴에서의 20만 반전데모에 미국 언론은 거의 전면적으로 침묵했다. 그러나 미국의 양식 있는 국민의 분노는 싫어실 것 아닌가.

이번에는 전쟁에서는 이긴다고 하겠지만 그것에 의한 세계적인 혼란, 이슬람국가들의 반발이 무엇을 일으킬지 모른다. 그래서 실제로 전쟁은 끝나지 않을 것이며 반전운동은 더 커질 것이다. 미 의회 내에도 30명 정도는 양심을 지키고 있다니까 이들은 국민의 반전 운동에 합류할 것이 아닌가.

미국은 금권정치로 급격하게 기울어지고 있으니 미국 패권의 시대는 사양의 길에 들어선다고 보아야 한다. 미국이 국가나 어느 계층의 이익을 군사력으로 지켜내자는 자세는 어쨌든 말기현상이다.

신문은 프린스턴대학 크루그먼 교수의 경고를 보도하고 있다. 지난 30년 동안 기업 대표의 연봉과 일반 직장인 연봉의 비율이 39 대 1에서 100 대 1로 떨어졌다는 것이다. 1970년에는 0.01퍼센트의 최고액 납세자가 총소득의 0.7퍼센트를 차지하고 있었는데 이제는 3퍼센트를 차지한다는 것. 최고 부자 1만 3천 가구의 소득이 하위 2,000만 가구의 소득과 맞먹는다고 한다. 우리나라는 어떨까. 그런 미국의 압력에 우리는 고뇌하고 있는 셈이다. 그리고 그것에 영합하려는 우리들의 고소득자들. 이것은 곧 세계적인의 문제로서 그야말로 세계 시스템의 문제가 아니겠는가. (2002년 11월 9일)

나는 왜 아렌트와 야스퍼스의 사이에서 사제 관계 이상의 것을 보려는 것일까. 너무나 아끼고 너무나 만나고 싶어 했다. 아렌트의 남편 블루허(Heinrich Blucher)는 그 사이에 끼어들려고 하지 않은 것 같다. 사랑한다고 해도 지나치지 않다고 할 너무나 많은 말을 발견할 수가 있다. 그러나 피차 비판하는 것도 신랄하다. 전후 처음에는 아렌트가 야스퍼스를 독일적인 것에서 떠나게 했다면 후에 가서는 야스퍼스가 아렌트를 유대적인 것에서 떠나게 한다. 역시 야스퍼스는 아렌트에게 정말 위대한 스승이었다.

아렌트의 『라헬 파른하겐』을 읽고 나서 야스퍼스는 신랄한 비판을 가했다. "라헬의 문제란 모두가 그가 유대인이었기 때문에 일어난 것이 아니다. 거기에 인간으로서의 보편적인 삶을 보는 사랑이 있어야 한다. 유대인이기 때문에 인간에게 주어지는 가장 극한적인 일들을 경험한 것뿐이다" 라고 야스퍼스는 말한다. 재일교포에 대해서도 하고 싶은 말이다. 그들의 삶 속에서 불우한 인간, 아니 인간 누구나가 경험할 수 있는 가혹한 삶을 볼 수 있다. 그렇기 때문에 그것을 통해서 우리는 인간이 산다는 것이 무엇인가를 표현할 수 있다. 이것은 지적인 의미에서는 하나의 축복일 수도 있다.

사제지간이란 단순히 애정 얽힌 교육자와 피교육자라는 것으로 끝나지 않는다. 진정한 인간관계란 모두가 그렇지만 서로 상대를 변하게 하고 성장하게 하는 것이다. 야스퍼스는 아렌트에게 진실에는 어두운 면이 있다고 하면서 인간의 잘못에 대해서 좀 더 관대하라고 했다. 마루야마 마사오도 일본의 계몽을 위해서 아시아의 비문명을 강조한 것이었지 아시아를 경멸하려고 한 것이 아니라고 보아야 하는 것일까. 어쨌든 그것이 왜곡을 낳은 것은 사실이고 오늘에는 문제 삼을 수밖에 없는 일이다. (2002년 11월 17일)

이회창 진영에는 모든 낡은 부패한 세력이 총집결하는 것 같다. 모두가 자기 재산을 지키면서 권력을 찾는 사람들인가. 모인 대학 관계자들도 한 자리 하고 싶어 하는 사람들이다. 노무현 주변에는 뜻을 가진, 자기 손해를 무릅쓰고 모이는 사람들이다. 이회창은 낡은 대중 동원 방식이고, 노무현은 인터넷 선거를 한다고 하고 있다.

미국이 선거에 노골적으로 관여하려고 한다. 대북 관계를 동결시켜 놓고 대통령 선거 후를 내다보는데 햇볕정책을 포기해야 한다고 워싱턴에서는 말하고 있다. 주한 미 대사는 두 후보 사이에 대북 정책에 대한 뉘앙스의 차이가 있다고 한다. 미국 우익 언론은 한국에 반미주의가 일어나고 있는데 이회창이 되면 미국과 보조를 맞출 수 있겠지만 노무현이 되면 미국을 한반도에서 나가라고 하는 움직임의 시작이 될 것이라고 했다. 그는 미국을 방문하지 않은 것을 자랑으로 여기고 있다고도 하고.

미국이 이렇게 간섭하는데 그것을 이겨낼 수 있을까. 그렇다면 한국 정치사의 일대전환을 의미한다. 동두천에서 두 여학생을 장갑차로 치어 죽게 한 미군 병사가 무죄선거를 받고 미국으로 돌아갔다. 이것에 항의해서 철책을 끊고 미국 영내에 들어갔던 시위대 지휘자 3명이 기소됐으나 기각됐다. 김대중 대통령은 반미나 이런 행동은 국익에도 위반되는 용서할 수 없는 행동이라고 했는데도, 획기적인 일이다. 미국 지배 반세기를 이제 넘어서려는 것인가.

지금까지 남북도로 연결을 방해하려고 해 오던 이른바 UN군사령부라고 하는 미군들이 앞으로는 방해하지 않겠다고 했다. 반미감정을 북돋지 않겠다는 것이겠고 그런 자기들의 강경 자세가 이회창의 당선에도 유리하다고는 생각되지 않는 모양이다. 워낙 부시 정권의 이미지가 나쁘니까 이렇게 해서 넘어가자는 미봉책이고 근본적인 정책 수정이란 있을 수 없다. 이 같은 상황에서의 한국의 선거. 정말 이런 의미에서도 획기적인 선거라고 하겠다. 우리 국민의 성숙도가 시험대에 오르는 것이라고도 하겠고.

노무현의 승리

정몽준은 이제 노무현을 지원하는 쪽으로 나서는 모양이다. 대세가 노무현에게 기울어지는 것 같으니까. 그러면서도 5년 후에는 자기라고 하는 것이니까 그때 선거운동을 이제부터 하자는 것이겠지. 패자의 승복이라는 전통이 없으니까. 이런 것도 다 청산해야 하는데.

이인제의 경우는 그것이 더욱 뚜렷하다. 자민련으로 가서 김종필과 함께 한다. 그는 이회창을 지지한다고 하면서 그가 떨어지고 나서 한나라당에서 떠난다면 그때 세력을 얻어 보자는 것인지도 모른다. 김종필을 후원자로 하고. 그래서 지금 김종필은 중립이라고 선언하고 있다. 두 사람이 이회창 없는 한나라당과 함께 야당 세력을 만들어 낸다는 것일까.

이런 수법 모두가 구 정치 스타일이라는 것인데, 그것이 어디까지 통용될 것인가. 이번 선거로 그 향방이 나타나리라고 생각한다. 정당조직이라는 것이 유효성을 잃어야 한다. 정당조직이 돈으로 조직을 운영하면서 대중을 동원하고 표를 사서 모으는 시대는 지나간 것 아닌가. 그런 새 시대로의 이행이 어떻게 전개될 것인가 주목해 보아야 하겠다. (2002년 12월 15일)

위대한 승리. 노무현에게 그렇게 많은 젊은이들을 매료시킬 수 있는 힘이 어디에 있었을까. 정말로 선거 명예혁명. 불순한 자들이 자연적으로 도태된다, 이인제도 정몽준도. 그리고 그 많은 낡은 부패한 세력이 한나라당으로 모였으니 그들의 운동을 앞으로 어떻게 막을 것인가, 국민의 힘밖에 없는데. 정말 위대한 국민이다. 도의와 윤리와 이념을 찾는 국민이니까. 그 정신이 젊은이들의 순수한 가슴에 살아 있으니까. 이것이 역사를 움직이는 힘, 유교적 전통이다. 세계에서 오늘날 흔히 볼 수 없는 현상이 아니겠는가.

(2002년 12월 21일)

이번 노무현의 당선을 보면서 참으로 많은 것을 생각하게 된다. 미국의 압력, 북에서 오는 압력 등 모두를 물리쳤다. 인터넷 선거라고도 할 수 있다. 그 기반은 김대중 정권 하에서 이루어졌다. 그러나 김대중은 낡은 정치다. 돈과 정당조직 그리고 대중 동원으로 선거를 치르려고 하는 낡은 정치다. 그래서 정몽준을 가지고서야 승리가 가능하다는 생각에 기울어졌던 것 같다. 노무현과 노사모, 20대 30대의 저항. 가장 순수한 가장 윤리적인 혁명 주체로서의 그들의 정열 그리고 전위적인 역할, 여기에 국민적인 합류가 이루어졌다. 이것이 한국에서의 정치 변혁의 특징이다. 시민 명예혁명이라는 이번 사건 속에 한국 정치의 패턴이 있다. 3 · 1, 4 · 19, 6월 항쟁에 이어지는 정치혁명의 패턴 말이다. 일본에서는 있을 수 없는 이러한 한국적 정치 역학을 탐구할 필요가 있다.

민주당에서 이른바 동교동계도 부패 세력이라고 하면서 문제가 된 것이 아닌가. 동교동계도 이회창을 누가 이겨낼 것인가 해서 방황했다. 그러면서 민주당은 보기 추할 만치 분열했다. 심지어 한나라당으로 가는 세력까지 나타났고 한나라당은 그런 것을 다 끌어 모으면 승리한다는 낡은 생각이었다. 동교동계도 낡은 생각으로 돈 있는 정몽준의 경우에는 가능하리라고 생각한 것 아닌가.

그런 것이 모두 패배하고 혁명 세력이 승리한 것이다. 돼지 저금통으로 70억 원을 모아냈다. 김대중은 드높은 이념을 내걸었을지 모르지만 현실주의라는 이름에서, 실제 정치는 그런 것이 아니다 라는 경험론에서, 가장 낡은 부패한 정치의 길을 택했다. 그러니까 이념과 그런 현실 사이에서 그는 거짓을 일삼는다고 보였다. 언제나 숨기고 있는 흑막이 있다고 보였고. 실제로 그런 흑막에 감싸여 있었으니까.

이리하여 노무현은 낡은 정치를 추방하게 된 셈이다. 이제부터 여기에 대한 낡은 세력에서 오는 거센 반동적인 압력이 있겠지. 끝까지 국민을 우군으로 삼아야 한다. 그러기 위해서는 대중매체의 역할이 중요한데 그것이 또한 부패해 있으니 어떻게 할 것인가. 그들과도 대화해야 하고 여야를 넘어 국민의 소리를 전해 주는 중심 미디어가 있어야 한다. 나는 KBS의 역할이 중요하다고 생각한다, 많은 연구를 해야 할 것인데. 그런 것이 사실은 중립 · 공정이라는 것이 아니겠는가.

(2002년 12월 22일)

2003년

새 정권에 대한 기대

오늘 KBS가 코리어 리서치를 통하여 행한 여론조사에 의하면 김대중이 잘했다는 비율이 50퍼센트를 넘어섰다고 한다. 성공한 것은 IMF 극복과 대북관계 그리고 가장 인상에 남는 일은 월드컵이라고. 그의 집권 말기가 되니까 인심도 안정되어 간다고 할까. 그가 자식들을 감옥에 보내던 아픔과 그 자신의 신병에 대해서 말하면서 퇴장할 때는 모두 눈물을 흘릴 것 아닌가. 한국 정치사의 또 하나의 감동이다.

북에 대해서 대화로 해결해야 한다는 것도 국민 90퍼센트가 지지한다. 그렇게 되리라고 보고 있으니까 세계가 북핵 문제로 떠들어도 우리는 평온하다. 외국 기자들은 이상하다고 한다지만 우리는 그럴 것이고 그렇게 되리라고 확신하고 있으니까. 우리가 우리 일을 알고 있다. 부시 정부의 과장된 선전, 그런 강국의 논리에 대해 면역성이 생겼으니까.

이것을 노무현은 내세우면 된다. 대화, 평화의 노선이란 노무현 개인의 생각이 아니라 이 국민의 생각이니까 그것을 따를 수밖에 없는 것이 아니냐고 해야 할 것 아닌가. 미국 캐리 특사를 만나면서 그는 많은 동료들과 원탁을 함께했다. 이런 자세를 계속해야 될 텐데. "국민과 더불어, 참모들과 더불어"라는 것이 구 정치와는 다른 모습이다.

오늘 KBS노조의 노보를 보고 놀랐다. KBS도 노조도 확 바꾸어 보자는 것이다. 30대의 젊은 진용이 새로이 등장했으니까. 김대중 정권 하에서는 거기에 걸맞은 민주화가 실현됐고 이번 노무현 정권 하에서는 이 정권이 달라지는 것처럼 달라져야 한다는 분위기가 아닐까. 김대중 정권의 위로부터 무리하게 많은 스캔들을 불러일으킨 그런 식이 아니라 아래로부터 정말 물 흐르듯이, 개혁적인 마음과 그런 세력으로 바뀌어 갔으면 좋겠다.

오랜만에 노보를 처음부터 끝까지 다 읽었다. 전에는 지나친 중상모략, 개혁정신이 없는 에고에 가득 찬 무리한 투쟁만 고취한다는 것이었으니까 읽지도 않고 버렸다. 그것은 공허한 고함소리에 불과했으니까. 새로운 풍토가 확산되고 지속했으면 한다. 이렇게 해서 노무현이 말하듯이 물 흐르듯 개혁이 성공해야 한다. 이것이 분명히 새 시대를 지향하는 것 아니겠는가. 이래서 한국이 동북아시아에서 민주주의의 모델이 되어야 하고 노무현 정권도 이런 국민 사이의 새 흐름이 후퇴하거나 변질되지 않도록 해야 하는데 그런 국민적인 성숙에 도달할 것인가. 월드컵이 그런 것을 북돋워 주었을까. 그런 개혁정신이 상하에서 일어나고 있다면 지금 한나라당으로 상징되는 모든 지난날의 부정한 세력이 감히 반동의 발톱을 드러내지 못할 것 아닌가.

어쩌면 낡은 부패한 세력이 거기 모두 그렇게 모였을까. 자기들의 힘을 집결하여 자기들의 흑심 가득 찬 시대를 다시 이어가려고 했는데, 운명적인 것, 신의 도움이라고밖에 할 수 없는 것이 주어졌다. 그러나 그들이 가진 힘은 아직 너무나 크다. 전경련은 인수위를 사회주의라고까지 『뉴욕타임스』에게 말했다는 것 아닌가. 그래서 인수위는 신중에 신중을 거듭하고 있다.

(2003년 1월 13일)

북은 완전히 핵 개발을 포기하라. 그러면 여러 나라가 협력하여 에너지 문제를 해결해 주고 경제 건설을 돕는다. 물론 국가의 안전을 보장해 주고, 국가라고 하기보다는 정권이겠지만. 한국 외교에 미국이 이렇게 응답한다는 것이다. 일본도 중국도 러시아도 대화와 평화의 노선이다. 그것을 한국이 주도적으로 이끌어 내야 하는 것이다. 지난 6일과 7일의 워싱턴에서의 한 · 미 · 일 회의에서는 "협박에 굴하여 교섭에 응하지 않는다" 라는 성명문 표현이 한 · 일의 반대로 즉석 수정되었다고 일본 아사히신문은 보도했다. 강하게 반대한 것은 한국이라고 하고 그래서 "이미 과해진 의무를 북한이 다한다고 해도 미국은 대가를 지불하지 않는다" 로 고쳤다고 하는 것이다. 한국 국민이 평화 의지를 명백히 하고 있다.

한국을 반미의 도가니로 화하게 하면서 어떻게 미국이 강경책을 고수한다는 말인가. 이런 성명에 미국에서는 강경파들이 그럴 리가 없다고 야단했고 언론은 유연한 자세로 전환한 것이라고 했다는 것이다. 미국은 철군 운운이라고까지 했다지만 한반도에서 철군을 함으로써 발생하는 영향력 상실은 안 된다고 생각하는 것 아니겠는가. 게다가 세계화로 발전을 향해서 치닫고 있는 이 지역을 왜 이 지역 국가들에게 고스란히 맡기고 떠나간다는 것인가. 그들 모두의 거부감을 사면서 군사행동을 할 수는 없다. 동북아를 상실하지 않기 위해서 대화 또는 공조를 결정한 것이다.

노무현 차기정권은 김대중 정권이 IMF를 해결한 것처럼 북의 핵 문제도 해결해 내려고 하는 것으로 보인다. 훌륭한 자세다. 그것이 대략 정리된 후에 미국을 방문하여 대미 외교에서도 승리한다. 한나라당은 사절인가 하는 것을 미국에 보내서 매파들과만 만나고 와서는 큰일이라고 떠든다 주선일보는 그것을 좋다고 대서특필하고 있다. 정도를 걸어가 성공함으로써 그런 자들을 역사에서 퇴락한 세력으로 삼류 광대가 되도록 해야 할 것 아닌가. 자기들의 정치이익이라는, 그것도 원한만이 서린 소아병적인 것에 매달려 있다. 역시 역사의 마지막 단계는 어둡기 짝이 없는 희극과 소극일까.

(2003년 1월 15일)

노무현은 한나라당 총무도 만났고 서청원 당 대표도 만난다고 한다. 이렇게 야당과 대화하고 협력하는 정치의 시대를 만들어 가려고 한다. 그렇다면 야당도 이에 응답해야 하는 것이 아닐까. 가령 지난번 선거 때 투표를 검표해 달라고 해서 27일에 전체 투표의 반이나 되는 것을 손으로 일일이 재 검표한다는 것이다. 노무현이 그런 자세라면 우리도 고소를 취하한다고 하는 식의 고차원의 정치를 해낼 수는 없는 것일까. 성숙한 정치를 보여 주어야 할 때인데 이회창이 그런 것을 강하게 요구할 인물이 못 되는 것일까.

여당이 하는 일이라면 무엇이나 반대하는 식으로 실패했는데도 그런 자세를 유지하자는 것인가. 국민이 이제는 새 정치가 진행되는구나 하는 기쁨을 안게 해 주어야 할 텐데 그럴 야당, 그럴 정치계가 아니니까. 그래서 금후에 노무현이 그런 태도를 취하지 않는다면 더 크게 비판할 수도 있는 것 아니겠는가. 그런 신축성 있는 자세여야 야당의 위상도 올라갈 것이다. 그런 정치를 해낼 인물이 있어 보이지 않고 그런 것을 중재할 인물도 있을 것 같지 않다. 사실은 신문사 사장이나 경제계 대표쯤이 그런 말을 꺼낼 수 있는 무게를 가지고 있어야 하며, 신문 사설 같은 데서 그런 말이 나와야 할 것인데 참 안타까운 일이다. 신문사에도 경제계에도 그런 생각을 하고 그런 행동을 할 수 있는 위인이 있을 것 같지 않다. (2003년 1월 20일 23시 15분)

개인도 당도 패배에 승복할 줄 아는 것이 민주주의인데 이인제, 정몽준도 그것을 해내지 못했다. 이회창도 한나라당도. 패배에 승복할 줄을 알기 위해서는 스포츠 정신이 있어야 한다고 하지 않는가. 일본의 경우는 무사사회였으니까. "마잇다"(졌다)라고 하고 힘 있는 자의 휘하에 들어가는데 우리는 관념적인 사회니까 패배란 있을 수 없다는 자세일까. 정신이란 현실에서 패배하는 경우를 생각하지 않을 수 있으니까. 지난번 미국 선거에서 고어는 역시 적절한 때 패배를 선언한 것이 아닌가. (2003년 1월 21일)

어제 특사 임동원이 김대중 대통령의 친서를 가지고 북을 방문했으나 김정일을 만나지 못하고 돌아왔다고 한다. 게다가 현대상선을 통해 2000년 6월 15일 직전에 북에 2,235억 원을 송금했다는 것이 드러났다. 김대중은 그것은 통치행위니까 사법처리할 수 없다고 했다는 것이다.

동아일보 사설은 김정일은 한국에 대해서 모욕을 주었는데 어쩌다 이런 외교를 할 수밖에 없었는가 라고 정부에 대해 공격을 가했다. 여러 가지 생각을 하게 된다. 김정일은 돈 보따리를 가지고 오면 만나준다. 그런데 이제 김대중 정부의 임기가 한 달도 안 남았으니 그런 것을 기대하지 못한다. 2000년에 김대중은 남북회담으로 세계를 떠들썩하게 만들어 노벨 평화상을 받고 싶었다. 양 김씨의 정치 스타일이라고 할까.

신문은 어떻게 써야 하는 것일까. 모든 것을 다 내놓고 양 김씨를 공격하는 글을 쓸 수 있을 것이다. 그러나 따뜻한 문책의 글을 쓸 수는 없는 것일까. 그렇게 너희들을 도왔지 않는가, 국내외의 공격에도 불구하고. 지금도 국내적으로도 대미 관계에 있어서도 고생을 하고 있다. 노(老) 대통령이 이제 머지않아 청와대를 떠난다고 하는데 임 특사를 만나 무슨 정치적인 대답은 못해도 감사한다, 수고하셨다고는 해야 하는 것이 아닌가. 이런 인간적인 대응이란 김정일로서는 '반동적인 것'이라고 생각하는 것이겠지.

우리는 이런 것이 인간의 도리라고 생각하는데, 따뜻한 서신에 감사한다는 말은 누군가가 임 특사에게 했다니까. 그러면 검토해서 김 대통령이 청와대 문을 나서기 전에 회답을 보내 주려고 해야 한다는 식의 충고 어린 글이면 어떨까. 김정일은 정치적으로 핵 문제에 대해서는 미국과만 이야기하려는 자세이고 인간적인 면이라고는 없는 독재자의 오만불손뿐이라고 해야 하는 것일까. 이제 노무현은 신중하게 그를 대해야 할 것이 아닌가.

(2003년 1월 30일)

한나라당은 북에 건너갔다는 2,235억 원으로 야단이다. 이회창도 서청원도 미국행이다. 미국은 무슨 세력을 키우자는 것일까. 서독이 정치범 석방 등을 위해 얼마나 많은 돈을 썼던가. 남북 간의 적의가 완화되고 남에는 민주주의가 자유롭게 꽃필 수만 있다면, 북녘 그들을 인간적으로 대할 수도 있는 것 아닐까.

사이드(Edward W. Said)의 비관주의는 이스라엘과 팔레스타인을 보는 그의 눈에서 비롯된 것이 아닐까. 동북아시아에는 그런 비관주의는 없고 동북아시아의 발전과 협력에 대한 희망이 있다. 그래서 우리는 낙관적이라고 할까.

구미의 비관주의와 동북아시아의 낙관주의. 미국의 오늘의 자세야말로 레이터 스타일 아닐까. 절망에서 나온 폭력, 우리는 그것에 저항한다. 20세기 초 특히 제1차 세계대전 전에는 그들은 낙관주의였고 우리는 비관적이었을 것이다. 그들의 낙관주의의 배경에는 다원주의가 있었고 우리는 그런 강자의 논리는 받아들일 수가 없었다. 그러나 어쨌든 오늘은 역전되어 있는 듯하다.

일본은 서구의 레이터 스타일식의 비관주의에 가담하고 있는 것 같다. 일본은 20세기 초에는 개화, 신문명의 낙관주의를 구미와 함께했지만 이번에는 그들과 비관주의를 함께하자는 것일까. 그들은 동북아시아에 참여하지 않는 한 비관주의를 벗어날 수 없는 것 아니겠는가. 비관은 기분이고 낙관은 의지라고 하는데 진정으로 동북아시아에 향하게 된다면 실현해 가야 할 과제 앞에서 의지를 품게 되는 것 아니겠는가.

헌팅턴의 문명의 충돌에 대해서 낙관과 비관을 둘러싼 동서의 충돌을 문제 삼을 수 있을는지 모른다. 그리고 그 사이에서 일본의 문제도.

(2003년 2월 2일)

일본에서는 납치 문제를 떠들어대는 세력과 교과서 왜곡을 일삼는 세력이 손을 잡았다고 한다. 원래 생각은 서로가 일치하는 것이었으니까 이제는 조직을 함께한다는 것일까. 그들이 『아사히신문』과 『세카이』를 모질게 공격하기 시작했다는 것이다. 야스에 료스케나 TK생까지 들먹이고 있다고 한다. 모두 좌익적이고 북을 옹호했다고 하면서 이 우익 세력이 때를 만난 듯이 떠들어대니 고이즈미 수상은 더욱 우익적이 될 수밖에 없다는 것이다.

그들이 미국에 대표도 보냈다고 하니까 미 · 일 극우 세력이 손을 잡자는 것이다. 그들이 한국의 개혁정권도 뒤흔들려고 한다. 이라크 전쟁도 하는 미국이니 노무현도 신변을 조심해야 한다. 한국의 우파 제도권도 힘을 집결해서 기회만 엿보고 있다. 미국이 그 배후에 있고. 이회창과 서청원의 미국행은 무엇을 획책하려는 것일까. 미국이란 자기네 뜻을 따르다가 성공하지 못하면 불러서 위로도 하고 함께 새로운 안을 짜기도 하는데 이런 공세에 노무현 정권은 어떻게 대결할 것인가.

동교동계는 비주류로 밀려난다고 하는데 그것은 김대중이 노무현을 밀지 않았다는 것을 의미한다. 김대중은 노무현이 후계자로 가장 바람직하다고 생각했을 것이다. 그러나 그 후 그에 대한 지지율이 하락하자 당황했고 정몽준을 밀게 된 것이 아닐까. 이회창은 절대 불가인데 노무현 가지고는 안 된다고 생각했을 것이다. 나도 그랬었으니까.

무엇보다도 노무현에게는 선거자금도 없지 않는가. 민주당 주류가 한 푼도 주지 않았다니까. 그런데 정몽준은 당이나 기업에서 거두어들이지 못해도 자기 돈으로라도 해낼 수 있을 것 아닌가. 그러나 노무현의 인기는 상승했고 돼지저금통으로 자금도 모였다. 이래도 동교동계는 재빠르게 자세를 전환시킬 수 없었다.

지금은 김대중은 감사하고 있을 것 아닌가. 현대를 통한 대북 송금 문제로 시끄럽기는 해도 노무현만큼 김대중의 뜻을 이해하고 개혁의 길을 가려는 사람은 있을 수 없으니까. 노무현은 그를 그렇게 높이 평가해 주지 않았는가. 김영삼이 정권 말기에 그랬던 것처럼 김대중도 갈팡질팡하다가 자기 의중의 사람을 제대로 정하지도 못했다. 신념을 가지고 개혁을 추진할 수 있는 사람을 밀지 못하고 정치계산을 일삼았다가 실패했다. 낡은 정치의 틀에서만 계산했으니까. 이런 의미에서도 김대중은 역시 구 정치에 속하며 노무현 시대와는 확연하게 구별된다고 하겠다. (2003년 3월 8일)

남과 북

어쩐지 요즘은 모든 것이 개운치 않다. 노무현 정부는 20대, 30대의 전위적인 세력을 기반으로 하고 있다고 할까. 정치개혁 사회개혁을 위하는 정당조직도 여론기관도 지금은 가지고 있지 못하다. 각 기관에서 은근히 정부의 지원을 받으면서 홍위병식 저항을 하게 하다가 자기네 사람을 꽂아 넣으려고 할는지 모른다. 나는 어쩐지 그런 조짐을 보는 것같이 느끼고 있다.

개혁적인 인물이어야 한다고 하면서 지금 있는 사람은 수구반동이라고 중상모략을 서슴없이 해낸다. 그러나 이런 홍위병식 개혁은 꼭 실패한다. 그렇게 되면 노무현 정권으로 민주화 세력은 끝나는 셈이 아니겠는가. 나는 이제 모든 정치를 혐오하면서 물러서서 예의 주시해야 할 것같이 생각한다.

(2003년 3월 15일)

노무현 정권에 대해서 세 살 난 어린애를 우물가에 놓아둔 것 같은 불안을 느끼지 않을 수 없다. 시간이 좀 지나면 안정될까. 지나친 말, 말. 물 흐르듯이 개혁을 한다더니 좌충우돌, 억지로 제 사람을 박으려고 무리수를 쓴다. KBS에서도 이런 것을 느끼면서 이제는 정말 거수기 노릇을 하는 듯한 노추(老醜)를 피해야 한다고 생각한다. 지원은 한다고 생각하면서도 심한 혐오증을 느낄 때가 많다. 이제 이 정권에 대해서도 정말 거리를 두어야 하겠다고 느낀다.

(2003년 3월 22일)

거의 일주일간의 북한 기행. 평양은 좀 활기를 되찾았다고 한다. 저녁에 시내를 바라보니 아파트 창가에 희미한 전등불이 보였다. 관리들도 상당히 유연했고. 어느 정도 먹고사는 사람들과 굶주린 사람들, 평양사람들과 지방 사람들, 정말 계급사회다. 특별한 기술 세계가 아니라면 모두 같은 말만 하면 되니까 능력이 드러나지 않는다. 그렇다면 친소 관계로 자리가 정해지는 것 아니겠는가.

묘향산으로 가다가 길이 막혀 시골길로 들어섰다. 많은 사람들이 철조망 속의 포로들처럼 서성거리고 있었다. 발가벗은 산들, 아이들도 학교에 가지 않고 함께 서성거리고 있었다. 우리들도 자유로이 호텔 밖에 나가지 못하고 할 말을 잃어버린 사람들만이었다. 모두가 죄수들인데 거기에도 계급이 있다는 것이겠지.

고난의 행군이라고 하지만 사실은 침묵의 행진. 그 속에서도 개천(价川)에선가 아들이나 일가친척이 군대에 간다고 어머니들이 모여들고 있었다. 무표정한 속에서 뭔가 호소하고 있는 것 같았다. 웃음은 물론 사라진 지 오래고 눈물도 메말랐다는 것일까. 개인 소포라도 보낼 수 있었으면. 말을 마음대로 못해서일까 소화가 잘 되지 않았다. 자동차가 보이지 않으니 공기는 맑고도 맑았지만.

하나 잊을 수 없는 풍경에 접했다. 시골에서 온 오빠일까. 한 허름한 남자가 고려호텔 문밖에 서 있었다. 여동생같이 보이는 한 40대 여인, 이 허름한 복장의 여인이 다가와서는 남자의 손을 잡고 함께 떠났다. 집으로 향하는 것일까. 오빠와 동생의 모습이 아닌가 생각했다. 반세기 전 옛날 정경 같았다.

거리에는 옛날의 흔적은 하나도 없고 그것을 찾아볼 자유도 없었다. 그러니까 감상(感傷)도 일어날 수가 없었다. 대동강이 보이는 벽까지 달려갔다. 안 된다고 야단이었지만 몇 초 동안일까 강물을 내려다보았다. 잘 정비된 아름다운 강. 거리 건물은 동구라파를 생각하게 하는 흑회색(黑灰色), 모두가 병영 같았다. 새로 건설된 동남쪽 신시가지는 좀 나았지만 아침이나 저녁시간 잠깐 동안을 빼면 사람 없는 황량한 광장들.

정말 굶주린 사람들 사이를 자동차로 달려가자니 모두가 서서 바라본다. 그럴 힘도 없는 사람들도 있는 듯하지만 일부러 바라보기를 거부하고 있다면 그들은 당성이 강하다는 것일까. 화장을 한 여인들이면 그래도 지나갈 때 힘이 좀 있어 보였는데 얼굴이 환하게 보이는 여인들은 특수한 계급이나 직업에 속한다는 것일까. 굶주린 군상들에 대한 송구스러운 생각에 이제라도 자동차를 타고 있는 우리를 특수계층이라고 습격해 오지나 않을까 하는 불안감이 들 정도였다

그런 데는 보여 주는 법이 아닌데, 보아도 악선전에는 쓰지 않을 것이라고 생각하는 듯. 헤어질 때 나는 그곳 책임자에게 이렇게 말했다.

"저런 것을 보고 이제 나쁘게 말하는 시대는 지나갔지요. 같은 민족의 아픔으로 생각하거든요. 남쪽에서 많이 불러와서 보여 주세요. 그러면 느끼는 것이 있을 겁니다."

남북이 모두 정치가 우선하니까 저런 굶주림을 방치해 놓고 있다. 떠날 때 안내자나 호텔 종업원에게 무언가를 줄 필요가 있을까 하고 생각하다가 선물들과 약간의 유로를 전화기 옆에 놓고는 이렇게 짤막한 글을 써놓았다.

"나쁘게 생각하지 마세요. 사촌동생의 아이들, 조카들을 못 만나고 무거운 마음으로 돌아갑니다. 그동안 수고하였습니다."

음식점에서 예쁘게 차리고 노래하던 미인 아가씨들을 바라보면서 오기평 교수가 내 귓속에다가 이렇게 말했다.

"저 애들이 저렇게 웃음을 짓고 노래하고 있지만 머릿속에는 굶주리고 있는 부모 동생 생각이 가득 차 있을 게 아니겠소."

1960년대, 70년대 서울에 와서 술집에서 일하던 여자들 생각이 났다. 마찬가지 아니었던가. 어떤 여인은 빨치산이라고 국군의 총을 맞고 쓰러지는 남편을 보고 그 자리에서 정신을 잃고는 쓰러져 죽은 어머니 얘기를 했다. 그래서 할머니 슬하에서 자라났다고 하면서 고등학교에 다니는 동생이 의과대학에 가게 되는 것만을 바라고 일하고 있다고 했다.

이 무서운 비극. 오만한 자들. 이라크에서 계속되는 참극. 저 죄악을 어떻게 할 것인가.

KBS에서 벌어지는 사태를 바라보면서 노무현 정권이란 마키아벨리스트의 집단이라고 생각하게 됐다. 저희 패거리를 억지로 틀어넣고 예를 들면 노조와는 어떤 타협이든 한다. 수단과 방법을 가리지 않는다. 노조에 대해서 나는 젊은 세대라고 그렇게 귀하게 생각하려고 했는데 그들 역시 구원을 받을 수 없는 마키아벨리스트라고 생각해야 하는 것 아닐까.

노 정권에게는 그런 것을 극복하려는 의지란 없다. 거짓말을 밥 먹듯 하는 마키아벨리스트적 현실. 이것이 불길한 불을 내뿜는 날이 올 것같이 생각된다. 그러나 모두가 직업적인 마키아벨리스트라면 무엇을 하고 무엇이 남는다는 것일까. 이 세상이 그렇다는 것일까. 나를 너무 순진하다고 하는 사람들도 있겠지만 내 길을 가면서 싸우는 수밖에 없지 않겠는가 하고 생각한다.

(2003년 3월 30일)

아렌트와 미국

몸이 좋지 않은 날이 계속된다. KBS의 사태에서 본 노무현이라는 인물. 북에 가서 볼 수 있었던 비참한 상황. 미국의 이라크전쟁이란 현대에서 보게 되는 나치가 하던 전쟁이 아닐까 하는 생각이 든다. 아렌트가 나치를 보던 눈을 생각해 본다, 오랜 싸움으로 적을 닮는다. 기독교라는 이름으로 자기정당화를 일삼는다는 것은 미국사의 오랜 위선이었고 이것이 이제는 가식이나 은폐

없이 나타난다. 오랜 진통이 계속될 텐데, 이것을 현대사가 극복할 수 있을 것인가. 이것을 시정하기 위해서 신은 어느 세력도 쓸 수 있는 것이 아닐까.

(2003년 4월 27일)

요즘 나는 아렌트의 이론은 이라크전쟁을 설명하지 못한다는 생각을 깊이 하고 있다. 1948년의 「랜드 스쿨 강의」(Rand School Lecture)라는 것이 있다. 유럽 지식인들은 자기들의 경험에 의해서 유럽이 '국민국가의 최종적인 제국주의 단계'를 가고 있는데, 고립주의를 떠나고 있는 미국이 이에 가담하지 말고 그것을 반성하고 있는 자기들에게 합류해 주기를 바랐다. 아렌트는 그것이 유럽을 다시 유럽 우월주의로 끌어들이려는 것이라고 본다. 그리고 미국은 부르주아지의 길을 걸으면서 '추악한 인종편견'을 지니고 있기는 해도 '내셔널리즘과 제국주의의 정치게임을 연출하려는 모든 유혹에 저항해 온 유일한 나라' '유럽의 국민국가의 최종적인 제국주의 단계 규칙'과는 전혀 다른 조건 하에 있다고 생각했다.

정말 그럴까. 유럽을 지배한 역사 법칙이 미국에만은 적용되지 않는다는 것인가. 여기에 아렌트의 사상은 한계를 보여 준 것이라고 할 수 있는 것이 아닐까. 제2차 세계대전 때 미국, 반인류적인 독재국가와 싸운 미국과는 다른 모습의 미국이 지금 나타나고 있는데. 아렌트도 만년의 사상에서는 미국에 대해 심한 회의를 느꼈다. 미국을 찾은 유대계 지식인들은 미국에서 해결을 본 것이 아니라 다시금 문제를 본 셈이었다. 거기에 그의 인류적인 지성의 모습을 볼 수 있는 것이 아닌가. 그가 오늘 무의미한 제국주의 전쟁인 이라크전쟁을 보았다면 뭐라고 했을까. 거기에서 '대단한 일을 행하는 데는 다소의 희생이란 불가피한 법'이라고 하는 말을 들었을 때 그는 무엇이라고 대답했을 것인가. 그가 말한 다음과 같은 말을 오늘이라는 맥락에서 재음미하고 싶은데 말이다.

"시체의 제조는 이미 적의(敵意)를 넘어서고 있으며 정치적 카테고리로는 이미 파악할 수 없습니다."

나치의 '시체 제조'는 나치의 잔인한 행위를 은폐하려는 것이었다면 오늘에는 전사자 수가 적은 전쟁이라는 말이 있다. 적의 전사자조차 적은 전쟁이란 그야말로 잔인성이 없는 전쟁이라고 하는 것 아닌가. 그러나 수많은 민간인의 희생이 계속되는데도 인류가 악을 제거한다고 해서 간단하게 받아들일 수 있는 전쟁이라는 말인가. 세상에 있는 눈에 거슬리는 것이라면 모두 그렇게 제거할 수 있다는 전쟁이 아닌가. 이것을 '내셔널리즘과 제국주의의 정치 게임을 연출하려는 모든 유혹에 저항해 온 유일한 나라'의 드높은 전쟁이라고 호언장담할 수 있다는 것인가. 그 전쟁이 전 세계의 모든 인간에게서 인간성을 앗아가려고 하는 것인데도 말이다. 아렌트의 사상을 나치의 전쟁에서 이라크 전쟁으로 가는 도상에 있는 사상으로 볼 필요가 있다. 물론 변화도 있겠지. 그러나 더욱 비인간화되어 가는 길이 아닌가 생각된다.

미국에는 미국이 역사적 오류에 빠졌다는 의식이 없는 것이 아닐까. 이제 무기를 새롭게 했으니까 베트남 전쟁과 같은 패배는 있을 수 없다고 생각한다. 그 패배의 역사를 이제는 회복할 수 있고 회복되어야 한다고 생각한다. 지금은 그 오류의 역사를 회복할 때라고 생각하는 것 아닐까.

지식인은 추방당함으로써 자기 존재에 대한 인식을 터득하기에 이른다. 아렌트는 유대인들이 유럽에서 추방당함으로써 '자기 역사'를 되돌아다 보게 되었다고 했다. 미국 자체에 대한 비판이 미국인들에게 결여되어 있다면 그것은 그 사회에서 추방당한 경험이 없는 데서 온다고 하겠다. 언제나 그들은 상하가 일치하여 자기들의 나라를 옹호해 왔다. 그러니까 거기에는 혁명이 있을 수 없었다. 상하가 함께 제 나라를 지켜 왔다. 사실은 거기에도 억압하는 세력과 억압당하는 세력이 존재했는데도 그것은 축소되고 은폐되어 왔다. 그러나 부시 대통령은 5월 15일에 지난 해 말 기준으로 자기 재산이 880만 달러에서 2,190만 달러라고 보고했고 체니 부통령은 1,910만 달러에서 8,640만 달러라고 보고했다는 것이 아닌가. 이번 이라크 전에서도 미국은 수탈자라는 자기들의 이미지는 완전히 은폐하고 있었다.

사실 미국의 지배 엘리트의 이러한 민중과의 괴리는 지금까지 대단치 않았거나 은폐되었거나 또는 이데올로기적으로 문제되지 않은 것이 아닐까. 상층이란 언제나 선한 것이었다. 그러나 이제 미국의 대중화로 엘리트층이 확대됐고 가진 자들은 자기 계층을 보호 유지하는 데 급급하게 됐다. 상층의 부도덕성이 분명해지고 공격을 받는다. 미국인에게는 자국의 오류의 역사에 대한 인식이 거의 없다. 거기서는 '어찌되었든 인간이고자 하는 대신 어떤 역할을 다하게 유혹하는 유령', 즉 '필연성'이 지배해 왔다. 지금 워싱턴 포스트는 북을 대대적으로 비판하고 있다. 미국 정부는 노무현을 그런 상황에서 맞이하려고 한다. 이런 상하 일치가 아직 미국에서는 계속된다. 그러나 상층의 윤리의식 쇠퇴와 위기의식의 증대, 벼락부자의 참여에 따른 상층의 전면적인 전락과 부패 같은 것이 심하게 빠르게 진행되는 것이 아닐까. 영원이란 지상에는 없는 것이다.

미국은 국제적으로 혁명적인 도전을 받아가다가 점차로 국내적으로도 받아가게 되는 것이 아닐까. 이 두 가지 압력이 상호 교차하기도 하고 동시적이기도 하겠지만 국내적으로는 비판 세력이 추방당하여 절망하다가 의식화될 것이겠지. 그래서 아렌트도 미국인을 세계에서 고립된 독선적인 상태에서 구출한다는 것이 매우 중요하다고 본 것이 아닐까(「랜드 스쿨 강의」 참조).

미국 정부 고위층의 막대한 사유재산. 그 나라는 전쟁 같은 데서 패배한 적이 없었으니까, 혁명도 없었고, 모두가 관대했고. 그것이 지난날의 미국이다. 아시아가 이것을 모방하게 돼서는 안 된다. 미국의 도덕성이 무너지고 지극히 보수적이 되고 거기에 더욱 부도덕한 층이 일어나서 합류한다. 그들이 바로 무기를 소유하고 행사하는 셈이다. 그 무기가 나라를 지키기보다 그들의 부를 지키는 것과 직결되어 있다.

동북아시아의 나라들이 그것을 배워서는 안 된다. 한국의 경우도 개인

재산의 과도한 증대, 고소득층의 과도한 성장을 경계해야 한다.

(2003년 5월 17일)

아렌트는 나치는 반인간적이고 그들의 행위는 이해할 수 없는 것이라고 했지만 정말 그런 것일까. 그것은 역시 인간의 연장에서 가능했던 것이 아닐까. 나치는 생각할 수 없는 것, 부시의 이라크 침공은 있을 수 있는 것, 이런 식의 판단이 나치 이후에도 전쟁을 일으키는 자들이 품어온 자기변명이 아닐까. 나는 나치 이후 전쟁을 일으키는 자들은 나치의 멘털리티를 답습하고 있다고 생각한다. 더욱이 승자의 멘털리티의 경우에는. 월남에서 고엽제를 쓴 자들, 유고의 학살자들, 이라크의 침략자들. '박해자들 사이에 후회의 징조가 전혀 보이지 않았다는 것'. 그것은 모든 침략자들에게 마찬가지가 아니었을까. 아렌트는 "히틀러는 친기즈칸에 비슷한 인물도 아니고 누군가 다른 극악한 범죄자들보다 악한 인물도 아니고 그러한 자들과 전혀 다르다"(「사회과학의 테크닉과 강제수용소의 연구」)고 강조했지만 정말 그럴까.

이라크의 점령을 자랑하는 부시, 거기에 찬사를 보내는 미국 지배층 인사들에게서 히틀러를 둘러싸고 있던 독일인들의 얼굴을 보게 된다고 한다면 그리고 바로 그것이 인간들이라고 한다면 하고 생각하게 된다. 아렌트는 침략자 독일과 그것에 대항해서 싸우던 미국인이라는 대조로만 생각한 것이 아닐까. 제2차 세계대전에서 구출자라는 미국의 이미지가 너무 강했던 탓이 아닐까. 미국은 선한 세력, 구원자라고 생각했으니까. 이제 이런 그림이 이라크 전에서는 흐려지고 희미해진 것 아닌가 생각된다. 월남전에서는 그런 미국이 패배할 수밖에 없었는데, 오늘은 그런 미국이 어디서나 승리자로서 다시 군림한다는 데 문제가 있다. 세계사는 인간이 인간의 힘으로 내리는 심판의 장이 아닌 것이다. 도덕적 퇴폐는 더욱 심각해질 것이라고 본다.

(2003년 5월 18일)

역사의 반복

노무현 정권에 대해서 내가 염려하는 것은 그것이 본질적으로 파시즘적이라는 데 있다. 어떤 것이 실패하면 솔직한 척하고 고백하고는 이제는 그러지 않겠노라고 한다. 그러고 나서는 다른 수를 써서 이번에는 성공한다는 것이다. 내가 KBS에서 목격한 것이 그가 하는 모든 면에서 드러나고 있다는 데 문제의 심각성이 있다. 국민 통합을 시도하는 것이 아니다. 같은 경향을 가진 세력, 즉 자기를 지지하는 세력 사이에서도 파당주의적이다.

남은 내몰고 내가 쥔다는 것이다. 이것은 한국의 현실이 요구하고 있는 당위와는 너무나 동떨어져 있다. 한국 정치가 아무리 파당적이라고 해도 지금까지 그래 본 적이 없다. 이것은 박정희 군사정권 하에서 자라난 거의 말기적인 현상으로 그것에 저항한다고 하면서도 뉴레프트적인 분파주의를 일삼던 데서 비롯한 것이다. 이것이 어떻게 선진국에 진입하려는 이 나라, 이 정치의 오늘에 적응한다는 것이겠는가. 그래서 정국을 파탄으로 몰아넣는다면 그때야말로 새로운 정치가 새로운 대연합의 가능성으로 우리 사회를 끌어가게 될는지 모른다.

한편 부시의 섹트주의는 정말 볼 만하다. 미국의 말을 듣지 않으면 모두 두고 보자고 하는 자세, 그에게 동의를 주저하면 누구나 적이라는 자세가 아닌가. 미국은 언제까지 저런 정치를 끌고 가자는 것일까. 아랍 세계의 테러 공작이 미국을 저런 식으로 더욱 파탄으로 몰고 갈 것인가. 패배를 모른다던 지난날의 일본이 생각난다. 어떤 식으로 미국은 패배할 것인가. 군사적인 것이 아니라 정신적인 것일는지도 모른다.

세계사의 새로운 패턴이 일어나야 할 것 같다. 누가 어떻게 예언할 수 있을 것인가. 군사적으로는 승리하면서도 사회적으로는 몰락해 간 국가. 그 현대판이 찾아오는 것일까.

(2003년 5월 24일)

미국은 관대한 것 같지만 사실은 파시즘적이라고 쓴 1953년 5월 13일자 아렌트의 서간을 읽었다. 사회는 부유한 자를 위해 있으나 한편 누구에게나 가능성이 부여되어 있다. 사회 모순이 문제를 일으킨다면 심리 상담으로 문제를 해결할 수 있다고 생각하고, 언론 자유가 있다고 하면서도 모든 출판이 자제하는 글을 쓰도록 강요하고 있다는 것이었다.

매카시즘(McCarthyism)을 공격하는 아렌트의 글에 야스퍼스는 그것에 침묵해서는 안 된다고 지원을 아끼지 않는다(1953년 5월 22일 서간). 미국은 세계에 영향을 주는 나라가 아니냐고 하면서. 1931년에 나치의 위기를 예고한 아렌트에 비하여 자기는 그렇지 못했다고 솔직히 고백한다.

"나는 1931년에 그대가 정확하게 예언한 것과 내가 그렇지 못했던 것을 기억한다. 나는 우리 동포의 대다수가 합리적이고 인간적이며 그들은 바르게 존재할 수 있다고 생각했다. 그러나 그들은 권력을 휘두르는 자들의 술책과 기성사실에 대한 그들 자신의 두려움에 대하여 무방비했고 드디어 그것에 굴복하고 말았다."

그러나 그것은 미국에서도 일어날 수 있겠으나 독일의 경우와 같지는 않을 것 아니냐고 했다. 그래서 그때는 매카시즘의 패배가 왔다고 하겠다. 그러면서 아렌트에게 격렬한 어조로 그것과 싸워야 한다고 했다.

50년 후 오늘의 미국을 생각한다. 이슬람의 두려움에 대한 미국의 힘은 지금 무기로 보는 한 정말 거대하다. 이번에는 미국을 대표해서 대통령이 군대를 동원했다. 지난날 거대했던 공산 진영은 존재하지 않는다. 미국이 후퇴할 필요는 없다. 앞으로 어떠한 사태가 벌어질까. 이해하기 어려운 침묵으로 대하는 유럽이 있는데 두고 볼 세계사적인 문제이다. 야스퍼스는 그의 글 마지막에다 추신으로 이렇게 기록했다.

"미국을 붙들었음에 틀림이 없는 상상할 수 없는 어리석음. 그것은 우리를 놀라게 한다. 우리는 그것을 잘 알고 있기 때문에."

이 말이 지금 우리 귀에 새롭지 않은가. 아렌트는 그리하여 매카시스트들을 추방하게 되는 미국에 안심하였다는 것일까. 그때는 스탈린과 세계 공산주의가 건재하였고, 한국에서는 전쟁이 휴전으로 끝날 수밖에 없을 정도의 무력의 시대였는데, 오늘은 어떠한 상황일까. (2003년 5월 31일)

아렌트의 「인류와 테러」를 읽으면서 여러 가지를 생각하게 된다. 전체주의를 이해하려고 하면 지금까지의 우리의 사고는 파탄을 경험하지 않을 수 없다고 그는 생각했다. 오늘 부시의 세계 지배도 그런 것이 아닐까. 미국의 대중을 동원하면서 그 세계 정복은 끝날 줄을 모른다. 세계를 정복하고 나서도 계속될 수밖에 없다고 할까. 알 카에다는 어디엔가 숨어 있으니까, 그것을 찾기 위해서 세계를 휘젓고 다녀야 한다. 나치가 출현했을 때 인류는 그때까지 사고방식으로는 이해할 수 없다고 했다는데 지금 알 카에다도 부시나 미국에 대해서도 그런 것이 아닐까.

나치와 약간 다른 점을 지적할 수 있다. 그러나 그것은 역사와 시대의 차이에서 오는 것이 아닐까. 아버지 부시 때 무기와도 엄청나게 다른데. 저 짧은 시간에 이라크를 해치울 수 있으니까 오늘의 상황 하에서의 승리자라고 해야 하는 것일까. 아렌트의 말처럼 우리는 미국이 행하는 우리에게 '익숙한 것'을 '익숙하지 않은 것'으로 전환하는 작업을 해야 한다. (2003년 6월 5일)

아렌트는 전체주의가 인류사상에서 이전에는 아주 생각할 수 없었던 새로운 것이라는 사실을 강조했다. 그러나 사실은 그것은 단절이면서도 계속, 계속이면서도 단절이라고 변증법적으로 설명할 수 있을 것 같다. 끝없는 숙청, 인간의 죽음에서 비누를 만들어 내던 그 잔인성, 그 냉혹함. 현대에는 정교한 무기로 방대한 파괴를 가능하게 할 수 있지만 그런 가능성을 가지고 있다고 해서 인간이 달라졌을까.

오늘의 이라크 전쟁은 12년 전에도 있었다. 이번에는 미국측에 수천 명의 인명피해가 있었고, 원폭은 사용하지 않는다고 하여도 그만큼 무기가 엄청나게 달라진 것이 아닌가. 나치가 그것을 가지고 있었다면 반세기 전에 무서운 세상이 나타났을 것인데, 미국은 절대 그런 길을 가지 않는다는 보장이 있을까. 있다면 인류적인 비판과 저항이 있어야 할 텐데. 그러니까 미국에서 박수를 치고 미국의 승리를 구가하기만 하는 세력이 무섭다는 것 아니겠는가. 아프가니스탄의 전쟁, 이라크 전쟁을 이해할 때 현대를 이해할 수 있을는지 모른다. 그것은 한국전쟁 때와는 다른, 소련 붕괴 이후의 세계를 상징한다.

아렌트는 '현대세계에서의 상식(commom sense)의 파탄'이라고 하면서 폴 발레리(Paul Valery)가 우리가 '현대에 있어서 가장 광범위하게 받아들인 관념'이 "사실에 의해서 공격을 받고 반박되고 파괴되었다," '일종의 구상력의 파산과 이해의 파탄'을 목격했다고 한 말을 인용했다. 이것이 또한 오늘의 상황이고 우리가 경험하는 것 아니겠는가(아렌트의 「이해와 정치—이해하는 것의 어려움」 참조).

북을 보았을 때 내가 느낀 충격도 바로 그런 것이었다. 거기에 대해 공격하려는 미국은 어떨까. 이 모든 역사에 대해 행동의 방향을 찾을 수 없게 되었다. 어떤 명백한 방향을 더욱이 선악을 가지고 선택할 수 없으니까. 원래 역사란 그런 것인지도 모른다. 거기서 어떻게 한다는 것인가. 회의주의가 아니라 예수처럼 단호하게 무엇인가를 선택해야 한다면? 참 어려운 문제다. 예수는 그런 경우에 역시 현실을 떠나서 초월적으로 원수를 사랑하라 "너희를 핍박하는 자를 위하여 기도하라" 고 하신 것 아닌가. 초월적인 모럴이다. 부시의 기독교가 아니다. (2003년 6월 7일)

막다른 골목에 선 선택

나치가 일어날 때 세계의 보조는 엇갈리고 있었다. 그것이 이해할 수 없는 것이었기 때문이다. 이번 이라크 전쟁에 대해 특히 공격하는 측에서는 미국은 영국 외 몇 나라만을 우군으로 삼을 수 있었을 뿐이다. 그 전쟁이 납득할 수 없는 것이었기 때문이다. 이번에는 이라크를 공격하는 미국에 대해서 아렌트의 말에 따른다면 '생산적인 응답'을 제시할 수가 없었다. 정말 이해할 수 없는 전쟁이었으니까.

이 전쟁에 대해서는 특히 미국의 무서운 공격에 대해서 세계도 이해할 수 없어서 당황하고 있다. 경험하지 못한 전쟁이니까. '일극 대 다극의 세계.' 앞으로 역사적으로 미국이 어떤 길을 가고 있는가가 분명해질 것인가. 지금 우리가 방향을 잃고 방황하고 있는 것은 바로 이러한 역사의 방향을 찾지 못하고 있기 때문이 아닌가. (2003년 6월 8일)

역사에 대한 회의, 인류사에서 전쟁을 다소나마 긍정적으로 평가할 수 있었던 것은 제2차 세계대전뿐이 아니었던가 생각된다. 거기서는 근대의 발전사관을 적용하는 것이 가능했다. 오늘 이라크 전쟁을 바라보면서 그런 발전사관적인 생각을 할 수 있을 것인가. 다만 미국의 잔인성이 적나라하게 보일 것만 같다. 그리고 그런 문명이 몰락하지 않을 수 없으리라는 생각도 나고 정말 모두가 막연하게나마 미국을 전승국이라고는 보아 넘기지는 못하는 것 같다.

(2003년 6월 17일)

노무현의 출현이란 오늘의 정치에 절망한 나머지 국민이 선택한 결과가 아닐까. 변화를 원하는 세력이 선택할 가능성은 그밖에 없었으니까. 그러고 나서의 실망. 금후 어떤 정국이 전개될는지 누구도 예측하기 어렵다. 세계도 그런 정치상황이니 이렇게 뚜렷한 목표가 보이지 않던 시대가 또 있었을까. 나도 단순하게 밖을 보기만 하고 내면을 보지 못했다. 밖이 무너지니까 삶의 터전이 무너진 것 같은 느낌이 든다. 바깥만 바라보고 내면의 세계를 돌보고 무엇인가 이룩해내지 못한 실패의 인생이라는 느낌이 몰려온다.

세계를 향한 문을 닫고 내면으로 향하는 통로를 발견해야 하는데 너무 늙었다고 푸념하는 수밖에 없는 것일까. 이제 정말 죽음과 직면할 수 있는 내면을 찾아야 할 텐데. 근대 이전의 사람들은 '세계란 그런 것' 하고 체념하면서 내면의 세계를 찾았던 것이 아닌가. 밖이 혼란이라면 우리는 너무나 약하다. 내면의 자기 세계를 가지고 있지 못하니까. 몸을 위한 산보가 아니라 내면적인 사색을 위한 산책을 해야 하겠는데, 이렇게 생각해 본다면 일본에 있던 때가 나았을는지도 모른다. 일본 사회에 대해서는 관여할 것이 아니라고 체념하고 있었으니까. 그래서 자신을 내면으로 돌릴 여유가 있었다.

(2003년 6월 24일)

아렌트의 정치사상에 관한 논문집에서 "지옥의 이미지"라는 글을 읽고 생각했다. 인간을 '자연 질서' 속에서만 생각하고 약자는 죽음으로 향할 수밖에 없다고 생각하는 데서 공산주의도 나치에 동조한 것이 아닐까. 그것을 거부하면서도 현대는 실제로는 그 길을 따라가고 있는 것 같다. 여기에 현대사회의 근본적인 허위가 깃들어 있다고 해야 하는 것이 아닐까. 그렇다면 기독교적인 발상은 설 땅을 잃어버린다. 그렇기 때문에 그것을 고발하는 기독교가 되지 못할 때 기독교는 생명을 잃어버린다. 부시의 기독교란 바로 그런 것인데.

(2003년 6월 26일)

오랫동안 이 단편을 계속해서 쓰려고 하지 않았다. 노무현 정권이란 이미 세계에서 십 몇 위의 경제대국이라는 한국에서 뉴레프트 정권을 탄생시킨 것이라고 해야 한다. 그는 12월에는 국민투표까지 하자고 했는데 그것도 자기 혼자 새벽에 생각해서 도전장처럼 국민 앞에 내던졌다. 민주적으로 선거한 대통령으로 공개적인 토의를 하자는 것이 아니고 도전을 한 것이다. 그리고는 SK클럽이 준 한나라당의 정치자금 100억 원을 폭로했다. 자기들은 재벌에서 그런 돈은 못 받았을 테니까. 내가 상처를 받았으니 "네게도 상처를" 이라는 식이다.

모두에게 부정이 있으니 그런 것을 극복하는 시대가 올 것인가. 이런 식의 이전투구는 언제까지일까. 노무현 시대는 심상치 않을 텐데, 어려움이 있을 테지만 이 사회는 굴러간다. 대통령이 격하되어도 굴러가는 나라라고 할까. 스캔들이 아무리 있어도 미국은 굴러가는 것처럼. 성장을 위한 시련이라고 할까. 이제 한국에서도 카리스마적인 대통령의 시대는 지나갔다. 그런 의미에서 내각책임제로 넘어가는 것도 좋지 않을까. 여기에 여론이 동원될 수 있을 것인가.

(2003년 11월 2일)

대통령제란 너무나 뚜렷하게 대통령의 지혜와 지식 그리고 인격과 능력에 지배된다. 그 개인의 인간됨에 지배를 받는다. 그런데 앞으로는 이상한 인간만이 대통령이라고 나올는지도 모른다. 지금까지는 카리스마가 있었지만 그것도 이제는 없다. 앞으로는 더욱 그럴 것이 아닌가. 이들의 견해에 따라 국정이 결정된다는 것은 위험하기 짝이 없다. 노무현 대통령만 해도 정말 너무나 자의적이 아닌가. 그러나 모든 것이 그에게 의해서 좌우된다.

야반에 혼자서 국민투표로 신임을 묻겠다고 결정하고 국회에서 말했다. 측근도 모르게 그렇게 혼자서 제 마음대로 할 수 있다는 것인가. 민주적인 체제라고 하면서도 독선적이고 자의적이다. 한밤중에 계엄령을 선포하고 체포령을 내리던 독재 시대의 잔재라고 해야 할까. 그러니까 노무현 정권이란 앞으로 무엇을 할지 모르는 정권, 예측불허의 정권이라고 하지 않겠는가. 민주정권이란 투명하고 예견이 가능하며 그러니까 피차 대책을 세울 수 있는 정권이어야만 한다.

노무현 정권은 갑자기 어디로 가자고 할는지 모를 정권이다. 그러니까 모든 기업도 예견을 가지고 투자할 수 없다고 하지 않는가. 정말 제멋대로 가는 것 같다. 심한 아마추어 정권 같기도 하다. (2003년 11월 3일)

노무현 정권에 대해서 나는 이 일기에서 한 달 남짓 아무 말도 하지 않은 셈이다. 그 이유는 그 전체가 비판의 대상이 되기 때문이었다. 통일을 지향하기보다 분열을 조장하고 국민에게 솔직하려고 하기보다는 사태를 더욱 복잡하게 악화시키니 이제는 국민 모두가 어이없다고 침묵하고 만 것이 아닐까. 신문도 그런 것 같고 치기만만이라고 할까.

이런 데도 불구하고 나라가 굴러가는 것은 이미 그런 대통령이 움직이는 나라가 아니라 법 체제와 국민의 양식이 살아 있는 나라이기 때문이라고 할는지 모른다. 그러나 그것은 지휘자 없이 굴러가는 것. 너무 오래 가면 큰 파탄이 온다는 것이 아닐까. 지금은 모두가 내년 총선만 기다리고 참고 있는 것 같기도 하지만. (2003년 12월 7일)

노무현 정권의 최대의 잘못은 시대를 잘못 판단하는 데 있다. 국민통합의 시대에 지난날의 투쟁 당시의 분열주의적인 멘털리티를 그대로 지니고 있다. 누가 지금 지난날을 따지려고 하는가. 그런 것은 할 수도 없고 될 수도 없는 시대인데, 엄청난 시대착오로써 욕심만 가지고 그 욕심이 시대를 보는 눈을 가리고 있다. 평화와 통합의 시대인데 투쟁과 전투를 하자는 것이니 무서운 시대착오라 할 수밖에 없다.

낙오됐던 자들의 분열 지향성, 무능력하면 무능력할수록 그럴 수밖에 없다. 오랜 분열 끝에 오늘 이 평화의 날이라는 인식은 그들에게는 없다. 그것은 뼈아픈 자기 극복에서만 가능한 것이기 때문에 그런 분열을 극복하는, 끼리끼리를 넘은 지도력이란 노무현 정권에게는 있을 수 없다. 여론에 끌려 뭔가 속임수를 쓰려고 할 뿐이다. 오늘의 분열과 투쟁을 넘은 평화의 날이라는 생각이 없으니까, 그런 세상이라면 그들은 다시 소외될 뿐이라고 생각하는 것이다. 불행하게도 그런 삶밖에 모르니까.

이것은 우리나라만의 상황이 아니다. 혁명 이후에 거의 모든 나라와 지역이 경험한 것으로, 그러니까 이것은 독재와의 오랜 투쟁 속에서 나타나는 슬픈 비인간화의 이야기다. 그래서 이전투구, 국민은 이것을 멀리서 보고 이제는 거의 무관심에 가까운 절망을 느낀다. 지금은 섹터를 갈라 가지고 우리 당인가 하는 것을 만들 때가 아니다. 노무현도 들어갈까 망설일 정도가 아닌가. 노무현 정권은 낡은 분당주의자들, 조금만 달라도 용납 못하는 전제주의자들이라고 해야 하는 것이 아닌가.

노무현 정권은 그런 의미에서도 시대를 잘못 타고 나왔다. 그 정권이 있는 한 국민의 소망과는 먼 어처구니없는 파쟁과 그것을 위한 허위 또는 공작은 끊일 날이 없다. 이 시대가 원하는 것은, 이런 낡은 세력이 아니다.

탄력성 있는, 국민이 열의를 가지고 참여할 수 있는 민주주의를 어떻게 이룩해 낼 수 있는가. 국민을 외면한 저들, 말하자면 소아병적인 집단은 가야 한다. 이제 우리의 과제는 저들과 무엇을 함께한다는 것이 아니라 어떻게 저들을 성숙된 사회답게 떠나보내는가, 어떻게 합헌적, 합법적으로 떠나보내는가 하는 데 있다. 그들에게 기대할 시기는 이미 지나간 것이다.

카리스마를 지닌 대통령을 뽑는 시대는 지나갔다. 그런 대통령을 가지고 실패해 온 역사였고 그것도 이제는 끝났다. 오늘 부족한 인간밖에 없는 시대 속에서 어떤 정치체제가 가능할 것인가. 중지를 모을 수 있고 국민과 함께하는 정치력이 되려면 어떻게 해야 하는가. 시간을 두고 찾아 나아가야 한다. 우리의 제도는 노무현 정권을 낳을 수밖에 없는 제도였을 테니까. 변화해 가는 상황과 더불어 새로운 체제를 찾아가야 하겠다. (2003년 12월 8일)

2004년

혁명 없는 시대

1월 6일 저녁에 박권상의 권유로 김대중 80회 생신연에 참가했다. 일본에 가 있는 동안 전화까지 걸어 왔으니. 민주당 인사들은 거의 초대되지 않았고 도리어 우리당의 김원기라든가 청와대 문 비서실장이라든가 하는 사람만 와 있었다. 김대중은 우리당과 가까운 듯, 이렇게 보이자는 것이겠지.

김대중의 생각으로는 노무현이 제대로 구실을 해낼 수 없으니까, 민주당과 우리당으로 갈라놓고 선거에서는 하나의 당처럼 뛰게 하고 가능하면 두 당으로 다수를 차지하고서 때를 보아 다시 합당을 시키자는 것이 아니겠는가. 이번 모임에 민주당 측 인사들이 전혀 참석하지 않은 것도 이상하다. 무슨 곡절이 있겠지. 그러니까 거기에는 대승적인 정치는 없고 이합집산 속에서 정치는 더욱 전락하는 것 아닐까. 민주주의란 이념이 없는 상태라면 그런 정략적 차원에서 움직일 수밖에 없는 것 아니겠는가. (2004년 1월 7일)

이라크 전쟁은 21세기의 아편전쟁, 이런 생각을 지울 수가 없다. 그때는 중국도 부패해 있었지만, 그 전쟁은 반인류적인 것에 틀림이 없었다. 그래서 아시아가 문명사회로 들어왔다고는 하지만 그 후는 아시아의 동란 시대, 잔인하기 짝이 없는 시대로 엮어져 왔다. 이라크 전쟁 이후의 세계사는 어떻게 가는 것일까. 이제부터 현대 자본과 더불어 무한히 잔인한 시대를 이어갈 것만 같다. 부시가 저렇게 도도하게 떠들어대는데 이 역사를 아편전쟁 이후의 세계사와 대비해서 그려 보아야 할 것 같이 생각된다는 말이다.

오늘날 세계에는 눈여겨볼 수 있는 정치지도자란 없다. 노무현도 그런 대열에 서 있다. 아무리 민심이 비난을 해도 거기에 대해서 어떤 반응을 보이는 일도 없다. 그러면서도 혁명 없는 시대니까 그대로 뻗치고 나가면 된다. 혁명은 일어나지 않으니까 민중을 두려워할 필요가 없다. 강경하게 대응하지 않고 슬슬 피해가면 된다. 민중도 집권자가 교대하면 나아진다는 환상을 가지고 있지 않다. 다만 포악하지 않으면 된다. 오늘의 집권자는 누구도 그렇게 포악하려고 하지 않으며, 물론 그렇게 될 수도 없으며, 언제나 국민을 위한다고 한다. 거대한 권력에 거대한 저항 세력이라는 대립구도가 좀처럼 형성되지 않는다. 그러니까 혁명이 없는 시대. 이것도 역시 역사상 경험해 보지 못한 시대다.

(2004년 1월 10일)

'신(神)의 나라를 실현하려고 한 혁명적 요구'를 '근대사의 발단'이라고 벤야민은 생각했다. 그리고 그것과 관계가 없다면 어떠한 것도 '근대사에서 부차적인 것'에 불과한 것이었다고 했다. 신의 나라를 무한한 과정에서 실현하는 것이 아니라 '지금 이 시간 속에서, 이 지상에서' 요청했다는 것이다. 혁명은 현재에서의 '완전성'을 요구했다.

오늘은 그것이 불가능함을 다시금 인식하게 된 것인데. 한국의 오늘을 생각해 본다. 현 정권의 모습에서 우리도 이러한 근대적인 혁명을 추구하다가 깨어난 셈이다. 세계 도처에서 일어난 역사적 사실. 그것은 혁명에 대한 환상이 깨어지고 환멸이 일어난 현실이다. 그래도 세계 도처에서 진정한 혁명을 지금의 집권 세력으로 이룬다는 터무니없는 구호를 되뇐다. 돈키호테적인 기만술, 현실을 떠난 순진한 환상이라고 하겠지만 사실은 기만을 꾀하는 악의에 찬 세력이 내거는 터무니없는 구호다.

국민은 그런 환상에서 이미 깨어나 있는데, 분노하다가 이제는 비웃고 있는데, 지금 그들 정치 세력은 새로운 혁명이라는 구호를 외치며 아직 자기기만에서 깨어나지 않았다는 것일까. 남을 기만하기 위해 자기기만을 의도적으로 조작하는 것인가. 나는 혁명의 시대는 지나갔으니 혁명 없는 국민 총화를 말해야 한다고 했다.

20세기에 들어서면서 아시아에서는 근대적인 혁명을 아시아의 풍토에서 실현해 본다고 아우성을 쳤겠지. 그 실패에서 어떤 길이 우리에게 주어질 것인가. 반혁명 그러면서 국민이 모두 납득할 수 있는 길을 어떻게 제시해서 동의를 얻을 수 있다는 것인가. 반혁명이라면 자칫하면 반동의 시대라고 하겠는데 그 반동에서는 적어도 구출해 낼 수 있어야 할 것이다. 우리의 경우에는 악하고 무능한 정부가 자기위선을 가장하고 혁명을 외치고 있으며 국민은 비웃고 무감동 아니 조소로 치달리고 있는 것이 아닌가.

벤야민이 당면했던 근대혁명은 내셔널리즘으로 달려갔다. 결국은 공산주의나 포스트 모던에서 묶어 보려고 하던 내셔널리즘은 이미 반동적인 것이며, 컴퓨터 문명 현대에서는 빛을 잃어버린 이데올로기이다. 마지막 혁명 후의 환멸 그리고 반혁명의 시대. 여기서 자아내는 정치에서 우리도 실패하고 있다.

'신의 나라'는 영원한 저 세상. 거기에 따라 점진적인 전진 또는 인내 어린, 혁명 없는 나날 속에서 퇴폐해지는 것이 아니라 관용하고 참아내면서 협력하는 체념의 지성이 요구된다고 할까. 이 시대의 정치 지도력은 어떻게 되는 것일까. 혁명 없는 시대에 리얼리스틱한 지도력, 정직한 지도력이라고 할까. 지도력이라고 하기보다는 함께 걸어가면서 고민하고 함께 의논하는 행정력이라고나 할까. 이것이 벤야민의 말을 빌린다면 '지금 이 시간 속에서 이 지상에서 요청되는' 정치력이라고 할 것인가. 그런데 지금 우리나라에서는 대통령 탄핵이라고.

(2004년 3월 9일)

트로츠키의 『배반당한 혁명』을 읽는다. 그 시대 유럽에서 급진주의자들이란 이미 자기 나라에서의 혁명 가능성에 대해서는 절망하고 있던 무리들이었다. 어떤 의미에서는 그런 것을 자기들 나라에서는 원하지 않았을지도 모른다. 그러면서 다른 나라의 혁명에 열광한 사람들. 한국의 민주화를 바라본 일본의 지식인들에게서도 그런 현상을 발견할 수 있는 것이 아닐까. 트로츠키는 서문에서 그런 것을 '급진적 여행자에 알맞은 사회주의'라고 했지만.

그러나 그의 과도한 혁명 예찬. '혁명에 의하여 새로운 생활에 각성하게 된 인민이 수행해 가는 초인적인 활동'이라고까지 했는데, 그런 혁명적 열의는 언제까지 계속된다는 것일까. 그런 이념을 계속 수혈해 줄 수 있는 지도력이란 가능한 것인가. 북한이 1970년대까지 보여 준 남한에 대한 우위와 그 후에 계속된 몰락이란 러시아 혁명이 걸어온 길이기도 했던 것이 아닌가.

나는 한국의 민주혁명이 성공했다는 1987년의 승리에 대해서, 이번에 노무현 정권에 이르러 그것에 결정적인 몰락이 다가왔다고 생각한다. 이제부터 반혁명으로 가는 과정이 크게 진행된다. 노무현 정권이 혁명 세력 와해의 길을 결정적이게 한 것이 아닌가. 혁명 세력의 분열과 와해, 혁명적 이념과 이미지의 와해가 급속히 진행되고 있다. 한나라당에서 박근혜가 등장한 것은 이런 의미에서 매우 상징적이다.

트로츠키가 소련이 혁명 하에서 이룩했다는 경제발전이라는 상황을 설명하는 데 나타난 혁명의 실태란 정말 놀라운 것이 아닌가. 해방 후의 평양에서도 그랬으니까. 연병장 자리에 농장을 만든다고 삽으로 땅을 파헤치던 때가 생각난다. 흙을 파서 땅을 가리고는 작업량 120퍼센트 달성이라고 떠들어 댔으니까. 그래서 다음날에는 130퍼센트로 늘린다고 했다. 러시아 사회주의 혁명 후에도 같은 모습으로 떠들어댔고 시장성 없는 생산에 거대한 자본과 인력을 투입했다. 그래서 혁명은 실패할 수밖에 없었다.

아렌트가 모든 혁명은 실패였다고 한 말을 생각하게 된다. 러시아에서 실패했고 한국의 민주혁명도 역시 실패였고 다시 찾아올 반동의 시대. 그러나 그 혁명에서 다소는 배웠어야 하고 그것으로써 그 역사를 견딜 수 없어 하면서도 받아들여야 하는 것 아니겠는가. 우리도 그런 역사의 길을 가게 마련이다.

(2004년 3월 23일)

트로츠키의 『배반당한 혁명』을 계속 읽고 있다. 유럽 다른 나라에서 러시아의 혁명을 지지하는 사람들에 대해서 그는 '소련의 친구'라고 하면서 다음과 같이 비판했다.

"자기네 나라의 자본주의에 반역하는 일 같은 것은 그들로서는 해낼 수 없다. 그러므로 그들은 스스로 이미 끝나서 진정된 다른 나라 혁명에 의거하려고 한다."

트로츠키가 1930년대에 소련이 공업화에 성공했다는 데 대해서 한 기술은 매우 흥미롭다. 확실히 공업화에 성공했다. 그러나 한편 "이제 와서 그 모두가 합해서 생산물의 저품질과 극도로 높은 원가로 나타나 있다"라고 했다. 이것이 바로 북이 1970년대에 높은 경제발전을 보였으면서도 오늘날 말할 수 없는 가난에 빠져 있는 이유가 아닐까. '일반적으로 제품은 대중소비자에게 가까우면 가까울수록 품질 경쟁'을 하는 것이라고 트로츠키는 『프라우다』 기사를 인용했는데.

김일성이 트랙터를 처음 만들어 놓고 보니 운전하면 뒤로 가더라고 했다는 이야기. 이 혁명에 일본 지식인들은 찬사를 보냈던 것이 아닌가. 그리하여 북의 오늘의 상황은 이미 예측된 것이었다. 남한은 자본주의 속에서 다른 길을 걸어온 셈이지만. 그러나 노무현 정권에 대해서는 다음과 같은 말을 『배반당한 혁명』에서 인용할 수밖에 없다.

"가장 착상이 빈곤하고 오류의 중압을 가장 많이 짊어지고 있는 분파가 어떻게 해서 또한 무슨 이유 때문에 다른 모든 집단에 승리하여 무제한의 권력을 그 손에 집중할 수 있었는가. 역사에 대해서 적어도 합리주의적으로 대하려고 한다면 확실히 이것은 불가해한 것으로 남는다."

이 말을 그대로 한국의 경우, 노무현 정권의 대두에 대해서 말할 수 있지 않겠는가. 트로츠키는 그리하여 다가온 소련의 '위기와 파국'에 대해서 검토하려고 한다고 했다. 우리 한국의 경우에도 이런 식의 혁명이 실패해 가는 과정을 그 '위기와 파국'을 오늘 살펴보아야 하는 것 아닌가. 역사란 미시적인 것으로 볼 때는 언제나 우리의 상상을 넘은 불가사의한 것. 그 후에 역사가는 그것들을 합리적인 틀에다 구성해서 이해하려고 하는 것 아닌가.

(2004년 3월 28일)

트로츠키는 마르크스주의는 '진보의 낙관주의'이고 종교는 비관주의로서 이와 "화해할 수 어렵게 대립하고 있다"고 보았다. 오늘은 진보에 대한 비관주의 시대라고 할 수 있지 않을까. 그렇지만 종교적은 아니다. 기본적으로 니힐리즘을 깔고 있다고 할까. (2004년 3월 29일)

어리석은 변명

한국 정치의 혼선. 노무현은 탄핵 하에 놓이고, 국회의원 선거가 어떤 결과로 나타나든 그 후 정국은 혁명 전야처럼 극한적인 대립 속에 있게 된다. 여기에 대한 여러 가지 논평이 가능하다. 그러나 분명한 것은 모든 것이 노무현의 그릇된 통치에서 나온 것은 틀림없는 일이고 혁명적 정국이라고 한 것은 그 어리석은 통치에 대한 어리석은 변명일 뿐이다.

때가 어느 때인가. 고백으로 과거를 청산하고 미래를 향해 계단 올라가듯 하나하나 정리해 가야 하는데, 누가 보아도 깨어진 그릇을 꿰맞추려고 하듯 세심하고 성실함이 배어 나와야 하는데 무슨 혁명이라고 얼버무리고 편을 가르는 데 집중하는지, 참 어리석은 일이었다. 시대착오였다. 세계에서 열 몇째 가는 경제력의 나라인데, 총화 그리고 그릇된 것을 차근차근 시정하는 개혁의 시대를 열어야 했다. 이에 대하여 노무현 그리고 그들 일당은 적합하지 못하다. 그렇지만 그들이 나타날 수밖에 없는 정치사적 메커니즘이 있었다.

여기에서 실패한 혁명, 86년 이후의 민주화 세력의 시대가 이렇게 종언을 고하는 것인가. 어떤 혁명도 성공한 적이 없다는 말에 동의하자는 것인가. 역시 그렇게 흠 많은 분파가 권력을 손에 쥐었다는 것은 역사의 불가사의라는 것인가. 내가 서울을 떠나서 미국까지 와서 멀리 바라보기로 한 것은 잘한 것이다. 현장에 있으면 견디기 어려우니까. 나는 1970년대 이후 늘 그렇게 현장에서 떨어져 있었으니까.

『배반당한 혁명』이 정적(政敵)을 바라보면서 쓴 글인데도 아주 객관적이고 거기에서 감정의 격앙이란 전혀 찾아볼 수 없다는 것은 놀라운 일이다. 혁명 후 러시아가 걸어온 길이 그렇게 실패의 길이라는 것이 확실한데 왜 전후의 북한 그리고 위성국가들은 똑같이 그런 길을 갈 수밖에 없었을까. 인간의 어리석음, 그래서 역사는 반복된다. 그런 때에 이문을 제기하는 자는 언제나 배제된다. 한국에서도 특히 노무현 같은 사람은 그런 현실을 바라보면서도 자기정당화의 길만 찾을 것 아닌가. 밝게 대화하려는 사람은 정치에 나갈 수 없다는 것이 지극히 인간적인 현실이라고 할까.

그런 인간은 정적과 싸우기보다는 포기하고 말 테니까. 싸운다고 자기 세력이 생긴다고도 할 수 없을 것이고 언제나 악인들이 규합하는 세력이 더 큰 것이니까. 거기에 동조하는 민중도 클 것이고 그러다가 민중은 다음 순간 절망하는 것이겠지만. (2004년 3월 30일)

트로츠키는 괴테의 『파우스트』에서의 말을 인용했다. 이성이 비이성으로, 선행이 전염병으로, 야당의 금지가 당파의 금지로, 당파의 금지가 무오류의 지도자로, 이리하여 모든 '타락과 부패'가 찾아왔다. 이성이나 선행이 악령이나 부패로 이어지는 것, 이것은 인간사에서 불가피한 것이고, 정치에서는 더욱 그렇다. 오늘 우리나라 정권도 이 눈으로 볼 수밖에 없다. 노무현 정권은 너무나 빨리 그렇게 변했다. 사실 이런 가능성이란 학생들의 반체제운동 속에서 싹튼 것이다. 우리 집단 아니면 적이라고 생각했으니까. 그렇게 가혹한 상황이라고 할 수 있을는지 모르지만 그것은 가혹한 상황에서의 그들의 취미이기도 했던 것, 그늘에서의 유희라고 할까.

한국 선거의 우스운 꼴. 어떻게 노무현을 지지하면 혁명적, 진보적이고 그렇지 않으면 반혁명적, 반동적이라는 것인가. 무서운, 당치도 않은 이분법이다. 어째서 그리고 누가 혁명과 반혁명이라는 극한적 대립으로 오늘의 한국사를 허구화시켜 놓는 것인가. 아주 현실과는 동떨어진 TV가 만들어낸 가공의 현실 아닌가. 선거 전략전술로 노무현 정권은 자기네 세력을 그런 부정적인 과거와는 무관한 것처럼 만들었다. 그리고 자기들의 그릇된 정치 자세와 실패를 모두 혁명 세력에 대한 반동 세력의 사보타주와 공격 탓이라고 현실을 왜곡했다. 그런 선전선동 도식에 놀아나고 있다. 이런 정치적 후진성, 그것이 무엇을 지어낸다는 것인가. 선거가 끝난 후에도 그 싸움이 계속될 것인데 전혀 현실과는 다른 역사 해석을 놓고 대립하는 것이다. 가공의 현실에 대한 가공의 해석을 놓고 떠들어대는 허구적인 후진적, 공작적 정치. 이에 대한 한국 국민의 선택은 어떻게 되는 것인가.

트로츠키는 혁명정당은 언제나 젊은 세대를 끌어들인다고 한다. 이래서 볼셰비키가 멘셰비키에게 승리한 것이라고 했다. 이번 한국의 선거는 어떻게 될 것인가, 극단적인 분열인데. 볼셰비키 청년들은 '결정적인 순간'에 노년층까지 끌어들였다고 했는데 이런 점에서도 오늘의 한국 선거를 바라볼 필요가 있을 것 같다. (2004년 4월 1일)

국민일보 김남중 기자에게 보낸 내 우려의 글 일부가 신문에 나와서 인터넷 반응이 일어난 모양이다. 지금을 마치 혁명과 반혁명이라는 지난날 민주화 운동 시대의 도식으로 그려놓고 야단법석이다. 민주화를 위한 투쟁의 시대처럼. 심지어는 내가 누군지도 알지 못하면서 자기와 의견이 다르다고 욕까지 퍼붓고 있다. 민주적인 대화란 그들과는 관계가 없는 것, 한국의 민주주의란 불과 10여 년의 역사가 아닌가. 일본도 아직 50여 년의 민주주의 경험이라고 하는데.

미국도 특히 일본은 선거 중심으로 보면 반동적인 인물을 선출하는 상태이지만, 그러나 민주주의란 누구를 선택하느냐보다 그 방식에 있는 것 아닌가. 그들은 민주주의니, 반동이니 떠들지 않고 선출하고는 기다린다. 우리는 걸핏하면 남을 반민주적이라고 매도하고, 선출해 놓고도 4, 5년간을 견디기 어려워하고 아직도 '정권 타도'의 여진을 벗어나지 못하고 있다. 나도 그러니까, 그렇게 참을 수 없는 형편도 아니라고 할지 모르는데. 그러니까 바로 민주적 풍토 이전이라고 할는지도 모르지 않겠는가. 멀리 떠나 켄터키에 와 있으니까 이런 생각을 하는지도 모르겠다. (2004년 4월 2일)

바르트의 전기를 읽고

오랫동안 모든 것을 포기한 것처럼, 정말 체념 속에서 이 정치일기도 쓰지 않았다. 그러나 오늘 부슈(Eberhard Busch)의 『바르트의 생애』를 읽다가 다시 무언가 쓰고 싶다는 생각이 들었다.

바르트는 1931년에 독일의 정치상황을 "마치 운전 불능이 되었거나 또는 아주 취했거나 한 자가 운전하고 있는 자동차에 탄 것"이라고 했다. 그러면서 '가장 손쉬운 것, 가장 손쉽게 실현할 수 있는 것에 밀착해 간다"는 스위스의 정치를 생각했다. 오늘의 한국 정치를 생각하게 된다. 정말 견제 세력만 없다면 나치처럼 달릴 것 아닌가.

그러면서 그는 독일에 있으면서도 독일 사람과 다른 자신을 자각하면서 "나는 스위스인이라는 것을 잠시도 잊을 수 없었다. 나는 바로 이중국적이었습니다."라고 했다. 그는 독일 한가운데 살면서도 스위스인으로 계속 남아 있는 것을 좋게 생각한다고 했다. 나는 어떨까. 일본에서는, 한국에 돌아와서는. 나를 그 속에 있으면서도 당사자로 끝나지 않고 관찰자, 방관자이게 한 운명을 나도 바르트처럼 감사해야 하는 것 아닐까.

바르트는 또한 지나간 선인들에 대해서는 '그들의 한계나 약점이 분명해졌을 때에도 그들을 지켜 나아가는 커다란 인내와 유머'가 필요하다고 했다. 이미 얼굴과 얼굴을 대해서 만날 수 없는 지난날 사상가들에 대해서는 이해와 사랑이 필요하다고 말한 것이다. 그렇지만 오늘 얼굴을 대할 수 있는 상대에 대해서는 가차 없는 비판을 가할 수 있다고 했다. 상대의 변화라고 할까, '앞날의 발전'을 기대할 수 있기 때문이라는 것이었다. 얼마나 깊은 생각인가. 비판정신이란 그래야 하는 것 아니겠는가. 한국의 정치 현실에 대해서는 어떻게 할 것인가 하고 생각하게 된다. (2004년 8월 6일)

어제로 끝난 중 · 일 축구를 보면서 여러 가지 느낌을 가지게 된다. 중국이 패배하자 중국 관중이 보인 불만이란 대단했던 모양. 중국 정부는 만 명의 경관을 동원했다고 한다. 일본 TV는 그래 가지고 4년 후에 올림픽을 치를 수 있겠는가 하는 식으로 비판했다. 중국인이 가진 무서운 반일감정, 그것이 사실은 근대일본이 남겨놓은 유산인데도 그것에 대한 반성은 전혀 보이지 않고 있다.

중국과의 사이에서는 한국과는 고구려사 문제가 일어나고 있다. 경제가 발전하면 국민의 자기주장은 늘어나는 법이지만 그것을 위해 대외관계를 이용하거나 방치해서는 안 되는 것 아닌가. 새로운 유럽을 지향하는 역사는 우리에게서는 아직 멀다는 것인가. 한국이 그런 역할을 하기에는 아직도 먼 일일까. 요즈음의 고구려사 문제와 이번 중 · 일 축구 문제를 놓고 신문은 좀 큰 글을 쓸 줄도 알아야 하는데 하고 생각했다. (2004년 8월 8일)

부시 정권에 절망한 것은 두말할 것 없는 일. 그러나 노무현 정권에 절망하고 나서 현대사에 대한 총체적인 비관으로 나아가게 된 것 같다. 그렇지만 올리베이라 감독의 영화「A Talking Picture」이야기를 팸플릿으로 보면서 느끼는 것은 서구 문명 특히 미국 문명의 종언이 문제가 아닐까 하고 생각했다. 올리베이라 감독은 9 · 11로 그것을 느낀 모양인데, 그 영화가 보고 싶다.

이슬람도 거대한 문명 아니었던가. 이라크 전쟁은 종전의 전쟁과는 다르다. 오늘 세계에 넘쳐 있는 절망감. 이 문명 아닌 다른 문명이 와야 하는 것 아닌가. 이 문명은 민주주의에 근거한 것이라고 한다면 그것은 퇴폐할 대로 퇴폐해졌는데 정치사적으로 그것이 무엇을 가져다준다는 것인가. 경제에 있어서는 우리의 가치관은 몰락 전야. 그렇다면 새로이 등장하는 것은 처음에는 근본주의적인 폭력이 아니겠는가. 이렇게 생각하면서 다시 일어서서 미래를 전망해 보려고 해야 하겠다. 알 카에다를 문명사적으로 보아야 한다.

(2004년 9월 21일)

참 오랫동안 정치일기를 쓰지 않은 셈이다. 노무현 정권에 대해서 너무 어이가 없었다고 할까. 지금 국무총리라는 사람(이해찬)이 그동안 한나라당과 동아나 조선과의 충돌을 일으켰다는데 이제 한나라당은 국회로 들어간다고 한다.

이해찬은 여러 날 국회를 공전시키고 적당히 몇 마디 해서 야당이 국회로 돌아가는 명분을 만들어 준 것이다. 한나라당은 국회로 돌아가도 그를 총리 취급은 하지 않을 것이라고 하고 노무현은 이해찬을 놓고 칭찬을 했다고 한다. 벌써 총리를 시켜야 했을 것이라고 한다니 어린애들 장난인가. 어떻게 국정을 끌어나가는 것인가. 어이없는 현상이다. 그래서 나도 이 단편을 쓰는 것도 중지하고 있었는데, 사람은 기가 막히면 말이 막히는 것 아닌가. 이제는 어디로 가도 말도 하려고 하지 않는다. 아무런 기대도 없으니까. 그게 무슨 대통령인가 하고 있으니까. 쫓아내지는 못하고. 시간 가는 것을 참고 기다린다고 할까.

그래서 나는 이제는 내각책임제로 가야 한다고 하지 않았는가. 총리면 국민이 원할 때 언제나 바꿀 수 있으니까. 행정체제가 국민과 함께 국민의 감시를 받으면서 굴러가야 하겠다.

대통령제, 막강한 힘을 대통령에게 주는 제도란 후진국 정치형태로 우리나라는 이미 그런 상황을 벗어나 있는 것 아닌가. 그러니까 지금 정부가 저 꼴이라도 나라가 굴러가고 있는 것 아닌가. 그런데 대통령제라고 해서 나라를 뒤흔들어 놓는다. 혁명이니 개혁이니 하면서 국민의 평균치 이하의 정치세력이 현실적인 분석과 협력의 자세도 없이 국민을 통치한다고 한다. 저들을 견제할 수 있는 길이 있어야 하지 않는가. (2004년 11월 11일)

2005년

실패한 혁명이라는 기록

참 오랫동안 이 단상도 접어둔 채 기록하려고 하지 않았다. 이 나이에 이제는 현실정치에 대하여 운운하는 자세는 그만해야 하는 것이 아닌가 하는 생각이 들었기 때문이다. 현실에서 눈을 돌리고 체념해야 한다고 자신을 타일렀던 셈이다.

교토(京都)에는 지난해 11월 18일에 가서 올해 5월 19일에 돌아왔다. 거기서는 우리나라 신문을 보지 않으려고 했다. 해야 할 일도 있었지만 무엇보다도 국내 일은 잊어버리고 집중하고 싶었다. 그리고 다시는 정치적 관심을 가지고 운운하지 않으려고 했다.

지금 중국 베이징에서는 이른바 6자 회담, 북한과 미국 2개국의 별도 회담도 있었다는데 북에게는 김정일 체제에 대한 보장을 주는 것이 우선 과제다. 그렇게 해서 저 처참한 체제를 유지하고 자기 권력을 누리겠다는 것인데 나는 그런 선으로 해결해서는 안 된다고 생각한다. 미국이 그렇게 해결할 리 없으리라고 보는데, 노무현 정권은 그런 길을 터놓았다고 미국에게 공로를 자랑하는 것 같기도 하다. 그렇다고 미국이 신뢰할 것인가. 그런가 하면 미국을 밀어 제치려고도 한다. 어리석은 삼척동자와도 같은 정치가 아닐까.

노무현은 한나라당에 내각의 실권을 넘겨주어도 좋다고 했다. 그러면서 중선거구제로 국회 내 의석 반만은 차지해 본다는 것이다. 그러면 다음 총선에서도 세력을 유지할 수 있을 테니까. 그렇지 않으면 거의 전면적인 패배를 하고 말 테니까 한심한 권력의 한심한 정책이다.

한나라당에는 차기 대통령을 노리는 사람들이 많다고 한다. 박근혜는 가계의 명예를 회복하겠다는 것이겠지만 그렇게 되면 반혁명이 드디어 성공하는 것을 의미할 것이다. 역시 우리 역사도 혁명과 반혁명의 반복으로 가는 것인가. 4 · 19 혁명은 너무나 빠르게 반혁명으로 넘어갔고 그 반혁명의 시대는 너무나 오랜 세월이었다. 김영삼, 김대중 시대부터 회복된 혁명은 실패의 길을 걸어온 것이라고 해야 하는 것이 아닐까.

나는 박정희에 대한 지나친 혐오감 때문이겠지만 박근혜에게 가는 권력정치라면 정말 모든 것을 잃어버린다는 생각이 든다. 박근혜가 그것을 생각해서 지지하는 다른 훌륭한 사람을 내세울 수 있는 인물이라면 좋을 텐데 그의 집념도 대단하니 어려울 것 같다. 정말 대통령제의 비극을 넘어서자고 내각책임제에 동의하는 것도 좋고, 짧은 5년간의 집권이란 참 허무한 것이며, 남을 내세우고 자기는 물러설 줄도 알아야 하는데.

노무현 정권도 그 짧은 시간에 혁명적이고자 했으니, 그것도 자기네 계파의 장기집권을 꿈꾸는 것에 불과했지만. 처음에는 대통령 임기 2기제도 운운했다. 국민이 지금 그를 참아내는 것은 대통령에게는 기대를 걸고 있지 않기 때문이 아닌가. 그가 무어라고 해도 눈을 돌려 주목하려고 하지 않는다. 그런 대통령에게 너무나 커다란 권력을 허용하는 후진국 헌법이 문제가 아닌가. 지금도 여당에서는 그가 진리의 대표인 양 그에게 굽실거리고 있는 셈이다.

그러나 이 정권의 향방에 대하여 안타까워하는 것은 그 자신뿐이 아닌가. 여당에서도 바라보다 떡이나 먹자는 생각이다. 노무현은 여당에서 나와서 전 국민을 위하여 이 나라의 장래를 생각하고 결단하는 인물이 될 수는 도저히 없었다. 정당에서 나와서 그 정당을 넘어서 국민적인 대통령이 되어야 하는데. 그래야 진정한 혁명인데 그것을 이룰 수 없어 모든 혁명은 실패한 혁명이 되고 만다. (2005년 7월 28일)

어두운 동북아시아

참 한심한 생각이 들었다. 어제 저녁에 우연하게 KBS 시사토론 프로를 보니까 이번 8 · 15에 북의 대표단이 남한을 찾아왔던 문제를 논하고 있었다. 그들은 조선일보와 동아일보를 보수신문이라고 비판하고 스스로 진보적이라고 하는 것이었다. 그리고 다른 신문들은 모두 이렇게 찬성하지 않았는가라고 했다.

세상이 이렇게 변한 것일까. 보수니 진보니 규정을 내리지 말고 각 신문의 논조를 전한다면 모르지만, 보수니 하고 규정을 내려놓고 논하는 것이었다. 북이 하는 것은 모두 민족적인 것이라고 규정해 놓고, 거기에 대해서는 한마디도 하지 않는 것이 진보라는 것일까. 조작된 조잡한 언론들이 아닌가.

오늘 노무현이 정부 회의를 주관하는 모습이 정부 방송에 나왔다. 모든 정보를 축적해 두어야 한다는 이야기를 길게 늘어놓고 있었다. 저런 것을 저렇게 떠들면서 국민에게까지 방송으로 보여 주어야 하는 것일까.

역부족의 사람밖에는 대통령 자리로 나아갈 수 없는 시대가 아닌가 생각된다. 민주주의 정치제도가 중우정치를 이어갈 수밖에 없게 됐으니까, 정치는 국민에게서 유리될 대로 유리되어 있는데 우리는 어떻게 이 제도를 시정할 수 있을 것인가. 지금 이 모든 것을 참아낼 수 있게 되었다는 데서 우리 국민의 성장을 말할 수 있다고 할까.

동북아시아 정치 지도자들 사이에서도 대화가 없는 시대다. 모두가 미래를 바라보지 못하고 지난날에 얽매여 있는 그야말로 반동적인 자세로 과거도 미래도 모른다고 할까. 그럴 수 있는 능력도 자세도 없다. 동북아시아에 대한 지도력은 물론 각기 제 나라에 대한 지도력도 없는 시대라고 할까. 세계도 그렇다고 할지 모르지만. 이 불행을 어떻게 할 것인가. 일본은 중의원을 해산하고 선거를 한다는데.

이런 생각을 하게 되는 것은 야스퍼스가 아렌트에게 보낸 1956년 12월 29일자 서한을 지금 막 읽었기 때문이다. 부다페스트에서 헝가리 사태가 일어나고 수에즈 전쟁이 일어나던 1956년이다. 야스퍼스는 트루먼과 스탈린은 '정치적 논리'를 알고 그것을 행사할 줄 알았지만 그 다음 세대인 아이젠하워나 흐루시초프는 그런 것을 알아서 해낼 수가 없다고 했다. 그래서 사태는 더욱 악화될는지도 모른다는 것이었다. 그런데도 그들은 '백성에 대한 착취'로 이끌어갈 수 있는 '거대하고 완벽한 무기'를 손에 쥐고 있다고 야스퍼스는 염려했다. 특히 수소폭탄 투하를 우려하면서.

오늘 우리의 동북아시아도 그런 것이 아닐까. 이 시대에 서로 대화할 수 있는 역량을 가지지 못한 지도력들이 지금 허둥지둥하고 있다. 6자회담이란 그런 것 아니겠는가. 그러나 1950년대에 세계적인 위기는 모면했듯이 이 시대도 파멸의 위기는 피해갈 것 아닌가. 도대체 이 시대에 거대한 지도력이란 정치 아니 어디에서도 나타날 수 없는 것 아니겠는가. (2005년 8월 21일)

요즘 영화를 보려면 때때로 터무니없는 역사 왜곡에 부딪혀서 놀라게 된다. 이순신을 내걸고 반외세를 주장하는 것은 알 만하지만 매향리를 내걸고 남북 화해와 반미를 주장하는 데는 엄청난 허위가 깃들어 있다. "만경대 정신을 이어받아 통일을 이룩하자"라는 식이라고 할까. 6·25를 경험하지 못한 세대라고 해서 이렇게 비약할 수 있을 것인가. 정치란 모두 정권유지를 위한 무서운 조작을 일삼는 것이다. 마치 북쪽은 모든 것이 선이라고 하는 듯. 이렇게도 현실에서 유리될 수 있는 것인가.

노무현 정권은 그 어리석음, 그 무능력 때문에 많은 후유증을 남길 것 아닌가, 게다가 현실에서 유리한 혁명론으로. 그것이 그들이 정권욕과 묘하게 결부되어 있다. 그런 의미에서 비현실적이고 실패의 연속이고 국민 기만의 계속인데도 불구하고 스스로 혁명 세력, 진보 세력으로 자인하고 반대 세력은 보수적이고 반동적이라고 하는 리얼리티를 벗어난 역사 해석을 하고 있다. 그러다가 불쑥 정략이라고 해서 터무니없이 한나라당과의 연립을 주장하며 현실과 맞지 않고 자기주장과 맞지 않는데도 그것이 현실적인 길이라고 주장한다. 국민은 이미 등을 돌린 지 오래다. (2005년 8월 23일)

2006년

한 가닥 희망, 내각 책임제

오랫동안 정치노트를 위해 펜을 들려고 하지 않았다. 내가 나태한 데도 원인이 있지만 이제는 세상일을 체념하는 수밖에 없다고 생각하는 데 가장 큰 원인이 있다고 하겠다. 무엇보다도 노무현 정권에 대해서 할 말을 잃어버렸다. 논평에 앞서 분노하는 마음, 극단적인 혐오감만이 솟는다.

어제도 신년연설을 한다고 밤 열시에 텔레비전에 나타났지만 국민의 심정과는 거리가 먼 자화자찬이었다. 국민의 협력이니 단결을 요구하면서도 도리어 국민에 대한 무지라고 할까. 국민의 분열만을 촉구하고 자기 오만함만 펼쳐 보였다. 어리석은지, 자기분열 증세인지 국민은 그의 말에는 관심이 없다. 누구도 화제로 삼지 않으려고 하니까. 대통령제 하에서 권한이 있으니까 뒤흔들어 놓는다고 할까. 사립학교법 개정을 여당 혼자서 통과됐다고 선언하고 야당 없는 국회를 혼자 이어가면서도 이에 대해서는 한마디도 없다니 냉혹한 것인가, 무감각한 것인가. 정치놀음만 하다가 가겠다는 것인가. 희극적인 비극. 그러니까 국민은 멀리 떠나가는 수밖에 없다.

민주화 운동이 낳은 것이 그러한 정권이다. 나는 그런 것이 출현하는 것을 도운 셈이니까 자책하는 의미에서라도 침묵해 왔다. 이제는 발언할 나이도 아니라고 하겠지만. 그러나 지난번 대통령 선거에서 국민이 어떤 다른 선택을 할 여지가 있었다고 하겠는가. 군사정권을 이은 그 세력에는 투표할 수는 없다고 한다면. 노무현에 대해서는 본래 안 된다는 생각을 가졌으면서도 그런 선택밖에 남겨주지 않는 양당정치제도 하의 대통령선거에 대해서는 이제 절망하면서 나는 내각책임제를 생각해 보는 것이다.

국민도 크게 성장했고 세계를 봐도 선진국들은 대체로 내각책임제가 아닌가. 대통령제라고 해도 우리와 같은 제도 하에는 있지 않다. 우리의 정치체제는 후진국 정치체제라고 할까. 북에 대한 과도한 추파를 던지고 처음에는 사회주의 운운까지 했었는데 요즘은 그런 경제수석인가는 내보냈다. 그러나 노무현이라는 사람은 자기반성을 해낼 사상이 없다. 사상적으로 궤도를 수정하려면 역사나 현실을 보는 날카로운 눈과 그것에 대처할 수 있는 인간적인 성실성과 깊은 사상이 있어야 하는 것 아닌가. 혁명을 꿈꾼다는 좌파, 진보파 세력의 지지를 받는다고 하는데 거기에 사회적인 저항이 일어난다. 무엇보다도 그럴 사회상태도 아니니까. 그러니까 아주 미숙한 좌파이면서 위장하고 있는 듯한 인상마저 주는 것 아닌가.

사회가 나아가는 길을 따라가면서 정리하고 시정하고 일어나는 불균형을 최소화하려는 노력을 해야 할 텐데 역사의 흐름을 가로막아 보려고 하다가 실패하니까 사회의 주변에 찾아 가서 좌파 행태를 무리하게 적용해 보자는 것이다. 참으로 성숙되지 못한 정치 세력 군상들, 그러면서 그 모두가 노무현의 고집 앞에 굴복하고 있는 현실이다. 그래도 이 나라가 어려운 세계정세 속에서 견디어나가고 있는 데서 우리는 우리 민족의 성장한 힘을 느끼게 된다고 할까.

(2006년 1월 19일)

노무현이라는 사람은 참 이상하다. 오늘도 이번에 몽골에서 했다는 그의 발언을 지적하면서 동아일보 "전진우 칼럼"도 논하고 있다. 대북 발언이 얼마나 이랬다저랬다 했는가. 이제는 국민들도 그런 변화무쌍한 말에 신경을 쓰지 않는 것 같다. 그 발언에 무게를 두지 않는 탓일까.

한나라당 박근혜와 연정을 한다고 무슨 천지개벽이라도 일어날 듯 야단이더니 그것도 허황된 소리에 지나지 않았다. 이제는 국민들도 그런 일에 대해서 아무런 무게도 두지 않고 있는 것이겠지. 그만두는 날까지 대과나 없었으면 하고 불안한 마음을 가시지 못하고 있다고 할까. 삼류 변호사라면 그래도 됐다는 것이었을까. 고발한 자도 고발당한 자도 어느 쪽이든 돈만 주면 변호한다는 것이었으니까.

앞으로 그런 말이 더 많아질지도 모른다. 정권 말기에 레임덕이 된다고 하니까 그렇지 않다고 보여 주려고 초조해 할 테니까.

김대중이 다시 이북을 방문한다는 것이 화제가 되고 있다. 노무현은 그날이 오리라고 생각하고 있는 것인지. 김대중은 자신의 방문이 더욱이 빈손으로 가는 것이라면 우스운 꼴을 당할 것을 잘 알고 있을 텐데. 이제 노무현을 위해서 선물을 가지고 갈 수 있는 형편도 아닐 테고. 가지고 가도 걱정이 아니겠는가. 그의 집권 말기에 보낸 임동원이 김정일 얼굴도 보지 못하고 돌아온 것을 그는 잘 기억하고 있을 것 아닌가.

나는 철도로 가야겠다고 건강을 내걸고 버티고 있는 것도 그래서가 아닐까 생각된다. 아무 다른 것이 없어도 드디어 철도로 휴전선을 넘어섰다면 큰 화제가 될 수 있다. 노무현의 요청을 거부하기만 할 수는 없을 것이니까. 노무현이라는 사람이 또 무엇을 밝혀낼지 알 수가 없고. 많은 문제가 있기도 하겠지만 무슨 피해를 줄지 알 수 없기 때문이다. 그래서 철도로 갈 수 있다면 가지 하고 있는 것인지도 모른다. 이런 의미 없는 정치놀음이나 하고 있으니, 정치에 맡겨야 하는 역사가 불안하기 짝이 없다.

그래서 이제는 내각책임제라고 하면서, 무엇보다 대통령을 할 만한 인물도 없는 것 아니냐고 생각해 왔다. 민주화를 이룩하는 데는 모두가 대통령제를 내걸어야 했다. 그러나 그 후 행정의 실제에서는 실패해 왔다. 싸우는 데는 카리스마가 있어야 했으나 평상시에는 불필요하다. 그러나 노무현 체제하에서 내각책임제라고 하면 무엇이 나타나게 될지 모를 것 아니냐. 그 다음 정치를 하려는 사람들도 모두 그렇다. 서울 시장을 하겠다는 사람들도 여야 모두가 한심하기만 했다. 나는 이번에 지방선거가 있다는 날에 떠나면서 누구에게도 투표를 하지 않을 생각이다.

내가 무슨 글을 쓴다고 해도 이제 마지막일 것이 아닌가. 강연은 이제 더 없을 것이고 글도 아마 내가 원해도 한국에서는 기회가 없을 듯하다. 지난번 신상옥의 서거에 대해 쓴 글도 국민일보에서까지 게재 거부를 당했으니까 분수를 알아야만 하겠다. 이번에 일본에 가서 하는 강의와 강연. 그리고 「한국으로부터의 통신」의 시대에 관한 내 일본어 글이 정말 마지막 활동, 마지막 글이 되는 것이 아닌가. 그것을 한국말로 옮길 힘도 없다. 금년 후반에는 미국을 다녀오겠다. 아직 생명이 남아 있다면 내후년쯤에는 미국으로 떠나 버리고 말까. 내 인생을 내가 결정하는 일은 이것이 마지막일지도 모르겠다.

(2006년 5월 13일)

노무현은 이번 8 · 15에는 일본에 대해서 강경한 언어를 쓰지 않았다. 그래서 지난 번 3 · 1절 때와는 대조를 이루는 모양이다. 그러고 나서 자기가 왜 국민에게 지지를 못 받는지 모르겠다고 하면서 김영삼이나 김대중 양씨에게는 아들들의 문제가 있었는데 자기에게는 그런 것도 없지 않는가고 했다. 요즘 조카 문제로 들썩거리고 있기는 하지만.

그렇게 일본에 대해서는 이랬다저랬다 하면서 왜 지나간 대통령들은 끌어들일까. 그런 이야기를 해야 하는 것인지. 인기가 없으면 없는 대로 참는 것이지 그렇다고 이러쿵저러쿵 딴 사람들까지 끌어들여서 떠들썩하게 하는 것이 문제가 아니겠는가. 왜 그렇게 지지율이 낮은가, 이런저런 이야기를 하고 있는 데 도리어 문제가 있다는 사실을 느끼지 못한다.

그에게는 자기반성이라는 것은 찾아보기 어렵다. 그것이 근본적인 결함인

지도 모른다. 대일 문제에서뿐만 아니라 말이 오늘 다르고 내일 다르다. 거기에 대한 자각이란 없다. 변호사란 자기가 맡은 사건에 따라 적절히 변명해야 하는 것이어서 그래도 됐을지 모른다. 그런 것을 잘하는 것이라고 생각하고 자기는 잘하고 있는데 왜 그런가고 되묻고 있다. 이런 변호사의 문제가 사실은 세계적인 문제인지도 모른다. 옛날에는 기개 있는 변호사가 있었다. 요즘에는 시간에 매이지 않으니까 사방에서 변호사 출신 정치가 지망생들이 늘어나고 있는 것 아닐까. 말로 이랬다저랬다 하는 것이 정치라고 생각하고 정치적 신념이나 현실에 대한 참다운 감각이 없다. 있다면 이해관계를 살피면서 자기 이익을 추구하는 교묘한 현실 감각만 있다고 할까. 그런 것이 그에게는 삶의 양식이고 그것에 대한 반성이란 없다. 그때그때 적절한 말로 잘 피해 왔는데 왜 그것이 먹혀들어가지 않는지 모르겠다는 것이라고 할까. 뚜렷한 의지나 철학 없이 그런 삶으로 교묘하게 회피해 가면서 살아온 인생이 아니겠는가. 그러면서 말만 많고 자기 휘하 사람들도 그러면 된다고 하는 자세다. 그와 그의 부하들의 유치한 언어를 정치 언어라고 해야 하는 것일까.

통치 언어의 질을 시정으로 떨어뜨렸다고 할까. 그리고 편을 가르면서도 입으로는 국민통합을 시도하고 있다고 한다. 말만 우세하면 되는 것이지 그것이 지닌 실증성이나 현실적인 무게는 문제가 되지 않는다. 정치의 언어가 그렇게 가벼운 말장난이 된 적이 지금까지 있었을까. 정치 언어의 경박성, 허위성, 위선을 최대한도로 확장시켰다고 할까. 현실에서의 사실성이나 실현성과는 아무런 관계도 없다고 할는지 모른다. 그들의 언어를 모두 모아 검토해 볼 필요가 있을 것 같다.

그러면서도 차기 권력을 또 꿈꾸면서 그 수법을 더 교묘하게 하려고 한다니, 이것이 민주 세력을 대표하는 집권 세력이라고 할 수 있을 것인가. 그래서 민주화 운동이란 이제 거의 부끄러운 말이 되고 만 것 같다. 박정희가 도리어 무게를 가지게 되었다니 정말 반동의 시대를 불러일으킨 것 아닌가. 지난번 지방선거에서는 과거에 민주화 운동에 관여했다는 것을 누구도 내걸 수 없지 않았는가. 그것이 명예의 상징일 수 없게 되었기 때문이었다.

민주화 운동을 배경으로 해서 당선하고는 그것을 배반했고 지금 인기가 땅에 떨어진 이 마당에 또 돈을 긁어모아 선동정치로 자기들의 정치 세력을 차기에도 끌고 가려고 한다면 그 반혁명 그 반동을 뭐라고 해야 할 것인가.

(2006년 8월 19일)

견딜 수 없는 현실

오늘 동아일보의 사설 제목은 "11 · 22 폭동시위 대통령 대응은 무엇인가"라는 것이었다. 국민의 소리는 "당신들은 시위대가 아니라 폭도다," "미국에서 시위를 할 때는 순한 양이 되었다가 한국에서는 미친 X처럼 날뛴다," "정부가 뭐 하나 똑바로 하는 게 있느냐," "시위꾼들과 비슷한 무리를 정권으로 잘못 뽑은 게 천추의 한"이었다고 한다. 그러면서 민심은 폭발 직전이라고 했다.

민주화 세력의 집권이란 여기까지 타락했다. 점점 승화되어서 국민적인 화합을 이루어내는 것이 아니라 분파로 치달리면서 유일한 명분인 듯 북과의 화해를 내걸었을 뿐이다. 국민은 원시적인 삶으로 내몰고 채찍을 가하면서 자기는 호화로운 궁중생활을 즐기는 원시적인 전제정치 같다고 할까. 민주화 혁명이 그 자체의 하부 극한 세력에 의하여 부정되려는 것이다. 그러니까 사실은 민주화 운동과는 관계없는 집단을 형성하고 도리어 그 본래의 세력은 내몰고 만다. 어디서나 혁명 후에 나타나는 반혁명의 흐름으로, 이런 상황에서는 위선자들만이 득세한다.

노무현에 대한 국민의 지지는 15퍼센트 정도라고 한다. 익과 무지와 분열 의지에서 나온 결과다. 제도상 군림하면서 무정부적 파괴만 조장하는 것 아니겠는가. 무너진 국민 일반의 선의지(善意志)를 어떻게 일깨워 세울 수 있다는 것인가.

내게 있어서는 통일 세력이란 해방 이후의 한국의 정세, 그 폭정이 낳은 것이라는 생각이 강하다. 거기에 미국에 대한 환멸이 작용했다. 좌익이라고 무차별 투옥을 했고 살육하고 추방했다. 그래도 양심적인 비판 세력이고자 했는데, 6 · 25로 억지로 잠재워진 세력이 지금 고개를 들고 있는 것 같다. 해방 직후 남한이 일제 치하의 연장인 것 같았던 상황이 머리에 떠오른다. 남에 있는 많은 젊은이들이 북을 그리던 눈초리. 통일 세력이란 그 후예가 아니겠는가. 정치에 농락당한 민중의 모습이 떠오른다.

그때 월남했던 우리들은, 북을 민족을 내세우면서도 민족을 배반하는 세력이라고 생각했다. 남북이 서로 생활체험이 달랐다고 할까. 대학에서도 양심적인 민족을 내걸던 분들이 북으로 가던 시절, 그러나 그들은 북에서 모두 좌절했다. 남북 모두가 그런 시대에서 살아남았고, 더욱이 권력을 쥐고 누리면서 치부한 세력이란 대개가 잔인한 세력이었다. 이 해방 직후의 역사, 오늘까지 이어지는 이 민족사를 누가 공감어린 눈으로 그려낼 수 있을 것인가.

1947년 어느 날 충주 영화관에서 보던 광경. 그때만 해도 남한에서는 일제 때처럼 극장에 임석 경관이 있었다. 윤봉길 의사의 영화였는데 의사가 사건 후 잡혀서 고문을 받는 장면이었다. 고문을 가하는 것은 조선인 형사. 그러자 임석 경관이 벌떡 일어나 어둠 속에서 "그 형사는 얼마나 가슴이 아팠을까" 하고 외치는 것이 아닌가. 그러나 극장 안에서 누구도 이에 항의하는 소리를 내지 못했다.

나는 참여할 힘이 없고 견딜 수 없는 역사라면 이렇게 훌쩍 조국을 떠나곤 했다. 북에서 남으로 와서 신문을 보지 않고 키에르케고르에 집중했듯이. 오늘은 이렇게 서울을 떠나서 세계 문학의 대작들을 집중해 읽어보려고 한다. 톨스토이를 지금은 읽고 있다. (2006년 11월 24일 켄터키에서)

2007년 이후

톨스토이의 역사철학

노무현은 정말 가관, 점입가경이라고 할까. 이제 국민의 지지율은 10퍼센트 이하라고 한다. 국민이 그래도 이 질서를 참고 있는 것은 민주원칙을 지키자는 것이다. 지난해 12월에는 평통 식사 강연을 20분 예정에서 70분이나 했다고 하는데 미국 또는 미국을 따르는 세력을 비판한다고 이렇게까지 말했다는 것이다. "미국 바짓가랑이에 매달려 엉덩이 뒤에 숨어서 '형님 빽만 믿겠다'고 하는 게 자주국가의 안보의식일 수 있느냐"고.

신문은 이런 언어 선택은 그가 옛날 노동을 하던 시절의 습성에서 오는 것인가 했다. 그렇다면 그는 거기서 성장을 멈춘 사람이라는 말인가. 그러면서 아무런 자기반성을 할 줄 모르는 두뇌의 사람이라는 것인가. 그렇게 목소리를 높여서 무슨 소용이 있다는 것인가.

이런 대통령을 국민이 어떻게 다룰 것인가 괴로움을 되씹고 있다. 일부러 등을 돌리고서 남은 1년을 참아낸다는 것이겠지. 불안하기 짝이 없다. 그런데도 "국민의 평가는 신경 쓰지 않겠다"고 공언하고 실천한다는 것이다. 이 무서운 독선, 무엇이 그를 그렇게 했을까. 독재할 수 없는 시대에 태어나 불행하다는 것인가.

독선, 배타적, 무지와 맹목. 그러면서 사회주의적인 이데올로기라고까지 하지 않는가. 임기 마지막인 지금에도 또 국제방문이라고. 그 행사에 따라다니는 거액의 예산이 필요하다는 것인가. 무서운 축재와 낭비, 공직을 이용해서라고 하지 않을 수 없다.

『전쟁과 평화』를 읽으면서 정말 놀라움을 금할 수가 없다. 톨스토이의 역사철학과 그의 지도자론. 제3권에서도 "황제의 마음은 신의 수중에 있다," "황제는 역사의 노예다"라고 말한다. "인간은 자기 개인의 생활은 자각하고 살지만 역사상의 전 인류의 목적달성을 위하여서는 무자각적인 도구가 된다." 이것이야말로 인간이 피할 수 없는 노예의 법칙이라고 말한다.

그는 모스크바 방위 사령관 그루조프에 대해서 다음과 같이 말한다. "요새를 뺏는 것은 그다지 어렵지 않다. 어려운 것은 전쟁에 이기는 것이다." 그러니까 '인내와 시기(時期)'가 필요하다는 것이다. 그의 작전은 차라리 "모든 것을 듣고 모든 것을 기억하고 모든 것을 그 위치에 놓고 유익한 것은 무엇이든 방해하지 않고 유해한 것은 무엇이든 허용하지 않는다"는 것이었다. 그는 자기 뜻보다 중요한 것이 무엇인가를 알고 동요되는 일이 없었다. 톨스토이는 "신은 멸망시키려는 자에게서 이성을 앗아 간다"라고 했다.

노무현의 저 초조함, 전후가 맞지 않는 다변다책. 국민이 어떻게 어리석은 그의 아집을 받아들인다는 말인가. 그에게서는 이성이란 찾아볼 수 없다. 이미 역사의 저주 앞에 놓여 있는 것 같아 두렵다. 우리는 그와 한국의 운명을 일치시켜서는 안 된다. 한국의 운명은 그를 제외하고 가고 있는 것이다. 이런 식으로 우리는 국민을 설득할 수 있는 논리를 가져야 한다. 그 위에 선 저널리즘이 필요한데, 참고 기다릴 줄 아는 정치가 우리에게서도 가능할까.

노무현은 대통령 연임제를 지금 운운하고 있는 것이 아닌가. 국민은 대통령이라는 것을 이렇게도 경멸하고 증오하고 있는데도 말이다. 욕심을 거두지 않으면 역사는 바로 보이지 않는다. 우리는 집정자들이 이성을 잃어버렸을 때 어떻게 무너져 가는가를 번번이 보아오지 않았는가. 이런 통치가 한국 정치사에 그리고 다음 시대의 정치에 무엇을 남길 것인가. (2007년 2월 15일)

한국전쟁 당시 퇴폐해졌던 그 오만한 장군들을 나는 얼마나 개탄했던가. 나폴레옹이 러시아를 침략했을 때, 톨스토이는 『전쟁과 평화』에서 다음과 같이 쓰고 있다.

"러시아가 절반 가까이 침략을 당하고 모스크바 주민들이 멀리 여러 지방현으로 피난을 가고 의용군이 계속 조국 방위에 일어났던 시대에는 늙은이도 젊은이도 러시아인 모두가 전적으로 생명을 바쳐서 조국을 구하기 위해 힘쓰거나 그렇지 않으면 조국의 비운에 눈물을 흘리고 있었다고 그 시대에 살고 있지 않았던 우리가 생각하는 것은 당연하다. 당시의 이야기나 기록은 예외 없이 러시아인들의 헌신, 조국애, 절망, 비탄, 영웅적 행위만을 이야기한다. 그러나 실제로는 그렇지 않았던 것이다 …"

이것이 한국전쟁에 대한 우리의 기록, 우리의 개탄이 아니겠는가. 그래서 나는 자서전에 여러 가지 겪고 보고 들은 이야기를 기록했던 것인데.

또 톨스토이는 역사의 법칙을 발견한다는 것은 "우리가 한 사람의 인간 의지 속에서 원인을 찾는 데서 완전히 해방될 때만 가능하다"라고 했다. 그래야 지구의 자전법칙을 발견할 수 있는 것처럼. 그렇다, 오늘의 우리나라 국정의 책임을 노무현에게만 지울 수 있겠는가. 그를 둘러싼 참 많은 원인을 생각해야 한다. 그를 선출한 국민의 어리석음도 생각하고, 국민이 그럴 수밖에 없었던 이유도 되씹고, 그를 둘러싼 인간의 악도 되돌아보고, 그래야 국민적 성장도 가능할 것이 아니겠는가. (2007년 2월 17일 켄터키에서)

『전쟁과 평화』나 『카라마조프의 형제들』 같은 장편을 읽으면서 생각한다. 왜 오늘의 러시아에 그런 대작이 나오지 않는 것일까 하고. 거대한 장편의 시대는 끝났다는 것인가. 젊은 세대, 컴퓨터 세대는 시간에 쫓기고 있다. 판단을 위한 깊은 사고의 여유란 없다고 할지 모른다. 그들에게는 그런 거대한 소설이란 무관하다는 것일까. 그들에게도 소설 같은 것이 필요하다면 종전과는 다른 것일는지도 모른다.

그렇다면 소설이란, 『전쟁과 평화』 같은 소설이란 노년을 위한 것인지도 모르겠다. 요즘 60대는 아직 남아 있는 20년 이상의 여생을 어떻게 보낼까 생각하지 않을 수 없다. 등산이나 바둑 등으로 소일하는 것일까. 그들에게야말로 진정으로 독서할 시간이 필요하고 소설을 읽는 것이 필요할 것 아닌가. 이런 소설을 우리나라 작가들이 창작해 내고 있을까.

그런 소설을 통해서 노년이 지혜를 얻는다면, 그러고 나서 젊은 세대를 대할 수 있다면 하는 생각이 든다. 너무 오늘이 살벌해서 이 시대가 제시하는 두드러진 세력이라면 세계를 돌아봐도 정치꾼밖에 보이지 않으니까 하는 말이다. (2007년 4월 6일 켄터키에서)

도스토예프스키의 휴머니즘

『카라마조프의 형제』를 읽으면서 여러 가지 생각에 잠기게 된다. 왜 이런 고전들을 좀 더 일찍이 읽지 못했을까. 바빴다고 하기보다는 무지했기 때문이라고 해야 할 것 같다. 이런 작가들이 오늘의 러시아에서는 배출되지 못한다. 현대가 철학과 문학을 잃어버렸기 때문에 그리고 컴퓨터가 상징하는 세계여서 적어도 젊어서는 그것에 얽힌 운명을 벗어날 수가 없기 때문인지 모른다. 그러나 60대가 되면 그 대열에서 탈락하고 마는 것 아니겠는가. 그것을 축복의 날로 생각하자. 그것을 향한 문학이라는 생각을 요즘 나는 되씹곤 한다. 지혜의 노년. 젊은이들이 나날의 삶에 지쳐서 뒤를 되돌아본다면 그때 지혜로 대화할 수 있는 어진 노인들. 나는 너무 늦었지만 다음 세대를 위하여, 거기에서 새로운 문학이 계승되고 인류의 지혜가 이어진다면, 참으로 품위 있는 사회가 이루어질 것 아닌가.

도스토예프스키가 조시마 장로가 한 말이라고 전하는 말들. "부자에게는 고독과 자멸이고 가난한 사람에게는 선망과 살인이다." 그래서 도스토예프스키는 "사람들은 자유를 욕망의 증진과 만족을 위해서라는 식으로 해석함으로써 자신의 자연성을 불구로 만든다"고 했다. 경제성장만을 따지는 오늘을 생각해 보자. 도스토예프스키는 "사람들은 다만 선망과 육에 대한 봉사와 거만을 위해서 살고 있다"고 했다. 그러나 '물질을 축적하면서 그때에 희열을 잃어버리는 것' 아니겠는가.

조시마 장로의 민중 찬양. 평등을 이해하는 것은 "러시아뿐이다"라고까지 했다. 그리고 '잔인한 쾌락, 탐욕, 금욕, 오만, 자존, 선망에 가득 찬 경쟁 같은 것이 아니라 광명과 자선의 업적 속에서만 희열을 느끼게 될' 그날을 그렸다.

그는 '위대한 민중'을 믿고 기대했다. 그러면서 "그리스도를 부정한다면" 그런 '인류 결합'의 시대는 허망한 꿈으로 끝날 것이라고 했다. "피는 피를 부르고… 검을 빼든 자는 검으로 무너진다" "만약 그리스도의 다짐이 없다면 인간은 서로 친구들끼리 죽이고 지상에는 마지막 두 사람밖에 남지 않게 될 것이다." 그런데 그 두 사람도 또 상대를 죽이려고 할 것이 아닌가. 러시아 혁명의 시작과 종말을 예견한 것 같다. 기독교를 배척한 혁명이라면 말이다. 모든 혁명에 대한 경고였지만 기독교는 거듭 도리어 그런 혁명에 협력하고 이용당하고 만 것이 아닌가. 앞날의 세계는 어떻게 될 것인가. 민중도 칼을 쥐는 순간 민중이기를 그만두는데.

전쟁터에서 적이라고 사람을 죽이고 표창을 받던 시대. 그리고 나서 훈장을 받은 사람들은 그 생명 다하는 날까지 마음이 편했을까. 도스토예프스키의 이상주의는 기독교정신이 없는 혁명을 부정했는데 소련은 다른 길을 가고 말았다. 북한은 어떨까. 오늘 내 가족도 만나서 함께 살지 못하고 금강산에서 하루 이틀 만나고 눈물로 헤어지게 하는 정치, 그것은 누구를 위한 정치라는 말인가. 권력자를 위한 정치, 정치라는 비인간적인 장치 속에서 우리는 그것을 의심하고 혐오하고 파기하는 상식도 잃어버린 것 아니겠는가. 만년에 다가온 탓일까. 비인간적인 정치에 대한 혐오증만이 서린다.

(2007년 5월 12일)

『카라마조프의 형제들』 10편 끝에 이런 말이 나온다. 러시아의 학생은 천체도(天體圖)를 주면 아무것도 모르면서 다음날 그 천체도를 정정해 올 것이라고 독일인이 말했다는 것이다. '러시아의 학생은 아무런 지식도 가지고 있지 않으면서도 과도한 자신에 사로잡힌 자'라는 것이다. 그러면서 독일 사람은 '권위 앞에 맹종하는 타협적 정신'이라고 했다. 어떤 의미에서 이것은 아시아에서 한국 사람과 일본 사람을 대비할 때 나올 만한 말일는지도 모른다.

거기에서 권위를 거부하려는 정신과 권위에 맹종하려는 경우를 생각할 수 있는 것이 아닐까. 러시아의 정신을 '얽매이지 않는 정신, 사상과 신념의 대담함'이라고 도스토예프스키는 소년으로 하여금 말하게 했다. 분명히 한·일 간에도 이러한 소박한 비교가 가능할는지 모른다. 러시아의 '사상과 신념의 대담함'에서 러시아 혁명도 가능했을 것이지만 그것은 처참한 시행착오의 길이었다. 이에 비해서 '맹종하는 타협적 정신'에서 일본의 천황제 하의 역사적 과오가 일어났고 지금도 그 천황제가 계속되고 있다.

(2007년 5월 19일)

『카라마조프의 형제들』 마지막에서 아버지를 살해한 미차에 대한 페추고비치의 긴 변론이 나온다. 이것은 잇포제트 검사의 논고에 대한 반박이었다. 검사는 살인을 주장하지만 변호사는 무죄를 주장한다. 그야말로 모든 궤변을 동원해서. 변호사는 그래야 하는 것이다. 그렇다면 이것이 체질화한 변호사의 자세 또는 삶을 생각하지 않을 수 없게 된다. 더욱이 노무현 변호사 대통령을 모시는 현실에서는. 그의 끝없는 자기변명이 거의 국민의 웃음거리가 되고 있는 오늘에는 이런 것이 한국의 문제이고 또한 세계 도처에서 일어날 수 있는 정치적 상황이기 때문이다. 변호사란 한가한 시간을 가지고 궤변을 일삼을 수 있는 말하자면 인텔리겐치아이며, 오늘은 그들이 누리는 것 같은 여유가 없다면 누구도 정치에 참여할 수 없는 현실이 아닌가. 이른바 다른 지식인들의 생활에는 이런 현실정치 놀음에 뛰어들 수 있는 한가한 시간이 없다. 다만 자기들을 대변하는 듯이 보이는 그런 사람이 있다면 지지할 도리밖에 없다. 그러나 그런 인간들이란 변화무쌍한 존재가 아니겠는가. 권력을 쥐면 그날부터 그들은 그렇게 되기까지의 과정에서 보이던 모습과는 판이하게 달라진다. 원래 권력이란 그렇게 인간을 변형시키는 것이니까, 그런 인간들에게는 그것은 너무나 당연할는지도 모른다.

인문학 같은 것은 오늘의 현실을 살아가는 학문이 아니라고 했는데 요즘 대학원에서는 인문학에 주부들 그것도 애들을 키우고 난 중년들이 모인다는 것 아닌가. 남자들도 중년이 넘어서 찾아온다고 한다. 인생에 대한 상당한 경험을 하고 나서 인문학을 찾는다. 그래서 나는 문학이니 교양이니 하는 것은 그런 말하자면 좀 현실에서 떠난 사람들이 주로 찾아오면 되지 않겠는가고 생각한다. 은퇴한 세대라고 할까, 그런 사람들이 지혜의 사람이 된다면 얼마나 좋겠는가고 말한다.

컴퓨터에 매어서 경쟁한 세대는 남겨두자. 그들이 언젠가 찾아오면, 그런 삶에서 뒤를 되돌아보려고 할 때 그들과 함께 대화를 나눌 수 있는 세대가 있어야 할 것 아닌가. 60세에서 80세까지라고만 해도 그것은 오랜 세월 아니겠는가. 이것이 인류의 문화를 계승하고 발전시키는 풍요로운 세대가 된다. 얼마나 아름다운 시대일까. 대학이 이런 세대에게도 봉사할 수 있다면 어떨까. 그러기 위한 제도개선도 요청된다고 해야 하지 않겠는가. 중년 이후 이른바 늙은 세대에 대한 새로운 계몽운동도 필요할 것이다.

사실 톨스토이나 도스토예프스키의 그 대단한 장편물들은 나도 오랫동안 읽지 못했다. 요즘 읽고 느끼는 감격. 80대의 나에게 있어서는 너무나 늦었다고 해야 하겠다. 아쉬운 일이다. 그러나 사실 오늘 그런 이야기를 나눌 수 있는 매체도 우리에게는 없지 않는가. 이렇게 해서 살아 있으면서도 버림받은 세대가 되는 것이다. (2007년 5월 24일)

요즘 안나 라리나(A. Larina)의 『남편 부하린의 회상』을 읽고 있는 탓인지도 모르겠다. 정치가의 언어, 판단, 그 재판이 얼마나 가혹한 것인지 생각하지 않을 수 없다. 그들은 거의 누구나 그럴 수 있는 인간들이지만 그렇게 하지 못하는 것은 그럴 수 있는 상황이 아니기 때문에 불과한 것이 아닐까. 비대한 권력이란 더욱이 말기가 되면 그런 발악상태를 불러일으킨다.

노무현이 지난 2일에 참여정부 평가 포럼이라는 지지 세력 모임에서 4시간 동안이나 떠들어 댔고, 천여 명의 지지자들 사이에서는 100여 차례의 박수와 환호가 터져 나왔다고 한다. 그것은 광란의 모임이 아닌가. 마음속 불안을 이렇게 광적인 표현으로 뒤덮은 모양이다. 한나라당 대권 주자들을 매도하고 자신과 거기 모인 세력에 대해서는 터무니없이 자화자찬을 늘어놓으면서 대통령의 정치적 중립이니 헌법이니 하는 것을 우스개로 만들었다.

이런 것은 물론 노무현의 경우만이 아니다. 전두환은 그 말기에 권력을 내놓지 않겠다고 얼마나 발버둥 쳤던가. 박정희는 삼선개헌이니 긴급조치니 하면서 얼마나 많은 사람들을 추방하고 투옥했으며 때로는 죽음으로까지 몰아넣었던가.

민주 세력이라고 하고 그렇게 피해를 입었다고 하는 세력도 권력을 쥐면 마찬가지였다. 마지막이 되면 한 가지로 미친 자의 광란이었다. 그러니까 혁명이 반혁명으로 간다. 언제까지 우리는 대통령 임기가 끝날 때가 되면 이런 광란을 되풀이하는 것을 견디어 내야 하는 것일까. 대통령제가 계속되는 한 그 운명을 벗어나지 못할 것 같다. 무엇보다도 그 권력이 너무 막강하니까. 거기에 기생하는 무리가 벌집처럼 쑤셔대니까. 방향타를 잡아야 하는 것은 대통령인데.

어디에 그런 대통령이 가능하다는 말인가. 대통령이 되는 과정 자체가 정상적인 사람이라면 접근할 수도 없는 것이고, 악화가 양화를 구축하는 상황은 역사와 더불어 더욱 깊어만 간다. 해방과 함께 내걸었던 애국이라는 이념은 점점 사라지고 타락한 독재, 타락한 민주정치라고 할까. 그래도 그런 정치권력이 아니라 선한 시민들이 이루어가는 정치의 가능성을 그려 보아야 할 것인가. 그 서민들을 선거와 집권으로 뒤흔들어놓고 마음이 가라앉을 여유를 가지지 못하게 하는 소란한 정치 속에서도 말이다. (2007년 6월 6일)

안나 라리나의 『남편 부하린의 회상』을 읽고 있노라면 스탈린을 두고 하는 말이지만 '폭정은 사디스트에게는 낙(樂)'이라는 말을 발견하게 된다. 이런 표현을 읽으면서 나는 노무현을 생각하지 않을 수 없었다.

거기서 스탈린을 신처럼 받들면서 간신히 살아남는 하수인들. 참여정부 평가 포럼에서 "저는 제 스스로 과장급 대통령일 때도 있다. 과장급 대통령, 그러면서도 세계적인 대통령이라고 생각한다"라고 하는 말에 박수를 치고 환호한 권력 주변 인물들. 이 그림 속에서 무엇을 느끼겠는가. 그런 그림이 네 시간 넘게 계속되는 동안 100여 차례 박수로 이어졌다는 정치.

그러나 피비린내 나던 스탈린 시대를 회상하게 된다면 물론 그런 것은 아무것도 아니다. 우리는 민주주의라는 나무를 붙들고 참고 기다릴 수 있으니까. 민주주의는 흔히 어리석고 부패한 자들에게 권력을 넘겨준다. 그러나 누구도 오랜 세월을 계속해서 그 권력을 누리는 것을 허락하지 않는다.

(2007년 6월 7일)

페르낭 브로델의 『지중해』를 읽고 있다. "산은 바다보다 더한 것은 아니지만 바다만큼 인구의 고립화에 책임을 지고 있다"라고 했다. 일본을 생각한다. 브로델은 원수를 갚는다는 전통은 모두 산악지방 나라에서 있었던 것을 주목해 둘 필요가 있다고 했다. 그것은 '중세의 봉건적 정의의 사상'이 충분히 침투되어 있지 않았기 때문이라고 했다. 그런 데서 "훔치는 것을 모른다면 인간이 아니다"라고 했다는 것이다. '찌르고 빼앗는 것은 무사의 버릇'이라고 한 일본을 생각하지 않을 수 없다.

'사회적 아케이즘' 특히 원수 갚음이 남아 있는 것은 산이 산으로 남아 있다는 '단순한 이유'에서라고도 했다. 거기에는 그것을 제어하지 못하는 '자유'가 있었기 때문이기도 했다.

고대 사람들은 고지에서 살았다. 평지와 고지는 대립되어 있다. 야수와 홍수 그리고 말라리아와 같은 해충들이 들끓는 평지. 유럽에서는 15세기에야 간척사업이 시작되었다고 한다. 그러니까 최남선이 말한 태양을 좇는 백민(白民)이 살기 시작한 곳도 산지가 아니었던가. 단군신화의 땅도 산지였다.

아시아는 벼농사를 시작하면서 유럽보다 훨씬 빨리 사람들이 평지에 사는 지역이 되었다. 우왕(禹王)의 치수(治水)가 그래서 일찍부터 시작되었던 것 아닌가. 그러니까 산지에서의 고립과 자유를 잃고 곧 아시아적인 전제로 들어갔다. 유럽에서는 오랫동안 "커다란 평야란 거듭 음산함과 비탄의 이미지를 제공해 주었다"고 브로델은 기록했다.

평지와 산지를 생각할 때 이북 즉 관북·관서 지방이 자작농이 많던 것을 생각하고 호남평야에 만석꾼이라고 하는 대지주들이 있었던 것을 생각하게 된다. 그래서 해방 후는 좌익이 호남에 창궐했다. 게다가 일본인들의 대토지 수탈이 있었고 많은 농민이 만주로 쫓겨 갔던 것 아닌가. 브로델은 "평야에서는 부자와 가난한 자의 차이가 증대한다"라고 했다. 이렇게 생각해 간다면 일제 침략도 지리적인 관점에서 보지 않을 수 없다. 만주 이민의 문제도 그렇고 해방 후의 좌익운동도 그렇지만 내가 북에서 경험한 '혼마치'(本町)의 지리적 문제도 생각할 수 있다. 혼마치는 일본인의 거리, 그것은 역전의 거리,

개화된 거리, 거기에는 수도도 근대식 상점도 있었다. 그리고 멀리 떨어져서 조선인 거리가 있었다.

우리는 기차가 다니면 위험해서 조선 사람들이 역전을 기피한 것이라고 했지만 상당히 떨어진 곳, 기차에서 내리면 꽤 먼 거리를 걸어가야 구시가지에 갔던 것이 아닌가. 이것이 전국적으로 식민지하에서의 도시의 배치도였다. 영화관이나 병원 같은 것은 신시가지와 구시가지의 경계지역에 위치하였던 것 같다. 이런 지리학이 문제가 되는 것 아니겠는가. 역사학과 지리학이 뒤얽히지 않을 수 없다.

아시아 삼국에서 우리나라가 가장 유교적이었다. 주자학 탓이 아니겠는가. 우리의 이름을 보아도 이렇게 윤리적일 수 있겠는가. 일본에서는 미적인 고려를 했다고 할까. 문자의 뜻에서도 발음에서도 아름다운 것을 찾았다고 하겠는데. 그처럼 동북아시아에서 문화의 차이를 이룩해 간 것이라고 할 수 있는 것 아니겠는가. (2007년 6월 17일)

조선 왕조가 5백년 이상 계속됐다는 것은 세계사에서는 물론 동양사에서도 드문 일이다. 유럽 여러 나라에 비한다면 아시아 3국 중국, 조선, 일본은 비교적 빠르게 국가의 모습을 갖추었다. 쌀농사를 시작하면서 유럽의 경우와는 달리 평지에서 생활권을 확립해야 했다. 우리나라가 유교에서 주자학적인 질서를 동북아에서도 유일하게 확립했다는 것에도 주목하지 않으면 안 된다. 그 질서가 조선조 초기에 시작되어 임진왜란에 의해서 한 번 무너지기는 했다.

우리나라가 가장 유교적이었고 도의적이었다고 할까. 조선조가 왜 그렇게 주자학적이고자 했을까. 국가도 가족과 마찬가지로 인륜적으로 이룩된다고 생각했고 또 정치권력을 인륜적인 비판의 대상으로 생각했다. 비판적이기는 하면서도 파괴하려고는 하지 않았고 파괴할 힘을 가지지도 못하였다. 조선조의 주자학 일변도의 사상은 비무장국가 조선이라는 혁명 없는 왕도국가를 지향하는 통치사상이었을 것이다.

우리나라는 무(武)가 없는 문치국가(文治國家)로 이어져 왔다. 일본은 천황가를 거의 종교적인 카리스마로 치켜세우면서 무사정권을 유지해 왔는데. 중국은 청나라 정권에서 한인(漢人) 정치 관료가 실권을 쥐기도 했다. 이러한 정치 경험이 앞날의 정치를 위하여 어떤 의미를 가질 것인가. 우리나라는 왕도정치적인 사상과 도의와 이념 없이는 동요를 면하기 어려운 것 아닐까.

(2007년 7월 9일)

우리의 정치 풍토

노무현이 남북 수뇌회담을 임기 말이지만 꼭 한다고 한다. 남에서도 북에서도 한반도의 앞날을 아픔을 가지고 생각할 줄 모르고 정치적 계산만을 앞세우는 것 아닐까, 그 정치라는 것도 집권의 연속을 위한 계산밖에는 할 줄 모르는 것 같다.

도대체 지금도 국민을 가두어놓고 밖에도 나가지 못하게 하고 굶주림에 허덕이게 하는 통치가 어디에 있을까. 아프리카에나 아직 그런 통치가 남아 있을까. 가족을 만나서 그야말로 원초적인 눈물겨운 삶을 함께하는 것을 허락하지 않으면서도 민족을 위한 정치를 한다고 호언하는 정치를 뭐라고 할 것인가. 그리고 이 아픔. 남(南)은 그렇지 않다고 하겠지만 북에서 나와 방황하는 국민을 방치해 두고 그 아픔을 외면하고 있으니 역시 잔인한 민족이다. 6 · 25 때 난을 피해가는 백의 동족에게 그렇게도 차갑던 군경들 생각이 난다. 군인이라는 그 쥐꼬리만도 못한 권력을 휘두르려고 하는가 하면 장군들은 가혹하기 짝이 없는 부패한 일상을 누렸다.

권력자들의 그러한 자세가 전통처럼 이어져온 것은 아니겠는가. 오늘은 그렇게까지는 못하다고 한다면 그것은 문화의 전진, 문명의 진보 탓 아니겠는가. 남북의 만남을 정치적으로 이용하려는 음흉한 얼굴들만이 눈에 어른거린다. 역사란 그런 얼굴들임에도 불구하고 그것을 넘어 그것마저도 이용하면서 전진하는 것이라는 말인가. 욕심 많고 잔인한 세력마저 이용하는 보이지 않는 손, 그것을 믿어야 하지 않겠는가. 그것을 의식하지 않고는 살아갈 수 없는 현실이 아닌가. 남북이 만난다는데 참 이상하게도 유식자들의 코멘트가 전혀 보이지 않는다. 그전 같으면 지식인들의 코멘트로 신문을 장식할 것인데. 그만큼 집권자의 생각과 국민의 양식 사이에는 간격이 생겼다는 것일까. 냉랭한 속에서 "잘해 봐" 하는 식의 방관자들만이라는 것일까.

북에 남겨둔 사촌들의 얼굴이 늘 생각난다. 삼촌은 학살당했다고 하지만, 그 삼촌 생각을 해서라도 사촌들 아니 그들 아이들만이라도 구출해내야 했을 것을 하고 생각할 때가 많다. 이런 것이라도 없다면 우리는 정말 분단의 아픔을 잊어버린 지 오래다 라는 것 아니겠는가. 국민을 죄수처럼 가두어 온 정치라는 마물(魔物). 그것에 무엇을 기대하느냐 하는 생각이 솟아오른다. 언제나 그것은 국민의 저항에서만 자기 견제를 할 수 있을 뿐이라는 것일까. 힘없는 백성은 그것을 벗어나려고 발버둥쳐 왔다. (2007년 8월 10일)

8월 20일 한나라당은 이명박을 대통령 후보로 결정했다. 군사정부에의 회귀 같은 형식이 나타나지 않은 것이 무엇보다도 다행이다. 한나라당도 의식하지 못한 사이에 변하고 있는 것이겠지. 김대중 정권 시대 처음으로 권력을 잃었다고 발버둥치다시피 하던 때와는 다르다고 하겠는가.

이렇게 역사는 변해 간다. 사람도 달라졌을 것이고. 여야가 교체할 수 있어야 민주정치가 아니겠는가. 그렇게 해서 국민의 쌓인 불만에 분출구를 터주어야지. 박근혜가 곧 패배를 받아들인 것도 좋았다. 민주적으로 성숙된 자세를 계속 유지해가기를 바랄 뿐이다. 그리고 이제는 대통령이란 국민 통합의 상징이 되어야지. 임기 말에는 국민의 지지가 전락해 가는 것이 아니라 마지막까지 지지를 계속 받을 수 있는 첫 대통령이 되어 주었으면 한다.

(2007년 8월 22일)

내가 대학에서 뜻했던 바와는 달리 한국 현대사에 집중하게 된 것은 일본에서 민주화 운동에 깊이 관여하게 된 데서 비롯했다. 이런 의미에서 내게는 학문이 내 인생과 하나였다고 할 수 있을는지 모른다. 일본에서 일본 학생들에게 한국사를 강의해야만 했던 것도 있지만, 한국의 혁명운동을 이해하고 그것을 격려하기 위해서는 한국사 더욱이 한국 근대사에 집중하지 않을 수 없었다. 그러니까 내가 관심을 가진 것은 강단사학은 아니었다.

오늘은 노무현이 평양으로 간 날. 김정일도 김영남도 찾아와서 인사하는 노무현을 무뚝뚝하게 맞이했다. 내 안에 들어온 자에게는 어버이답게 대한다는 자세, 모든 것이 계획된 연출이다.

노무현은 금년 6월 8일 원광대에서 명예박사를 받고 한 시간 14분 동안이나 특강을 했다고 한다.

"하여튼 이명박 씨가 '노명박' 만큼만 잘하면 괜찮다. 자화자찬 같지만 '노명박' 만큼만 해라. … 참여정부 안 그래도 실패했다 해 쌓는데 내가 이 얘기 아닙니까. '여보시오, 그러지 마시오. 당신보다 내가 나아. 나만큼만 하시오.'"

이것을 어떻게 평가해야 할 것인가. 더욱이 후일 누군가가 이 시대의 역사를 자세하게 더듬는다면. 이런 언어구사가 외교적인 경우에는 한층 더 에스컬레이트하는 것일까. 이런 말들도 있다.

"6 · 25전쟁 때 미국이 도와주지 않았다면 나는 지금쯤 정치범 수용소에 있을지 모른다."(2004년 5월 첫 미국 방문에서)

"한국 경제가 너무 미국식 이론에 강한 영향을 받는데 약간 걱정하는 쪽"(프랑스를 방문했을 때)

미국을 방문했을 때는 '미국의 이상과 제도, 협력을 가장 성공적으로 꽃피운 나라 한국'이라고 했다는데. 그 후 6월에 일본을 방문했을 때는 이렇게 말했다. 그리고 '우호 관계를 돈독히 해야 할 나라의 순서'는 '일본, 중국, 미국'의 순이라고. 무엇 때문에 이렇게 말을 뒤바꾸어야 했을까. 정치적 배려에서라고 할지 모르지만, 그의 언어표현이 얼마나 모순돼 있었는가를 신문에서 한두 가지만 더 뽑아 보자. 한일 정상회담 개최를 불과 몇 시간 뒤에 발표하려고 하면서도 '3부 요인과 5당 대표를 초청한 청와대 오찬에서' 다음과 같이 말했다는 것이다.

"한일 정상회담을 할 것인지 말 것인지, 한다면 어떤 주제로 할지 결정되지 않아 고심하고 있다."(2007년 6월 16일 동아일보)

6월 16일자 이 신문은 전해 12월에 프랑스를 방문했을 때 그가 한 말에 대해서는 이렇게 전했다.

"소르본대학 강연에서 '프랑스에 대해서 우리가 더욱더 매력을 느끼는 이유는 프랑스 문화가 미국과 다르다는 것'이라고 말했다. 발언 서두에서 '섭섭해 할 미국 친구들이 있을지 모르겠다'고 언급했지만…"

왜 그는 그래야만 할까. 변화무쌍하다고 할까. 그의 본심은 무엇이고 어쩌자는 것일까. 그것은 미숙한 생각이라고 해야 할 것 아닌가. 자기 나름대로는 이것이 정치라는 것이고 남에게 좋은 인상을 주는 길이라고 생각한 것일까. 누구 앞에서나 이길 수 있는 논리를 자아낸다고 하는 것일까. 자기 스스로의 사상이 없는 변호사라면 아무 때나 누구 앞에서나 이길 수 있는 논리를 자아낸다고 할까. 이에 비하면 '베트공 출신 베트남 찌엣 주석'이 2007년 6월 21일자 워싱턴포스트에 냈다는 "친애하는 미국 친구들에게"라는 광고는 너무나 달랐다. 그것은 "두 나라의 관계엔 부침(浮沈)이 있었고 슬픔 가득한 과거가 있었다"라고 했지만 다음과 같이 시작된 광고였다.

"토머스 제퍼슨은 1787년 자신의 버지니아 농장에 심을 볍씨를 베트남에서 구하려고 했습니다. 그리고 베트남의 독립선언은 모든 '인간은 평등하게 창조됐다'는 제퍼슨의 불멸의 선언과 함께 시작되었습니다…."

그러면서 미국과의 "교역량은 2001년 15억 달러에서 지난해는 102억 달러로 6배 이상 늘어났다"고 했다는 것이다. (2007년 6월 23일 동아일보)

여기에 도리어 높은 모럴이 엿보이는 것이 아닌가. 그러면서도 철저한 정치적 리얼리즘. 이런 발상이 불가능하다는 것일까. 그런 것을 권고하면서 국민의 비판을 스스로 짊어질 줄 아는 지도자란 우리에게서는 불가능한 것일까. 우리 민족은 성실한 지도자일 때 말에 감동할 줄 아는 민족인데. 지금 노무현이 평양에 가서 김정일과 만난다는 이 밤, 나는 우리 민족과 정치적 지도자라는 슬픔 어린 참으로 오랜 역사적인 제목을 되풀이해서 생각하지 않을 수 없다. (2007년 10월 3일)

브로델의 『地中海』를 읽으면서 무척 아시아의 한 · 중 · 일을 생각하게 된다. 우리 삼국은 상품유통이 거의 없는 쇄국상태를 오래 계속했다. 유럽과는 전혀 달랐다. 거기서는 상인들이 서로 왕래하면서 때로는 전쟁으로 뒤엉키곤 하였다. 일본은 17세기에 들어가 유럽과 관계를 갖기 시작하면서 스페인에 이어 네덜란드의 데지마쇼칸(出島商館)을 허가했다. 일본은 이미 국내 유통이 활발했던 무가사회였고 조선이 가장 폐쇄적인 문인사회였다. 그러니까 우리나라에서는 근대 이전에 외국인이 와서 국내에 체재한다는 것은 생각할 수도 없었다. 주자학 사회의 이 순수성. 일본은 데지마쇼칸의 시대에서 근대강국의 시대로 나아갔다. 국수주의로 나아가다가 파탄하기는 하지만. 무가사회란 기본적으로 현실적인 삶과 힘과 이익을 중심으로 한 사회가 아닌가.

이러한 역사와 비교해서 우리는 주자학 일변도로 형성된 우리 사회와 우리 자신에 대해 생각해 볼 필요가 있다. 그리고 그런 척도를 해방 후의 남북 문제에도 적용해 볼 필요가 있지 않을까. 이전에는 외국인이 체제한다는 것은 있을 수 없었고 국가 이익보다도 이데올로기가 우선했던 평화로운 사회였다.

전후에는 어떻게 되었을까. 이데올로기 우선의 경직성에 반공이 함께했다. 그러나 현실적으로는 이익 우선으로 나아가지 않을 수 없었다. 여기에 따라온 혼란. 거기에다 이북은 오늘에도 이데올로기 우선으로 밖으로도 못 나가고 국내에서는 외국인의 생활도 불허하는 순수성의 나라가 아닌가. 남쪽은 이제 100만의 외국인들과 더불어 살아가고 있다는데 북이 지켜오는 이 '순수성'이 언제까지 살아남는다는 것일까. 거기에서는 거의 신성화된 부자(父子)에다 거기에 따른 자기네 연호까지 쓰고 있다고 하는데. 언제까지 흘러가는 역사를 가두어놓을 수 있다는 것일까.

이런 관점에서 브로델의 『지중해』처럼 '황해'를 더듬어 볼 필요가 있지 않을까. 그리고 일본의 왜구(倭寇) 문제도, 아니 그보다 이전에 신라의 장보고 문제를 더듬어보아야 하지 않겠는가. 그러면 일본의 견당사(遣唐使) 문제도 나올 것이다. 동북아시아 쇄국이 나타나기까지의 교류사, 상품유통의 역사를 더듬어 보아야 하지 않을까. 그것이 이제 올 동북아시아의 시대상과도 관련될 수 있을 것 아닌가. 우리에게는 중국이 종주국처럼 되어 버린 데도 상당한 문제가 있었는지 모른다. 일본이 894년에 견당사를 폐지한 것도 이런 점에서 검토해 볼 수 있지 않을까.

이처럼 동북아시아 한 · 중 · 일 관계사를 구상해 보는 것도 내일을 비추기 위해서도 흥미 있는 역사학적 과제가 아닐 수 없다. 그렇게 생각하면 유럽에 비하여 중국과 일본이 너무 거대했다고 할 것인가. 그리고 동북아시아에서는 너무나 빨리 국가가 구성되어 있었다는 문제도 있겠다. 중국은 유럽의 경우와는 달리 너무 빠르게 이루어진 거대한 국가였으니까. 유럽에서는 로

마제국 이후는 왜 그런 제국이 손쉽게 성립될 수 없었을까. 그것이 유럽의 기독교와는 어떤 관련을 가지는 것일까. 여기에 동서비교사가 성립할 수도 있겠다. 이것이 새로운 세계사로의 길이 아니겠는가. 우리에게서는 불교도 고려할 수 있을 것 같고. (2007년 10월 6일)

브로델은 유럽은 지중해에서 대서양으로 나아가기 위하여 대서양 동편 북해에서의 수련 기간을 필요로 했다고 생각했다. '세계의 지배권'은 그렇게 해서 이루어졌던 것이다. 브로델은 거기서 "유럽은 바다에 관한 가장 격심한 수행을 하면서 세계 정복의 준비를 했던 것이다"라고 했다. 그런 세계사를 앞두고 동북아시아에서는 17세기부터 도리어 '쇄국'으로 들어갔다. 도요토미 히데요시(豊臣秀吉)의 임진왜란 직후부터였다. 그의 경우에는 통상에 의한 이익보다 어째서 영토 지배의 욕망이 우선했을까.

유럽사에도 해적은 있었겠지만 왜구는 어째서 정상적인 통상과 거기서 나오는 정상적의 상거래 규칙 같은 것을 만들어내지 못했을까. 지중해 같은 각국 공유의 작은 바다에서의 거래라는 경험이 없었기 때문이었을까. 무엇보다도 유럽에서는 유럽 대륙 내에서의 정상적인 거래가 선행했지만 동북아시아에서는 바다로 분리된 영토 사이에서 그런 것은 성립될 수 없었다.

한국과 중국은 너무나 빨리 떳떳한 국가였으니까 이 점에서는 일본이 후진적이었다. 그래서 중국이나 한반도에서는 일본을 야만시한 것이 아닌가.

(2007년 10월 7일)

『악령』을 읽고 나서

도스토예프스키의 『악령』을 읽고 있다. 혁명을 한다고 하는 젊은이들의 경솔하고 잔인함, 그 당시의 러시아란 그런 사회였을까. 드디어 그 사회는 혁명을 불러일으키지만 어떻게 젊은이들의 비밀행동이 그렇게도 반공개적이었을까. 그러면서 다음과 같이도 말한다.

"자네를 꼭 블랙리스트에 올려 혁명이 성공하자마자 맨 처음으로 목을 졸라맬 거야."

이렇게 혁명의 날을 말하면서 급진적이 되어 갔던 것 아닌가. 그러니까 스탈린의 참극이란 필연적으로 나타났다고 하겠다. 휴머니즘이란 털끝만치도 없던 혁명놀음이 아니었던가. 기성 모럴에 항거한다는 구실이었겠지. 잔인한 인간관계, 거기서는 여성들은 해방되는 것이 아니라 도리어 도구화되는 것 아니었겠는가. 이러한 혁명적인 상황이 혁명 자체를 낳게 되는 것은 러일전쟁이니 제1차 세계대전이니 하는 충격적인 역사가 있어야만 했다. 혁명적 분위기가 성공적으로 터져 나오는 데는 그런 역사적인 커다란 계기가 있어야만 했다. 금후의 역사는 어떻게 생각할 수 있을까. 정말 혁명 없는 역사라고 할 것인가. 나는 우리나라 컴퓨터에 터져 나오는, 지기 생각과 다르다면 상대를 가리지 않는 무서운 언어를 걱정한다. 러시아의 혁명전야와도 같은.

미얀마의 사태를 생각한다. 파키스탄도 생각하게 된다. 혁명의 가능성은 있지만 지배 세력에 힘이 있는 한 맨손의 백성이 승리하지는 못한다. 미얀마에는 중국이 관계한다. 중국도 미국도 이제는 자기들의 혁명적인 전통이 문제가 아니라 그들의 국가 이익이 문제다. 어떤 때는 혁명에 가담하는 듯하지만 이떤 때는 반동에 협력한다. 물론 혁명이 성공했다고 해도 그렇게 탄생한 세력은 그들의 지배 하에 있어야 한다. 이런 의미에서 세계의 혁명은 대국들의 이익과 지배욕에 좌우된다. 중국과 미국은 앞으로 그래서 대립하게 될 것인가. 그리고 러시아는?

(2007년 11월 2일)

이명박이 압도적으로 승리한 날, 나는 이것을 선거혁명이라고 생각했다. 이명박의 스캔들을 그렇게 터뜨리는데도 다수가 그것을 아랑곳하지 않은 셈이다. 그를 선택할 수밖에 다른 도리가 없었으니까. 정말 혁명을 일으킬 상황이었지만 이미 이 나라는 선거를 통해서 혁명적인 상황을 넘길 수 있을 만치 성숙한 것이다. 선거로 권력이 야(野)로 갈 수 있다는 민주적인 힘. 노무현 세력이 저렇게 안간힘을 다했는데도. 이것이 진정한 국력이 아니겠는가.

저 거대한 표 차이란 곧 혁명. 이 땅에는 보수 진보의 대립이란 없다. 이번에는 진보라고 노 정권이 지적하는 젊은 층도 대대적으로 이반 상황을 보여준 것 아닌가. 보수, 진보란 권력을 쥔 자들이 대중을 조작하기 위하여 채용한 단어일 뿐이다. 이제는 선거로 분열된 국민을 통합한다는 것을 어떻게 이루어내느냐가 문제다. 이명박은 자세를 낮추고 국민의 뜻을 따르겠다고 하는데, 권력자가 거듭 국민을 배반해 온 역사 속에서 우리 국민은 아직 그런 말에 몹시 회의적이다.

우에서 좌로 그러고 나서 통합이라면 얼마나 귀중한 변증법이겠는가. 그리하여 취임할 때는 절대적 다수가 지지하다가 퇴임할 때는 거의 등을 돌린다는 지금까지의 역사에 역행하는 시대가 왔으면 한다. 취임 시에는 회의적이던 국민이 퇴임 시에는 높은 비율로 지지하게 된다는 지금까지 없던 시대를 만들어낼 수는 없을 것인가. 그렇다면 우리 역사에 처음 나타난 대통령이 아니겠는가. 그런 생각을 하면서 이 선거혁명에 대한 감격을 나도 억제하고 있는 셈이다. 모든 국민이 그런 것 아니겠는가. (2007년 12월 26일)

이명박과 박근혜의 대립이 더욱 커지는 것 아닐까. 박근혜가 한나라당의 적자고 이명박은 말하자면 서자. 그가 6 · 3사태의 인물이었다는 사실이 계속 살아 있는 것일까. 그 세대는 386세대에 사실은 밀려나 있었던 것인데, 그것은 민주 지향적이었고 그 후의 세대는 통일을 내세우면서 이른바 반미적이고 민중적이었다는 것이다.

그런데 6 · 3세대의 일부가 지금 386세대와는 달리 한나라당 안에 있으면서도 혁명적이고 더욱이 중요한 것은 민주적이고 전 국민적 통합을 지향했다고 할 것인가. 그것은 한나라당 안에서 비주류였고 그 안에 있으면서도 그것을 넘어서려고 했던 것일까. 그 세대는 기성세대 속으로 들어갔다가 새로운 힘으로 등장한 것이라고 할 수 있을까.

사이드(Edward W, Said)의 책(일역판)『만년의 스타일』(On Late Style)을 읽고 있다. 아도르노는 "예술의 역사에 있어서 만년의 작품이란 카타스트로피(파국)이다" 라고 말했다고 한다 . 노만 델 마(Norman Del Mar)는 슈트라우스의 만년에 대하여 다음과 같이 말했다는 것이다.

"다가오는 뜻있는 죽음을 앞에 둔 고령자의 피로감은 실제로 서글픈 것이 아니라 그것보다 훨씬 깊은 것이다. 위대한 예술의 특권이란 우리들을 갈라놓을 수 있는 이름 모를 정념을 불러일으킬 수 있다는 것이다."

베토벤의 작품에 있었던 만년의 난해성, 그 어두운 정열 그리고 어디에 있든 깊이 빠져 들어간 '고국 상실자'와도 같은 외로움. 그것이 만년의 스타일이라는 말이다. 공자가 "칠십이종심소욕하야 불유구호라(七十而從心所欲 不踰矩)" 라고 한 것도 어떤 의미에서는 어두운 자신을 바라보면서 견디어내야 한다고 타이른 것이 아니었을까. 그 자신이 그래야 한다고 생각하고 있었을 테니까. 만년을 살기란 참으로 처절하다는 느낌이 든다.

유럽에서 바다가 지역 간의 교류를 주도하면서 완전히 승리를 거두게 되는 것은 17세기였다고 브로델은『지중해』에서 말했다. 우리 동북아시아에서는 어떨까. 바다가 그런 역할을 한 적은 없었다. 그런 가능성은 왜구 이후 쇄국에 들어가자 모두 봉쇄되고 말았다. 그래서 근대가 오기까지 바다는 침묵의 바다였다. 각기 근해에 나가 어로나 할 정도였고 일본도 바다의 나라라고 하면서도 기껏해야 그 정도가 아니었던가. 그것은 대체로 연안의 바다였다.

동북아시아는 쇄국을 지킴으로써, 바다를 포기함으로써 동북아시아의 평화를 유지했다. 그러나 그것 때문에 근대사에서 유럽의 정복 앞에 무력해져야만 했다, 그것은 무엇보다도 동북아시아에서는 먼 옛날부터 확연하게 완성된 세 국가가 존재했기 때문이 아니었을까. 그래서 바다에서 충돌이 일어난다면 그것은 해적 따위의 충돌이 아니라 국가 간의 충돌이었다. 동북아시아의 평화를 위해서는 바다에서 철수해야만 했다. 이것이 문명의 선진성이 바다에서 이루어지는 근대의 세계에서 우리 지역에 낙후성을 가져다준 셈이다.

(2008년 1월 8일)

장 주네, 민족의 아이덴티티를 넘어서

오늘도 TV로 일본 '엔카'(演歌)를 들었다. 그 곡조는 한국에 기원한 것이라는 말도 있지만 역시 다르다. 기원이 그렇다면 일본화한 것이겠지. 우리가 뽑아내는 '한'(恨)의 멜로디가 일본에서는 '애'(哀)의 멜로디로 화했다고 할까. 엔카(演歌)는 엔카(艶歌)라고도 하지 않는가.

그것보다 가사에 더욱 주목해 본다. 그 풍부한 가슴을 찌르는 듯한, 표현이 추상적이 아니라 피부에 닫는 애상(哀傷). 무엇보다도 그 노랫말의 깊고 다양하고 풍부하고 화려함. 이것은 일본의 '와카'(和歌)와 '하이쿠'(俳句)의 전통을 이어오면서 세속화된 것이라는 생각이 든다.

'엔카'(演歌)를 이렇게 일본 문화에서 풀어보는 것도 참 중요할 텐데, 더욱이 우리나라 가요의 언어와 일본 '엔카'(演歌)의 가사의 언어를 비교하면 좋은 연구가 될 것 같다. 그것은 일본 사람들이 하지 못하는 것, 우리가 해야 할 것이 아니겠는가. 우리의 시조가 산문적이며 도덕적이고 많이 음률을 잃어버린 것과 비교한다면 그것은 한일 간의 전통사회가 어떻게 달라졌으며 거기서 시가가 차지한 위치가 어떠했는가를 설명해 줄 것이다. 우리는 단연 한문조였다.

근대에 이르러 우리나라에서는 시가 발달했는데 일본에서는 이미 운문의 세계를 '와카'와 '하이쿠'에 빼앗기고 있었던 것이 아닐까. 그들의 현대시는 일제 지배 하에서도 우리에게 거의 영향을 미치지 못한다. 일본이 전통사회에서 보여 준 개방성과 폐쇄성이 '와카'나 '하이쿠'와는 어떤 관계를 가질 수 있었을까. 한시로서는 다할 수 없었던 정감의 세계를 우리는 시조로 일본은 '와카'나 '하이쿠'로 찾았다고 한다면. 우리는 자칫하면 시조도 유학자들의 교훈의 세계에 잠겨버렸던 것이 아닐까.

양국 운문사의 비교연구를 양국 사회가 걸어온, 즉 우리는 유교사회, 일본은 무사사회라는 점을 배경으로 해서 생각해 보아야 하지 않을까. 일본 운문의 역사를 더듬어서 엔카에까지 이어볼 필요가 있다. 우리나라의 경우는 근대시에서 우리가 찾은 것이 무엇인가도 생각해 보아야 하겠다. 여기에 중요한 비교문화사의 과제가 있는 듯하다. 그것은 양국 사회와 전통의 관계를 연구하는 데 방향을 제시해 줄 것같이 보인다.

양국 사회와 문화에서 볼 수 있는 차이를 선진과 후진이라는 근대적인 척도가 아니라 전통문화에 나타난 차이에서 풀이해 본다. 물론 거기에서는 중국 문화와의 거리라는 문제도 드러날 것이다. 그러면서 우리는 동북아시아 문화의 다양성을 생각할 수도 있을 것 아니겠는가.

일본 시가의 세계는 역사와 더불어 더욱 단축되어 가는 길을 걸어갔다면 우리의 시조는 길어지고 산문화되어 갔다고 하지 않겠는가. 어쩌면 우리는 일본의 문화에 비해서 산문적인 문화를 키워 왔다고 할는지 모른다. 정적(情的)이라고 하기보다는 이적(理的)이었다고 할까. 일본 사람들의 섬세한 감정에는 따라가지 못한다. 문과 무의 사회에 그것도 관계한다. 더욱이 우리의 경우는 주자학에 매어 있었으니까. 청각적인 문화와 시각적인 문화, 자기를 주장하고 드러내려는 삶과 자기를 숨기고 가리려는 삶. 역사 속에서 우리들은 삶의 방식을 선택하기 때문이다. 그러고 나서는 자기의 삶을 선이라고 하고 미라고 생각한다. 특히 자기와는 다른 문화와 사회에 대해서는.

이런 면에서 한국과 일본의 문화를 비교해서 논해 줄 수 있었으면 좋겠다. 앞날을 위해서 꼭 필요하다고 생각된다. (2008년 1월 11일)

사이드는 알제리아를 사랑한 장 주네(Jean Genet)에 대해서 쓰면서 이런 말을 했다. '혁명운동이 승리를 획득한 후에 혁명운동의 최초의 적 — 그리고 희생자 — 이게 되는 것은 예술가이고 지식인'이라고. 예술가와 지식인, "그들은 사랑 때문에 혁명을 지지한 것이고" 어떤 다른 이유 때문에 '혁명을 사랑한 것'이 아니었다.

우리나라 민주화 운동의 경우는 어떠했을까. 그것은 다행하게도 혁명을 위하여 폭력을 택한 것이 아니었다. 그러나 혁명이 성공하면 반혁명으로 변질한다는 것은 역시 마찬가지였다. 노무현은 민주화를 선택하는 것이 아니라 혁명으로 폭력을 차지할 수 있는 것이었다면 얼마나 좋아했을지 모른다. 이질적인 것이 눈앞에 존재하고, 이의를 제시하는 것이 나타나는 것을 견딜 수 없어 했으니까. 우리 역사에서는 아직 진정한 의미에서 민주적인 정치를 해낼 수 있는 정치 세력이란 없었다고 할 수 있다. 민주주의적인 성장이 참으로 요구되는데 이번에 이명박은 어떨까.

사이드는 주네의 작품 『병풍』에 언급하면서 "프랑스의 아이덴티티 — 제국으로서의, 권력으로서의, 역사로서의 프랑스 — 뿐만 아니라, 아이덴티티라는 개념 자체를, 신중하고도 논리적으로 해체"해야 한다고 생각했다는 것이다. '프랑스의 알제리아'라는 민족주의와 마찬가지로 "알제리아를 알제리아인에게"라는 알제리아의 민족주의도 넘어서야 한다는 것이었다. 마치 일본의 제국주의적인 민족주의와 우리의 저항적인 민족주의를 모두 넘어선다는 것과 같다고 할까.

군사정권의 민족주의도 그것과 투쟁하면서 남북통일을 내건 민족주의도 이제는 "신중하고도 논리적으로" 해체해야 한다고 논할 필요가 있지 않을까. 중국이나 일본의 집권 세력이 내세우는 민족주의를 해체하는 길이 동북아시아의 공동체를 찾는 길이라고 하면서. 이런 관점에서 우리는 북을 바라보아야 하는 것 아니겠는가. 한반도의 민족주의에 서서만 바라보는 한 문제를 바르게 보지 못한다고 해야 하는 것 아닐까.

우리나라에서도 민족문학 운운을 떠나 문학이라고 했다고 한다. 11일 민족문학작가회의라는 명칭을 한국작가회의라고 고치면서 현판식을 가졌다는 것 아닌가.

팔레스타인 출신으로서 중동 문제에 그렇게 아픔을 느끼면서도 사이드는 "모든 아이덴티티를 연소시켜 버리고 풍경을 빛나게 하는 것이다"라고 했다. 그래야 거기에 휴머니티가, 진정한 인간의 모습이 드러날 것이 아니겠는가. 주네는 『병풍』을 간단히 상연하지 말라고 했다는데 그것은 '아이덴티티의 소실이라는 묵시록적 순화(純化)'를 단순하게 경험하기 어려우리라고 생각했기 때문이라고 한다. 주네의 감성은 '반란과 정열과 죽음과 재생'이라는 본래적인 참으로 인간적인 것과 결부되어 있었기 때문이었다. 이런 주네를 생각하면서 사이드는 팔레스타인 출신이면서도 고독했던 것이 아닐까. "제국주의는 아이덴티티를 수출한다"고까지 했으니까. 지배자의 아이덴티티도 피지배자의 아이덴티티도 왜곡된 비인간적인 역사가 자아낸 것이 아니겠는가. 그것은 동전의 양면과 같다고 해야 하는 것 아닐까.

장 주네는 『사랑의 포로』에서 "혁명에 대해서 생각한다는 것은 깨어나서 꿈속에 있는 논리를 찾아내려고 하는 것과 같다"고 했다는 것이다. "혁명에 대해서 생각한다면 나는 그것을 우리 속에 있는 범의 꼬리라고 생각한다." 힘 있게 휘두르다가도 주저앉을 수밖에 없는 '꼬리' 말이다. 민주화 운동에 대해서도 그렇게 생각해야 하는 것일까. 꿈속 일이었듯이 이제는 누구도 언급하려고 하지 않는다고 할까. 내가 그 시대 그 일들을 그려 보려고 한 것은 지난날 꿈 이야기를 펼쳐보고자 하는 것이었을까. (2008년 1월 12일)

사이드가 『떠나지 않는 낡은 질서』에서 비스콘티(Visconti)의 영화와 그람시(Gramsci)의 사상을 논하고 있는 데 깊은 인상을 받는다. 그람시가 보여 준 이탈리아 남부, 열등자로 남아 있는, 동적인 북부에 비하여 정적인 부분으로 남아 있는 남부, 이런 근대화 초기의 이탈리아라는 도식으로 우리나라 남북의 문제도 생각할 수 있는 것이 아닐까. 일제 하에 남북이 어떠했던가에 불구하고 지금은 남이 동적인 지대로 북은 정적인 지대로 남은 것이 사실이다.

북은 지독한 민족주의로 지난날의 저항과 자기옹호의 민족주의를 일본이 떠나갔는데도 불구하고 더욱 강화하고 있는 사회이다. 남은 그런 민족주의를 해체시켜 가는 것이며, 나날로 북이 민족적 아이덴티티를 지상의 과제로 삼는 데 비해서 남은 "모든 아이덴티티를 연소시켜 버리고 풍경을 빛나게" 하려는 것인지도 모른다. 거기서는 민족적 아이덴티티보다 휴머니티가 — 만약 사회가 제대로 나아간다면 — 문제가 된다. 이상적으로 말한다면 '아이덴티티의 소실이라는 묵시록적 순화'를 찾아간다는 것 아니겠는가. 그렇기 때문에 지난 정권이 보여 주었던 민족주의 중심의 체제란 사상적으로 보아도 패배할 수밖에 없는 것이 아니었던가. 그렇다면 이제부터 인간의 본래적인 '풍경'을 빛나게 할 수 있을 것인가.

무엇보다도 이러한 역사의 단계에서 벌어질 남북의 거리가 문제라고 생각된다. 근대 이전의 '영원한 격차상태 속에 동결된 열등자로서의 사회'라는 북의 형편, 이 남북의 엄청난 격차를 어떻게 할 것인가. 어떻게 해서 그 격차를 극복할 수 있을 것인가. 그럴수록 민족주의라는 아이덴티티의 목소리가 북에서 소리 높이 들려오고, 남쪽에 남아 있는 햇빛 못 보는 "정적인" 계층 속에서 그것에 대한 어떤 메아리 소리만 가느다랗게, 그러다가 때로는 폭발적으로 들려올지도 모를 텐데. 이 분열을 어떻게 넘어설 수 있을 것인가. 거의 넘을 수 없는 남북의 벽, 민족주의 사회와 이미 탈 민족주의로 가는 사회라고 할까.

이런 문제는 중국이나 일본에 대해서도 우리가 던져야 할 과제일는지 모른다. 적어도 동북아 공동체를 생각한다면 말이다. "모든 아이덴티티를 연소시켜 버리고 풍경을 빛나게" 라고 적어도 동북아시아의 휴머니즘을 생각하게 되어야 한다면. 그런 지식인은 아직 시기상조라고 할지 모르지만 그것은 불가피한 길이 아니겠는가. (2008년 1월 13일)

노무현 정권의 실패란 근본적으로 민족주의의 실패라고 할 수도 있다. 그것은 1980년대까지나 유효했을까. 이제는 동북아의 시대라고 하는데. 남북은 오늘 엄청난 차이를 품고 있다. 북의 민족주의란 일제 지배의 잔재라고 한다면 심한 공격을 받게 되는 것일까. 남한은 동북아 공동체를 말하고 이것이 우리가 갈 길이라고 하는데 노무현 정권은 전 시대적인 민족주의로 살아가려고 했으니까, 그러면서 지극히 배타적이었지 않는가. 그러니까 이번에는 국민의 그야말로 혁명적인 거부에 맞서야만 했다. 지금 이명박 세력으로 나타나고 있는 것은 1964년의 6 · 3사태 세력이라고 할까.

그 세력이 박근혜 세력과 대립하는 것은 당연한 일이다. 그러나 현실에서는 역사의 망각. 동아일보도 잘못된 것은 국정원의 경우조차 지난 10년간에 있었다고 하는 형편이다. 중앙정보부 시대의 망각. 박정희나 전두환 시대의 무서운 정보부의 악행을 기억에 담고 있지 않는 젊은 세대라고 할까. 그런 역사의 망각에서 오늘 박정희 지지 70퍼센트 이상이라고 하는 것인지도 모른다.

노무현 정권은 장 주네가 말하는 것처럼 '혁명운동의 최초의 적 — 그리고 희생자가 되는 것은 예술가이고 지식인'이라고 하는 도식에서는 벗어난 것처럼 보인다. 그것은 민주사회이기 때문에 그들을 희생자이게 하거나 추방할 수는 없었기 때문이다. 그들을 때로는 동반자인 것처럼 처우해 준 적도 있었다. 그러나 그것은 국민 분열을 위한 책략이 아니었던가. (2008년 1월 14일)

한 · 중 · 일의 관계가 공동의 동북아시아를 지향할 수 있을 것인가. 일본이 서구를 염두에 두고 한 · 중을 아직도 경시하는 상황에 있다는데. 일본에는 의식적이든 무의식적이든 지난날 자기들이 저지른 잘못을 생각해서 아시아에서 도피하려는 경향도 있을 것이다. 실제로는 경제적으로 깊이 아시아에 들어가 있음에도 불구하고. 중국은 전통적으로 결국은 철저한 자국주의이며 대국주의이다. 언젠가도 동북아시아에 대한 관심을 물으니까 우리나라만이 70퍼센트이고 중 · 일은 30퍼센트 이하라고 하는 것이 아니었던가. 이것이야말로 지정학적인 과제로서 사실 동북아시아에서의 아시아성의 강조라는 것은 우리나라의 몫일 수도 있다.

이것이 우리 문화의 특징이 되고 우리의 지정학적인 공헌이 되어야 하는 것 아닌가. 그런 의미에서 우리는 그러한 특징, 그러한 문화를 강조하는 품위 있는 사회를 지향해야 하는 것이라고 생각된다.

우리 선인들이 동양을 위하여, 우리 민족의 번영을 위하여 동양평화를 그처럼 목마르게 부르짖던 것처럼 동양평화론은 새로운 의미를 우리에게 부여해 준다. 북의 체제가 이러한 과제와 너무나 멀리 떨어져 있는 것을 안타까워하면서 나는 한반도의 남북문제가 우선하기보다는 동북아시아 공동체 문제가 우선하다고 생각한다. 민주화 운동 시대에 남북통일보다 남쪽 한국의 민주화가 우선한다고 주장했던 것처럼. (2008년 1월 15일)

다시 브로델의 『지중해』로

16세기에도 유럽에서 아시아로 가는 기행이란 굶주림과 숙취에 시달리다가는 해적을 만나 수많은 사람이 생명을 잃어야 하는 길이었다. 인도까지 가려면 7개월이 걸렸다는 것이다. 지중해란 고대 로마 시대에는 40일에서 60일이 걸리는 항해의 거리. 그러나 1930년대에는 근대의 경제 세계가 지구 전체를 뒤덮었고 지구 전체가 바로 그 정도의 시간을 요하는 공간이 되었다. 그런데 오늘은 어떻게 되었을까. 극동이라는 말이 사라진 지도 오래다. 이제는 동북아시아다. 항공기로 거의 일일권의 세계다.

그러니까 유럽공동체란 바로 이러한 오늘이 요구하는 세계에서 오는 것이 아니겠는가. 그것에 끌려가기만 하는 것이 아니라 그것을 구체적으로 선택하고 건설하려고 한다. 그렇다면 동북아시아는 어디로라고 묻지 않을 수 없다. 동북아시아 공동체라는 것도 이렇게 다가오는 역사가 요청하는 것 아니겠는가. 그러니까 남한이 가는 길을 가로막으려는 듯 민족주의를 고창하면서 "우리 민족끼리"라고 하는 호소가 얼마나 공허한 것이겠는가. 시대의 차이, 과제의 차이가 거기에 있다고 하지 않을 수 없다.

새로운 역사인식은 한 · 중 · 일 사이에서 우리가 먼저 주창해야 할 지정학적인 운명이다. 그것이 사실은 선인들의 "동양평화론"을 이어받는 것이 아니겠는가. 그러면서도 지나간 시대에 끌려가면서 "우리 민족끼리"라는 구호에 또 한쪽에서는 귀를 기울여야 한다면 이런 딜레마 속에서 어떤 정치가 가능하겠는가. 앞으로 전진하면서 낙후된 민족 일부에게는 원호를, 이것이 기껏해야 내걸 수 있는 민족적 구호 또는 전략이라고 할 것이 아닌가 생각된다. 국내 문제에서도 그런 것 아니겠는가.

나는 진보니 보수니 하는 용어는 낡은, 그야말로 오늘에 맞지 않는 공소한 낱말이라고 생각한다. 그것에 자기도취 된 채 노무현 정부는 자기 정당화를 시도했고 국민을 이에 도취시키려고 했다. 그러다가 실패한 것이다. 어느 정부든 기업을 후원해야 하고 가난한 계층을 후원해야 한다. 자본주의 초기처럼 빈민을 방치해 두고, 그들을 슬럼에 몰아넣고 무사할 수는 없다. 그러니까 이제부터는 여야의 대립이란 이데올로기의 대립이 아니며 계층적인 이해관계의 대립이 아니다. 정치집단들 사이에서 그 자신들의 이해관계가 대립하고 있을 뿐이다. 그러니까 그들의 대립에 국민은 더욱 냉담해지고 다만 권력을 가진 자들이 누구이든 그들의 횡포에 대해서 예민해질 뿐이다. 그리고 그들의 성실성과 정치적 능력에 관심을 가진다. 앞으로 민주주의 사회란 어디서나 그런 것 아니겠는가.

영국에게 홍콩이나 싱가포르와 같은 식민도시가 왜 필요했을까. 무역에 대한 기지로 삼기 위해서였다. 그러나 점차 인도를 영토적으로 식민지로 삼는다. 면화 같은 전 국토적인 농산물이 필요했기 때문이었다.

일본은 20세기에 조선을 전 영토적으로 식민지로 삼았다. 조선이 생산하는 식량이 필요했고 일본의 잉여 농민들을 위한 농토가 있어야 했고 거기에다가 시장이 필요하기도 했기 때문이었다.

유럽에서 베니스, 밀라노나 피렌체 또는 자유도시 그리고 셀 수 없이 많은 봉건 영토에서 몇 개 안 되는 통일된 근대국가로 나아간 역사에 대해서도 같은 설명을 내릴 수 있지 않을까. 그런 분권체제에서 근대국가, 즉 제국이 성립하는 것은 상당히 뒤에 가서, 19세기에 이르러서야 가능했던 것이 아닌가. 한 · 중 · 일, 독립국가가 성립한 지 오랜 동북아시아에서는 자유무역이 빈약했고 게다가 16세기 이후에는 쇄국으로 들어갔다. 국제무역은 초라하기 짝이 없었고 더욱더 농업국가로 기틀을 잡아갈 수밖에 없었던 것 아닌가. 그래서 도시의 발달이란 정말 빈약하기 짝이 없었다. 특히 한국의 경우에는.

우리의 지방이란 전제정치 하에서 피폐할 대로 피폐해졌다. 일본의 경우만 봉건체제로 지방의 중심이 사방에 널리 퍼져 있었기 때문에 근대사에서 아시아 지배를 꿈꿀 수 있었던 것이겠지. 한국의 전후 역사란 바로 거기에서 시작되었다. 그래도 전후 오랜 전제정치 시대를 거쳐야만 했고 지방의 힘을 가지게 된 것은 극히 최근의 일이 아닌가. 한국의 근현대사에 대한 이러한 구분이 매우 필요하다고 생각한다. 마르크스의 이론에 의한 유물사관적 시대구분이 아니라 정치제도와 국가 또는 지역의 발전을 유기적으로 연결시켜서 생각하는 것이다. 민주주의사관에 근거하여서라고 할까. (2008년 1월 25일)

국민이 과다하게 혁명을 요구하는 풍토가 있었는지 모른다. 그러나 현실은 그렇지 않으니까, 역사는 언제나 점진적일 수밖에 없었다. 새 정부에 대한 기대와 실망이란 여기에서 되풀이될 수밖에 없었다. 이것은 어쩌면 조선조

이래의 반복된 역사라고 할지 모른다. 이런 풍토에서 집정자들의 구호란 시련을 겪지 않을 수 없었다. 취임 초의 거대한 기대의 수치와 퇴임 때의 보잘것없는 지지도, 이 역사가 이명박 정부에서는 반전될 수 있을 것인가. 기대와 실망이라는 사이클은 세계 어디에서나 마찬가지일지 모르지만. 그의 취임은 일주일도 남지 않았는데. 나의 정치일기란 이제 종말을 맞이한 것 같다.

내 판단이 물론 정확하다고 할 수도 없을 것이고, 이제 앞으로는 내 몸이 나로 하여금 그런 생각조차도 자아낼 수 없게 할 것이 아닌가. 거기다가 이런 기록을 남겨주려는 시장이 있는 시대도 아니다. 이 시대를 분석하고 미래를 예시한다는 것은 앞으로는 누구에게도 허락되지 않을는지도 모른다. 역사는 그 자체의 길을 걸어간다. 우리는 그 틈바구니에 끼어서 몸부림치다가 간다는 것일까. 이기호의 민족국가에서 시민국가로 간다는 글은 매우 흥미 있게 읽었지만.

나는 일본과 중국 사이에서 동양평화론을 발상했던 우리 선인들의 생각, 특히 3 · 1 독립선언을 늘 생각한다. 오늘도 기껏해야 일국 평화주의 정도나 생각하는 동북아시아 풍토에서 우리는 운명적으로 동양평화론을 내세워야 하겠지만, 그것을 주창할 수 있는 능력이 우리에게 있어야만 할 것 아닌가.

(2008년 2월 20일)

아미노 요시히코(網野善彥) 전집 제9권을 받았다. "중세전기의 제염(製鹽)" 같은 글이 들어 있는 것. 나로서는 이 나이에 크게 흥미를 느끼는 것도 아니고 일본 고문서를 사용했기 때문에 매우 난해하기도 한데, 일본에서두 같은 연구자들 사이에서나 읽혀지겠지. 그러나 그런 책이 아직은 나올 수 있는 모양이다. 판로가 없다고 하지만 각지 각 대학 도서관에는 들어간다고 할까. 그리고 전문 학자들 사이에서는 읽혀지겠지. 마음을 가라앉히고 차분히 공부하기 어려운 시대, 그래도 그런 소수는 남아 있다는 것일까.

아미노는 정치의 움직임이 아니라 서민의 삶을 추구해 왔다. 농민보다는 비 농민에 초점을 맞추려고도 하였고. 농민이란 지배 세력에 훨씬 더 예속되어 있었겠지. 무사사회에 들어가서는 더 그랬을 것이다. 언젠가 일본 봉건사회에서는 저녁 몇 시 이후에는 나다니지도 못한다고 방을 부쳤다는 것을 읽었다. 우리나라 사학에서도 지배자나 지배 세력을 좀 더 민중적인 시점에서 바라보아야 할 텐데.

주자학적 이념체제에서 우리의 경우는 백성이라고 해도 한층 농민 중심이었던 것이 아닐까. 양잠을 하거나 염전을 하거나 한 기록이 남아 있는 것일까. 상인들에게 관한 기록은 어떨까. 이런 모두를 찾아가면서 동북아시아의 내일을 위하여 비교사학이 성립될 수는 없을 것인가. 서로 다른 사회구조와 생활 그리고 거기서 이룩된 발상의 차이를 찾아보는 것이다. 그것이 다음 세대의 학문이 되어 가야 하고 그렇게 찾아가게 되는 것이 아닐까. 그러면서도 이전의 민족주의 사관에서처럼 나는 남과 다르다는 것을 강조하고 우위와 열위를 매기려는 것이 아니라 한 공동체 속에서 서로 다르다는 것, 다채로운 나라에서라면 개개인이 서로 다른 개성과 삶의 역정을 걸어가는 것이라고 생각할 수 있는 그런 시대가 와야 하는 것 아니겠는가.

주자학적으로 우리가 가장 농민 중심의 단일한 사회를 지향했을 것이고 사상적으로도 물론 그렇다. 무사사회란 사상에서는 다소 너그럽고 직업이나 생활이 다채로웠을지 모르지만 아주 조직적일 수밖에 없었겠지. 우리는 밖으로 보이는 조직에서 보다 내적으로, 내부 규율적으로 심하게 통제되어 있었다고 생각된다. 상인계층의 발달이 저해됐으며 화폐교환도 늦어졌다. 한국과 일본이 성 모럴의 엄격성에서 보여 주고 있는 차이는 또 어떻게 설명할 수 있을까. 이런 모든 것이 오늘에 있어서도 한 · 일 사회나 개인의 차이에 드리워져 있다고 하겠는데.

(2008년 2월 22일)

맺는말

2월 25일 이명박 대통령 취임식.

텔레비전에서 보기에는 좋은 식전이었다. 성의를 다한 취임사였다고 생각했다. 그 뜻을 잘 새겨주었으면 한다. 선거연설을 텔레비전에서 들었을 때도 그랬지만, 이번에도 해외동포들에게 대한 뚜렷한 언급이 없었던 것을 아쉽게 생각했다. 어디에서 살거나 어느 나라 시민권을 가지고 있거나 모두가 하나의 민족으로 조국과 더불어 걸어가며 세계에 공헌하면서 세계와 더불어 살아가는 삶을 그들에게 기대하면서.

이 오랜 단편의 모음을 여기서 끝내기로 한다. 1973년에서 88년까지 15년간 쓴 『한국으로부터의 통신』 후속편이라고 할까. 그것은 간추린 것이라고는 하여도, 이제 우리말로 책이 되어 나와 있다. 앞으로도 이런 역사 비판적인 단상을 기록하게 될는지도 모른다. 그것은 유언처럼 남겨두면 되지 않겠는가. 파란 많던 인생을 되돌아보고 이 민족이 이제는 좀 평탄한 길을 걸어갈 것인가 하고 생각하게 된다. 그러나 우리에게는 아직 남겨둔 북녘 땅이 있지 않는가. 오늘 살아남았다는 것을 감사하게 생각하던 젊은 시절을 회상한다. 그리고 언젠가 활짝 꽃피는 날이 이 민족에게 찾아오기를 기원하던 시절. 많은 친구들이 불행하게도 먼저 가지 않았는가. 그런 생각이 내 모든 삶 밑바닥에 깔려 있었던 것 같다. 혼자 즐기면서 살다 보면 지하에서 여러 얼굴들이 탄식하는 듯하여 언제나 미안한 생각이 들었다.

그때 그 휴머니즘에 감싸였던 심정이 우리가 비록 번영했다고 해도 잊지 않고 품게 되는 심정이었으면 한다. 그것은 아무래도 보편적인 인간성에 기초를 두었다고 생각하기 때문에. 그런 뜻에서는 깊은 의미의 민족주의의 밑바닥에서는 보편적인 휴머니티와 손잡고 있다고 생각하고 싶은데. 개인의 깊은 밑바닥에서 인간이라는 것, 보편적인 인류와 만나게 되는 것처럼. 나의 인생이란 인간이라는 보편적인 존재가 나누어주는 하나의 아주 작은 부분적인 삶이라고 생각한다. 내가 살면서도 인간이 산다는, 하나와 보편의 일치라고 할까. 그런 역사가 이 땅에서, 오늘도 남북으로 갈려 고뇌하는 이 고통 속에서, 이어지기를 바랄 뿐이다. 고통이 위대한 영혼을 낳는다고도 하니까.

(2008년 2월 27일)

나의 정치일기
—1955~2008년, 한국 현대사와 더불어

초판 1쇄 발행 | 2009년 3월 30일

지 은 이 | 지명관
발 행 인 | 고화숙
발 행 처 | 도서출판 소화
등 록 | 제13-412호
주 소 | 서울시 영등포구 영등포동 7가 94-97
전 화 | 2677-5890
팩 스 | 2636-6393
홈페이지 | www.sowha.com

ISBN 978-89-8410-350-4 03100

값 25,000원

잘못된 책은 언제나 바꾸어 드립니다.